Dom Guy-Marie OURY

moine de Solesmes

MARIE DE L'INCARNATION

(1599-1672)

LES PRESSES
DE L'UNIVERSITÉ LAVAL
QUÉBEC (CANADA)

ABBAYE
SAINT-PIERRE DE SOLESMES
SABLÉ-SUR-SARTHE (FRANCE)

1973

似懂非懂地走上朝聖之路。

快到終點，才醒悟：

一路上的酸甜苦辣都是天主的恩典。

鍾玉英謹識　2022 年秋

作者簡介

　　吳立紀神父（Dom Guy-Marie Oury，1929-2000），本篤會會士，法籍著名歷史、神學及靈修學家，著作等身。

　　吳神父出生於法國都爾市，1947 年進入本篤會法國索雷姆大修道院（L'Abbaye de Saint-Pierre de Solesmes），1954 年祝聖為司鐸；法國偉斯特天主教大學、加拿大拉瓦大學、美國緬因大學等大學及神學院教授，著書近九十部、研究論文二百多篇，2000 年逝世於法國沙特市。

　　1966 年左右，在他擔任偉斯特大學神學院教授期間，開始致力於瑪麗・閨雅的研究及出版工作；該神學院與聖瑪麗重山修道院於 1929 年時，業已啟動對瑪麗・閨雅及魁北克聖吳甦樂會的研究、寫作，與出版計畫。1971 年他完成了這本關於瑪麗・閨雅的鉅著，該書出版後數年間，根據 WorldCat 線上電腦圖書館中心（OCLC）的資料庫數據顯示，僅是法文及英文就大約有數十個不同版本。1972 年到 1999 年，他陸續完成了關於瑪麗・閨雅的兒子克羅・瑪定神父（Dom Claude Martin）傳記及聖吳甦樂會、魁北克的聖吳甦樂會等相關著作七卷。

　　此外，對於天主教教會歷史、聖人傳記、本篤會歷史、魁北克歷史……等也均在他的研究與寫作範圍內。他著作的品質被譽為具備歷史學家的首要美德──「對人物與主題的同情與同理心」。他博學多聞、幽默，但具批判精神；多才多藝，精於繪事；個性謙和寧靜，被認為是一位真正的本篤會修道人。

翻譯團隊簡介

陳美華　總召集人
現任文藻外語大學校長
文藻外語大學專科部英文科第 6 屆
美國北卡州立阿帕拉契大學（Appalachian State University）高等教育博士

鍾玉英　總策畫
文藻外語大學專科部法文科第 2 屆
法國格爾諾布第三大學（Université Grenoble-III）現代文學系 D.E.U.G.
就讀時期，古法文為必修課，因此得以讀懂瑪麗‧閨雅親筆書信。
譯著：《聖瑪麗‧閨雅手札》

王秀文　第一部譯者
現任教文藻外語大學法國語文系
法國巴黎第三大學（Université de la Sorbonne Nouvelle- Paris 3）語言與文化教學博士

趙蕙蘭　第二部譯者
現任教文藻外語大學法國語文系
文藻外語大學專科部法文科第 14 屆
法國弗朗什 - 孔泰大學（Université de Franche-Comté）語言科學、教學與符號學博士

陳文瑾　第三部譯者
文藻外語大學專科部法文科第 51 屆
現就讀國立臺南藝術大學藝術史學系

康夙如　第四部譯者
現任教文藻外語大學歐洲研究所
文藻外語大學專科部法文科第 31 屆
法國雷恩第一大學（Université de Rennes 1）國際公法博士

徐落茲　法文諮詢暨審稿
現任教文藻外語大學法國語文系
法國艾克斯 - 馬賽大學（Aix-Marseille Université）語言科學博士

王彩俶　審稿
聖吳甦樂會會士
現任文藻外語大學董事長
文藻外語大學專科部英文科第 1 屆

林耀堂　審稿
現任文藻外語大學副校長
台南大學教育經營與管理博士
輔仁聖博敏神學院神學系學士

易守箴　校內總審
現任文藻外語大學校史館館長
文藻外語大學專科部法文科第 10 屆
紐約市立大學柏魯克學院人力資源管理碩士

洪藤月　校外總審：中法文總審
曾任文藻外語專科學校法文科專任教師
法國巴黎第三大學（Université de la Sorbonne Nouvelle-Paris 3）法國現代文學博士
輔仁大學退休教授
曾獲頒贈法國學術棕櫚騎士勳章（Chevalier de l'0rdre des Palmes académiques）

高豪　　校外總審：天主教相關譯名總審
嚴規熙篤隱修會會士
現任香港大嶼山聖母神樂院院牧
輔仁聖博敏神學院神學系學士

李慶麟　封面設計
現為法國巴黎藝術設計工作者
文藻外語大學專科部法文科第 27 屆
法國里爾高等傳播學院畢業（Ecole supérieure de créatifs en communication）

目次

第一部 ———
在世俗的生活（1599-1630）

第二部 ————
在聖吳甦樂會都爾修道院期間（1631-1639）

中文版推薦序

　　她美麗溫柔，曾是深深被愛的人妻人母；她堅毅聰慧，擅於運籌帷幄，一度肩挑並重振家族事業；她忍辱慈悲，矢志修道成己渡人；她勇敢果斷，成為遠赴新大陸開創福傳新局第一位女性傳教士……她有著屬天的智慧，當一把火燒毀她十年篳路藍縷建好的修道院時，她只是順隨天意淡然表達：「天主給的，天主收回」。

　　瑪麗・閨雅，今天來看，就是一位奇女子！

　　這本近四十萬字的鉅著，中文版的《瑪麗・閨雅》傳記得能問世，不能不感謝文藻校友鍾玉英的玉成，這應是她的畢生大願，也是文藻外語大學難能可貴的一次合作經驗；鍾女士出資成立翻譯團隊並策劃所有相關出版事務，文藻則傾全力支援法文系四、五位大將組成專業團隊合作，從發心、籌劃到完成，歷時將近二年，雖然文藻外語大學超過半世紀以來出版之專書、譯書甚多，但這本特殊鉅作的合作歷程以及成果可謂典範。

　　原著係由加拿大魁北克拉瓦大學與天主教本篤會法國索雷姆大修道院聯合出版，原作者吳立紀神父（Guy-Marie Oury, O.S.B.）是頗負盛名的歷史學家、本篤會

會士。本書無論從文學、歷史、神學、靈修角度觀之都屬上乘之作，在世界各地已有多種語文譯本，但均為簡譯，據考，本中文版為少數全文翻譯的版本之一，對全球天主教會、華文世界乃至於一般對文學或歷史有興趣的讀者而言，都是難能可貴的一本好書。

　　本校有幸參與並完成整個翻譯計畫，須感謝所有參與計畫及資助計畫的各界人士，希望這位被天主教會在 2014 年列聖的聖人，藉由此中文譯本的出版，她不平凡的生命歷程能啟發並照亮諸多仍在人生朝聖旅程中追尋意義的人們。

文藻外語大學校長　陳美華　*Mei Hua Chen*

2022 年歲末

代序——閱讀指南

　　瑪麗‧閨雅神修的首要特色是她和天主聖三的密契結合，特別是她與第二位聖子的神婚（見第一部第九章）。

　　天主聖三的信仰是天主教信仰的核心，在公元 325 年的尼西亞大公會議中給他的拉丁文定義是 Trinitas，英文譯為 Trinity，中文譯為三位一體，都以最簡短扼要的文字表達他們神學上的意義。其實，其內涵之豐富——即天主的生命——絕非這幾個名詞可以給予完美的表達。

　　因之在公元 400 年代末期，幾位希臘文化中的教父——Cappadocian Fathers：Gregory, Bishop of Nyssa, Gregory of Nazianzna 及 Basil the Great，為進一步說明三位一體之間的關係和互動，使用了一個希臘字 perichoresis，它表達的是 rotation，a circle of dance；形容天主聖三的內在生命是：「不斷舞動着的生命」。這字來自希臘文化中一種特別的舞蹈 *，試著表達出天主聖三內在豐富多彩多姿的生命。

　　瑪麗‧閨雅不凡的一生正表達了她所愛的天主聖三豐富的內在生命。生性活潑開朗而又踏實的她曾扮演多種角色：為人妻，為人母，年輕守寡，獨居照顧幼子，

---

* 　編者註：希臘傳統文化，在婚禮的慶典中會跳一種獨特的轉圈圈舞，被稱為 perichoresis「愛的舞蹈」。舞者至少三個人，舞蹈中不斷轉圈，人們在快樂的節奏中手搭著手、肩並著肩，以一種美麗的運動模式穿梭進出，愈跳愈快，卻一直保持著完美的韻律與夥伴同步，最後，快速到他人只能看到模糊、似乎已合為一體的他們，在樂音與舞步中快樂地融攝為一。初期教會的教父們看到這種舞蹈，就解釋說：「這就是三位一體的模式，是一種相互給予和接受的和諧關係，這種關係就是『愛』，也是三位一體的意義所在。」

又因富於幹才，為姊夫誠邀照顧其事業，同時仍繼續深度的祈禱內修生活。與天主聖三先後有密契結合經驗，1627 年與天主聖子神婚，而成為祂的淨配。1631 年當幼子克羅・瑪定（Claude Martin）十二歲時，毅然決然棄俗修道，加入都爾聖吳甦樂修會。1634-1638 年間感到強烈召喚往加拿大向印第安人傳佈福音，在與神師、長上多次分辨後終於在 1639 年橫渡大西洋，8 月抵達魁北克，成為往北美傳教的第一位女性，向印第安原住民少女傳佈福音，終其一生（1672 年 4 月 30 安息主懷），從未返回法國。其間，瑪麗曾寫過無數封信件給兒子克羅、給法國的吳甦樂會院，講述法國傳教區的種種，如法國耶穌會神父的殉道熱誠、魁北克教區及地方的發展等等，這些信件是寶貴的歷史資料，也展現出瑪麗的寫作長才，至今仍保存在巴黎國家歷史博物館中，也為瑪麗贏得「魁北克之母」的尊稱。1911 年教會冊封她為「可敬的」，1980 年列真福品，2014 年 4 月 3 日由教宗方濟各列為聖品。

　　瑪麗・閨雅豐富的一生，誠然活出了她摯愛天主聖三的二種面向 ——「父、子、聖神三位一體」及「不斷舞動著的生命」。

聖吳甦樂修會　王曉風修女
2022 年 12 月 25 日

原著序

　　瑪麗・閨雅（Marie Guyart ／ Marie de l'Incarnation）＊於 1672 年 4 月 30 日長眠於她所創辦的魁北克修道院。1633 年聖誕節以來，這座位於新世界中心的修道院，承載了她傳示後世的思想與心願。

　　瑪麗・閨雅逝世五週年後，她的兒子克羅・瑪定神父（Dom Claude Martin）、本篤會的聖莫爾修道院（la Congrégation bénédictine de Saint-Maur）副總會長，向世人揭開了這位聖吳甦樂會修女生活在天主內的祕密，其內容之深奧令那些即便已熟知她文筆的人們依然驚歎不已。

　　《降生瑪麗生平》（La Vie de Marie de l'Incarnation）出版於 1677 年，它並非傳統寫法的傳記，而是一本蒐集了瑪麗・閨雅吉光片羽的自述，以及她身為本篤會士的愛子對其母思想與教導的評述等彙編而成的文集。幾年後，他又出版了他母親的《書信集》（Correspondance，1681 年）與其他手札，但都經過他的編修與潤飾。

　　著名的新法蘭西歷史學家沙勒沃神父（Père F.-X. de Charlevoix）因撰寫第一本瑪麗・閨雅的傳記而備受讚譽；1724 年這本傳記由布里亞松出版社（Briasson）於巴黎出版，1735 年樂梅西出版社（Le Mercier）再版，之後 1862 年再次發行。該傳記唯一援引的史料正是克羅神父的諸多出版品。

　　在加拿大，卡斯坎神父（H.-R. Casgrain）編寫出版新的《降生瑪麗修女傳》（Histoire de la Mère de Marie de l'Incarnation，1864 年），再次喚起了十九世紀末魁北克聖吳甦樂會對瑪麗・閨雅的記憶。這本傳記篇幅雖不長，但作者卡斯坎神父是首位前往魁北克聖吳甦樂會修道院檔案室進行文獻查考的人，可惜他過於謹慎，所引用的史料並不多。

＊ 譯者註：瑪麗・閨雅（Marie Guyart）進入修會時，選擇「降生瑪麗」（Marie de l'Incarnation）做為她的「會名」，本書中文版中之譯名，為避免讀者混淆，正文部分全採用入修會前之原名：「瑪麗・閨雅」；註解中引用之文獻，或克羅神父引用其母文字時，若其引用之原文為 Marie de l'Incarnation，則採用「降生瑪麗」譯之。

李紹道神父（P.-F. Richaudeau）在重新編輯出版《降生瑪麗書信集》（*Lettres de Marie de l'Incarnation*）之際，也同時撰寫了一本瑪麗・閨雅傳。該傳記雖篇幅較長，但內容卻令人失望（都爾奈出版社 Tournai，1873 年）。沙波神父（l'abbé L. Chapot）的版本（巴黎，1892 年，共兩冊）亦是如此。相反地，瑪麗・尚達爾修女（Mère Marie de Chantal）撰述的《一位聖吳甦樂會南特修院修女所寫的降生瑪麗生平》（*Vie de Marie de l'Incarnation par une Ursuline de Nantes*，巴黎，1893 年）卻令人驚喜，因為她廣泛蒐集前人文獻，並且大量摘錄 1863 年聖托瑪修女（Mère Saint-Thomas）於魁北克出版的作品《魁北克聖吳甦樂會創建史 [1]》（*Les Ursulines de Québec depuis leur établissement jusqu'à nos jours*）。

　　然而，這些作品似乎都無法突破既有讀者圈，並非普羅大眾都會閱讀的聖人傳記。因此，一直到亨利・培蒙（Henri Bremond）於 1922 年的《法蘭西宗教情感文學史》（*Histoire littéraire du sentiment religieux de la France*）第六冊中記載瑪麗・閨雅的生平事蹟時，才讓許多人開始認識她。然而後來出版的所謂傳記，例如聖若瑟・巴拿修女（Mère Saint-Joseph Barnard）的生平、波米艾蒙席（Mgr J.-L. Beaumier）傳記和格盧斯蒙席（Mgr L. Groulx）的小冊子（僅援引法語出版）皆屬通俗之作。

　　雅梅神父（Dom A. Jamet）很早就認為有必要彙整這些文獻史料。他原先計劃重新編輯出版《降生瑪麗全集》（*Oeuvres de Marie de l'Incarnation*）共六冊，包含兩冊《靈修與紀事》（*Ecrits spirituels*）、三冊《書信集》（*Correspondance*）以及一冊由克羅・瑪定神父所寫之《成聖之道》（*L'Ecole sainte*）。[2] 雅梅神父寫道：「這套全集……（還需要）一本瑪麗・閨雅的新傳記才完整 [3]。」因此，雅梅神父曾說過該書是他亟欲出版的第七冊。雅梅神父於 1948 年 8 月 24 日病逝於魁北克主宮醫院，他生前已經出版了四冊長篇作品：前兩冊包含《靈修與紀事》全集，另外兩冊則收錄了瑪麗・閨雅從 1635 年至 1652 年期間的《書信集》。

　　隨著世事變遷，直至 1960 年才得重拾擱置的編撰工作。由於雅梅神父的《書

1　我一直都援引 1878 年再版的作品。這部作品無可取代，它使讀者可以認識到這時期聖吳甦樂會檔案中所涵蓋的重要史料。

2　實際上《書信集》（*Correspondance*）原本有四冊；前兩冊分別出版於 1935 年和 1939 年。

3　*J*。第一冊。〈前言〉（Avant-Propos）。頁 14。

信集》版木早已絕版，如今適逢瑪麗・閨雅逝世三百週年前夕（1672-1972），重新編印出版《降生瑪麗書信集》（*Lettres de Marie de l'Incarnation*）完整作品的時機似乎已經到來。

今日編寫學術性傳記比起以往更有其必要性。雅梅神父本人已進行了相當豐富的研究，他遺留許多筆記，並且標示出各章節的摘要。但這整本書，因為他個人的色彩過重，以致於他人無法援引；倒是雅梅神父本人或是他從別處（主要是魁北克聖吳甦樂會）所查考的珍貴文獻副本深具保存價值，也成為他補充瑪麗・閨雅生平事蹟的重要參考。確切來說，這本傳記得以完成，應歸功於雅梅神父所遺留的文本史料。

★ 為撰寫瑪麗・閨雅傳記蒐集到的主要史料出自於十七世紀克羅・瑪定神父編印出版的作品，包括《靈修札記》（*Relations spirituelles*）、《書信集》和瑪麗・閨雅的其他手札。完整收藏或是片段摘錄的《靈修札記》如下：

1. 1633 年應拉耶神父（P. Georges de la Haye）要求寫下的《靈修札記》（多數片段）。
2. 應蒂內神父（P. Jacques Dinet）要求寫下的《靈修札記》，時間發生在 1634 年至 1635 年期間，八天或十天的年度避靜（完整）。
3. 應拉耶神父要求所寫，1633 年至 1636 年期間的《靈修札記》（整體上似乎已完成）。
4. 於 1653 年至 1654 年為她兒子所寫，她生平中最重要的《靈修札記》。
5. 為她兒子所寫，1655 年至 1656 年期間的《靈修札記補篇》，回應關於靈修札記主要的問題（這些片段可能占了整本札記的絕大部分）。

上述五本叢書，僅有 1653 年到 1654 年所寫的《靈修札記》是由瑪麗・閨雅本人親自撰寫[4]。其餘作品皆由克羅・瑪定神父重新整理，賦予更活潑的風格，他修

---

4 事實上，三河（Trois-Rivière）的聖吳甦樂會修女保存舊版，該版本取自瑪麗・閨雅的手稿；有關各個版本所引起的文本問題的入門，參見隆薩尼著（J. LONSANGNE）。〈降生瑪麗的靈修手札：文本問題〉（Les Ecrits spirituels de Marie de l'Incarnation. Le problème des textes ）。*RAM*。第 44 期。1968 年。頁 161-182。

改部分句子的結構，但保證如實傳達其母親的思想。

《書信集》收錄了二百七十八封書信與些許書信片段。大約只有二十多封書信如實地保存原稿真跡或是副本（抄本）真跡（確切數目為十二封手稿書信，以及兩封克羅神父似乎遺漏的書信副本）（抄本）。至於其他書信，內容經過重新改寫；有些僅部分節錄，有些則是由幾封書信原稿合併而來[5]。

瑪麗・閨雅相關於各類宣講的紀錄，至今尚留存的包括：

1. 《〈雅歌〉簡述》（*L'Exposition succincte sur le Cantique des Cantiques*）於 1682 年在巴黎出版。

2. 1684 年在巴黎出版的《成聖之道》（*L'Ecole sainte*）天主教要理全集。

此外，有必要將《魁北克聖吳甦樂會會憲與會規》（*Constitutions et Règlements des Ursulines de Québec*）列入其中。瑪麗・閨雅與拉勒蒙神父（P. Jérôme Lalement）和其他魁北克聖吳甦樂會修女合編此書，而她編撰的時間比任何人都來得多[6]。

本書內容主要關於降生瑪麗・閨雅的生平、她赴加拿大後的生活以及聖吳甦樂會，援引的主要文獻如下：克羅・瑪定神父出版的《可敬的降生瑪麗修女生平》，該書具有獨一無二的地位。我們亦援引潘慕洛修女（Mère de Pommereu）於 1673 年在巴黎出版的《聖吳甦樂會大事紀》（*Chroniques de l'Ordre de sainte Ursule*）、《魁北克聖吳甦樂會年鑑手抄本》（*Annales manuscrites des Ursulines de Québec*）和《巴黎聖雅各區修道院年鑑》（*Annales du grand couvent du Faubourg Saint-Jacques à Paris*），法國大革命以來典藏於魁北克聖吳甦樂會檔案室。瑪麗・閨雅在加拿大的生活，主要參考文獻有《耶穌會福傳紀事》（*Les Relations des Jésuites*）、《耶穌會會訊》（*Journal des Jésuites*）、《魁北克主宮醫院年鑑》（*Annales de l'Hôtel-Dieu de Québec*），以及卡松（Dollier de Casson）的《蒙特婁歷史》（*Histoire du Montréal*）。

加拿大的聖吳甦樂會和魁北克神學院提供了最多瑪麗・閨雅在加拿大生活的史

5　參見《書信集》（*Correspondance*）之〈簡介〉（Introduction）。
6　目前魁北克聖吳甦樂會正準備發行一個版本。

料。其他地方提供的史料則十分有限。

在法國，瑪麗‧閨雅的相關文獻主要來自於聖吳甦樂會與本篤會的斐揚集團修道院，這些史料收藏於羅亞爾河（Indre-et-Loire）省級檔案室，H 和 G 系列的其他檔案，以及都爾教區（Tours）的天主教名冊之中。許多分散在省級檔案室中的史料提供更多線索。雅梅神父還參閱一些私人收藏的史料，特別是保存在阿朗松（Alençon）附近的里斯勒城堡（l'Isle）、馬耶納省（Mayenne）傅傑侯 - 德 - 布來席斯（Fougerolles-du Plessis）的克萊楓丹城堡（château de Clairfontaine）和羅亞爾河省拉塔朗迪耶（La Talandière）的龍吉宏城堡（château de Longiron）等地的檔案；他從那裡獲取的史料極為珍貴，有助我們更加認識貝第夫人（Madame de la Peltrie），價值非凡[7]。

感謝所有幫助我完成這項工作，並給予我鼓勵的人。這份致謝名單很長，無法一一列出。我特別向魁北克聖吳甦樂會舊修道院的檔案室管理員表達謝意。我同時感謝部門檔案中心的管理員，還有都爾檔案室的管理員黎修先生（M. Riche），以及羅亞爾河沿岸省級檔案室的所有工作人員。感謝加拿大文化中心與魁北克駐巴黎領事館的圖書館館員們的接待、蒙特婁市立圖書館的館員瑪麗‧巴波揚小姐（Mademoiselle Marie Baboyant）提供許多難以在法國找到的檔案照片。另外還有由加拿大和都蘭成員組成的「都蘭與加拿大協會」、加拿大法國公共檔案室的代表何內‧波德里神父（R.P. René Baudry）都竭盡所能地協助我完成此項工作。

由衷感謝編輯《靈修辭典》（*Dictionnaire de Spiritualité*）的哈耶神父（R.P. Rayez），他的讀書筆記對我來說彌足珍貴；魁北克國家檔案室館長瓦松先生（M. André Vachon）同意審閱此書，並且給予我許多的意見[8]。我在此處一併致謝。

本書的第一位讀者是我妹妹瑪麗‧則濟利亞（Marie-Cécile）。我請她務必接受我把此書獻給她。

7　本書的參考文獻詳列於《書信集》的開頭。此處僅在註解中列出參考文獻。同樣地，為節省篇幅，我們於此書開頭僅列出所援引的參考文獻縮寫，這些參考文獻被放在《書信集》版的開頭。

8　部分援引的拼字寫法以現代法語表示；如果沒有這麼做，很難前後一致。降生瑪麗的親筆手稿取得不易。

走訪～聖瑪麗‧閨雅生活過的地方

在父母的期許下，1967 年以第一志願考入文藻法文科，當時的校長是斐德修女。半世紀之後，母親仍念念不忘老校長修長挺拔的身影，慶幸文藻的女子外語教育讓我一生受用無窮。

2015 年春，斐德修女告知：2014 年聖吳甦樂會的瑪麗‧閨雅修女獲教宗宣為聖人，希望我翻譯有關她的書籍，讓更多人認識這位聖人的生平事蹟。為此，兩個月之後的夏天，獨自踏上尋訪她生活足跡之旅。

瑪麗‧閨雅出生於法國都爾，四十歲是她一生最重要的轉折點：由法國搭船橫越大西洋，到達加拿大魁北克。終其一生，沒回去過她的祖國。因此，我在法國和加拿大兩地各走訪三週，總共一個半月的尋尋覓覓。

很幸運地，在魁北克讀到她三百多年前的五封親筆書信，於 2020 年春出版《聖瑪麗‧閨雅手札》中譯本。走走停停中拍了不少照片，現在依序揀選一些與大家分享。年代久遠，解說文或許有些出入，因此不作過多解說。

歷經為人妻、母，以及絲綢與運輸事務等俗世歷練，瑪麗‧閨雅於三十二歲如願進入聖吳甦樂會；四十歲遠赴加拿大魁北克，學習印第安原住民的四種語言，傳播福音；七十三歲安息主懷。每一階段的獨特作風和充滿神祕色彩的信仰，都走向創新局面。二十一世紀的我們，讀著十七世紀人物記事，不得不嘆其為立於時代浪潮尖端的神祕女性。

感謝修女們熱心帶領，親炙聖人足跡。
瑪麗‧閨雅生活的年代和地方：
1599-1639 法國都爾
1639-1672 加拿大魁北克

文藻外語大學第二屆法文科 　鍾玉英
寫於 2022 年 6 月

瑪麗・閨雅在此堂區
出生，1599 年 10 月
29 日在此教堂領洗。

法國都爾市Eglise St. Saturnin
聖薩杜南教堂

瑪麗・閨雅領洗的原始紀錄

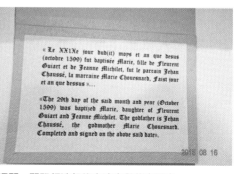

瑪麗・閨雅領洗紀錄之法文與英文譯文

1631 年 1 月 25 日瑪麗・閨雅進入聖吳甦樂會如願成為修女。

1633 年 1 月 25 日瑪麗・閨雅在此聖堂發終身願。

右邊拱門上掛的是藝術家雕刻的瑪麗・閨雅畫像。

法國都爾市聖吳甦樂會修院的Saint Michel聖堂　　　　　Ermitage St. Joseph 祈禱小屋

瑪麗・閨雅自 1633 年 1 月 25 日開始常來此祈禱。

1639 年 1 月 22 日來此感謝天主賜給她去加拿大展開福傳的機會。

法國都爾市郊，建於第四世紀的古老修道院遺址
Ancienne Abbaye de Marmoutier

瑪麗・閨雅的兒子進入本篤會後，

曾駐此修道院一段時期。

Ermitage St. Joseph 祈禱小屋簡樸的內部

在古老修道院 Ancienne Abbaye de Marmoutier 遺址附近，有法國詩人洪薩博物館 Prieuré St Cosme Eglise Tombeau de Ronsard。占地寬廣的館區內，一座古老修道院食堂，經整修後，請華人畫家趙無極在十五片玻璃窗上作畫，唯紅與黑二色墨筆。然而，由食堂內部仰望，窗外的陽光或枝葉，隨四季晨昏之時序，讓玻璃上的畫作看起來變化無窮。藝術家的精心創意融匯古、今、中、外建築，及繪畫藝術於一堂。以上四圖看似與本書無關，然此地距離都爾市不遠，修女們帶領參觀時，都還能隨意背頌詩人洪薩（1524-1585）的詩句。相信自幼喜愛閱讀的瑪麗‧閨雅也讀過洪薩的詩。

1639 年 8 月 1 日瑪麗‧
閨雅團隊到達加拿大魁
北克，換乘小船在聖羅
倫河上岸，踏上魁北克
土地。

1639 年法蘭西國王路易十三親自簽署的特許書：

准予瑪麗‧閨雅修女團隊在新法蘭西（即加拿大魁北克）成立聖吳甦樂會修院與
神學院，教育印第安原住民女童與男童。（資料來源：魁北克聖吳甦樂會修院檔案室編號
3111412）

七年多前，在魁北克聖吳甦樂會修院檔案室看到此文件時的驚訝場景，至今記憶猶新。當時的檔案室只有數張桌椅，見不到任何檔案櫃。詢問之下，管理員送來一本厚厚的檔案目錄，我立刻點選有關瑪麗·閨雅的文件。

她的五封親筆書信，小小紙張，娟秀的字，讓我讀得淚眼汪汪。內心澎湃尚未半息之時，在目錄中，看到路易十三簽署的特許書，問管理員：「這個可以嗎？」她回答：「沒問題。」過了一些時候，管理員推著推車進來，上面放著約一公尺長的大長方形木框到我面前，我天真地問：「這是什麼？」她回答：「這是妳點選的啊！」仔細一看，真的！立刻問：「我可以拍照嗎？」她回答：「可以。」當時塵封 376 年的珍貴史料就如此被攝影珍藏。

魁北克聖吳甦樂會修院入口旁的瑪麗·閨雅與印第安女童雕像

瑪麗·閨雅的玫瑰念珠

魁北克聖吳甦樂會修院瑪麗・閨雅之墓。由左側鐵網望去，可看到大聖堂的紅棕高背椅。

魁北克聖吳甦樂會修院大聖堂

魁北克聖吳甦樂會修院小聖堂

魁北克聖吳甦樂會修院瑪麗・閨雅專區：
瑪麗・閨雅時代生活物品

遠離祖國的後半輩時光，瑪麗・閨雅大多在深夜持筆不懈，
寫信給在法國的兒子、親友、神父修女……等人，估計寫了
數千封，因此以手持羽毛筆紀念她。

魁北克聖吳甦樂會修院
瑪麗・閨雅戶外紀念雕塑

本書常用參考文獻縮寫對照表

V	《可敬的降生瑪麗修女生平》（*Vie de la Vénérable Mère Marie de l'Incarnation*）。克羅‧瑪定神父著（Dom Claude Martin）。巴黎出版。1677年。
J	《靈修與紀事》（*Ecrits spirituels et historiques*）。1929-1939年（共四冊）。出版者雅梅神父（Dom Albert Jamet）。巴黎-魁北克出版。
0	《書信集》（*Correspondance*）。出版者吳立紀神父（Dom G. Oury）。索雷姆出版。1971年。
AD	《省級資料檔案》（*Archives départementales*）。
AD I.-et-L	《安德爾-羅亞爾省級資料檔案》（*Archives départementales d'Indre-et-Loire*）
ASQ	《魁北克神學院檔案》（*Archives du Séminaire de Québec*）
AUQ	《魁北克聖吳甦樂修會檔案》（*Archives des Ursulines de Québec*）
BRH	《歷史研究集刊》（魁北克）（*Bulletin des Recherches historiques, Québec*）
BSAT	《都蘭考古協會集刊》（*Bulletin de la société archéologique de Touraine*）
CD	《狄斯期刊》（蒙特婁）（*Cahiers des Dix, Montréal*）
DBC	《加拿大名人傳記辭典》（*Dictionnaire biographique du Canada*）。出版者拉瓦大學出版中心。魁北克出版。第一冊。1966年。第二冊。1969年。
JJ	《耶穌會會訊》（*Journal des Jésuites*）。出版者拉維地耶與卡斯坎（Laverdière et Casgrain）。蒙特婁出版。1892年。
MSAT	《都蘭考古協會論文集》（*Mémoires de la Société archéologique de Touraine*）
RAM	《苦行和奧祕期刊》（*Revue d'Ascétique et de Mystique*）
RAPQ	《魁北克省檔案報告》（*Rapport de l'Archiviste de la Province de Québec*）
RHAF	《法屬美洲歷史期刊》（*Revue d'Histoire de l'Amérique française*）
RHEF	《法國教會歷史期刊》（*Revue d'Histoire de l'Eglise de France*）
RJ	《新法蘭西耶穌會福傳紀事》（*Relations des Jésuites de la Nouvelle-France*）。魁北克出版。1858年。Q：魁北克版。1858年；Th：思維特版（R.-G. Thwaites）。克里夫蘭（Cleveland）出版。1896-1901年；紐約再版。1959年。

第 一 部

在世俗的生活

(1599-1630)

第一章

童年時期

（1599-1616）

　　路易十三時期，阿姆斯特丹佛蘭德區（Flamand）的製圖師尼古拉‧維斯榭（Nicolas Visscher）[1] 所創作的巨幅銅刻版畫 [2] 如實再現十七世紀初的都爾市（ville de Tours），這座「有著法國花園之稱的古老宏偉城市」。四幅畫作呈現羅亞爾河流經城市的景觀。

　　藝術家或許以層層山巒做為這幅畫作的城市背景，卻與榭爾省（le Cher）寧靜的山景大相逕庭。畫中他移動建築物的位置，讓整幅畫面更顯生動。畫作其餘部分栩栩如生，仔細近看，映入眼簾的是「聖加蒂」主教座堂（Cathédrale Saint-Gentien）的塔樓。

　　如果需要更多資訊，可以參考都爾市立圖書館的近代小幅畫作 [3]，或是省級檔

1　關於維斯榭（Nicolas Visscher, 1586-1652），參見烏茲巴赫著（A.von WURZBACH）。《荷蘭藝術家辭典》（*Niederl. Kunsterlexikon*）。第二冊。維也納出版。1910 年。頁 795。

2　在都爾市政圖書館，省級檔案館和索雷姆修道院（Abbaye de Solesmes）的圖書館中可查閱。

3　轉載自貝雷著（PERET）。《降生瑪麗在都爾的生活》（*La vie tourangelle de Marie de l'Incarnation*）。都爾出版。1964 年。頁 2。

案館裡再版複印的早期地圖[4]。

都爾是一座長條形的城市；從羅亞爾河以南綿延超過 2.5 公里，寬度不超過 400 公尺。從歷史來看，都爾市的樣貌由相鄰 1 4 公里的兩處城鎮發展而成。城市東邊是古老的主教舊城，附近有聖莫里斯主教座堂（Saint-Maurice）（現為聖加蒂教堂）；西邊沿著聖瑪定（Saint Martin）的墓地發展成為朝聖者聖城。十四世紀，這兩座小城市及附近的城鎮合併形成最初城牆的樣貌。

十七世紀初，都爾市殘存的古城牆令人窒息。法王亨利四世拆除了古城牆、荒涼的城門、溝渠和廣場，建造新城牆。1592 年 10 月 8 日，亦即瑪麗・閏雅出生前七年，新城牆開始動工興建，工程持續了將近一個世紀，直至 1685 年才完工[5]。

吉羅戴（E. Giraudet）利用當地史料進行大量研究，他表示 1598 年人口普查中共計有 55,331 名天主教徒和一百二十八戶新教徒家庭[6]。很可惜他沒有指出這些數字的來源，後人也就無法得知數字來源。都爾市當時可能有如此多的人口嗎？十七世紀到十八世紀期間，都爾市面積不斷地擴增，1801 年人口普查顯示都爾市也只有 21,177 名居民。根據零售葡萄酒消費的財政稅或者「間接稅」顯示，貝納・修瓦利先生（M. Bernard Chevalier）認為 1520 年左右，這座城市及其附近城鎮人口應該有一萬七千人[7]。因此，十七世紀初，人口約為二萬人左右。即使人口減少許多，都爾市仍是當時法蘭西王朝的其中一座大城市，也是最活躍的城市之一。

4 康梅松著（Ch. De GRANDMAISON）。《都爾市考古：歷史與古蹟》（*Tours archéologique, Histoire et monuments*）。巴黎出版。1879 年。頁 234；杭賈著（R.RANJARD）。《都蘭考古》（*La Touraine archéologique*）。第二版。都爾出版。1949 年。頁 8。

5 康梅松著（GRANDMAISON）。同上。頁 214-215。

6 吉羅戴著（E. GIRAUDET）。《都爾市歷史》（*Histoire de la ville de Tours*）。都爾出版。1873 年。第二冊。頁 97。

7 修瓦利著（B.CHEVALIER）。〈舊政權時期都爾人口〉（La population de Tours sous l'ancien régime）。*BSAT*。第 35 期。1967 年。頁 45-46；杜普基著（J.DUPAQUIER）。《第 93 屆全國博學協會研討會》。〈十七世紀末和十八世紀初都爾市的選舉人口〉（Le peuplement de l'élection de Tours à la fin du XVIIème siècle et au début du XVIIIème siècle）。都爾舉行。1968 年；《現代和當代歷史》（*Sect. D'Hist. Mod.et contemp*）。第二冊。巴黎出版。1971 年。頁 249。註 252-253。

路易十一世以來，該城市以絲綢產業為主。多數居民賴此維生[8]。十六世紀後期，都爾市的經濟遭受巨大衝擊。根據 1596 年盧昂（Rouen）市政府所收到的陳情書，1570 年左右，工廠雇有八百名師傅和六千名學徒，包含學徒家屬共一萬二千人賴以維生。十六世紀末，工廠因經濟危機，業務量少了四分之三[9]。

　　都爾市是法國西部的宗教城市。總主教牧區轄管蒙斯（Mans）、昂熱（Angers）和布列塔尼等教區的主教們、各個修道院和詠禱司鐸班（Chapitres）；如前所述，城中兩處主要宗教中心包括：主教座堂轄下的一百九十位有職俸的聖職人員，以及古老的聖瑪定大修道院，後來成為副主教座堂（collégial）。數據顯示這些教區中的主次級聖職人員不少於二百五十位。其他的教區內的聖職人員有：聖瑪定修道院附近的聖維南（Saint-Venant）司鐸團（十名詠禱司鐸和十八名專職司鐸），以及副主教座堂北邊的聖皮耶勒普利司鐸團（Saint-Pierre-le-Puellier）（十名詠禱司鐸和八名專職司鐸）；主教座堂附近，還有德拉巴索的聖瑪定修道院司鐸團（Saint-Martin de la Basoche）（有四位詠禱司鐸）。城外以西，有隸屬於普萊西都爾（Plessis-les-Tour）的皇家城堡，有十二名詠禱司鐸所組成的普萊西司鐸團[10]。堂區間毗鄰而居，十分密集，規模大小適中。

　　教區聖職人員接受托缽修會會士們的協助推展教務，但彼此之間偶爾也會相互競爭。都爾市裡有方濟會在科德列（Cordelier）的修道院，到十七世紀末已有十七位方濟會士；另外還有道明會在雅各賓的修道院（Jacobins，十五位會士）、奧斯定會大修道院（Grands-Augustins，十五位會士）和加爾默羅隱修院（Carmes，二十四位隱修士）[11]。

8　皮耶‧卡侯（Pierre CARREAU）1968 年之回憶錄宣稱，在黎希留對外擴張時期，約有 20,000 名工人和 8,000 架織機；他肯定誇大數字：參見德‧拉默特伯爵著（Comte Boulay de LA MEURTHE）。《從皮耶‧卡侯到夏勒梅有關都蘭省的歷史研究》（*Pierre Carreau et les travaux sur l'histoire de Touraine jusqu'à Chalmel*）。*MSAT*。第 50 期。1919 年。頁 171。

9　1596 年只有 200 位師傅，參見波斯博著（L. BOSSEBOEUF）。《都爾絲綢工廠歷史：從成立到十九世紀》（*Histoire de la fabrique de soieries de Tours des origines au XIXème siècle*）。都爾出版。1901 年。頁 288-289。

10　更多相關細節，參見《教會和神學》（*Eglise et Théologie*）。第一冊。〈深入認識降生瑪麗靈修：1599-1639 年都蘭天主教復興運動〉（*Pour une meilleure connaissance de la fromation spirituelle de Marie de l'Incarnation le mouvement de restauration catholique en Touraine, 1599-1639*）。頁 39-59，171-204。

11　修道院人數參見《皮耶‧卡侯回憶錄》（*Mémoires de Pierre Carreau*）。頁 210-213。

本篤會的聖朱利安大修道院（Saint-Julien）於十七世紀初已荒廢；此處由都蘭省（Touraine）負責人蘇弗雷侯爵（M.de Souvré）接管[12]。城外有幾座修道院：位於羅亞爾河以北、城市以東半里處有馬穆蒂大修道院（Marmoutier），當時人煙依舊稠密[13]。南邊座落著康蒙-博拉伊隱修院（Grandmontain de Bois-Rahier），又稱康蒙都爾隱修院（Grandmont-les-Tours），接著是博蒙都爾本篤會（Beaumont-les-Tours）大修道院和普萊西的方濟最小兄弟會修道院（Minimes），又稱為「耶穌－瑪利亞」修道院，由聖方濟保拉（Saint François de Paule）在早幾個世紀前所創立[14]；整個十六世紀，此修院中對信仰的熱心虔敬不曾斷過；弗塞（Fossé）領主皮耶・托瑪（Pierre Thomas）的回憶錄記載[15]，這是一座綻放著耀眼光芒、遠近馳名的朝聖地。最後，羅亞爾河島上的普萊西市（Plessis）以西矗立著聖葛斯默修道院（Saint-Côme），1585年詩人洪薩（Ronsard）長眠於此。方濟最小兄弟會修道院和博蒙都爾本篤會修女大修道院（l'abbaye de Beaumont-les-Tours）是其中發展最為蓬勃的兩座修道院。

　　整體而言，都爾市居民仍相當重視天主教傳統信仰。儘管基督新教的團體數量不多，卻吸引許多中產階級加入，其影響力相當可觀。

　　宗教戰爭期間，都蘭省歷經艱困時期：1562年4月2日至7月10日，都爾市被占領期間，基督新教遭受巴蘭（Ballan）大屠殺，天主教則是在1562年7月、1564年9月到10月遭受大屠殺，留下了不可磨滅的歷史印記。比起法國其他地

12　修道院當作司法法院所在地，參見《路易十三御醫尚・艾羅日記》（*Journal de Jean Heroard, Médecin de Louis XIII*）。蘇里（E. SOULIÉ）和巴塞洛米伯爵（E. de BARTHÉLÉMY）共同出版。巴黎出版。1868年。第二冊。頁146-147；《法國天主教歷史索引》（*Gallia christiana*）。第十四冊。頁253。

13　關於馬穆蒂鎮，參見馬丹著（Edmond MARTÈNE）。《馬穆蒂鎮的歷史》（*Histoire de Marmoutier*）。出版者修瓦利（C. CHEVALIER）。第二冊。都爾出版。1875年。頁127。395頁起。

14　甘卡萊（QUINCARLET）與修瓦利（Ch. CHEVALIER）共同主編。〈聖方濟保拉在普萊西的修道院〉（Le couvent de Saint François de Paule au Plessis）。收錄於 *MAST*。1873年。第23期。頁123-140；德・阿迪西著（L.DONY d'ATTICHY）。《方濟最小兄弟會修會通史》（*Histoire générale de l'Ordre des Minimes*）。巴黎出版。1624年。頁270起；威斯摩爾著（P.J.S.WITHMORE）。《十七世紀法國方濟最小兄弟會》（*The Order of Minimes in seventeenth century in France*）。海牙出版（La Haye）。1967年；韋津著（Gilberte VEZIN）。《方濟最小兄弟會的創始人聖方濟保拉與法國》（*Saint François de Paule, Fondateur des Minimes, et la France*）。巴黎出版。1972年。

15　《皮耶・托瑪回憶錄》（*Mémoires de Pierre Thomas*）。出版者布給（F. BOUQUET）。第四冊。盧昂出版。1879年。頁26。

區，都爾市這兩個宗教團體之間的衝突已經相對輕微。此地雖未加入任一團體，對國王卻仍忠心耿耿[16]。歷經多次艱辛的談判後，《南特敕令》（l'édit de Nantes）頒布，宗教改革者不用遠赴當地政府所建議的蒙路易（Montlouis）（距都爾市至少二古里）附近的米勒提（Milletièle）傳播福音，而是可以直接到都爾市郊區，靠近普萊西城堡（1599 年 8 月 25 日）就近福傳。他們和平地進行福傳工作，直至 1621 年發生騷亂事件為止[17]。

麵包師傅佛倫・閨雅（Florent Guyart）之妻珍妮・米歇雷（Jeanne Michelet）生下小瑪麗・閨雅時，他正在聖薩杜南堂區（Saint-Saturnin）工作。小瑪麗・閨雅的出生地尚無法確定，據說她出生在皮匠街（Tanneurs）31 號。或許哪天找到她的出生證明，才能化解這些疑問。十六世紀末，聖薩杜南堂區是該市最大、最富裕的堂區。堂區延伸至市中心，沿著羅亞爾河，介於加爾默羅隱修院（現為聖薩杜南教堂）和國王市集（Foire-le-Roi）廣場以外道明會的雅克賓修道院之間。聖薩杜南堂區亦包含聖雅各島中間部分，此地的居民有五分之三來自船運行會員工，此處也提供少數做粗活和粗獷的水手居住[18]。

聖薩杜南教堂領洗錄上至今仍保存瑪麗・閨雅領受聖洗聖事的紀錄，上面寫著：「1599 年 10 月 29 日是瑪麗・閨雅領洗日，瑪麗・閨雅是佛倫・閨雅和珍妮・米歇雷之女；代父為傑安・修塞（Jehan Chaussé），代母為瑪麗・舒斯納（Marie Chouesnard），註記年分和日期[19]。」瑪麗・閨雅的出生日是公眾假日，正值聖西滿（Saint Simon）和聖猶達（Saint Jude）的節日（1599 年 10 月 28 日）。

十六至十八世紀期間，瑪麗・閨雅領洗的教堂曾多次被描述。教堂在法蘭西

16 斯蒂曼著（A. STEGMAN）。《聖瑪定墓和宗教戰爭》（Le tombeau de Saint-Martin et les guerres de religion）。馬提尼安年紀念館。RHEF。1961 年。頁 109-111；德・聖・安德烈著（DUPIN de SAINT-ANDRÉ）。《新教徒在都蘭的歷史》（Histoire du protestantisme en Touraine）。巴黎出版。1885 年。頁 86-95、111 頁起；〈洛什和都蘭宗教戰爭歷史〉（Histoire du protestantisme en Touraine）。MSAT。1906 年。第 45 期。

17 德・聖・安德烈著（DUPIN de SAINT-ANDRÉ）。同上。頁 154-157。

18 佛羅雷著（A. FLEURET）。《都爾教堂：1303 -1790 年古老的聖薩杜南堂區、加爾默羅會隱修士和本篤會的聖朱利安大修道院》（L'Eglise de Tours. L'ancienne paroisse de Saint Saturin, les Carmes et les Bénédictins de Saint-Julien, 1303-1790）。巴黎出版。1897 年。頁 3-15。

19 AD I.-et.L.。聖薩杜南教堂領洗錄。

共和曆六年二月出售前（亦即 1798 年 2 月 20 日）[20]，由建築師雅各敏（Bernard Jacquemin）負責教堂鑑定工作。根據他 1799 年的描述，該處教堂位於商業街南側，接近卡戴特府邸（Hôtel Gardette，現為古安府邸 Hôtel Gouïn）對面[21]。本堂神父住在西邊，緊鄰著墓地。

聖薩杜南教堂於十六世紀期間幾乎重新改建，建築物呈長條型，由兩排四根柱子區隔成三間中殿[22]。聖薩杜南教堂面積還算大，教堂 15 古尺長（相當於 27 公尺）×12.3 古尺寬（約 22 公尺），教堂有一座建於 1520 年左右的宏偉鐘樓，媲美主教座堂門廊兩側的鐘樓，市政府的座鐘也置放於此。

我們對瑪麗・閨雅家庭背景的認識來自尚貝（E. Chambert）[23]和雅梅神父（Dom Jamet）[24]兩位都蘭學者的研究。

1592 年至 1612 年期間，麵包師傅佛倫・閨雅和珍妮・米歇雷共生下八名小孩，瑪麗・閨雅排行老四。

1592 年 12 月 21 日長女克蘿（Claude）於聖薩杜南教堂領洗。克蘿比瑪麗・閨雅年長七歲，在她生活中相當重要，因為 1621 年至 1631 年間[25]，瑪麗・閨雅曾於她大姊家工作過。

艾利（Hély）是家中長子，1595 年 5 月 3 日於聖薩杜南教堂領洗。艾利和他父親一樣是麵包師，1618 年至 1619 年，他住在岳父尚・杜格（Jean Dugué）家，他岳父在聖皮耶勒普利堂區經商。後來他接手父親的麵包店，先是當合夥人，爾後

---

20 該報告於法蘭西共和曆六年雪月 20 日（1798 年 1 月 9 日）簽署，參見康梅松著。《都爾市考古》（*Tours archéologique*）。頁 207-208。

21 古老的新觀府邸（Xaincoings）；十六世紀命名為卡戴特（Gardette），直到 1621 年為止。然後轉讓給恭班家族（Compain）；目前是古安府邸（hôtel Goüin），都蘭考古學會所在地，杭賈著（RANJARD）。同上。頁 109。

22 大家非常讚歎代表基督一生的精美掛毯。參見康梅松著（GRANDMAISON）。〈都爾聖薩杜南的舊掛毯估價〉（Estimation des anciennes tapisseries de Saint-Saturnin de Tours）。收錄於《法國藝術家評論》（*Revue des Artistes français*）。1889 年。第 5 期。頁 152、330-331、207-208。

23 尚貝著（E. CHAMBERT）。〈從降生瑪麗修女的生活、她的信件和都爾教區的公民身分登記簿認識她的家人〉（La famille de la Vénérable Mère Marie de l'Incarnation, d'après sa Vie, ses Lettres et les registres d'état-civil des paroisses de Tours）。*BSAT*。第 23 期。1927 年。頁 91-104。

24 *J*。第三冊。頁 129、219-220、222、234-235。

25 克蘿的兒女有：1）保羅，1624 年 6 月 17 日在聖皮耶德可教堂領洗；2）瑪麗，1626 年 12 月 7 日領洗；她在都爾成為聖吳甦樂會修女，她沿用阿姨的會名。

成為繼承者 [26]。

　　繼艾利之後，佛倫・閨雅的另一位兒子於 1598 年 7 月 14 日在聖薩杜南教堂領受洗禮，以自己之名命名為佛倫。小「佛倫」（Fleurant）出生不久就夭折，所以他又把 1604 年 5 月出生的兒子取了相同的名字。

　　瑪麗・閨雅在佛倫夭折一年後出生，她排行在凱特琳（Catherine）之前，凱特琳在 1602 年 5 月 27 日領洗。十九歲時她嫁給同是麵包商的馬克・巴里耶（Marc Barillet）[27]。

　　1604 年 5 月 28 日，另一位佛倫在聖薩杜南教堂領受洗禮，其生平難以得知。雅梅神父記載 1644 年 6 月 3 日聖皮耶德可堂區（Saint-Pierre-des-Corps）住著一位佛倫・閨雅，他是芳莎・卡尼（Françoise Gaigne）的丈夫。或許他是瑪麗・閨雅的大弟。

　　珍妮是排行第七的女兒，她領洗的日期和地點不詳，但是出生日期確定介於 1606 年至 1610 年期間。她很年輕就嫁給了西維斯特・諾曼（Sylvestre Normand）。根據克羅・瑪定神父（Claude Martin）的記載，這位學校老師是一位「博學多聞之士，擁有眾多才能，在法國詩方面特別有天分 [28]。」

　　瑪竇（Mathieu）排行老么，出生地屬聖皮耶德可堂區（今聖皮耶維爾 Saint-Pierre-Ville），佛倫・閨雅後來定居於此。1612 年 5 月 9 日瑪竇在此處領洗，但是他出生不久就夭折，因此絕對可以確認他的身分。另外一位與他同名同姓的瑪竇，

26　艾利的兒女有：1）凱特琳，1619 年 5 月 14 日在聖皮耶勒普利教堂（Saint-Pierre-le-Puellier）領洗；2）克羅，1621 年 1 月 2 日在聖皮耶德可堂領洗；3）路易絲，1622 年 8 月 21 日在同一個教堂裡領洗；4）查理，1624 年 6 月 6 日領洗。艾利可能在 1640 年至 1641 年冬季辭世，參見 J．第三冊。頁 218。

27　凱特琳和馬克・巴里耶（Marc Barillet）共有 11 位兒女：1）雅吉妮（Jacquine），1621 年 10 月 21 日在聖塞弗里安堂（Saint-Symphorien）領洗；2）馬克在 1623 年 10 月 23 日領洗；3）瑪麗在 1625 年 11 月 22 日領洗，一家人遷居至聖皮耶德可堂區；4）芳莎在 1632 年 6 月 5 日領洗；5）米歇爾在 1633 年 6 月 20 日領洗；6）佛倫在 1634 年 7 月 12 日領洗；7）查理在 1635 年 8 月 18 日領洗；8）瑪麗二世在 1637 年 2 月 18 日領洗；9）若瑟在 1642 年 3 月 19 日領洗；10）、11）皮耶和凱特琳在 1643 年 1 月 24 日領洗。

28　珍妮（Jeanne）和西維斯特・諾曼（Sylvestre Normand）有七個孩子都在聖皮耶德可教堂領洗。1）瑪麗（Marie）在 1626 年 2 月 4 日領洗；2）西維斯特（Sylvestre）在 1627 年 3 月 17 日領洗；3）瑪麗二世（Marie II）在 1629 年 10 月 31 日領洗；4）珍妮（Jeanne）在 1631 年 2 月 23 日領洗；5）西維斯特二世在 1634 年 1 月 4 日領洗；6）珍妮二世（Jeanne II）在 1636 年 9 月 30 日領洗；7）尚（Jean）在 1639 年 9 月 25 日領洗。關於西維斯特・諾曼老師，參見 V。頁 186。

1627 年與芳莎・藍伯宏（Françoise Lambron）結婚，育有一名女兒瑪麗。瑪麗・閨雅是她的代母。第二位瑪寶是她的堂兄，而不是親兄弟[29]。

除了瑪麗・閨雅的手足及其家人外，很難確切得知其他親戚的身分，她的領洗證書上亦未記載代父母的家庭狀況。

然而，從瑪麗・閨雅父親的親戚中可得知她尚有一位叔叔耶烈米・閨雅（Hierémye Guyart），他是昂迪涅（Andigné）領地書記官，該地位於盧恩斯市（Luynes）附近的聖艾田・德奇尼市（Saint-Etienne de Chigny）；1598 年小「佛倫」出生時，耶烈米・閨雅亦是他的代父。

瑪麗・閨雅母親的親戚中有克蘿・西滿（Claude Simon）的丈夫保羅・米歇雷（Paul Michelet）（克蘿・西滿其實是克蘿・閨雅的代母）[30]，與艾利・古龍（Hélye Coullon）的妻子凱特琳・米歇雷（Catherine Michelet），以及亞當・布里（Adam Bry）[31] 的妻子瑪特・米歇雷（Marthe Michelet）。

瑪麗・閨雅的代父傑安・修塞（Chaussé 或是 Chaussay）極有可能是家中的一位表親。他其中兩個女兒後來進入都爾的加爾默羅隱修院。第三個女兒進入聖吳甦樂會（Ursuline），在瑪麗・閨雅發願不久之後，她於 1633 年 3 月 12 日成為聖吳甦樂會修女。傑安・修塞當時是鑄冶商人（五金批發商[32]）。

至於瑪麗・閨雅的代母，領洗證書上記載的名字是瑪麗・舒斯納（Marie Chouesnard），署名瑪麗・官娜（Marie Coinard）。她是地毯商亞歷山大・莫特宏（Alexandre Motheron）的妻子，同時她也是瑪特（1597 年 8 月出生）、艾田（Etienne，1601 年 5 月 7 日領洗），和另外一位兒子塞巴斯汀（Sébastien）三位小孩的母親[33]。莫特宏是一位家喻戶曉的名人。經過十年的奮鬥和生意來往，這位掛

---

29 瑪寶（Matthieu）的女兒瑪麗（Marie）於 1627 年 3 月 1 日在聖皮耶德可教堂領洗。

30 珍妮・米歇雷的父親自稱為保羅（Paoul），在 1557 年之前娶了瑪特・米耶（Marthe Millet），他是一位麵包師傅，於 1592 年建造了主宮醫院（Hôtel-Dieu）；請參見吉羅載著（GIRAUDET）。〈都爾公共救濟歷史〉（Histoire de l'Assistance publique à Tours）。*BSAT*。第 2 期。1871 年。頁 153；他還是市政機構供應商。尚貝著。同前。頁 104。

31 關於尚・米歇雷（Jean Michelet），他是國王的侍從和顧問，1633 年至 1661 年期間在都爾擔任刑事總監，他似乎是瑪麗・閨雅的親戚，參見 *J*。第三冊。頁 364-365。

32 *J*。第三冊。頁 396-397。

33 聖薩杜南教堂領洗錄。

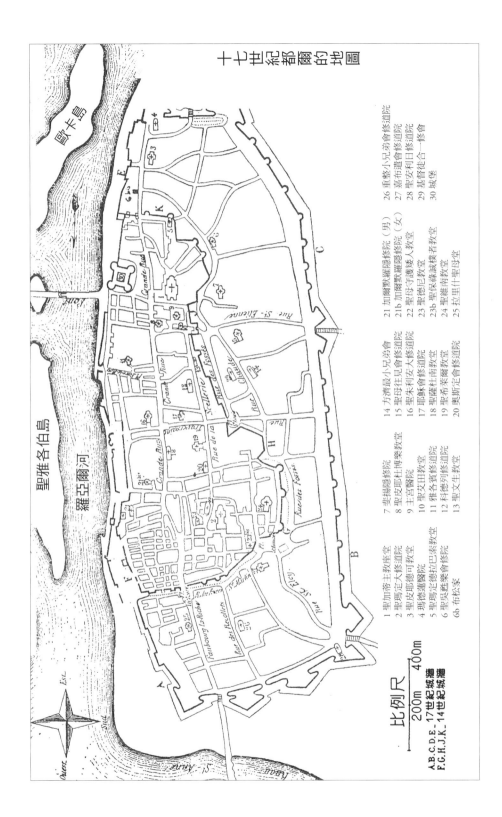

十七世紀都爾的地圖

歐卡島

聖雅各伯島

羅亞爾河

比例尺

200m 400m

A.B.C.D.E_17世紀城牆
F.G.H.J.K_14世紀城牆

1 聖加蒂主教座堂
2 聖瑪定大修道院
3 聖皮耶德可教堂
4 瑪德蓮醫院
5 聖瑪定德拉巴桑教院
6 聖吳甦樂會修院
6b 布松家

7 美揚隱修院
8 聖皮耶杜博樂教堂
9 王宮醫院
10 聖艾田教堂
11 雅各賓修道院
12 科德列修道院
13 聖文生教堂

14 方濟最小兄弟會
15 聖母往見會修道院
16 聖朱利安大修道院
17 耶穌會修道院
18 聖薩杜南教堂
19 聖希來爾教堂
20 奧斯定會修道院

21 加爾默羅隱修院（男）
21b 加爾默羅隱修院（女）
22 聖母守護矮人教堂
23 聖德尼教堂
23b 聖保祿誠樸苦者教堂
24 聖雅南教堂
25 拉里什聖母堂

26 重整小兄弟會修道院
27 嘉布遣會修道院
28 聖安利日修道院
29 基督徒合一修會
30 城堂

毯大師的兒子和孫子，在他們的住所尚未成為聖吳甦樂會修院之前，成功地在都爾市的小布爾代吉（Petite-Bourdaisière）創立戈布蘭家族（Gobelins）掛毯分工廠。他的工廠經營到 1630 年為止[34]。

瑪麗・閨雅十一歲時初次當上代母。至少聖皮耶德可堂區初次記載此事。她的侄子和侄女當中有四名是她的代子女[35]，其他無親屬關係的代子女則有近十二位左右。可惜的是，許多代子女的姓氏無法追溯其血緣關係。

調查瑪麗・閨雅的親屬過程中，從他們的職業（和婚姻關係）可以明顯地看出她是來自中產階級家庭。她兒子說，她「出生於……家境小康、天主所賜予的恩寵多於其財富的家庭之中。她的父親值得被稱讚之處，正是在於他的誠實和正直……至於她母親珍妮・米歇雷，她的社會地位比較高：她來自古老的巴布（Babou）世家，法王法蘭西一世（François Ier）時期，家族許多名人深受教會和國家重用，他們和最具崇高地位的王室聯姻後，名氣則更為顯赫[36]。」

巴布家族是近代貴族[37]。他們來自布爾日區（Bourges），十五世紀後期宮廷設在都蘭省時才遷居於此地。

34 吉羅戴著。《都爾藝術家》（Les Artistes tourangeaux）。MSAT。第 23 期。都爾出版。1885 年。頁 301-307；吉夫雷著（J.GUIFFREY）。〈都爾的掛毯工作坊〉（Les ateliers de tapisserie de Tours）。收錄於《歷史科學工作委員會集刊》（Bull. Du Comité des travaux historiques et scientifiques）。1884 年。頁 102-114；波斯博著（L.BOSSEBOEUF）。《都爾的掛毯製造廠歷史》（Histoire de la manufacture des tapisseries de Tours）。MSAT。第 43 期。都爾出版。1904 年。亞歷山大的兒子艾田・莫特宏（Etienne Motheron），進入斐揚隱修會（les Feuillants），入會後會名為聖若望（Etienne de Saint-Jean）；他在掛毯和精緻刺繡作品史上享有美名。參見夏樂梅著（J.-L.CHALMEL）。《都蘭歷史》（Histoire de Touraine）。第四冊。巴黎－都爾出版。1828 年。頁 348；亞歷山大・莫特宏（Alexandre Motheron）的逝世證明書於 1639 年 10 月 15 日載入聖薩杜南教堂的登記名冊中。

35 艾利的兒子查理；瑪竇的女兒瑪麗；凱特琳的女兒瑪麗・巴里耶（Marie Barillet）；還有珍妮的女兒瑪麗・諾曼（Marie Normand）；參見 J。第三冊，頁 223。

36 V。頁 3-4。

37 關於巴布（Babou）家族，參見安塞姆著（P.ANSELME）。《法國王室和王室高官家譜和年代史》（Histoire généalogique et chronologique de la Maison royale de France et des grands officiers de la Couronne）。第八冊。頁 181-182；毛薩布伯爵著（Comte de MAUSSABRÉ）。〈貝里區家族族譜〉（Généalogies berruyères）。收錄於《中央地區古玩紀念館》（Mém de la Soc. Des Antiquaires du Centre）。第 15 期。1887-1888 年。頁 167-197；安傑利葉男爵著（Baron ANGELLIER）。《德・拉布爾代吉城堡歷史概述》（Notice historique sur le château de la Bourdaisière）。巴黎出版。1850 年；德格朗著（H.DESGRANGES）。《貝里的貴族》（Nobiliaire du Berry）。第二冊。1969 年。106 頁起；蘇蒂著（P.SOUTY）。〈有關巴布家族之新知〉（Du nouveau sur les Babou）。BSAT。第 36 期。1970 年。頁 46-49。

巴布和米歇雷兩大家族有近親關係。他們彼此為親戚。由於雙方社會地位懸殊，雙方家族表親間互動如果不熱絡的話，巴布家族恐怕早就把米歇雷家族給遺忘。1614 年瑪麗・閨雅初次向母親表達她嚮往修道生活時，珍妮・米歇雷認為她女兒要進入博蒙修道院是輕而易舉的事情[38]：「這座修道院的院長不正是她的親戚嗎[39]？」當時都爾市本篤會修女的博蒙大修道院的院長進修會前的名字是安妮二世・巴布・德・拉布爾代吉（Annie II Babou de la Bourdaisière），她於 1615 年 6 月 20 日住進這座修道院[40]。我們目前只能獲得這些資訊。根據卡雷・德・布塞羅（J.-X Carré de Busserolle）記載[41]，米歇雷家族雖是都蘭的古老家族，卻始終無法與巴布家族連結在一起。雅梅神父認為十五世紀末巴布家族成為望族之前，雙方曾締結婚姻關係。

八歲或是十歲以前，瑪麗・閨雅都在聖薩杜南堂區度過。1606 至 1610 年期間，佛倫・閨雅買下另一家店，舉家定居於都爾市以東的聖皮耶德可區。爾後長居於此，少數幾位除外——兒女即使結婚後也沒有搬離新堂區。該城鎮比起聖薩杜南堂區更為平民化：當地無高級房屋；居民多半住在木筋牆結構為主的房子。

該郊區位於羅亞爾河沿岸，在雨貢消防塔（Tour Feu-Hugon）的舊防禦和舊城牆溝渠的上游。新防禦線興建於 1592 年，涵蓋城鎮中心和許多花園。堂區面積雖大，人口卻集中於河畔地區。

1866 年古老的聖皮耶教堂（Saint-Pierre）重新改建，進行大幅翻修。在瑪麗・閨雅的時代，該教堂三座中殿以鑲板牆面裝飾——主中殿通往長條形祭台區，半

---

38 *J*。第二冊。頁 481。

39 *V*。頁 9-10。

40 安妮一世自 1577 年起就成為修道院院長，她死於 1613 年 11 月 8 日。康梅松著（Ch. de GRANDMAISON），〈都爾本篤會修女博蒙大修道院大事紀〉（Chronique de l'abbaye de Beaumont-les-Tours）。*MSAT*。第 26 期。都爾。1877 年。頁 76）；她的任女兼助理瑪麗・德・波維利耶修女（Marie de Beauvillers，也是蒙馬特女修道院院長）繼任；她於 1614 年 4 月 18 日到達博蒙修道院，一直待到 10 月 25 日；她的堂妹是安妮二世（Anne II Babou），安妮二世是修道院發願的修女，同時也是已故女修道院院長之任孫女〈都爾本篤會修女博蒙大修道院大事紀〉（Chronique de l'abbaye de Beaumont-les-Tours），頁 79-81；安妮於 1615 年 6 月 20 日取代她阿姨（同名，頁 82）。

41 布塞羅著（J.-X.Carré de BUSSEROLLE）。《都蘭紋章總彙》（Armorial général de la Touraine）。都爾出版。1867 年。頁 660。

圓形拱廊連結通往教堂側廊的兩處聖堂。教堂外，尤其是北側，仍保持十七世紀時期的風貌。

另外兩處宗教場所聳立於堂區：新城區以東的瑪德蓮醫院（hospice de la Madelaine）[42]，以及墓園中央現為米拉波公園（parc Mirabeau）的聖尚德古教堂（Saint-Jean-des Coups）[43]。

1610 年市長和議員們編列興建羅亞爾河沿岸城鎮港口的預算。此工程由拉吉拉蒂領主建築師伊薩‧法蘭索瓦（Isaac Françoys）所負責。當地漸漸地回復成瑪麗‧閨雅生活在都蘭時期的樣貌[44]。

從瑪麗‧閨雅自述中找得到她童年的片段回憶——1633 年的《靈修札記》、1654 年的《靈修札記》和 1656 年的《靈修札記補篇》。有關瑪麗‧閨雅的童年記載必須加入克羅‧瑪定神父的其他家書細節，以及 1677 年他為母親撰寫的第一本傳記。

1645 年 9 月 3 日瑪麗‧閨雅寫信給應是她其中一位妹妹的凱特琳，信中提到她留有母親工作時的肖像：「我記得我們已故的母親，當她獨自處理家務事，她會善用這片刻閒暇進行短暫而虔誠的祈禱，偶爾，我聽到她與上主談論她的孩子和日常瑣事。妳們或許不像我如此地專注，但妳們無法相信這景象在我腦海中留下多麼深刻的印象[45]。」珍妮‧米歇雷單純樸實，能深刻體驗到天主的臨在，瑪麗‧閨雅幼年時就從她身上學習到如何與天主對話。

1631 年初她加入聖吳甦樂會時，只有偶爾提到過她的父親：老人家無法接受他女兒的決定；爾後他常前往修院探視；可見瑪麗‧閨雅曾是他最為摯愛的女兒[46]。

42　瑪德蓮醫院是十六世紀中期一所為孤苦無依嬰幼兒提供醫療服務的醫院。吉羅載著。〈都爾市公共救濟機構歷史〉（Histoire de l'Assistance publique à Tours）。*BSAT*。第 2 期。1871 年。頁 108-109；亦參見 *BSAT*。第 25 期。頁 127-128；梅西耶著（R.MERCIER）。同上。第 29 期。1948 年。頁 380-381。

43　參見下文第五章。

44　吉羅載著。《都爾藝術家》（*Les Artistes tourangeaux*）。頁 41。他兒子格雷‧法蘭索瓦（Grégoire Françoys）是利捷（Liget）的嘉都仙隱修會隱修士，留下許多家人的回憶。沃倫著（B. de WARREN）。〈十七世紀的都蘭家庭〉（Une famille tourangelle au XVII siècle）。*BSAT*。第 26 期。1935 年。頁 113-126。

45　*O*。頁 235-236。

46　*J*。第二冊。頁 282。

瑪麗‧闈雅與手足之間感情至深，她日後從魁北克所寫的家書可茲證明：家書中仍舊保有端莊語調與風格，此為十七世紀初書信的共同特徵；她和手足親密交流，當然也只使用基督信徒之間才會使用的語言；他們的心神和諧交融：此乃因為他們出生在一個團結友愛的家庭，擁有快樂童年所致[47]。

　　她母親教導她愛護弱小：「我熱愛窮苦之人，且樂於與他們相處。他們激發我的同情心，讓我願意為他們奉獻自己。但是我同時也犯下『悖離全德的錯誤』，我逾越本分，從父親家裡拿出所有的物資救濟他們。然而當時我卻認為這是正確的……有一天我幫助窮人，上主亦幫助我：我當時帶東西要施捨給窮人，靠近一輛窮人的推車，推車裝滿貨物。因為他們沒有看到我，我衣服上的一角被推車的桿子纏住，我被高高拋甩到空中，然後重重地摔到地面上。他們驚嚇到目瞪口呆，由於桿子把我向上高高拋甩，他們還以為我必定會摔死，但是當時我毫髮無傷，我深信上主會因為我的善行而保護我……當別人拒絕行善時，我會感到痛苦[48]。」她補充道：「我和他們相處從不會感到無聊，有時我會毫無厭惡地吃掉他們的剩菜。」她內心的良善是與生俱來的。

　　瑪麗‧闈雅告訴她的兒子，她被十七世紀初期實行的天主教敬拜禮儀所吸引：「其中教會的慶典活動對我學習奉獻的精神最有幫助，從孩童時期就深深吸引著我；沒有任何東西可以比擬這些禮儀慶典的美麗與神聖。隨著年齡增長，因為更能夠理解這些禮儀的內涵，我由衷景仰教會的莊嚴與神聖，而且這種欽崇與日俱增，這也讓我的信德日益堅定，並以一種特殊的方式與天主更親密的結合。我非常感謝祂讓我出生於是基督信徒的父母，召喚我成為教會的女兒。我了解得愈多，我對教會的神聖禮儀活動就愈感動、愈喜愛。當我看見信友們在遊行隊伍中跟隨著十字架和旌旗時，我的心欣喜若狂。我曾見過一位住在我們這一地區的軍隊隊長，他的士兵們拿著旗幟跟隨在後；因此，當我看到懸在十字架上的耶穌苦像以及有著相關記號的飄揚旌旗時，我對自己說：『啊！祂就是我的隊長，這也是祂的旗幟。我想如同士兵們一樣追隨著祂。』於是我就充滿熱情地跟著遊行。我的眼睛注視著耶穌受

47　O。頁 61-62（收件人列表）。
48　J。第一冊。頁 180。

第一章　童年時期（1599-1616）　049

難苦像，內心複誦：『啊！這是我的隊長。我要追隨祂[49]！』」

這些文字展現了瑪麗·閨雅年少成長期間的個性，有著溫婉慈悲的內心，體現在她對窮苦之人的愛德上，也可看出她性格中極為活潑的一面。她有著如軍人般的堅忍精神，上戰場並不會使她感到恐懼。

瑪麗·閨雅喜歡聆聽天主的話語：她經常去教堂聆聽講道，她對宣講的內容和訓導銘記於心，「小時候，從牧者身上聆聽天主的話語，總讓我內心深感讚歎，並且時時渴望聽到這些話語；然而由於我年紀太小，領悟有限，回家後只能複述一些福音故事。年紀稍長，我心靈深處的信德（來自於天主聖言的融入）日益增加，想聆聽天主話語的渴望也愈強烈。我無法自抑對宣道牧者的欽崇，每當我在街上看見任何一位宣道牧者時，我都會有股衝動追上前去，想親吻他的腳。此時，謹慎阻止了我，但我仍然戀戀不捨地以目光緊追著他，直到他走出我的視線。我實在不知道有什麼事比得上去宣揚天主聖言更重要啊[50]。」

多年後催迫她向新法蘭西印第安原住民傳播福音喜訊的使徒精神，應該最早就是出現在她這些早年的想法中。由此也可以得知，當時在都爾市的宣道活動已十分普遍，大多是那些歷史悠久的托缽修會會士們在進行，如方濟會（Franciscains）、道明會（Dominicains）、方濟最小兄弟會、加爾默羅會，以及 1600 年之後的嘉布遣會（les Capuchins）等。

事實上，巴黎的嘉布遣會會士羅倫（Laurent）為了評估創建嘉布遣會修道院的可能性，就曾在亨利三世的遺孀路易絲·沃蒙特夫人（Louise de Lorraine-Vaudémont）的建議下來到都爾市，當時沃蒙特夫人已隱居到雪農梭城堡（Chenonceaux）。1601 年 3 月，這座未來的修道院開始施工，整個城鎮的居民以極大的信仰熱誠開始在那裡工作，各行各業都能發揮長才、各司其職。1601 年 7 月 14 日，聖文德（Saint Bonaventure）紀念日，工程結束，由方濟·德·拉格主教（Monseigneur François de la Guesle）放入第一塊奠基石，自此這座新的修道院成為

---

49 *J*。第二冊。頁 170-171。
50 *J*。第二冊。頁 168。

該市各堂區尋找善於宣講的牧者之地 [51]。也許這就是為什麼瑪麗‧閨雅會有機會聆聽若瑟‧德‧特布雷神父（Joseph du Tremblay）的講道——特布雷神父於 1607 年至 1615 年間住在都蘭省 [52]，否則，她就可能是在聖皮耶德可教堂或主教座堂聆聽過他同一個修會會士弟兄的講道。

瑪麗‧閨雅天生喜愛天主教的傳統熱心善工，她全心全意地參與其中，包括朝聖在內。她對前往都爾博蒙大修道院（Abbaye de Beaumont-les-Tours）參訪奇蹟聖母雕像感到欣喜，她說道：「我偶爾會出於熱誠而前往那裡朝聖 [53]。」事實上，她對聖母瑪利亞的愛相當強烈，小時候就很渴望能有神視經驗見到她：「至少我希望在臨死前能見到她，請求她的保護，我每天都向她祈禱這件事情 [54]。」

閨雅家族十分喜愛及尊敬方濟最小兄弟會的會祖聖方濟保拉，他曾在路易十一世時期前往法國，1507 年於普萊西市逝世 [55]。

1661 年 9 月 16 日瑪麗‧閨雅寫信給兒子：「法王路易曾派遣我的高曾祖父去訪見教宗，請求教宗派遣他（聖方濟保拉）來法國。我從祖父和姨媽那裡聽說——這位姨媽在我十五歲時辭世，她的祖母正是高曾祖父的女兒，她當時經常帶我姨媽去普萊西拜訪這位聖人；這位聖方濟保拉就會在孩子的額頭慈愛溫暖地畫一個十字聖號祝福她 [56]。這就是我們家族對這位偉大聖者的記憶與喜愛，我的祖父經常向我們講述這個故事，就像他從他祖父那裡聽來的一樣，我們會繼續傳承這個記

---

51 巴黎的戈德弗著（P. GODEFROY）。《法國嘉布遣小兄弟會：巴黎會省的歷史》（Les Frères Mineurs Capucins en France. Histoire de la Province de Paris, t. II, 1597-1601）。第二冊。1597-1601 年。巴黎出版。1950 年。345 頁起；卡第耶著（E. CARTIER）。《都爾嘉布遣修道院成立概述》（Notice sur la fondation du couvent des Capucins à Tours）。收錄於《法國西部文物學家協會集刊》（Bull. de la Soc. des Antiquaires de l'Ouest）。1849 年。頁 317-332。

52 德杜維爾著（L. DEDOUVRE）。《巴黎若瑟神父－灰衣主教》（Le P. Joseph de Paris, L'Eminence grise）。第二冊。巴黎出版。1932 年。頁 263-312；都蘭的若瑟神父（Père Joseph）。1613-1616 年。昂熱出版。1915 年。

53 J。第二冊。頁 481。

54 J。第二冊。頁 164-165。

55 德‧博伊‧奧布里著（M. de BOIS-AUBRY）。《聖方濟保拉生平》（La vie de saint François de Paule）。巴黎出版。1854 年；加魯齊著（A. GALUZZI）。《方濟最小兄弟會修道院起源》（Origini dell' Ordine dei Minimi）。羅馬出版。1967 年；見上文。註解 14。

56 V。頁 534。克羅神父（Dom Claude）從記憶中引述並感到困惑；聖方濟保拉祝福的小女孩變成了一位小男孩。

憶[57]。」

閨雅家人敬禮聖瑪定的事蹟鮮少被提及，但是瑪麗·閨雅卻經常前往主教墓園朝聖。根據馬丹神父（Dom Martène）的記載，她可能在兒子出生的前一天前往馬穆蒂修道院，把兒子獻給了聖瑪定——第一位高盧隱修士。這足以看出前面所述，瑪麗·閨雅對聖瑪定的欽崇[58]。

瑪麗·閨雅從小就看得出非常虔誠。她個性單純、開朗、果決，但溫和；十五歲時，她曾向母親提出想要獻身於修道生活，她母親並沒有意識到她對修道的嚮往是認真嚴肅的，而瑪麗·閨雅當時也並沒有非常堅持；其實，她初次提到這件事時是被支持的，但是：「這件事就此擱置一旁，膽怯的我也不敢強求，只是簡單地說出自己的意願。」

確切地說，如果她的母親不相信瑪麗·閨雅有聖召，那是因為在她眼裡，瑪麗·閨雅似乎並沒有對修道生活展現出極度的需要：「自此之後，我就深信我母親認為我不適合，因為她覺得我總是心情愉快，性格亦討人喜歡，或許她認為這些特質與修道奉獻的生活方式不太匹配[59]。」

十五歲之前，瑪麗·閨雅的靈修生活成長於常態的天主教傳統，並沒有得到任何特殊的靈修指導，也就是都爾市一般天主教信友被通傳的信理：基本的信仰真理。而她內在心靈的成長，則來自於對當時天主教各種隆重的禮儀慶典及敬禮事工等的熱誠投入。

然而問題出現了：瑪麗·閨雅的教育問題。母親教她閱讀、寫作和算數，身為麵包師傅妻子的她，只能給她最基本的教育。瑪麗·閨雅也接受其他人的教導。瑪麗·閨雅於書中寫道，她比大多數她同年齡的人更重視拼寫；此外，1654 年她所

---

57 *O*。1971 年。頁 661、664。註解 12：在本註解中提到的名字必須再加上尚·莫侯騎士（Jean Moreau，都爾之聖皮耶德可堂區〔Paroisse de Saint-Pierre-des-Corps〕擔任騎士侍從，參見《都爾的審判》〔*Procès de Tours*〕之說明）；另外也要加上尚·普魯尼（Jean Prunier），他是安茹市（Anjou）傅修之郡主（Seigneur de Fouchault），他同時也是國王的管家（參見德·歐紀埃著〔d'HOZIER〕。《法國紋章總彙》〔*Armorial général*〕。第二冊。第二部分。巴黎出版。1742 年。頁 917）。

58 馬丹著（E. MARTÈNE）。《可敬的克羅·瑪定神父生平》（*La vie du Vénérable Père Dom Claude Martin*）。都爾出版。1697 年。頁 2。

59 *J*。第二冊。頁 481-482。

留下的《靈修札記》複本中，可以看出她那些非即興創作的內容，反映了她的句法知識和心理分析能力。

我們假設她七歲時（後面會討論到）夢見鄉下一所學校[60]──或許是位於聖皮耶德可堂區的學校，當時瑪麗・閨雅還不到七歲。她在這年紀所受的教育仍十分有限。

另一個假設是舊政權時期聖職人員眾多。幾乎每個中產階級的家庭或親族中都可能產生幾位司鐸，也許是某位擔任聖職的叔父對這個小女孩很感興趣，進而教導她認識法語字母？這也是有可能的。

還有另外一種可能。當時有一些由年輕女性組成的團體，她們致力於女子教育[61]。這種小團體如雨後春筍興起，成為日後聖吳甦樂修會（修道院）的源起，這在潘慕洛修女（Mère de Pommereu）撰寫的《大事紀》（Chroniques）可以讀到。有些團體後來成功轉變為聖吳甦樂修會（修道院），但是有些團體轉為修會（修道院）的嘗試卻失敗了，以致沒有留給後世任何的紀錄[62]。

瑪麗・閨雅於 1633 年《靈修札記》的書中寫道：「我回歸天主（1620 年 3月 24 日）之後，想度奉獻生活的第一個念頭就是進入聖吳甦樂會；儘管先前我從不認識、也未聽過聖吳甦樂會的使命為何，這個想法卻一直深深停留在我腦海中[63]。」她的這種直覺也許不是一種超自然力量，或許是克羅神父在此處修飾了他母親的文字。實際上，1654 年《靈修札記》內容使用不同的表達方式：「當我開

---

60 *J*。第二冊。頁 160。

61 聖女法蘭西（Jeanne de France）的一生，從 1502 年這所女子學校就已成立，這所學校是由「瑪西・普塞（Macée pourcelle）夫人」成立；《雅農席德大事紀：聖女法蘭西和聖女佳碧・瑪麗亞（Gabriel-Maria）生平》（*Chronique de l'Annonciade, Vies de la bienheureuse Jeanne de France et du bienheureux Gabriel-Maria*）。出版者邦尼菲（J.-F. BONNEFOY）。1937 年。頁 95。

62 潘慕洛修女著（Mère de POMMEREU）。《聖吳甦樂會大事紀》（*Chroniques de l'Ordre des Ursulines*）。巴黎出版。1673 年；格德黑著（M. de Chantal GUEUDRÉ）。《法國聖吳甦樂會歷史 第一冊：1572-1650 年間從聖安琪・梅芝創立的在俗獻身團體發展成為修會之歷史》（*Histoire de l'Ordre des Ursulines en France: De l'Institut séculier d'Angèle Merici à l'Ordre monastique, 1572-1650*）。巴黎出版。1957 年；在附錄頁 327-329 中，可以找到修院清單、修院興建日期和所屬日期；我們特別注意到的紀錄資料如下：蓬圖瓦茲（Pontoise），1599 年；巴黎，1604 年；第戎（Dijon），1605 年；博多（Bordeaux），1606 年；傅傑（Fougères），1609 年；雷恩（Rennes），1611 年；克雷蒙（Clermont），1612 年；聖馬洛（Saint-Malo），1613 年；以上足以讓大家了解一些共鳴產生於都爾修院及遠處各修院之間。

63 *J*。第二冊。頁 262。

始有出世修道的強烈想法時，我就想成為聖吳甦樂會的修女，因為那些修女們的創會宗旨是在於幫助教導人靈，這也是我最強烈認同之處。但是，當時在都爾市還沒有聖吳甦樂會，我也不知道哪裡有——我只是有所聽聞[64]。」

因此，1620 年時瑪麗・閨雅極有可能聽說過聖吳甦樂會。如果她曾經被託付給一些年輕貴族女性，完成其艱困的學業，那就很有可能是透過這些貴族女性的教導，她才認識了聖吳甦樂會。

儘管如此，瑪麗・閨雅接受的教育，遠比一位麵包師傅女兒所能接受的教育還要來的正規[65]。她天資聰穎，彌補了未受完整教育的缺憾。她始終認為自己是一位缺乏知識的女性，無論如何都不可能從事寫作。1669 年，她兒子寄給她一本來自康城本篤會修女大修道院（Abbaye-aux-Dames de Caen）的德・布萊繆修女（la Mère Jacqueline de Blémur）[66]所撰寫的《本篤會年刊》（Année bénédictine），回信時，她道出對此書的喜愛：「感謝您寄來的《本篤會年刊》，這本書極為引人入勝。若您沒有提及此作品是由一位女性所寫，無論是我們的修女或是我，都無法置信。這位修女如此開明，藉由她的知識，聖神得能運作。我相當欣賞這本書，您送給了我們如此美麗的禮物……我多麼喜愛這位慷慨的修女，也祝福她一切順利！如果您認識她，而她也在巴黎，那麼請您代替我前去探視，並向她表示我對她的敬重；事實上我們應把她列入傑出女性人物之中。讚歎天主大能的通傳，聖神如風，自由揀選祂喜愛的人，也唯有天主能以微不足道的工具[67]，完成偉大的化工。」

在德・布萊繆修女和瑪麗・閨雅的著作之間選擇是多麼困難！

除了接受知識教育外，瑪麗・閨雅還接受了藝術薰陶。她天賦甚多，從她的代母那裡學習刺繡和繪畫（她的代母是掛毯師傅莫特宏的妻子）：「她樂於學習各種繪畫、鍍金裝飾藝術和刺繡。無論在都爾市或魁北克，都留下了許多藝術作品，令

---

64 J。第二冊。頁 270。

65 其中一個原因是結婚時期她所閱讀的書籍（J。第二冊。頁 163），以及她勤於宣揚的許多佈道內容。

66 德・布萊繆修女著（Jacqueline de BLÉMUR）。《本篤會年刊》（L'Année d'Ordre de saint Benoît pour tous les jours de l'année）。本書作者入修會之會名為聖本篤修女（Mère Saint-Benoist），她乃是康城市三位一體本篤會皇家修道院院長（Prieure de l'Abbaye royale de la Trinité de Caen）。全書共七冊。巴黎出版。1667-1673 年；1669 年，瑪麗・閨雅僅收到前三冊（1 月到 6 月之出版品）。

67 O。頁 868。

人讚歎不已。」她兒子發現自己也遺傳到喜歡手工藝術的基因（他稱之為「機械藝術」）。她會做木工，喜歡偶爾動手做一做。在魁北克，這項本領讓她基本上不用請外面工匠來修道院修修補補：「她因貧困或是謙卑而投入的手工藝作可說相當成功[68]。」她也善於廚藝，布松家（Buisson）的家務及烹煮工作都由她負責。

瑪麗・閨雅從未料想到，為了日後到傳教區創立修院時將會面臨的各種工作，天主從很早就開始準備她了。

68　V。頁 506。

第二章

〰

密契生活的準備

（1607-1617）

「七歲左右，有一晚，在睡夢中我與一位同學似乎正在鄉下學校的操場上玩耍。我抬頭望向天空時，看見天空驟然開啟，主耶穌以人的形象降臨向我走來，一看見祂，我隨即向同學大聲喊道：『啊！是我們的主耶穌基督！祂來找我！』我認為身旁的玩伴或許在德行上不夠完美，祂才揀選了我而不是她；其實，她是位好女孩。我當時一無所悉、也不明瞭這次神視經驗的個中奧祕，這位令人愛慕的基督君王靠近我，祂的愛簇擁著我，深觸我心，我也開始伸出雙臂親吻祂。祂，全人類中最美麗的那位，臉上洋溢著溫柔、難以言喻的吸引力，親切地親吻我，對我說：『妳願意屬於我嗎？』我回答：『我願意。』聽到我肯定的答覆後，祂在我們的注視下升天而去[1]。」

1654 年《靈修札記》的開頭敘述這則令人讚歎的事蹟，但是克羅神父所保存的 1633 年《靈修札記》卻遍找不著這一段。

瑪麗・閨雅到了懂事的年齡，純潔的她已學會凡事承行天主旨意；她心靈開

1　*J*。第二冊。頁 160。

敬，信德滿溢；所以看見上主並不會讓她心生恐懼和煩惱，反而讓她對天主充滿愛慕之情。她來到上主面前，猶如投入父親的懷裡，然而那位在她神視中的上主並非以父親的模樣出現，而是以她心目中的新郎模樣出現，祂是「人子中最美麗者」，要求她完全自由地答覆祂愛的召喚。在瑪麗‧閨雅還那麼小的時候，這第一次的密契恩寵已具有神婚的預像。

她覺得天主揀選她並沒有特別的理由：「我對這件事情毫無所悉。」初次相遇以親吻做為標記，她的答覆直接且毫不猶豫：「我回答我願意。」

她對於她最初這個恩寵的敘述，冷靜、美麗和節制。瑪麗‧閨雅鮮少提及她的神視經驗，若有描述，大多是這般平和樸素的印記；神視經驗中，聖神以形象顯現，反映出靈修的真實面。但是在《可敬的降生瑪麗修女生平》（La vie de la Vénérable Mère Marie de l'Incarnation）書中，這段話或許因遺漏而未收錄在三河（Trois Rivières）的手稿中，讓人相信瑪麗‧閨雅看重的只是天主的話語：「我看見祂神聖的人性，卻記不得什麼特殊細節。祂的話語令我歡悅無比，充盈滿溢了我全部的身心靈。」

這是她密契生活的奠基石。之後，對於 1620 年 3 月 27 日她的耶穌寶血神視經驗，她稱之為「回歸天主」，那一次她經驗到天主的無比聖潔，以及自己必須依賴耶穌基督傾流的寶血才可能獲得救贖。但其實早在 1607 年，她已歡愉地答覆了天主的首次召叫。

此外，她也描述 1607 年的神視恩寵對她孩童時期的實際影響，包括明白了求恩祈禱是什麼、默觀祈禱的神慰：「這個神視經驗使我在一切事上向善」，但是她不明白「這種向善的渴望」是湧流自「靈性的根源」，而非出於她的本性[2]。「即知即行的行善，對我不會有任何內在的衝突疑慮，因為這種吸引力產生的甜美果實無可比擬，遠遠超過我經驗過的任何美好。」承行天主旨意對小瑪麗‧閨雅而言似乎沒有太大困難，因為祂顯示的美好讓她心悅誠服地交付自己。

她在知與行之間並無二致。但她後來承認自己有一個弱點，就是她太慢去行善，太慢去分享她得到的恩寵，太慢去分施天主的聖愛與慈悲。這個部分後面將會

2　同上。頁 161。

詳述。

對瑪麗‧閨雅而言，1607 年密契經驗的第二個影響，是她開始可以隨時隨地與上主「對話」：「有些時候，我覺得必須與上主說說我幼稚的需要，於是我就這麼單純地祈求了，我無法想像祂會拒絕任何如我這般卑微的請求[3]。」

凡事謙卑，是瑪麗‧閨雅孩童般信德的祕訣，她因自己的這種神貧，能安居在天主的蔭庇下。日後她定義自己是一個「微不足道，只屬於全能天主的人[4]。」

她很早就深信天主不會拒絕真正謙卑的人：「教堂裡，我看著那些祈禱者的態度舉止，我對自己說：『放心吧，天主必會俯聽此人，因為他以謙卑的態度祈禱[5]。』這也影響了我自己的祈禱方式。」

1607 年神視經驗的第三個影響其實算是第二個影響的延續。當她以謙卑的心向天主祈禱求恩時，會增加一些無私、讚頌的禱詞：「有時我被一種內在力量驅使我躲起來祈禱，無從得知也不想知道這內在力量從何而來，甚至無以名之……然而仁慈的天主就這樣引領著我[6]。」

1607 年的神視經驗歷久而彌新，彷彿是一種持續的邀請，邀請她日益加深與上主的關係：「我經常想起小時候發生在我身上的事，想起上主的恩慈。這份記憶使我渴望完全屬於祂，渴望在祂的聖潔內煥然一新，為此我遍嘗我淺薄經驗裡的各種已知方法，打從那初次的神視恩寵之後，這種渴望就沒有消失過。我也記得，得到那個恩寵之後，那種被天主大愛更新了的感覺，激勵我往教堂找一個僻靜無人看見的角落藏匿起自己，大半天之久，我的心神熱切期待那種與主親密共融的新生；當時我年紀還小，不知道這就是祈禱[7]。」

克羅神父明確地指出，聖神自己就是瑪麗‧閨雅的靈修導師，她聽從聖神在她內心的聲音，無須向其他神師請益，她可以分辨哪些是來自聖神，也遵從祂的指示：「這位內在導師指引她如何行事為人，如同一位可見到的導師耳提面命地指

3　同上。
4　J。第二冊。頁 287 的內容；參見本書第二部第二章，尤其是註解 26。
5　J。第二冊。頁 161。
6　同上。
7　J。第二冊。頁 164。

教她、形塑她，當她需要建議時，會簡單地轉向祂求助，祂就賜予她所需要的光照[8]。」

　　先前提過瑪麗・閨雅有一個弱點，那個弱點是什麼呢？1653年春天，當瑪麗・閨雅檢視自己靈修成長歷程的不同階段，她注意到她孩童時期的一種狀況，雖然她的自述中很長的篇幅都在談論此事，但這些敘述無法完整呈現她當時略顯「幼稚」的行為。克羅神父的說明較為清楚：瑪麗・閨雅如同其他教會內的小朋友一樣，喜歡玩扮演遊戲，模擬教會服務事工及各類禮儀活動[9]；然而，當其他小朋友們似乎都已不再玩這些遊戲了，她卻仍樂此不疲：「因為分辨不出其中的差異，過去的我縱情於此，混淆了熱心善工與休閒娛樂的差別，如此這般度日直到我快要十六歲了，在一次辦告解時，痛悔之情向我襲來，我清楚意識到上主希望我摒棄我孩童時期的幼稚行為，並去注意各類事情細節上的差異[10]。」潔身自愛並沒有讓她在扮演遊戲中有所收斂，但當她面對聽告解的神師時，她深知他會對她這些荒誕的行為嗤之以鼻。多麼奇怪，十六歲的她不是應該已經論及婚嫁或進入修道院了嗎？

　　在遊戲中，她不覺得自己有什麼罪過需要在辦告解時告明，她的良心譴責的是她沒有勇氣向聽告解神師承認自己的拖延不前，即使她的確也曾感到不安：她意識到自己不成熟地抗拒聖神以邀請的方式催促她去辦告解，這種抗拒遠比她不敢譴責自身過錯來得更嚴重，但她就是不敢究責自己這件事：「儘管我抗拒天主聖神的邀請，祂最終還是奇妙而有力地占有了我，讓我屬於了祂。」

　　她這麼拖拖拉拉猶豫不決地延宕了一年，在一次又一次辦告解前的省察中她反覆自問，是不是該究責自己這種將疑慮埋藏在心的拖延：「一年後我才得出結論，沒有必要為這種孩子們的遊戲行為辦告解，而這竟還讓我阻撓了祂要恩賜給我的無限仁慈，直到祂突然戰勝了我；後來我才說出這件事[11]。」

　　她向兒子坦言，倘若她認為「這些兒戲……有罪」，她很快就會在辦告解中告明；「但是我並不這麼認為，所以我沒有這樣做。」「然而，來自天主聖神的光

8　　V。頁5。
9　　V。頁6。
10　J。第二冊。頁162。
11　J。第二冊。頁163。

照，我理解了這些算是過錯，在天主眼中，過錯再小，依然是不完美，是不忠信的，但人們卻覺得那不值一提。一旦有了這個新的領悟，我真心痛悔祈求寬恕；聽聞別人說灑聖水可以滌淨所有的罪愆，我就向自己灑聖水祈求降福寬赦[12]。」

有一天，當她在聖皮耶德可教堂中等待去辦告解時，一道光照射在聖母祭壇附近：「一種內在的光明讓我清晰領悟，辦理一個透徹完整的告解聖事何等重要！於是我不再猶豫，決定立刻就去辦。」

然而她未能立刻實現她的定志，因為聆聽她告解的司鐸慣於以制式方式進行這件聖事，她只能按規矩一一回答他的問題。「我的心就封閉起來了……沒辦法，我完全無法述說我想表達的內容[13]。」

因此，瑪麗・閨雅十幾歲時仍像個孩子，但後來婚姻和生活上的艱困遭遇卻讓她很快就變得成熟。她非常敏感，對於自己的潔身自愛似乎開始抗拒，她害怕在別人眼中顯得古怪；此外，她也不輕易相信別人，只有在人家給予她信心時才有辦法侃侃而談；儘管在家充滿活力，在外依舊過於拘謹。細膩的情感讓她對身邊事物有著深刻體會。孩童時期，她似乎很容易犯錯，但隨著年齡的增長，這種毛病也有了極大的改善。

談到她年輕時的個性，她有著超齡的表現。或許這也是當她向母親表達嚮往修道奉獻生活時，母親無法認真看待她這個願望的原因：「十四歲還是十五歲時，我十分嚮往修道生活[14]。」「當時我只認識本篤會（Ordre de Saint Benoît）的博蒙修道院（Monastère de Beaumont），因為之前為了參與一些熱心的敬禮活動我曾去過[15]。」

博蒙修道院係由都爾市的真福艾費（le bienheureux Hervé de Tours）於十一世紀初所創立，他同時也是聖瑪定的財務官，教區很欣喜在該區至少有了這樣一座女性

12　*J*。第二冊。頁 166。
13　*J*。第二冊。頁 167。
14　*O*。頁 837。
15　*J*。第二冊。頁 48。

修道院[16]。十二世紀時，豐特弗羅修會（Fontevrault）又在該省成立了幾座修道院，1212 年左右博蒙修道院裡有一小群修女開始在蒙塞教區（Moncé）遵行熙篤會的會規生活。1608 年時，博蒙修道院仍是城裡唯一的修道院。同年五月，聖女大德蘭（Sainte Thérèse d'Avila）的祕書真福安妮巴爾多祿茂（Anne de Saint-Barthélemy）[17]帶領著加爾默羅會會士來到都爾市。真福安妮巴爾多祿茂原是巴黎加爾默羅會降孕隱院的首位院長，受瑪德蓮修女（Madeleine de Saint-Joseph）父親德・楓丹 - 瑪杭先生（M. de Fontaine-Maran）的邀請，在貝魯樂樞機（Cardinal Bérulle）、杜瓦神父（P. Duval）和卡勒曼神父（P. Gallemant）同意下，來到都爾成立了隱修院。1608 年 5 月 9 日，教區輔理主教諾艾・德・宏多蒙席（M. Noël de Rondeau）著手安置修女們。當瑪麗・閨雅初次考慮修道生活時，並沒有考慮加爾默羅會，因為在此之前她已經很熟悉博蒙修道院了。

博蒙修道院位居城市西南邊，曾有過光榮的歷史。在十五世紀修道院的改革運動中占有一席之地[18]。瑪麗・閨雅所處年代多數修會沿用的會規，是 1532 年馬哈芬夫人（Mme de Marafin）在方濟最小兄弟會會士和塞薩貝諾已改革之本篤會會士（Chézal-Benoît）協助下修訂的會規。1584 年，拉布爾代吉（Anne de la Bourdaisière）完成了這個改革，此修院中約莫有四十位修女，其中幾位主導了十七世紀初聖本篤修女會的改革[19]，其中最著名的有瑪麗修女（1574-1657）和芳莎波維

16　創立基金會，參見〈真福艾費（殁於 1022 年）的理想修道生活〉（L'idéal monastique dans la vie canoniale, le bienheureux Hervé de Tours〔↑ 1022〕）。收錄於《馬比隆期刊》（Revue Mabillon）。第 52 期。1952 年。頁 1-30。

17　《可敬的真福安妮巴爾多祿茂自傳》（Autobiographie de la Vénérable Anne de Saint-Barthélemy）。出版者布斯（M. BOUIX）。巴黎出版。1869 年。頁 192-207；布斯著（M. BOUIX）。《安妮・聖巴泰勒米修女的一生》（La vie de Mère Anne de Saint Barthélemy）。巴黎出版。1872 年。頁 178-248；耶穌 - 瑪利亞（Agnès de JÉSUS-MARIA）。《聖衣會修女回憶錄》（Mémoires sur l'observance des Carmelites déchaussées）。第二冊。巴黎出版。1894 年。頁 105-130；真福安妮巴爾多祿茂著（Anne de SAINT-BARTHÉLEMY）。《書信與靈修手札》（Lettres et Ecrits Spirituels）。出版者塞魯艾（P.SÉROUET）。巴黎出版。1964 年。頁 59-96；瑪麗・路易絲・德・耶穌著（Marie-Louise de Jésus）。《可敬者瑪德蓮・聖若瑟的生平》（La Vénérable Madeleine de Saint-Joseph）。巴黎出版。1935 年。頁 105。

18　參見〈十五世紀初修女的靈修導師——喬治・德・翰，被稱為喬治・艾斯克拉弗尼（Georges d'Esclavonie）〉（Un directeur de moniale au début du XVe s.Georges de Rain dit Georges d'Esclavonie）。BSAT。第 34 期。1965 年。頁 223-241。

19　《都爾博蒙大修道院紀事》（Chronique de l'Abbaye de Beaumont-les-Tours）。頁 21-24、39-40、213-222。

利耶修女（1580-1625），以及瑪德蓮・德・蘇迪修女（Madeleine de Sourdis，1581-1665）[20]。

瑪麗・閨雅沒有成為都爾博蒙大修道院的修女，她母親有其他計畫：「在我看來，上智天主並未期待我進入哪個修道院，也未計畫在哪個時間點召喚我進入任何其他的修道院，在祂仁慈地照看發生在我生命中的這一切之後，我才開始考慮聖召這件事……我必須承認，如果那時候有人指導我的靈修生活，我應該絕對不會同意（結婚）的[21]。」

瑪麗・閨雅自認生性拘謹，又缺乏靈修指導，遂只能遵從父母對她人生的規畫；雖然當時的狀況如此，天主聖意卻能將其轉換成對她最好的安排。克羅神父寫道：「聖神，她真正的導師，透過她的父母讓她從一開始就能遵循著天主聖意往前行[22]。」

就在瑪麗・閨雅分辨她自己是否有修道聖召的期間，都爾市接連兩年經歷一次又一次由宮廷所發動的狂熱事件。在 1614 年年底召開三級國民會議的籌備階段，攝政王前往法國西部旅行時，宮廷發動了保衛王室運動。法王路易十三從博魯（Blois）出發，經蒙特里沙（Montrichard），並在 1614 年 7 月 19 日星期六下午[23]，由六千名武裝的資產階級陪同大陣仗地進入都爾市。

整整一週時間，大陣仗的參觀和接待接踵而來，擾亂了城市的日常作息。7 月 20 日（星期日），國王前往主教座堂，星期一去聖瑪定教堂，星期二拜訪嘉布遣修會會士和馬穆蒂大修道院，星期三拜訪雅各賓的道明會會士，星期四造訪加爾默羅會會士，星期五上午安排了二個朝聖行程：早上前往聖瑪定教堂，傍晚前往馬穆蒂大修道院，下午兩點半主持聖路易城門（porte Saint-Louis）的奠基儀式。7 月 26 日星期六，他終於踏上前往普瓦捷（Poitiers）的路途。

這位年輕的國王於 1616 年 1 月下旬再次前往都爾，一直駐留到 4 月 20 日[24]。

20 《都蘭天主教復興運動》（*Le mouvement de restauration catholique en Touraine*）。頁 45-47 和註解。
21 *J*。第二冊。頁 481-482。
22 *V*。頁 10。
23 《路易十三御醫尚・艾羅日記》（*Journal de Jean Heroard*）。第二冊。頁 145-147。
24 同上。頁 192-195。

都爾市曾在十五至十六世紀初時位居首都，在這三個月期間，又再次成為首都。

　　瑪麗・閨雅當時十六歲，國王十五歲：這位年輕君主的威嚴給她留下了深刻的印象。她有好幾次遠遠地瞥見國王。

　　儘管她從未在任何著作中提及，但另一起事件卻對她的靈修成長有著深遠的影響：那就是祈禱司鐸會會院（Maison de l'Oratoire）在都爾市的開幕。這個修院的建立與加爾默羅會密切相關，因為瑪德蓮修女和她父親德・楓丹 - 瑪杭為獲得當局同意的諭令不間斷地努力奔走[25]。他們初次與當局的交涉可追溯到 1614 年。1615 年 8 月 28 日至 9 月 8 日期間，貝魯樂樞機曾於都爾市停留過，他得到市政總局的允許，設立祈禱司鐸會的會院，因為自 1615 年 5 月至 6 月以來，博格瑪神父（P. Jérôme Beauquemart）和方濟・歐貝神父（P. François Aubert）亦居住於此城市，並定期於此地傳播福音。然而，祈禱司鐸會成員一直到 1618 年 3 月才在聖彌額爾・德拉格秋（Saint-Michel de la Guerche）這座古老的克魯尼（Cluny）小隱修院裡找到適合他們的居所。當時修會母院已成立三年：1615 年至 1617 年期間，由貝魯樂樞機最忠實的學生——梅特澤神父（P. Paul Métezeau）擔任首位院長。

　　都爾的祈禱司鐸會會士的朋友們中，有大執政官德瑪雷（Desmarets，他於 1620 年加入祈禱司鐸會）、弗梅（Fumée）以及路易・佛傑神父（théolog Louis Forget）的弟弟——財務官佛傑領主（Sieur Forget）。路易・佛傑神父之後成為都爾市聖吳甦樂會的指導司鐸。祈禱司鐸會會士在聖彌額爾修道院附近設立祈禱所，接待一些渴望在主日和教會慶節來參與祈禱及慶典活動的人們。

　　祈禱司鐸會會士出現於都爾市是件有福之事。他們中的兩位高特兄弟（Gault）日後完成了他們的鐸品聖召，都成為馬賽教區的主教。1618 年，他們悄悄離開家人和都爾市，加入了巴黎的祈禱司鐸會。

　　從瑪麗・閨雅身上能發現貝魯樂主義（bérullisme）的特質，這應該是在她尚未進入聖吳甦樂會之前直接或間接師承自梅特澤神父（1583-1632）；她或許並沒有直接讀過貝魯樂作品，對貝魯樂的記憶，應該源自於她早期聆聽道理時的印象。

25　波斯博著（FR. BOSSEBOEUF）。〈都爾的祈禱司鐸會會院和若望・巴蒂斯特・高特主教〉（Les Oratoriens de Tours et Mgr Jean-Baptiste Gault）。*BSAT*。第 27 期。1938 年。頁 65-67；〈聖彌額爾・德拉格秋修道院〉（Le prieuré saint-Michel de la Guerche）。同上。1965 年。第 34 期。頁 205 起。

第三章

少婦時期

(1617-1619)

　　告別快樂而充實的童年後，瑪麗・閨雅需要經歷一段艱困的生活磨練，這段磨練使她提前為「加拿大的使命」做好準備。天主似乎並不希望她立即進入修道生活，無論是在都爾博蒙大修道院或是在其他地方。她向她兒子說道：「我認為，且一直堅信，是天主的計畫允許這許多事發生在我身上；承受婚姻的十字架是為了把您帶到這個世界；失去所有財富及一切，是為了分擔祂十字架的苦難；凡此種種……我就不再重述，以免傷了愛德[1]。」

　　瑪麗・閨雅對婚姻並不感興趣[2]，但是她身邊的人反倒希望她再婚。她是個好女孩，頭腦靈活、聰慧、個性隨和。在瑪麗・閨雅傳記的結尾，克羅・瑪定神父描寫他母親的模樣，與其說是年輕女子，不如說是成熟修女的畫像。他看得出她這年

1　*J*。第二冊。頁482。

2　克羅神父指出在婚禮上，瑪麗・閨雅向她母親獻上一小段話：「母親，既然這決定已下，而我的父親也絕對希望這樣做，所以我相信自己有義務服從他的意願以及妳的意願。但是如果天主賜予我恩典，給予我一個兒子，從現在開始，我承諾獻出他為祂服務；如果之後祂還給我所失去的自由，我仍然向祂承諾會致力於我的信仰。」*V*。頁9。

紀的魅力：「對於女性而言，她身高適中，外表端正、莊嚴。她個性謙和、溫婉，不會讓人感覺到舉止浮奢。還未經歷過苦修與家務事之前，年輕時的她長得十分漂亮；甚至年老之際，她的五官中仍可依稀看出年輕時的模樣。她這種的美麗並非柔弱，反倒透出她堅毅勇敢的性格，這樣的性格反映在她的行為、光榮天主和為拯救人靈所忍受的一切事物上。由於她具有良好的性情和強健的體魄，加上勇氣與剛毅兼備，使得她能勝任服事天主及其所要求的偉大工作。她保持愉悅的心情，天主的臨在賜給她一種過人的嚴謹和克己精神。儘管如此，再也沒有人比她更為隨和、更為溫婉[3]。」

這就說明她年輕時身體健康，許多人都想追求她的原因：她時常微笑且隨和親切。她的父母親，尤其是她父親什麼都幫她作主，她也只能聽從。她向兒子寫道：「我完全聽任父母親的安排，出於天主聖意，他們並沒有把我嫁給不適合的對象，否則在您父親被仁慈天主召返天家後，可能到現在我都還得不到祂的種種恩賜[4]。」

在克羅神父筆下，他的母親對婚姻「極不喜歡，因為她認為婚姻與她所嚮往的祈禱生活完全背道而馳[5]」。或許這種說法太過偏頗。她與絲綢廠師傅克羅・瑪定結婚時還不到十七歲；她先生當時年紀是否很大？還是很年輕？我們毫無所悉。那時候他母親依然健在，直到 1619 年年底，克羅・瑪定逝世一個月後，他母親也相繼逝世。

都爾市很多人的姓氏都是瑪定：這是法國人最為熟悉的姓氏。當時絲綢同業公會裡有一群人都姓瑪定，其中就好幾位與瑪麗・閨雅的丈夫有關[6]。聖克萊

3　*V*。頁 738；瑪麗・閨雅的肖像，參見 *J*。第一冊。頁 43；何諾丹著（P. RENAUDIN）。《降生瑪麗的宗教心理學隨筆》（*Marie de l'Incarnation, Essai de psychologie religieuse*）。巴黎出版。1935 年。頁 5-11、317；另見《降生瑪麗的信仰》（*Ce que croyait Marie de l'Incarnation*）。巴黎出版。1972 年。頁 12-15。

4　*J*。第二冊。頁 483。

5　*V*。頁 9。

6　瑪麗・閨雅的丈夫克羅・瑪定是家中獨子（*J*。第二冊。頁 483）；他父親在他結婚時應已經逝世；我們發現克羅・瑪定與「職業軍人安東・瑪定」之間具有血緣關係。後者來自都蘭，定居於普羅旺斯地區，他也是 1612 年 6 月 3 日另一位神秘主義者瑪德蓮・瑪定的父親，瑪德蓮・瑪定是修道院的創始人。參見培蒙著（H. BREMOND）。《十七世紀神秘的普羅旺斯：安東・伊凡（1576-1653）和瑪德蓮・瑪定（1612-1678）》（*La Provence mystique au XVIIe siècle, Antoine Yvan〔1576-1653〕et Madeleine Martin〔1612-1678〕*）。巴黎出版。1908 年。頁 189。

蒙教堂（Saint-Clément）的領洗錄上提到，1614 年至 1620 年有位名叫瑪定‧瑪定（Martin Martin）的人，他是安東妮特‧菲里歐（Antoinette Filliot）的丈夫，自稱「商人、絲綢廠師傅」。在聖皮耶勒普利（Saint-Pierre-le-Puellier）住著一位叫做尚‧瑪定（Jean Martin）的絲綢廠師傅，他的妻子是珍妮‧阿維索（Jeanne Avisseau）。聖皮耶杜博樂堂區（Saint-Pierre-du-Boile）有一位皮耶‧瑪定（Pierre Martin），他是瑪格麗特‧格諾（Marguerite Guesnault）的丈夫，也是一位絲綢廠師傅。1639 年，絲綢同業公會中管理財務以及管事的師傅當中，就有人姓名叫做「路易‧瑪定[7]」。

如上所述，絲綢同業公會是城裡最重要的行會。十七世紀初國內恢復和平有助於振興都爾市製造廠的發展。1614 年 6 月，為了確保國內製造廠對抗國外的競爭力，都爾市三級議會司法庭（為三級會議工作準備）傳達國王擬制定奢侈稅條例，條例規定唯獨王子、公主和貴族方能穿戴國外進口的絲綢，其他人僅能穿著由國內製造的布料[8]。

一位名叫艾森伯（Eisemberg）的德國人在前往法國和英國（1614 年）的旅途中指出，富裕的都爾市依賴絲綢產業：「許多富人定居於都爾市，因為這是一座富饒的城市，同時也是貿易重鎮。此地生產各種絲綢布料，布料品質和義大利一樣優良，當地的貿易往來相當熱絡[9]。」但同時競爭也十分激烈，出口生意不佳時，許多人面臨破產的窘境更是屢見不鮮。

絲綢同業公會中可分為商人和師傅。前者從郊區生產商購買絲綢，接著進行漫長的前置作業，他們把工作「外包」給絲綢廠師傅[10]，後者負責布料編織和城內商品銷售工作。

絲綢廠的師傅鮮少擁有超過五到十台的紡織機，廠內會雇用一小群學徒和工人。擁有這些設備的師傅通常都是接管自己父親或是岳父的絲綢廠。即使絲綢廠已經具有相當規模，老闆自己本身也是一名師傅，曾經在這行工作過，也會持續下

7　波斯博著（L.BOSSEBOEUF）。《都爾絲綢廠歷史》（*Histoire de la fabrique de soieries de Tours*）。頁 319。

8　同上。頁 58。

9　波斯博著（L.BOSSEBOEUF）。頁 64。

10　*AD I.-L.*。欄 103。

去。事實上，除非特例，否則一般需要花上整整五年的學徒期來學習技術，這五年結束時，必須在考試中展示自己的「學徒成品」，然後再經過五年學徒期滿後，必須完成布料編織的傑作。即使只是學徒，也必須有能力完成天鵝絨和錦緞這般困難的布料編織[11]。絲綢廠師傅也讓學徒的妻子及其子女從事學徒工作，與她們的丈夫或是父親一同操作紡織機，這些婦女最常從事編織品繡花工作。

在都爾市，從古代繼承來的舊紡織機仍被廣泛使用[12]。有些製造廠有一至兩台的「高效能」紡織機，這種紡織機於 1605 年由師傅克羅・當貢（Claude Dangon）在里昂發明[13]：這款紡織機採用 2400 根線而非 800 根線，可以在美麗的布料上進行複雜的圖案編織。然而，這些紡織機需要好幾位師傅進行操作。

都蘭省大多生產中等價位的布料。當時的人持續從義大利進口非常豪華的布料，即使製作普通的絲綢，過程都相當緩慢且昂貴。製作一塊布料可能需要耗時二到六個月，師傅的資本會凍結好長一段時間，因為工作一開始時，他就得先支付學徒一半薪水，剩下的薪水在完工一半時付清。布料上的圖案背景都是仿用義大利圖案。每戶人家有屬於自己的圖案和藝術傳統，他們會嚴格遵守這項傳統，幾乎沒有修改或自由發揮的餘地[14]。

至於豪華的布料，通常在織造後會添加針線，最後的效果與縫製織品的效果一樣好，對大部分的絲綢廠而言，這些縫製品在製作上難度相當高；事實上，鑲在布料上的圖案需要在經紗線的某些部分增加幾條緯紗線[15]，導致刺繡工藝的價格降低。少數婦女替每間工廠工作。都爾市在十六世紀時有許多高級刺繡師，到了十七世紀初人數已大幅減少，這也證明絲綢廠更喜歡自己從事紡織加工製作[16]。精細的刺繡功夫需要高度的專注力與審美藝術，而瑪麗・閨雅擁有這方面的天賦。喪夫之

11 波斯博著（L.BOSSEBOEUF）。頁 25-28。
12 科隆著（G. COLLON）。《十五世紀到二十世紀都蘭絲綢發展：回顧展》（La soierie en Touraine du XV· au XX· siècle, Exposition retrospective）。都爾出版。1933 年。
13 漢賽著（H. HENNEZEL）。《克羅・當貢》（Claude Dangon）。里昂出版。1926 年。
14 雅樂古著（H. ALGOUD）。《法國絲綢的裝飾，從起源到 1815 年》（Le décor des soieries françaises de l'origine à 1815）。巴黎出版。1931 年。
15 胡著（A. ROUX）。《藝術布料》（Les Tissus d'art）。巴黎出版。1931 年。頁 53-54。
16 吉羅戴著（E. GIRAUDET）。《都蘭藝術家》（Les Artistes tourangeaux），請參見表格說明。

後，她用刺繡來維持生計；她在家裡替絲綢廠的其他師傅做刺繡工作[17]。

不管從瑪麗‧閨雅、克羅神父或是所有檔案資料之中，我們都找不到克羅‧瑪定結婚時絲綢廠的規模；只能從當時社會背景推斷他的絲綢廠規模不大。

瑪麗‧閨雅對她丈夫稱讚不已，因為他不但沒有阻止她行「一些祈禱或克苦等熱心善工[18]」，「他還很支持她這麼做，並且感到很滿意。」此外，她向兒子說：「您的父親人很好，他准許我做我的熱心善工，他自己也是一位欽崇天主的人，也很滿意我的敬禮事工，他是個好人[19]。」她承認自己非常愛他，克羅神父指出：「她愛著他，他擁有人人稱羨的內在和外表[20]。」

所以，「婚姻的十字架」並不是源自於她的丈夫，瑪麗‧閨雅委婉地描述這段艱辛歷程，因為她知道兒子已經知道這整件事情，深怕提及這段往事時缺乏愛德。這些家務事，克羅沒有明確說出來。不管是一般人，甚至是信仰虔誠的人，都沒有立場得知細節。瑪麗‧閨雅說道：「這些家務事，克羅神父都十分清楚，事情發生時讓人出乎意料。」絲綢廠師傅不得不出面負起一切責任：「他非常痛苦，經常請求我的原諒[21]。」

克羅神父寫道：「如果要我敘述事情發生的經過（這些相當沉重的十字架），沒有人會不仰頭看天並驚奇天主怎會在這麼短的期間，讓一位祂所喜愛乃至於護在掌心的人遭逢如此諸多不幸：這些沉重的苦難，如此罕見，也從未發生過，我不知道世界上是否還有相同的情況。不管她丈夫是無辜或無心之過，他造成了這一切的苦難。他這雙傷害別人的手，不管有沒有罪過，都已經不重要了。因為對她來說，這些打擊和傷口造成了長久的傷害[22]。」

尚貝和雅梅神父認為瑪麗‧閨雅所受的苦難跟她婆婆有關[23]，因為她的婆婆害

---

17 參見下文第四章。
18 *J*。第二冊。頁 170。
19 *J*。第二冊。頁 482-483。
20 *V*。頁 15 和 *J*。第二冊。頁 483。
21 *J*。第二冊。頁 483。
22 *V*。頁 10-11。
23 吉羅戴著（E. GIRAUDET）。《降生瑪麗的家人》（*La famille de Marie de l'Incarnation*）。頁 94。附錄；*J*。第二冊。頁 483。

怕克羅‧瑪定逝世後，瑪麗‧閨雅會離開她，不過她自己卻在克羅‧瑪定走後一個月也相繼逝世[24]。如果她婆婆只是出於個性不和或病態的好妒心理，仍不足以解釋她恐懼的原因。因此克羅神父把此事歸咎於他父親，而非他的祖母，因為那些痛苦是來自另外一位女性的嫉妒心。這位女性深愛克羅‧瑪定卻遭到拒絕，可能因而進行不擇手段的報復，她報復在瑪麗‧閨雅身上，並且詆毀她的名譽[25]；她也報復克羅‧瑪定，即使牽扯到她自己的利益，仍在簽下合夥契約後，讓他的絲綢廠破產。所以克羅神父在書中一個章節提到他母親的品德時，他很清楚地說道：

「婚後她受到迫害，因為天主允許某位女士迫害她及她的丈夫。這些迫害事件層出不窮。這位女士惹出了很多麻煩，最後她成為天主的工具，使他們失去財富。我的母親很有耐心地面對這些苦難，彷彿天主期盼她獲得的唯一財富是恩寵。不僅如此，她還像一位好朋友一般幫助了這位女士[26]。」

這位害瑪定家破產的敵人想以自殺來逃避破產的後果：「有人將這件事告訴瑪麗‧閨雅，於是她盡全力去阻止這個人，寸步不離地跟蹤她，使她幾乎不離開她的視線。最後得知這個人為了自殺，已於夜裡離開城裡。為縮短尋找這位女性的路程，她也跟著從家裡離開。」暗夜裡河水上漲，她冒著生命危險，終於成功地阻止那位不幸的女人[27]。

無論瑪麗‧閨雅所指的這位「敵人」身分為何，都使瑪麗‧閨雅所背負的十字架變得相當沉重[28]。她沒有向她的丈夫抗議：「這就是他的父母和朋友都佩服她的原因，他們不明白她如何能保持真誠的心，面對儘管無辜卻讓她心痛的男人，依舊維持著這段不可侵犯的婚姻。她丈夫對她的做法感到驚訝，但是他每次看見瑪麗‧閨雅痛苦，就會掉眼淚[29]。」

---

24 J。第二冊。頁483。

25 然而在《可敬的降生瑪麗修女生平》（V）。頁35。克羅神父宣稱：「天主總是讓她遠離毀謗，而且找不到任何人說過她的壞話。」

26 J。頁638。

27 根據克羅神父記載，這是「一道很長、很危險的牆，牆的兩邊有很深的水溝」，以及「即使是最勇敢之人經過此地都感到害怕」。

28 J。第二冊。頁164。

29 V。頁15-16。

克羅神父描述，他母親不到十七歲時就成為家中女主人。瑪定的絲綢廠不大，廠內只有幾架紡織機。瑪定先生「不得不維持幾名廠內工人的家計[30]」。他的妻子細心地照料他們，「彷彿他們就像是她自己的小孩。他們對待她猶如母親般地尊重，因為他們知道她所遭受的苦難，對她有種說不出的同情。看見她時，很難不嘆氣。」

瑪麗‧閨雅非常關注他們的需求，並且關心他們的品性，她說道：「我希望天主使我身邊的所有人，都經常能夠這樣渴望（領受聖事），我擔心他們犯下嚴重的罪過卻沒有好好地去辦告解聖事……這樣子我就會敦促他們、鼓勵他們要盡力去做這件該做的事[31]。」

這位少婦處理事情有條不紊，從她與杰羅姆‧拉勒蒙神父（P. Jérôme Lalemant）共同撰寫魁北克聖吳甦樂會會憲與規章中就看得出來。從結婚起，「她總是井然有序地處理每件事，絕對不會出錯[32]。」她的丈夫讓她管理小絲綢廠內的生意，她因此有機會再次學習做生意：她提到喪夫後的那段歲月[33]，坦言道：「天主賜予我做生意的頭腦」。結婚前，她已經在父親的店裡幫忙，這也是她第一次做生意的經驗。克羅神父寫道：「她擅長經商，儘管她對這些事情有種奇特厭惡的感覺，但是如果有必要，她仍然會回答別人的問題，給予他們安心且很有用的建議[34]。」當她在布松家幫忙時，面對遠比她丈夫的絲綢廠更為複雜的生意，她仍然處理得盡善盡美[35]。

1639 年夏天，瑪麗‧閨雅剛抵達魁北克時，她的首要任務之一，就是接受樂仁神父（P. Le Jeune）的指導學習印第安語。起初她遇到許多困難，她說道：「我已經有二十幾年沒辦法以理性進行科學思辨了。」從二十年前，1620 年 3 月 24 日經歷了密契恩寵開始，閱讀對瑪麗‧閨雅而言變得很困難——特別是在她靈修生活的某些階段。以前，她在婚前、結婚的前兩年或是丈夫逝世的幾個月後，似乎都還

30　*V*。頁 16。
31　*J*。第二冊。頁 166。
32　*V*。頁 15。
33　*J*。第二冊。頁 186-187。
34　*V*。頁 506。
35　*J*。第二冊。頁 369。

會閱讀許多書。

閱讀能彌補她所缺乏的知識教育。她熱愛閱讀，並且沉浸其中，起初閱讀只是為了自娛，並無其他目的；但是她經常閱讀作家的作品深刻影響了她的寫作風格，她不知不覺地學會寫作。她才思敏捷，無形中對老師所教授的重要基礎課程皆能融會貫通。閱讀在她受教育的過程中扮演相當重要的角色，所以無論花多久時間，我們應該都要研究她床頭上的藏書。

她在十七、十八歲的時候涉獵許多小說，這些小說「對處理事情沒有任何幫助，純粹只是為了滿足我的心靈和消遣[36]。」

之後她對閱讀世俗書籍沒有半點後悔或是任何顧忌，頂多認為這是浪費時間。她不會談論詩人，特別喜愛閱讀小說和童話。哈伯雷（Rabelais）不在她的閱讀清單內：倘若她讀過此書，她可能會因而自責。在都蘭，當時的人都喜歡閱讀艾伯雷先生（Herberay des Essarts）改編的《高盧人的阿瑪迪斯》（*Amadis des Gaules*）[37]。1592 年至 1594 年期間，尼古拉‧德‧蒙特何（Nicolas de Montreux）筆名蒙薩柯（Ollenix du Mont Sacré），曾於都爾出版《朱麗葉的田園詩》（*Bergeries de Juliette*）的前三部作品，「透過牧羊人和牧羊女的愛情，可以看見愛情的不同影響[38]。」

同時期左右，都蘭省傑尼耶（Genillé）領主瑪定‧弗梅提到《真實與完美的愛情》（*Vray et Parfaict Amour*，1599 年）。他宣稱此書是由雅典哲學家阿戴納戈拉（Athénagoras）所撰寫[39]。1594 年，都爾市的珍娜‧梅戴耶（Janet Mettayer）出版社出版維米樂（François Beroalde de Verville）的《佛羅里達歷險記》（*Aventures de*

---

36 *J*。第二冊。頁 163。

37 巴赫著（E. BARET）。《論阿瑪迪斯‧戴高樂及其對十六和十七世紀風俗和文學之影響》（*De l'Amadis de Gaule et de son influence sur les moeurs et la littérature aux XVIe et XVIIe siècles*）。巴黎出版。1853 年；貝拉右著（MENEDEZ Y PELAYO）。《小說的起源》（*Origenes de la Novela*）。第一冊。1905 年。頁 223；《法國文學詞典（格倫特）》（*Dictionnaire des Lettres françaises, Grente*）。十六世紀。頁 38-40。

38 歐雷著（B.HAURÉAU）。《緬因文學史》（*Histoire littéraire du Maine*）。第二冊。巴黎出版。1872 年。頁 421；《法國文學詞典（格倫特）》（*Dictionnaire des Lettres françaises, Grente*）。十六世紀。頁 526。

39 索尼肖（Michel Sonnius）出版。1599 年。巴黎出版；關於傑尼耶領主（Sieur de Genillé）瑪定‧弗梅（Martin FUMÉE，1540 年至 1585 年之後）：夏樂梅著（J.L. CHALMEL）。《都蘭歷史》（*Histoire de Touraine*）。第四冊。頁 194-196。

Floride）[40]。

另外兩位都蘭作者因著有大量而豐富的作品，在當時亦享負盛名：第一位作家是來自安博茲（Amboise）的佳播・莎碧（Gabriel Chappuys，1546-1613 年），他是一位經常翻譯義大利文和西班牙文作品的譯者[41]。從事宗教類別的書籍翻譯之前[42]，他曾經出版過許多非宗教性作品，包括《滑稽之日》（*Les facétieuses journées*），書中包括上百則證實過且令人愉快的短篇小說（巴黎，1584 年）。第二位作家署名為「艾斯古多領主」（le sieur des Escuteaux）。1601 至 1628 年，他在巴黎、索米爾（Saumur）、盧昂或是普瓦捷皆曾出版過大量的愛情小說，他的小說標題具有「矯揉造作」的濃厚色彩[43]。以上是十七世紀初，除了《阿斯特》（*L'Astrée*）這本書以外，大家都會去都蘭圖書館閱讀的書籍。

對瑪麗・閨雅來說，閱讀小說影響不大。她從閱讀當中找尋樂趣；她可能也從中學會了寫作。她與生俱來的判斷力和洞察力使她能辨別並熟記書中內容。她能掌握重點，幾乎沒有矯揉造作的寫作風格。她自己曾經說道，小說不再是她閱讀的重點。

這位少婦即使與她婆婆同住，她感受到的自由遠比當女兒時還要來得多。瑪麗・閨雅在婆家最初嘗到的「少許自由和閒暇片刻」，不可能發生在她父親家，雖然如此，她在靈性上的轉變很快地形成，天主使她「完全失去原來的嗜好和其中的樂趣[44]」。她說道：「天主讓我嚮往獨處，在獨處中我內心充滿了對某種不知名美好的喜愛，遠離了同齡朋友，我只想獨自待在家裡閱讀宗教書籍。」

當時她的讀物，都不是後來對她影響很大的，聖方濟・沙雷（Saint François de Sales）或聖女大德蘭的作品，都是她後來才提到的。

---

40 夏樂梅著（CHALMEL）。頁 479-482；他生於 1558 年，歿於 1622 年。《塔什羅拍賣會目錄》（*Catalogue de la Vente Taschereau*）。巴黎出版。1875 年。頁 250-253。

41 布塞羅著（J.-X. CARRÉ de BUSSEROLLE）。《羅亞爾河地區辭典》（*Dictionnaire d'Indre-et-Loire*）。第二冊。頁 124-126。

42 參見《都蘭天主教復興運動》（*Le mouvement de restauration catholique en Touraine*）。頁 203-204 和註解。

43 〈在古賽樂尚蒂伊城堡的奧諾雷・杜菲？〉（Un Honoré d'Urfé au château de Chantilly en Courcelles ？）。收錄於《都蘭加蒂》（*A travers la Gatine tourangelle*）。打字版。都爾市立圖書館。

44 *J*。第二冊。頁 163。

年輕的瑪定夫人或許閱讀過比奈神父（P. Binet）的著作《給病患和受苦者安慰和歡樂》（*Consolation et réjouissance pour les maladies et personnes affligées*）[45]。這本書雖然有缺點，但是它對那些信仰虔誠的人影響很大。這本書尤其對當時和瑪麗·閨雅同故鄉的年輕瑪格麗特·德·盧斯雷（Marguerite de Rousselé）具有很深的影響，都蘭人稱她為真福瑪格麗特·德·沙薛（Marguerite de Saché）。

她可能讀過洛什附近利捷（Liget）的嘉都仙隱修會（Chartreux）會士所翻譯的作品：奧斯定會（1600年出版）德·歐羅斯科神父（Alonso d'Orosco）的《祈禱花園》（*Le Jardin d'Oraison*）和他的《默觀山》（*Mont de Contemplation*，1604年出版）。莎碧許多譯本可以讓她接觸到聖文德（Saint Bonaventure）和義大利、西班牙的靈修人士：亞維拉的聖若望（Jean d'Avila）、高乃依·繆索（Corneille Musso）、皮涅羅勒（Pignarolle）、馬德里的阿勒楓斯（Alphonse de Madrid）、迪埃戈·德·斯戴拉（Diego de Stella）和瓦爾德拉馬[46]（Valderama）。

在魁北克的初學院，瑪麗·閨雅列出一份閱讀清單。這份清單上找得到前面所提過的兩位作者，或許可以解釋她特別喜愛閱讀格納德（Grenade）以及亞維拉的聖若望兩位作品的原因[47]。

瑪麗·閨雅在1617年至1620年期間的讀物中，我們可以確定有1605年高第耶（René Gaultier, 1560-1638）翻譯里巴德涅哈（Ribadeneira）的《聖徒生命之花朵》（*Les Fleurs des vies des Saints*），以及1611年該作者於杜艾（Douai）所出版的法文版《路易·杜邦沉思錄》（*Les Méditations de Louis du Pont*）[48]。上述作品皆為都

---

45 關於比奈（BINET），參見奧佛·加理雅著（OLPHE-GALLIARD）。《靈修辭典》（*Dictionnaire de Spiritualité*）。第一冊。1620年；培蒙著（H. BREMOND）。《法蘭西宗教情感文學史》（*Histoire litteraire du sentiment religieux en France*）。第一冊。巴黎出版。1916年。頁128-148、260-264；戈尼耶著（L. GOGNET）。《現代靈修》（*La spiritualité moderne*）。第一冊。〈發展時期：1500-1650〉。巴黎出版。1966年。頁418-420。昂熱的朱利安·艾馬著（P. Julien EYMARD）。〈十七世紀法蘭西耶穌會士的斯多葛主義，比奈和塞里謝〉（Le stoïcisme chez les Jésuites français du XVIIe siècle）。收錄於《宗教科學雜誌》（*Mélanges de Sciences Religieuses*）。第10期。1953年。頁239-262。

46 《都蘭天主教復興運動》（*Le mouvement de restauration catholique en Touraine*）。頁203。

47 〈降生瑪麗和魁北克吳甦樂初學院的圖書館〉（Marie de l'Incarnation et la Bibliothéque du Noviciat des Ursulines de Québec）。*RAM*。第46期。1970年。頁397-410。

48 哈耶著（A. RAYEZ）。《靈修辭典》（*Dictionnaire de Spiritualité*）。第六冊。頁144-147。他是高第耶·德·拉杭德（Gaultier de la Vérendrye）的近親。

爾和魁北克兩地聖吳甦樂會修女日常默想祈禱的必備書。

　　1668 年，克羅‧瑪定神父被任命為本篤會聖莫爾修道院副總會長一職，他請人翻譯《聖杰爾圖德的啟示與操練》（*Révélations et Exercices de Sainte Gertrude*）[49]，執行了一項從 1653 年就開始的計畫。根據瑪定神父的說法，這項計畫是在瑪麗‧閨雅的鼓勵下構思而成。這位聖吳甦樂會修女的日常何時開始接觸聖杰爾圖德的作品？她在《靈修札記》或是信件中都沒有提起此事。在加拿大，因事務繁忙，準備祈禱、生活革新會議、食堂，她閱讀的書籍都只與教會相關，而她日常靈修讀物主要以《聖經》[50] 為主。在都爾市時，她的心思都被占滿了，以致無法自由地閱讀。1620 年以前，年輕時的她閱讀聖杰爾圖德的作品：《神操》（*Les Exercices*），曾於 1580 年由嘉都仙隱修會賈利神父（Dom Jean Jarry）翻譯而成；以及 1619 年 1 月巴黎索尼育（Sonnius）出版社出版，由赤足加爾默羅會所翻譯的《隱喻》（*Insinuations*）（或《使者》〔Héraut〕）的譯本[51]。

　　難道她是直接閱讀瑟納的聖女加大利納（Sainte Catherine de Sienne）的作品嗎？有人這麼認為。她於 1646 年 10 月信中談到：「如同聖女加大利納，無論身處何處，都能保持心靈的內在孤獨，嘗試活出與天主共融的生命[52]。」或許她讀過聖方濟‧沙雷的《敬虔生活簡介》（*Introduction à la vie dévote*），作者在這本書中曾經提到對義大利密契主義的看法[53]；但是也不排除 1620 年之前，她已經讀過有關聖女加大利納的作品，這些作品是由布關神父（P. Bourgoing）於 1580 年翻譯，出版者修迪耶（Chaudière）於 1602 年在巴黎重新出版的譯本[54]。

49 馬丹著（E. MARTÈNE）。《可敬的克羅‧瑪定神父生平》（*La Vie du Vénérable Père Dom Claude Martin*）。第四冊。頁 131。

50 她把《聖經》視為最佳的靈修讀物。*J*。第二冊。頁 492。

51 參見艾菲塔著（Gertrude d'HELFTA）。《靈修作品全集》（*OEuvres spirituelles*）。第一冊。〈神操〉（Les Exercices）。譯自胡利埃（J. HOURLIER）和史密特（A. SCHMITT）。收錄於《天主教文獻》（*Sources chrétiennes*）。第 127 期。巴黎出版。1967 年。頁 25-29。

52 *O*。頁 302。

53 聖方濟‧沙雷著（Saint François de SALES）。《敬虔生活簡介》（*Introduction à la vie dévote*）。安錫（Annecy）出版。第三冊。頁 93。

54 《傑出聖女加大利納的對話和祈禱：道明會第三會會士》（*Le Dialogue et Oraisons de l'excellente Vierge saincte Catherine de Siene, Religieuse du tiers-ordre de sainct Dominique*）。從義大利語譯成法語。巴黎出版。出版者瑪洛（G. MALLOT）。1580 年。

在瑪麗・閨雅婚後數月，天主賜予她對「退隱祈禱」的強烈渴望，這對她來說大有助益，讓她透過閱讀對人性和超性更為了解而邁向全德之路。她的靈修沒有別的方式：就是頻繁且大量地閱讀文學作品，沒有任何靈修導師可以諮詢，或從旁指引。

她每天都會前往離家最近的聖皮耶德可教堂望彌撒。克羅神父說道：「她會規劃自己的祈禱時間[55]。」

她因此明白自己樂於祈禱：「我周遭的人都感到驚訝，他們不明白我為何要離群索居又每天勤於上教堂⋯⋯我內在的體驗是看不到的，天主在我內工作的豐饒也看不到；至於我，我自己也無法理解祂如何帶來這些改變，我只能在祈禱中追隨祂的光照，委順並實踐祂賜予的恩德與善表[56]。」

《聖經》中的《聖詠集》（Psaumes）成為她此時期每日個人閱讀和默想祈禱的主要精神食糧[57]，當她想表達個人想法時，聖詠的詩節已經完全融會貫通地從她記憶中湧現：「當我讀法文聖詠時，還有當我理解它們是來自天主聖神的默感時，那些符合我當下需求且記憶深刻的詩節就會噴湧而出。我使用它們時，深信聖神所有的話語都是真實的，無誤的，就算萬物都消逝無蹤，祂的話也不會讓我失望[58]。」

她跟童年時期一樣勤於聆聽講道；但她現在已經更能理解使徒聖召的神聖性。她常沉浸於講道中聽到的訓導：「當我聆聽時，我的心猶如一個盛裝液體的瓶子，天主聖言像酒一樣傾流於我的心中。這就是聖神話語的神聖力量，透過祂源源不絕的恩寵，我的靈魂因祂的滿全而飽滿，不能自主，只能透過祈禱與天主交流；更因我的有限無以承載而滿溢，乃至於必須以口禱方能抒發。我以全心全靈還報天主，回到家時，只要提到講道者的宣講要理和我的想法，我就無法自抑地滔滔不絕[59]。」

在聖神的引領下，只要服從「內心的召喚」，瑪麗・閨雅就已經嘗到來自聖言

55　V。頁 14。
56　J。第二冊。頁 163-164。
57　O。頁 358。
58　J。第二冊。頁 167。亦參見頁 425-426。
59　J。第二冊。頁 168-169。

奧妙的神慰，她當時甚至不知道這就是默觀祈禱[60]。

她特別注意某些講道內容。她提過一個以耶穌之名舉辦的講習，還有一個是嘉布遣會士的講道，內容為四旬期與耶穌受難；但兩者都無法得知是在哪座教堂進行，也查不到講道者的名字[61]。

這些靈修的日常實踐讓她得以持續保持信仰上的熱誠：「對教會的一切安排懷抱信德，成為我生命中強而有力的日常食糧。……（在禧年）我是第一批進到教堂的人之一，所以我能一起參與慶典活動以及詠唱隆重日課[62]。」她在這裡指的可能就是 1617 年的禧年[63]。

自從 1618 年 8 月以來，瑪麗・閨雅懷抱了無比喜悅的許諾—— 一名孩子的出生：「當她開始發福了，被這來自婚姻聖事的祝福感召，她就不停地想把她孕育中的小生命獻給天主。她祈求天主把她兒子寫進得救的名單，也祈求天主，除非來自祂的揀選，不要讓她再擁有其他小孩[64]。」

1619 年 4 月 2 日[65]，聖方濟保拉慶節日，她生下一名小男嬰。他的體質應該十分虛弱，因為一直到出生後第三天小嬰孩才領洗，這有違習俗，也不符合他母親強烈的期待：「克羅是絲綢廠師傅克羅・瑪定和瑪麗・閨雅之子。他於 1619 年 4 月 5 日領受聖洗聖事。克羅的代父是他的外祖父，代母可能是他祖母，也就是瑪麗・閨雅的婆婆。」

對於瑪麗・閨雅來說，1619 年夏天是一段痛苦而艱難的時期。伴隨著孩子出

---

60 在 1654 年《靈修札記補篇》（*Supplément à la Relation*）中（*J*。第二冊。頁 495），她對照 1620 年 3 月以後的狀態，在這種狀態下，「出自想像的印象」變少了，並且「隨即轉變成為知識」，她皈依之前的狀態：「之前，這是行動、願望和觸覺夾雜在一起」。

61 *J*。第二冊。頁 169。

62 *J*。第二冊。頁 171。

63 保祿五世頒布 1617 年（禧年），《法蘭西的梅奇》（*Le Mercure françois*，1625 年出版）第 5 期找到教宗諭旨。1617 年。235 頁。

64 *V*。頁 10。「除了耶穌基督的貧窮以外，我從未愛過您。可以肯定的是，您不是以我所期待的來到這世間（祂的寶藏）：我內心的感覺如此強烈，以致於我無法表達出來。」（*O*。頁 131）；「您還沒看見我對您的期許，是要您成為耶穌基督的僕人，就算犧牲您我的生命，都要全心全意獻身於祂神聖的忠告。」（*O*。頁 659）。

65 出生前一天，她去了馬穆蒂朝聖，參見馬丹著（E.MARTÈNE）。《可敬的克羅・瑪定神父生平》（*La Vie du Vénérable Père Dom Claude Martin*）。頁 2。

生的喜悅，隨之而來的卻是即將面臨破產的痛苦，以及她丈夫的健康帶給她的擔憂——她的丈夫於九月抑或十月初逝世[66]。「那時候我十九歲，上主讓我歷經生離死別，在祂的允許下召回我丈夫，這位與我關係密切之人[67]。」

這位少婦的悲痛真實且深刻：「由於她天性溫婉慈悲，所以她對這種離別的感受特別深刻[68]；與此同時，因為天主已完全擁有她的心靈與生命，昇華她本性上的感受去順服於天主上智的計畫，並不是一件太難的事[69]。」

然而，她的悲傷卻也伴隨著一種解脫的感覺：「看到自己解除了束縛得到自由，我的靈魂充滿了感恩，因為從此只有天主可以讓我的心和我的情感向祂擴展。」

這位絲綢廠師傅留下複雜且難解的包袱[70]。幾個月來，這個情況沒有好轉，債台高築，多起訴訟懸而未決。儘管瑪麗・閨雅學過「做生意」，但是她缺乏經驗[71]。

絲綢廠的狀況，以及營運上的慘淡後果，讓這位絲綢廠師傅的母親備感憂慮，她擔心媳婦會在此時離開：「您的祖母看到她的獨子逝世，相當害怕我因此而離開她，一個月後她也因此相繼逝世；我不會那麼做，尤其是我早已下定決心要陪伴她，和她一起度過難關，天主的旨意使我在養育您的同時，可以竭盡所能地幫忙她[72]。」

事實上，瑪麗・閨雅有一個很簡單的解決之道。都蘭省的法律使她完全可以從

---

66 根據老一輩傳記作者的說法，身為父親之克羅・瑪定（Claude Martin Père）殁於 1619 年 10 月 10 日。李紹道神父著（RICHAUDEAU）。《尊敬的降生瑪麗修女生平》（ *Vie de la Révérende Mère Marie de l'Incarnation* ）。都蘭出版。1873 年。頁 41；V（《一位聖吳甦樂會南特修院修女所寫的瑪麗・閨雅生平》〔 *Vie de la Vénérable Marie-de l'Incarnaition par une Ursuline de Nantes* 〕於 1893 年在巴黎出版。頁 24）；日期不詳，因為聖皮耶都可堂區直到 1666 年才開始出現喪禮登記簿。我們只知道小克羅出生於 4 月 2 日，當時才「六個月大」（ *J* 。第二冊。頁 173），瑪麗・閨雅 19 歲；她於 10 月 28 日年滿 20 歲；因此，克羅・瑪定殁於 9 月或是 10 月。

67 *J* 。第二冊。頁 172。

68 「失去（您父親）最初讓我變得很敏感」（ *J* 。第二冊。頁 483）。

69 *V* 。頁 24。

70 她談到「暫時失去財富、訴訟和飢荒」。 *J* 。第二冊。頁 173。

71 「由於缺乏個人經驗，聖神占據我的內心，使我充滿信德、望德和信任，讓我從一而終完成正在進行的事情。」同上。

72 *J* 。第二冊。頁 483。

此情況中解脫，因為她是平民百姓，在她丈夫去世的二十天內，本人可以親自或是由公會專業財務管理這邊申請放棄與丈夫共有家產和財產。從那一刻起，她無須再對丈夫的債務負責，除非那些債務跟她有關，她才需要負責任。因此，沒有人有權沒收她的財產。接下來就是盤點家產，進行法拍償還債權人。除了她丈夫的遺產外，這位年輕寡婦還保留「一張床鋪、她的祈禱書籍與玫瑰念珠、她最昂貴的一件衣服，以及夏天和冬天各一件普通衣服[73]。」

克羅·瑪定的母親因為害怕而逝世，她害怕她的媳婦不去承擔她丈夫的債務就可以輕易恢復自由之身。瑪定的債務可以透過法律變賣資產償還，而且瑪麗·閨雅在她婆婆既沒錢也沒有任何資助的情況下，可以選擇棄養她。但是瑪麗·閨雅並沒有這麼做。她深知自己的義務，並不想這樣做。

這位年輕的寡婦在悲慟中勇敢地接下絲綢廠的重擔，並竭盡全力結束正在進行的訴訟，償還所有債權人債務。

因此，1619 年至 1620 年冬天，她都忙著處理這些對人而言難以解決的情況。

我們之後會提到 1620 年 3 月 24 日密契恩寵出現時，她仍然有待解決的問題。絲綢廠依舊是由瑪麗·閨雅管理；即使初次的密契恩寵發生以後，她還是有許多事情要做，她試問自己是否可以不受再婚的束縛：「機會一旦出現，我告訴自己是否該重返世俗的道路，或是回到您釋放我的路途上。這些試煉出於種種原因，因為（我的丈夫）的緣故，我手上必須處理的事情……這些都使我動搖，我一度以為自己會接受這些誘惑[74]。」

這個「機會」並沒有被明確指出；瑪麗·閨雅和克羅神父都沒有透露。可能是一位資深的絲綢師傅，很欽佩年輕寡婦的勇氣和她的生意頭腦[75]：「她展現出的許多美德、聰明的頭腦和良好天性，使她從初次婚約不久，就不乏眾人追求，這些人的財富讓她深覺比初次婚姻來得更寬裕。此外，那些與她有生意往來的人，認為她

---

73 根據 1599 年的都蘭法律改革，參見艾斯畢納著（G. d'ESPINAY）。《十六世紀的都蘭法律改革》（*Les réformes de la Coutume de Touraine au XVIe siècle*）。*MSAT*。第 36 期。都爾出版。1891 年。頁 87-88。

74 *J*。第二冊。頁 383。

75 *J*。第二冊。頁 187。

非常正直，想幫忙她重新站起來，重建她的工廠[76]。」

瑪麗・閨雅必須與同業公會裡管理財務和管理的師傅打交道[77]。絲綢廠的師傅定期匯款給同業公會，公會應回過頭來透過賠償或是預定支付方式，善盡保護其會員之責，援助並且幫助這些寡婦。

克羅・瑪定的母親菲利普・莫羅（Philippe Moreau）逝世這件事，讓瑪麗・閨雅從這些義務中解脫；她只需要承擔照顧她兒子的責任。1655 年是關鍵的一年，她認為這個死亡為她解開了許多問題：「我原本還要負起更多的責任，當時年輕的我，冒著無法朝向上主期盼引領（我）的道路前進的風險[78]。」

瑪麗・閨雅盡其所能地解決丈夫的事情。她償還了所有的債務，即便絲綢廠倒閉，至少沒有危及信譽。她於 1641 年的信中向兒子寫道：「您跟我提起的『家道中落』……這一點也不重要，我不知道誰跟您提起，我很謹慎絕不跟您提起這件事[79]。」從 1619 年至 1620 年期間，家中發生的不幸事件對克羅神父來說是「家道中落」，但是這絕對不是丟臉的事。瑪麗・閨雅多次強調此事，要讓她兒子放心。

前面已經說過，對於那位讓他們破產的女士，這位年輕寡婦秉持著高度正直的美德。婚姻歲月標示出她深刻的靈修生活；這種深刻的靈修生活或許是婚姻使她的靈魂轉向天主的結果。幾個月的苦難考驗再加上丈夫和婆婆相繼逝世，這一切激發了她只願屬於天主的信念。

「在這種狀態下，我認為我真正在度一種虔敬信仰的生活了，因為我不知道除了向天主祈禱、勤領聖事、遠避犯罪之外，我還能做些什麼。因此當我去辦告解時，我覺得自己狀態良好，我的良心在一次又一次的告解聖事後十分平安[80]。」

此時的瑪麗・閨雅還沒有得到天主是無比聖潔的啟示。

---

76 V。頁 24。
77 1730 年以前行會律師和陪審員的姓名不詳；該行會的宗教諮商中心是奧斯定修會的教堂，位於聖希萊爾（Saint-Hilaire）和聖薩杜南（Saint-Saturnin）附近：波斯博著（L. BOSSEBOEUF）。《都爾絲綢廠歷史》（Histoire de la fabrique de soieries de Tours）。頁 298。
78 J。第二冊。頁 483。
79 V。頁 131。
80 J。第二冊。頁 172。

第四章

〜

1620 年 3 月 24 日

　　那個特別的早晨，瑪麗·闺雅正忙於廠裡的業務。她從普瓦度街（rue Poitou，現址是吳甦樂會街）離開聖皮耶德可區，這條路線與建在城牆旁的高盧時期古羅馬競技場遺址相距不遠。

　　穿過盧林門（porte Rouline），這條路後來更名為上溝渠街（rue du Haut-Fossé），它實際上沿著十四世紀部分圍牆遺址，一直延伸到現在的主教公署。

　　瑪麗·闺雅離那座古老的主教府邸只有幾步之遙，她卻沒有看見，因為它被中古世紀的舊城牆所擋住：再往前走幾步，在她左手邊，就是一條通往新落成的斐揚隱修院小巷。

　　「某天清晨要出門工作時，我一如往昔地向天主祈禱：『主啊，在祢內，我必不致迷失。』……突然間，我身心俱止，在那一刻，我的心靈之眼開了，過去所有的過失與罪愆、自幼及長的輕諾寡信、不完美……一一鉅細靡遺浮現於我眼前，超乎常人能比擬地清晰浮現。與此同時，我目睹了自己身陷於血海之中，那是天主聖子耶穌基督的寶血，我深信那是祂為我的罪所傾流的救贖之血。若非至善天主的助

佑，我可能因此驚懼而死；罪，何等可怕！即使再輕微，也令我驚恐萬分[1]。」

短短幾句，瑪麗・閨雅簡潔地描述了這個讓她「悔改」的極大恩寵。

在那之前，她的生活一直是從「善」如流的，她幾乎從未真正認識過罪的本質。在她七歲時，上主問她：「妳願意成為屬於我的人嗎？」她答覆「願意」，自此，她幾乎沒有在任何事上抗拒過歸向天主，她深信自己是一個虔誠事主的人。

天主讓她瞬間領悟了自己不曾經歷過的罪之本質，以及她所需要的救贖。在聖潔的天主台前，她意識到自己列在罪人行列，在她內心至深之處，其實就是一個罪人：「目睹寬仁至潔的天主被世間蟲蟻啃囓侵犯，恐怖已不足以形容。」然而天主並沒有讓她沉浸在這種苦痛中太久，祂顯現給她的，是她已被降生聖言耶穌基督傾流的寶血浸潤洗淨，並得到了救贖[2]：「我意識到，即使我是唯一的罪人，天主聖子還是會為我如此傾流寶血。」

她第三回以心神答覆天主：「當下，我的心昇化為愛情，投向那位以無比慈悲救贖我的上主……這愛情如此深刻犀利，使我無懼於痛苦，於是將自己完全投入了它的焰火之中。」

罪惡醜陋面的顯現──即罪是對永不犯罪的輕蔑、浩瀚救贖大愛的揭示、無以言喻的痛悔之情，以及因感恩湧溢而出的愛火……這些都是瑪麗・閨雅在 1620 年 3 月 20 日那天早晨所領受恩寵的內涵。自那一刻起，她嶄新的人生於焉展開。

她在《靈修札記補篇》中寫道：「當時我正走在上溝渠街要去工作，那時我太專注並沉浸於祈禱，以致於不知自己身處何時何地，彷彿時間空間都凝止住了，甚至我也不記得看到什麼，做了什麼……等我回過神來，才意識到自己正走在前往斐揚隱修院的上溝渠街道。我曾提到過這個經驗的巨大影響如何銘刻在我生命中，這不可思議恩寵的賜予，日久卻彌新；我總是說，那一日，是我真正回歸天主的皈依日，我因此得以進入神聖救世主無限仁慈的門檻，它觸及了我思想、心靈的深處，

---

[1] *J*。第二冊。頁 161-162。

[2] 「寶血」主題經常出現在瑪麗・閨雅的著作中；幾處參考來源：*J*。第二冊。頁 315；*O*。頁 36、102、119、129、139、156、200、293、538、934；參見拉貝勒著（S. LABELLE）。《降生瑪麗的使徒精神》（*L'esprit apostolique d'après Marie de l'Incarnation*）。渥太華出版。1968 年。頁 128-139、頁 155；《降生瑪麗的信仰》（*Ce que croyait Marie de l'Incarnation*）。頁 107-116。

讓我成為一個新造的人 [3]。」

這起事件發生二十四年後，瑪麗・閨雅所處的環境有些微的變化，上溝渠街大致沿著吳甦樂會街的路線。1628 年左右，貝唐・德・艾守總主教（Bertrand d'Eschaux）在重建主教公署時，所設計的花園內含瑪麗・閨雅神視發生的確切地點。1674 年，當克羅・瑪定神父開始撰寫他母親生平時，此地已不再像 1620 年那樣：「我看見神蹟的地方，隨著那裡後來建造的建築物（主教公署附屬建築）改變了這個地方，但天主讓這件事情留下如此令人讚歎且互久的回憶；現在主教的花園中，有一座漂亮的噴泉做為裝飾之用 [4]。」不過，這座噴泉在後來的花園整建中消失了 [5]。

在神魂超拔中，瑪麗・閨雅往前走了幾步，當她恢復神智時，發現自己停在前往新斐揚隱修院的死巷之中：「回過神來，我發現自己駐足在都爾市斐揚隱修院正要開始興建的小聖堂前面 [6]。」

當她進入這間修道院的暫用祈禱室，一位神父站在那兒，彷彿正在等著她，那是方濟神父（François de Saint-Bernard）。瑪麗・閨雅被自己方才經驗到的神視催迫著，也就是那被救主耶穌基督寶血滌淨她罪愆的啟示，她逕直走向神父，淚流滿面不待回應地就向神父請求辦告解，隨即就在那中間走道上以低沉的語調娓娓告明她這一生犯過的罪。當時正有一位女士跪在聖體台前祈禱，她可以聽到瑪麗・閨雅的聲音，瑪麗・閨雅卻毫不在意，完全沉浸在自己剛被開啟的恩寵經驗之中。

瑪麗・閨雅辦完告解聖事時，「看見那好心的神父十分驚訝於她的告解，以及她所告明的罪。」這位方濟神父心想到底發生什麼事了，他認為跟前這位女士看起來心神不寧，於是他非常溫和地對她說道：「您平安回去吧，明天再來我這裡辦告解。」他當時並沒有給她赦罪；隔天，這位少婦來辦告解的悔罪內容讓他安心不少，那一天正好是聖母領報慶節（l'Annonciation）。從此「只要他還在都爾市」，這名少婦便固定找他辦理告解聖事，在此之前，她不曾為此找過任何修會會士。

3　*J*。第二冊。頁 483-484。
4　*V*。頁 30。
5　有關於 1642 年總主教公署，參見 *AD I.-et-L.*。G 20 和 31。
6　*J*。第二冊。頁 184。

瑪麗・閨雅認為 1620 年 3 月 24 日的恩寵所帶來最重要的結果，就是啟發了她發現自己需要一位靈修導師：

　　「在既沒有靈修導師也乏人可以徵詢的狀態下，我從來不曾進入到真正的自我（樸實純潔的自我），此前，除了天主，我不認為我的靈修生活還可以告訴任何其他人，我覺得只要對告解神師告明已罪就夠了。但至聖天主終究親臨點醒我，引領我從無知走向祂願意的方向，讓祂得能在我內施展祂的恩慈[7]。」

　　瑪麗・閨雅在那次辦的總告解中，她回想起自己諸多的「不成熟」，似乎也是她少女時代最顯著的過失（總是經常浮現於她眼前），但是，正如我們前一章所提到，這件事她已經在三年前辦告解時告明了。

　　起初，瑪麗・閨雅對方濟神父平靜說出她的缺失。後來在瑪麗・閨雅和她的一位女性友人談話中，這位「好女孩」告訴她，靈修指導的內容應該還包括關注當事人對克苦補贖等善工的實踐狀況。方濟神父允許她每個主日、教會慶節以及每週四，都可以領受聖體聖事*，不必再特別去提出請求。這項許可給予了很大程度的自由；在當時，即使是對度奉獻生活追求全德的修女們而言，也沒有比這更大的特殊恩賜了。

　　1620 年春天，瑪定家的絲綢廠仍在營業。瑪麗・閨雅沒有結束正在進行的訴訟，也沒有清償債務。她工作繁重，有人向她求婚，她的親戚要求她認真考慮。她個人當然毫無意願，但是他們從中看到可以挽救絲綢廠的希望，還有當時還不到一歲小克羅・瑪定的未來保障。眼看瑪麗・閨雅就快要屈服：「再婚的念頭讓我動搖，我差點抵擋不住。全能良善的主啊！……祢驅使聖神藉由一位對我的過去一無所知的美好女孩來提醒我。在閒聊中，她完全不知道我在想什麼，卻無意間對我說：『妳必須完全屬於天主。』她的話瞬間撞擊我心，我的靈魂彷彿剎那間光明起來，更堅定了追隨祢的心願。啊，我的神聖淨配啊，若不是這個助力，我一定早就屈服了！」[8]

7　同上。頁 181。
8　同上。頁 383。
*　譯者註：過去的教會不鼓勵教友經常領聖體，除非是度修道奉獻生活的人，但是這位神父給予了瑪麗・閨雅特別許可。

她的心意已決，迅速地結束她丈夫的生意，賣掉工廠還清債務，開始追隨那股「召喚她進入獨居的內在吸引力[9]」。

　　她解雇了工人，只留下一名僕人，她的穿著極為簡樸，顯然不想再婚：「我穿著簡樸，讓每個認識我的人都相信，這是我在世界上僅有的財富。」

　　此時此刻，克羅神父描述他母親在都爾街道上行走的模樣：「當她走在街道時，她總是低著頭，步伐穩健，端莊謙卑的態度，人們忍不住目不轉睛盯著她，

　　街道上以及店內的人都會停下手邊工作，目光隨著她移動，直到看不見她為止；他們總是讚歎不已，仰望天空說道：『這就是瑪定夫人。』大家總以她的夫姓來稱呼她[10]。」

　　這或許是克羅神父沉浸在他的抒情表達方式之中。他提到在他母親逝世後不久，他在故鄉遇見一些老婦人的美好回憶；其實瑪麗·閨雅並不引人注意，她對周遭視而不見，完全沉浸在自己內心深處的超然境界裡。

　　之前瑪麗·閨雅提到過那些與她一起熱心事主的夥伴們，有好幾位，其中最親密的是皮耶·羅蘭（Pierre Roland）的女兒吉蕾特·羅蘭（Gillette Roland）。皮耶·羅蘭是貝恩主教區（Bains）領地的書記員，他的教會職務在主教公署書記之下；1619 年，吉蕾特是旺多姆公爵夫人（la duchesse de Vendôme）的女性友人，並跟隨她前往皮艾蒙（Piémont），護送路易十三的妹妹——法國王室夫人（Madame Royale）克里斯蒂·德·方希（Christine de France），當時維多·阿梅戴親王（Victor-Amédée）要把這位王室夫人帶回到他的公國，聖方濟·沙雷當時是這位年幼公主的輔佐神師，所以吉蕾特得以聽聞於他，並由此萌生畢生唯一的心願，就是致力於協助創立都爾市的聖母往見會修道院[11]。

　　我們無法確切得知瑪麗·閨雅與吉蕾特·羅蘭何時成為摯友。她們可能在童年

9　同上。頁 186。
10　*V*。頁 622。
11　波斯博神父著（Fr. BOSSEBOEUF）。〈都爾聖母往見修道院〉（Le monastère de la Visitation de Tours）。*BSAT*。第 25 期。1931-1932 年。頁 176-178；*J*。第三冊。頁 190；巴黎出版。馬札然圖書館（Bibl. Mazarine）。《成立聖母往見會修道院之相關最重要事情》（*Relation de ce qui s'est passé de plus considérable dans la fondation des monastères de la Visitation*）。頁 274-297。〈論都爾修道院：創立於 1633 年 5 月 1 日的第 57 座修道院〉（Du monastère de Tours...étably le er may 1633, le 57e de l'Ordre）。

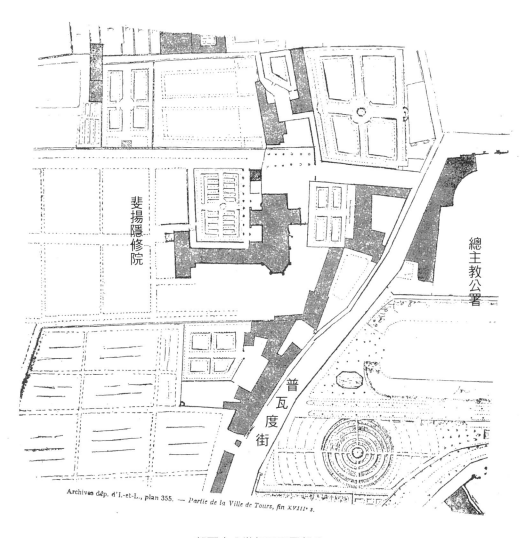

斐揚隱修院

總主教公署

普瓦度街

Archives dép. d'I.-et-L., plan 355. — Partie de la Ville de Tours, fin XVIII* s.

都爾十八世紀平面圖部分

時期就建立起這段友誼。瑪麗・閨雅會從加拿大以溫柔的語氣寫信給她：「我的心仍然保留著對我親愛的妹妹吉蕾特的愛。」「收到妳的來信，我感受到無比的喜悅[12]。」

她們兩位的靈修導師先是長達十餘年的雷蒙神父（Dom Raymond de Saint-Bernard），接著是路易神父（Louis de Saint-Bernard）。吉蕾特非常渴望進入由聖方濟・沙雷創立的修會，但是長期以來家庭責任使她一直無法如願，她的夢想直到1633年才得以實現。4月25日，她和她姊姊被准許進入一個才剛找到居所的修道團體，裝修過程中，吉蕾特也很用心幫忙。

瑪麗・閨雅在都爾還有許多好友；她在1654年的《靈修札記》中多次提及，但是這些友人只有在她們成為魁北克聖吳甦樂會的捐助者時才一一揭露出來：這些捐助者名冊不盡完整，直到1655年才找到珊恩小姐（Sain）、巴提斯小姐（Patrix）、米隆夫人（Milon）、婁奈-哈齊利小姐（Launay-Razilly）、卡仙小姐（Gatien）和文森小姐（Vincent）等女士名字[13]，以致於無法得知哪些是童年時期的好友、哪些是教友、哪些是聖吳甦樂會以前的學生。瑪麗・閨雅交友的年代紀事無法確定，只有少數幾人例外，像是吉蕾特正是其中之一。

絲綢廠債務清償完成後，瑪麗・閨雅已身無分文；她解雇了最後一位僕人，她父親把她叫回家[14]。小克羅被安置在褓姆那裡。在她丈夫逝世後的那段時間裡，她無法扶養小孩；況且當時中產階級人家通常不會親自扶養小孩。瑪麗・閨雅因此回到了聖皮耶德可郊區的麵包店，她婚後也不曾遠離過此地。她完全沒再提起她母親，母親應該是在她與克羅・瑪定的婚姻期間逝世[15]。「我父親把我叫回家，在那裡我可以獨處。我住在閣樓，在那裡做一些靜態的工作，我的心神忙碌於與天主不

---

12 O。頁 125、154；另參見頁 108。
13 〈魁北克聖吳甦樂會捐助者名冊提供的降生瑪麗書信集〉（La Correspondance de Marie de l'Incarnation d'après le Registre des bienfaiteurs des Ursulines de Québec）。收錄於《教會和神學》（Eglise et Théologie）。第三冊。1972 年。頁 30-33。
14 V。頁 33。
15 在那些催促她再婚的人當中，克羅神父只有提及她的父親、她的親戚以及她的友人。

停地對話[16]。」

　　瑪麗・閨雅必須工作才能生活。她試圖透過刺繡和壁毯工作來養活自己和兒子，這也為她找到了一個不參與父親店裡生意的藉口：「她的刺繡技巧已達爐火純青的境界，這就是她所說的靜態工作。之所以選擇這種針線活，是為了能夠在休息和離群索居的情況下工作[17]。」當時佛倫・閨雅最小的兩個孩子──珍妮和瑪竇都還很年幼；珍妮的出生日期不確定，可能不超過十四歲，瑪竇如果還活著的話只有八歲。而瑪麗・閨雅最小的弟弟佛倫才十六歲，於 1620 年底或 1621 年初與麵包師傅馬克・巴里耶結婚的凱特琳則剛滿十八歲；其他孩子都離開了父親的家，除了艾利，他從岳父母家那裡回來，那時候很可能是他父親的合夥人。

　　從 1620 年夏天到 1621 年夏天，瑪麗・閨雅都過著與世隔絕的生活。自從她堅決表達了不願再婚的想法，家人們就不再打擾她，這場抗爭非常艱難，根據克羅神父的比喻，他們以「強大的勢力」來向她施壓[18]：「那些認為自己可以左右她思想的人」共謀要改變她。甚至連方濟神父都說道：「大家說她還年輕，應該謹慎考慮未來，她的父親不可能永遠都活著，在他辭世後，她可能會發現自己陷入難以擺脫的困境之中；親朋好友很樂於助人，是因為還不到有求於他們的地步，但是當她開始成為大家的負擔時，任何親戚之情或是友情都將不復存在；或甚至是當她想忽視一切外務時，也必須記住她還有一個兒子，包括天主和她自己的母性天性都會想起這孩子的權利[19]。」但是她心意已決，一切勸說都失敗了，周圍的人終於理解她自有她的理由，有一種奧祕主宰著她。

　　克羅神父提供她這一年孤獨生活中的一些非常模糊的細節：「人們從未在教堂或是她家以外的地方見過她。她很少與人交談，當她不得不這樣做時，只會說短短幾句話。看到她生活在這個世界上是如此令人驚訝，彷彿她不屬於這個世界一樣。（在她父親家）她完全獨處，由於沒有任何的女僕或是傭人，她獨自與天主共處。

16　*J*。第二冊。頁 187。雅梅神父假設佛倫在十七世紀的故居，那兒在十九世紀成為玻璃畫家羅賓（Lobin）的畫室；此後這座故居已荒廢，參見 *J*。第二冊。頁 196。註解 7；這棟房子後來變成瑪定的絲綢廠。

17　*V*。頁 34。

18　*V*。頁 39-40。

19　*V*。頁 33。

她的住處只有一間房間，房間通向一個小畫廊，只有她才會進去，小畫廊的盡頭一隅，是她祈禱敬拜的角落。她與父親共餐，吃得不多，飯後立刻返回她的孤獨之境，正如同她自己所說，就像一隻孤巢中的斑鳩[20]。」

離開她父親家前，兒子已經斷奶（他在 1621 年 4 月 2 日已經過了兩歲生日），「她把兒子接回身邊，在他本性純真，尚未染上惡習之際，教導他基本的品德、養成良好的習慣。」

瑪麗‧閨雅在與上主相遇後的一年裡，留下了美好的回憶。兩年多來，她所經歷的無數困難、痛苦都煙消雲散。她自由自在、隨心所欲，一切都滋長了她孤獨中的靈思：「我不斷在心中與天主對話，我很驚訝於這種不是由我自己啟動的對話方式，而是被一種超越力量不斷降臨於我、催迫著我去對話……我無法理解我竟可以與天主如此清晰、如此親密無間地對話，如同一隻躲藏安居在巢穴中的麝香斑鳩……天主的良善與慈悲彷彿也成了我的一部分，照看著我，我遂也飛奔投入祂的懷抱[21]。」

瑪麗‧閨雅周遭的世界交織出一片深沉的靜默，她不再看、聽，甚至寡言沉默，如斯沉浸於那自我揭露給她的無盡存在本身。她讓自己的生活中只有領受聖事、聆聽天主聖言、克苦補贖和靜默。「我的心消融於耶穌的聖傷中，正是祂那個曾顯現給我的寶血神視，無比感恩之愛刺進了我的靈魂深處[22]。」

20　*V*。頁 32、33、34。
21　*J*。第二冊。頁 187-188。
22　同上。頁 189。

第五章

∽

都爾市的斐揚隱修院

　　1620 年 3 月 24 日的神魂超拔經驗，把瑪麗・閨雅帶往都爾市斐揚隱修院的小聖堂。直到十一年後她成為聖吳甦樂會修女之前的這段時間，這座小聖堂都是她最喜歡的地方，而且在這段期間裡，她也一直從斐揚隱修院神父們那裡尋求關於密契靈修的指導。正因如此，值得簡述一下這座修道院的歷史。

　　今日羅亞爾河的省級檔案室典藏著一份關於都爾市斐揚隱修院背景資料的文件[1]。我們希望保留更多關於瑪麗・閨雅如此依戀之修道團體的回憶，所以我們從《都蘭年鑑》（*Annales de la Touraine*, 1600-1640）中找到其他補充資料[2]。

　　斐揚隱修院是由熙篤會會士所組成，尚・德・拉巴里艾神父（Jean de la Barrière, 1544-1600）於十六世紀末在土魯斯（Toulouse）附近的斐揚隱修院進行

1　〈1619-1639 都爾斐揚隱修院最初二十年〉（Les vingt premières années du convent des Feuillants de Tours）。*BSAT*。第 35 期。頁 315-324。
2　都爾市立圖書館。手抄本 1216 年；《都蘭年鑑》（*Annales de Touraine*，年代應介於 1716 至 1742 年期間）。

非常嚴格的改革[3]。儘管教宗克萊孟八世（Clément VIII）於 1595 年放鬆對隱修會規約的要求，這些熙篤會會士依然嚴格遵守來自法國的嚴苛苦修，並經由仙達‧菲歐拉伯爵夫人（Comtesse de Santa-Fiora）傳到羅馬的聖伯納歐代修道院（Saint-Bernard-aux Thermes），苦修仍然是該修會的特色。這在一定程度上解釋了瑪麗‧閨雅的靈修導師為何最初會准許她進行嚴苛的苦修，這在他們當時修會的《年鑑》裡可找到一些苦修的先例。

我們知道斐揚隱修院在聖方濟‧沙雷的書信和心中的重要性。這些嚴格遵守會規的熙篤會會士的隱修生活方式為新興的修道團體立下了良好典範，尤其是嘉布遣會和耶穌會。

1619 年夏天，法王路易十三經過都爾市，「斐揚隱修院的總會長認為，這可能是在那裡興建修道院的有利時機，這就是為什麼他委託瑪定神父（Dom Martin de Saint-Bernard）和皮耶神父（Dom Pierre de Saint-Hilaire）向宮廷提出成立修道院。神父們抵達都爾市後，國王在普萊西斯城堡迎接他們，並對他們表示熱烈歡迎。國王一向非常敬重瑪定神父，詢問他的來意之後，得知在都爾市還沒有斐揚隱修院[4]。」

這位年僅十七歲的國王住在羅浮宮時，經常前往巴黎斐揚隱修院望彌撒，兩地相隔只有幾步之遙，他喜歡聆聽他們在彌撒中的講道。他在都爾市召見那兩位神父，猜到了他們前來的目的，隨後宣布他想在這座城市興建一座修道院，他自己就是創辦人：「神父們對於國王要成立修道院感到非常高興，國王也向他們立下創立修院的諾言。神父們開始拜訪艾守總主教、中尉呂埃先生（M. de Luez）以及鎮上的其他官員，他們表示熱烈歡迎。呂埃先生把他們安頓在自己府上，直到他們找到可以興建修院的地方。起初有人向他們建議可以先設在聖皮耶德可鎮附近的聖尚德古（Saint-Jean-des Coups）修道院。他們就此獲得了建造許可證明。」

3　參見巴利著（A. BAZY）《斐揚隱修院的院長暨改革者——可敬的拉巴里艾神父生平》（*Vie du Vénérable Jean de la Barrière, Abbé et réformateur de l'Abbaye de Feuillant*）。土魯斯 - 巴黎出版。1885 年。司湯達雷著（M. STANDARET）。〈斐揚隱修院〉（Feuillants）。收錄於《靈修辭典》（*Dict. de Spiritualité*）。第五冊。頁 274-287。

4　《都蘭年鑑》（*Annales de Touraine*）。頁 529。

聖尚德古修道院只是一座小聖堂，為紀念洗者聖若翰（saint Jean-Baptiste）被斬首而建造；它矗立在一座古老墓園的中間，聖堂附近還包括一個非常簡陋的看守人住所，他們認為這裡也許可以給這新的修道院使用。1856 年，墓園成為米拉波公園，古老而美麗的小聖堂被拆除。現今留下的只剩一份小聖堂的詳細描述和考古學會博物館所典藏的一些石雕雕刻。

王室詔書於 1619 年 7 月授予成立許可；信件裡證實會士們想在小聖堂附近建造一座足以容納幾位會士的會院。國王自稱是修道院的創始人，依據都爾市的收入，須分配給他 300 銀元的永久年金。

1614 年修建新街道路線的決定，限縮了聖尚德古修道院的面積範圍。這個地方難以建造一座設有花園的新修道院，即使縮減規模也難以達成，因而迫使神父們不得不再尋覓他處。他們在主教座堂附近找到適合的場所，距離上溝渠街和主教公署只有幾步之遙：該處由一棟房子、穀倉和花園組成，屬於國王的祕書拉瓦（François de Laval）所有。此次收購於 1619 年 9 月 10 日完成，由該教區諮議會總書記——輔理主教宏多蒙席完成。

斐揚隱修院會士於九月底搬進這座臨時會院。他們隨即建造了由輔理主教宏多蒙席祝福的「小聖堂和祈禱所」，「就像 1619 年 12 月 26 日國王下詔小聖堂的詔書中所描述的」。1620 年 2 月，就在瑪麗‧閨雅經驗到「寶血神視」的前一個月，國王頒布新的詔書批准轉讓這個修道院，並且提高年金為 600 銀元。一直到 5 月 18 日（國王的財務總長）和 7 月 23 日（審計院）才完成這起登記。

在瑪麗‧閨雅與斐揚隱修院神父談話的幾個月前，修道院的規律生活才正要開始。首任院長是維亞拉神父（Charles Vialart），會名聖保祿，他當時二十八歲[5]。1628 年 5 月的會士全體大會上，他被選為修會的總會長和斐揚隱修院的院長。四年後，國王任命他為阿夫朗什（Avranches）的主教。

法王路易十三從旁德塞（Ponts-de-Cé）衝突事件歸來後，要求於 1620 年 9 月下旬前來參加修院動工興建。他和呂依內公爵（Duc de Luynes）、盧松（Luçon）主教黎希留（Richelieu）以及幾位領主一起參觀建地，然後第二天再度返回參加莊

5　維亞拉著（Charles VIALART）。參見下文第十章。註腳 42。

嚴的開工儀式。儘管瑪麗・閨雅一直傾向「隱居」，但是為感念斐揚隱修院和她的靈修導師方濟神父，她可能有參加當時的隆重開工典禮。1622 年，國王撥款 3000 銀元，資助都爾市的神父繼續完成修建工作。

根據這位少婦的說法，方濟神父「是一位類似隱居的神父，只願意管別人非常明確跟他說的事情[6]。」他為人謹慎而沉默，不會主動提問。雅梅神父認為他可能就是來自博多的方濟・德・蘇利耶神父（Dom François du Soulier），他於 1603 年進入修會，1645 年逝世於斐揚隱修院，他撰寫過一篇〈論節制〉[7]。

前面提到，方濟神父第一次聽到瑪麗・閨雅的自我控訴時，感到十分驚訝，因為這跟他預期聽到的是不一樣的內容。次日，再次見到這位前來辦告解的奇怪少婦，他靜靜聆聽她不疾不徐地告明己罪。從瑪定絲綢廠關閉，瑪麗・閨雅在父親家過著獨居生活的這段日子以來，她已經跟他辦告解長達一年多了。

但是對於瑪麗・閨雅的神視經驗的恩寵，方濟神父不是很有把握究竟為何。當時她認為靈修指導主要是陳明自己犯的罪即可，她也盡量這麼做了。方濟神父從不曾要求她敞開心扉。

在一位女性友人的建議下，瑪麗・閨雅請求他同意讓她行克苦做補贖：「我請求了他的許可；剛開始配戴馬鬃做的苦修帶和打苦鞭。他還制定了我辦告解和領聖體該遵守的日程[8]。」

瑪麗・閨雅的閱讀靈修書籍，比起她的祈禱生活，相對不受方濟神父的指導。事實上，這位斐揚隱修會會士過度謹慎寡言，所以沒能幫瑪麗・閨雅避免掉那一段不怎麼有用而痛苦的實驗期：「那時候我讀過幾本教導如何進行祈禱的書：準備開始、以收歛心神拉開序幕、默想主題分類、默想方法等等，在明白這些進行的次第後，我決定就這麼開始操練。祈禱書上說如果不這麼進行，會很容易陷入被魔鬼伎

6　J。第二冊。頁 192。

7　莫羅蒂斯著（C.I. MOROTIUS）。《熙篤會復興：高盧的熙篤會斐揚隱修院史》（*Cistercii reflorescentis seu Congregationum Cistercio-Monasticarum B. Mariae Fuliensis in Gallia ... Chronologica Historia*）。杜漢出版。1690 年。頁 78；還有另外一位來自沙特爾（Chartres）的方濟神父，1619 年 5 月 26 日在巴黎發願修行。他的禁慾論和道德論於 1620 年在巴黎出版，在瑪麗・閨雅獲得初次奧祕恩寵之時期，因為他當時在巴黎出版書，不太可能住在都爾。

8　J。第二冊。頁 185。

094　第一部

倆欺騙的危險之中。所以我開始如此操練我的祈禱，花了許多時間做默想，主耶穌奧祕的人性在我腦海中一幕換過一幕，我以我本已慣於直觀的心靈之眼審視著迷人的祂……為了做好那些書中指導的默想方式，我全力以赴，以致於腦袋像被夾住了般疼痛不已，這種傷害讓我承受了很大的痛苦。按部就班遵循靈修書籍指示的方法去祈禱的這種渴望，讓我開始每天都這樣自我強迫地去實行，乃至因而生病；伴隨我的頭痛之症，我以行克苦的心態接受了這些青澀的嘗試過程 [9]。」

一位有經驗的靈修導師會詢問關於祈禱、閱讀和內心的動向，但是方濟神父不太了解這位來向他辦告解的懺悔者，他認為她與常人無異，雖然他也看出來她具有良好品德並富有正義感。可能不是他，而是吉蕾特‧羅蘭把聖方濟‧沙雷的《敬虔生活簡介》交給瑪麗‧閨雅 [10]：「那時候我有一本《敬虔生活簡介》，裡頭詳細說明內修生活的各個面向，此外，還說明了如何度一種誓守貞潔的生活方式，如同上主正期待我去度的生活。後來我終於對我的聽告解神師方濟神父說出了這些事……

當他知悉我已發了這個誓願，就用了三個月的時間以各種方式考察我，之後，他要我宣發貞潔永願，矢志履行與之相應的合宜言行舉止 [11]。」

對瑪麗‧閨雅來說，貞潔誓願是保護她、抵抗家人堅持的武器，因為他們還沒有放棄勸她再婚。因此，我們可以追溯到 1620 年秋天或是年底：「那時我才二十一歲。」瑪麗‧閨雅於 1620 年 10 月 28 日才剛滿二十一歲。

方濟神父大約在 1621 年四月或是五月離開都爾市，雷蒙神父被派來當修院院長。方濟神父把瑪麗‧閨雅託付給他：「他要我接受雷蒙神父的指導，並且視他為我的新靈修導師。」

在都爾，修道院院長的職務並不繁重：斐揚隱修會的聖路易隱修院是一間很小的會院，成員不超過五人。另一方面，這些隱修士理想的修道生活方式，主要是默觀祈禱和頌唱聖詠日課，而不是出外傳播福音。他們也被賦予講道、聽告解等使徒工作，但極少在他們自己的修院聖堂以外的地方進行，這些使徒工作大多為女性修

9　*J*。第二冊。頁 191-192。
10　可能在 1619 年重新發行；這裡暗示了第三部第十二章和第十三章。
11　*J*。第二冊。頁 192。

道團體靈修上的需求服務。

雷蒙神父來自奧爾良（Orléans）。巴黎斐揚隱修會的聖伯納皇家修道院位於聖奧諾雷街（rue Saint-Honoré），該會院的編年史中記載他是一位「謹慎且具有智慧的人[12]」。瑪麗・閨雅以最高的形容詞讚美他：「天主恩賜給我這樣一位祂的好忠僕，他的確是一位深具聖德的人，極其善於引領人靈[13]。」

瑪麗・閨雅接受雷蒙神父十多年的靈修指導，直到 1632 年，她開始接觸耶穌會會士[14]。

事實上，這些年雷蒙神父並沒有一直都待在都爾，因此瑪麗・閨雅並不是隨時都能與他互動[15]。他於 1627 年被派往巴黎的修道院宣講，當瑪麗・閨雅既無法在都爾修道院中的會客室約見他，又不能在告解亭跟他辦告解時，她只好與他書信往返。他是一位堅定、克己、忍辱，非常嚴格的靈修導師，可能過於專制且敏感，但慷慨、善良，富於靈性深度，在導引人靈上具有特別的神恩。對於瑪麗・閨雅，他非常透徹地看到天主在她靈魂上的作為[16]。

她坦言自己只有兩位靈修導師：一位是 1621 年至 1632 年期間，指導她的雷蒙神父，另一位則是拉勒蒙神父，他從 1645 年起，開始指導她的靈修生活[17]。

和瑪麗・閨雅初次接觸時，雷蒙神父想進一步了解她：「他詢問我的生活方式，想要徹底認識我。他規範了我生活中所有大小事；譬如祈禱，他禁止我繼續使用默想的方式祈禱，而是盡情投入天主聖神的懷抱中，讓祂自己來帶領我的靈魂。

---

12 巴黎。馬札然圖書館（Bilb. Mazarine）。手抄本 3334，頁 64、81。可能是歐貝・德・維勒漢（Aubert de Villeserin）家族的一員，擁有十七世紀末靠近莫城（Meaux）格列吉（Grégy）領地。參見樂貝院長著（Abbé LEBEUF）。《巴黎城市和教區史》（Histoire de la ville et de tout le diocèse de Paris）。第五冊。巴黎出版。1883 年。頁 165；1671 年至 1695 年間，路易斯・德・維勒漢（Louis Aubert de Villeserin）是普羅旺斯塞內（Sénez）的主教。他於 1671 年 7 月 15 日在巴黎聖雅各（Faubourg Saint-Jacques）的聖吳甦樂會教堂被祝聖為主教。請參見弗里斯克（C. H. FRISQUE）和荷柏（E. REPOS）共同編撰。《法蘭西主教：艾克斯大都會省主教區總主教和主教生平與編年史》（La France pontificale, Histoire chronologique et biographique des archevêques et évêques, Métropole d'Aix）。第二部分。頁 242；羅宏熙著（LAURENSI）。《卡斯泰朗市的歷史》（Histoire de Castellane）。第二版。巴黎出版。1899 年。頁 484-490。

13 J。第二冊。頁 193。

14 J。第二冊。頁 295。

15 降生瑪麗「沒辦法一直跟他說話……」。O。頁 930。

16 她因而稱讚其中一位把她當作靈修導師的姊妹。O。頁 368。她本人也會給她靈修上的建議。參見 O。頁 8。

17 O。頁 571。參見頁 677。

+ L'Anguischerie.

安吉修里（L'Anguischerie）屬於布松家所有。

+ Tours   Les Feuillants.

都爾斐揚隱修院

他要求我必須記錄說明在我內發生的所有一切，他關心我每時每刻的思言行為。」

　　雷蒙神父對超性事物的感知力很強。無疑地，他不循常理地考驗她，但他對她的判斷快速而準確；他在這位少婦身上辨識出天主聖神的作為，因此要求她委順於那位在她內裡真正的主宰。身為一位實質導師，他很滿意她交給他的精準描述生活大小瑣事的紀錄。他無意代替天主，但他仍然試圖約束瑪麗‧閨雅的言行，以及預防她一不小心踏上歧途。當時瑪麗‧閨雅所需要的正是口頭上的指導，而不是那些靈修書籍：「我感到前所未有的安心，如果天主沒有派祂的僕人來幫助我，我將一無是處[18]。」

18　*J*。第二冊。頁 200。

第六章

四年隱居生活
（1621-1624）

「在我開始獨居生活大約一年後，天主讓我離開這樣的生活，安排我住在姊姊家。我姊姊當時陷入困境，她丈夫和她都希望我幫助他們共度難關。起初這擔子對我來說相當沉重，我連想都不敢想，最後我還是同意了，前提是他們得同意我隨時可以做我的各種苦行及祈禱善工；我願意做這樣的犧牲，來幫助我姊姊[1]。」

瑪麗・閨雅的獨居生活於 1621 年的最後幾個月結束。克蘿・閨雅比瑪麗・閨雅大七歲。應該是在 1611 年就嫁給這位從事陸上及水上運輸的業者，他的名字叫做保羅・布松（Pail Buisson）[2]。與丈夫結婚十年以來，她都還沒有生小孩。他們夫妻倆都是品行端正的天主教基督信徒：克蘿心地善良，樂於幫助窮人[3]；保羅・布松脾氣不好，但是個正直的好人，有些粗魯。即使他沒讀過書，亦不識字，他的生意仍穩定且持續地擴展[4]。

1　*J*。第二冊。頁 189。
2　這個名字登記在 1612 年 3 月 9 日聖皮耶德可堂區的領洗錄上。1612 年 4 月 7 日。
3　瑪麗・閨雅證實她對窮人的關愛。*O*。頁 193。
4　*V*。頁 636-637。

布松公司在 1621 年是一家規模很大的公司。按照克羅神父的說法，保羅是一名「貨運承包商，負責將貨物運往國內各地。他也是一名砲兵軍官，除了這兩個工作，還從事許多其他業務，使他成為當地人脈最廣的人。他為了方便工作且不依靠任何人，家中擁有工作上所需要的一切：包括公司成員、馬匹、馬鞍、馬車、四輪馬車以及其他鄉下的家具[5]。」

關於保羅‧布松的房子存有兩種說法。第一種是這棟房子在十九世紀曾經是羅賓（Lobin）的畫室。尚貝很清楚這棟房子被改建前的歷史，他認為此處並不適合保羅‧布松經商之用。這種說法並非毫無根據，他認為這棟房子改建前曾是麵包師傅佛倫的店鋪，或者是瑪定家的絲綢廠[6]。另外一種說法似乎比較合理，布松家的房子可能就是羅亞爾河附近一棟亨利四世時期風格的旅館改建而成。先是由於米拉波街開通，破壞了房子兩處的前庭，所以在 1950 至 1960 年期間重新改建。幸好都爾市圖書館收藏了達樂（E. Dales）於 1912 年 7 月 6 日所繪製的房子及其附屬建物的完整細緻草圖。這棟房子有兩層樓高，閣樓有一扇大窗戶，銜接兩翼凸出的屋面。房子中間有一個小庭院：可經由面對街道的一扇大門進入，它銜接中央主體建築下面的一條寬廣的拱形通道，足以讓大型馬車通過。房子北邊，往港口的方向，還包括另一棟面對街道較低矮的建築物，這棟矮房缺乏建築風格特色，做為僕人的住所。光憑這一點就可以證實其優渥的家境，以及布松府邸對瑪麗‧閨雅姊夫公司的重要性。

羅亞爾河省級檔案館保存一份簡短資料，裡頭顯示保羅逝世以前（也就是1633 年 3 月 2 日之前），他擁有尚布雷一部分的拉夏沛（La Charpraie）領地。拉夏沛距離都爾市南邊二古里，在前往科莫里（Cormery）和洛什的道路上，它還包括安格雷修里（Anglescherie）小農舍（現在是安吉修里）[7]。

拉夏沛曾是一棟高級住宅，隸屬於蒙巴松（Montbazon）城堡，但是布松夫婦

5　*V*。頁 54。
6　尚貝著（E. CHAMBERT）。《可敬的降生瑪麗的家人》（*La famille de la Vénérable Marie de l'Incarnation*）。第 10 期。頁 98。
7　*AD I.-et-L.*。E 254、H 856；參見 *J*。第一冊。頁 242-243。

從來沒擁有過這整座莊園[8]。他們的財產包括一棟美麗的主屋[9]和一座毗鄰的小農舍，包含 74 畝（相當於 25 公頃）的可耕農地。布松夫婦的獨生女成為聖吳甦樂會修女後，就將小農舍留給都爾市的聖吳甦樂會。安吉修里農舍同樣具有一定重要性。

瑪麗・閨雅表示她姊姊和姊夫去「經常前往的鄉下[10]」，只是無法確定這裡的鄉下指的是否為拉夏沛。保羅・布松收購此地的契據，上頭日期寫著 1632 年 9 月；在此之前，他應該是承租這個地方。

保羅・布松的公司隸屬兩個行會：「陸上運輸行會」和「水上運輸行會」；兩家運輸分公司相輔相成[11]。

做為一名水運商人，他屬於「經常往返羅亞爾河的」商人團體。該協會歷史悠久，成立於中世紀，經過創新和改造，其功能旨在保護協會成員的利益，以及羅亞爾河與匯入此地其他河流的燈塔信號維護。該團體由商人或是船夫負責管理，水運公司在羅亞爾河沿岸的每個城鎮中成立一家公司，每三年指派公司的代表，參加奧爾良大會。從 1624 年起，瑪麗・閨雅便擔任她姊夫的祕書和主要會計師，並與這些代表交流密切，因此這些細節的描述有其必要性。

羅亞爾河沿河路線的商業活動相當熱絡。自從羅亞爾河的船隻被用於從紐芬蘭（Terre-Neuve）運送鱈魚以來，商業往來就更加活絡。相關文件中記載的貨物主要有穀物、鹽、海魚、木材、葡萄酒，有時還包括家畜。那時候水運往返的旅客很多。十七世紀，小麥和糖也是商家收入的主要來源之一[12]。通常採用帆船載貨，逆

8　布塞羅著（J-X. Carré de Busserolle）。《羅亞爾河省級辭典》（*Dictionnaire d'Indre-et-Loire*）。第二冊。頁 138。
9　克羅神父稱之為「極為美麗的房子」。
10　*J*。第一冊。頁 162。
11　曼特里耶著（P. MANTELLIER）。〈往來於羅亞爾河及其下游河流的商人社區歷史〉（Histoire de la communauté des marchands fréquentant la rivière de Loire et fleuve descendant en icelle）。收錄於《奧爾良考古協會論文集》（*Mém. de la Soc. arch. de l'Orleanais*）。第 7、8 及 19 冊。奧爾良出版。1864-1869 年（特別參見第七冊。頁 207-238）；梅雷著（M. MERLET）。《十五至十八世紀昂熱分區的通行費：羅亞爾河交通在舊制度後期的研究的貢獻》（*Le péage de la cloison d'Angers, XVe –XVIIIe siècles. Contribution à l'étude du trafic de Loire à la fin de l'ancien régime*）。巴黎文獻學院出版（Positions de thèses de l'Ecole des chartes）。1967 年。頁 85-92；布榭著（A. BOUCHER）。〈歷代維也納河上的航行〉（La naviagtion sur la Vienne à travers les âges）。收錄於《古席農之友協會集刊》（*Bull. de la Soc. des Amis du Vieux-Chinon*）。第六冊。1966 年。頁 571-574。
12　曼特里耶著（P. MANTELLIER）。同上。頁 239-331。

河而上，很少採用陸地拖運。工資和運輸價格固定，按照每趟行程，而不是以日計酬。貨物流經博里亞運河（Briare）和塞納河，抵達巴黎港口。

按照每艘新船繳給奧爾良的聖安東醫院（Saint-Antoine d'Orléans）的稅款，可以得知橋下每年都有 360 艘船行經 [13]。聖安東醫院是一所為旅客建造的臨終關懷醫院，建造於城裡大橋所穿越的一座小島上。這些平底船的前端突起，由舊式的舵來操控 [14]。

當時的水上運輸工具由船夫駕駛。船運費用的計算相當艱難耗時，運載時間也並非每一次都有辦法估算。結冰、水位低、洪水、財務糾紛等因素都可能導致船夫無法航行、航運延遲的狀況，這種情形也會影響船運公司的生計。船運費用，包括船運公司必須為客戶支付的高額私人或是公家過路費 [15]，因此必須了解過路費的計算方式。一般情況下，最後載運數量若為二十一件，費用只算二十件，第二十一桶或是第二十一包是免費載運。保羅·布松與都爾的水上航運商團體代表打交道，長年以來都是這群人負責水上運輸工作 [16]。

隨著時間流逝，船運服務已成為布松船運公司中最重要的業務。保羅·布松早期似乎是從基本的「陸地」車夫開始做起，負責從他家附近的聖皮耶德可港口到陸地的貨物運輸。海路運輸在羅亞爾河省（la Loire）、榭爾省（le Cher）、維安河（la Vienne）很方便，但是對於平原上的小鎮，像是緬因省（le Maine）、旺多瓦省（le Vendômois）或是巴貝里（le Bas-Berry）等省分，或是普瓦度的某些地方，陸地運輸是唯一可行或至少是最快的路線。保羅·布松的客戶遍布於附近許多城鎮和羅亞爾內河港口，他經常與這些客戶保持書信往來。

克羅·瑪定神父還指出他是「砲兵隊長」。砲兵當時不歸軍隊所管，而是由砲

---

13 樂華著（P. LEROY）。〈十七世紀航行在羅亞爾河〉（La navigation de la Loire au XVIIe siècle）。收錄於《奧爾良考古協會論文集》（*Mém. de la Soc. arch. de l'Orléanais*）。第 15 期。1908 年。頁 32-41。

14 不同類型的貨運船：平底駁船、遮風雨船、捕漁船、快帆船、艙底水阱船、拖曳船等。

15 私人過路費在 1631 年先後被省刪除又調整回來。曼特里耶著（P. MANTELLIER）。同上。第 7 期。頁 138-148；第 10 期。頁 37。在都蘭省、修蒙（Chaumont）、洛十科蓮（Rochecorbon）、都爾、位於呂依內省（Luynes）的馬以耶（Maillé）、位於維朗德里省（Villandry）的柯隆比耶（Colombiers）、聖彌額爾（Saint-Michel-sur-Loire）和蘇塞-羅亞爾河（Chouzé-sur-Loire）的過路費又被調整回來。公家的過路費一樣維持。

16 曼特里耶著（P. MANTELLIER）。同上。第 8 期。頁 142-145。

兵軍官長販賣這些職位。軍官是資產階級，他們的頭銜與軍銜無關；根據克羅神父的說法，保羅·布松當時是「運輸隊的上尉[17]」。

那時候他們請瑪麗·閨雅擔任管家並且管理家裡大小庶務，尤其是廚務。

工作之餘，瑪麗·閨雅盡量不干涉布松家人的生活。按照她兒子的說法，她的獨居生活持續了五年，在她父親家過了一年，在她姊姊家度過了四年：「每天晚上，甚至是白天，在完成各種庶務後，她就會離群獨處[18]。」職責所在之外，她只照顧她兒子和窮人。

當她接受姊姊的提議時，內心並不是沒有掙扎過。獨居的那一年是如此幸福，儘管不適合她的的默想祈禱方式讓她的頭痛持續了兩年之久，讓她幾乎以為這種幸福即將結束。雖然如此，她還是接受姊姊的提議，去幫忙減輕她的負擔。因為姊姊身為家中女主人，工作繁重，或許也是為了讓姊姊感受到有小克羅帶來的喜悅。雖然瑪麗·閨雅有所排斥，但是她不僅同意前往姊姊家，甚至在「沒有等到別人指派工作給她之前，自己就先一肩挑起所有最辛苦以及最卑微的工作[19]。」

瑪麗·閨雅簡潔地描述她在克蘿·布松家的生活，這些往事被寫入 1633 年《靈修札記》裡。她對這段往事的描述並不多，不禁讓人猜想，她付出許多，受到許多委屈：「在這三、四年的生活中，我總是幫忙做飯，在那裡忍受著諸多不便。但是我遭受的苦難愈多，上主就愈安慰我。我原本想要一直做這些事情，但是其他更緊急的事情，經常打斷我的工作，阻止我這樣做[20]。」「我做著僕人的庶務，幫忙我姊夫家裡的僕人，有時候我照顧五到六名病人，我小心翼翼地不讓別人去照顧他們。甚至是粗重的工作，我也不想讓女僕去做，但是我會偷偷地幫她們做，等到她們要去做時，才發現一切都已經做完[21]。」

瑪麗·閨雅讚歎聖神引領她在困窘的處境中學會服從，她體會到祂願意塑造她成為一個像降生聖言一樣，在卑微中學會謙卑的人：「連續三到四年，我與謙卑的

17 韓波著（A. RAMBAUD）。《法國文明史》（*Histoire de la civilisation française*）。第二冊。巴黎出版。1900 年。頁 207。
18 *V*。頁 36。
19 *V*。頁 42。克蘿·布松當時還沒有孩子；*O*。頁 216。
20 *J*。第一冊。頁 151。
21 同上。頁 150。

天主聖子生活在一起。聖神引領著我、迫使我隱藏起我本性中的經營處事天賦，卑微得像個一無所知的可憐人，只能藏身寄居在這個家裡，做著比所有僕人還要卑下的事情，以低姿態謙遜地服務大家，仁慈的天主允許別人如此對待我，允許別人以不可思議的方式命令我做事[22]。」

在她以女主人之姿，整整兩年擔負管理她丈夫絲綢廠所有工人的職責、處理錯綜複雜事務的過程中，她展現出專業知識和才能；而瑪麗・閨雅也接受了姊姊和姊夫家的安排。克羅神父認為有必要澄清：「世人通常無法分辨出於恩寵的啟發，還是出於維持生計的情況下，兩者動機行事上的區別。就連僕人有時候也視她如下人，因她的沉默、順從、簡樸和溫柔，他們對她表現出一種上對下的威權態度[23]。」

這讓她付出許多代價，特別在某些時刻，克羅神父完全沒有誇大這些細節。瑪麗・閨雅在 1654 年的《靈修札記》的補篇中向他吐露：「在我姊夫家中所背負的重擔，除了我曾經告訴您的那些事情，我還要告訴您，那時候我度過一段處於極度屈辱狀態的時期，從不倦怠的魔鬼讓我陷入誘惑之中，尤其是當天主收回祂那可以支撐我的臨在感時。在那段時間，一切壓力都沉重地壓在我身上，沉重到難以形容，若沒有天主悄悄地以祂的恩寵之泉支撐著我，我恐怕早就無以為繼。但是像平日風平浪靜一樣，祂給了我做任何事情和忍受一切的恩寵，我不得不經歷這些對我來說非常有用的考驗，現在我才了解，當時我所見、所經歷的所有狀態、試煉、工作，以及最後發生在我姊夫家的所有事情，都是為了未來在加拿大的需求而準備，那是我的另一種初學時期，雖然我表現得並不完美，但靠著天主的仁慈與憐憫，它們教會了我如何承受抵達加拿大時的忙亂和繁重的工作[24]。」

保羅・布松雇用的員工與克羅・瑪定的工人截然不同。船長和水手都是粗魯的人，沒讀過什麼書，隨時會把錢花在酒店或其他地方。瑪麗・閨雅得經常照顧這些喝醉酒回到布松家的員工：「這些人總是喝得爛醉如泥，因此有時會患上嚴重疾

---

22 *J*。第二冊。頁 202。
23 *V*。頁 42。
24 *J*。第二冊。頁 484-485。

病，使他們失去理智。我像對待孩子般照顧、清洗他們，儘管辛苦，但是我內心非常樂意這麼做 [25]。」她補充道：「我的神聖使命，就是在他們生病時照料他們。其中有些人因重病而無法工作，我就像是醫院裡的護士照顧病人一樣。」但她並不是天生就會這樣子做：「我所做的一切，我覺得是為我的神聖淨配所做 [26]。」

工作閒暇時，車夫們通常都會講些粗鄙的笑話，吃飯時也一樣。瑪麗・閨雅很在乎這些，她發現她在場的話，馬車夫和碼頭工人會自我約束：「罪行違反了上天恩賜的良善，這讓我無法袖手旁觀。有時候看到他們一群人聚在一起，說些褻瀆天主的話或是粗話時，我就會走到他們旁邊，他們看到我時會停下來……他們的反應讓我非常感動，他們為我這個瘦弱的人保持沉默，卻沒有為天主而這麼做 [27]。」

通常她不會只是出現在他們面前，她還會「提出自己的觀點」，她不怕輕聲地指責那些粗魯的同伴。他們沒有想要取笑她，他們本質上都是善良的基督信徒，並且受瑪麗・閨雅對待他們的方式所感動：「在餐桌上，他們很容易犯下許多罪過。為了防止他們犯罪，我會和他們一起吃飯。餐桌上，我獨自與十二到十五個男人坐在一起，視情況我會談論天主，或是他們不想聽的話，我會和他們閒聊輕鬆的話題，我寧願這麼做，也不要看到他們冒犯天主。應當守齋的日子中，他們經常在鄉下吃肉，這是被普瓦度街上的胡格諾派教徒（les huguenots）所引誘（沙特勒羅德〔Châtelleraudais〕是活躍的新教徒地區）。我讓他們清楚地看見自己的過錯，好讓他們改過自新。其中一位胡格諾派教徒，像其他人一樣悔改皈依了天主。他聽我的勸說，接受應有的指導，當他完全準備好之後，我帶他去見宗教裁判官，讓他放棄他的異端邪說 [28]。從那時候起，他就成為了一位很好的天主教基督信徒 [29]。」

瑪麗・閨雅在 1654 年的《靈修札記》中補充一些寶貴的細節：「他們親切又單純地向我報告他們的行為，如果有人遺漏了某些細節，會互相指責彼此所犯的過錯。有時候我會把他們聚集在一起，跟他們講述天主的事情，並教他們如何遵守誡

---

25 *J*。第一冊。頁 182。
26 *J*。第二冊。頁 256-257。
27 *J*。第一冊。頁 178。
28 如果不是拉多雷（Abel Ladoré），可能是宏多蒙席於 1614 年已經正式任職，1620 年，他擔任總參議會的祕書長和副主教。
29 *J*。第一冊。頁 178。

Maison du Buisson

布松夫婦家

命。我會直接指責他們，這些可憐的人就像孩子般地順服我。那些睡前沒有向天主祈禱的人，我會把他們叫起來[30]。」他們非常信任細心照料和給予關愛的瑪麗‧閨雅，一旦他們心情不好時，就會忘記她的身分：「他們向我求助，要我幫助他們解決所有需求，尤其是生病的時候，或是當他們使我姊夫有所不滿時，我會讓他們和平相處[31]。」

瑪麗‧閨雅的使徒聖召在童年時期就展現出來，那時她熱衷於上教堂重複聆聽講道，而在這幾年的艱困歲月裡，她離群索居，追求靈性上的成長，回歸那位在她內心深深吸引她的天主，這種成為福音使徒的聖召再次出現。與這些都蘭車夫相處的過程中，她也型塑了自己日後成為新法蘭西之母。

雷蒙神父對她的感召力十分驚訝，她引領那些迷途知返的人，回歸安定的生活中：「最令他感到欽佩的是她的熱情和勤勞，她使那些染有惡習的人，從不正常的生活中回歸到救贖之路。尤其當她在姊夫家時，竟能使這些粗魯和教育程度低的僕人們願意過一種基督信徒的生活方式……她以言以行讓其中一些人學會了心禱，另一些人學會克己自律[32]。」

當克羅神父形容他母親訓練所有的僕人時都像「管理修會初學生一樣」，這樣說法有點誇大，其實他母親並不常在飯桌上讓他們閱讀聖書。這狀況只在特殊情況下發生，但是，他敘述雷蒙神父看見他母親的特殊恩寵時感到驚訝，她使這些言行輕率的男孩或是女孩回歸正常生活。在克羅神父進入本篤會聖莫爾修道院之前，或是在 1662 年以前，他曾經常到巴黎拜訪雷蒙神父，他得到這位斐揚修道院神父對於此事的相同回應。

那時候，廚房的喧囂聲、食堂裡船員吃飯時的牢騷聲，都沒有打擾到瑪麗‧閨雅的祈禱。雖是如此，她其實喜歡安靜的時刻——當她獨自一人整理床鋪、打掃房間，或者當她上樓回到自己房裡獨處片刻時[33]；「儘管我在做飯或做家事時聽見二

30　*J*。第二冊。頁 256；參見第一冊。頁 178。
31　同上。
32　*V*。頁 617-618。
33　*J*。第二冊。頁 257；參見第一冊。頁 160。

十多位粗魯、沒有教養的僕人所發出的噪音，都無法分散我的注意力[34]。有時候我做許多善事，就會向上主抱怨，對祂說：『請眷顧我啊，我的愛，因為祢要我照顧這麼多的事情。』」

　　除了她姊夫的員工之外，瑪麗‧閨雅也會照顧出現在布松家門前的窮人和病人。她心地善良，從中找到了自我滿足的方式，就好像她渴望在那些最卑微的人當中遇見受苦的基督[35]。她在 1633 年的《靈修札記》中說：「窮人和病人是我最好的朋友，能夠治癒他們的傷口是最令我高興的事。我姊夫的一位僕人，他的腳被手推車的輪子截斷一小節；他完全忽視自己的腳痛，以致於傷口發黑發臭。他害怕傷口壞死，人家威脅要切除他腿上的壞死部分，把他交給外科醫生處理，所以他堅持不願就醫；於是我幫他包紮傷口，我開始切除他身上所有壞死的發臭傷口。我請我的告解神父准許我親吻一下這個傷口，但是他禁止我這麼做……最後這個可憐人終於痊癒。我很高興有這樣的機會，但是我姊姊禁止我再做這些事情，因為這樣很容易傳染，而且由於我負責備餐，我姊夫見狀會食不下嚥；但是這都不能阻止我為追求上主的愛[36]，而努力從事其他慈善行為。」

　　前面引述的是眾多例子中的其中一件。瑪麗‧閨雅在 1654 年的《靈修札記》中說，她渴望更親近天主，這使她以極大的勇氣，採用各種方式「贏得祂的心」。而這也約束了她，使她把那些最艱鉅的任務加諸在自己身上。她寫道：「我替人包紮惡臭的傷口，使傷口趕快癒合[37]。」

　　根據克羅神父的說法，她接待窮人的日期和時間是固定的，窮人也都十分清楚。他們前往布松家的女僕房，就像在鄉下，需要的人會去城堡尋求女主人的義務幫忙。十七世紀初聖徒傳記裡的例子不勝枚舉，如瑪德蓮‧聖若瑟或聖珍妮‧德‧尚達爾（Sainte Jeanne de Chantal）。但是照顧病人這件事，任何一個好家庭的婦女只要有時間，都會這樣做。例如後來瓦倫（Oiron）的蒙德斯潘夫人（Mme Montespan）具備醫學知識，並且有藥劑師從旁協助照料病人。我們必須想像瑪

34　*J*。第一冊。頁 154。

35　同上。頁 183。

36　同上。

37　*J*。第一冊。頁 178。

麗‧閨雅在她所住的房間裡，接待她的病人，裡面擺放著一個大書櫃，裝有各種大小罐子以及一些醫學書籍。

克羅神父說：「她一直在找尋讓那些腿部腐爛和潰瘍的窮人得到適當的治療方法，訂定時間讓他們來找她。洗完並清理了傷口之後，她幫他們的傷口熱敷、塗上軟膏。她把窮人帶到一間房裡，把這些人當作耶穌基督一樣地尊敬，她讓他們坐在一張扶手椅上，跪在他們面前，為他們提供這些虔誠的服務[38]。」

在眾多日常事務之中，瑪麗‧閨雅並沒有忘記小克羅‧瑪定。出於母性，她非常稱職地照看他，克羅神父在 1677 年寫道：「她的兒子現在比那時候的他更能判斷他母親的熱誠。」「當他回想起她所分享行善的影響和有用的教導，仍然欣喜萬分。但是一想到她過著聖人般的生活時，仍然無法克服他的驚訝。她內心不斷地嘆氣，但是始終維持嚴肅和克己的態度[39]。」

「瑪麗‧閨雅長期以來一直思考著過修道的生活。在 1620 年 3 月 24 日的神視發生不久之後，她就決定這麼做。自從她向方濟神父發下貞潔誓願的那一刻起，她與兒子住在一起，就一直秉持著一種想法，就是總有一天她會因天主的召喚，在她兒子成年之前離開他。

對她而言，能夠奉獻給天主自己最珍貴的東西，這種想法同時也是一種持續不斷的犧牲、心靈的折磨和喜悅，因為母性的本能深植於她的慈愛天性[40]。在等待分別的日子裡，她為了使她兒子不那麼痛苦，決定切割母親的情感。克羅快兩歲時，瑪麗‧閨雅就不再允許兒子擁抱她，而她也不會擁抱兒子。克羅神父說道：「和他在一起時，她舉止端莊輕柔，對他的態度盡量如同孩童時期一樣。她沒有擁抱過他，但也從來沒有對他不好[41]。」

38　*V*。頁 36；請參見拉貝勒著（S. LABELLE）。《降生瑪麗的使徒精神》（*L'esprit apostolique d'après Marie de l'Incarnation*）。渥大華出版。1968 年。頁 24-29。

39　*V*。頁 36。

40　*J*。第一冊。頁 271。培蒙（H. BREMOND）寫道：「十九世紀的小孩比起現在小孩似乎比較不受寵愛。」他同時援引幾則事件。（《法蘭西宗教情感文學史》（*Histoire littéraire du sentiment religieux en France*）。第六冊。頁 57。亦參見亞里艾斯著（Philippe ARIÈS）。《舊政權時期的孩童以及家庭生活》（*L'enfant et la vie familiale sous l'ancien régime*）。巴黎出版。1960 年。

41　*V*。頁 178。

儘管沒有得到她溫柔的呵護，小克羅仍然感受到母親對他的情感。這些呵護的話語出現在後來離別的日子，母子分隔兩地千里之遙，天主以此淨化他們母子的心靈。

　　瑪麗・閨雅從 1621 到 1624 年期間的生活都是這麼過的。連她身邊的人都從未想過，她過著艱困的生活，卻也是一種勇敢的生活。大家都誤以為她只是憑著個性和興趣才會這麼做，但是其實她是出於對天主的愛，才讓她願意如此卑微行事。後來在魁北克時，其他修女們很習慣她的犧牲奉獻精神，每個人都視為平常，也就不再認真看待此事。

　　瑪麗・閨雅很高興以這種方式來證明自己對天主的愛：「我為發生在我身上的好事感到高興，這些事使我可以忍受屈辱，我心中對這些人有一種非常獨特的愛，願意誠心地為他們服務[42]。」

　　某些時候，當她的內在生活不會太影響到外在的感官時，她無須保持在警戒狀態或是抵拒誘惑：「我感受到別人跟我說的一切，並且我必須一直保持自我的看法，以柔和的心態鍛鍊自己，否則我的本性會爆發出來。但是在這段時間內，上主一直在眷顧著我，無論我面臨何種考驗，都不曾缺乏耐心[43]。」天主讓她經歷對虛無的認知，使她能夠慷慨地接受這種獨居生活。「我深愛姊姊和姊夫，全心感謝他們同意讓我做僕人的各種雜務，我把這件事情視為奇特的善行，因為他們必須忍受我如此這般行事地跟他們住在一起。我覺得我的無用成為了他們的負擔，但是，面對天主時，我又覺得那些是我該做的事[44]。」

42　*J*。第二冊。頁 209。
43　*J*。第一冊。頁 185。
44　同上。頁 151。

第七章

密契經驗的深化

（1621-1624）

　　正如前面所述，由於瑪麗・閨雅情感上趨於成熟，再加上經歷許多困難以及聖寵的恩賜，瑪麗・閨雅婚姻生活的第一年有了明顯的轉變。她開始進入婚姻生活時有種解脫的感覺。很快地，這種感覺被喜歡孤獨和隱居的興趣所取代。跟天主有關的事情成為她的愛好，這種愛好變得相當明顯，讓她身邊的人都感到驚訝。

　　心靈上的深化在不知不覺當中發生。年輕的瑪麗・閨雅不易察覺自己的轉變，不像日後發生在她身上的那些恩寵一樣；然而她已經經驗到天主，這個經驗也預告了接下來的發展：「別人看不見我內在的體驗以及天主的良善如何在那裡運作；我自己也不明白這是怎麼形成的。我只是在祈禱中追隨著祂的引導，順服祂，追隨祂所創造的行善機會[1]。」

　　跟天主無關的事情，她一點都不感興趣，恩寵的力量使她能夠面對無數困難，這就是婚姻歲月帶來的果實：「神聖的基督君王賜給我強大的內心力量，使我非常喜愛領受聖事……這種經常領聖事的習慣帶給我極大的勇氣和靈魂上的甜蜜，它也

1　*J*。第二冊。頁163。

是一種活潑的信德，使我對神聖的奧祕建立起堅定不移的信念[2]。」

因此，瑪麗・閨雅體認到必須要經常領受聖事才能滋養自己的內心生活；對她而言，這些聖事是一種使「信德更加活潑」，也更能與天主無間隙的共融；她活潑的信德在「諸多美德善行」中呈現出來；至於她的祈禱生活，則在她已獲得的諸多恩寵上繼續成長：「（祈禱生活）透過我之前獲得的聖寵和各種恩賜，使我內心的良善更趨向成全[3]。」

於是她進入一種循環，且再也沒有離開過這個循環——愈常領受教會聖事，使她愈加渴望領受它們。「愈常去領聖事，就愈渴望再去，我經驗到在聖事中，我才能找到生命、喜樂，和對祈禱的喜愛[4]。」

就是那個關鍵時刻，1620 年 3 月 24 日，瑪麗・閨雅獲得了那個聖寵，帶領她進入密契生活。

在兩篇著作中，瑪麗・閨雅試圖總結這個密契經驗的本質，並概述上主引領她淨化她的過程：第一篇是 1654 年《靈修札記》的總結章節（第 66 章）；第二篇是 1665 年 7 月 29 日寫給她兒子的書信，裡頭提到默觀祈禱的三個階段[5]。尤其是 1654 年《靈修札記》的第 66 章，指出瑪麗・閨雅四年的獨居隱修生活是形成她第

2　*J*。第二冊。頁 165。
3　同上。
4　同上。頁 166。
5　*J*。第二冊。頁 452；以及 *V*。頁 744。

一個階段的關鍵[6]。

靈魂回應那最初的密契恩寵只是單純的「合作」，「透過不斷接近天主與唯一的聖善」表達願意接受天主在她身上的計畫。天主於是看見她的純潔渴望，祂「使光、火和熱情融化在她身上，最終賜給她通往認識天主與祂的愛情之鑰。如此滿足的靈魂還渴望遊走在這片肥沃的牧地、這些花壇和那些開放給她的小房間裡。」

早期靈修上的喜悅就好像發現新世界，這個新世界以花園的景象出現於上述的章節裡，在那裡瑪麗·閨雅的靈魂感受到有股力量牽引，使她完全沉浸在召喚她達成最嚴苛要求的誓願裡。

跟隨耶穌寶血的神視經驗成為她與上主對話的常態，那也是一種經驗到天主臨在的恩寵。祈禱成為她靈魂的氣息：她不需要費力收斂心神才能轉向天主；不用探索，默觀精神早已滲透了她。在她日常作息中，降生聖言的臨在感占據了她全部的身心靈：「對我來說，這種臨在感和伴隨是如此的甜蜜，也是一件如此神聖的事情，使我無法以言語形容[7]。」

耶穌寶血的神視經驗深深地影響了瑪麗·閨雅的靈修生活。天主以受苦的聖愛顯現給她：「我所能做的就是對祂說：『是愛把祢帶到這種心境。如果不是愛，祢

6　〈分析降生瑪麗的靈修之路〉（Pour une analyse de l'itinéraire spirituel de Marie de l'Incarnation voir），參見培蒙著（H. BREMOND）。《法蘭西宗教情感文學史》（Histoire littéraire du sentiment religieux en France）。第六冊。巴黎出版。1922 年。頁 1-226。何諾丹著（P. RENAUDIN）。《十七世紀一位偉大的神祕主義者：降生瑪麗，宗教心理學隨筆》（Une grande mystique française du XVIIe siècle, Marie de l'Incarncation, Essai de psychologie religieuse）。巴黎出版。1935 年；古仁著（H.CUZIN）。《從基督到三位一體：根據降生瑪麗的密契經驗》（Du Christ à la Trinité d'après l'expérience mystique de Marie de l'Incarnation）。里昂出版。1936 年；克萊恩著（J. KLEIN）。《可敬者降生瑪麗修女的密契之路：一位都爾和魁北克的聖吳甦樂會修女》（L'itinéraire mystique de la Vénérable Mère Marie de l'Incarnation, Ursuline de Tours et de Québec）。巴黎出版。1938 年；傑泰著（F. JETTÉ）。〈可敬者降生瑪麗的靈修之路：傳教與神婚〉（L'itinéraire spirituel de Marie de l'Incarnation, Vocation apostolique et mariage mystique）。收錄於《靈修生活》（La Vie spirituelle）。第 92 期。1955 年。頁 618-643；余博著（Marie de la Trinité HUBERT）。《使徒聖召的傑出果實：一位都爾和魁北克聖吳甦樂會的修女降生瑪麗（1599-1672）》（Une éminente réalisation de la vocation apostolique, Marie de l'Incarnation, Ursuline de Tours et de Quebec, 1599-1672）。羅馬出版。1957 年（打字稿）；米歇爾著（R. MICHEL）。《降生瑪麗的靈修之路》（La voie de l'esprit chez Marie de l'Incarnation）。渥太華出版。1971 年（打字稿）；《降生瑪麗的信仰》（Ce que croyait Marie de l'Incarnation）。巴黎出版。1972 年；參見隆薩尼著（J. LONSAGNE）。〈降生瑪麗的靈修手札：文本問題〉（Les écrits spirituels de Marie de l'Incarnation, le problème des textes）。RAM。1968 年。第 44 期。頁 161-182。

7　J。第二冊，頁 205。

就不會這樣受苦[8]。」她領略到天主給她的那種愛是伴隨著十字架的奧祕，她緊緊抓住她所理解到的這個無以倫比的經驗：「類似這種情況，我的心跳動得如此奇怪，令我無力動彈，什麼都做不了[9]。」

天主還向她顯示「愛」是最適合祂的名字。克羅神父寫道，「在一次祈禱中，她懷著謙卑和極敬虔之心跟天主對話，稱祂為『她的天主和她偉大的天主』，祂很溫柔地對她說：『妳稱呼我為妳的偉大天主、妳的導師、妳的上主，妳說得好，因為我就是。但是我也是慈悲，愛，就是我的名字，也是我希望妳稱呼我的方式；人們給我起了很多名字，但是沒有一個名號比這個更貼切、更使我高興[10]。』」從此以後，瑪麗‧閨雅便經常使用這個稱呼。為了指出她當時所經歷的階段，找不出比「意向」更貼切的字詞。她在文章裡重複過幾次：「我的心，不斷『向』著祂的美善邁進。」……「因著聖神的默感，我的靈魂『想要』述說和構劃那些偉大而奇妙的事[11]。」

她最早透過所謂「罪」以及「己過」得到的啟示，激發了她一種渴望，也就是唯有透過不斷地自我謙抑自下，才能認知到自己的一無所是；她實踐的方式之一，是接受天主隨意引領安排她去往的所在。耶穌基督透過聖神成為第一位謙抑自下、降生到卑微人間的典範，這正是她心之所嚮：「我全心渴望和依賴那位耶穌基督派遣的聖神，追隨祂的思維和生活方式[12]。」瑪麗‧閨雅所謂的「受耶穌基督派遣的聖神」（l'Esprit de Jésus）很難精準說明，克羅神父認為簡單衍伸其意就是對謙遜的渴望：「沒有什麼比樂於受苦及忍辱更偉大了[13]。」然而，瑪麗‧閨雅所指似乎有更多的意涵，她暗示，耶穌基督透過聖神選擇了謙遜和自我貶抑的生活，這啟發了她也選擇追隨及參與祂的生命：「在這三、四年間，我不曾漠視天主之子所忍受的屈辱[14]。」

8　*J*。第二冊。頁 200。
9　同上。頁 201。
10　*V*。頁 57。
11　*J*。第二冊。頁 201。
12　同上。
13　*V*。頁 42。
14　*J*。第二冊。頁 202。

瑪麗・閨雅的默觀祈禱外化為行動，很清楚地，她自己想做什麼已不重要。她順服聖神的默感，也將祈禱中得到的啟發，全力不懈地付諸於工作中實踐。效法基督的方式之一是渴求貶抑自己；事實上，她全力實踐這種方式，乃至於連自己都會擔憂是否已過度耽溺於此。

　　當然有令瑪麗・閨雅經常感到快樂的事也是事實，就是：「領受傅油聖事讓她感覺工作的負擔變得輕省愉悅，她謙遜地奔去領受它，彷彿那是無比貴重的資產。」但是在她初次與主相遇的經驗之後，天主的沉默變得深不可測，鑒於之前許多次相同的經驗，她自我期許必須忠信於天主，這讓她有了一種內隱的榮耀感 [15]。

　　然而瑪麗・閨雅確實經驗到耶穌基督的臨在：「我心中常常感覺到我們的主耶穌基督就在我身旁，陪伴著我 [16]。」的確上主具體臨在她的身邊——無論是走在都爾市街上，或是進行家務瑣事如烹煮等廚事時。之後她領悟到天主想要她跳脫感官，引領她「更超然」、跟以前相比更深的純淨狀態。

　　在她身上，先是出現一種期待，隨之而來是各種恩寵和心境的轉變。她不知道天主召喚自己的目的，但是她有一種無誤的直覺，某件事情將改變她的生活或是改變她與上主之間的關係。天主會透過一種預感隱隱提醒她，她則盡量順服配合，天主聖意就愈來愈顯明確，從 1633 年的《靈修札記》中得知，大約在 1622 年的春天：「有一回，我在至聖聖體前祈禱（在我回歸天主後大約兩年），當我收斂心神進入內心深處時，我被淹沒在極深的自我內觀中，天主像無邊無際的大海，恍若在我內裡，其實又全然在我外；海洋本身不勾連任何不潔之物，天主就像純淨的海洋，不需要任何會污染它的東西，拒絕所有會腐壞死亡的東西 [17]。」

　　這個關於聖潔的啟示，是召喚她去過一種更簡樸的生活，邀請她拋棄過去透過感官而來的神慰。與每次的情況一樣，天主透過一種內心的預感燃起她的渴望，更清晰的光照隨之而來：「這種經驗使我內心變得非常敏銳，以致於一丁點不完美的微小事物在我看來都是雜質，阻隔在這位聖潔的天主和我的靈魂之間。我只想沉浸

15　*J*。第二冊。頁 202。

16　同上。頁 205。

17　*J*。第一冊。頁 153-154。

在這片純淨的大海中。它深深烙印在我的靈魂中，我只能說：『哦，純潔！哦，純潔！哦，純潔偉大的大海啊，請把我深藏在祢裡面[18]！』」

為了引領她走得更遠，大主帶走了她對降生聖言的臨在感覺。先前瑪麗‧閨雅在生活中，感官上不斷充滿著「上主臨在而泉湧出來的活力[19]」。天主不讓她持續保有這種感覺，起初這使她深深感到不安。然而，經過一段時間後，她領悟到「這些臨在感覺的消失，反而使她更能邁向基督君王所期待的恩寵之路[20]。」她感覺到「這片純淨的大海打破了疆界」：「我被完全淹沒其中，完全看不到其他東西[21]。」

她講述了另一個恩寵經驗，這讓她更加渴望追求純潔：「非常奇妙地我看見了一個靈魂和至聖天主，我內心發出讚歎。這個靈魂有一種天上的純潔，沒有絲毫不完美的微粒。因此，這個靈魂毫無縫隙地與天主結合在一起，天主就像一塊神聖的磁鐵，吸引著這個靈魂，使它投靠在祂的懷抱裡，祂讓我知道這是天主之母的純潔。看見這一幕，甚至在此時此刻，天主也讓我清晰看見，即使是微不足道的小事我也視之為不潔，我也看到沒有任何事物可以貼近我的內心，並且不讓任何事情阻止我的內心與良善結合。我看見到處都是錯誤[22]。」

帶著一種前所未有的敏銳，瑪麗‧閨雅感受到她的生活想要效法謙遜的上主，去實踐時卻有許多失敗之處：她的軟弱，如同她所說的「生性獨特之處」，導致她承受了難以忍受的折磨，因為她從中看見了「縫隙」，阻止她消融於天主的懷抱[23]。在她靈性發展旅程的這個階段，她渴望忍辱並堅持各種補贖善工，她的苦行令人訝異，但是雷蒙神父卻致力於節制她的苦行，他同意讓瑪麗‧閨雅進行一些不太引人注目的克苦善工，因為這些也是十七世紀斐揚修會修士的修道方式，他才同意給予這位熱衷行克苦的少婦這麼大的自由。

瑪麗‧閨雅只有在某一時期過度進行克苦善工；就在她姊姊家寄居的那段日

18 *J*。第一冊。頁 154；參見 *O*。頁 1。
19 *J*。第二冊。頁 206。
20 同上。
21 *J*。第一冊。頁 154。
22 *J*。第一冊。頁 155-156。
23 *J*。第二冊。頁 209。

子，她才開始苦修，亦即是大約 1622 年至 1630 年期間。當她「進入聖吳甦樂會」時，修會不允許她在溫和的補贖之餘，還做其他的事情。當她「抵達加拿大」時，她「根據上主賜給她的命令」，放棄部分額外的苦行，聖安大納茲（Marguerite de Saint-Athanase）也是這麼寫的 [24]。

在 1654 年的《靈修札記》中，瑪麗・閨雅很快地度過 1622 年至 1630 年期間的苦修生活。她以第三人稱談論這些行克苦補贖的生活，彷彿深怕洩漏祕密或是激起克羅神父不合時宜的仿效：「天主賜給她（靈魂）一種新的苦行精神，使她像奴隸般地對待自己的身體。她身穿粗布襯衣、苦衣和鐵鍊，躺在木板上，把裹屍布（床單）當成苦衣；她整夜束緊腰身，以苦鞭鞭笞自己身體至流血為止；她嘗苦艾草，避免渴望吃肉。她盡可能在不危害生命安全的情況下減少睡眠時間，因為她想讓身體受苦……她拜託某位值得信任之人嚴厲地鞭打她。她不讓自己休息……這個可憐的身體就像死去一般地任憑主宰，一言不發地忍受一切，因為聖神恩寵的力量戰勝了她的身體 [25]。」

1633 年，瑪麗・閨雅為拉耶神父（P. de la Haye）寫下《靈修札記》，她表現得更為明顯 [26]。克羅神父抄寫一段很長的內容，其中描述了這位少婦當時的苦行。她不僅直接睡在木板上，而且還在木板上鋪上一件苦衣，讓皮膚接觸的表面更加粗糙。她坦言，在夏天使用蕁麻鞭打，讓她整整三天都感到極為不舒服；她也會使用薊草；在冬天時，鐵鍊的苦鞭與蕁麻相比似乎就不算什麼。有一段時間，她強迫自己嘗一點苦艾，有時會在白天將苦艾含在嘴裡。這麼做導致她胃痛，雷蒙神父在此事件後拒絕讓她再進行這種苦行。

她幾乎隨時穿著粗布襯衣或是苦衣，而且她習慣在睡覺時將苦衣當作床單，她躺著的那一邊已沒有知覺，「所以我觸摸自己時，一點感覺也沒有。」她補充說道，「這種苦行是我做過的最痛苦的事情，因為木頭的硬度，加上身體的重量，使馬鬃刺入皮膚裡，所以我半睡半醒之間，一直感受到刺傷的痛苦。」

24　*V*。頁 748；*O*。頁 1012。
25　*J*。第二冊。頁 210、211、212。
26　*J*。第一冊。頁 172-173。

瑪麗‧閨雅小心翼翼地隱藏自己的這些苦行，並且留意不讓人發現，她加諸在自己身上的苦行，都是經過雷蒙神父的同意。很長一段時間，她都躲在姊夫買下的破舊小屋。這棟小屋一樓加高，以便設置地下室，走幾個階梯就可到達地下室。當時許多房屋都是用於編織麻線的工作場所。瑪麗‧閨雅稱之為「山洞」，並表示那裡常常有「有毒的野獸出沒，因為人們不常去那種地方」；當時的人認為蜘蛛和蟾蜍是有毒的。這個「洞穴」也是許多嚴酷血腥的場景。

　　出人意料之外的是，她的苦行，尤其是限縮睡眠，並沒有影響到她的健康。這位少婦的體格似乎極為健壯。在加拿大時，她可以整個夏天，每晚睡眠不超過幾小時。1633 年，她寫道，從她在姊夫家工作的那時候起，「由於家裡的各種勞務繁重，我很少休息，但是這並沒有帶給我絲毫不便，我從來沒有因此而生病，反而愈感受到新的活力，做更多的事情。聖神催促我不斷地接受新的克苦行為[27]。」雷蒙神父允許她這麼做；對他的修會而言，偉大的苦行是一種光榮，但是他以前卻經常有所保留。「所有的操練都強烈地啟發著我，我都是按照神父允許的方式進行。但我卻難以滿足，而且找不到足夠的苦行用具[28]。」在這一切中，瑪麗‧閨雅順從她的內在本性。在她看來，她所得到的啟發似乎非常急迫，必須順服，而且是立即性的順服：「當我吃東西時，我心中強烈地尋找某種行苦行做法。我順服，否則我無法活下去[29]。」

　　此外，瑪麗‧閨雅無法分辨自願性苦行和背負人類十字架兩者之間的區別。無論如何，她始終都抱持著相同的熱忱面對：「天主臨在卻不順服祂是不可能的事。當我意識到祂就是『愛』本身，就更無法抗拒了⋯⋯只要見到（靈魂）從中獲得啟發，她說：『來，我的愛，我們走吧，讓我們走向十字架吧，我的心滿足於這麼做。』所以沒有悲傷，她似乎必須飛翔，她非常渴望取悅天主[30]。」

　　苦難本身不會是最終目的。靈魂領悟到，苦難將靈魂與為人類受苦的聖愛結合

27　同上。在加拿大，她幾乎放棄過度屈辱的苦行，她只留下一個很小的尖形十字架，這個十字架是貝尼耶神父（M. de Bernières）送給她的。V. 頁 92-94。

28　同上。

29　同上。頁 174。

30　同上。

在一起。天主純潔的光輝令人無法直視，瑪麗·閨雅隱約瞥見這些光輝深不可測，使她極力渴望消弭身上所有不潔的懲罰，而她認為淨化的目標只有通過苦難才能得以實現。事實上，只有痛苦才能使她贏得天主的心，並預備她自己與天主合一。

寶血神視揭示了她童年以來所犯的罪過。她對純潔和忍辱的需求日益強烈，引領著她在某個日子，或許是在看見純淨的海洋之後不久（1622 年春天），再次去辦告解。這次她以極為精確和詳盡的方式寫下欲告明的內容，並簽名交給雷蒙神父，希望他在斐揚修會的門上張貼出來 [31]。她在 1654 年的《靈修札記》中寫道，雷蒙神父曾「多次嚴厲地打發她回去 [32]」。在這位斐揚修會神父眼裡，沒有必要再回到 1620 年 3 月 25 日那個向方濟神父辦理的告解。但是瑪麗·閨雅想透過這種方式，順服在她內心督促她的聖神，他最後終於明白：「他很清楚我出於恩寵才潸然淚下。」這位斐揚修會神父接到她寫下的告明內容時，當場就把它撕掉了。

在那段感知恩寵的時期，誘惑和磨難並沒有因此減少過。當內心的黑暗蔓延到靈魂時，一切變得無比沉重，而瑪麗·閨雅強迫自己這樣做，她說道：「特別是當我想打苦鞭或進行其他苦行時。」這段期間，她因感受不到聖神的引導，故轉而強迫自己不斷地行克苦做補贖：「我以為應該對天主虔敬，如果我不這樣做，我會認為自己是個虛偽的人 [33]。」

她也經歷過「良好自尊感」的誘惑 [34]。她覺得自己經常行善。每天早晨，經過小巷見到被遺棄的腐爛動物死屍景象，對她幫助很大。這樣的情況不利於路易十三時期的都蘭道路管理，只有在傳染病傳播時期，大家才會稍微關心街道的清潔。她腦海中深深地烙印著：「從那以後，我再也沒有任何自負的念頭，我在天主面前羞愧地說道：『啊！我只不過是一條死狗。』說完這件事情之後，我自負的念頭，立刻煙消雲散 [35]。」

她身邊的人對她過於熱衷信仰一事有時候感到生氣：「有時候，別人會對我說

31 *J*。第一冊。頁 189。
32 *J*。第二冊。頁 212。
33 *J*。第一冊。頁 185。
34 *J*。第一冊。頁 185。
35 同上；參見 *J*。第二冊。頁 86。

些刻薄的話，只因為我不斷地尋找天主。我靜靜地聽著別人對我所說的話，我把一切都奉獻給天主聖愛，我願為祂受苦，很高興自己把一切都獻給祂[36]。」

雷蒙神父告訴瑪麗·閨雅，辦告解時必須一五一十地告明。他對她的要求十分嚴格，他的明智領導，無論對她多麼有用，有時候仍是非常沉重的十字架。至少可以說，他並不溫柔。他嚴格執行這位少婦所有的靈性操練。靈修上，他讓她跟隨她的內心，很快就確定引導她的是聖神[37]。他小心翼翼地讓她進行苦修，絕不錯過任何機會：「他讓我感受到生不如死[38]。」他要求不能隱瞞任何事情，甚至對他的不滿，都要求表達出來。她坦言道：「如此一來，我的思想被制約，讓我不可能向他隱瞞任何一件發生在我身上的事情[39]。」

很多時候，瑪麗·閨雅幾乎不得不克服這種對幾乎毫無隱瞞所產生的厭惡。她內心會猜想：「他可能會做什麼。」但是當她大方地克服內心的抗拒時，誠實成為她最謙卑的展現方式：「甚至在辦告解之餘，我也會去找他，為了展現謙遜，我跪在他面前，毫無掩飾地告訴他一切。天主知道他如何對待我，任何的事情都得被懲罰。在他告訴我真相和連帶的補贖後，他便不再多說，打發我離開[40]。」

行克苦的形式非常嚴格，完全符合當時法國許多的修會氛圍。瑪麗·閨雅的行克苦成果豐碩，她坦言道：「除了這些行克苦方式以外，沒有什麼可以讓我受益更多了。因為這種苦行透過簡單樸實的方式淨化靈魂，並且讓靈魂可以和天主結合[41]。」

克羅神父滔滔不絕地描述他母親受到雷蒙神父的各種拒絕。他聽到雷蒙神父吐露的真心話，自己也多次與這位神父進行交談。「這位明智的神父在無數次見面中，讓她從忍受屈辱及困惑中認為自己已獲得救贖。因為我們永遠無法想像他對她說過的侮辱言語，也無法想像他所做的屈辱行為……（他使）瑪麗·閨雅接受最嚴

---

36 *J*。第一冊。頁 173。
37 同上。頁 157。
38 同上。頁 164。
39 同上。頁 187-188。
40 同上。
41 同上。頁 188。

峻、殘酷且卑微的考驗，但是從未見過她對信仰失去信心[42]。」

這些令人震驚的過程，並沒有讓瑪麗・閨雅失去對雷蒙神父的尊重和喜愛。此外，從其中幾封初期的靈修信件中可以看出，她學會如何使神父感受到他自己有時候太過分，且由於他的過於嚴厲，竟導致瑪麗・閨雅沒有向他透露每件事。

我們可以把 1620 年至 1624 年期間，視為初次見到寶血神視恩寵的深化時期。天主以受苦之愛的形式帶來啟示，激發瑪麗・閨雅對純潔和參與降生聖言所受之屈辱的渴望。1622 年，聖潔天主的新啟示強調初次恩寵的影響。

在獨居隱修的生活和忍辱的歲月中，瑪麗・閨雅先是實現感官上的淨化，之前她所領悟到天主臨在所產生的內在喜悅早已消失殆盡。

這種不間斷的意向狀態，表達出她的渴望和對成長進步的期待，這也是更完整的啟示。她知道有件事情正在醞釀：她想要以一種未知的方式接近天主。

「我的靈魂不斷渴望接近天主，是一種純粹靈性上的渴望，直到現在，那種接近祂的渴望於我仍然是個未知之謎[43]。」不久之後，她發現自己的渴望，其實是對與天主完美結合之神婚的渴望。

42　V。頁 502。
43　J。第二冊。頁 209。

第八章

「繁重的」庶務

（1624 年 6 月至 1625 年 4 月）

　　結婚十五年後，布松夫婦很高興終於盼到了一位小男孩的到來，小男孩於
1624 年 6 月 17 日以他父親的名字受洗[1]。遺憾的是，他們不久就失去了他。雖然
如此，小男孩的出生給他們帶來了不便。由於丈夫目不識丁，之前都是克蘿‧閨雅
協助他處理所有的信件。生意經營加上照顧幼兒，難以同時兼顧；三十三歲的克
蘿‧閨雅因此只好減少幫忙她丈夫做生意的時間。

　　我認為正值她姊姊的小孩出生之際，瑪麗‧閨雅漸漸地退出她自願承擔的艱苦
庶務：「由於我過著獨居退隱的生活，我時常擔心我的靈修導師不同意我這麼做，
他同時也是我姊夫和姊姊的靈修導師。我還不知道他要如何規劃我的靈修生活，但
是我已經看到姊夫和姊姊計劃要雇用我來處理繁重的庶務，事實也是如此[2]。」

　　瑪麗‧閨雅因此逐漸不用再做家中僕役的工作，她只要負責處理信件業務。

1　他的代父是聖皮耶勒普利堂區商人卡迪（Etienne Cadie），代母則是資産商人達迪夫（Nicolas Tardif）的
　　妻子阿宏多（Marthe Arondeau）。尚貝著（E. CHAMBERT）。《降生瑪麗的家庭》（*La famille de Marie de
　　l'Incarnation*）。頁 97。
2　*J*。第二冊。頁 213。

她說道：「我一直都很想負責這項工作（廚務），但是其他更重要的職務打斷了先前的工作，使我無法長期兼顧兩者，最後我姊夫和姊姊希望我完全離開廚房事務[3]。」不久之後，她就得幫忙保羅・布松處理「所有的生意[4]」。她一天到晚忙著「談重要的生意」，但是她沒有因而分心，她的心思反而比以往更加專注於她的信仰生活[5]。

「我全身心都凝神於天主。當我置身在商人的喧囂中時，我的靈魂卻沉浸在基督君王的懷抱裡。別人一看見我，都會問我是否有在專心聽他們說話。但是無論誰問起我生意上的事情，我都會有些不知所措。儘管如此，只要是我接手的生意，上主就會賜給我順利完成這筆生意的聖寵。我幾乎整天都待在以馬廄當作商店的店裡，有時午夜時分，我還在港口看著貨物裝卸；經常陪伴我的是卸貨工人和車夫，甚至是我得細心照料的五、六十匹馬。當我姊姊和姊夫去鄉下時，我還要處理他們所有的業務，這種事情經常發生。當他們回到家時，會自己照顧生意，我從旁協助；他們一回到家，往往就忘記了他們不在家時，我曾經處理過所有的生意，彷彿我從來沒碰過這些事情[6]。」

在 1633 年的《靈修札記》中，瑪麗・閨雅以暗示性方式描寫她凝神祈禱的深度，特別是在領聖體之後：「因為通常在聖體聖事結束後，我才會去處理我姊夫的生意，無論是街道的喧囂、我與商人的關係，或是我所負責的生意，都無法斷開我內心與天主結合帶來的喜樂。有時在領過聖體聖事五、六小時之後，期間忙完許多令人煩惱的事情及一些重要生意的洽商，我依然強烈感受得到自己與天主間的共融，這時才讓我強迫自己吃點東西以恢復體力；無論是與人們一直談生意，或是談一些無關緊要的事情，都無法使我完全投入。有時候，姊夫問起我對別人言論的意見，因為分心於與天主的內在關係導致我無法回答，這令我深感慚愧，以致於必須特別努力把自己從原本投注於天主聖愛的這種狀態拉回到我的工作上……不然我會令那些與我洽談生意時的人們感到不舒服；這是天主的恩寵讓我回到工作狀態，才

3　*J*。第一冊。頁 151。
4　*J*。第一冊。頁 154。
5　同上。
6　同上。頁 162。

可能使他們每個人都滿意[7]。」

　　儘管瑪麗・閨雅致力凝神於天主，但是她在工作上仍然花很多心思，否則她不可能「使大家都滿意」。天主的蔭庇，讓她在工作上不會犯下任何嚴重的錯誤；雷蒙神父也照看著她：「凝神於天主會讓我還是忽略掉一些絕對必要之事，因此我的告解神師譴責我的只專注於天主，要求我去思考何謂絕對必要之事，因為我和別人交談時沒有看著對方，所以當我與他們談生意時，自然也認不出他們[8]。」

　　瑪麗・閨雅的新職務，使她有機會好好地實踐愛德。保羅・布松是個粗魯且易怒之人。瑪麗・閨雅有一種特殊才能，可以防止別人陷入過度憤怒之中：「在她姊夫家裡，（她）表現得通情達理且愛好和平，她幾乎對姊夫的所有生意都會提出整體見解。由於生意上的緣故，她姊夫必須在國內的主要城鎮聘雇職員和僕人。別人經常寫信告訴他，這些人的品格缺失或者工作上所犯下的錯誤，由於他既不會閱讀，也不會書寫，所以不得不借用瑪麗・閨雅這位天主婢女的眼睛和手來判斷。正是因為這些事情，她的慈悲善巧使自己必須完成上千件的任務。她知道姊夫的脾氣並不是太好，所以當在他面前讀一封令他生氣的信件時，她熟練地跳過那些可能使他發火的字眼，由一些溫柔而理性的字眼取而代之，以平息他的怒火。當她回信時，也採用同樣的方式，將姊夫所口述的火爆和冒犯性話語轉換為溫柔而有禮的語句。她思慮敏捷，刪掉憤怒的表達用語，卻沒有改變原所要表達之意，也沒有改變她讀信或是寫信的內容原意，相當令人欽佩。源自愛德的啟發，她得能透過靈巧的文筆和真誠，讓大家和平共處[9]。」

　　這不僅證明瑪麗・閨雅具有高度的慈悲心，同時也善於公關，兼具天生的機智以及驚人的記憶力，因為保羅・布松不只一次要求她重新唸出所聽到的信件內容，因此她必須在當下就要馬上說出剛才布松本人使用的用語，並且熟記這些措辭！克羅神父沒有透露當時發生的事情，當保羅・布松發現到她的行為後，瑪麗・閨雅當然因姊夫的火爆脾氣而經歷可怕的磨難。這些痛苦來自於姊夫不知掌握分寸，苛責

7　*J*。第一冊。頁 215。
8　同上。頁 216。
9　*V*。頁 636。

嚴厲。儘管如此，瑪麗‧閨雅的慈悲善巧卻經常奏效：「對於僕人來說，一回到他們主人的家裡，非但沒有受到虐待，也沒有感受到主人因他們的行為缺失而產生的怒氣。他們發現主人不知為何，對他們非常友善。為了使姊夫能夠與僕人和平相處，並且避免對僕人造成傷害，害他們失去改過自新的機會，瑪麗‧閨雅這位善良的調解人會約束他們，避免犯下過錯，然後為他們提供必要的建議，以便日後糾正他們[10]。」

克羅神父補充說，瑪麗‧閨雅時常在布松的公司裡安撫員工心情。大部分的員工：「都不擅於面對這樣的事情，而且經常（在他們主人那裡）丟臉。因此，他們只能依賴瑪麗‧閨雅，將她視為避難所。她使他們能夠與姊夫和平共處，而她的姊夫對她懷有深厚情誼和尊敬之心，所以永遠不會反對她的處理方式[11]。」

保羅‧布松公司員工之間的爭執也相當常見。瑪麗‧閨雅不怕居中協調：「當她看到別人打架或吵架時，她必然會走到他們中間進行協調，他們會立刻放下手中的武器，不再說話[12]。」

瑪麗‧閨雅也常對布松家以外的人展現愛德。克羅神父指出，她有時候知道採取哪些措施，使某個有錢人可以擺脫困境。關於這件事，他還講述了一則略為含糊的故事，他不清楚這件事情的原委：「都爾市一位正直的有錢人被指控犯罪，遭逮捕關進監獄地牢。他的犯罪事蹟看起來罪證確鑿，因為如此，所有人都放棄了他，法官當時也已經著手審判此案。降生瑪麗修女非常在意這件事，由於她確信被告無罪，經常前往監獄去安慰他，並鼓勵他要保持耐心，或者到城裡要求釋放他。別人都對她的行為感到厭惡，還嘲笑她是與世隔絕之人，因為她常常往監獄跑。即使是法官，無論多麼尊敬具備聖德的她，也都忍不住告訴她，他們非常驚訝於身為修道獻身女性的她，竟會為這種惡行辯護。但是，無論別人如何否定她，她都持續

10　*V*。頁 636-637。

11　*V*。頁 637。

12　*V*。頁 635 提及爭吵的內容，參見布爾德里著（M. BOURDERIOUX）。《從前的都蘭和貝里：舊政權的場景》（*Touraine et Berry d'autrefois, Scènes de l'Ancien Régime*）。至於使用的單字，這裡提到格塞（J.-B. GRESSET）一首迷人的詩〈綠色！綠色〉（Vert-Vert）：
「他在記憶中刻劃得很好，
整個羅亞爾河船夫們的粗話……」

關心這起案件；最後，她讓法官打開心眼看見囚犯的無辜。在囚犯還沒有重獲自由之前，她從未離開過他[13]。」

瑪麗‧閨雅的行善事蹟使她與許多都蘭人都保持著良好關係，他們發現她事奉天主的樸實和正義。許多不知名的友人都是經由類似的經驗結識，1654 年《靈修札記》的許多章節中皆有提及。直到 1639 年，她離開都爾市前往新法蘭西之前，這些友人都還不斷地增加中。

但是，難道這些事情都不會影響到她凝注於天主或影響她的內在靈修生活嗎？起初她仍有些恐懼。

當時所有的家務以及例行庶務工作都落在她身上，這反而讓她的心靈完全自由地被天主填滿。當她耗盡所有心思投入「繁重的庶務」時，會發生什麼事？她擔心自己恐怕沒有行善的餘力。但是接手工作後，她很快就放心了：「上主增強了我的恩寵和力量，好讓我完成祂對我的所有期待[14]。」至於行善的機會，則變得愈來愈多，也愈來愈艱難。

然而此刻，她感覺到天主正召喚自己與祂更親密的結合。在 1624、1625 和 1626 年這三年中，她的期待和渴望持續增加。瑪麗‧閨雅提起自己的期待，就如同「令人焦慮」的渴望及愛情：「聖愛讓她處於一種焦慮狀態，她可以感受到這種痛苦，但是卻無法形容[15]。」「說不出這種愛有多麼令人焦慮，但是靈魂卻無法擺脫這種狀態，除非擁有她鍾愛的那一位[16]。」她把這種情況比擬為伸手想要擁抱別人，卻什麼都沒有抱住的感覺[17]。

在這幾年的期望和轉變期間，她的靈魂因為無法達到天主讓她瞥見的親密感而感到痛苦。不過，她卻擁有「神聖而樸實的甜蜜，但是在受苦之愛的過程中，她卻充滿憂傷」「（靈魂）並沒有得到與天主的結合，祂似乎想要讓靈魂因此不斷地經歷死亡[18]」。

13　*V*。頁 631。
14　*J*。第二冊。頁 213。
15　*J*。第二冊。頁 216。
16　同上。頁 214。
17　同上。頁 215；*J*。第一冊。頁 157-158。
18　同上。頁 222。

她對神婚的嚮往，激發起她對修道生活更熱切的渴望。瑪麗‧闖雅十四歲時初次體驗到修道奉獻生活的聖召，後來在她喪夫之際又重新燃起，但是距離聖召的實現又更遠了：因為小克羅‧瑪定的誕生和這位少婦身為母親的職責，使她暫時無法進入修道生活。

　　更早之前，在 1624 年左右，那種想進入耶穌基督所遣發的聖神內的渴望，使她更加認識福音勸諭的偉大和賜福：「（天主）使我看見並領悟藏在福音勸諭中偉大而無窮的寶藏，祂召喚被揀選的人為祂服務[19]。」為了盡可能在這世界上實踐福音生活，瑪麗‧闖雅隱約看到一種充滿勇氣的方式：1620 年，她向方濟神父宣發貞潔誓願；1624 年，她則發願矢志服從她的第二位靈修導師雷蒙神父與雇用她來經商的布松夫婦。此時她還想增加一個神貧誓願，這才符合她當時所處的依賴狀態。

　　在這些誓願中，她分辨出如何答覆天主召喚進入神婚的方法：「為符合當時我的處境，以及我已經宣發了的貞潔願，我強烈認為應該也要立下服從願和神貧願。經過我的靈修導師仔細地詢問後，他同意我這樣做……我的服從誓願對象包括了我的靈修導師、下一任靈修導師、姊姊和姊夫，因為他們是我的上司，也像一個小孩面對父母親那樣。只有天主知道，為此我將要承受怎樣的苦難[20]」。在 1633 年的《靈修札記》中，她指出：「我立誓要絕對服從我的告解神師，但如果我進入修會修道，這個誓願就會自動解除[21]。」

　　她宣發的誓願內容很簡單：「在此我立下此誓，我的一切思想、言語、行事為人都是為了光榮天主；同時我也立誓，我絕不接受也絕不會去做違背天主榮耀之事。我遵循這個誓言很多年，對此我自己感到很滿意。」後來，她在加拿大再次發願，並且把誓願的內容說得很清楚[22]。她似乎沒有任何不安，這一切都歸功於她思慮周全以及慷慨大方。1624 年她所發下的誓願內容並沒有 1645 年來得廣泛。她的誓言只適用於在她姊姊家的這段期間。

19　*J*。第二冊。頁 218。
20　同上。頁 220-221。
21　*J*。第一冊。頁 164。
22　*O*。頁 342、898-899。

至於神貧，她不想處置任何的個人財產：「除了姊姊給我的之外，我沒有留給自己任何日用品。她很慷慨大方，也很慈悲，給了我許多東西，遠比我想要的還要多[23]。」甚至連要去行愛德的財物她都仰賴姊姊：「我姊姊提供我一切錢財，她如此仁慈，如同是窮人的避難所；她很少會拒絕我[24]。」瑪麗・閨雅所宣發的神貧誓願中，最令人感到驚訝的是她把兒子也含括在內。她把他的未來完全交付在天主手中，天主是否賜給他任何東西，她一點也不擔心：「我既沒有為自己，也沒有為他做任何事，因為我希望我們能分享同樣的想法：我堅定地向上主祈求（神貧），它值得我們義無反顧地去祈求，直到快樂地獲得它[25]。」這就是瑪麗・閨雅的方法，雖然她身處紅塵俗世，卻在心中保有一座「隱修院」[26]。

服從靈修導師的誓願有時候可能非常沉重；但是靈修導師是一位靈修上的尊長，他很清楚可以要求瑪麗・閨雅做哪些事情，他知道她的誓願。瑪麗・閨雅的姊夫性情喜怒無常，別人都得服從於他的肆意妄為，「哪裡會受苦，天主都知道！」克羅神父將此誓願說成是：「一個非常大膽的承諾，難以實現。因為，儘管他們（她姊夫和姊姊）都是正直之人，但是他們缺乏修會長上以悲憫與俯就對待會士們的那種明智[27]。」

他舉出一個瑪麗・閨雅履行誓願的完美例子：「有一天，瑪麗・閨雅在斐揚修會的聖堂祭台前準備領聖體，有個人走到她面前，對她耳語說她的姊夫要求她儘快去找他，她尚未領聖體就立即起身去找姊夫，完成他交辦的事情。」

為了完全明白這件事情的重大，必須知道瑪麗・閨雅此階段對領受聖體聖事的渴望，以及她自己所述，領受聖體如何減輕了她「愛的焦慮」，她在 1654 年的《靈修札記》中寫下：「（靈魂）最大的安慰是在每日領受的聖體中確信自己擁有了生命。活潑的信德告訴我並讓我領悟到，透過愛的關係和愛的結合，正是祂所給予的一種難以解釋的愉悅……在下一次幫忙他人之後，我所感受到的疲憊、因行克

23　*J*。第二冊。頁 221。
24　*J*。第一冊。頁 182。
25　*J*。第二冊。頁 222；參見同上。頁 452。
26　*J*。第二冊。頁 218。
27　*V*。頁 491。

苦而疲憊的身軀，透過這個已祝聖了的神聖麵餅，重新開始有了新的勇氣，自然而然地恢復了失去的體力[28]。」而在 1633 年的《靈修札記》中，她曾向拉耶神父坦言：「我希望能不間斷領受聖體聖事；我無法想像司鐸們每日都能在祭台上祝聖聖體、領受聖體是何等的幸福。如果他們沒有為此熱情如火或很高興，我會很驚訝。我的告解神師發現我懷抱如此大的渴望，雖然我當時的生活非常忙碌，他還是同意了我可以天天領受聖體[29]。」

在當時，很少人會被同意每日領受聖體，即使是鎮日專注於祈禱、渴望憩息在主內的默觀修行者也無此特權[30]。反倒是瑪麗·閨雅「雖然有許多煩惱」，又被許多暫時性的工作事務吞噬了她的時間，雷蒙神父卻同意她每天領受聖體，以免這位全心尋求上主的人分心走意，這也說明他已經理解了她的特殊誓願，他對瑪麗·閨雅受到聖神的默感充滿信心。由於並非所有的神父都像雷蒙神父一樣具有先見之明，且認識瑪麗·閨雅的靈魂[31]。因此，為了避免引起別人對她的注意，她在「前往她姊夫的公司工作時，可以走進路過的第一間教堂領聖體。」都爾的東區（是她常去的主要教堂），除了聖皮耶德可堂區之外，還有斐揚修會的祈禱室、主教座堂、主宮醫院的祈禱室、聖艾田教堂、聖皮耶杜博樂教堂和德拉巴索的聖瑪定（Saint-Martin de la Basoche）大教堂。再遠一點，她會前往聖文生教堂、聖額我略方濟最小兄弟會修院（Saint-Gregoire）、方濟會的科德列修院或者道明會的雅各賓修道院領受聖體。

她對聖體聖事的信德如此堅定活潑，她完全相信天主真實地臨在於聖體中，所以當她聽到宣講者說其他人很難接受這個奧跡時，她感到難以置信：「就算全世界的人都（對我的靈魂）說在聖體中的祂不是降生聖言，我的靈魂寧可死去，只為了

28　*J*。第二冊。頁 222-223。
29　*J*。第一冊。頁 170。
30　*J*。第一冊。頁 243。第 9 期；我們可以回想起克蘿丁·莫尼（Claudine MOINE）的《靈修札記》（*Relation d'oraison*）：聖安東（Saint Anthony）巴多瓦（Padua）之日，她在巴黎瑪黑區的阿夫·瑪麗亞（Ave Maria）克萊爾（Clarisses）修道院被拒絕領聖體，那位神父對她說：「我們不把聖體給陌生人。」莫尼著（Claudine MOINE）。《我的祕密生活》（*Ma vie secrète*）。第 2 版。出版者蓋努（J. GUÉNNOU）。巴黎出版。1968 年。頁 232。
31　*V*。頁 124。

證明就是祂[32]。」她在 1633 年的《靈修札記》中更明確指出：「我理解一切，不再感到困惑，我說：『我的天主啊，我想我不再需要信仰；我知悉了信仰以外所要教導我的一切[33]。』」

瑪麗‧閨雅從聖體中獲得了喜悅和力量：「我無法以言語表達我透過領聖體，讓靈魂與上主結合後所獲得的力量與溫柔[34]。」

因此，瑪麗‧閨雅一大早起床會去參加教堂早晨六點或是六點半所舉行的彌撒。通常她忙到深夜才上床睡覺；然後整個早晨禁食。由於她還預留特定的時間祈禱，因此她晚上的時間被限縮得很短。

在她看來，聖體聖事是預嘗她與天主的結合：「領聖體使我放心，我接近它，極度渴望珍惜、碰觸降生聖言，期待著與天主結合。因為在領聖體之後，我無法透過言語表達自己擁有祂、祂擁有我的感受……無法用言語形容，天主藉著聖體把祂自己給了我，在我的靈魂中顯現給我[35]。」她習慣與天主同在，但是她從聖體之中領悟到另一種臨在：「這種感受讓我渴望一直領聖體，因為從中才可以真正感受到與天主同在的喜悅[36]。」

在 1624 年這一年，瑪麗‧閨雅受她姊夫請託，處理愈來愈多信件業務。也是在這一年，她逐漸意識到天主對她的召喚，召喚她與祂結合為一，當時她對這個奧祕的神婚仍很模糊不解。這兩種召喚將她帶入了難以忍受的心靈黑夜[37]。

首先，她致力於身體上的克苦補贖善工，同時漸漸放棄那些突然就讓她覺得無意義的想法，例如：「在天主教會內，有許多基督徒並不會做這些自我懲罰式的苦行善工，只是好好地遵守天主誡命生活，一樣也都能得到救贖[38]。」

她剛剛發下的服從誓願，使她願意聽從經常無禮對待她的雷蒙神父；她也順從個性頑固且難以相處的姊夫，他的個性常令她難以忍受：「有一次他的攻擊實在過

---

32 *J*。第二冊。頁 222。
33 *J*。第一冊。頁 170；參見 *J*。第二冊。頁 190。
34 *J*。第一冊。頁 215。
35 *J*。第一冊。頁 227-228。
36 同上。頁 215。
37 日期參見 *J*。第二冊。頁 226。
38 *J*。第二冊。頁 224。

於強烈，我輕率地對一位女性友人脫口而出：『這一切有什麼好處！我不能再被這種事給束縛住。』」這位分擔她痛苦的知己或許就是吉蕾特・羅蘭。

最嚴峻的掙扎與考驗莫過於顧慮她的兒子，瑪麗・閨雅在這方面一直都非常敏感，一直到1641年克羅神父進入本篤會聖莫爾修道院為止。1624年至1641年期間，她沒有一年不因她奧祕聖召的特殊要求，忍受為母的痛苦。她替克羅選擇神貧的生活，把他的未來完全交付給天主照顧，但讓她還是會覺得違反人性，甚至有違基督信仰。她這麼做是不是也在考驗天主？「在這件事情上，我非常掙扎，因為我深愛著我的兒子，且深信這是給他真正的財富。在天主內的神貧，我已經做了。我去找我的靈修導師，想知道這麼做是否真的無愧良心，他的回答是肯定的，但是這仍然絲毫沒有打消我的疑慮。接著，受雇於我姊姊家當一個卑微的僕人。最後，我遭受各種打擊，天主允許許多人怪罪我的所作所為，這也是我的痛苦所在[39]。」

最難以承受的是，她的內心完全得不到任何支持，她發現自己陷入漫漫黑夜之中：「我的靈魂木然黯淡，它既沒有力量，也沒有活力帶我離開那裡。」瑪麗・閨雅自忖，她到目前為止的遭遇會不會只是一種幻想：「我認為自己是虛偽之人，到現在我一直在欺騙我的靈修導師，我向他編造了許多我自以為真實的故事和想像[40]。」

1633年的《靈修札記》裡，瑪麗・閨雅很清楚地說道，她感覺自己墜落深淵，彷彿被全然放棄和被丟置一旁，曾擁有的恩寵似乎都被收回了。她的內心被說服了，過往她的那些靈修經驗「並不是真的恩寵，只是我虛耗光陰的自娛自樂。我找不到人可以安慰我，我的告解神師說的話更折磨我[41]」。在這種難以忍受的狀態下，忠於她的祈禱規畫以及忘卻自我變得非常困難：「我內心異常難受，看到自己從天堂跌落到煉獄[42]。」隨著1624年秋天的到來，她的內心逐漸恢復平靜。

這場痛苦的磨難產生了一種精神上的淨化。感官很渴望找尋內在喜悅，它看著自己失去了欲占為己有的財產。在1654年《靈修札記》的結尾，瑪麗・閨雅解

39　*J*。第二冊。頁224-225。

40　同上。

41　*J*。第一冊。頁197。

42　同上。

釋：「感官奸詐地耍著詭計，它想要表達自己的立場，不願離開它的堡壘，也不想離開已經找到的精神財富，反而在這些受造物中只剩下苦行和厭倦。它努力去擁有，已經習慣參與其中的精神財富，如果把這些財富拿走，它的人生和它的支柱，無法愉快地減輕精神上所有的痛苦和疲勞，並使它的心靈變得柔順而服從。感官被傷害到無法承受，為了讓精神層次靜謐地享受財富，聖神替感官拿走了皇家餐桌佳餚中它所不需要的廚餘（也就是感官的力量）：正是如此，感官層次和精神層次之間才有真正的區別[43]。」

1624 年的內心風暴是天主對瑪麗・閨雅渴望進入神貧的最初回應[44]。

她詳盡地指出，在這場苦難中，她始終保持著內心平靜：「從遠處，我看見平靜的心，隱藏在靈魂的深處，並且接受天主所有的安排，但是我看得並不清楚[45]。」漸漸地，這些試煉變得沒有那麼急迫。「精神層次主導一切，而它似乎樂於主導一切，它能看見本能的憤怒。它不去擾亂，處於一片寧靜之中，彷彿就在它的城堡裡[46]。」

所以天主恩賜的平靜可能發生在內心風暴之前，約莫 1624 年年初。事實上，克羅神父在 1633 年的《靈修札記》引文中，提到天主恩賜的平靜，發生在瑪麗・閨雅受到福音開導、選擇完全服從和絕對神貧道路之後：「有一天祈禱時，我向耶穌獻上我的愛，祂在我心中回應：『願平安與妳的心靈同在』。這是很具有吸引力的喜樂，我淹沒在這種新穎的愛情中，它比閃電更具有穿透力。這句話的效果如此之大，從此以後，我再也沒有失去過內心的平靜，無論我是否背負十字架或是發生任何不幸[47]。」

然而，這段寧靜的恩寵，或是以克羅神父的話來說，這種「她一生中的寧靜源泉（在她的心中）」，發生在 1624 年的心靈黑夜時期之後[48]。事實上，瑪麗・

---

43 J。第二冊。頁 454-45。
44 參見J。第二冊。頁 219-220。
45 J。第一冊。頁 198。
46 同上。頁 199。
47 同上。頁 167。
48 V。頁 61。

閨雅在 1633 年的《靈修札記》中寫道：「這件事迄今已經過了八年多[49]。」這段恩寵經驗讓我們回到 1625 年，或是更早 1624 年的最後幾個月。因此，平靜的恩賜更可能出現在那段時期的掙扎和誘惑之後；另也可能是後來聖經中歐瑟亞先知（Osée）的話語影響了她：「我以忠實聘娶妳。」

「剛提到，透過我上述身邊的一些人，我經歷了 1624 年前後的試煉，那時我約莫二十五歲。接下來，上主的慈悲更加深加大，我領悟到，為淨化我的靈魂，那些我所承擔的狀態是祂所允許的苦杯[50]。」

為預備神婚恩寵所受的痛苦，進入了另一個階段，靈魂「可以與天主私密地對話」的形式取代了前者。瑪麗·閨雅表示這個階段是一種「被動的狀態」；她覺得自己被捲著跑，「世界上沒有任何方式可以阻止自己跟天主在一起[51]。」上主似乎完全交付了祂自己，然後祂賦予靈魂一道超越的、來自於神聖的祂的內在之光，以致於她的靈魂發現自己只能「享受，並消融在祂的無限之中」。「似乎我的心變得極大，裝得下熊熊火焰。這把火是無法描述的熾烈情感。我躲到一個僻靜的角落，匍匐在地、平息我的哭泣；因著我的委順，我的靈魂贏得了全心渴望的祂，我的天主[52]。」

瑪麗·閨雅尋找為愛天主而殉道的輕便之路，行愛德、照顧他人、行克苦補贖、謙抑自下等等皆是。她的自我紀律回應了她對自我淨化的渴望，表達了她的意志拒絕讓身體感官分享來自靈性的喜悅，否則這種靈修上的貪婪足以破壞一切努力。在自我貶抑方面，她發現可以盡力去光榮並贏得降生聖言的愛。

大約在這個時候（1625 年初），她獲得一個新的密契經驗的恩寵，具有非常明顯的象徵意義：「我的心被取出放入另一顆心；然後兩顆心交融在一起成為了一顆心……就如此這般兩顆心結合為一[53]。」這是某個晚上她在床上的神視，其異象比先前經驗強烈許多，瑪麗·閨雅不清楚那是在睡覺時，還是半睡半醒之間發生

49　*J*。第一冊。頁 167。
50　*J*。第二冊。頁 226。
51　*J*。第二冊。頁 227。
52　*J*。第二冊。頁 227-228。
53　同上。頁 228-229。

的。她在 1633 年的《靈修札記》中更清楚地說：「有一晚，我看到我的神聖淨配手裡捧著兩顆心，這兩顆心是祂和我的心。祂以巧奪天工的方式（巧妙地）把一顆心放入另一顆心裡，看起來好像只有一顆心，但是我看到了兩顆心合而為一。祂與我結合，祂對我說：『妳看，心與心的連結合一就是如此。』這些話語以極為炙熱的愛情震撼著我，心與心的連結持續了許多天，彼此往來的關係奇特無比[54]。」

1633 年她向拉耶神父敘述這個恩寵，與二十年後她向兒子提到的敘述十分相似，克羅・瑪定神父感到非常驚訝，於是他向母親詢問了一些細節。我們在 1654 年《靈修札記補篇》中找到這一段話：「這個心與心的交融過程，我沒有半點痛苦，但是我看到自己的心被嵌入了另一顆心中，我沒有意識到，那是我的心被拿出來。然後，我感受到一種如此神聖而微妙的碰觸，甚至無法用言語表達，尤其是當我聽到這句話：『這就是心與心的連結合一[55]。』」

克羅神父將這種恩寵與賜予聖女加大利納的恩寵相提並論，聖女加大利納感覺到她的心已從她身上被拿走，換成來自主耶穌的心[56]。

1625 年四旬期默觀充滿著「耶穌基督降生成人的奧跡，這是我從未有過的想法，但是……後來，我涉獵了一些與此相關的書籍[57]」。1633 年的《靈修札記》沒有提到 1625 年這段經驗中所涉獵的書籍[58]：也許她是在 1633 年至 1654 年期間所閱讀的，可能就是貝魯樂的《偉大的耶穌》（Grandeurs de Jésus）[59]一書！無論如何，從這個默觀中，瑪麗・閨雅對耶穌聖心的熱心敬禮達到了她的第一個階段：「我在我們的主耶穌親自恩賜的光照下進入降生奧跡，與耶穌基督降生聖言神聖的

---

54 J。第一冊。頁 191。心心交流的恩寵常見於奧祕生活之中，瑪麗・閨雅這裡所描述的恩寵，有一種很深的相似性；參見卡巴蘇著（A. CABASSUT）。〈心與心的交融合一〉（Echange des coeurs）。收錄於《靈修辭典》（Dict. de Spiritualité）。第二冊。參見頁 1046-1051；古貝爾醫生（Dr. Imbert-GOURBEYRE）列舉三十個例子。《傷痕》（La stigmatisation）。巴黎出版。1895 年。第二冊。頁 57。

55 J。第二冊。頁 485。

56 V。頁 753；卡普著（Raymond de CAPOUE）。〈活聖人加大利納・基納生平〉（Vita Catharinae Senensis）。收錄於《四月使徒生平》（Acta Sanctorum Aprilis）。第三冊。頁 907。

57 J。第二冊。頁 230。

58 J。第一冊。頁 193。

59 「我感謝您寄給我（講道內容），有關讚揚耶穌的偉大，您說的有道理，這主題是我愛的主題。我的確愛祂，因為提到我們非常可愛的耶穌的偉大的一切，都使我感到高興，而我無法向您表達。」O。頁 658。

人性合而為一。這是多麼奇妙、難以用言語去敘述。有一次在四句期期間的特殊經歷是：我靈魂所有的渴望都不復存在，而是完全被祂神聖人性的偉大完美以及聖心之愛淹沒消融[60]。」

依據克羅神父的說法，恩賜給她這個恩寵的原因，可能是要安慰她無法感受或思考「耶穌的受難或是受辱……她的內心（她的存在）……立刻被基督的神性面擄獲，亦即祂的天主性，天主聖三中第二位格的神聖本質[61]。」

讀完 1654 年《靈修札記》後，克羅神父向他母親詢問書中關於那道光的細節。瑪麗‧閨雅表示她無法以言語述說或詮釋這段經歷：「關於『降生成人』的奧跡是如此神妙，我被啟示到而能講述出來的不可能超過教會關於這個奧祕的教導。但除此之外，還有一些無法徹透的奧祕，只有在進入永恆時才可能明白，且是那些最有福的被選者才能得到的至高榮幸[62]。」瑪麗‧閨雅說，對於她所經歷的這一切，大公教會在聖神默感下的教導才是最好的詮釋，她不可能再多做任何詮解。

幾個月後，來自於 1625 年的四句期默觀祈禱，她對耶穌聖心的敬禮找到一種更為精確的表達形式：耶穌聖心是愛情的火爐，是「可愛的燄火」，顯現給她，像是為取悅天主父而獻給祂的全燔祭祭台，天主之子的聖心就是所有求恩祈禱者的中保[63]。

後來，大約在 1635 年，即她進入修道生活的前幾年，瑪麗‧閨雅獲得新的啟示，讓她可以對自己的這個聖心敬禮下了最終定義。她在 1661 年 9 月 16 日寫給兒子的信中提及：「您問我一些特別敬禮的實踐方式。您很清楚許多外在形式的敬禮對我來說非常困難。不過，我可以簡單地告訴您，我應該也曾經提過，我有一個天主啟發我的方法，就是默觀至愛的降生聖言的聖心，三十多年以來，我一直如此祈禱，現在我告訴您說我如此祈禱的契機是什麼。有一晚，當我在自己的房裡為了靈魂的救贖與天父對話，熱烈期待與渴望耶穌基督的國度降臨，當時似乎這位永生

60　*J*。第一冊。第 193 頁提到寶血的異象，以及 1620 年凝視耶穌的傷口是準備時期。另請參見 *O*。頁 358 和頁 32。
61　*V*。頁 74。
62　*J*。第二冊。頁 485。
63　*J*。第一冊。頁 226。

之父並沒有聆聽我的祈禱，甚至一如昔往連一個溫柔的眼神也未賜給我，我很沮喪，但就在那個瞬間，我聽到內心有個聲音說道：『透過我愛子的聖心向我祈求，因為祂，我將垂允妳』，這神聖的隱喻感動了我，因為我的整顆心與耶穌的聖心親密無間的交流著，自此我無法不經由祂的聖子耶穌基督就直接對天父說話。這些事大約在晚上八、九點時發生，後來我每天都以這樣祈禱結束我當日的敬虔善工；我不記得有哪天不這麼進行，除非生病了導致我的內心無法活動[64]。」

再也沒有任何事情可以表達瑪麗·閨雅對這種祈禱方式的重視；我們知道口禱對她而言非常困難，但從 1635 年到 1661 年，甚至到她離世前，每晚她都會收錄下整日的祈禱讚頌獻給至聖聖心。1625 年四旬期期間那道有關於降生奧跡的光，耶穌的偉大[65] 和祂聖心之愛在瑪麗·閨雅的靈魂中產生對修道生活的渴望[66]。她肩負的事務比起以往都還要來得多；然而，保羅·布松在觀察到她非凡的才能，以及她願意聽從他人的個性之後，讓她負責了更多工作，這也出自於她私下宣發的服從誓願，必須服從她姊姊和姊夫的意志。

解脫的時刻尚未到來：克羅·瑪定才六歲，瑪麗·閨雅寫道：「我領會到上主希望我就此依附在姊姊和姊夫家，祂讓我透過記住祂的話語來減輕痛苦：『我的軛是柔和的，我的擔子是輕省的』。這句聖經上的話對我的靈魂產生了功效，平息了我的困苦，讓我的靈魂在最為繁重以及世俗之中可以步上軌道，我的身體疲倦，但我的靈魂卻與降生聖言緊緊相契[67]。」

沒有什麼事情可以分散她對天主的專注力。瑪麗·閨雅提到一種賜給她的神恩，讓她可以同時兼顧兩者；與商人對話並不能使她因而忽略她的聖愛，她可以立

---

64 O。頁 659。亞蒙著（A. HAMON）。《敬禮聖心之歷史》（Histoire de la dévotion au Sacré-Coeur）。第三冊。帕雷勒蒙尼亞和巴黎（Paray-Ie-Monial et Paris）共同出版。1928 年。頁 24-30 ；潘維著（J.-V. BAINVEL）。《敬禮耶穌聖心：教義與歷史》（La dévotion au Sacré-Coeur de Jesus, Doctrine, Histoire）。巴黎出版。1931 年。頁 359-362；在一封 1670 年的信件中，降生瑪麗回到這種傍晚的練習。（O。頁 897）參見《降生瑪麗的信仰》（Ce· que croyait Marie de l'Incarnation）。頁 128-137。十七世紀不同的敬禮耶穌聖心見證，參見莫尼著（Claudine MOINE）。《我的祕密生活》（Ma vie secrète）。頁 1、230。

65 放假時，她整個上午在斐揚修會的教堂中祈禱；「五小時的時間」都消逝在默觀降生的聖言奧祕之中。O。頁 928。

66 J。第二冊。頁 230。

67 同上。

即恢復她的內心對話：「與寫作一樣，我可以一心二用：同時關注天主以及撰寫有關的事情。當我要提筆寫作時，時間非常的寶貴，因為思想和內心正在對話；我可以兼顧兩邊，沒有什麼可以讓我分心[68]。」

擁有天主為她帶來了寧靜與喜悅。經歷 1624 年的艱苦考驗之後，這種心靈的平靜成了最終結果：喜悅是平靜的特徵之一。瑪麗・闈雅十四歲時，她母親就認為她個性活潑，不適合修道生活。瑪麗・闈雅在 1633 年《靈修札記》中指出：「我和那些人共事很快樂，別人也以為我與姊夫和姊姊在一起很開心；但正是我與天主的結合使我變得如此開朗，因為在這世界上我再也找不到其他令人愉快的事物[69]。」

她非常留意自己的一生是否都能與天主同在，以及她的熱心善工會不會「為她身邊的人帶來麻煩[70]」。瑪麗・闈雅無法隱藏她內心專注於天主的心思。當別人看見她若有所思時，都很喜歡捉弄她，要她重複別人剛剛說的話，她不會回應，繼續沉思，這也使她的姊夫感到相當有趣[71]。她的親人對她的認識遠比她想的還要多：「我姊夫有時候笑著對我說一些話，讓我覺得他可能對我的克苦略知一二……大概有兩次，一位僕人走進我房間，看見我睡覺的桌子和長椅以及我的粗布襯衣，我相信她應該告訴了我的姊夫和姊姊，之後他們很謹慎地不再跟我提起這件事，因為他們喜歡也非常重視行善，既使是最微小的事情也不例外[72]。」

有些時候瑪麗・闈雅的特殊恩寵使她似乎暫時抽身離開身邊的人，隱沒入她專注的深刻祈禱中。在她 1659 年 10 月 11 日寫給兒子的信中提到：「不用擔心您的專注於天主會讓別人以為您沮喪憂鬱；別人幾乎也都是這麼說我的，其實當時我的心靈與天主同在，正感到愉悅非常[73]。」

瑪麗・闈雅大部分的時間都擁有「開朗的外表，愉快的談話」。人們覺得她的

68　J。第二冊。頁 231。
69　J。第一冊。頁 163；參見 J。第二冊。頁 481-482。
70　J。第一冊。頁 174。
71　J。第一冊。頁 215-216。
72　J。第二冊。頁 264。
73　O。頁 609。

個性「如沐春風」，她內在喜樂的光芒也深深吸引大家[74]。

　　1625 年春天，還屬未知的那個三位一體的啟示尚未發生，瑪麗·閨雅再次感受到心神愉悅。在 1624 年的幾個月動搖她的內心風暴之後，她才有了那個特殊恩寵；本性上的感官感受愈來愈減少，理智上的愉悅感也減少了，她的靈魂卻因為她的心與至愛結合的恩寵而被照亮；整個四旬期，她沉浸於默觀降生奧跡。

---

[74] *J*。第二冊。頁 231。

第九章

天主聖三的啟示與密契神婚、
聖神降臨節

（1625-1629）

「聖神降臨節後的週一早晨（1625 年 5 月 19 日），我正在斐揚修會的聖堂望彌撒，就在我慣常祈禱的地方，上主賜給了我一個非常特別的恩惠。當時我正舉目望向祭台，眼角餘光無意識地落在燭台下方的色辣芬（Séraphins）天使小像上，某個瞬間我眼睛閉上了，就在那一刻我的心靈被無與倫比的天主至聖聖三的神視舉揚了起來[1]。」

那天是假日，瑪麗·閨雅不必擔心她早上的敬主善工會被急迫的事情打擾。一大早她就來到了這白衣隱修士們的小聖堂，從 1620 年聖母領報節日的前夕開始，她都固定前往那裡望彌撒，這是斐揚會士那天最早的彌撒。

瑪麗·閨雅留下三則紀錄，內容都是詳述那天早晨她如何獲得天主聖三奧蹟的聖寵光照：分別出自於 1654 年的《靈修札記》、1654 年的《靈修札記補篇》和 1671 年 10 月 8 日的信件。克羅神父認為沒有必要抄寫已經出現在 1633 年《靈修札記》中的相同段落，我們覺得很可惜：因為最初的事蹟一定能更精準反映她的記

1　*J*。第二冊。頁 233。

憶；她爾後的靈修心得，某種程度上很難詳述，無形當中影響到她對此次重大聖寵所保留的記憶。

1671 年，瑪麗·閨雅一如往常地真誠表示，她當時只知道天主教要理問答和一般講道中所述的天主三位一體信理：「我告訴您，在這件事發生前，我從未被告知這個偉大且令人讚歎的奧蹟「至聖三位一體」（la Sainte Trinité），就算我讀過一些關於天主聖三的書籍，無論是在聖書中或他人的教導中，都不曾讓我留下那次以及從那之後就一直伴隨著我的印象。當時那個階段，我的狀態一直都只是默觀至聖降生聖言的奧蹟[2]。」

她的回憶會有錯誤嗎？她看見天主聖三景象的第二段描述與（托名）狄奧尼修斯（Pseudo-Denys）關於天使三等級理論中每一階層本質的說法都吻合，不難想像她可能是曾經透過閱讀，或是在斐揚修會祈禱室中受過的神學教導接收到此意象。

後來，同一封信裡，她細心地指出：「在我得到這些您早已知道的啟示或是其他恩寵後，平日鮮少與我交流的雷蒙神父，讓我閱讀由他同修會裡一位神父所翻譯的聖狄奧尼修斯（saint Denys）著作，這些著作後來很快也出版了。這些著作中所述及所有關於天主的偉大奧蹟，我都讀懂了，令我深感安心，因為那些敘述正是仁慈天主向我顯明通傳的。」

如果瑪麗·閨雅記憶的先後順序真如同她在 1671 年所描述，那麼她就是在 1625 年經驗了天主聖三的神視後才去讀托名狄奧尼修斯的著作的。雷蒙神父提供給她由古律神父（Dom Jean Goulu de Saint-François）於 1608 年所譯，1629 年再版的《亞略巴古之狄奧尼修斯》（Aréopagite）所有著作，如她所提，雷蒙神父寄給她才剛出版的譯作，當時雷蒙神父經常不在（「我不常與他交流。」），因此閱讀托名狄奧尼修斯的著作大概只能追溯到 1630 年，即她的初次天主聖三神視後五年。

此外，瑪麗·閨雅回憶錄裡對於她神視經驗中的第二段描述（天主聖三各位格與最高等品級三位領詠天使的直接交流）非常清楚，而且從 1654 年到 1671 年期間都沒有改變過。不過這些回憶錄不可能是她日後意識延伸的成果；解決此問題的方法只有一種：她從雷蒙神父或是一位斐揚會士那裡得知托名狄奧尼修斯《天使階級

---

[2]　*O*。頁 928。

論》中的陳述。此外，許多靈修作家都採用自十三世紀以來的思想，儼然已成為西方神學的傳統[3]。從閱讀聖書的記憶中，她自己建立起天使三等品級及天主三位格之間的關係。這就是她在 1654 年《靈修札記》中描述所得到的光照：「此時此刻，我靈魂的所有力量停滯，接收到從這神聖奧蹟中留下的印象，無形無象的印象，但是比任何光照都清晰易懂，讓我知道我的靈魂在真理之中，當下也讓我經驗到天主聖三的三個位格同性同體：聖父的愛，觀照自己，在永恆之前和永恆中生發聖子，然後（我的靈魂）領悟到聖神是由聖父與聖子互愛所共發，三位格之間沒有混淆；我領悟到的啟示，是聖父和聖子共同遣發聖神……我從不同的位格理解到天主聖三源出於同一本質，同時，立刻，我也領悟到天主聖三的同性同體、位格的個別性，以及三位格間內在和外在的運作[4]。」

瑪麗・閩雅並沒有保存 1654 年《靈修札記》的複本；這個複本在拉勒蒙神父那裡。然而，她於 1671 年 10 月 8 日的信件中再次引述 1654 年《靈修札記》的某段話：「在神魂超拔中我被吸引著，忘卻一切，整個心靈完全沉浸在這神聖奧蹟中，我心神俱止於對『尊威天主聖三』的印象，既非形式亦非形象等經由感官可以經驗到的印象。」

她試圖使她兒子明白靈修的獨特性，以及她的神視是一種超智識的經驗：「我不會說那是一道光，因為那仍然來自感官經驗，因此我會說是一種印象，雖然在我看來，印象也算是實體的東西……當我說天主使我看見祂，並不意謂著那是一個動作，因為動作也是一種實體，這種神視經驗只能說是天主在通傳祂自己[5]。」

她還記下這神視經驗本身的確定性。1654 年她曾說她在神魂超拔中意識到自己在真理內。1671 年，她則寫道，她的靈魂有著「絕對、純淨且無瑕的眼光」。

3　狄奧尼修斯著（ARÉOPAGITE）。《天使階級論》（*La Hiérarchie céleste*）。VIII-I。羅格（R. ROQUES）、艾爾（G.HEIL）、甘迪亞克（M. de GANDILLAC）共同編撰，收錄於《天主教文獻》（*Sources chrétiennes*）。第 58 期。巴黎出版。1956 年。頁 106-108；參見聖多瑪斯・阿奎那著（Saint Thomas d'AQUIN）。《神學大全》（*Summa theologica*）。巴黎出版。Q 108，art 5 和 6。

4　*J*。第二冊。頁 233-235。

5　瑪麗・閩雅沒有定義出這次的神魂超拔的學理和教義特性；她只說神魂超拔對理解有主要影響，而且第一次發生是在讚歎而不是在愛和愉快之中發生。參見培蒙著（H. BREMOND）。《法蘭西宗教情感文學史》（*Histoire littéraire du sentiment religieux en France*）。第六冊。頁 38。

克羅神父把這個神視視為「瑪麗・閨雅一生中最引人注目的事蹟，也是一個靈魂在世界上可以擁有的最偉大且最稀有的經驗[6]」。他仔細思量他母親所使用的語彙之後，認為神視是一種印象，一種非形式亦非形象的印象，比任何光都更清晰易懂（「印象」這個詞本身仍不準確，因為它仍然是表達一種實體）。嚴格來說，這印象不是一種動作，而是至聖天主本身。克羅神父因此得出結論：「所有這些情況都指向某種偉大且特別的事情，以致於很難把這種神視侷限於單一的恩寵，很難不認定它是一種『被恩賜的有福』。」

克羅神父不敢說出他心中真正所想的「有福的神視」一詞；他僅止於談論「被恩賜的有福[7]」。

瑪麗・閨雅寫道：「靈魂當下看見了聖父從永恆生發聖子的奧蹟，聖父和聖子共發聖神，（三位格）沒有混合或混淆（使用的詞語與 1654 年相同）。這種生發與遣發的純粹如此崇高，讓靈魂完全沉浸其中，無法行動，因為它被這巨大的光深深包圍住，使其無法與祂說話[8]。」

在 1654 年《靈修札記補篇》中，她沒有對當時的恩寵新增任何說明，也沒有提及具體細節：「與此同時，我正在注視著祭台邊上的天使革魯賓（Chérubins）蠟像（1654 年札記則說的是天使色辣芬），我閉上眼睛，心思空靈，不記得在我以外發生的事情。我的靈魂經歷著我曾說過的所有光照，且都不是經過我主動思慮後的行動及作為。我只記得過沒多久當我回過神來，覺得自己的心靈已完全交融在祂內[9]。」她並沒有完全自我異化，但是仍有一部分這種現象。

第二段對於該神視的描述是關於天主聖三與較高品級天使間的交流：「我清楚地知道，尊威聖三的三個不同位格各自的運作以及**祂們彼此間的關係，每個神聖位格與最高級天使中不同領詠天使的互動**；永恆聖父高居於**寶座**上，向我顯示祂永恆思維的純粹與**恆定**；聖言藉著祂的**光**通傳自己給**天使格魯賓**；聖神傾注祂的**炎炎火**

6　*V*。頁 82。

7　*V*。頁 83。克羅神父在知識方面十分堅持，他在其中看到了一個真實的啟示，這是從天主本人那裡得到的一種神學教訓。參見培蒙著（H. BREMOND）。同上。第六冊。頁 35。

8　*O*。頁 929。

9　*J*。第二冊。頁 486。

焰予天使色辣芬；最後，合而為一的至聖聖三通傳自己的神聖本質給全體最高等級的天使們，他們再向所有天上諸聖依照他們的不同職分宣揚祂的神聖旨意。[10]。」

前面我所標示出來的這些黑體字再次出現在 1671 年 10 月 8 日的信裡，只是排列順序略微不同。十八年後，瑪麗・閨雅以相同的字句表達相同的恩寵，但是她當時手邊並沒有這些信件。1625 年 5 月 19 日的聖三啟示對她心理和客觀現實上有某種的重要性。只有重大的事件才能留下如此精確且不變的印記。

神魂超拔結束時，瑪麗・閨雅發現自己跪在地上，「我的雙手放在腰上，卻很難回過神來，我的所有感官都失靈了[11]」，「這種狀態持續了好幾台彌撒的時間」。瑪麗・閨雅在神魂超拔狀態時，一直都屈膝跪在地上[12]。

1625 年 5 月 19 日恩寵的影響持續很長一段時間，讓她持恆專注於祈禱，她的心神消融於那次神視持續透顯給她的光照：「我無法將自己置外於神聖的三位一體天主[13]。」幾星期後，當她這種狀態稍微舒緩時，瑪麗・閨雅自問，這是一場夢、抑或是她所看見的光確實是來自天主。雷蒙神父讓她消除疑慮，但是她無法立刻擺脫不安：「我當時很惶恐，直到有一回祈禱時，我疑慮不安地想著這件事，一個內在的聲音對我說：『留在那兒，這是妳安歇之所。』此時我豁然開朗，這句話讓我的心平安而充滿信賴[14]。」

心靈的安頓、降生聖言奧蹟的契入於她、聖三的初次啟示，這些在 1625 年春天所經歷的豐沛恩寵，讓瑪麗・閨雅回到一種在愛情中又「苦惱」又「期待」的新狀態。她知道自己靈魂嚮往的神婚「尚未完成」。她每一刻都沉浸在喜悅和平安之中，神祕的「酒窖」大門已為她而打開，但是「在神婚前尚有許多準備工作仍待完成[15]。」

瑪麗・閨雅清楚地描述從 1625 年聖神降臨節到 1627 年聖神降臨節這段期間的喜悅與痛苦狀態，她描述這種神聖「觸動」的美妙，讓她對天主的愛與渴望俱增，

---

10 *J*。第二冊。頁 235。
11 *J*。第二冊。頁 486。
12 *J*。第二冊。頁 236。
13 同上。頁 237。
14 同上。參見 *J*。第一冊。頁 194。
15 *J*。第二冊。頁 240。

如《聖經》〈雅歌〉中描述的，她覺得她的上主既遙遠又親近，既臨在又隱匿，（靈魂）覺察到祂的臨近、聆聽到祂的聲音，像被揭開了神祕的面紗，讓她在爆發的愛情中愉悅地顫動而吶喊著：「我聽見我愛人的聲音！祂來了，凝視著我！祂站在我的牆後，由窗櫺向內窺望，凝視著我[16]。」

　　密契中的靈魂面對無限尊高的神聖，意識到自己虛無如赤身露體；這種不對等讓她不安，但也增強了她的渴望，加深了她的苦痛。克羅神父寫道：「（上主）以千百種的方式細心地淨化她。有時，祂把自身無瑕的純淨像一面無塵的鏡子展現在她眼前，她看著自己，映照出她過往塵粒般的過失，如今卻彷彿不潔如山……有時候，祂還會以祂的浩瀚來滌洗她……也有些時候，祂藉著祂神聖的尊威砥礪她的靈魂，使她堪當匹配神聖淨配的安歇之所……[17]」

　　靈魂感知到它與天主的落差，這帶給它巨大的痛苦，從而滋生了對天主的渴慕；瑪麗‧閨雅在 1625 年之前就已經經驗過這種無法共存、獨特而扞格不容的落差，在她的密契神婚經驗當下，甚至於之後，這種衝突感仍持續存在。「（靈魂）還未達到祂所要求、所期盼的與天主合一之純淨狀態。在擁有聖愛之前，它必須經歷各種烈火和死亡，因此它日夜嘆息，帶著熱情，張開雙臂，或者更確切地說，它展開翅膀不斷地飛撲向前[18]。」

　　因此，過了 1625 年，「某一年的聖週（可能是 1626 年），上主恩賜我一種新的光照，得以看見祂的神聖屬性[19]。」瑪麗‧閨雅稱這些恩寵，就好像是「愛情和光」一樣，但是愛情又比光更濃烈，愛情會「孕生光照」。面對眼前這個新啟示，她的靈魂進入一種戀愛般的仰慕狀態，表現在她的驚歎中，無法以言語形容：「所有我們說得出來的完美都與此無關，所有的字彙和名稱都必須拋開，只能吶喊出：『天主，天主！』……『天主』這個字已銘刻在我的靈魂中，靈魂只認識祂，別無其他[20]。」

16　同上。頁 241-242。
17　*V*。頁 93。
18　*J*。第二冊。頁 486。
19　*J*。第一冊。頁 200-201；參見 *J*。第二冊。頁 243。
20　*J*。第一冊。頁 201。

1626 年聖週的恩寵始於對天主神聖一體性的神視經驗，瑪麗‧閨雅在這一體性中默觀天主宏偉的無限與永恆二種向度。天主向她顯示祂是宇宙間一切美善的根源，瑪麗‧閨雅由此觀想此神聖美善中的個別性：「（我的心靈）很清楚地看到，在天主內的一切就是天主自身，祂的喜悅、祂之所是，以及祂在永恆中之將是，都令我感到喜樂圓滿[21]。」

　　瑪麗‧閨雅的喜樂源自於天主的真福；她全然忘卻自我：「我感受著……看到天主如此的美、善、莊嚴，讓我五內充滿了光榮、滿足以及對祂的讚歎，卻無以言喻這無窮盡的一切。我欣喜於自己的一無所是，若不然，天主就無法彰顯祂的無所不是[22]。」

　　1626 年聖週期間的這個感受留存於瑪麗‧閨雅心中將近一年[23]。如她所說，她最先體會到的是關於天主的屬性，然後是關於聖言降生成人的奧蹟；因為她那個時期正對《聖經》中〈若望福音〉關於真理的敘述有所理解，該福音序言要義就是光與生命如何傾注於被救贖的人靈，以及首要恩寵——基督的奧祕[24]。

　　她寫道：「這一切並不會阻止我處理被託付的工作或干擾我想要行善的本性；因為感官並不能干預本性意欲何為，反而是在實踐本性想要的行善時，重新創生了身體感官，幫助我忍受因行克苦補贖造成的生理疲憊及其他困擾[25]。」

　　瑪麗‧閨雅都會詳實地告知雷蒙神父她的這些心靈動態，好讓他可以對她進行審察。這位靈修導師似乎對她敘明的內容方向沒有絲毫懷疑。他希望「讓天主引領著我[26]」。

　　但是在得到天主為她預備的，也是她靈魂深深渴望的超凡恩寵之前，瑪麗‧閨雅必須再次經歷極嚴峻的考驗。光，隱藏在瑪麗‧閨雅意識最深之處，她整個人被內心的風暴衝擊著。雷蒙神父非常擔心她的情況：「他擔心我會病倒，要求我減少一些克苦善工。」他竭盡所能地提供她所需要的幫助和指引：「他費盡心思地向我

21　*J*。第一冊。頁 201。
22　同上。頁 202-203。
23　*J*。第二冊。頁 246。
24　*J*。第二冊。頁 244。瑪麗‧閨雅描述的這個狀態似乎是在 1627 年她第二次的聖三顯現神視之後。
25　*J*。第二冊。頁 245。
26　*J*。第一冊。頁 203。

說明許多他認為能使我輕鬆一些的方法，但是我的痛苦沒有因此而減輕。」

淨化的過程持續了一段時間：「我處於這種狀態已經好幾個月了，一晚，當我試圖祈禱時，這句話驀然出現：『我以忠實聘娶妳。』這句話喚醒了我整個心靈[27]。」

那一刻，她明白了天主希望純粹的信德可以成為她考驗中的支柱，那句話光照她理解了其中意涵：「忍受我所背負的十字架變得不再困難，相反地，我很珍惜；如果仁慈的天主願意，我可以持續受苦直到審判來臨那日。」然而放棄祈禱的誘惑並沒有立即化解，幸好情感的波動不再能侵襲她靈魂的深處：「如我前面所說，在信德中偕同天主，這道新的光照讓這件事變得容易多了；就是這麼簡單的光照，不再需要其他任何輔助。這光滋養了我，使我知足平安，樂於服從祂所有神聖旨意的安排。」

引用先知歐瑟亞的話是一條有趣的線索。在瑪麗·閨雅的這個生命階段（1626年至1627年的受誘惑期間），她還沒有讀過《聖經》中的〈雅歌〉（Le Cantique des Cantiques），她曾在別處這麼說過[28]；她更不可能知道歐瑟亞的作品。顯然，她聽到的內心話，應該是對讀到引用這節經文者的記憶，她在祈禱中將其視為與自己的直接對話，並用之於自己的特殊情況。聖女大德蘭沒有引用這段經文，聖方濟·沙雷也沒有。此外，我們在聖十字若望（Saint Jean de la Croix）的書中至少找到四次這段經文。他在《靈修箴言與意見》（*Maximes et Avis spirituels*）、《暗夜》（*Nuit obscure*）和《雅歌解說》（*L'Explication du Cantique*）[29]中都有引用這段話。這些文章的上下文都與瑪麗·閨雅所說的內在狀態有關。

我們是否可由此推測雷蒙神父早在1624年就讓她閱讀過聖十字若望的作品？最初她沒有特別留意歐瑟亞的話，突然在祈禱中出現他的話，她覺得這是上主在她內心的回應。

---

27 同上。頁197；Os. 2、19。

28 *J*。第二冊。頁261。

29 歐瑟亞（OSÉE）這段經文出自於《靈修箴言與意見》（*Maximes et Avis spirituels*）；我們發現在《暗夜》（*Nuit obscure*）中曾經被引用和評論。第二冊，第二章節和第二十一章節中；接著是《雅歌解說》（*L'Explication du Cantique*）的第十二小節。

1627 年春天，瑪麗‧閨雅預感到天主為她預備了一個靈修高峰；她熱切而有意識地期待著：「我多次發現當至聖上主要給我特殊恩寵前，會從很早之前就開始準備我，同時，祂會以特殊的方式讓我預嚐天國的恬靜美好滋味，從而期待這件事的發生[30]。」這個密契恩寵即她第二次神視的聖三經驗，她與降生聖言的神婚透過這個密契經驗得以完成，在此之前她整整期待了三年[31]。

　　1626 年的聖週她得到關於天主屬性的神視，次年的逾越節（紀念耶穌受難與復活的節期）她得到聖三密契經驗，這段期間大約將近一年；也可能可以從回溯她的初次神視恩寵算起，到滿禮儀年週年紀念來計算。絕對不會錯的是，她的第二個神視，即天主聖三的神視恩寵發生在 1627 年聖神降臨節（5 月 16 日）前後。

　　瑪麗‧閨雅留下了兩篇詳實的相關記述。第一篇在 1633 年《靈修札記》中，有些字句由她兒子潤飾修改過，第二篇是 1654 年的《靈修札記》。她敘述這兩次關於聖三啟示的不同之處：「在第一次的經驗中我對天主的讚歎多於愛和喜悅，第二次則讓我沉浸在愛和喜悅之中，遠甚於讚歎[32]。」1654 年的《靈修札記》她的說法類似：「第一次的神視給了我對聖三的認知……似乎至聖上主恩賜我這個認知，同時引導我、安頓我進入祂未來對我的計畫；而在這次的經驗中，我自己的意志也參與其中，因為這恩賜給我的新恩寵全然是為了讓我去愛[33]。」

　　儘管初次的恩寵未能使瑪麗‧閨雅的內修生活到達顛峰，但是她視之為一種準備，準備她的靈魂走向那第二次。克羅神父無疑太強調第一次的啟示是「獲得神視的有福」，這是一種誤導，因為事實上，1654 年的《靈修札記》對之後這第二次經驗的類似記述才更明確及尊崇。

　　1627 年神視的兩大特色：其一，愛比理智的光照重要，其次，靈魂總是注視著自永恆誕生的天主聖言[34]。在默觀天主聖三的內在生活後，瑪麗‧閨雅說明她的神視經驗時會特別聚焦在聖三的第二位格——天主聖子上：「我無法解釋為什麼我

---

30 *J*。第二冊。頁 251。
31 「我經歷了所有可以想到關於身體的死亡，以便我的靈魂可以擺脫它的囚禁。我再也無法生活，因為祢沒有趕緊完成我的靈魂與祢神婚的時刻。喔！極可愛的降生聖言。」*J*。第二冊。頁 487。
32 *J*。第一冊。頁 204-205。
33 *J*。第二冊。頁 251-252。
34 *J*。第一冊。頁 251。

會忽略聖三中的天主聖父和天主聖神這二位格；我發現自己完全消融於天主聖言內，祂愛撫著我的靈魂，彷彿它全然屬於祂；透過祂的擁抱，祂擄獲了我，與我合而為一，讓我知悉祂完全屬於我，我也完全屬於祂。似乎祂將自己給了我，靈魂歡悅於其中，我若敢說，則一切祂擁有的美好也就都屬於我了……有時候，一縷光照使我記起天主聖父和天主聖神的存在，祂們彷彿憐愛地責備我遺忘了祂們，於是我立刻行敬禮、屈膝和示愛，然後不經意間我又回到了聖言的懷抱，一如既往，我消融在祂內。我終於知悉並經驗到天主聖言真的是我靈魂的淨配；在此之前，我從來不知道恩寵可以如此豐沛，同時我覺得終我一生都不可能再得到比這更大的恩賜了[35]。」經過三年多讓瑪麗·閨雅全心渴望乃致於焦慮痛苦的愛，終於被接納而直接進入這源自信德的神婚，與主合一[36]。

1654 年的《靈修札記》描述地更明確，天主聖言與祂締婚的淨配在這個密契神婚中結合為一：「天主第二位──聖言，讓我明瞭祂真的是忠信靈魂的淨配；我看出這個事實的不容置疑，因為很明顯地看到它如何逐步在我身上實現。那時候，這位至可愛的天主聖言擄獲了我的靈魂，以無以言喻的愛擁抱著它，與它合而為一，成為祂的良配。透過天主聖言神聖的撫觸，以及令人驚歎的方式，祂與我相互給予；在與祂親密無間的愛與合一中，我已不再是我自己，言語、呼吸、行止都在祂內，我已消融在祂內裡，參與祂的生命，再也不能意識到自我的存在了[37]。」

與聖言的共締神婚占據了瑪麗·閨雅的全部心靈，祂擄獲了她，使她完全屬於祂。瑪麗·閨雅，這位聖言的淨配，並沒有完全忽略至聖聖三的其他位格；她意識到天主聖父和天主聖神在她的靈魂中關注著天主聖言的運作：「然而，這樣並不牴觸三位的一體性，因為一體性與區別性，看得出來並不混淆……天主聖三的每一位都是自由運作的[38]。」

---

35 同上。頁 205、206、207。
36 早熟的神婚在瑪麗·閨雅的靈修之路中所帶來的問題，參見傑泰神父著（P.F. JETTÉ）。〈降生瑪麗修女的靈修之路〉（L'itinéraire spirituel de Marie de l'Incarnation）。收錄於《靈修生活》（La Vie spirituelle）。第 92 期。1955 年。頁 618-643。傑泰神父認為這是一個特例，其原因為瑪麗·閨雅這位未來的聖吳甦樂會修女的特殊使命。
37 J。第二冊。頁 252。
38 同上。

當聖言占有了她的靈魂，給予了她「基督新娘的位份」時，瑪麗‧閨雅意識到「聖神也如聖言那般激勵她」，這啟發了她身為基督新娘的情感與行為。她說：「靈魂不斷地意識到這團愛火，在神婚中，這愛火占有了它、熾烈地燒炙吞噬了它，如此甜蜜，如此溫柔，以致於言語無法形容；祂也讓靈魂不停地歡唱起婚禮讚歌以取悅祂。（這屬天的神聖語言）湧流自可愛的聖言（聖子）與靈魂互相擁抱中溫柔甜美的氛圍，靈魂在天主神聖的親吻中，滿溢了祂的氣息與生命；那婚禮的讚歌就是靈魂對它心愛新郎的回應與頌讚[39]。」

　　1627 年春天的神視分為兩個次第：第一次的神魂超拔，靈魂經驗到天主內在生命的神聖奧蹟與天主聖三的運作關係。在此之後，神視經驗的內容更細緻了，她關注於天主第二位——聖言之舉揚她並賜予她基督新娘的位份。偶爾，在某些時刻，天主的另二個位格（聖父與聖神）讓靈魂經驗到，他們似乎要讓它在一旁觀看她與聖言的結合為一。然後，她理解到聖神是一種動力，啟發、教導並推動她如何去成為一個基督新娘，以及與其相稱的言行舉止，並為祂詠唱婚禮讚歌以回應她永恆的愛人。

　　若想要簡述瑪麗‧閨雅如何敏銳地覺察她與降生聖言完全合一的渴望，這趟三年以來的奧祕旅程，就必須列出以下要點。

　　從 1623 年至 1624 年冬季期間，瑪麗‧閨雅的姊夫雇用她處理繁重的工作，她感受到自己對修道生活的熱切渴望。天主向她顯現了福音勸諭之美；在靈修導師的允許下，她私下為自己和兒子發下神貧的誓願，以及對靈修導師、她姊夫、姊姊的服從誓願。之後不久，她身處晦暗且不斷受到誘惑的痛苦階段。1624 年的年底，她終於又恢復了內心的平靜。

　　1625 年春天的恩寵記號，包括：恆久平安的恩許、她萌生於心最早對耶穌聖心的獻身、在四旬期中對降生聖言的默觀，以及聖神降臨節時初次對天主聖三的神視經驗。

　　在這次的神視恩寵後，神婚的想法變得更加急切而迫不及待。瑪麗‧閨雅擔心過度的想像會欺騙自己。她的靈修導師向她保證，天主肯定不會用幻覺來欺騙她。

39　J。第二冊。頁 252。「淨配的狀態是一種犧牲的狀態，因為一位淨配不屬於她自己而是屬於神聖的配偶。」

1626 年的聖週期間，她對天主的神聖屬性留下深刻的印象，將近一年的時間，她持續沉浸在這種默觀中；同時在這段期間，其他的光照讓她更認識了降生聖言，祂是光與生命，為救贖人類而傾流了寶血。

　　最後，1627 年春天，在經歷了幾個月的考驗後，她沒有指出確切的日期，應是聖神降臨節期間，瑪麗・閨雅在神魂超拔中默觀了天主聖三的內在生活；在此之後，她經驗到天主聖子舉揚她為祂的神聖淨配。

　　不再只是渴望與期待，而是擁有。瑪麗・閨雅進入她生命中最幸福的歲月。她不眠不休地鎮日歡唱讚頌：「我意識到內心的熱火與強烈的歸屬，我無法自抑於自己豐沛的愛情，也無法自適於任何內心的行動；似乎我的心都要迸裂了，這種狀態持續了兩三天[40]。」

　　甚至在晚上，半夢半醒中，她聽到了自己的心在向天主說話，並繼續向祂詠唱讚頌[41]。沒有任何事情可以讓她從與天主的對話中分心。如果有什麼外在事物阻斷了這件事，「就會像有人打開了爐子的風口，吹熄了火焰一般[42]。」她應該是想到了娘家麵包師傅的烤箱。

　　她使用火焰這些字眼來比喻那喚醒她的愛情，視之為靈魂對這經驗的回應及反饋，一種「愛的復仇」，因為這份愛令她痛苦。

　　她的身體因這強烈的內在之火而受苦著，聖愛的撫慰讓靈魂難以承受；但有時卻又正好相反，身體經驗到一種無名的力量，被一種內在動力牽引著[43]：

　　「整理床鋪的時候……有時我不得不臣服於擁有我靈魂的天主聖子給我的撫慰，祂的愛撫緩解了我因屈身愛祂而來的筋疲力竭。我願俯伏親吻地面……[44]」當她準備祈禱時，她得找個隱蔽處坐下或是靠著：「似乎對靈魂而言，那愛的默許讓它沉醉暈眩，以致於什麼都說不出來了[45]。」

　　那時候，她閱讀了雷蒙神父給她的聖女大德蘭著作；這些著作「有時使我放

40　*J*。第一冊。頁 208。
41　*J*。第一冊。頁 222；參見 *J*。第二冊。頁 258。
42　*J*。第一冊。頁 208。
43　同上。頁 160。
44　*J*。第二冊。頁 257。
45　*J*。第一冊。頁 159；參見 *J*。第一冊。頁 230-231。

鬆，但有時也因為內心的極度專注反而導致我無法閱讀[46]」。從這一時期開始，瑪麗·閨雅開始為自己撰寫《舉揚和讚歎》（Elévation et Exclamations）一書，她兒子成功地獲得了可能由雷蒙神父所保存的一些抄本。她自己還保留了一些手抄本，直到 1650 年，魁北克修道院大火，手抄本全都付之一炬。

為了說明她平時的狀態，瑪麗·閨雅談到了一種幾乎一直持續的「愛中的狂喜」；她也提到「內在孤獨」超越了她先前所體驗到的一切感受[47]。「時辰頌禱以外的時間，都只是滿心喜悅和激動[48]。」

正如前面所言，對她來說，閱讀變得非常困難。她為了盡力避免因投入祈禱導致的疏離而閱讀，特別是在不得不與其他人共處的時刻：「然而這種遁逃是傷害我的，因為如此這般強迫終止我與天主的內在交流，讓我的腦袋受傷了[49]。」

她最大的喜悅在於發現「天主願意被人們愛慕」，祂准許她「沒有隔閡[50]」地親近祂。在第二次聖三顯現的神視中，她與天主的結合漸趨實現：「我的靈魂與它神聖至愛的結合，不斷煥然一新，一次又一次讓我發現自己迷失在這片愛情的海洋中……啊！天主，這樣的結合多麼奇妙偉大啊！這是愛與愛的融合，我遂可以對天主說：『在我內有祂，在祂內有我！』[51]」

瑪麗·閨雅的靈魂在榮福直觀中渴望立刻消融於上主[52]，同時，她感到需要更深地自我淨化：「在愛情中，我既被折磨卻又充滿歡愉……不知道該如何去形容：靈魂很苦、很憔悴、很歡愉[53]。」

瑪麗·閨雅此處描述的狀態，在 1627 年春天的神視恩寵後持續了很長一段時間：「我持續這種狀態的時間比其他的狀態都還要久，而且好幾次我都很驚訝自己如何能忍受這樣長時間膠著的內在狀態[54]。」

46　*J*。第一冊。頁 160。
47　*J*。第二冊。頁 257。
48　*J*。第一冊。頁 212。
49　*J*。第二冊。頁 258。
50　同上。頁 218。
51　同上。頁 219。
52　同上。頁 224。
53　同上。頁 227。
54　同上。頁 210。

雷蒙神父看見這如同殉道者般的愛已經讓她筋疲力盡了，認為她必須減少身體上的補贖苦行：「他只同意讓我睡在帶刺的草蓆上六個月，另外六個月則睡在木板床上。至於用苦鞭的自我鞭笞則可以持續實行，但是他禁止我穿粗毛襯衣或是苦衣。我只能穿素色襯衫，每週可以使用兩次帶刺的金屬苦修帶。我如實遵守這些規範一直到我進入修會前，只有某些行善的場合會例外，因為，在那些場合中，只要是為了承行上主旨意去彰顯祂的愛，我就不會堅持，也不執著於操練熱心善工和苦行[55]。」

在與降生聖言神婚後的日子裡，瑪麗・閨雅覺得口禱變得很困難。在此之前，她勤於唸玫瑰經和聖母小日課，現在，如果她想要唸玫瑰經，常常得重新開始好幾次。聖母小日課也是一樣，「除非是在鄉下無人時，我才會用詠唱的，詠唱的方式讓我得以放鬆和喘息片刻，但我很少這樣做[56]。」瑪麗・閨雅的歌聲應該非常美妙，她說她更喜歡詠唱日課（聖詠），所以當拉瓦主教（François de Montmorency-Laval）規定魁北克的聖吳甦樂修會以「單音調性」唸誦日課時，她為此很難過[57]。

她指出自己在那個階段連唸誦日課對她而言都有難度，然而她偶爾還是可以從聖詠字句透顯的意涵中，發現它們仍是無以言喻地撫慰了她[58]。

當她獨自一人居住在她姊夫鄉下的房子時，「綠油油的田野和植物」景象使她心曠神怡，連走路都是如此：「我會以跑步來分散注意力……我毫不猶豫地走進林間小徑或是葡萄園，就像失去理智的人一樣，然後回過神來，發現我的身體躺臥在原地[59]。」

她在寧靜的鄉村休息了幾天，這段時間對她來說，與天主的合一更親密無間了：「看見自己擺脫了惆悵的糾纏，我的心靈非常安適舒暢，在靜默中，我神聖的淨配讓我在祂的愛撫及擁抱中經歷了接下來幾天的新苦難，沒有任何喘息和回應的機會。」

55　*J*。第二冊。頁 210。
56　同上。頁 260。
57　參見第四部第六章。
58　*J*。第一冊。頁 159-160。
59　*J*。第二冊。頁 260、262。

瑪麗‧閨雅發覺只有讓克羅神父閱讀《聖經》中的〈雅歌〉，才能使他更能貼切地理解她當時的經歷。她寫道：「後來，（我）讀了《聖經》中的〈雅歌〉，對於那種合一的親密無間，我無法說得比它更多，但是我的實際體驗比那些文字都更豐富[60]。」她提到：「如殉道般的愛情既痛苦，又可愛。」天主淨配的喜悅伴隨著痛苦。她所行的一切都不是按照她自己的意願，而是聖神驅使她，激發她以愛還報。「一切都是被動完成。」有時，是被所愛之對象驅使，有時，是對「脆弱靈魂」的嘆息，「有時，是一種讓她痛苦的懸念，這種情緒讓她忘記了對至聖天主的尊敬[61]。」靈魂在經歷了來自聖愛催迫的這些被動行為後，終於可以自由地報復：「哦，愛人，祢以折磨我為樂，我要用祢造成的傷口來報復祢……走吧！我要報仇[62]。」

　　炙熱的內在火焰使她的心跳加速。為了不引人注目，瑪麗‧閨雅只能趕緊尋找一個隱蔽處：「有一次，我躲在祈禱室的角落，這場火焰帶走了我全身的力氣。最讓我痛苦的是，我看見自己在這場殉難中無法走出去[63]。」

　　在天主大力淨化她的這個過程中，她已是氣若游絲。瑪麗‧閨雅病倒了，克羅神父寫道：「她生了一場病，無人可以理解。醫生來看病，卻查不出她的病因。她說她的內心非常敏感，好像被鈍鐵傷害似的。她忍受了一段時間的痛苦，醫生沒有可以減輕她痛苦的解藥。這是來自天主聖愛的傷口[64]。」雅梅神父明確地指出，克羅神父的描述使人聯想起六翼天使用一把利劍刺進大德蘭的心這樣的畫面[65]。

　　在第二次的聖三神視後，很多次瑪麗‧閨雅認為自己會因為強烈的神魂超拔而死去。她的靈魂似乎想追隨不在這世間卻深深吸引她的天主聖神，她的身體承受著劇烈的衝擊，好像要與靈魂徹底分離了：「如果不是親身經歷，我從不相信心靈舉

60　J。第二冊。頁 261。

61　同上。頁 491；她說她尋找偏僻的地方，「好讓自己盡情地大叫，不用擔心窒息」。O。頁 376。

62　J。第二冊。頁 262-263；參見 J。第一冊。頁 208-209。

63　J。第一冊。頁 231-232。

64　V。頁 151。

65　《大德蘭所撰寫的日誌》（Vie de sainte Thérèse écrite par elle-même）。出版者波麗（M. POLIT）。第一冊。巴黎出版。1907 年。頁 378-380；另參見莫尼著（Claudine MOINE）。《我的祕密生活》（Ma vie secrète）。第二版。出版者蓋努（GUÉNNOU）。頁 234。

揚或神魂超拔這種事[66]。」但是天主聖言以一種隱密「流洩出來的愛」支撐住了她的身軀，給予它寧靜和力量。

　　瑪麗‧閨雅最喜歡的靈修意象之一是全能和虛無。對比天主的偉大與她自己的虛無，事實上不但不會帶給她煩惱，反而使她感到喜悅。她說道：「我的愛，這是我的光榮：祢是全部，而我卻是虛無[67]。」如果這種懸殊的差異的確曾讓她再次滋生畏懼，天主最終還是撫慰了她。「那時候我二十八歲，邁向二十九歲[68]。」

　　這種狀態隨時日遞減。可以說她持續被動地接受著恩寵，讓天主與她的永恆共融逐漸成就：「我的思維變得愈來愈單純，以減少內外在的思慮。上主再次從我身上帶走那些澎湃的激情和衝動，從那時候起，我的靈魂就安頓在天主內，在那兒可以超越一切情感。這種狀態既簡單又微妙，但無法形容。我一如既往地說話、閱讀、寫作、工作和做所有想做的事情；但這種在深處與主共融的狀態始終都在，靈魂並沒有中止它與天主的合一[69]。」在這種新狀態下，天主讓她安下心來：「留在此地，我要妳在此，就像榮福者在天堂所行一般[70]。」相隔二十一年，在 1654 年《靈修札記》裡，天主的話以相似的形式呈現，這是瑪麗‧閨雅精確回憶的新標記，它指的是真實的體驗，而不是單純的想像：「我想要妳歌頌讚美我，如同榮福諸聖在天上讚美我一樣[71]。」

　　這段時間裡，雷蒙神父介紹瑪麗‧閨雅認識尤斯塔神父（Dom Eustache Asseline）。尤斯塔神父是一位剛被派遣來到斐揚修會巴黎會院的首位院長，他也是該修會中靈修方面的權威。自 1602 年以來，他從未停止接觸法國靈修革新運動的一些主要推動者，積極參與他們的工作：聖方濟‧沙雷、貝魯樂、阿卡利夫人（Mme Acarie）等，他與他們一直保持著密切關係；他在皇港修道院有自己的通

<hr>

66　*J*。第二冊。頁 265。
67　*J*。第二冊。頁 266。
68　*J*。第二冊。頁 267。
69　*J*。第一冊。頁 234。
70　引前文，參見 *O*。頁 797。「四十年來（1627-1667），他的神聖威嚴賦予我寬限期，向我的靈魂表示，希望我從現在起讚美祂，因為天使和聖徒在天堂讚美祂；他的良善使我處於良好狀態，這樣做，隨之而來的是非常巨大的恩寵。」
71　*J*。第二冊。頁 266-267。

道，他也大力協助瑪格麗特‧德‧阿布茲（Marguerite d'Arbouze）在聖谷修道院的革新工作。瑪麗‧閨雅向他諮詢時他已經五十六歲了，靈修上已臻於成熟；雷蒙神父把他的《靈修生活中追求成全的簡易實踐方法》一書給了瑪麗‧閨雅，她消化吸收了其中許多內容[72]。

尤斯塔神父是來都爾市進行修院的法定視察嗎？這是很有可能的，正如瑪麗‧閨雅在 1633 年的《靈修札記》中所寫道：「雖然上主對我已有了保證：至聖聖三的啟示及永恆聖言的撫慰，我仍然不反對向尤斯塔神父請教，向他說明，雖然我已經跟我的告解神師告明了這些事，但這些事還是讓我有些不安。[73]」

閱讀這些內容後，就清楚地得知瑪麗‧閨雅一定與他有過長時間的交談，至少開始時就口頭說明過。我相信，他要求這位年輕女士寫一份關於她靈修生活的簡短紀錄，向她明確指出她需要進一步釐清的細節。後來，經過他在天主前的省察，他從巴黎寄出了他的書面看法，瑪麗‧閨雅引述了其中幾行話：「他寫給我這段話：『我看了您記錄的您與天上淨配交流的恩寵和光照，就我所能理解到的，我都認同。』她補充道：『然後他勸告我要忠於如此良善的天主，還說了許多鼓勵我的事。這些答覆使我感到非常安慰，並讓我終於鬆了一口氣[74]。』」

如果這些事情千真萬確，那麼我們可以臆測 1629 年所寫的就是後來遺失的第一本《靈修札記》。尤斯塔神父於 1640 年逝世，克羅‧瑪定神父當然對這早期的紀錄無從得知。這本札記主要是對於兩次的聖三神視以及神婚後幾年，也就是 1625 至 1629 年這段期間的紀錄。

72 第一版源自 1625 年，第二版源自 1634-1635 年；有關於尤斯塔神父，參見司湯達雷著（M. STANDAERT）。《靈修辭典》（*Dict. de Spiritualité*）。第四冊。1701-1705 年；樂仁神父著（Dom Antoine de Saint-Pierre LEJEUNE）。《尤斯塔神父生平》（*La Vie du R.P. Dom Eustache Asseline*）。巴黎出版。1646 年；莫羅蒂斯著（C.-I MOROTIUS）。《熙篤會復興：高盧的熙篤會斐揚修道院史》（*Cistercii reflorescentis ... chronologica Historia*）。1690 年。頁 257-271；因為他在 1625 至 1630 年間擔任視察職務，他有機會去都爾。同上。頁 260。

73 *J*。第一冊。頁 235。

74 同上。

第十章

世俗再也沒有使妳牽掛的事情

（1628-1630）

　　自 1614 年以來，都爾市就沒有駐教區主教，1620 年城裡總主教公署喜迎來自巴陽教區（Bayonne）的艾守主教。他於 1617 年 6 月 25 日接到教宗詔書，任命他為新都爾教區主教，然而，他並未急著前來都蘭教區就任；他以巴陽主教身分在1621 年 9 月 30 日那日的簽名仍保留至今[1]。

　　新主教在禮儀及教會訓導等事務上屬於羅馬公教（天主教），被視為革新派的主教；然而，政治在他生命中占有舉足輕重的地位，他於巴斯克區任職主教期間，大部分的時間都待在宮廷裡。儘管如此，他克盡牧職，以牧人的熱誠不遺餘力地投身於拯救人靈的工作。他是一個心思細膩、身段柔軟、善巧且彬彬有禮、本質善良且情感細緻敏銳的人。根據馬侯院長（Abbé de Marolles）的說法，「他熱愛耶穌會會士。」擔任巴陽主教期間，他很照顧聖錫宏（Saint-Cyran）修道院的年輕院長，

1　歐希巴著（J.ORCIBAL）。《聖錫宏修院神父杜維吉與他那個年代（1581-1638）：楊森主義的起源》（*Jean Duvergier de Hauranne, abbé de Saint-Cyran et son temps〔1581-1638〕Les origines du jansénisme*）。第二冊。巴黎出版。1947-1948 年。頁 103。

兩人之間關係很親近，後來又漸漸疏遠。他與黎希留（1615-1618）起初友誼算熱絡，但是在一場爭吵中，兩人的友誼消失殆盡；因此在 1624 年，黎希留阻撓讓都爾的總主教榮升樞機，這個阻撓最直接的結果，就是讓艾守總主教回到他自己的教區，因為當時他也已離開了宮廷[2]。

這位總主教的興趣轉移到精美的建築物上：多虧他的功勞，舊主教公署才得以重建。重建工程提供了許多失業者的工作機會[3]。

來到都爾市不久後，艾守總主教主動提起創立聖吳甦樂會修道院。他得知該修會博多會院的創辦人芳莎‧德‧凱瑟院長修女（Françoise de Cazères）將會經過都爾市，當時她正在籌創拉瓦和索米爾的會院，於是艾守總主教希望會見她，與她討論在他的主教牧區所在城市興建修院之事。然後，他寫信給蘇迪樞機（Sourdis），由他本人負責為市政府撰寫計畫書。國王於 1620 年 5 月批准了土地有償轉讓的詔書；經過 1620 年 9 月 23 日審議，市政府同意興建一事。當時蘇雷先生（Soulet）為確保該修院的創建捐贈了 12,000 銀元。他日後成為了利捷嘉都仙隱修院（chartreux du Liget）的會士[4]。

雖然蘇迪樞機不能安排聖吳甦樂會博多修道院的修女前來，但是他得知該會索米爾會院將於不久後派遣幾位修女前來都爾市。

2　除上述作品外，關於貝唐‧德‧艾守，參見貝拉著（G. du PEYRAT）。《宮廷的教會歷史》（*L'Histoire ecclésiastique de la Cour*）。巴黎出版。1645 年。頁 214、435、440；亞凡內著（M. AVENEL）。《黎希留樞機主教的信件、外交指示和國家文件》（*Lettres, Instructions diplomatiques et papiers d'Etat du cardinal de Richelieu*）。第一冊。頁 143、572-573、558-559、560-561；馬安著（J.MAAN）。《都爾大都會教會》（*Sanctaet metropolitana Ecclesia Turonens*）。都爾出版。1667 年。頁 206；瑪托著（M. MARTEAU）。《都蘭令人嚮往的天堂》（*Le Paradis délicieux de la Touraine*）。巴黎出版。1660 年。第六版。帕截爾出版（Parterre）。164 頁；收錄於《卡司科尼期刊》（*Revue de Gascogne*）。第五期。1864 年。頁 596-616；第 20 期。1879 年。頁 297-310；薩圖著（J. SADOUX）。《加斯科尼的貴族——聖瑪定的繼承人貝唐‧德‧艾守主教》（*Un cadet de Gascogne, successeur de saint Martin, Mgr Bertrand d'Eschaux*）。都爾出版。1971 年；雅瑪著（R. d'AMAT）。《法國傳記字典》（*Dict. de Biogr. franç.*）。第十二冊。頁 1109-1110。聖梅克森出版（Saint-Maixent）；里查著（A. RICHARD）。《聖梅克森修道院歷史的憲章和文件：普瓦度歷史檔案館》（*Chartes et Documents pour servir à l'histoire de l'abbaye de Saint-Maixent, Archives Historiques du Poitou*）。第 18 卷。普瓦捷出版。1886 年。

3　根據修羅（Olivia CHERREAU）寫成韻文的《大事紀》（*Chronique*）。都爾出版。1654 年。

4　沃倫著（H.-B. de WARREN）。〈十七世紀嘉都仙隱修院的生活：都蘭利捷嘉都仙隱修院會士〉（*La vie monastique dans une chartreuse française au XVIIe siècle, La chartreuse du Liget en Touraine*）。收錄於《本篤會生活》（*La Vie Bénédictine*）。第 44 期。1936 年。頁 175-180。

十八個月後，經由市政府同意，修道院的創建得以成真：1622 年 8 月，蘇雷先生和茹耶先生（Jouye）被派去索米爾，負責護送五位被指派的聖吳甦樂會修女到都爾市，其中包括了博多修道院院長、已發願的泰伊修女（Mère du Theil）。當時總主教不在，所以不能親自接待他們：他委託維埃納大區（Outre-Vienne）的總執事拉多雷[5]和他的祕書勒烏先生（M. Lehoux）負責接待。修女們被帶往天鵝街一處為她們準備的住所，她們在那裡住了三年。如同後面所述，1625 年 5 月 3 日，她們搬進普瓦度街離斐揚修會不遠處的小布爾代吉府邸，那裡的廣大花園正準備建造一座重要的修道院[6]。

聖吳甦樂會修女待在都爾市的時間只有短短四年，不久以後，她們在昂布瓦茲（Amboise）創建了第一所修道院。佛傑先生（Forget）為此把一間府邸捐贈出來，城裡一位名叫朵妮諾（Marie Tonnereau）的女士也捐贈 5,000 銀元做為資金。艾守總主教讓三位修女宣發服從願：勒里艾修女（Jeanne Lelièvre）被任命為院長，她是索米爾會院中一位已發大願的修女，曾經參與都爾市聖吳甦樂會修道院的成立。1626 年的追思已亡日，她們開啟了在新會院中的修道奉獻生活[7]。

繼昂布瓦茲之後，接下來是 1628 年的洛什地區。沙多聖母院（Notre-Dame du Château）大教堂的詠禱司鐸班向市政府提議興建一座聖吳甦樂會修院，透過她們來教育鎮上出身良好家庭的年輕女孩。拉以埃先生（Polastron de la Hillière）[8]以社區居民之名義，向都爾市總主教和聖吳甦樂會院長提出興建吳甦樂修院的計畫，他曾經參與 1619 年洛什嘉布遣會以及 1621 年主宮醫院的落成。四名被指派來的修

5　根據拉多雷代理主教（Ladoré）所說，參見瑪托著（MARTEAU）。同上。第三部分。頁 164。

6　潘慕洛修女著（Mère de POMMEREU）。《聖吳甦樂會大事紀》（Chroniques de l'Ordre de sainte Ursule）。第一部分。頁 194；《聖吳甦樂會歷史》（Histoire de l'OSU）。第二冊。奧爾良出版。1787 年。頁 95；布薩著（A. BUISARD）。《都爾市聖吳甦樂會的古老修道院》（L'ancien monastère des Ursulines de Tours）。都爾出版。1898 年。

7　潘慕洛修女著（Mère de POMMEREU）。頁 248；《聖吳甦樂會歷史》（Histoire de l'OSU）。第二冊。頁 100。城市的訴求，參見修瓦利著（C. CHEVALIER）。《1421-1789 昂布瓦茲市政檔案館分析列舉》（Inventaire analytique des Archives communales d'Amboise, 1421-1789）。都爾出版。1874 年。頁 103。

8　關於拉以埃（Palastron de la Hillière），參見莫尼耶著（G. MEUSNIER）。《都蘭省的保祿文生（1594-1651）——布雷先生》（Monsieur Bouray, le Vincent de Paul de la Touraine, 1594-1651）。巴黎出版。1929 年。頁 29-30；杜福著（J-M DUFOUR）。《羅亞爾河地區歷史辭典》（Dictionnaire historique d'Indre-et-Loire）。第二冊。都爾出版。1812 年。頁 224。

女，皆由碧昂院長修女（Françoise de Briant）所指導，她是索米爾會院已發大願的修女，1622 年來到都爾市。詠禱司鐸慕樹（Chanoine Mouchet）和一位城裡的有錢人負責找尋建造者，但修道院正式啟用的確切日期不詳[9]。這兩座修道院相隔幾年陸續成立，造就都爾市新修道院蓬勃發展之景。

但是，總主教年紀大了。1627 年，他剛滿六十一歲，抱怨自己的健康使他不再能克盡己職；因此，他要求聘任一名助理主教[10]。最初推薦的是雅爾修道院（Jard）的亨利·德·貝杜尼神父（abbé Henri de Béthune），他是巴陽主教[11]，其家人與都蘭地區關係密切。貝魯樂於 1627 年 12 月 3 日向黎希留樞機寫道：「我相信有人提醒過樞機鈞座，有人提名雅爾的神父擔任都爾總主教[12]。」不久之後，他們自己也被列入助理主教的候選人名單之中了[13]。

但是大家都認為樞機並不適合擔任助理主教一職。最後，因為艾守總主教似乎毫無退休之意，所以只好讓布洛尼（Boulogne）的主教來擔任助理主教，他的名字叫做維多·勒布第耶（Victor Le Bouthillier），是黎希留的摯友。黎希留日後成為盧松主教，他是孤兒，以前曾被託付給布第以埃的父親丹尼（Denis），丹尼負責教育他和他自己的小孩。

維多生於 1590 年；他曾經在巴黎和魯汶念書，十七歲時進入巴黎的斐揚修會；苦修生活使他的健康狀況惡化；他在初學院只待了一個月便離開了（1617 年 3 月）。隱修士的生活方式不適合他，遂轉為在俗司鐸（l'Oratoire）。貝魯樂很關注

9　潘慕洛修女著（Mère de POMMEREU）。頁 265。《聖吳甦樂會歷史》（Histoire de l'OSU）。第二冊。頁 102。

10　貝唐·德·艾守總主教於 1630 年 12 月立下遺囑。布朗著（Ch. BLANC）。〈貝唐·德·艾守總主教的遺囑〉（Le Testament de Mgr Bertrand d'Eschaux）。收錄於《科學協會集刊：巴陽文學與藝術》（Bull. de la Soc. Des Sc., Lettres et Arts de Bayonne）。1965 年。頁 19-39。AD I. -et-L.。欄 146。

11　關於貝杜尼（Bèthune），參見貝唐著（L. BERTRAND）。〈貝杜尼生平〉（La vie de Messire Henry de Béthune）。巴黎出版。1902 年；收錄於《奧爾良考古學協會集刊》（Bull. de la Soc. arch. de l'Orleanais）。第 11 期。1895-1897 年。頁 211-217。

12　《貝魯樂樞機書信集》（Correspondance du Cardinal de Bérulle）。出版者達江（J. DAGENS）。第三冊。巴黎出版。1939 年。頁 346。

13　同上。頁 428；關於都爾主教公署，參見《貝魯樂樞機書信集》（Correspondance du Cardinal de Bérulle）。第三冊。頁 442、444 及 611；貝唐著（L. BERTRAND）。同上。第一冊。頁 81-83。艾守（Bertrand d'eschaux）希望道明會神父諾艾·戴蘭德（Dominican Noël Deslandes）當代理主教，參見杜宏著（A. TOURON）。《聖道明會名人歷史》（Histoire des hommes illustres de l'Ordre de saint Dominique）。巴黎出版。第五冊。頁 273。

他在派往不同地區——巴黎、訥韋爾（Nevers）、奧爾良——時的思想。這位年輕的在俗司鐸的野心很難不讓他操心。1621 年，維多的哥哥塞巴斯汀（Sébastien）因晉升為艾爾教區（Aire-sur-l'Adour）主教，所以把巴黎聖母院詠禱司鐸的頭銜讓給他。1625 年，在他哥哥逝世後，黎希留為他取得艾爾教區主教一職，隔年他晉升為巴黎附近的布洛尼教區主教[14]，接著他成為都爾市的助理主教。

維多難以相處，隨著年紀增長，性格變得愈來愈糟糕。他過著如同大領主般的生活，「無論是乘車、聽音樂或是餐桌上，他都揮霍無度。」他行徑古怪且任性，對待他人並不友善[15]，但依舊善盡教區牧者的職責。

這就是 1630 年都爾教區的兩位主教，是他們確認了瑪麗・閨雅的聖召；九年後，也是由他們同意派遣她前往加拿大。

克羅・瑪定當時只是個嬰兒，因此身為母親的瑪麗・閨雅無法在此時回應那渴望度修道奉獻生活的內在召叫。對她來說，她只能盡其所能地承擔做為一位母親的責任。在 1620 年 3 月 24 日她的「皈依」經驗之後沒多久，她向她的第一位告解神師方濟神父宣發了貞潔誓願，方濟神父謹遵聖方濟・沙雷所著《入德之門[16]》書中建議的方式指導她。1624 年春天，瑪麗・閨雅經過雷蒙神父長時間的考察後，神父又准予她宣發神貧願以及對靈修導師、姊夫和姊姊的服從願[17]。

但是，她認為藉由誓願善度福音勸諭的在俗獻身生活還是不夠的，她還有其他的渴望，修道生活對她的吸引與日俱增。她兒子逐漸長大，龐大的家族親人們對克羅都十分關愛與照顧；在此時為了回應某種召喚而離開她兒子並非不理智，這種特殊性得到她靈修導師們的認同。

瑪麗・閨雅自己意識到召叫的特殊性，這正是讓她猶豫不決的痛苦所在：她應該聽從她的理智還是聽從世人難以理解的那個內在超性光照呢？這個光照是來自天

---

14 關於勒布第耶（Victor Le Bouthillier），參見馬安著（MAAN）。同上。頁 208；巴代雷著（L. BATTEREL）。《詠禱司鐸會歷史的回憶錄》（*Mémoires domestiques pour servir à l'histoire de l'Oratoire*）。A.-M.-P 出版。第一冊。頁 384-401；瑪托著（M. MARTEAU）。同上。第三部分。頁 172-173；〈都蘭天主教文藝復興運動〉（Le mouvement de restauration catholique en Touraine）。頁 187-190。

15 科西雷著（Ch. COLBERT de CROISSY）。《1664 年向國王說明都蘭省分的報告書》（*Rapport au Roi sur la Province de Touraine en 1664*）。出版者蘇德瓦（Ch. de SOURDEVAL）。都爾出版。1863 年。頁 24-25。

16 *J*。第二冊。頁 192。

17 *J*。第一冊。頁 254。

主抑或幻覺？天主的旨意究竟在哪裡？具衝突性的兩種光照讓她難以抉擇。她絕對不想抵抗天主和祂清楚的旨意，但她的責任怎麼辦呢？

這個沉重的問題確實存在。難道為母的責任不曾催迫她在克羅尚未成年時放棄修道生活？難道她不是把個人的志趣當成了神聖的啟示？那些司鐸、男女修會的會士們怎麼會支持她，甚至幫助她？相信今天任何一位靈修導師若出於良心，理應禁止有著一名幼子的母親，同時也是年輕寡婦的她進入修會。

瑪麗・閨雅身邊的人也覺得她若如此選擇實在有欠妥當。克羅神父自己也很難理解及接受他母親的決定，他認為有必要向不認同此事的讀者進行解釋，他說道：「我毫不懷疑，這是一種前所未有的遺棄，它如此違反自然法則給予人的最基本義務，它會受到有理智之人譴責，甚至它並不被那些深知教會法規的人認同⋯⋯但我們必須承認，當超自然之光特別光照那些遵循恩寵行事的聖者時，會讓人們以不同的角度來看待這些事[18]。」

最後他用亞巴郎（Abraham）的例子和主基督的話做總結：「如果誰來就我，而不惱恨自己的父親、母親、妻子、兒女、兄弟、姊妹，甚至自己的性命，不能做我的門徒（路加福音 14：26）。」

前人的修道生活故事提及好幾對父母，為了回應天主的召叫而拋棄自己小孩的例子。瑪麗・閨雅從當時人們經常閱讀的《初期教父們的生平》（*Vies des anciens Pères*）一書中得知此事[19]。

想要理解她怎麼會離開自己的小孩，就應該考量十七世紀社會的觀感；當時的人對這件事的反感沒有今日來得嚴重，而且當時認同瑪麗・閨雅這位年輕寡婦所作所為的不乏明理之人。

18　*V*。頁 171。

19　瑪麗・閨雅會閱讀高第耶著（René GAULTIER）。《描述埃及、斯基泰、泰貝德等隱修士生平與奇蹟，部分修士生平譯自希臘語以及古法語文選》（*Les Vies et Miracles des saincts Pères Hermites d'Egypte, Scythie, Thebayde, etc ... descrites, en partie traduites du grec, et recueillies des anciens Autheurs, mises en françois*）。里昂出版。出版者里高（R.RIGAUD）。1622 年；這是聖傑羅姆（Saint JÉROME）文選，從十五世紀以來多次於法國再版。也有塞科里（J. SERCLIER）的《沙漠神諭》（*L'Oracle des déserts*）。里昂出版。出版者里高（P.RIGAUD）。1625 年。在《箴言》（*Apophtegmes*）中可以看見好幾個例子，參見荷尼歐著（L. REGNAULT）。《沙漠教父箴言和新文選》（*Les Sentences des Pères du Desert, Nouveau Recueil*）。索萊姆出版。1970 年。頁 52、87、173。

該時代情感關係的發展與今日並不相同 [20]；十七世紀，死亡所造成的離別被視為必然。每個家庭的成立都必須考量到這種可能性。事實上，過了嬰兒階段的孩童都屬於天擇的結果 [21]；至於配偶，他們容易再婚第二次、第三次。此外，孩童所受的教育經常是來自非父母親的外人。褓姆會養育幼兒直到一歲半或兩歲；當他們被送回家裡時，和他們的兄弟姐妹一起，直到有一天，他們上中學或是進入修道院時，將會再度離開家裡。男孩待在母親身邊的時間，至多到五歲、六歲或是七歲。過了那個年紀，他們會把兒童的衣服換成成年人的衣服；接著他們到學校受教育。有錢人家的母親很少撫養小孩到十至十二歲；她們會在遠處看著他。從那時候起，嚴格的教育使小孩可以習慣堅強地承受生存的困難，避免養成軟弱的性格。

　　瑪麗・閨雅沒有自己的住所；這位年輕的寡婦先是搬回她父親家裡，接著住進布松家裡。十七世紀的家庭結構容許她把兒子視為她姊夫管理的家族成員之一──如此一來她就不用直接負擔他的一切。

　　最後，即使是清楚而明顯的聖召，神學家和教律學家一再表明為人父母對孩子應有的責任，並且接受進入修道生活的可能性，「條件是要能夠給予孩子必要的東西，使他們能夠被別人撫養長大，或是以適當方式照料他們 [22]。」以上就是蘇亞雷（Suarez）的教育方式。直到十九世紀初，這都是當時人們及後世作家所採用的方式 [23]。

　　根據當時的評估標準，瑪麗・閨雅捨下年幼的克羅・瑪定應無太大爭議，在那些負責察考她良心狀態的靈修導師眼裡，瑪麗・閨雅的答覆聖召勢在必行。

---

20 巴波著（A. BABEAU）。《古代手工藝家以及僕役》（Les artisans et les domestiques d'autrefois）。巴黎出版。1886年。頁 140-145；《以前的資產階級》（Les Bourgeois d'autrefois）。巴黎出版。1886 年。頁 273-286；艾爾蘭傑著（Ph. ERLANGER）。《亨利四世時期的日常生活》（La vie quotidienne sous Henri IV）。巴黎出版。1958 年。頁 161-166；佩努著（R.PENOUD）。《法國資產階級歷史》（Histoire de la bourgeoisie française）。第二冊；《現代期刊》（Les Temps modernes）。巴黎出版。1962 年。頁 25-27。

21 蒙田（MONTAIGNE）宣稱無法對他所生的孩子和他的妻子懷孕次數精確計算。

22 蘇亞雷著（F. SUAREZ）。《宗教義務》（De obligationibus religiosorum）。第五冊。第 6 篇。第 1 節。該書收錄於《作品全集》（Opera omnia）；第十四冊。威尼斯出版。1743 年。頁 168（我無法查閱之前的版本）。

23 例如：羅塔里歐著（Th.-Fr. ROTARIO）。《道德神學》（Theologia moralis regularium）。第 2 期。第 2 篇。punct. 3。dist. 1。威尼斯出版。1724 年。頁 77；米蘭達著（L. MIRANDA）。《主教守則》（Manualis Praelatorum regularium）。Quest. 18。第 8 篇。第一冊。普雷上斯出版（Plaisance）。1616 年。頁 79-80。

他們像克羅神父一樣，認為如果「耶穌基督提出離開父親、母親和孩子的建議，有時就必須遵循（這個建議）[24]」。至於她為兒子發下神貧的誓願，我們應該諒解，自從她丈夫破產以來，瑪麗・閨雅早已一無所有。若是為了給兒子過更好的生活，她就得再婚，而她早已排除這個可能性；消極的做法則是為他選擇神貧。克羅只繼承麵包師傅佛倫・閨雅的一小部分遺產，其他部分，瑪麗・閨雅都是依賴布松夫婦（他們虧欠她很多，她在他們家工作很久）以及天主的護祐。

她寫道：「我對修道的渴望日益增加，自從皈依的第一年起，它就一直浮現在我的腦海裡[25]。」她在 1654 年《靈修札記》中補充道，「這個聖召如影隨形地跟著我，我和我的神聖淨配進行了最親密的交談：祂給予我這件事情必然會發生的肯定[26]。」

靈修作家會避免那些追求過於完美卻無法實現的渴望，這些渴望占據著靈魂，卻絲毫沒有任何幫助，並且會分散對眼前義務的注意力。她閱讀過這些書，略帶苦惱，有時候心中自忖，她的聖召在現實中到底是不是一道虛假不實的光照和誘惑。事實上，在天主的啟示下，她已放棄了所有個人財產，根據教會法規，她無法成為任何修道院中的修女，因為當時修道院的所有財產，幾乎都是每位修女在進入修會發願前帶進來的嫁妝。她說道：「祢知道，（我的聖愛），我剝奪了自己的利益，捨棄一切，為能達到這個真福狀態，也為了愛祢而服務祢的子民；再者，我有一個需要我照顧的兒子，但因為這是祢的旨意，也因為我承諾要這麼去做[27]。」她的修道聖召，從人的理性角度來看，具有引起人心生抗拒的特質，在她看來則是非常清晰：「我既沒有財產，又有孩子要照顧，這麼做幾乎有違常理。從這個角度來看，我決定不再去想我的聖召。但是沒有用，因為我的感覺變得愈來愈強烈[28]。」

她兒子的前途令她愁煩和焦慮萬分：「關於神貧一事，魔鬼不停地考驗著我。牠想使我喜歡財富，想要左右我的想像力，讓我背離上主帶領我走的路，並且希望

24　V。頁 171。
25　J。第一冊。頁 253。
26　J。第二冊。頁 267。
27　J。第一冊。頁 254。
28　同上。頁 256。

我就此留下來。我從來沒遇過如此令我困擾的誘惑，因為有時候這個誘惑強烈到讓我幾乎處於認同的邊緣，盲目地以為自己該去實踐這美德[29]。」在這艱難的階段中，雷蒙神父幫助她釐清頭緒──他知道如何分辨天主對她的要求：神貧和「一無所有」。

此外，某種內在意向提醒著瑪麗·閨雅，天主為她選擇了修道奉獻的生活。她自己感受到一股迫切的力量要帶她遠離世俗。這種渴望不斷浮現，充滿熱忱但平靜，不會引起她的困擾──瑪麗·閨雅不會主動做什麼，而是讓天主行動：「我的靈魂保持著甜蜜的寧靜，等待著上主安排，承諾會忠信於祂為我開拓的道路……除了等待祂神聖的旨意和實現的時刻，我沒有另尋其他路徑[30]。」她感覺到天主已經為執行祂的計畫而擬定了她所不知的時間表，而此時此刻，祂要求她的，就是等待：「等待吧，等待吧，要有耐心！」有一天，她神奇地聽見自己內心的聲音。然而，有時候修道生活的聖召變得非常迫切：「有時候，我感受到強大的內在力量，導致我無法忍受世俗的生活，因為在世俗中永遠無法像在修道院一樣遵循福音勸諭生活。這讓我以另一種方式催促著聖神[31]。」

瑪麗·閨雅的靈修經驗與初期教會的隱修士相似。當一位想過修道生活的新鮮人找到一位有經驗的前輩，會請教他，如何讓天主賜予他人生方向。他們提出的問題，幾乎總是以相同的措辭來表達：「神父，告訴我，我該如何做才能獲得救恩[32]？」瑪麗·閨雅確實感到「內心有一種遠離世俗的急迫性」，她說道：「有一道光照不斷地告訴我，除非遠離世俗，否則我無法得救，因為我面臨著強大且未曾間斷的阻礙[33]。」

如果天主的旨意是要她遠離世俗，她若選擇留在原處，那就無法繼續依賴天主的幫助；她知道自己過於依賴天主的恩寵，而如果她違反天主旨意，就無法與祂繼續保持親密的友誼。

---

29 同上。頁 255。
30 同上。頁 254。
31 *J*。第二冊。頁 267。
32 狄恩（J. DION）和吳立紀（G. OURY）翻譯的《沙漠教父的箴言》（*Les Sentences des Pères du désert*）。荷尼歐（L. REGAULT）序。索來姆出版。1966 年。頁 4-8。
33 *J*。第一冊。頁 255。

在瑪麗‧閨雅的生活環境中，令她感到痛苦不堪的是，她必須聽著身旁船夫、腳夫和船員們聊天，以及他們說的低俗笑話[34]。對她而言，這些都蘭市井小民的思維實在過於粗鄙放蕩。

在她的兩本《靈修札記》裡（1633 年和 1654 年的《靈修札記》），瑪麗‧閨雅敘述其中的一次恩寵，有一天她「與一群人待在一起，別人說了猥褻的話，但那一天（她）不適合糾正他們[35]」。一旦找到離開的機會，她就躲進房裡，認為自己會因聽了那些話過於震驚而死掉：「靈魂似乎希望抽離自己的身體，它無法活在令她感到可怕且震驚的不潔世界中。」她坐在地上，雙膝無法撐起身體，她向天主大聲抱怨，「即使我獨自一人待在閣樓上，我的哭聲和嘆息聲響亮到外人都聽得見。這些向上主埋怨的聲音更加響亮，因為祂讓我身陷於如此多的危險之中，讓我面對那些從沒有真正愛過祂的靈魂[36]。」想要進入修道院的渴望更加強烈，在那裡，靈魂雖然有許多的缺點，但透過聖召與聖願，全部都會轉向天主，全心全意回應祂的愛情。她明白聖神啟發她如此祈禱：「這是一種美麗的內在語言，透過至高的權能，從這顆心傳遞到另一顆心，持續了半個小時。」

瑪麗‧閨雅在 1633 年的《靈修札記》中寫道，天主對她的回應：「祂深情地愛撫著我，向我保證，祂絕對會答應我的要求，滿足我的願望，但是祂現在還不想這麼做。」1654 年的《靈修札記》中：「祂以非常甜美的愛情向我清楚地表示，我要有耐心，祂很快就會實現我的願望。」

我們再次看到這兩本《靈修札記》中緊密平行的相同敘述，相隔 21 年，這當中發生了許多事情。瑪麗‧閨雅於 1633 年寫給拉耶神父她的《靈修札記》之後，似乎就再也沒有回頭讀過。從 1653 到 1654 年，她撰寫新的《靈修札記》時，並沒有參考其他資料。她清晰的回憶絲毫沒有改變，而且從上一本到這一本，我們發現到相同的描述、相同的細節，比起 1633 年的版本更加仔細。

在她靈修導師以及她的眼裡，瑪麗‧閨雅的聖召相當堅定。她還不知道天主何

34　同上。頁 256。
35　J。第二冊。頁 267-268。
36　J。第一冊。頁 256-257。

時以及如何實現她的願望。她已經準備就緒了。雷蒙神父跟她談起巴黎的斐揚修會，他關心修道院的發展，想到之後瑪麗‧閨雅可能也會去那邊。對她而言，雖然還沒有到無法抗拒的地步，卻也非常喜愛這個修會。在都爾市斐揚修會聖堂中獲得如此多的恩寵，並且與雷蒙神父長期保持深厚關係之後，是否有可能離開呢？她還認識了都爾市這個修會的第一位院長——維亞拉神父，他在 1628 年上半年晉升為總會長。方濟神父是她的第一位告解神師；她也認識尤斯塔神父，他是修會的靈修大師。

「儘管一開始我沒有選擇特定的修會……但是，我個人非常傾向加入斐揚修會[37]。」因為她嚮往「他們的隱居和嚴格的苦修方式」。她在 1654 年指出：「斐揚修會的總會長為我在修會裡保留了一個空位，而神父們則會想辦法照顧我兒子[38]。」

拉巴里艾神父是熙篤會斐揚修道院的改革者，他於 1587 年得到教宗思道五世（Sixte-Quint）准他在修會中設立女性修道院[39]。他在莎邦城堡（Saubens）附近，找來波拉絲東夫人（Mme de Polastron）身邊的幾位女士，於 1588 年 6 月 19 日，把她們安置在孟德斯鳩 - 沃爾韋斯特鎮（Montesquieu-Volvestre），過著修道生活。修道院於 1599 年 5 月 12 日搬到土魯斯，但是拉巴里艾神父之後的繼任者始終拒絕進一步發展女性修道院，唯一例外的是，1622 年應安妮王后明確要求在巴黎成立的女性修道院。普萊維（Estournelle de Plainville）的遺孀戈布蘭（Anne Gobelin）要求王后介入該修會的總代表大會，並且從中獲得可以在巴黎興建修道院的權利，她是該修道院的創始人。被指定的談判代表則是由翻譯狄奧尼修斯作品的若望神父（Jean de Saint-François）擔任，他也被總代表大會任命為會長[40]。王后的要求很難

---

37 同上。頁 261。

38 *J*。第二冊。頁 269-270。

39 巴濟著（A. BAZY）。《可敬的拉巴里艾神父的生平》（*Vie du Vénérable Jean de la Barrière*）。頁 226-237；對於那些渴望斐揚修會會士生活的人而言，我們必須提到安東妮特女士（Antoinette d'Orléans-Longueville），她是本篤會豐特羅修道院（Fontevrault）的副院長，也和若瑟神父、加爾瓦略聖母會創始人雷朵納（Sainte Jeanne de Lestonnac）共同創立本篤會加爾瓦略修道院（Calvaire）。

40 關於古律神父，參見莫羅蒂斯著（C-I. MOROTIUS）。《熙篤會復興：高盧的熙篤會斐揚修道院史》（*Cistercii reflorescentis ..chronologica Historia*）。頁 33-35。

拒絕。根據 1622 年 6 月 12 日的決議，全體大會同意授權，而教宗國瑞十五世批准以「仁慈聖母」名義建立新修道院：土魯斯聖思嘉（Sainte-Scholastique）指派六位修女負責成立一事。

若望神父委任修會中法國和阿基坦省的省會長負責把她們找來。她們於 1622 年 10 月 18 日離開了土魯斯，並於 11 月 28 日住進由普萊維夫人（Mme de Plainville）在聖雅克區為她們所設計的當地住所，地點就位於聖吳甦樂會修院和瑪麗安特（Marie-Antoinette）小巷之間[41]。

由於早期的建築皆過於密集，斐揚修會的修女們認為，最好在距離聖雅各街一百公尺之處的花園內，興建一座規模龐大的新修道院。奠基大典於 1625 年 9 月 17 日，由教宗特使巴貝里尼樞機（Barberini）主持。直到 1631 年 8 月 28 日，修女們才搬進這座尚未完成的新修道院。

1628 年，第一座修道院已經住滿，有人要再加入並不容易；創始人自己多保留六個名額，這也限縮了修會接納其他新聖召者的容納量。不過，自從維亞拉神父被任命為總會長後，他向瑪麗‧閨雅保證會盡快讓她進入修道院[42]。

在都爾市，有些人認為加爾默羅會可以接受渴望過著修道生活的瑪麗‧閨雅：「有些人希望我可以進加爾默羅會，就我而言，我非常喜歡這個神聖的修會[43]。」她閱讀了聖十字若望和聖女大德蘭的作品：她愛他們的靈修家庭。那些在加爾默羅會中為她著想的「善良靈魂」可能是她的表姊妹，也就是她的代父修塞的女兒

41　關於巴黎斐揚修道院，參見荷妮耶（E.RAUNIÉ）和皮內（M. PRINET）著。《舊巴黎的墓誌銘》（*Epitaphier du Vieux-Paris*）。第四冊。巴黎出版。1918 年。頁 231-237；馬比爾神父著（FR. MABBILLE）。〈1622-1792 年巴黎斐揚修道院〉（Les Feuillantines de Paris, 1622-1792）。收錄於《聖日內瓦山集刊》（*Bull. de la Montagne Sainte Geneviève*）。第 3 期。1899-1902 年。頁 207-232。

42　關於聖保祿‧維亞拉（Charles de Saint-Paul Vialart）。參見莫羅蒂斯著（MOROTIUS）。頁 35-36、90-91；培蒙著（H. BREMOND）。《法蘭西宗教情感文學史》（*Histoire littéraire du sentiment religieux en France*）。第一冊。巴黎出版。1916 年。頁 379-384；卡尼維著（J.-M. CANIVEZ）。收錄於《靈修辭典》（*Dict. de Spiritualité*）。第二冊。頁 701；波爾佩著（Ch. de BEAUREPAIRE）。《尼科的阿夫朗什主教大事紀》（*Histoire chronologique des évêques d'Avranches de maître Julien Nicole*）。出版地點與時間不詳。頁 101-103；《天主教名錄》（*Gallia christiana*）。第九冊。欄 934；第十三冊。欄 220。從 1625 到 1628 年，他是法國省長，住在位於聖歐諾雷街（Saint-Honoré）的修道院。巴黎馬札然圖書館。手抄本 334。《聖伯納斐揚修道院大事紀》（*Chronique du monastère de Saint-Bernard des Feuillants*）。頁 62。

43　*J*。第二冊。頁 270。

們[44]。她們自己在初學院時期的生活很快樂，因此她們認為她們的表妹也很適合進入都爾市加爾默羅會——也許她們曾向修道院院長提及此事。克羅・瑪定寫道，她母親本人對加爾默羅會的生活深感興趣：她認為那裡和諧的靈修形式與她的祈禱相符。但同樣是默觀修會，她覺得斐揚修會修女的苦修更為嚴苛：斐揚修會的修女給她的建議比起都爾市加爾默羅會更明確[45]。無論如何，只要是天主的旨意，她隨時準備好進入都爾市的加爾默羅會[46]。」

　　但是沒有任何跡象，也沒有發生任何事情顯示天主希望她這麼做。相反地，有人對她提出了另一個提議，克羅神父對這件事情的回憶持保留態度。他的敘述並不完全確定，因為在 1628 年至 1672 年間，這則傳說中還有另一段插曲，似乎不是很適切。這是克羅・瑪定神父的敘述：「多勒教區的主教（M. l'Evêque de Dol）從巴黎旅途中返回，行經都爾市時，聽到所有有關她的美好德行以及寬闊的心胸，他想盡一切辦法把她帶走，讓她成為他教區中創辦聖母往見會修道院的基石。由於她處事嚴謹，因此她要求一點時間，以便向別人徵詢此事的意見。她在天主台前祈禱深思後，獲得一個充滿智慧的答覆：這件事情事關重大，必須非常清楚的聖召才可能成就，但因對她來說，她並無此聖召，所以她懇請主教不要讓她投入一個她無法完成的工作。得到她的答覆之後，這位主教繼續他的旅程，很遺憾沒有爭取到她的支持，但是對她謙虛的態度深受感動[47]。」

　　克羅・瑪定此處並沒有摘述 1633 年《靈修札記》中的一段話，他原本打算省略不提：即使在她的《靈修札記》中，瑪麗・閨雅也沒有提及這件榮譽事蹟。「有人」在都爾市敘述此事時，已是事件發生多年以後，這正是克羅神父引用這段故事的出處。他闡述當中諸多的困難。按年代順序，他把發生在 1628 年，與加爾默羅會或是斐揚修會有關的相同日期放在一起。這是瑪麗・閨雅在《靈修札記》中的敘

44　*J*。第三冊。頁 397。

45　*V*。頁 163。

46　《可敬的聖巴爾多祿茂安妮自傳》（*Autobiographie de la Vénérable Anne de Saint-Barthélemy*）。布伊著（M.BOUIX）。巴黎出版。1869 年。頁 217-227。從 1627 年到 1630 年，都爾加爾默羅修道院的院長是德聖艾利・瑪格麗特修女（Marguerite de Saint-Elie），她於 1637 年在巴黎加爾默羅修會的沙蓬街（rue Chapon）過世。修道院長上是貝魯樂神父。

47　*V*。頁 166。

述：她「當時」是「二十八或是二十九歲[48]」；此外，克羅‧瑪定當時還很年幼，還不是考慮相關事宜的時機。

多勒的何沃主教（Antoine de Revol）生於 1548 年，當時的他因年紀太大而無法經常旅行。這位耄耋之年的老人即使身體健康，也不會貿然行事。從多勒的聖母往見會成立的故事可以得知，在 1627 年冬天到 1628 年期間，他曾經到過巴黎。1628 年春天，他從首都返回多勒，因為他的教區屬都爾總主教管轄，所以在路經都爾市時與總主教一起處理了一些事情。他在這個教區有一處財產，就是離洛什並不遠的維里艾修道院（Villiers）[49]。

何沃主教極度推崇聖方濟‧沙雷，他自 1604 年晉牧為主教以來，經常會徵詢他的建議。根據德‧修吉修女（Mère de Chaugy）的說法，在聖方濟‧沙雷逝世後，何沃「對他的敬禮悼念就如同對他生前的尊崇和敬愛一樣多。」當他前往宮廷時，必定會去拜訪巴黎的聖母往見會。

與博蒙修道院的安妮－加大利納修女（Anne-Catherine de Beaumont）談話後，他打算在多勒募資興建一座聖母往見會修道院。這位巴黎修院的院長對此計畫並不感興趣，並認為不可行。何沃主教於 1625 年和 1626 年期間多次以信件溝通，計畫最終得以實現。

1627 年 10 月，夏玉修女（Jeanne-Marguerite Chahu）被選為多勒修道院院長：

---

48 *J*。第二冊。頁 267。

49 關於何沃（Antoine de Revol）。參見柯爾頌著（GUILLOTIN de CORSON）。《雷恩總主教公署建築歷史》（*Pouille historique de l'archevêché de Rennes*）。巴黎出版。1880 年。第一冊。頁 25-28；第二冊。頁 221；第三冊。頁 179、243、273、516；杜尼著（F. DUINE）。《多勒公民和政治歷史》（*Histoire civile et politique de Dol*）。巴黎出版。1911 年。頁 82-84；安捷著（P. ANGER）。〈布列塔尼改良本篤會學會〉（La société des Bénédictins réformés de Bretagne）。收錄於《維藍島考古學協會論文集》（*Mém. de la Soc. rch. d'Ille-et-Vilaine*）。第 45 期。1915 年。頁 48-50；羅伯院長著（Abbé ROBERT）。《多勒主教：布列塔尼主席》（*Les évêques de Dol, présidents des Etats de Bretagne*）。聖布里厄出版（Saint-Brieuc）。1892 年。頁 3-19；布瑟羅著（S.-M. BOUCHEREAUX）。《法國加爾默羅修會的改革和若望‧聖桑森神父》（*La Réforme des Carmes en France et Jean de Saint-Samson*）。巴黎出版。1950 年。頁 137-142、395-396。關於維里艾修院（Villiers）：*AD I-et-L.*。H 744；關於在都爾聖母往見會中所扮演的角色：《聖母往見會聖年》（*Année Sainte des religieuses de la Visitation Sainte Marie*）。第二冊。安錫出版（Annecy）。1867 年。頁 785-791；第十冊。頁 752；巴黎馬札然圖書館。手抄本 2439；《多勒聖母往見會創立史》（*Histoire chronologique des fondations de tout l'Ordre de la Visitation, Dol*）。荷特風著（R.HEURTEVENT）；〈多勒聖母往見會修道院〉（Le couvent de la Visitation de Dol）。收錄於《諾曼地藝術與人文協會論文集》（*Mém. de l'Acad. des Sc., Arts et Belles-Lettres de Normandie*）。n. s.7。1934 年。頁 115-214。

「我們的修女有聖日耳曼修女（Catherine-Thérèse de Saint-Germain）、德·潘賽修女（Claude-Marie de Pincé）、卡繆修女（Marie-Catherine Camus）、巴丹修女（Françoise-Marguerite Patin）、德·慕榭宏修女（Anne-Madeleine de Moucheron）和一位保守生。何沃主教自己也提議了三位想成為修女的女孩，其中一位「非常聽從主教的指示。」

多勒的修道院於 1628 年春天興建完成，何沃主教短暫停留於都爾市期間就聽說過瑪麗·闈雅這個人。聖母往見會的會院發展有一個好的開始，裡面至少有兩位非常優秀的修女：夏玉院長和巴丹修女，她們後來協助聖若望·歐德神父（saint Jean Eudes）創立「仁愛庇護修女會」。當時何沃主教邀請瑪麗·闈雅跟隨他，並不是邀請她擔任修道院的「創辦人」。與都爾總主教談話中，他應該聽聞過這位年輕寡婦的事情，她渴望過著修道生活，卻身無分文無法進入修道院。這些事也許是教區裁判官宏多蒙席告訴他的。由於多勒修道院是何沃主教慷慨募資創立的，他讓大家知道，沒有嫁妝的瑪麗·闈雅可以申請進入修會成為保守生。瑪麗·闈雅考慮了一陣子，但感覺自己內心對此建議並不感興趣，而且她知道巴黎的斐揚修會也留給了她一個位子，因而拒絕了他的建議，何沃主教對此感到遺憾。這起多勒事件的插曲大致如此。

瑪麗·闈雅很早就聽說過聖吳甦樂會的名字。也許是 1614 年，她初次夢想成為都爾博蒙修道院的修女。無論如何，1620 年她皈依時，肯定聽說過這個名字。當時都爾還沒有聖吳甦樂會。前面我們已經看到，在艾守總主教的倡導下，都爾終於成立了聖吳甦樂會[50]。前三年，新來的修女們住在天鵝街上呂埃府邸，這座府邸在亨利三世時期曾經是審計院；然而，長時間下來，呂埃會院已無法滿足人數不斷增加且兼具教育功能的修道院，因此必須另尋他處。在普瓦度街上的聖艾田堂區的總主教公署裡，矗立著一座迷人的磚石建築府邸，可能是十五世紀末由戈登（Gaudin）家族所興建完成，被稱為小布爾代吉。在 1535 或 1540 年，法國的財務主管巴布（Philibert Babou de la Bourdaisière）將這座別墅改建為壁毯工坊，由於一

---

[50] 參見 *AD I-et-L*（第 1 卷和第 5-6 卷），1620 年 5 月皇家御信以及 1622 年 8 月 12 日接待與安置的紀要。

連串王室紛爭而衍生出的亂事，於 1590 年左右關閉[51]。

　　與戈布蘭（Gobelin）手工藝品廠商的談判進行了十年之久。戈布蘭手工藝品是由亨利四世在巴黎創立，1613 年都爾市第一家壁毯廠開業，廠裡的八台織機併入巴黎廠。1613 年，莫特宏收購了小布爾代吉，安置這些機器，但是 1625 年 5 月 3 日，由於修會想要更寬廣的場所，他將此地交給都爾市的聖吳甦樂會[52]。1628 年 8 月 14 日修女們從藥劑商米婁（Philippe Milot）那裡買下名為米勒提（Milottiere）的一塊地[53]，用來擴建修道院——因此，她們擁有一座有戶外場地的修道院。法國大革命期間，聖吳甦樂修道院關閉，被改建成一所靈修教育機構，接著又再改建成一座神學院，最後成了女子高中。現今僅保留部分原始建築物。

　　修女們開始在普瓦度街興建一座小聖堂，入口處位於小普雷街（rue du Petit-Pré）。這座聖堂以聖彌額爾為主保，在 1657 年大教堂建造完成前，一直都是它做為敬拜場所，後來被當成教室使用。如今這座臨時聖堂仍被保留了下來，比大教堂存在得更久：經過長期努力，它得以恢復並再次成為敬拜之所，今日它已成為許多法語區加拿大人的朝聖地[54]。

　　瑪麗·閨雅很熟悉小布爾代吉，她小時候時常來到此地，因為她的代母正是壁毯大師莫特宏的妻子。自從她開始前往斐揚修會祈禱室以及在她姊夫家工作以來，就經常有機會經過這家手工藝品廠。從聖吳甦樂會修院創立的那一刻起，她就被這座新修道院所吸引：「每當我經過附近的聖吳甦樂會修院時，我的內心感到非常激

51　古夫雷著（J. GUIFFREY）。〈都爾毛毯手工坊〉（Les ateliers de tapisserie de Tours）。收錄於《考古協會集刊》（ Bull. archéol. du Comité des travaux historiques）。1884 年。頁 102-114；吉羅戴著（E. GIRAUDET）。《都蘭藝術家》（ Les Artistes tourangeaux）。頁 301-306；布薩著（A. BUISARD）。〈1613-1625 年都爾戈布蘭分工廠〉（Une succursale des Gobelins à Tours, 1613-1625）。BSAT。第 13 期。1902 年。頁 520-521；AD I-et-L.。H 852（1613 年 11 月 26 日的資料）。

52　1625 年，地毯大師以 15,000 古錢的價格將小布爾代吉（Petite-Bourdaisière）出售給了里妮領地（Sieur de Rigny）的馬圖林·馬尚（Mathurin Marchand）；聖吳甦樂會修女住進舊府邸以及由莫特宏及其合夥人所興建的住所：余松著（E.HUSON）。《都爾小神學院》（ Le petit Séminaire de Tours）。都爾出版。1875 年；布薩著（A. BUISARD）。《舊聖吳甦樂會修道院》（L'ancien monastère des Ursulines）；蘭賈著（R. RANJARD）。〈聖吳甦樂會修道院〉（Le couvent des Ursulines）。BSAT。第 29 期。1944 年。頁 62-64。

53　關於米勒提（la Milottière），參見 1704 年 7 月 10 日和 7 月 28 日的供詞，AD I-et-L.。H 852。

54　波米艾蒙席著（J.-L. BEAUMIER）。《都爾聖吳甦樂會的聖骨盒》（ Le Reliquaire de la grande Ursuline à Tours）。三河出版。1972 年。

動，心臟好像就要停止，這裡充滿著讓我想留下來的情感。但是我不想讓自己投入太多情感，因為我擔心自己太過迷戀一件辦不到的事情[55]。」

她於 1654 年的《靈修札記》中寫道：「聖吳甦樂會修女們居住在此地，每當我經過她們的修院，我的精神和內心就會產生一種微妙現象，把我帶到這座神聖之地；而這一切都無須事先考慮。這種現象讓我的心靈留下了深刻印象，告訴我，天主要我在那裡。我好幾天經過這個地方，都是一樣的狀態[56]。」

這種心靈活動肯定是漸進式發展。首先，瑪麗‧閨雅對自己靈魂深處的認同感並沒有太在意。然後這種感受逐漸增強，消弭了其他的意願。最後它以某種方式強迫瑪麗‧閨雅與靈修導師談論這件事，但她的靈修導師只想到斐揚修會，並且給予她有助於靈修的方法。

實際上，有一段時間，瑪麗‧閨雅陷入躊躇不決的狀態中。別人已經同意讓她加入斐揚修會，她可以在苦修中找到完整的默觀生活，是否應該停止掛念聖吳甦樂會？然而，聖吳甦樂會的生活卻回應了她祕密的願望；在她看來，這種生活方式既能夠直接接觸人靈、又能效法基督成為像祂般的使徒，那比絕對隱居和嚴苛的苦修來得更吸引她[57]；尤其教導人靈魂的工作更是符合她內心需求，她小時候就能向她的家人複述在教堂裡聽到的講道內容。自 1620 年 3 月 24 日以來，她與天主的親密歲月，除第一年以外，都在替人服務。她愛天主聖言，她有一種特殊的神恩，能夠幫助人們回歸理想的基督徒生活方式；她的靈修導師發現她具備這種神恩。

但是，當她決定與雷蒙神父談論聖吳甦樂會時，雷蒙神父幾乎聽不進去她說的話：「（我的靈修導師）告訴我，這不是我應該考慮的地方，於是我退縮了。然而，我始終記得這個召叫，我將一切都交付給我的神聖淨配，請祂指引[58]。」一切都必須讓天主主動。瑪麗‧閨雅並不認識任何一位聖吳甦樂會中的人，也只能以一無所有來介紹自己。「（我）沒有任何進入聖吳甦樂會的方法或是熟人；如果我有

---

55 *J*。第一冊。頁 261。

56 *J*。第二冊。頁 271。

57 參見拉貝勒著（S. LABELLE）。《降生瑪麗的使徒精神》（*L'esprit apostolique d'après Marie de l'Incarnation*）。渥太華出版。1968 年。頁 13-18、頁 50-55。

58 *J*。第二冊。頁 271。

+ G.O.

La Petite. Boudaisière

小布爾代吉府邸

的話，絕不會有勇氣要求加入。這份請求對我來說似乎過於違背理性，因為我沒有什麼東西可以給這些天主的女兒，她們只能懷著對天主的愛以愛德接納我[59]。」瑪麗・閨雅十分平靜。她對加入聖吳甦樂會的渴望堅持不懈，加上對天主旨意的完全服從，沒多久就讓雷蒙神父開始思索：「（天主）讓我的靈修導師知道我的心之所向就是那裡。因此，他開始把這件事情放在心上[60]。」

與此同時，瑪麗・閨雅幫她姊夫談一樁生意時，結識了芳莎修女（Françoise de Saint-Bernard）：「一次接著一次的拜訪，讓她們之間締結了神聖的友誼，這種友誼逐漸成為家人般的情誼[61]。」瑪麗・閨雅很喜歡與她在會客室裡談話：「聊天的次數愈多，我就愈被吸引，與她交流實在太愉快了，讓我都捨不得離開[62]。」

拉瓦會院的初學修女芳莎・德・碧昂（Françoise de Briant），就是日後的芳莎修女，她於 1619 年夏天參加索米爾會院的落成，德・凱瑟修女（de Cazère）任命安妮・德・波維修女（Anne de Beauvais）擔任拉瓦修道院的院長[63]。因此，芳莎修女熟識這位博多修道院的「聖女」，甚至參加她的追思[64]。事實上，波維修女於 1620 年 6 月 10 日在索米爾逝世，瑪麗・閨雅後來請別人寄給她波維修女的「傳記」，讓她可以放入魁北克修道院圖書館。

---

[59] *J*。第一冊。頁 261-262。

[60] *J*。第二冊。頁 271。

[61] *V*。頁 166。

[62] *J*。第一冊。頁 264。

[63] 她的傳記概述可以在潘慕洛修女（POMMEREU）的《大事紀》（*Chroniques*）找到。第二冊。頁 436-438；她的初學時期是在拉瓦（Laval）會院度過，在索米爾會院宣發初願（而不是在博多，如潘慕洛修女在《大事紀》〔頁 171〕中所說）。她「既不太溫柔也沒有嚴厲」，性格堅毅，具有教育素養；都爾的院因其寄宿生在此修道院中接受的卓越教育而在聖吳甦樂會享有盛譽。感謝聖吳甦樂會的《羅亞爾河省級檔案》（*AD I.-et L.*）中追溯她的修女生涯：1628 年她成為副院長，被派去成立洛什會院；從 1630 年至 1639 年返回都爾擔任院長；在 1639 年至 1642 年間曾是副院長；1642 年擔任諮議修女；1643 年為副院長；1644 年擔任初學導師；1645 年至 1647 年在洛什會院擔任院長；1649 年至 1651 年擔任都爾會院諮議修女；1652 年擔任修會機要祕書，1652-1655 年間也擔任修會的諮詢與監察修女；1660 年至 1662 年擔任副院長；她於 1662 年 2 月 27 日在都爾逝世。

[64] 根據波維修女（Mère Anne de Beauvais）所言。維勒伯著（P. VILLEBOIS）。《波維修女罕見的美德與生平簡史》（*Abrégé de la Vie et des rares vertus d'Anne de Beauvais*）。巴黎出版。1622 年；柯雷著（L. CORET）。《聖吳甦樂會波維修女代表耶穌慈愛形象》（*Le portrait des âmes amantes de Jesus, représenté dans la personne d'Anne de Beauvais, religieuse de sainte Ursule*）。巴黎出版。1667 年；瑪麗・閨雅在她生命的最後幾年，曾多次要求閱讀這本書。*O*。頁 853、883、925、947；克里斯蒂安尼著（L. CRISTIANI）。《第一批法國聖吳甦樂會修女令人讚歎的事蹟》（*La merveilleuse histoire des premières Ursulines françaises*）。里昂出版。1935 年。頁 293-312。

1622 年，芳莎修女離開索米爾會院加入在都爾市的會院團體，她的名字排在早期修女名單中的第二排；她可能從那時候起就擔任副院長。有關修院建院第一年的文件極為缺乏，無法得知她是否在 1622 年至 1628 年之間被任命為院長。瑪麗‧閨雅於 1628 年與她結識時，她還是副院長。一段時間後，她被派遣到洛什成立新的會院[65]。她於 1629 年初返回都爾，並再度重新職務；那時候起，她就與瑪麗‧閨雅建立起深厚的友誼[66]。

　　芳莎修女是最了解瑪麗‧閨雅的人之一。先是會客室裡的談話，她以院長的身分獲得瑪麗‧閨雅的信任，並讓她敞開心靈。克羅神父說，芳莎院長是「第一位知道天主給了瑪麗‧閨雅（修道）恩寵的人」。

　　兩人年齡大致相仿，芳莎修女年輕時就加入了聖吳甦樂會。瑪麗‧閨雅從未對她隱瞞任何事情，無論是她的個人生活，還是她後來在加拿大經歷的煩惱[67]。芳莎修女於 1630 年至 1639 年間擔任都爾會院院長；後來擔任副院長、初學導師以及諮詢與監察人等職務。她非常了解雷蒙神父，雷蒙神父也非常照顧都爾市的聖吳甦樂會；可能自 1629 年創建以來，當她從洛什會院返回後，就與雷蒙神父討論瑪麗‧閨雅的聖召[68]。

　　斐揚修會的思想及他們的苦修方式逐漸在瑪麗‧閨雅心中被淡忘了。她肯定因為必須放棄這些而感到惋惜，但是她看見天主正召喚她過著更積極的修道奉獻生活，「更符合主基督積極教導世人靈魂的工作[69]。」

　　瑪麗‧閨雅過三十歲生日（1629 年 10 月 28 日）時，她就有預感，明白修道上所遇到的阻礙，不用她出面就可以化解。如同往常，她交由天主決定，只需要等待天主旨意的自然顯現：「我把一切完全交付於天主大能的手中[70]。」她準備好了：「（天主）願意告訴我，時候已經到了……（在我看來）有很多工作有待準備，但是我看見外面什麼進展也沒有。內心的聲音追逐著我，對著我說：『趕快！

65　《聖吳甦樂會歷史》（*Histoire de l'OSU*）。第二冊。頁 265。
66　*O*。頁 677；*J*。第二冊。頁 271；*J*。第一冊。頁 325；*V*。頁 426、751。
67　*O*。頁 636。
68　*J*。第二冊。頁 271。
69　*J*。第一冊。頁 261。
70　*J*。第二冊。頁 271。

時候到了。世俗再也沒有使妳牽掛的事情了[71]。』」

然而，布松公司的工作負荷變得愈來愈沉重，瑪麗‧閨雅的姊夫堅持要求她承擔更大的責任。在那邊工作的要求「愈來愈多[72]」。

1630 年春天的聖神降臨節，都爾市的聖吳甦樂會會院舉行選舉：「芳莎修女獲選為院長[73]。」她第一個行政措施就是向她的諮議會或是總代表大會報告，她打算接受身無分文的瑪麗‧閨雅的入會申請。這件事情沒有受到任何阻礙，當天即得到結論，她找了一個理由要瑪麗‧閨雅前來修院，「芳莎修女當選後，我第一次見到她，我從家裡出來，想著她可能會提供我進入修道院的機會。我向她打完招呼後，她很愉快地跟我說道：『我知道您的想法。您認為我會給您一個機會；沒錯，我會提供給您這個機會[74]。』」

瑪麗‧閨雅向芳莎修女道謝，但她沒有做出任何承諾，也沒有表現出太多情緒。瑪麗‧閨雅想與雷蒙神父討論此事，因為她還沒有非常清楚看見天主到底想要她做什麼。當時克羅只有十一歲，還有與巴黎斐揚修會的討論等，對她來說似乎這些都已進行多時，讓她無法再朝另一個方向前進。

雷蒙神父彷彿要無限期延長她實現修道的聖召，她對此感到困惑。然後，「某一天開始，我突然不再掛念這件事，對斐揚修會的喜愛和渴望從我心中抹去，我感到心中烙印著對聖吳甦樂會的喜愛和渴望，如此迫切想要成為聖吳甦樂會的修女，要是我不快點躲進天主的屋宇下，我覺得這世界上的一切都會讓我面臨毀滅性的威脅[75]。」

她還剩下一個問題要解決，就是克羅‧瑪定[76]。當恢復理智時，所有的困難再度湧上心頭；但是也出現另一道光明，更具高度且更符合天主的智慧光照：「我以

71 同上。頁 271。

72 同上。

73 同上。選舉於四月舉行；可於 1660 年帳冊上簽名看得到（《安德爾 - 羅亞爾省級資料檔案》H 856），根據 1660 年的會憲，選舉通常在 3 月 25 日或某個接近的日期舉行。

74 J。第一冊。頁 264。

75 同上。頁 265。

76 關於瑪麗‧閨雅對兒子的喜愛，參見夏博著（M.-E. CHABOT）。《從書信認識降生瑪麗》（Marie de l'Incarnation d'apres ses lettres）。1964 年。魁北克 - 渥太華出版。頁 15-45；《寧為女性》（Tant femme que rien plus）。魁北克出版。1964 年。以及下文第三部第六章。

一種偉大的母愛，深愛著我的兒子；離開他，就是我所做的犧牲。天主希望如此，我願盲目跟隨，並將一切奉獻給天主的旨意[77]。」

況且，瑪麗·閨雅並不只跟隨她內心這唯一的光明。她持續讓那些守護她靈魂的人檢視她的內心，即雷蒙神父或芳莎修女。這兩位都在她身上認出天主召喚的特殊性。聖吳甦樂會的教會長上佛傑蒙席也有同感[78]，而都爾市艾守總主教也曾經說過相同的事情。

雷蒙神父負責進行所有程序，他獲得了總主教的同意，這是必要的過程，因為瑪麗·閨雅進入修道院時身無分文。他成功地說服保羅·布松和他妻子承擔照顧小克羅的責任。這是很公平的事情，因為瑪麗·閨雅實際上擔任他們的員工已有十餘年，卻沒有額外得到公司的利潤，甚至沒有定期薪資做為回報，所以他們現在無法拒絕負責培育克羅。

時間來到 1631 年 1 月，瑪麗·閨雅預備在 1 月 25 日聖保祿宗徒歸化慶節進入修道院。然而，兩週前，克羅離家出走，大約是 1 月 11 日的事情，也是主顯節後的第一個星期日；我們讀到年幼的小耶穌失散又被尋回的情節，正是發生在 1 月 12 日。瑪麗·閨雅也注意到這當中的巧合。

克羅清楚明白這幾個月來，自己成了家人最擔心的對象。他成日面對祖父、姨丈和姨媽的淚水和大聲吆喝[79]。大家帶著憐憫和一絲絲的憤怒看著他。他的出現足以使母親與其他家庭成員之間的關係變得緊張：「沒有人像往常一樣嬌寵著他。」「他看見親戚們在知道母親想要成為修女的意圖之後，帶著憐憫的眼神注視著他，什麼也沒有對他說，然後轉過身，低聲議論這件事及其後果。」離家出走的想法浮上他的心頭：離開這個沉鬱氛圍的家。他擬定好計畫：他將動身前往巴黎，可能是去找布松快遞公司在當地的負責人，並住進他家。他曾在都爾市見過幾次面，就對

77　*J*。第二冊。頁 273。

78　佛傑（Louis FORGET）是當時伯洛喀爾領主也是國王的顧問和神師，教堂參議會的領唱者和主事，歿於 1658 年 4 月。參見夏樂梅著（J.-L. CHALMEL）。《都蘭歷史》（*Histoire de Touraine*）。第四冊。頁 181；杜莫提埃著（A. DUMORTIER）。收錄於《靈修辭典》（*Dict. de Spiritualité*）。第五冊。欄 695-696；〈遺囑〉（*Testament*）。*AD I.-et L.*。G 85 和 G 112。

79　*V*。頁 166。

這位負責人產生了深厚的稚子感情[80]。因此，他在水手的幫助下離家出走，搭上了羅亞爾河的其中一艘船。」

對母親而言，她在 1633 年說道，克羅離家出走是：「這一生中最痛苦且沉重的十字架。」當時最糟糕的假設都浮現在她腦海中：他被「某個壞人」帶走；或是淹死了。這種不確定性比什麼都還要糟糕。「哦！天啊！我不敢相信，失去孩子的悲傷對一位母親而言是如此沉痛。我看見他生病時幾乎下定決心，誠心地想把他交給上主。但是以這種方法失去他，我將永遠無法理解[81]。」她身邊的人不斷談論此事。大家認為她應對小孩離家出走這件事情負責：「所有的朋友都責備我，並且說那就是天主不希望我成為修女的明顯徵兆。我承受來自四面八方的責難[82]。」雷蒙神父和芳莎修女絲毫沒有給予她安慰。她的靈修導師也拒絕安慰她，他們的理由是如果她真的不看重這段關係的話，就不會感受到失去孩子的痛苦[83]。

在這段時間，布松快遞公司的員工被派往各地找尋這名小孩的下落。雷蒙神父自己也派人到鄉下尋找，並沒有告訴瑪麗・閨雅。她好幾位朋友一起幫她肩負起這個十字架，「給予瑪麗・閨雅精神上的協助[84]。」

「這一切事情都發生在主顯節（l'Epiphanie）八日慶期中，當天大家詠唱福音時，裡面剛好提到聖母在聖殿中失去耶穌[85]。」

這三天當中，瑪麗・閨雅完全沒有她兒子的消息，這段分享耶穌父母苦難的想法對她很有幫助。天主讓她感受到聖母的痛苦[86]。「過了三天，在向天主祈禱很久之後……一位好心人把他帶回了我身邊，他在博魯港口找到了他[87]。」尋回兒子的喜悅，讓兩週後的離別更加痛苦。這段期間，瑪麗・閨雅身邊的人努力要她放棄修

80　1654 年，瑪麗・閨雅仍不知道她兒子離家出走的真正原因，她提出一些她兒子離家出走的理由，但是似乎並不正確。第二冊。頁 274。

81　J。第一冊。頁 268；亦可參見馬丹著（MARTÈNE）。《可敬的克羅・瑪定神父生平》（Vie du Vénérable Père Dom Claude Martin）。頁 4。

82　J。第二冊。頁 274。

83　V。頁 173。

84　J。第二冊。頁 274。

85　V。頁 174。

86　J。第一冊。頁 270。

87　J。第二冊。頁 274。

道生活的計畫，他們都清楚看到這個瘋狂決定第一時間所造成的後果！

這三天當中，內心痛苦讓她的母愛表現得更為明顯：「母愛的天性彷彿使我的靈魂從身體抽離出來，除了我對他的愛之外，我心裡面很清楚我的責任所在[88]。」

但是天主開口說話了。內心的聲音變得急切：「快點，時候到了。對妳而言，世俗已不再如此美好。」告別的時刻來臨。佛倫‧閨雅年紀太大，無法陪伴女兒。他躲在布松家裡，因為瑪麗‧閨雅說：「她將不再回到他身旁而感慨萬千[89]。」直到最後一刻，他還在勸她放棄修道生活。

幾天前，她拜訪了總主教，總主教想在她進入修道院之前與她見面[90]。

1月25日上午，她把孩子帶到一旁，並且給他最後的建議。她要求孩子接受天主對他們兩人安排的旨意，告訴他要聽阿姨的話，要他表現得像個聽話的孩子並當個勤奮的好學生，像一個好的基督信徒一樣生活。她使用的語詞沒有克羅神父傳記裡所記載的那麼嚴肅，但是我們不能否認克羅神父這段個人回憶的價值，因為1631年1月25日的這件事深深地烙印在他心裡[91]。

她收斂心神進入了連續多日的大祈禱──她向天主保證只願意取悅祂：「我告訴天主，祂不可能會允許我因為離開這個孩子而入罪；如果我入修會不是祂的旨意，或如果那就是祂的旨意，對我而言都是一樣的，因為我早已承諾，我將承行祂的旨意在一切之上[92]。」

1654年，她寫下這段時間的回憶：「我只能對祂說：『我的聖愛，如果祢不希望，我就不這麼做[93]。』」

1月25日上午，從普瓦度街往聖吳甦樂修院方向有一場小型的遊行[94]。隊伍最前面，那位帶著十字苦像的是布松夫婦的小女兒瑪麗‧布松，她前一年12月7日

---

88 同上。

89 *J*。第一冊。頁270。

90 *J*。第二冊。頁275。

91 培蒙著（H. BREMOND）（第六冊。頁55）和雅梅神父（*J*。第一冊。頁273、280）有意凸顯克羅神父的表達方式有些失真；然而，克羅神父的真誠是不容質疑的，這些記憶給他留下了深刻的印記，即使他後來無意識地改變了部分內容。

92 *J*。第一冊。頁272。

93 *J*。第二冊。頁275。

94 *V*。頁178。

剛滿四歲[95]。還記得瑪麗·閨雅小時候的想法嗎：「啊！祂就是我的隊長，這也是祂的旗幟。我想如同士兵們一樣追隨著祂[96]。」

　　雷蒙神父和幾位朋友一道前來。克羅淚流滿面，大家也在這孩子和他母親身旁哭泣。離別的情景令人心碎，但是瑪麗·閨雅隱藏了自己「就像被撕裂一般的靈魂[97]」。她勇敢地對著克羅微笑，壓抑著自己的情緒。她請求雷蒙神父降福她，然後匍匐在芳莎修女的腳下，芳莎修女站在修道院半開的門前等著她。這是她最大的一份犧牲；她將此刻視為一生中唯一真實的時刻，她把自己所有的一切都獻給了天主[98]。

95　保羅·布松和克蘿·閨雅的女兒瑪麗·布松（Marie Buisson）；她於 1626 年 12 月在聖皮耶德可教堂領受聖洗聖事；見本書第三部第六章。

96　*J*。第二冊。頁 171。

97　*J*。第一冊。頁 276；我們可以將此情節與尚達爾修女（Mère de Chantal）、德·雷絲頓納修女（Jeanne de Lestonnac）、阿布索律修女（Jeanne Absolu）、安東妮特修女（Antoinette d'Orléans）的生活進行類似比較；在《使徒殉道行傳》（*Actes des Martyrs*）中，瑪麗·閨雅找到與她以及聖克絲皮妮（Saint Crispine）相似的情況。參見聖奧斯定著（Saint AUGUSTIN）。《關於聖詠》（*Enarrations sur les Psaumes*）。聖詠 137：7。7

98　瑪麗·閨雅在多次信件中提起這次的離別。*O*。頁 130、316、384、527、658、836-837、898，也就是說此次事件對她的人生影響很深，也因此造成她的創傷。

第 二 部

在聖吳甦樂會都爾修道院期間

(1631-1639)

第一章

聖吳甦樂會

　　瑪麗・閨雅最初的念頭與願望引領她嚮往全然的默觀生活，就像本篤會的斐揚修道院或加爾默羅會。她對聖母往見會（Visitation）不感興趣，因為她認為該會的會規不夠嚴格。她一開始就追求奉獻生活，發願實行「福音勸諭」及「主耶穌基督在世上所選擇與實踐的崇高美德[1]」，隱修院的規矩對她而言完全不成問題，但與這種生活是相反的。瑪麗・閨雅漸漸發現聖吳甦樂會能夠讓她在使徒精神與默觀生活之間找到平衡。在那裡，既像在隱修院一樣與世隔絕，有著嚴格的戒律，在禁地（Clôture）靜思祈禱，參與團體的詠唱日課，同時又還能夠盡情揮灑對生命的熱忱，拯救人靈。後來在加拿大，她有時感覺到嚴格的隱修戒律侷限了她的使徒活動，但是她並沒有抱怨，隱修對一位修女而言似乎是理所當然的[2]。

　　「身在俗世，心在隱修」已無法滿足她的想望，她亟需要一個組織嚴謹的修會讓她得以宣發聖願成為修女。因此，在 1625 年至 1630 年間，位於都爾的聖吳

1　*J*。第二冊。頁 218。
2　*O*。頁 507、734、860。

甦樂會吸引了她。她對該修會早期形式有什麼看法我們不得而知；可以肯定的是，她透過閱讀聖安琪・梅芝（Angèle Mérici）的生平，以及 1618 年以前在博多（Bordeaux）會院生活的聖吳甦樂會會士們的回憶，而認識這個修會早期的面貌，當時該會院沒有禁地規定，也沒有隱修嚴規。但是法國的聖吳甦樂會具有隱修院的特徵，諸如宣發隆重願以及特利騰大公會議後所規範的禁地規定，這正好符合瑪麗・閨雅個人獨特的聖召。她完全不以為苦，而且在那個時代背景下，為了實踐她的使徒使命，這種模式是必須的。她全力以赴，一心一意過著這樣的生活。經過在魁北克的深刻省思之後，她對那時的生活依然無怨無悔，而且會極力反對任何的改變[3]。

聖安琪在 1535 年 11 月 25 日[4]，也就是她逝世前五年，在碧夏市（Brescia）創立聖吳甦樂友伴團體（Compagnie de sainte ursule），讓行善的一生達到顛峰，當時她已年近六十歲。聖安琪於 1474 年 3 月 21 日出生在岱森農市（Dezenzano），離加達湖（lac de Garde）不遠。她出身倫巴底（Lombardie）貴族領地的農民大戶，父母死於黑死病，於是她寄住在沙洛（Salo）的舅舅家，後來去了碧夏市一位具有聲望的商人潘亭歐拉（Patengoli）的家庭，之後又住在羅馬諾（Romano）的家庭。她的影響力非常大，很快就主導碧夏市及義大利北部地區基督信徒的使徒活動。期間，她與朝聖者展開數次的使徒朝聖之旅，穿越倫巴底，前往聖地，1524 年遠赴耶路撒冷。

從 1525 年開始，聖安琪就萌生了透過團體來延續使徒志業的想法，這個計畫成形得很緩慢[5]。1530 年左右，她終於意識到自己的使命；她邀集十幾位年輕女

3　參見〈魁北克聖吳甦樂會修女藏書〉。*RAM*。第 46 期。1970 年。頁 397-410。

4　都內達著（DONEDA）。《來自岱森農市的聖安琪 - 聖吳甦樂友伴團體的創始人》（*Vita di S. Angela Merici da Dezenzano, Fondatrice della Compagnia de S. Orsola*）。碧夏出版。1768 年；莫尼卡著（M. MONICA）。《聖安琪（1474-1540 年）的教學理念》（*Angela Merici and her teaching idea〔1474-1540〕*）。紐約出版。1925 年（有關聖吳甦樂的文獻資料，參見頁 394-398）；瑪定著（Marie de Saint-Jean MARTIN）。《聖安琪・梅芝的精神》（*L'esprit de sainte Angèle Merici*）。羅馬出版。1947 年；達薩著（B. DASSA）。《聖安琪・梅芝創立的團體是度獻身生活的最早形式》（*La fondazione di S. Angela Merici come prima forma di vita consecrata a Dio nel mondo*）。米蘭出版。1967 年；勒都樞斯卡著（Teresa LEDOCHOWSKA）。《聖安琪與聖吳甦樂會》（*Angèle Merici et la Compagnie de sainte Ursule*）。羅馬出版。1967 年。

5　夏朗達著（M. CHALENDART）。《1540-1650 年女性使徒的推廣》（*La promotion de la femme à l'apostolat 1540-1650*）。巴黎出版。1950 年。

孩，並以科隆（Cologne）的傳奇使徒——聖女吳甦樂（sainte Ursule）做為該團體的主保聖人。1535 年 11 月 25 日聖女加大利納（sainte Catherine）的主保日當天，二十八位來自碧夏市的年輕女孩或寡婦，在彌撒中領完聖體後，正式組成一個團體，誓言嚴守貞潔、服務人群。她們在俗世過祈禱生活，在自己的家庭、私人住宅、堂區道理班等需要她們的地方推動使徒工作。第二年，聖安琪的追隨者增加到八十人。1540 年 1 月 27 日聖安琪逝世時，已有一百位追隨者。碧夏市的主教——方濟各·科那羅（Francesco Cornaro）在 1536 年 8 月 8 日批准聖吳甦樂團體會規；1544 年 6 月 9 日，也就是聖安琪逝世四年後，會規獲教宗保祿三世（Paul III）諭令批准。然而，困難也隨之而來。家庭的父執輩以及靈修導師意識到這種模式的不穩定性，他們不認同這個女性使徒團體生活在俗世，甚至在自己的家庭當中。

這種形式的團體在反對聲浪中依然持續發展，1566 年，聖吳甦樂友伴團體出現在倫巴底地區十二個城市。同年，聖嘉祿鮑榮茂主教（saint Charles Borromée）邀請碧夏市的聖吳甦樂友伴團體成員前往米蘭設立修會團體（Congrégation），並於 1584 年特別為米蘭的聖吳甦樂會在原始會規上增加更明確的條例，讓其成員能夠在主教的權柄管轄下過聖吳甦樂會的團體生活方式，無須宣發誓願，亦無須遵守禁地令。

聖吳甦樂團體（Institut des Ursulines）在宗教戰爭期間零星地出現在法國[6]。第一次成功的嘗試是在 1594 年，芳莎·德·博明修女（Mère Françoise de Bermond）在德·布斯神父（P. de Bus）和侯米翁神父（P. Romillon）的協助下，在沃奈桑伯爵領地（Comtat Venaissin）的索爾格島（Isle-sur-Sorgue）開始設立聖吳甦樂團體。兩年後，亦即 1596 年，布斯神父帶領的亞維儂（Avignon）小團體轉型成聖吳甦樂團體。普羅旺斯（Provence）團體的規約主要參照米蘭的聖吳甦樂會規，再根據當地的特殊情況來制定，並於 1597 年在都農（Tournon）頒布。各地的聖吳甦樂團體會

6　古德雷著（M. de Chantal GUEUDRÉ）。《法國聖吳甦樂會歷史第一冊：1572-1650 年從聖安琪的在俗獻身團體到修會》（ Hist. De l'OSU en France t. I, De l'Institut séculier d'Angèle Merici à l'Ordre monastique, 1572-1650 ）。巴黎出版。1957 年；布吉農著（C. BOURGUIGNON）。《法國聖吳甦樂會創立人——祈禱司鐸會會士侯米翁神父的生平》（ La vie du P. Romillon, prestre de l'Oratoire de Jésus et Fondateur de la Congrégation des Ursulines en France ）。馬賽出版。1669 年；《芳莎·博明修女的生平與法國聖吳甦樂會的創立》（ La Révérende Mère Françoise de Bermond et l'établissement des Ursulines en France ）。作者為一位未具名的聖吳甦樂會修女。巴黎出版。1896 年。

院快速地成長：1599 年多菲內省（Dauphiné）的沙伯伊（Chabeuil）；1600 年艾克斯（Aix）；1602 年亞爾（Arles）；1604 年土魯斯（Toulouse）。從 1599 年開始，其他地區小同步進行，成效顯著：1599 年蓬圖瓦茲（Pontoise），接著是 1604 年巴黎。1606 年，博多會院成立[7]，都爾會院乃是由博多會院衍生而來。總主教方濟‧德‧艾斯古布洛‧德‧蘇迪（François d'Escoubleau de Sourdis）在二十三歲時受法王亨利四世之命出任樞機。他只有一個願望，那就是在他的教區推動天主教革新，因為該教區受到宗教戰爭和加爾文主義的嚴重影響。他是第一位提出在他的總主教轄區內設立聖吳甦樂團體想法的人。他成為關鍵人物的原因有兩種說法：第一個說法是他前往米蘭朝聖時瞻仰聖嘉祿鮑榮茂的聖髑，而有了這個想法；第二個說法是1605 年，當他要前往羅馬參加教宗選舉會議途經亞維儂時，聽說了普羅旺斯的聖吳甦樂團體，很想認識她們。這兩種說法其實並不衝突，甚至相輔相成：他先是在米蘭有了這個念頭，在拜訪聖吳甦樂會之後更加確立他的想法。不論事實如何，蘇迪樞機將普羅旺斯團體的規約交給博多會院的聖吳甦樂會會士。在他 1609 年的公開信中寫道：「制定天主教教義信理的教父們出版的一本書，對這個團體的規約和特許有很大篇幅的描述。」他所提到的規約即 1597 年在都農頒布的會規。博多會院的會規就是建立在普羅旺斯規約的基礎上。蘇迪樞機的告解神師——斐揚修道院的尚 - 雅各‧德‧倍第神父（Jean-Jacques de Berty）向他提及幾位可以幫忙落實這項計畫的人。1606 年 6 月 24 日，樞機授予這些女孩頭紗，同年 11 月 30 日在聖安德肋主保慶日（fête de saint André）當天宣發初願。芳莎‧德‧凱瑟修女（Françoise de Cazères）被任命為院長。同年，聖吳甦樂團體在利布爾訥（Libourne）設立修道院，第二年又在布爾（Bourg-sur-Gironde）和聖馬凱爾（Saint-Macaire）增設兩間修道院。義大利的聖吳甦樂團體成員不宣發誓願。在沃奈桑伯爵領地，侯米翁神父和布斯神父讓會士宣發貞潔簡願，並承諾神貧與服從。其他地方像是博多、土魯斯、

7　哈佛內著（RAVENEZ）。《博多蘇迪樞機的生平》（*Vie du cardinal François de Sourdis*）。博多出版。1867 年；歐普曼著（M.-V.HOPMAN）。〈蘇迪樞機〉。收錄於《德國聖吳甦樂會年鑑 2》（*Jahrbuch des Verbandes selbst. Deutscher Ursulinenklöster 2*）。1927 年。頁 53-73；克里斯蒂安尼著（L. CRISTIANI）。《早期法國聖吳甦樂會會士傳記》（*La merveilleuse histoire des premières Ursulines françaises*）。里昂出版。1935 年。頁 276-292；布丹著（P.BROUTIN）。《十七世紀法國的聖職改革》（*La réforme pastorale en France au XVIIᵉ siècle*）。巴黎 - 都爾奈出版（Paris-Tournai）。1956 年。

第戎（Dijon），未依據教宗庇護五世（Saint Pie V）的宗座憲章，在未經羅馬教廷正式同意之前，聖吳甦樂團體的成員就在主教的認可下宣發貞潔、神貧與服從三願。

1610 年，教會長上、德·聖白偉夫人（de Sainte-Beuve）以及芳莎·德·博明修女共同擬定巴黎會院的會規，明訂六個月的保守期以及兩年的初學期之後，准予宣發隆重願。宣發隆重願意味著聖吳甦樂團體正朝向轉型為隱修會，並採納特利騰大公會議有關禁地的嚴規[8]。教會長上卡勒曼蒙席（M. Gallemant）、傑斯藍蒙席（M. Geslin）、卡洛蒙席（M. Gallot）等人，皮耶·德·貝魯樂（Pierre de Berulle）、德·馬里亞克（de Marillac）二位，耶穌會會士寇東神父（P. Coton）、德·拉都爾神父（P. de la Tour）以及恭德利神父（P. Gontery）、阿卡利夫人（Mme Acarie）、聖白偉夫人等人都贊成聖吳甦樂團體自 1610 年轉型成為常規的隱修會。位於蘇瓦松（Soissons）附近的聖艾田（Saint-Etienne）修院院長——安妮·德·盧西（Anne de Roussy），帶著她的幾位修女一起成立奉行隱修會嚴規的聖吳甦樂會巴黎修道院。1612 年教宗保祿五世（Paul V）頒布諭令，巴黎聖吳甦樂會正式成為宣發隆重願的隱修院[9]。

自此，十七世紀初在索爾格島和亞維儂所成立的大大小小聖吳甦樂團體陸陸續續轉型為隱修會形式。1618 年蘇迪樞機取得教宗諭旨，令博多地區的聖吳甦樂各個團體轉型為隱修院。博多地區的聖吳甦樂會當時涵蓋博多、利布爾訥、布爾、聖瑪凱爾、拉瓦（Laval）、普瓦捷（Poitiers）以及昂熱（Angers）等地的各會院。隨後幾年很快又推廣至索米爾（Saumur，1619 年）、迪南（Dinan，1621 年）、都爾和奧爾良（1622 年）。當瑪麗·閨雅在 1631 年 1 月 25 日被都爾會院接納時，法

---

8 特利騰式的隱修相關議題參見戴雷阿勒著（H. DÉRREAL）。《反改革的傳教士聖皮耶·傅立葉與聖母會的創立》（Un missionnaire de la contre-réforme, Saint Pierre Fourrier et l'Institution de la Congrégation de Notre-Dame）。巴黎出版。1965 年。頁 188-196、225-278；勒莫尼著（R. LEMOINE）。《特利騰大公會議決議之修會會士的權益》（Le droit des religieux du Concile de Trente aux Instituts séculiers）。巴黎出版。1956 年。頁 36-42、167-182。

9 潘慕洛著（POMMEREU）。《大事紀》（Chroniques）。第一冊。頁 130-131；雷蒙著（H. de LEYMONT）。《1562-1630 年聖白偉夫人與巴黎聖吳甦樂會修女：十七世紀法國婦女教育之研究》（Madame de Sainte-Beuve et les Ursulines de Paris 1562-1630, Etude sur l'éducation des femmes en France au XVIIᵉ siècle）。里昂出版。1890 年；貝杜著（A.BERTOUT）。《舊制下的巴黎聖吳甦樂會修女》（Les Ursulines de Paris sous l'ancien régime）。巴黎出版。1935 年。頁 23-51。

國聖吳甦樂會的傳統還不算古老，也尚未穩定。

為了讓聖奧斯定會規*更加完整與清楚，當時採用的會規還是蘇迪樞機在 1617
年 11 月 29 日確認的版本，該版本「專為我們教區內的聖吳甦樂會修女」，以便
「完整保留該修會的原貌」。這個會規至今留有數個版本，分別在 1617 年、1623
年、1635 年和 1646 年印製。

修會設立的宗旨定義如下：「我們必須知道，聖吳甦樂修會團體（la
Communauté des Religieuses de Sainte-Ursule）的設立是為了光榮我們的天主，在祂的
恩寵下，除了致力於自我救贖與追求全德，同時要盡全力為女性心靈的善與美立下
典範，教導女性基督信理、奉獻精神、良善德行，並依自己的聖召，實踐虔誠與仁
慈的志業[10]。」

瑪麗・閨雅在「會規」開始幾頁就讀到她自己親身經歷過的家庭悲劇，內心感
慨不已：「那些進入聖吳甦樂會的女孩，因為聽從天主指示：放下妳的父母……而
決心離開父母、兄弟姊妹以及所有在俗世的感情牽絆。她們認為以下的話語就是對
她們說的：『若不憎恨父母以及惱恨自己的性命，就無法成為我的門徒。』因此，
她們必須忍痛捨棄世間的父母之愛，並將其轉化為靈性的愛：也就是以教會的愛德
來愛他們，就好像已離開俗世，捨棄自我，為耶穌基督而活，將耶穌視為父親、母
親、兄弟、丈夫以及萬物[11]。」

博多會院的會憲（Constitutions）先於教宗批准「聖吳甦樂友伴團體」（組織
形式）轉變為隱修會（Ordre religieux）的諭令，因此能夠因地制宜，修女的服裝沒
有統一規定，會規內有關誦唸日課的規範不多，至於修院的管理則隻字未提[12]。

都爾聖吳甦樂會的日常作息有詳細的記載[13]。每天五點起床鐘響，約半小時
後，修女們聚集於聖堂，以唱誦「伏求聖神降臨」開始她們一個小時的默禱。六點

---

10 參考資料摘自 1635 年巴黎版會規。〈序言〉。頁 4-5。
11 同上。頁 6-7。
12 同上。頁 6、32-33。
13 《1635 年都爾的日常作息》（*Coutumier de Tours de 1635*）。頁 16。作息表與 1660 年出版的《作息與會憲》（*Le Coutumier et les constitutions*）一致（頁 68-77），除了 15 點 30 分到 16 點的祈禱未在 1660 年的版本中提及。
* 譯者註：各隱修會多以「聖奧斯定會規」為基礎，再視個別修會之不同神恩修改為自己修會的會規。

半鐘響，修女們一起誦唸第一串玫瑰經，開啟後續的四個禮儀時辰經：第一時辰經、第三時辰經（午前祈禱）、第六時辰經（午時祈禱）、第九時辰經（午後祈禱）。彌撒在七點半舉行。

十點鐘響是個人省察時間，之後是午餐。接下來大約有一個小時的散心時間，通常大家會在一起做些小手工，結束前唸第二串玫瑰經。接著是團體勞動時間伴隨聖書朗讀，以及半小時的閱讀個人聖書。三點半到四點又是個人默禱時間，接著團體歌詠頌讚聖母、晚禱；五點團體誦唸夜禱，然後是晚餐與散心時間，一直到七點。之後各自回到房間閱讀或工作。八點一天結束，誦唸凌晨禱與晨禱、玫瑰經第三串、聖母德敘禱文、其他任何敬禮禱文以及靜默省察來結束一天。晚上九點準時就寢。

這個作息表是以博多會院的作息為基礎調整而來的；在都爾會院，聖母小日課逐漸成為日常敬禮，因此個人默禱時間相對縮短了些，就寢時間也稍微延後。

每年有二十三個大的慶典，每逢這些慶典的日子，就以正式的日課禮儀取代聖母小日課。

都爾的聖吳甦樂會會院團體規模相當大，從修道院設立的速度就可以得知。1634 年，修院有三十幾位已發願修女，和初學修女的人數不相上下。我們之前曾提過碧昂院長（Mère Françoise de Briant）[14]，她在 1631 年擔任院長時的諮議會沒有文獻記載，但之後的檔案證明當時修院已相當穩定，可以確定與 1632 年 9 月 24 日的情況幾乎沒有什麼不同。當時的副院長是勒寇克修女（Mère Marie le Coq），助理院長有瑪格麗特・杜馬修女（Mère Marguerite Dumas）、瑪格麗特・高第耶修女（Mère Marguerite Gaultier）和吳甦樂・茹耶修女（Mère Ursule Jouye）[15]。

勒寇克修女，會名聖若瑟（Saint-Joseph），是瑪麗・閨雅的初學導師[16]。她在

14 參見 *V*。頁 173-174、248-249、502-503，751；*O*。頁 193、242。

15 *AD I.-et-L*。《公證檔案》（*Archives notariales*）。沙文（Chauvin）公證事務所有關華耶-傑波（Royer-Gerbaud）資料。〈聖吳甦樂會的修道院〉1632 年檔案。

16 潘慕洛著（POMMEREU）。《大事紀》（*Chroniques*）。第二冊。頁 477-478；修道院的檔案讓我們得以認識她的宗教志業歷程：她出生於 1597 年左右，1622 年進入修道院；1631 年在洛什擔任院長；1632-1633 年在都爾擔任副院長及初學生導師；1641 年在洛什擔任院長；1645-1647 年在洛什擔任副院長；1650 年在都爾擔任助理院長；1655-1658 年在都爾擔任機要祕書兼代理院長。歿於 1660 年 5 月 21 日。她熱切地希望能夠前往加拿大，但都爾的聖吳甦樂會修道院反對。

1622 年，也就是聖吳甦樂會都爾會院成立那一年進入修會。她出生於 1597 年，比瑪麗‧閨雅大兩歲。1629 年初，碧昂修女自洛什（Loches）返回都爾後，勒寇克修女就被派遣至洛什接下代理院長職務。她的家庭源自洛什地區，父母是奧方（Orfons）和福日（Forges）的領主。她返回都爾修道院的時間大約是在 1630 年 4 月，碧昂修女被推選為院長之時，或稍晚一點。當修院接受瑪麗‧閨雅入會時，勒寇克修女正負責培育初學修女。瑪麗‧閨雅在 1641 年 9 月 4 日寫道：「她是天主的最虔敬的婢女[17]。」勒寇克修女在擔任洛什修院院長的時候，修會曾考慮派她前去加拿大支援甫成立兩年的魁北克修道院。瑪麗‧閨雅對這位初學導師的崇敬之意令人動容，將她視為天主所「揀選的人」，被上主引導過著「背負十字架和隱藏的生活[18]」。勒寇克修女是一位非常寬厚仁慈的人，如果由得她自己作主，她定會欣然前往加拿大宣教，對此事她一直懷著真摯的愛與來自愛的驅動力。她於 1660 年 5 月 21 日逝世，享壽六十三歲。她曾三次擔任洛什修道院院長，擔任都爾修道院副院長很長的時間，以及數度負責助理院長及代理院長職務。

杜馬修女年資較久，博多修道院院長凱瑟修女將她從博多派至索米爾和都爾，協助修院的設立[19]。

至於高第耶修女，據說她是都爾市長高第耶的女兒。他還有兩個女兒，一位嫁給克羅‧德‧婁內 - 拉齊利（Claude de Launay-Razilly），另一位嫁給艾田‧巴呂（Etienne Pallu）[20]。

第三位助理院長茹耶修女是都爾市一名議員的女兒，這位議員對聖吳甦樂會

17　*O*。頁 133。

18　*O*。頁 636。

19　她大概在 1632 年前往洛什；1633-1639 年在洛什擔任院長，1646-1647 年擔任副院長，1653 年擔任助理院長。文獻顯示她應該沒有再回到都爾。（*AD I.et L.*。H 842、H 843、H 844、H 847）

20　瑪格麗特‧高第耶在 1631 年 3 月擔任洛什寄宿生導師；1632 年、1633 年、1639 年、1642 年她在都爾擔任助理院長；有關她的家庭，請參見吉貝著（R. GIBERT）。《都蘭和普瓦度的大家族──巴呂家族》（*Une grande famille de Touraine et du Poitou, les Pallu*）。昂熱出版。1954 年。頁 14；瑪托著（M. MARTEAU）。同前。第一部。頁 75；第二部。頁 28。

都爾修院的建立有很大的貢獻[21]。在修道院剛建好時，吳甦樂・茹耶就和她的兩位姊妹貞納維耶（Geneviève）和瑪德蓮（Madeleine）一同進入修道院。1634 年 1 月 1 日，她被任命為初學導師，瑪麗・閨雅被分派給她當助理導師。她可以稱得上是瑪麗・閨雅最好的朋友，她們之間的關係非常親密。如果說碧昂修女是大家景仰的院長，那麼茹耶修女就像她的平輩朋友。瑪麗・閨雅一直認為茹耶修女才應該是開創魁北克修院的人，而她自己只能當她的助手。1639 年，茹耶修女接替碧昂修女，擔任都爾修院院長。1642 年她建立蒙特里沙修院（couvent de Montrichard），之後又回到都爾修院，在 1643 年至 1646 年、1652 年至 1658 年，以及 1661 年至 1667 年間擔任院長。瑪麗・閨雅在 1635 年寫給雷蒙神父（Dom Raymond de Saint-Bernard）的信中提到茹耶修女，她說：「這是一個純真無瑕的靈魂。我希望我與她之間的連結能夠更加緊密，永不分離[22]。」

　　瑪麗・閨雅有兩位重要的初學同伴：第一位是可愛的瑪麗・德・薩沃尼（Marie de Savonnières de la Troche Saint-Germain），她當時年僅十四歲，經過她一再懇求終於如願進入初學院[23]，會名是聖伯納，後來她被選中，陪同瑪麗・閨雅穿越大西洋，更名為聖若瑟。

　　另一名初學同伴名叫伊麗莎白・德・拉瓦利耶（Elisabeth de la Baume Le Blanc de la Valière）。她是路易絲・德・拉瓦利耶（Louise de la Valière）的姑姑。她於 1632 年、十三歲的時候進入初學院，1633 年底，大概是十一月領受會衣[24]。她對瑪麗・閨雅極為推崇。她的筆記和回憶對克羅神父（Claude）很有幫助，不論是撰

21　茹耶在 1622 或 1623 年左右進入聖吳甦樂會；1632-1633 年她在都爾擔任修會機要祕書；1634 年擔任初學導師；1639-1642 年擔任聖吳甦樂會都爾院院長；1642 年副院長；1643-1646 年院長；1647-1652 年副院長；1652-1658 年院長；1661 年初諮議；1661-1667 年院長；1667-1668 年諮議； 1671-1677 年再度擔任院長。克羅神父在他的著書《降生瑪麗生平》（la Vie de Marie de l'Incarnation）經常提到她（頁 247-248、331、333、334-335、338-339、357、359）。

22　O。頁 31。

23　參見 O。頁 440 起。

24　她生於 1619 年 2 月 19 日，1632 年進入初學修院。1655-1661 年擔任助理院長；1664 年擔任機要祕書；1665-1668 年再度擔任助理院長。殁於 1674 年 12 月 7 日。她曾擔任初學導師，但時間不詳；參見 V。頁 264、275-291；勒布樂著（E. LE BRUL）。《路易絲・德・拉瓦利耶的祖先：拉波美・勒布朗族譜》（Les ancêtres de Louise de la Vallière, Généalogie de la maison de la Baume Le Blanc）。巴黎 - 穆蘭出版（Parie-Moulins）。1903 年。頁 84 註解。

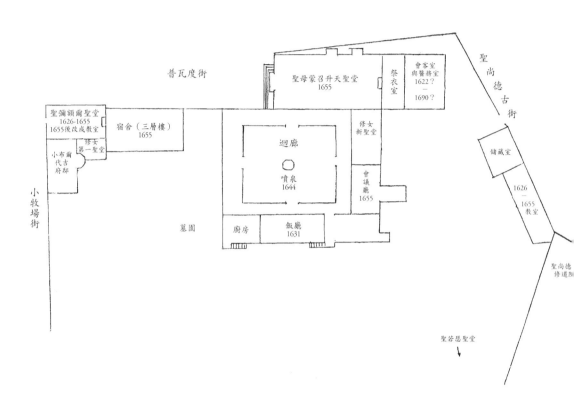

十七世紀聖吳甦樂會都爾修道院平面圖

街
道
修
德
尚
聖

聖若瑟聖堂
↓

寫其母親的傳記，或是整理《成聖之道》（Ecole Sainte）手稿。他說：「我很感謝她，她的回憶提供我許多撰寫的材料。」

瑪麗・閨雅踏入修道院大門的第一個感覺是釋放。經歷過布松家族事業的種種煩憂以及內心交戰，如今成為初學生，她的職責僅僅在於遵守會規[25]，相較之下，感覺特別輕鬆。

她毫不遲疑地停止了補贖苦行，一切以聖吳甦樂會的會規為依歸。她感覺天主賦予她一個「全新的生命[26]」，一個如孩童般完全倚賴、全然服從的生命。她說：「我發現自己像個孩子，對於被剝奪的東西毫無感覺，我彷彿返老還童，順其自然地重獲孩子般的潔白單純[27]。」

她馬上就認知到，服從比外在的忍辱克苦行為更有意義。她之前的修行方式都是在艱苦的情境下進行。1624 年以來，她甘願服從她的靈修導師以及姊姊、姊夫的各種要求。到了初學院，服從相較之下容易許多。

有關瑪麗・閨雅的苦修，克羅神父說道：「天主的旨意是她的依歸，因此她停止先前的克苦方式，並處於一種寧靜之中，顯見她雖然熱衷於苦修，但不執著[28]。」她原本每日領聖體，為了遵守規定，改為一週兩次，對此她應該非常難過，但她毫不遲疑地接受了[29]。

在初學院，大部分都是十四至十五歲的女孩，瑪麗・閨雅受到的對待與其他人不同，讓她倍感困窘，因為她一心想完全融入這個團體，把自己貶抑成一個比其他初學修女更為年幼的小孩。克羅神父寫道：「她與這些年輕女孩共同生活，彷彿未經世事、純真無知。她向這些年輕的初學修女學習如何實踐修道生活和禮儀，每當她學到一件就欣喜若狂[30]。」

克羅神父認為以他母親三十多歲的年紀在學習上較為吃力，所以難免會犯錯，但瑪麗・閨雅以從容優雅的方式接受這個事實，並且勇於承認自己的錯誤，甚至自

---

25 *J*。第二冊。頁 279。
26 *J*。第一冊。頁 285。
27 同上。頁 285-286。
28 *V*。頁 183。
29 *J*。第一冊。頁 285。
30 *V*。頁 183-184。

我調侃。

　　然而這樣的平靜與滿足並沒有持續很久。瑪麗‧閨雅的兒子克羅無法接受母親棄他而去，加上其他人在他傷口上撒鹽，不僅沒有安撫他，甚至利用他給瑪麗‧閨雅施加壓力，希望在她領受會衣之前能改變心意。有人在克羅面前毫無顧忌地責備他的母親，鼓勵他去討回他的母親。這個人就是保羅‧布松（Paul Buisson）。他對瑪麗‧閨雅的決定感到憤怒，無法克制自己衝動的情緒和言語。他是一個心地善良，慷慨大方的人，但他不能接受瑪麗‧閨雅就這麼離開，丟下事業不顧。瑪麗‧閨雅寫道：「一個曾經滿口承諾要協助我的人，如今卻食言了，甚至威脅我[31]。」

　　克羅住在姨父布松家，他相信姨父的話，只要去修院哭鬧就可以讓母親回心轉意。瑪麗‧閨雅寫道：「他一直在修院的柵欄外不肯離開，哭鬧著要我回家[32]。」克羅也有關於這一段的回憶：「那時正在興建修道院，工人常常把門開著，他就趁機溜進修院尋找他的母親。有時跑到花園，和修女們在一塊兒；有時直闖內院。有一次他繞了好久不知身在何處，最後進到食堂，修女們正集合準備用餐。有時候，當他發現祭台區領聖體的窗口開啟了，他就試著半身擠進去；有時把外套和帽子丟在那裡[33]。」

　　他的姨父西維斯特‧諾曼（Sylvestre Normand）是一名教師，在 1625 年娶了瑪麗‧閨雅最小的妹妹。他擅長寫詩。外甥的遭遇觸動他的靈感，於是撰寫一些淒涼悲苦的詩句[34]。這些詩句也許並不是什麼偉大的作品，但在當時的情境下，深深打動了家人。他用克羅的口吻發出悲鳴，訴說他被遺棄的不幸遭遇。字裡行間滿是愛與溫情，只要是有血有肉的人都會受到感動。克羅會在修道院的會客室朗讀這些詩句，或是拿給他的母親讓她細細體會。

　　最嚴重的一次衝突是克羅的同學跑去騷擾修道院。瑪麗‧閨雅在 1654 年的《靈修札記》中這麼寫道：「我兒子的同學，一群小朋友，聚集在一起開始嘲弄他。說他是瘋了還是傻了，怎麼會任自己的母親棄俗修道；說他沒父沒母，將來會

31　*J*。第一冊。頁 288-289。

32　同上。頁 288。

33　*V*。頁 185-186。

34　*V*。頁 186；有關西維斯特‧諾曼，參見 *J*。第三冊。頁 220 註解。

被鄙視、被排擠。他們慫恿他說：『我們一起去把她要回來，我們去修道院大吵大鬧讓她們把你媽媽還給你。』克羅情緒非常激動，哭得很慘。於是，一群小朋友來到修道院的門口對我喊話，聲音大到全修院都聽到了。我起初不知道怎麼回事，後來在喧鬧聲中，我聽到我的兒子大聲說：『還我媽媽，我要我媽媽！』我心如刀割，一方面又擔心修院不堪其擾，將我趕出去。修女們聽到他的哭喊聲也不禁同情落淚[35]。」

有些路人被這個景象逗樂了：一群拿著棍棒、石頭、鐵棍的孩子衝進女修道院！有些路人則同情克羅，指責他的母親[36]。這個事件讓內心無比慈愛的瑪麗‧閨雅痛苦萬分。

一直到四十年後，瑪麗‧閨雅晚年之時，這些情景仍歷歷在目，恍如昨日。1669 年，她向兒子提及當年分別的痛苦。她說：「我還想再跟您說一次，當初與您分開，我像是活活地殺死了自己。我進入修院後，看到您在修院的會客室或祭台柵欄外哭泣；看到您試著擠進領聖體的窗台；看到您發現工人沒有關門就溜進來；看到您自覺這樣不對，抱著能看到我的一絲絲希望，倒退著走出去。有些初學修女們看得都哭了，她們說我怎麼能這麼狠心，見您如此竟然不掉眼淚。但是，唉……修女們沒有看出我對您的牽掛，也沒有看到我對天主旨意的忠誠。當您來到柵欄外哭著要別人把媽媽還給您時，或是有人把您帶進來讓您跟我一起修道時，我內心糾結不已。最讓我難過的是那次，當一群同齡的小朋友和您一起來到我們食堂的窗戶外，你們大吼大叫要我回到您身邊，我清楚聽到您哀戚的聲音。修女們對您所承受的痛苦都能感同身受，深表同情[37]。」

如果克羅一直纏著負責對外聯絡的修女時，碧昂院長就會讓瑪麗‧閨雅去看看他：「我試著安慰他、安撫他。有些修女會拿一些小禮物讓我送給他。負責與外界聯絡的修女注意到，克羅離開的時候，總是倒著走，眼睛一直盯著修院宿舍的窗戶，因為他以為我會回修院宿舍，所以希望能看到我。他就這樣一直倒著走，直到

---

35 *J*。第二冊。頁 279-280。
36 *V*。頁 186。
37 *O*。頁 837。

看不見修道院為止 [38]。」

　　瑪麗·閨雅一定是一位非常慈愛的母親，才會使得克羅無法放下對她的依戀。而她自己為了服從這個特別的聖召所承受的痛苦，肯定也是言語無法形容的。她在進入修道院之前的掙扎和焦慮一次次湧上心頭：她的職責到底是什麼？她是不是應該先照顧好自己的孩子，直到他有能力獨立生活呢？她離開孩子進入修道院是否只是自私地滿足自己追求寧靜平和的渴望呢 [39]？

　　經比對瑪麗·閨雅 1669 年 7 月 30 日的信件和《靈修札記》後，最煎熬似乎就是小朋友攻擊修道院的這起事件。

　　有一次領完聖體的感恩經之後，她回想到在初學時期曾對天主說：「哦，我的摯愛，只要這個孩子不冒犯祢，我願意承受所有的苦難。我情願他死千百次，也不願見到他冒犯祢；不願他不能成為祢的孩子。哦！只要祢照顧他，我願意接受各種磨難。」天主當時給她保證，要她無須為克羅擔憂。她說：「我聽到天主告訴我，不要再為您擔憂，祂會照顧您。天主的應允讓我整個人平靜下來 [40]。」

　　在 1633 年的《靈修札記》中，她寫道：「我彷彿和天主達成一個約定，這是祂與我之間的協議，我既不能，也不願意退出 [41]。」她確信天主能夠讓她如願。她說：「即使大家都不相信天主對我說的話，我依然堅信著，自此以後，我不再為此煩憂…… [42]」

　　曙光降臨，瑪麗·閨雅終於清楚知道天主的旨意為何。即便人們繼續勸她、指責她、教導她為人母的責任，但這些都是凡人的看法；而她知道天主會引導她和兒子走在一條未知但直達天主的道路 [43]。瑪麗·閨雅擔心會因此被趕出來，但事實上修會從未有此念頭。院長很快就讓她知道修會的態度，讓她安心。

38　J。第二冊。頁 280-281。

39　J。第一冊。頁 292-293；頁 311-312：「魔鬼嘗試說服我，說我離開孩子是錯的，說我不該繼續下去，也不該領受會衣。」

40　O。頁 837；1640-1641 年在魁北克時，她又經歷了類似的煎熬，參見本書第三部第六章。

41　J。第二冊。頁 293；頁 312：「有關此事，我又再一次承諾願意受苦，沒有其他選擇。」

42　O。頁 837。

43　這份堅信其實很脆弱；瑪麗·閨雅一直到生命最後都在這個問題上打轉；培蒙（BREMOND）深度分析了瑪麗·閨雅內心的掙扎（《宗教情感文學史》第六冊。頁 48-71）。

天主的回應很快就顯現了。馬孔市（Mâcon）主教的兄弟，也就是耶穌會雷恩學校（collège des Jésuites de Rennes）的校長——蒂內神父（Jacques Dinet），四旬齋期間途經都爾，在總主教府被接見。當時在場的還有雷蒙神父。談話過程中（可能是餐桌上或用餐之後），提到瑪麗・閨雅的事蹟，包括她特別的聖召、如何進入修會、對孩子的憂慮等等。蒂內神父馬上就表示願意接受這個孩子就讀耶穌會雷恩學校。克蘿・布松聽聞雷蒙神父提及此事後，在她丈夫的支持下[44]，主動提供些許膳宿費用。

　　瑪麗・閨雅還有另一個包袱，就是她年邁喪偶的父親佛倫・閨雅（Florent Guyart）。他也嘗試用堪憐的處境勸退女兒。但事實上他的情況並不窘迫，因為他還有三個女兒可以照顧他：克蘿・布松（Claude Buisson）、凱特琳・巴里耶（Catherine Barillet）和珍妮・諾曼（Jeanne Normand）。以她們的家境，照顧他綽綽有餘。佛倫・閨雅於 1631 年 6 月至 7 月左右逝世。雖然他一直非常反對女兒進入聖吳甦樂會，但他和瑪麗・閨雅的關係並沒有因此決裂；他甚至時常前往修道院與瑪麗・閨雅會面。雖然此事也招致一些批評，不過由於天主的旨意已非常明確，這些流言蜚語就不重要了。

44　*J*。第二冊。頁 282。

第二章

「我微不足道，只歸屬全能的天主」

（1631 年 3 月 17 日）

　　母親離去的打擊在克羅·瑪定的生命中留下不可抹滅的印記。但是兩到三週後，大約在 2 月 15 日左右，傷心欲絕的克羅逐漸平靜下來，他的母親終於可以如願全心歸屬天主，事奉天主。

　　在 1654 年的《靈修札記》中，有一段描述她在初學時期的生活以及最初的喜悅：「我對院長碧昂修女和初學導師勒寇克修女敞開心胸。當她們沒有像對其他初學修女那樣要求我時，我會感到非常難過。這些初學修女年齡最大的也才十六歲，我非常欽佩這些女孩對修道嚴規的謙卑與順從。我覺得我與她們的美德相去甚遠，雖然她們對我特別敬重，但我不敢當。我似乎又回到了孩童時期，本著最純真樸實的心和她們一同修道；讓我感到慶幸的是初學修女的生活單純，沒有雜事干擾[1]。」

　　瑪麗·閨雅先前管理布松家族企業時，公司規模不斷擴大，管理模式極權專制。在經歷了工作上的紛擾，初學修女的生活讓她體驗到不可思議的平靜。每一次

1　*J*。第二冊。頁 291。

她意識到這股寧靜時，都會低聲驚歎：「這種輕鬆的感覺真好！無須再管事或談生意竟給我帶來這麼大的喜悅[2]。」然而，這份平靜喜樂只是短暫的，後來被派遣至加拿人讓她面臨更多的煩憂。

瑪麗・閨雅的本性並非一味地沉溺於寧靜與喜樂，她想知道自己能為天主做什麼。她認為不付出任何代價就享有喜樂是不應該的。她說：「我想過各種貶抑自己的方法，我願意放棄自己的最愛，做為給天主的奉獻。而我最愛的就是唱經修女的工作，尤其是頌唱聖詠和教理講授，我好希望有機會能被指派這類的工作[3]。」當初聖吳甦樂會吸引瑪麗・閨雅的原因之一就是隱修院的嚴規以及唱經。之後我們會看到她在禮儀上頌唱聖詠的恩寵，以及她從中得到的啟發。

她在這段敘述裡談到如何向碧昂院長表態要放棄聖吳甦樂會最吸引她的部分。這個表態有可能是在進入初學院兩年後，即宣發聖願前夕（1633 年 1 月 25 日）。但是其實瑪麗・閨雅似乎在領受會衣之前，大約在 1631 年 2 月至 3 月間就已經打算由唱經初學修女轉為庶務修女。她說修會沒有計較嫁妝*，「好心」地接納了她，她本該當庶務修女，因為這個職務要求的嫁妝不高。入修會前，她沒有想過這個問題。從進入修會到領受頭紗成為初學修女，她有兩個月的時間反覆思考（1月 25 日至 3 月 25 日）。在 1633 年的《靈修札記》中她寫道：「我決定請求院長讓我當庶務修女（soeur liée），讓我永遠處於最卑微的位置[4]。」從這段敘述看來，她的表態應該是在更早之前。1633 年復活期，她開始撰寫靈修札記給拉耶神父（P. Georges de la Haye）。有關這個請求的描述方式可以看出來她應該不是數星期前，或三、四個月前才下這個決定。她的訴求是隱修以及負責最卑微的職務，她還聲稱自己「沒有能力擔任唱經修女（soeur de choeur）的職務。」

碧昂院長並不認同瑪麗・閨雅的想法，但她沒有表現出來，只是很有技巧地不

2　*J*。第二冊。頁 291-292。

3　*J*。第一冊。頁 294。

4　同上；「soeur liée」所指為何？應該不是「庶務修女」（soeur laie）的筆誤；此外，聖吳甦樂會沒有「助理修女」（soeurs associées）；「soeur liée」很可能是當時庶務修女或家事修女的俗稱。

*　譯者註：十七世紀時期，要進入修會前，女子的家人必須準備一筆金額，當時稱為「嫁妝」（les dots），捐獻給修會。

予正面回應。瑪麗‧閨雅說：「她不願意接受我的提議，也不急著考慮此事[5]。」幾天後，瑪麗‧閨雅沒有收到任何答覆，便又再提了一次，但答案還是敷衍推託：「我們可敬的院長把我的請求交付給有權決定的人來處理。」所謂有權決定的人主要是指修會的教會長上佛傑蒙席（M. Louis Forget）以及瑪麗‧閨雅的靈修導師雷蒙神父。在一次祈禱當中，瑪麗‧閨雅領悟到她的願望無法實現。「一道突如其來的光照」示意她不可在這件事上違背天主的旨意。「與此同時，我確定我的請求不會被接受[6]。」不過瑪麗‧閨雅已經學會不要直接將自天主那裡得到的第一道光照做為唯一的行為準則：「但是，我並沒有停止這個計畫，而且不斷透過有能力幫忙的人來促成我的願望，直到天主的旨意向我充分彰顯出來為止。」瑪麗‧閨雅是否真的認為內心的光照指引她成為庶務修女呢？這點值得懷疑。她堅持這樣的訴求應該是理性思考後的決定，而非天主的旨意。碧昂院長和其他高層也都這麼認為；如果瑪麗‧閨雅這個充滿荊棘的聖召確實只是為了當個庶務修女，他們是不會反對的。

在 1633 年的《靈修札記》中，瑪麗‧閨雅講述她進入修院開始幾週所獲得的恩寵；當時她的兒子還沒有放棄要她離開修道院的念頭，她寫道：「有一天傍晚，在祈禱的時候，我很堅定地告訴天主我要奉獻我的心[7]。」那是在下午四點半的祈禱時間，晚禱之後、夜禱之前。她自問天主是否已經接納了她的奉獻。祈禱結束時，她的內心「充滿疑問」。第二天早上祈禱時，她就得到天主的回答：「祂不願讓我再繼續受折磨，祂透過我內心的聲音對我說：『把妳的心交給我。』」乍看之下並沒有什麼特別之處，因為瑪麗‧閨雅從小就有好幾次把心奉獻給天主。自1620 年以來，她經歷多次奧祕的恩寵，因此確信她的心已確實交付給天主，而天主也收下了。1625 年初，與聖子心靈相通的恩寵就是一個例子[8]。

然而這次的恩寵，讓瑪麗‧閨雅清楚意識到自此以後和天主之間獨一無二的親密關係；她完完全全歸屬天主、獻身給天主，同時也被天主接納，使她整個人沉浸

5　J。第一冊。頁 295。
6　同上。頁 296。
7　J。第一冊。頁 296-297。
8　參見本書第一部第八章。

在喜悅之中。她是屬於天主之「物」，任憑天主安排，不需徵求她的意見。祂可以把她拉至祂面前，無須問她是否同意，因為她已沒有了自我；她將整個人奉獻給天主，交付自己給祂的作為，她說：「聽到大主突然但溫柔的聲音，我似乎完全被抽離，祂接納我成為祂所屬……我的靈魂不自覺地同意被占據，因為經歷數次奧祕吸引，我的靈魂早已與天主密不可分，天主已不需要像一開始時還會問我是否願意。」瑪麗‧閨雅寫下一段極美的描述：「這不像是透過發願禮儀來與神聖的天主結合，而是像一個早就自我奉獻給天主之物，無須再問是否願意[9]。」毫無保留地將自己交給天主已經是她的第二個天性。

領受會衣的日子近了。聖吳甦樂會的會規沒有時間相關的明文規定，主要是由院長視每個人的狀況來決定初學修女候選人保留世俗衣服的時間，通常至少三個月。初學期間共兩年，包括穿世俗衣服的時間。瑪麗‧閨雅的導師雷蒙神父希望她等一年再領受會衣，可能是顧及到她的家庭義務。她說：「我的靈修導師告訴我必須等一年，他似乎顧慮我可能會離開[10]。」

但是碧昂院長和佛傑蒙席都認為沒有理由推遲瑪麗‧閨雅領受會衣的禮儀，而且他們覺得聖母領報慶節（fête de l'Annonciation）是一個恰當的時機；那是瑪麗‧閨雅在 1620 年經歷重大恩寵的十一年後的第二天，她將那次恩寵稱為「皈依[11]」。領受會衣的幾天前，天主第三度讓瑪麗‧閨雅見證天主聖三的顯現，更加確認先前引導她進入修道生活的恩寵。第一次神視是發生在 1625 年 5 月 19 日聖神降臨節（Pentecôte）後的星期一；第二次在 1627 年聖神降臨節當日，她得到將成為天主聖言淨配的啟示[12]；第三次在護守天使慶節（fête de l'Ange gardien），3 月 17 日星期一。這個節日在都爾聖瑪定大教堂（Collégiale de Saint-Martin）的年曆有記載，教區並不慶祝[13]，但有些女修會會慶祝。

---

9 *J*。第一冊。頁 297。
10 *J*。第一冊。頁 312。
11 初學為期二年，包括穿世俗服裝的時間。由院長決定領受會衣的時間。根據 1660 年聖吳甦樂會都爾的《會憲》（*Constitutions*），至少要進入修院三個月後（頁 91）。但 1631 年的版本沒有這項規定。
12 參見本書第一部第九章。
13 這個節日不在 1685 年的教區日課經中，而這是我唯一能夠參考的資料，但是在 1748 年聖瑪定大教堂的日課經裡可以找到這個節日。禮儀經文與 1615 年由羅馬教會訂立 10 月 2 日節慶的經文相同。

瑪麗・閨雅為與天主親密結合做準備，以迎接天主隨時可能到來。她在 1654 年的《靈修札記》中寫道：「那時我處於與天主結合的準備狀態，面對愛的實踐，我的靈魂靜默，就是在這樣一個平和的情境下，沉浸在耶穌基督的溫柔中[14]。」

　　瑪麗・閨雅感覺某件事情正準備要發生，但她不刻意去找尋，全心全意只渴望天主的愛。她說：「我清楚知道天主要交付我某件重大的任務。我像對家人一樣地對基督我的淨配說：『親愛的，祢想對我做什麼？把我做成祢喜歡的樣子。我對祢愛戀得不能自已[15]！』」

　　瑪麗・閨雅曾在修院親眼讀過吉庸・德・聖蒂耶里（Guillaume de Saint-Thierry）寫給神山夏特修道院（Chartreux du Mont-Dieu）非常經典的信札，又名「金玉良信」（Lettre d'or）。當時大家都以為信的作者是聖伯納（saint Bernard）。其中有一段是這樣寫的：「和天主在一起的人，即使孤身一人也不會覺得孤單。他可以盡情享受主在我內、我在主內這種與天主合而為一的喜悅。真理的光以及純潔寧靜的心，使得人的意識由純淨變成透明，腦海裡滿滿都是天主。正如會規的教導，你們的房間其實是天國，跳脫陳舊的住所，在天主的陪伴中隱修。房間和天國都是住所，而且在拉丁文，天國 caelum 和房間 cella 拼法相近。這兩個字很可能源自同一個動詞「celer」（隱含），天國所隱含的正是房間所隱含的；在天國所實踐的正是在房間所實踐的。這是什麼工程呢？就是全心事奉天主，與天主為伴。如果能夠在房間虔誠、忠實地實踐這項工程，那麼我敢斷定天主的聖天使也會同在房間內，就像在天國一樣快樂[16]。」

　　在「金玉良信」的這個段落中並沒有提到天主聖三的奧蹟。瑪麗・閨雅是在 1631 年 3 月 17 日親身體驗奧蹟之後，建立了房間、天國以及三位一體親密融合等

14　*J*。第二冊。頁 283。

15　同上。頁 285。

16　《論獨居生活，吉庸・聖蒂耶里寫給神山夏特修道院會士的書信集》（*Un traité de la vie solitaire, La Lettre aux frères du Mont-Dieu, de Guillaume de Saint-Thierry*）編號 19-20；達維翻譯（M.-M. DAVY）。巴黎出版。1940 年。頁 206-207；有關房間的奧祕意涵，參見辜構著（L. GOUGAUD）。《靈修辭典》（*Dict. De Spiritualité*）。第二冊。頁 396-400；勒克萊寇著（J. LECLERCO）。〈房間靈修〉（Pour une spiritualité de la cellule）。《熙篤會叢書》（*Collectanea cisterciensia*）。第 31 期。1969 年。頁 74-82。

相關聯的信念[17]。

　　這個恩寵是 1654 年之前她所經歷最重要的一個。恩寵到來的前三天是充滿愛意的等待時刻[18]。當天她一直在思索「金玉良信」的那個段落，她感覺被天主拉著，她說：「我感到極度痛苦，天主似乎要給我一個更大的恩寵。」內在的痛苦強烈到外顯至肉體。「這個痛苦持續了三、四個小時[19]。」，「神魂超拔」發生在傍晚四點半到五點之間的晚禱時間。第一次出現在日間散心時間結束前的團體閱讀聖書時。中午十二點十五分左右，修女們會聚集在一起唸玫瑰經第二串、耶穌祈禱文，以及聆聽半小時的靈修讀經。在這段時間裡，修女們也會做一些女紅。在護守天使慶節那天，碧昂院長很可能請人朗讀了「金玉良信」的那個段落。

　　瑪麗‧閨雅因天主強烈的吸引以及熱切的期盼所造成的身體痛楚持續了一個下午。她唱誦著晚禱，然後在祈禱中，她說：「劇烈的疼痛停止了，隨之而來的是一種不可言喻的溫柔，我感覺自己的內心完全改變了。」

　　她感到膝蓋一彎，不得不坐下：「突然間，至聖天主聖三的顯現使我再度認識祂的偉大[20]。」彷彿一道閃光，她再次體驗前兩次聖三顯現的欣喜，第二次比第一次更加超越理性。

　　就在院長宣布晚禱開始時，瑪麗‧閨雅進入到「神魂超拔」的狀態。她彷彿聽到至愛耶穌基督對她說：「誰愛我，必遵守我的話，我父也必愛他，我們要到祂那裡去，並要在祂那裡作我們的住所。」（若望福音 14：23）[21] 瑪麗‧閨雅以一種無法言喻的方式體驗這些話所傳達的訊息。她經驗到天主聖三住在她內以及天主的浩瀚，同時意識到自己的渺小和依賴。

　　瑪麗‧閨雅在 1627 年聖神降臨節第二次經歷聖三顯現時，在某種程度上了解了天主三位位格之間的運作：在天主聖父和聖神的注視下，她感到天主聖子占據了她的靈魂如同是祂的淨配。「天主聖三的三位格將我完全消融在祂們之內，我無法

17　*J*。第一冊。頁 368 起。
18　*J*。第二冊。頁 285-286。
19　*J*。第一冊。頁 299。
20　*J*。第一冊。
21　*J*。第二冊。頁 285-286。

分辨自己和聖父、聖子及聖神，換句話說，我與聖三已合而為一[22]。」天主聖三收服了她的靈魂，這就是當時她所理解的偉大奧蹟[23]。她意識到自己的渺小，以及天主的浩瀚。然而，她知道渺小的自己和全能的天主之間有著奧妙的比例。浩大無限的天主關注其無窮渺小的創造物，使其完全依賴。天主好像需要她，渺小的她對天主的依賴似乎可以為天主帶來什麼。她說：「最讓我感動的是我在主內看到一個純淨又虛無的深淵，祂充滿愛意地向我表示，儘管我什麼都不是，但我完全歸屬於祂，祂就是我的全部[24]。」瑪麗‧閨雅正經歷基督宗教最核心的奧祕。天主將祂最隱密的生命與存在顯現出來，就像不惜一切代價付出的愛情，為了激發受造物對祂的愛之回應。

在瑪麗‧閨雅的奧祕生活中，1631 年 3 月 17 日領受的恩寵是最重要的一次。她自己體認到天主聖三的顯現從 1625 年、1627 年到 1631 年，一次比一次更加深刻。她說：「在深淵之中，我意識到此次恩寵比過去兩次的聖三啟示更為崇高，其意涵更加清晰明白：『我第一次顯現時，是要告訴妳這份至高的奧祕；第二次是聖言將以妳為祂的淨配；而這次，聖父、聖子及聖神一起出現是為了完全擁有妳的靈魂。』自此以後我完全歸屬天主三位[25]。」在這個歸屬關係中，三位格各有其擁有的方式，聖父就是一位父親，聖子是淨配，聖神賦予她接收天主三位間的神聖交流，她因此能成為天主的女兒和淨配。

第三次的聖三顯現最重要的意義是讓瑪麗‧閨雅理解到她是虛無渺小的，但歸屬全能的天主。在 1633 年的《靈修札記》中，這樣的說法在一頁之內就出現了五次。

- 「（神聖的天主）充滿愛意地向我表明，儘管我什麼都不是，但我是完全屬於祂的，祂就是我的全部。」
- 「（我認為）什麼都不是的我只屬於言語無法描繪的全能天主。」

22　*J*。第一冊。頁 299。
23　*J*。第二冊。頁 285-286。
24　*J*。第一冊。頁 299。
25　*J*。第二冊。頁 285-286。

— 「當我意識到我是屬於天主的，我的靈魂更加提升。」

　　— 「渺小虛無的我只屬於全能天主，這個想法深深刻在我的心上。」

　　— 「這個神視無法用言語形容，令我欣喜，讓我意識到我個人的渺小，我只
屬於偉大全能的天主。」

　　在 1654 年的《靈修札記》中，她寫道：「天主答覆我：『即使妳微不足道，
但是妳完全屬於我。』這句話時時出現在我的腦海中，尤其在遭受挫折時。」

　　瑪麗‧閨雅對虛無、渺小想法的執著，很可能是受到她的靈修導師雷蒙神父
引介萊茵芙拉蒙（rhéo-flamand）神祕主義的影響[26]。神魂超拔的狀態持續不到半小
時，沒有超過祈禱時間。當她回過神來到現實時，發現自己「倒靠在椅子上[27]」；
她還是能夠跟上默禱之後的團體詠唱，但是她覺得自己像是一個醉酒的人，無法
理解感官收到的訊息。很長一段時間，她「與世隔絕，無法注意周遭任何其他事
情[28]」。

　　一星期後就是領受會衣的日子。她穿戴上初學修女的頭紗和會衣。那天，克羅
提前被送去鄉下「一個他喜歡的地方」，該處應該就是拉夏沛（la Charpraie）[29]。

　　瑪麗‧閨雅自己選擇了她的會名——「降生瑪麗」（Marie de l'Incarnation）。
聖母領報節是為了慶祝天主聖言透過童貞瑪利亞的孕育而降生成人的奧蹟。對瑪
麗‧閨雅而言，這個節日別具意義，十一年來她每年都會懷著感恩的情懷來慶祝。
她以「降生瑪麗」做為會名，就像一個合法的妻子冠上丈夫的姓一樣[30]。」

　　克羅‧瑪定神父將 1625 年天主聖三神視的恩寵視為「天主賜予的榮福[31]」，
他認為這是他母親一生中所獲得的最高恩寵[32]。他的母親最清楚所有發生在她身

26　這個說法出現在 J。第二冊。頁 71、266、287；J。第一冊。頁 202-203、349、373；O。頁 19；對照貝魯樂著
　　（BÉRULLE）。《書信集》（Correspondance）。第三冊。頁 314。

27　J。第二冊。頁 267。

28　J。第一冊。頁 300。

29　V。頁 201。

30　同上。

31　V。頁 83。

32　V。頁 82。

上的這些奧蹟，我們從 1654 年的《靈修札記》中看到瑪麗‧閨雅與克羅神父的想法並不一致。在 1633 年的《靈修札記》中，瑪麗‧閨雅將後來兩次的恩寵，尤其 1631 年 3 月 17 日那次，比擬為親眼見到天主的幸福。她寫道：「我感受到一種難以形容的喜悅，我相信這就是榮福直觀的喜悅 [33]。」

在天主承諾照顧她的兒子，也接受她奉獻自己的心意後，三月份就在充滿盼望與等待恩寵中度過。第三次神視天主聖三的奧蹟讓她感覺倍加受寵而極度欣喜 [34]。

經過十一年的等待，如果再加上結婚之前那段時間，總共十七、八年，瑪麗‧閨雅如願穿上會衣，夢想終於實現了，她幾乎不敢相信自己能夠獲得這個幸福 [35]。

唱頌日課讓她感到十分歡喜 [36]，她一直非常重視。在魁北克，拉瓦主教（François de Montmorency-Laval）把日課禮儀做了一些改變，取消聖詠的唱頌方式，因而減低了日課禮儀的莊嚴感，這個改變令她非常難過 [37]。她在 1654 年的《靈修札記》中指出，日課禮儀是光輝照耀的恩寵時刻。她說：「天主賜給我甜美滋養的智慧來領會聖經 [38]。」她還說：「當我用拉丁文唱頌聖詠和朗誦時，理解到的卻是法文，這使得我欣喜若狂，必須刻意壓抑我的情感流露。」

乍看這一段敘述可能會以為瑪麗‧閨雅具備某種與生俱來的語言天賦；但再想一想，這樣的說法是不成立的，她自幼用法文讀聖詠，並在各種場合朗誦聖詠 [39]。瑪麗‧閨雅熱衷於上教堂，參加教會法定的時辰禮儀（日課），包括主教座堂、聖瑪定教堂、斐揚修道院；當然還包括她所屬堂區主日的時辰經、晚禱、夜禱，甚至於某些特定時候還有凌晨禱。當她聽到拉丁文時，應該自然回想到她所熟悉的法文版本。此外，聖吳甦樂會修女通常都是詠唱或是朗誦聖母小日課，比起重要慶典才唱誦的法定時辰禮儀（日課），聖母小日課簡單許多。由此可以推斷，瑪麗‧閨雅能夠理解以拉丁文唱經的意涵其實並不需要特別的天賦。

33　*J*。第一冊。頁 299。
34　*O*。頁 837。
35　*J*。第二冊。頁 290。
36　*J*。第二冊。頁 290-291。
37　*O*。頁 288。
38　*J*。第二冊。頁 288。
39　*J*。第二冊。頁 167。

然而，瑪麗・閨雅具有深刻領會聖詠的智慧確實是聖神的恩賜。她說：「我們所頌唱的聖詠在我腦海不斷衍生，這是我和天上淨配的對話[40]，無論白天還是晚上。」時辰禮儀頌禱也成為影響她至深的個人私密祈禱：「這讓我完全跳出了自我，走在修院的路上或是做女紅時都持續這樣的狀態。我好希望大家都能認識這些聖詠，分享我靈魂深處所感受的喜悅，我的靈魂因一句一句的經文所引起的欣喜高潮迭起，持續不斷[41]。」唱經是甜蜜滋養恩寵的最佳處所：「頌唱聖詠時，我的心靈獲得釋放，充滿生氣，感官都變得敏銳[42]。」

　　這種現象在瑪麗・閨雅之前的生活中就曾發生過。經歷 1627 年春天那次的恩寵後，瑪麗・閨雅由於內心劇烈的反應而幾乎無法進行口禱。如果是在鄉下，可以用頌唱取代誦唸禱文，她就能夠選擇是否參加聖母小日課[43]。在聖吳甦樂會修女眾多的聖彌額爾聖堂（chapelle Saint-Michel），日課的聖詠頌唱同樣也能夠緩解她因愛和喜悅而激動的內心。她說：「我的感官融入美妙的唱經，讓我有一股衝動想跳躍、拍手，帶動大家大聲讚頌歌詠偉大的天主……[44]」「（我的淨配）對我說的話豐富了我的心靈和生命。在頌唱聖詠時，我看到了祂的正義、祂的判斷、祂的偉大、祂的愛、祂的公平、祂的美、祂的宏偉、祂的自由……我神聖淨配的美好彷彿將我置身於一片肥沃的牧場，讓我的心靈歡欣滿溢，無法壓抑內心的激動[45]。」

　　聖詠頌禱只是啟發瑪麗・閨雅的眾多祈禱方式之一，其他還有聖經，不論是舊約或是新約也帶給她泉湧般的靈光乍現。她將讀過的或聽過的段落全部背了下來，而且相互參照，獲得更多啟發，其感受之深甚至讓她感到暈眩。她說：「我感覺聖經的內容不間斷地湧現在我的腦海裡[46]。」

　　講道對她而言也是輕而易舉的事。有一天，在散心時間，一位小初學修女一本

40　*J*。第二冊。頁 289；維內著（J. VILNET）。〈降生瑪麗的神聖書寫與靈修生活〉（Ecriture sainte et vie spirituelle chez Marie de l'Incarnation）。《靈修辭典》（*Dict. De Spiritualité*）。第四冊。欄 253-258；《降生瑪麗的信仰》（*Ce que croyait Marie de l'Incarnation*）。頁 67-74。

41　*J*。第二冊。頁 289-290。

42　同上。

43　*J*。第二冊。頁 260。

44　同上。頁 288。

45　同上。頁 289。

46　*J*。第一冊。頁 302。

正經地請她講解〈雅歌〉中的一段。她說：「瑪麗修女，您跟我們說說『祈求祂的唇親吻我』是什麼意思[47]？」瑪麗・閨雅這次的講道最後進入神魂超拔的境界而久久無法言語。勒寇克修女扶她坐下。瑪麗・閨雅說：「我為此感到困窘，這樣的情況都是出其不意地發生[48]。」

瑪麗・閨雅非常清楚，如果自己因為這些靈光沾沾自喜，卻不堅定地遵守她所領會的天主旨意，那是非常危險的。「隨著天主所賜下，祂要求在任何事上更是絕對的純淨[49]。」她本人不會錯過任何天主藉由事實所發出的光照顯現，但謹守全然純淨。她完全不信任自己，只相信天主。她尋求絕對的純淨無瑕，因為天主不能容忍瑕疵[50]。

當她意識到自己犯錯時，她會立刻謙卑地請求原諒；當她內心不再自責時，她知道她已獲得寬恕[51]。

然而，修道院外面的人還是非常懷疑她是否會堅持下去。他們不相信她能夠適應這麼封閉的生活。她說：「有人讓我的姊夫以為我很有可能會離開修道院。有一次出遠門時，他叫我姊姊把公司的事全部交給我[52]！」瑪麗・閨雅開玩笑地說，保羅・布松對她做生意的能力比對自己的妻子更有信心。

47　*J*。第二冊。頁 289。
48　參閱本書第二部第五章。
49　*J*。第一冊。頁 303。
50　同上。頁 304。
51　*J*。第一冊。頁 305。
52　*J*。第二冊。頁 291。

第三章

初學時期的考驗

(1631-1632)

　　1631 年春天，斐揚修道院舉辦的全體會士大會給瑪麗·閨雅帶來一個壞消息[1]：長期待在都爾的雷蒙神父被派遣至土魯斯附近的斐揚大修道院，擔任院長職務。其實雷蒙神父曾經多次離開都爾，特別是在 1627 年，他住在位於巴黎聖奧諾雷街（rue Saint-Honoré）的修道院，但是與巴黎書信往來很方便，信件會定期寄送並在四天內到達。而斐揚大修道院則完全不是這麼回事，從都爾到土魯斯地區信件幾乎無法遞送，即使有，也不是定期的。瑪麗·閨雅在 1654 年的《靈修札記》中寫道：「可敬的雷蒙神父被派至斐揚大修道院擔任院長，遠赴 120 古里外，讓我頓失倚靠[2]。」

　　我們發現雷蒙神父的離開與瑪麗·閨雅前所未見的內心風暴幾乎發生在同一時間。雷蒙神父離開時似乎沒有為瑪麗·閨雅另外安排一位靈修導師，她自己也以為雷蒙神父離開都爾只是暫時的。她說：「我心想，可敬的雷蒙神父應該會回來，

1　參見本章註 22。
2　*J*。第二冊。頁 295；*V*。頁 207 以及 *J*。第一冊。頁 315 註解。

他不在的這段時間，我應該尋求他的同儕的協助，所以我去找過幾位神父[3]。」從1654 年的《靈修札記》，我們看到瑪麗‧閨雅似乎陸續找過幾位斐揚修道院的會士。

然而，1633 年的《靈修札記》只有提到一位聽告解神師，而且沒有明確寫出他的名字[4]。斐揚修會的神父中最有可能的應該是路易神父（Dom Louis de Saint-Bernard），他當時是修道院院長。

路易神父非常能幹，他盡心盡力地協助往見會建造修道院，這個計畫是當初雷蒙神父和羅蘭修女（Gillette Roland）所籌劃的。修院建造紀事記載往見會的修女們對路易神父的感激之情溢於言表。路易神父是個務實幹練的人，他能夠帶領一個建築工地，其專業技能很快地就廣為人知[5]。他協助都爾的往見會建造隱修院，主要建築師是雅各‧勒梅歇（Jacques Le Mercier）。後來在 1655-1657 年間，也是由他繪製聖吳甦樂會博魯（Blois）修院的建築圖和工程說明書。在此不久之前（1653-1654 年），他才幫本篤會的博蒙都爾大修道院（abbaye Baumont-les-Tours）入口設計了一個中央主樓加兩座亭子做為門房。《大事紀》稱他為「極優秀的建築師」。他從都爾被請來巴黎，參與位於聖雅各區（faubourg Saint-Jacques）斐揚修道院聖堂的建造工程。他也是奧爾良往見會修院和聖吳甦樂會希農（Chinon）修院的建築師。

根據瑪麗‧閨雅摯友羅蘭修女的說法，雷蒙神父離開後，很可能就是由路易神父接任瑪麗‧閨雅的靈修導師。路易神父缺乏經驗，無法了解瑪麗‧閨雅，使得她飽受折磨，對他心生畏懼，與他相處很不自在。

在講述瑪麗‧閨雅初學時期的內心考驗之前，最好先了解這兩年她身邊發生的事。最重大的是她的姊夫逝世，雖然她沒有說，但她肯定為此感到難過；尤其看到姊姊克蘿接掌先生留下的事業面臨種種困難之時，她自己雖有能力卻無法幫忙。

此外，1631 年夏秋之際，都爾爆發黑死病。有關這個疫情，克羅神父只有稍

---

3 *J*。第二冊。頁 296。
4 *J*。第一冊。頁 315。
5 參見〈隱修士建築師──聖伯納路易的作品 1630-1672 年〉（L'oeuvre d'un moine-architecte, Dom Louis de Saint-Bernard〔1630-1672〕）。*BSAT*。第 36 期。1971 年。頁 292-296。

微提及，《博蒙大事紀》中則有詳細的記載。黑死病在七月爆發，博蒙女修道院院長前往謝爾河畔梅訥圖（Menetou-sur-Cher）處理轄下隱修院院長任命事宜，因疫情而無法返回。「這個瘟疫的病徵是發燒，許多重要人物都染病而死，其中還包括市長[6]。」瘟疫一開始只是零星出現，後來大爆發，許多人都被感染。嘉布遣會士（les Capucins）像以往發生疫情時一樣，前往醫療中心協助照料病患。博蒙修道院人員於十月初開始撤離，過了約莫兩個月，聖誕節時大家又都回來了[7]。

修道院的《大事紀》沒有記載總主教頒布有關隱修院修女外出避難的諭令，而是由修道院院長視實際情況個別提出許可申請。由此可知，撤離並非大家一起行動。

聖吳甦樂會初學院在這波疫情中也沒能倖免。一位初學修女被感染，一開始大家認為不需要隔離，因為這位初學修女情緒很脆弱。其他初學修女不知道這個病的嚴重性，所以常去探望她，還開玩笑說她膽小，「為了讓她不要害怕[8]」。這個輕忽造成聖吳甦樂會修院的瘟疫在大爆發之前就在院內傳染開來，當時尚未有避免疫情擴散的強制措施。那位染疫的初學修女後來病逝了。克羅神父寫道：「當時大家認為有必要將一些修女撤至其他地方，尤其是初學修女，她們對於修院感染的情況感到害怕[9]。」這個做法有三個好處：一來暫時隔開初學修女和照顧那位染疫初學修女的修女們；二來將初學修女安置在比較安全的地方避免被感染；三來安撫初學修女的情緒，因為她們被突如其來的死亡給嚇到了。

如果以上推測無誤，瘟疫初期就讓初學修女放假離開修院的時間大約是在七月底或八月。

「瑪麗·閨雅的姊姊將自己在鄉下一間漂亮的大房子借給初學修女住。當時瑪

<hr>

6　《博蒙都爾修道院大事紀》（*Chronique de Beaumont-les-Tours*）。頁 108；當時的市長是第雍（Tillon）的領主，可能是方濟·莫翰（François Morin），或吉勒·杜畢（Gilles Dupuy）；1631 年的瘟疫在西部相當嚴重。

7　《博蒙大事紀》（*Chronique de Beaumont*）。頁 112-113。

8　*V*。頁 639。

9　*V*。頁 548；負責照顧染疫初學修女的是勒諾瓦修女（Perrine Le Noir de Sainte-Claire），參照 *V*。頁 296-297；克羅神父談到許多有關她的事，因為她與瑪麗·閨雅關係密切，參照 *V*。頁 291-298。她在 1622 年入修院，1652 年 1 月 1 日逝世；她的墓碑碑文在布薩（BUISSARD）著書《聖吳甦樂會都爾修院》（*Le monastère des Ursulines de Tours*）中有提及（頁 17-18）。

麗‧闔雅也是初學修女，所以和其他初學修女一起過去。為了讓初學修女擺脫對死亡的恐懼，她想出了各種休閒活動來幫助她們緩解害怕的情緒[10]。」

初學修女去度假的地方應該就是拉夏沛，布松家族在那裡擁有一幢大宅邸，足以容納這些修女。

根據克羅神父的敘述，初學修女的導師和副導師沒有同行，因此瑪麗‧闔雅負起管理這些初學修女的責任。他寫道：「她擔心同行較資深的修女會剝奪初學修女散心的自由，因為她們怕放假會妨礙修女培育過程中所應嚴格遵守的會規，以及減損使命的嚴肅性；於是，她主動承擔起監督規律作息之責，完全依照修院作息時間表，準時敲鐘，進行各個時辰的活動。資深修女看到初學院的嚴格要求都一一被遵守，感到很滿意。她們是無法容忍初學修女偷閒娛樂的[11]。」

當時瑪麗‧闔雅成為初學修女還不滿七個月，在導師缺席的情況下，與同行的資深修女相比，她更適合帶領這些初學修女。

每天早上，她們都會去幾公里外的尚沛（Chambray）小教堂望彌撒，領聖體與感恩祈禱之後返回住處；然後比照在修道院的生活誦唸日課，但都在戶外，天氣不好時，才在一個改裝成祈禱室的房間進行。她們的活動包括靜默祈禱、靈修讀經等，以及放假從事的一些活動。

初學修女很可能在九月底就返回都爾，因為瑪麗‧闔雅大概是在 1631 年 9 月 29 日經歷了「神魂超拔」，當時她一面做教堂用的手工刺繡，一面和同伴講解吉庸‧德‧聖蒂耶里的「金玉良信」其中一段內容[12]。

1631 年夏天，都爾總主教收到在教區內新建一座聖吳甦樂修道院的請求，昂布瓦茲（Amboise）和洛什都各有一座聖吳甦樂會的修道院了，另一個規模差不多的城市希農卻沒有任何女子教育機構。最早提出這個建議的人是希農的刑事官查理‧德‧拉巴赫（Charles de la Barre），他有一個女兒是普瓦捷的聖吳甦樂會修女。整個希農地區都信奉天主教。他影響幾位當地的重要人士一起向總主教提出請

10　*V*。頁 549。
11　*V*。頁 549。
12　*O*。頁 13-14。

求 [13]。由於德・拉巴赫修女（Mère de la Barre）很優秀，適合主導新修院的運作，貝唐・德・艾守總主教（Monseigneur Bertrand d'eschaux）將她從普瓦捷調至都爾。為了籌建修院，她在都爾從秋天到冬天共停留六個月。

1633 年 3 月 1 日查理・德・拉巴赫以聖吳甦樂會的名義簽下小里伊（Petit-Rilly）的租約，打算在那裡建造教堂和宿舍。很不幸的，他在月底突然身亡，他的遺孀路易絲・勒古茲（Louise Le Gouz）接手繼續建造新修道院禁地的部分。四月時又陸續簽了幾個租約，準備建造兩座花園和一個放置聖器的倉庫。5 月 1 日，建造了一棟房子，以及一個附屬房舍，做為宿舍；6 月 28 日完成教室的建造；8 月 29 日完成另一個附屬房舍做為洗衣房和麵包坊。

三月上旬，第一批修女就已抵達。兩位修女來自都爾，拉巴赫修女擔任院長，會名「聖神」[14]。第一年有九個人申請入會，後來有兩位放棄，九人當中有一位是院長的姊妹。在都爾的初學院，大家都非常關心新修道院建造的進度。

碧昂院長對待瑪麗・閨雅相當嚴苛，她的方式和雷蒙神父一樣。克羅神父寫道：「她絕對不會放過任何可以羞辱錘鍊瑪麗・閨雅的機會 [15]。」關於這點，克羅神父特別提到一件事：瑪麗・閨雅具有藝術天分，手藝精巧，所以她常被要求做裝飾祭台的刺繡工作，包括祭披、祭台裝飾、聖衣等。「一天晚上，她把教堂需要的一幅大型刺繡做最後的收尾。大家都跑來看這件作品，對於她的巧手讚歎不已，因為大家從未見過如此精美的作品。」現今在魁北克仍然可以看見瑪麗・閨雅的刺繡作品 [16]。院長當時也在場，但是她卻極盡所能地貶低這件作品，讓瑪麗・閨雅感到羞愧。院長這種教育方式很奇怪，她受到這樣的對待後，有人拿麵包和葡萄給她當點心（當時應該是 1631 或 1632 年 9 月到 10 月間），當碧昂院長看到時，她變本加厲地說：「什麼？還給她吃葡萄！把葡萄拿走，給她麵包和水都還嫌太多。」

眼看初學院的紀律逐漸鬆懈，院長和初學導師決定要採取一些措施。有一次要

---

13 *AD I.-et-L.* H 838；潘慕洛著（POMMEREU）。《大事紀》（*Chroniques*）。第一冊。頁 303；《法國聖吳甦樂會歷史》（*Histoire de l'OSU*）。第二冊。頁 106-107。

14 修院創建之初的副院長是瑪麗・德・拉弗雷斯特修女（Mère Marie de la Forest），殁於 1692 年 10 月 15 日，享壽八十歲；訃聞：巴黎阿瑟那爾圖書館（Bibl. de l'Arsenal）。手抄本 4991。對開頁 192 起。

15 *V.* 頁 502。

16 有關刺繡作品參見 *V.* 頁 229。

前往修院他處時，初學修女邊講話邊走下初學院的樓梯，結果被要求往返時都要守靜默以做為補贖。這個補贖方式對十四到十六歲的女孩也許還能接受，但對瑪麗‧閨雅就不一樣了；然而碧昂院長認為她也應該做同樣的補贖，她欣然接受了。她不怕被寄宿生或其他人看到，別忘了當時修院正在興建，每天都有許多外人來來去去[17]。

在剛進入初學院的時候，有一位同伴忌妒瑪麗‧閨雅的美德以及年長受敬重，她開玩笑的話題總是與失去童貞有關。那些女孩不懂婚姻，自然會有一些不恰當的想法。

「有一天她在一塊板子上面寫著一些不該由一個女孩子，尤其是一個修道初學修女說出的詆毀侮辱的句子[18]。」

瑪麗‧閨雅可以感受到這個行為背後的惡意，但她選擇一笑置之。克羅神父說：「她原諒這個女孩，就當作她只是開個玩笑，讓大家笑一笑。所以當她看到板子時，微笑著說，因著娛樂大家所做的事情而感到生氣，這是修養不好的表現。出於開玩笑的言語和行為都是可以被理解的。」做這件事的初學修女正是 1631 年 7 月因黑死病而逝世的那位。

從瑪麗‧閨雅寫給聽告解神師的文字，以及自傳中所提到曾經犯的錯誤，我們可以看到她在初學時期的熱情與寬宏——祈禱時分心、該做的事沒有完成等等，「啊！我後悔犯了這麼多錯誤！哦，親愛的天主，祈求祢救贖我，讓我切實參與祢的工程而完全屬於祢！哦，我靈深愛的聖潔主，唯有屬於祢，永遠全然進入祢私密的愛情裡，才能讓我感到無比滿足[19]。」

瑪麗‧閨雅初學時期的「黑暗」期持續的時間根據不同資料有幾種說法。在 1654 年的《靈修札記》中，她提到「將近兩年的時間只有少許片刻得以喘息[20]」，她還特別說道，她的考驗一直持續到發願之後，但這些磨難變得溫和而甘甜。然而

17　*V*。頁 502。
18　*V*。頁 639。
19　*J*。第一冊。頁 306-307；可能不是出自 1633 年的《靈修札記》，而是一個便箋。
20　*J*。第二冊。頁 295。

+ Chambray-les-Tours   l'église

尚沛小教堂

+ La Charpraie.

拉夏沛

在 1636 年的《靈修札記》中，她表示艱苦的日子「持續了將近三年[21]」。最辛苦的時期應該是在 1631 年到 1632 年；發願（1633 年 1 月 25 日）的前夕，情況較為緩和，但考驗又持續了大約一年，不過已經比較能夠忍受了。

考驗開始的時間不是很確定，可以肯定的是在 1631 年 3 月 17 日的聖三恩寵和聖母領報節領受會衣之後才發生的。1636 年的《靈修札記》有寫到「在這個極大的恩寵之後」，1654 年寫到「領受會衣不久後」。她還寫道，一開始：「雷蒙神父來看我，並用各種方式安撫我。」然而，五月中旬，他離開都爾前往斐揚隱修院以後，就無法繼續指導她[22]。考驗始於四月初，最晚不超過 4 月 15 日，推算起來，瑪麗・閨雅的好日子不到兩個月。

「自暴自棄」的內在狀態發生得很突然，就在第三次見證聖三之後。這個神視在瑪麗・閨雅 1654 年《靈修札記》中被稱為最高的恩寵，並將之比喻為有如天上榮福者的喜悅。這個狀態非常強烈[23]，之後瞬間陷入一段全黑時期。

每一位初學修女都經歷過類似這種黑暗的考驗，尤其是年紀較長者。隱修的生活型態和她們之前在俗世的生活截然不同，內在的心理狀態也大不相同，所以要適應新的環境很困難。瑪麗・閨雅的考驗還有一部分來自身體的不適，也就是她說的頭痛：「我的頭痛和偏頭痛一直纏著我[24]。」

不潔的誘惑也來干擾她：「我的腦中浮現一些可怕的骯髒景象，讓我不寒而慄。我幾乎不敢抬起雙眼，最純潔的事物都會引起邪惡的念頭[25]。」「靜默祈禱對我來說是一種折磨，因為各種褻瀆的事物不斷竄出。我在俗世從來就不喜歡的，十六年前就已摒棄的，突然都出現在我的腦海[26]。」

這應該是瑪麗・閨雅一生中唯一的一段時間因為誘惑而動搖貞潔願，她之後曾

21　J。第一冊。頁 311。

22　J。第二冊。頁 292；斐揚隱修院全體會士大會在 1634-1643 時期多半在復活節之後第四個星期舉辦，參見莫羅蒂斯著（MOROTIUS）。《熙篤會復興：高盧的熙篤會斐揚修道院史》（*Cistercii reflorescentis... chronologica Historia*）。頁 37-39；1639 年復活節後第四個星期日是 5 月 18 日。

23　J。第一冊。頁 312（另請參見頁 299）；J。第二冊。頁 286。

24　J。第二冊。頁 292。

25　J。第一冊。頁 314-315。

26　同上。頁 312。

經向一位修女表示，對於過去夫妻間的義務她一丁點都不留戀[27]。雷蒙神父和碧昂院長馬上就懷疑她是否適合修道生活：「院長和可敬的雷蒙神父得知後，擔心是否我離開修道院返回俗世的時候到了，因為他們見過其他類似的例子[28]。」然而，瑪麗・閨雅的修道之路非比尋常，因此不能用一般人適用的標準來確認其聖召。她的情況很特別，誘惑之強烈和所蒙受的喜悅相當，可見她的考驗不同於其他人。

內心承受的煎熬甚至讓她萌生自殺的念頭：「有一次站在窗邊，我突然有跳下去的衝動，我被這個想法嚇到，才回過神來[29]。」她的內心一定是極度絕望才會讓她這麼一個生性開朗的人產生這種念頭。

她提到在靈修時的「無感與駑鈍[30]」，她無法集中注意力：「當被問到祈禱意向的內容，她一個字都記不起來，無法說出個所以然，使得自己在其他修女面前非常難堪[31]。」幻想層出不窮，既不能壓抑又不能導正，甚至成為暴風雨中的指南針。

初學院的團體生活也讓她感到痛苦：「我覺得每一位修女都受不了我，看到我就嫌惡[32]。」先前小初學修女對她的詆毀在她的心裡留下一道陰影。她感覺身體裡有一股叛逆的力量，使她厭惡周遭環境。她說：「看到周遭人的一言一行，我的心裡總是不滿[33]。」我們猜測這是不是瑪麗・閨雅潛在的本性，因為 1640 到 1647 年間，在加拿大時，她也經歷過類似的考驗。她的理性和批判精神令人生畏：「我總是想著他人的錯誤，反省時發現自己才是全世界最壞的人[34]。」

她對自己和他人極度不滿，以致於看到其他初學修女最單純的喜樂都令她不舒服：「當看到其他修女在散心時間放鬆娛樂時，我陷入巨大的焦慮，情緒緊繃，不

---

27 *V*。頁 397。
28 *J*。第二冊。頁 293。
29 *J*。第一冊。頁 313；*J*。第二冊。頁 292；1640-1645 年在加拿大的時候，她經歷類似的誘惑，而且更為劇烈，
　　參見本書第三部第七章。
30 *J*。第二冊。頁 292。
31 *J*。第一冊。頁 313。
32 *J*。第一冊。頁 313。
33 *J*。第二冊。頁 292。
34 *J*。第一冊。頁 320。

得不告辭，離開現場 [35]。」為了不讓大家看到她哭泣的窘態，她請求回到自己的房間。

她還提到了她的驕傲 [36]，以及「面對做補贖時的懦弱 [37]」，甚至她所陷入的「顯著缺失 [38]」。她個性衝動，所以第一個反應有時非常激烈，尤其在極度敏感，隨時會爆發的那段期間。

最讓她感到困擾的是懷疑整個修道的追尋都只是個人的幻覺，沒有什麼是真實的，一切都是自己的想像：「我好像是被魔鬼欺騙了，我自己誤會了，以為發生在我身上的事是來自天主，但其實都是假的 [39]。」「我從來沒有做過任何好事……我祈禱的方式都是以愛自己為主……天主要懲罰我的大膽莽撞和毫無根據的臆測，我迷失在自己的妄想中 [40]。」

剛開始的幾週，雷蒙神父還在的時候，他試著堅定她，有一段時間成功了，但之後可怕的念頭又復甦 [41]。換成路易神父的時候，情況變得更糟，因為這位聽告解神師也附和瑪麗·閨雅，認為內在的聲音都是她的幻覺。克羅神父寫道：「他是一個好人，但是思想簡單，在靈修指導這方面沒有雷蒙神父的高度和經驗。他非但沒有給予深陷這種困境的人所需要的鼓勵和堅定意志，他提供的做法反而使得情況更加惡化，他甚至還會完全置之不理 [42]。」

實際上，路易神父似乎對於被賦予的職責感到不知所措。在瑪麗·閨雅充滿奧祕的靈修旅程中，他並沒有一路陪伴。他在她最受考驗的階段才接手，那時的她已無法明辨事理，無法清楚表達讓靈修導師知道如何協助她。路易神父嚴厲以待，到最後甚至放棄她。他無法了解她，而瑪麗·閨雅這位初學修女也無法讓他「了解她的內心狀態 [43]」。當瑪麗·閨雅告訴他自己所遭遇的困境時，他「總是回答說她的

---

35 J。第一冊。頁 313。
36 J。第二冊。頁 292。
37 J。第一冊。頁 315。
38 同上。頁 313。
39 J。第二冊。頁 292。
40 J。第一冊。頁 315。
41 J。第二冊。頁 292。
42 V。頁 208。
43 J。第一冊。頁 315。

補贖做得不夠，她的涵養有待深化，她的德行扎根不深[44]」；路易神父沒有緩解她的困境，甚至把她推向更深的焦慮中。瑪麗·閨雅和路易神父相處時非常不自在，她「完全不能自由地敞開心胸向神父辦告解」，她說：「我對他畏懼之深是言語無法形容的[45]。」

　　路易神父不久後就選擇沉默以對，有時長達三個月沒有給予瑪麗·閨雅任何指導，他幾乎不回覆便箋[46]。她回憶起一次經過三個月了無音訊，她打破沉默，寫了一封便箋給路易神父，表明她完全順從的意願，「他還是不予理會，只是三個星期後，他寄了一封便箋給院長，上面寫著：『請降生瑪麗修女繼續用她自己的方式祈禱』，這就是他給我的唯一安慰，不過他在下一次與我見面時，說我是一個意見太多又固執的人，讓我感到很難過[47]。」

　　當她難得有機會與他分享所經歷的獨特恩寵（在這兩年的苦難中還是有片刻緩和的時候），「他一笑置之地對我說，我是否想過哪一天會自己創造一些奇蹟[48]。」

　　為了進入聖吳甦樂會，瑪麗·閨雅的母愛承受了很大的試煉。如今遇到無法在人性面提供支持的靈修導師，加上對其他修女的反感情緒，她整個人陷入混亂之中，唯一可以傾訴的對象是修院的院長碧昂修女。瑪麗·閨雅想求助於她：「我有時想尋求他人的安慰，但是一直與我同在的天主透過我的內心拉住我，祂問我是否不滿足於祂的陪伴[49]。」

　　院長知道瑪麗·閨雅正處於困境，於是指派她做一些她擅長的刺繡工作，希望藉此轉移她的注意力。祭台布上面的刺繡需要投入很大的心力與專注力，也許這樣可以控制住她的胡思亂想，或至少讓她轉換思緒[50]。實際上，這個期待只實現了

44　*J*。第一冊。頁316。
45　同上。頁316-317。
46　同上。頁316-317。
47　同上。
48　同上。頁316。
49　同上。頁318。
50　參見本章註解16。

一半—— 瑪麗・閨雅抱怨偏頭痛更加劇烈，刺繡工作和其他事情一樣讓她反感[51]：
「我曾經做過並且愛過的工作現在卻讓我厭惡，我必須費很大的勁才能做下去。我的身體疲憊極了，幾乎無法承受這項工作[52]。」

瑪麗・閨雅經歷種種的折磨，最後甚至有了輕慢天主、聖母的想法，對信仰也產生懷疑[53]。」

1632 年夏天，盧丹市（Loudun）的聖吳甦樂會修道院中發生的事件傳開了，大家都認為那是魔鬼附身[54]。盧丹是個小城，與都爾市距離不遠，隸屬都爾行政區，因此兩邊往來密切[55]。

盧丹的事件被認定是魔鬼附身，希農教區聖雅各堂（Saint-Jacques de Chinon）的本堂神父皮耶・巴雷（curé Pierre Barré）從 10 月 5 日開始進行驅魔儀式[56]。由於該地的修道院屬聖吳甦樂會，因此聖吳甦樂會修女特別關注此事。正處於內在狀態不穩定的瑪麗・閨雅聽聞此事，深受影響。無論事實為何，她相信自己兩度陷入魔

51　*J.* 第二冊。頁 292。

52　*J.* 第一冊。頁 319-320。

53　*J.* 第一冊。頁 315；*J.* 第二冊。頁 292。

54　參見勒格著（G. LEGUÉ）。《禹班・康迪耶與盧丹的魔鬼附身者》（*Urbain Grandier et les possédées de Loudun*）。巴黎出版。1880 年。頁 107 起；余斯雷（A. HUXLEY）的知名著作《盧丹的魔鬼》（*Les diables de Loudun*）。卡第耶譯（J. CARTIER）。巴黎出版。1953 年。該書過於小說化，可信度較低；勒格（G.LEGUÉ）和拉圖瑞特（G. de la TOURETTE）出版了魔鬼附身最主要的人物的自傳，書名為《歇斯底里的附身者珍妮修女傳記》（*Autobiographie d'une hystérique possédée, Jeanne de Belcier, en religion Jeanne des Anges*）。巴黎出版。1886 年；在履行對聖方濟・德・沙雷（François de Sales）誓言的旅程中，天使珍妮在兩位修女和聽告解神師弗伯（Demvrau）的陪同下，經過了希農的合雷修院（le prieuré de Relay）和都爾修院，去聖方濟・保祿墓朝聖（1638 年 4 月底）；卡瓦勒哈著（F. CAVALLERA）。〈天使珍妮 - 根據未公開文件的自傳〉《宗教研究：康梅松綜合整理》（*Melanges de Grandmaison, Recherches de Sc. Relig.*）。第 18 期。1928 年；塞賓著（M. de CERTEAU）。《盧丹的附身檔案叢書 37》（*La possession de Loudun, coll. Archives 37*）。巴黎出版。1970 年；阿摩卡特著（J.-R. ARMOGATHE）。〈盧丹的附身，關於最近出版的一本書〉。*RAM*。第 47 期。1971 年。頁 357-364。

55　尤其是自從都爾行政區（1570 年）劃分以來，參見布雷・德・拉穆特伯爵著（Comte BOULAY de la MEURTHE）。《從皮耶・卡侯到夏勒梅有關都蘭省的歷史研究》（*Pierre Carreau et les travaux sur l'histoire de Touraine Jusqu'à Chalmel*）。頁 183-184。

56　關於皮耶・巴雷，他是一個值得尊敬的人，但有點粗心、輕信，參見聖莫爾（Saint-Maur）本篤會士所撰寫的《瑞米耶聖皮耶皇家大修道院歷史》（*Histoire de l' abbaye royale de Saint-Pierre de Jumièges*）。出版者露得（J. Loth）。第三冊。盧昂出版。1855 年。頁 122-123；馬丹著（MARTÈNE）。《遵守教規者的生活》（*Vie des justes*）。出版者何圖畢茲（B. HEURTEBIZE）。第一冊。利居熱（Ligugé）- 巴黎出版。1924 年。頁 107-108。他是克羅神父在旺多姆修院時的初學修士；有關希農發生類似盧丹的事件，參見〈都蘭天主教重整〉（La restauration catholique en Touraine）。頁 193-194 註解。

鬼的魔掌。第一次出現一道幻影，後來被十字架給驅逐；第二次則是持續了很長時間的壓抑和焦慮，最終還是將之克服了[57]。在 1654 年的《靈修札記》中，她曾提到相關情節，但在盧丹事件發生比較接近的 1636 年的《靈修札記》中卻隻字未提。除了這些例外，魔鬼與巫術等在瑪麗・閨雅的日常生活和奧祕生活中並不存在，所以無須在這個議題上再進一步探討。

節慶的日子特別難受：「在這些日子，大家可以放鬆、歡樂，而我卻更加痛苦……若有人見到我的處境應該會流下同情的眼淚[58]。」瑪麗・閨雅通常不會這樣自怨自艾，她會這麼說是因為她的沮喪到了無法忍受的地步了。儘管如此，偶爾還是有情況好一些的時候。當她與其他初學修女談到天主時，有時會進入神魂超拔的境界。她說：「偶爾祂會充滿愛意地來看我，讓我能喘息一下[59]。」

頌唱日課聖詠是痛苦中唯一的休息，而默想祈禱對她而言則像是一個酷刑：「只有頌唱聖詠能讓我獲得平靜，趕走痛苦，讓我喜悅洋溢。有時內心因喜悅而顫抖，我相信我的喜悅已滿溢出來[60]。」就這樣狂喜和沮喪交替出現，當聖詠結束，片刻的幸福也消失了。

天主有時會透過內在的聲音來造訪她。她雖深陷痛苦，但靈魂深處依然是平靜的：「在令人沮喪的情境下，我的靈魂一直沉浸在平和中，一點都沒想過減輕身上背負的十字架。」。她「慢慢地丟掉自我，接受天主在她身上的計畫[61]」。

1632 年末，一個內在聲音改變了苦難的性質，變得較能忍受。磨難又再持續

57　J。第二冊。頁 294；頁 109：「第一個（敵人）是惡魔，但我完全不在意，因為還有其他傷害我更大的。」

58　J。第一冊。頁 318。

59　J。第一冊。頁 311。

60　J。第一冊。頁 311。

61　同上。頁 313、314、315；她引用聖經依撒意亞先知書 66：2：「如果不是貧苦卑微者，我要垂顧誰呢？……」（參見 J。第二冊。頁 90）。這節經文引用了七十賢士譯本，其背後有著悠久的傳統，因此引起深刻的共鳴：天主教第一次使用似乎是克萊蒙・德・侯姆（Clément de Rome）寫給格林多的信 9：1（Ad Corinthios 9-1，出版者放克〔FUNK〕）。《古教父》（Patres Apostolici）。頁 111；聖奧斯定（saint Augustin）在第 279 篇證道，註解 6 中加以引用；歐貝（Ambroise AUTPERT）的著書《耶穌降生講道》（Sermon pour la Nativité）（PL 101，欄 1305 C）；聖皮耶・達米恩（Saint Pierre Damien）特別喜愛這段經文，參見勒克萊寇著（J. LECLERCQ）。《天主子民隱修士聖皮耶・達米恩》（Saint Pierre Damien, ermite et homme d'Eglise）。羅馬出版。1960 年。頁 49-50、52；瑪麗・閨雅可能直接引用聖十字若望（saint Jean de la Croix）在他的《格言與靈修勸告》（Maximes et Avis spirituels）書中有關卑微的闡述；聖方濟・德・沙雷（Saint Francis de SALES）在其《真正的靈修對話》（Vrais Entretiens spirituels）書中也有用它。安錫版（ed. d'Annecy）。第六冊。頁 405。

了一年多，但最苦的階段已經過去了：「一次當我跪在神聖的聖體前面，將自己奉獻給祂，我清楚地聽到內心的聲音說了大家都熟悉的經句：『流淚撒種的必歡呼收割』（聖詠 125：5）。這句話讓我感覺沉重的負擔頓時變得溫柔且輕鬆。雖然我本應受罪，而且也一直處於痛苦之中，但是這句仁慈的話讓我心中對十字架的愛更加強烈，以致於一切都變得溫和、自在、容易了 [62]。」

在 1654 年的《靈修札記》中，瑪麗‧閨雅更清晰地描述這個經驗：「我背負的十字架重擔被解除了，好像脫掉一件厚重的大衣，不僅不覺得沉重，還親身體驗了主耶穌基督所說的話：『我的軛是容易的，我的擔子是輕省的。』我雖然還是身負重擔，但卻感覺輕鬆、甜美。」

果真在接下來的一年情況好轉了，但是在發願前還是經歷了一個艱困的階段。隱修的生活變得難以忍受，她感到特別孤獨 [63]。在初學期間，她遭遇各種考驗，但她不曾懷疑自己的聖召。她說：「因為天主的庇護，我沒有被打敗 [64]。」

62　*J*。第一冊。頁 319；*J*。第二冊。頁 295。
63　*J*。第一冊。頁 319。
64　*J*。第二冊。頁 292。

第四章

宣發聖願那一年

（1633 年）

　　1633 年才剛開始就不太順利。克羅‧瑪定變得令人難以忍受，被雷恩學校趕出校門：學監要求開除他。由於蒂內神父已不是校長，新任校長康達米神父（P. Grandamy）還不認識瑪麗‧閨雅，對她的事沒有特別關注，因此克羅很快就被開除。

　　馬丹神父（Dom Martène）在克羅‧瑪定生平的書中特別提到他被開除一事與錢有關[1]。不過大家都知道馬丹神父非常崇拜克羅神父，甚至視之為聖人，而且常批評耶穌會士。根據他的說法，校長知道克羅家裡是有能力支付住宿費的，因此認為他不宜繼續占用免費名額，而應該讓給家境不好的學生。

　　在 1636 年的《靈修札記》中，有關克羅被開除的原因，瑪麗‧閨雅寫道：「這個孩子和其他同年齡的孩子一起鬼混。他不想讀書，完全迷失自我，所以學校老師要開除他[2]。」然而，幾週前，神父還「寫信說這個孩子的表現非常令人滿

1　馬丹著（E.MARTÈNE）。《可敬的克羅‧瑪定神父生平》（*Vie du Vénérable Père Dom Claude Martin*）。頁 8-9。
2　*J*。第一冊。頁 321。

意，很高興能見到他[3]」；到底這個突然的變化是怎麼來的呢？1654 年，瑪麗・閨雅才比較了解真實的狀況。她在《靈修札記》中寫到有關她的發願時，她說：「我的兒子從雷恩來到我宣發聖願禮儀的現場；由於我們不想讓他出席我的領受會衣禮儀，他就自己想辦法來了。他不想再被騙第二次[4]。」

1654 的《靈修札記》所講述的內容似乎比較可信。克羅・瑪定成為隱修士後，應該有告訴他的母親當時到底發生什麼事：克羅不惜一切代價想出席母親1633 年 1 月 25 日的發願儀式，因此在前一個學期故意調皮搗蛋，希望能被踢出學校，以便能在發願當日回到都爾。得知他被開除的當下，瑪麗・閨雅深受打擊，當時她還不知道克羅這麼做背後的真實理由為何。克羅被開除這件事讓她感到不安，擔心她的發願因此受到影響：「我相信修會如果得知他被開除返家，一定會要我離開，回去照顧他[5]。」幸運的是姊姊克蘿・布松理解瑪麗・閨雅的難處。那時她的先生已過世，無法再干涉她的慷慨熱心。她寫道：「我的姊姊承擔起一切……她把克羅當作自己的孩子一樣照顧[6]。」

宣發聖願日期確定的幾週前，瑪麗・閨雅的核准發願案件送進修會的代表大會上投票表決：「我獲得修會全數同意票……」然而她因為內心仍處於痛苦中，這個消息並沒有帶來預期的喜悅：「我幾乎感受不到這份幸福帶來的快樂[7]。」但是在1 月 24 日，天主進入她的靈魂：「上主賜予我滿溢的喜樂，言語無法形容。祂如此溫柔地撫慰著我，與我合而為一，使我感覺到身上背負的十字架消失了，所有的痛苦感受離開了我的靈魂，取而代之的是前所未有的愛意……我內心深處愛的感受是如此美好，筆墨難以形容。我整個人沉浸在這片充滿愛意的海洋中而無法露出水面，就好比沉入大海深淵[8]。」

天主充滿的感覺如此強烈，瑪麗・閨雅擔心無法控制自己順利地完成她該做的。

3　*J*。第一冊。頁 321。
4　*J*。第二冊。頁 297。
5　*J*。第一冊。頁 321。
6　同上。
7　同上。頁 321-322。
8　同上。

她說：「我很吃力地集中精神，注意禮儀進行中該做的事。我好像看了卻沒看到，聽了卻沒聽懂，因為全部的精神都集中在我的內心。我甚至連宣發聖願的誓詞都讀得很費力，並不是因為我不知道自己在做什麼，而是我幾乎無法言語[9]。」

禮儀結束後她回到房間。天主的吸引力之強大迫使她俯伏在地，無法站立[10]。

在會客室，她的家人覺得她魂不守舍，心繫遠方：「我只能聽見、只能理解我神聖的淨配……一整天，所有的力量都集中在我的靈魂深處，與天主同在，以致於對外在事物毫無知覺，整個人的心力都集中在愛慕與讚歎賜予我全新樣態的天主[11]。」

在接下來的八日慶典中（Octave），似乎再現 1627 年聖神降臨節神婚的恩寵，瑪麗‧閨雅知道自己有了一個新的頭銜──聖言的淨配[12]。

第二天，當她再度奉獻自己時，內心出現一道光，照亮她發願的責任與義務：在天主面前，她就像依撒意亞的六翼天使不斷地詠唱著「聖哉聖哉」[13]。當下，一切都變得輕鬆了，身上背負的十字架已不再沉重。

發願八天後，也就是二月初，痛苦的感受又回來了。她意識到自己的缺點，使得她陷入深刻的自卑感：「繼續無止境般地自我貶抑、自我否定，沉入遺忘世人的深淵[14]。」遺忘是件很難承受的事。就在她發願之前，她經歷一段孤獨難耐的時期，對愛的渴望極為強烈，難以壓抑：「我將一切交託給天主，尤其是在上主之外尋求溫暖的想望[15]。」

其中一個她長期想望的對象是碧昂院長。與她談話總是可以幫助瑪麗‧閨雅緩解內心的痛苦。甚至連她給予的懲罰都欣然接受，因為瑪麗‧閨雅非常喜歡這位院長，她的任何指令都能給她帶來幸福快樂的感受[16]。但其實碧昂院長對她並不寬

9　*J*。第一冊。頁 323。
10　同上。
11　同上；*O*。頁 609。
12　*J*。第一冊。頁 323；有關她的狀態，參見 *J*。第二冊。頁 59。
13　依撒意亞先知書 6：2；1654 年的《靈修札記》說這個恩寵發生在當日（*J*。第二冊。頁 296），1636 年的《靈修札記》卻聲稱是第二天（*J*。第一冊。頁 323）；有關翅膀的象徵意義，參見 *J*。第二冊。頁 296。
14　*J*。第一冊。頁 324-325。
15　同上。頁 324。
16　同上。頁 314。

容[17]。幾個月後，瑪麗‧閨雅清楚意識到這種情感上的倚賴，因而內心自責不已。

在進入瑪麗‧閨雅新的試煉階段主題之前，有必要詳細談談耶穌會在都爾的發展。瑪麗‧閨雅與耶穌會結緣就是始於這個時候，一直到她逝世前都與耶穌會維持密切的關係[18]。

耶穌會早在瑪麗‧閨雅出生之前就計劃在都爾成立學校。實際上，十六年半以前，亦即 1583 年 5 月 27 日，聖瑪定教區的詠禱司鐸勒莫尼神父（chanoine Pierre Lemoyne）將本金 1,200 古金幣（écus d'or）的年息 300 古銀元（livres）交給市政當局，用以籌建「一所耶穌會創立的學校」。發起人勒莫尼神父表示，希望最晚十年之內，也就是在 1593 年之前，能夠在都爾市興建這所學校。在這期間，這筆款項不可移作他用。每年的利息會讓金額持續增加。若發起人過世十年後，興建計畫無法完成，就把錢全數交給耶穌會省會長，由省會長依據總會長的決定來執行經費支出。

1604 年，拉弗萊什（La Flèche）學校建造期間，向市政當局請求 1,200 古金幣的款項，市政當局沒有釋出這筆款項，而是在 1604 年 4 月 12 日審議之後，向耶穌會提出在都爾設立學校。

然而，法王亨利四世（Henri IV）擔心會影響拉弗萊什學校的興建，故不予核准；於是該款項還是保留給聖瑪定教區詠禱司鐸當初的計畫，當時累積金額已達 4,436 古銀元。1613 年 7 月 18 日，耶穌會法國省會長獲得宮廷授權，將該筆本金的年息收入用於盧昂（Rouen）初學院建造所需，條件是將本金用於資助都爾耶穌會學校的建造，並於二十年內完成。

17　*V*。頁 218、502-503、751。

18　有關法國耶穌會成立的歷史，參見傅格黑著（H. FOUQUERAY）。《法國耶穌會歷史第五冊：1634-1645 年樞密院首席大臣黎希留》（*Histoire de la Compagnie de Jésus en France,t. V, Le Ministère de Richelieu 1634-1635*）。巴黎出版。1925 年。頁 154-165；同前作者。《十七和十八世紀學校設立史：耶穌會在都爾成立的第一個學校 1636-1762 年》（*Le premier établissement des Jésuites à Tours〔1636-1762〕*）。手抄本：德拉特著（DELATTRE）。〈都爾〉（Tours）。《耶穌會在法國設立的學校》（*Les Etablissement des Jésuites en France*）。第四冊。欄 1436-1448；維亞雷著（E.VILLARET）。《聖母會第一冊：1540-1773 年耶穌會的起源與撤銷》（*Les Congrégations mariales, t. I, Des origines à la supression de la Compagnie de Jésuites, 1540-1773*）。第一冊。巴黎出版。1947 年。頁 74；雷內著（E. LAINÉ）。〈都爾舊時的耶穌會學校〉（L'ancien collège des Jésuites à Tours）。*BSAT*。第 25 期。 1933 年。頁 198-199；瑪寇著（O. MARCAULT）。《都爾教區》（*Le diocèse de Tours*）。第二冊。都爾出版。1918 年。頁 78-87 及 XXVIII-XXIX。

1625 年，這件事由都蘭省長科坦沃侯爵（Marquis de Courtanvaux）——尚・德・蘇弗雷（Jean de Souvré）接手，並向市政當局提議成立耶穌會學校。市政當局表示反對，並懇求艾守總主教不予同意。總主教其實是支持這項提議的，他在不衝突的情況下，積極尋求解決方案，並偶爾試探市議員可否提供協助。

雖然市政官員最終被說服了，而且許多具有聲望的人士都曾在拉弗萊什學校讀書，但這件事幾乎毫無進展。自 1613 年以來，都爾市有一個平信徒團體聖母會（Congrégation mariale），其成員嚴格地遵守會規；每逢聖母重要慶典他們都會派人前往拉弗萊什學校。這個都爾團體與其他依據教會法典成立的聖母會團體之間唯一的區別是他們沒有自己的修院。

這些團體成員試著影響輿論。新任省長德・聖波先生（dc Saint-Pol）在 1630 年提供協助：12 月 20 日，他召開市政大會，正式表示希望完成學校興建的想法。最終大會以議題的重要性，以及出席人數不足為由而駁回這個提議。

這個結果的確令人沮喪。艾守總主教有個好主意，他決定提議只興建耶穌會會士的會院，一旦建好了，就比較容易讓大家接受一所學校。終於在 1632 年市政當局內部支持的意見達到多數，總主教同時也在宮廷運作。1632 年 4 月 3 日，法王路易十三（Louis XIII）准許神父在「都爾市擁有永久居所，這不僅是有利的，更是必須的」。

5 月 7 日幾封蓋有國王官印的信分別寄給總主教、市長、市政官以及行政執行官，信中強力要求他們支持耶穌會會院的興建。實際上，行政執行官對耶穌會一直存有敵意，並且成功地恫嚇了市政當局。路易十三將此任務交付給孔代親王（prince de Condé）——亨利・德・波旁（Henri de Bourbon）以實現他的願望。孔代親王於 1632 年 6 月 11 日來到都爾，他召集市政大會，並以 46 比 6 的票數通過耶穌會的案件。兩天後，他將小米尼姆街（rue des Petits-Minimes）的一棟房子提供給克羅・德・藍尚得神父 [19]（P. Claude de Lingendes）和米歇爾・瑪亞神父（P.

---

[19] 克羅・德・藍尚得 1591 年 9 月 2 日出生於穆蘭（Moulins），1607 年 5 月 20 日進入耶穌會初學院，1660 年 4 月 12 日歿於巴黎。他曾擔任法國耶穌會省會長 11 年（1650-1660）；宋梅佛傑著（SOMMERVOGEL）。《耶穌會叢書》（*Bibliothèque de la Compagnie de Jésus*）。第四冊。欄 1845-1848；布夏著（E. BOUCHARD）。〈德・藍尚得家族：傳記與文學研究〉（Les De Lingendes, Etudes biographiques et littéraires）。《穆蘭協會集刊》（*Bull. De la Soc. D'Emulation de Moulins*）。第 10 期。1868-1869 年。頁 323-382。

Michel Maillard）。總主教和他轄下的神父、市長以及市裡的重要人士都出席了贈與儀式。親王離開後，反對派再次抬頭。面對這次的反對聲浪，藍尚得神父向聖若瑟祈求並許願。他承諾，如果問題能夠圓滿解決，未來修院所在的教堂將奉獻給他，他的雕像將被供奉在祭台之上。爭議漸漸平緩下來，在新一期的市政大會上，耶穌會的支持票數占多數，其中包括沒有料想到的教區代表。伯德領主（Sieur de Bode）——克羅・茹耶（Claude Jouye）給了神父 3,600 古銀元；第一個月，他本人和其他與神父友好的善心人士總共捐贈了 12,400 古銀元。

1633 年，蒂內神父接替藍尚得神父的職務，另外有四位神父與他同住，負責在都爾市的聖職工作。八月，朱利安・莫諾瓦修士（Frère Julien Maunoir）被送至都爾調養身體，同時教授天主教要理。他在那裡停留了一年多，直到 1634 年年底[20]。

耶穌會士於 1632 年六月抵達都爾後，便有機會前往聖吳甦樂會修院，不論是舉行彌撒、講道或聽告解。由於瑪麗・閨雅對路易神父的靈修指導深感不足，因此產生轉向耶穌會士的想法：「我常常想求助於耶穌會神父……我的心裡有個聲音告訴我，天主要我接受他們的協助[21]。」但她還是一直期盼雷蒙神父能回來，不希望因此被視為對斐揚修會不忠心。她說：「我害怕如此頻繁的起心動念是一種浮躁的舉止。基於尊重，我沒有對棄我不顧的靈修導師提起，就是擔心這麼做是輕浮的表現[22]。」

1633 年的四旬期（Carême），耶穌會奧爾良學校的校長喬治・德・拉耶神父來到都爾。他在星期三聖灰禮儀日（Cendres）之前抵達，那年的聖灰日落在 2 月 13 日。他幾個月前為了將臨期（Avent）的講道來過一次，瑪麗・閨雅在會客室裡聽說他的講道非常成功。

拉耶神父出生於 1586 年 2 月 5 日里修（Lisieux）教區，1608 年進入盧昂的初學院，到都爾時四十七歲。他曾在各地教授語法、人文學科和修辭學。1631 年被

20　塞如內著（X.-A.SEJOURNÉ）。《可敬的上主之僕人朱利安・莫諾瓦》（Histoire du Vénérable serviteur de Dieu Julien Maunoir）。第一冊。巴黎 - 普瓦捷出版（Paris-Poitiers）。1895 年。頁 45-48。

21　J。第二冊。頁 295-296。

22　同上。

任命為奧爾良學校的校長，在當地具有極大的影響力。1632 年他在禧年講道上，與主教尼古拉・德・梅茲（Nicolas de Metz）發生衝突，成為眾人矚目的焦點，因為他總是給人正面的印象[23]。「拉耶神父有時會到我們的修院講道。我非常渴望前去和他說話，但由於上述原因，我什麼都沒說，一切都留給天主照顧庇佑[24]。」

碧昂院長看出瑪麗・閨雅的心思，於是主動提議她去找拉耶神父。瑪麗・閨雅為此欣喜：「我回應說我非常樂意，但是因為有所顧忌，所以沒有提出[25]。」四旬期開始不久，有一次拉耶神父去拜訪修院，院長向他提及瑪麗・閨雅，並「請求他在都爾期間能夠常去看她[26]。」他們的第一次談話就讓瑪麗・閨雅感到非常自在。克羅神父寫道：「她對他敞開心胸，毫不掩飾地將內心的種種全都告訴拉耶神父。」

為了了解實際狀況並做出明智的判斷，拉耶神父要求瑪麗・閨雅撰寫靈修札記：「他要我寫下自小時候以來天主在我身上的作為，以及恩寵過程中所發生的事。我的院長也同意我照做[27]。」在聖週期間（3 月 19 日至 26 日），她心想自己即將履行的服從並不陌生，因為她先前就經常以書面形式向雷蒙神父尋求諮詢，描述她特殊的恩寵。

3 月 25 日，耶穌受難日，這是她辦了總告解進入密契生活的十三週年，也是領受會衣後的二週年紀念，她做了一次大退省，收斂心神進入了深刻的默觀祈禱：「在我完全沉浸在自我省思的期間，祂對我的所有憐憫在我的腦海清晰顯現，我持續與聖善天主緊密結合[28]。」

23　喬治・德・拉耶神父於 1652 年 9 月 6 日逝世，時任拉弗萊什學校校長；1631-1634 年擔任奧爾良校長；參見宋梅佛傑著書（SOMMERVOGEL）。《耶穌會叢書》（Bibliothèque de la Compagnie de Jésus）。第四冊。欄 166；傅格黑著（H. FOUQUERAY）。《耶穌會史》（Hist. De la Compagnie de Jésus）。第五冊。頁 45、261。他在拉弗萊什與聖朱爾神父（P. Saint-Jure）和查理・拉勒蒙神父（P. Charles Lalemant）同窗，參見《耶穌會歷史檔案 33》（Archivum Historicum Societatis Jesu 33）。1964 年。頁 311-312、317-318。

24　J。第二冊。頁 297-298。

25　同上。

26　同上。

27　J。第二冊。頁 298。

28　J。第二冊。頁 327；1653-1654 年靈修札記撰寫期間，1653 年 5 月又發生類似的現象；參見本書第四部第二章。

她以前曾為撰寫自己所經歷的恩寵設下一個條件。當拉耶神父建議她撰寫她的經歷時，她想「同時寫出所有記得的罪和弱點[29]，讓神父更能夠了解她的狀況」。耶穌受難日的光照讓她看見自己蒙受恩寵而未履行責任的缺失：「無須思索，我的所有罪過就像從天主那裡得到的恩寵一樣，突然都出現在眼前[30]。」於是她立刻提筆開始撰寫。

　　拉耶神父在四旬期結束要離開都爾之前，表示願意照顧克羅。身為校長，他擁有相關資源來協助此事：「他了解了我兒子的情況，並願意協助他延續之前在雷恩的學業。既然克羅要離家，我的姊姊不願再負擔費用。她表明自己能夠負擔的部分，其他就由這位善心的神父另外找一些虔誠的教友幫忙。他將克羅帶至奧爾良，把他交給龐塞神父（P. Poncet）[31]。」

　　實際上，如果克羅留在布松家裡，克蘿・布松還是有能力供應他的生活所需；但是如果克羅離家去住校，她無法一下子負擔全額住宿費用，因為丈夫逝世後，她獨自接手丈夫的事業，遭遇許多困難。克蘿・布松在第二年（1634 年）1 月 18 日與都爾的商人安東・拉吉歐（Anthoine La Guiolle）再婚，根據年輕的克羅的說法，這個婚姻並沒有改善經濟狀況[32]。恩寵與懺悔雙軌的靈修札記撰寫進展快速[33]，瑪麗・閨雅自己稱之為「轉捩點」。在 1636 年的《靈修札記》中她寫道：「我的順從減輕了我所承受的十字架。從復活節到耶穌升天節期間，除了強烈的愛

29　*J*。第二冊。頁 298。

30　*J*。第一冊。頁 327。

31　*J*。第二冊。頁 298。龐塞神父（Antoine-Joseph Poncet de la Rivière）生於巴黎 1610 年 5 月 7 日；1629 年 7 月 30 日進初學院；他當時只是一般的學者，任教於奧爾良學校（1631-1634），後來去巴黎的克雷蒙學校（Collège de Clermont）修讀神學，之後又去羅馬；他原本要和瑪麗・閨雅一同前往加拿大；參見康波著（L. CAMPEAU）。*DBC*。第一冊。頁 564-566；德・侯許蒙特著（C. de ROCHEMONTEIX）。《十七世紀耶穌會士與新法蘭西》（*Les Jésuites et la Nouvelle France au XVIIᵉ siècle*）。巴黎出版。1895 年。第一冊。頁 301-306；第二冊。1896 年。頁 137-140、210-232；巴黎阿瑟那爾圖書館（Paris Bibl. de l'Arsenal）。手抄本 3311。《龐塞神父傳——歿於 1675 年 6 月 8 日馬提尼克島》（*Histoire du P. Poncet, mort à la Martinique le 8 juin 1975*）。瑪麗・閨雅說，她必須克服有關兒子就學的各種反對意見（*O*。頁 514）；布松家族可能不希望他繼續讀書，而是盡快往做生意的方向發展，像他的姨丈一樣。

32　*AD I.-et-L.*。E 254；*J*。第三冊。頁 219 註解。

33　雅梅神父（Dom Jamet）以為拉耶神父講道結束後就可以把手稿帶回奧爾良（*J*。第一冊。頁 137），但當時尚未完成。

的折磨[34]，我在百般痛苦中仍得以享有極大的靜謐。」

復活節後的四十天內，她所獲得的喘息一部分歸因於她反思天主引導她的道路所獲得的喜悅，然而痛苦很快又來襲。那時手稿幾近完成，但由於她後來想要放棄撰寫，並想燒掉已完成的部分[35]，所以最終沒有完成。其中大部分是在 1633 年 3 月 25 日到 5 月 9 日所撰寫。

瑪麗・閨雅的第一部靈修札記，我們只取得一部分。拉耶神父認為最好銷毀與罪有關的部分，因為那是她的告解，屬於聖事中應該守密封存的部分[36]。克羅神父原本不知道這份靈修札記在哪裡，找尋許久，最後找到那份完整未經變動的版本。他是在撰寫母親生平時，無意間找到的：「拉耶神父在逝世（1652 年 9 月 6 日）前幾年，將這份靈修札記交給聖德尼（Saint-Denis-en-France）的聖吳甦樂會修女。當修女們得知我正在撰寫母親的傳記，便主動把它寄給我[37]。」

我們感到遺憾的是克羅神父沒有完整地出版這份靈修札記。就如同他處理 1654 年的靈修札記一樣，他做了一些修訂，並將文風改得較活潑，而且他僅將之視為補充資料，抄入他的著作中，以便讓母親的傳記更完整、更清楚。他自己承認從中擷取「很多內容」[38]，他選擇的段落可能占全部的四分之三或甚至五分之四，但是我們從中看不出原來版本的時序和架構；尤其是瑪麗・閨雅童年的部分沒有出現在公開的版本，但在原版中應該是有的[39]。結語部分也被刪除了，因為克羅神父擁有關於母親在初學時期更詳細的手稿，那就是 1636 年的靈修札記，他認為那一份比較有價值，並將之出版。

1633 年寫給拉耶神父的靈修札記沒有 1654 年靈修札記的廣度，但其所涵蓋的三十三年歲月，內容較詳盡。童年和身為人妻的那些年應該都有提及，只是和 1654 年版本一樣未有太多著墨[40]。其內容主要集中在 1620 年到 1633 年，瑪麗・閨

34　*J*。第一冊。頁 327-328。
35　同上。頁 330。
36　*V*。頁 223。
37　*V*。〈引言〉。頁（14）。
38　*V*。頁 223。
39　參見 *J*。第二冊。頁 298。〈從孩童時候開始〉。
40　否則克羅神父一定會將細節公諸於世，因為與他自己相關。

雅用了很長的篇幅寫下那段時間的記憶，1654 年那一份沒有這個部分。由於時間並不久遠，許多事情的輪廓都比較清晰、鮮明。也許靈修的進展還未能清楚呈現，但內含許多細節，心理層面的剖析相當細膩。無須感到遺憾，我們能取得克羅神父公開他所認為合適的部分，大約是七十幾篇，就已經很難得了。無論如何，瑪麗‧閨雅的第一份靈修札記是她在 1621 年到 1631 年修道心路歷程的重要文獻[41]。

1633 年的復活節期，瑪麗‧閨雅經歷了愛情的倦怠期。她說：「神聖的愛似乎不如我的想像[42]。」她深深地感到巨大的慾望與日常生活中愛的具體表達之間存在著不相當的現象。然而，既然這份愛是來自天主的恩寵，她一概不拒絕：「我寧願死一千次，也不願意嗇付出自己和自己所擁有的一切。」

在耶穌升天節（fête de l'Ascension）與天主結合的偉大恩寵之後，放棄的念頭再度出現。瑪麗‧閨雅又面臨許多困難。首先，她的脾氣來攪局，她無法克制自己的衝動：「我曾經因為看到修道人的一些缺點而震驚，如今發現自己也犯了這些錯誤。」這是一段必經之路：「（以前）我無法理解這些缺點怎麼能和美德共存[43]。」

她性格焦躁且急於行動。她已發願、已完成初學的培訓，她想要發揮使徒的熱忱，這正是她選擇聖吳甦樂會的原因。然而，修會並不急著派任務給她。碧昂院長讓她繼續從事刺繡工作。

當然，這件工作應該對修院的財務有所助益：「我被傲慢引誘了，當初基於順從而接受的工作，我不想再繼續了。我想跟院長說天主希望我做其他事，而不是像手工藝這種小事[44]。」這個誘惑非常強烈，她強壓下來沒有開口竟然就病倒了：「我從來沒有經歷如此強烈的情緒壓抑，我當時什麼都沒有對院長說，因為怕她不讓我繼續做這項工作。」

撰寫靈修札記同時也是內在生活的省思，重新回顧 1620 年以來天主賜予的恩寵讓瑪麗‧閨雅陷入自滿的誘惑：「我的腦海出現許多美好，我深信這些都存在我

---

41 保存的段落從 1621 年在布松家工作開始，一直到 1631 年 3 月 25 日領受會衣為止；其他似乎都是來自 1636 年的《靈修札記》。

42 *J*。第一冊。頁 328。

43 同上。

44 同上。頁 328-329。

的內裡[45]。」她的批判性格讓她無法平靜：「我看到別人滿是缺點，只有我是最完美的。」不潔的念頭和幻想占據她的心靈一段時間，就像剛領受初學修女的衣服那個時候，她有了抗拒信仰的傾向：「我心想，我是瘋了才會相信有天主的存在，有關祂的所有一切都是人們幻想出來的，我自以為獲得的恩寵不過是胡思亂想，其實都是自然發生的現象[46]。」

瑪麗‧閨雅再次感到自己處於絕望的邊緣。她與碧昂院長的情誼也無法幫助自己：「我對院長產生反感，我認為所有的痛苦都是她造成的。我本想請她協助擺脫這些誘惑，於是告訴她我因她和其他人所承受的折磨。談完後，我的痛苦不僅沒有獲得緩解，甚至還加劇。」

向院長傾訴之後，她更加痛苦；擔心自己不被理解；不知道自己是否對院長造成莫名的傷害；更害怕院長會討厭她。她經常反抗院長，因此碧昂院長對她頗為不滿！天主於是讓她明白，和院長的問題是讓她們之間過於世俗的感情得以淨化的神聖過程：「我自己明白過去對院長的倚賴之情[47]。」

瑪麗‧閨雅在這方面一直保持警惕：「我非常擔心這種關係，所以長期以來持續克己苦修。這樣的倚賴對於準備要與天主結合的人非常危險。它就像毒藥，動搖她的心志，是天主和她之間的障礙。我已經有過幾次類似的經驗，不論倚賴的對象是誰，對至聖天主都是不敬的[48]。」

此外，嚴謹的內心審視讓她領悟到兩個缺點：一個是我們上面所說的，一個是「因在乎的人有好表現而得意自滿。」（此指克羅[49]）。康達米神父在 1632 年秋天寫了一封讚美她兒子的信給她，讓身為人母的她倍感驕傲。在她發願的前幾天，克羅被退學回到都爾，這件不光彩的事讓她為這份自滿付出代價[50]。

關於這兩年半考驗的描述收尾得很簡略。1633 年夏天最後的美好日子還沒有結束；一天晚上，瑪麗‧閨雅在花園裡散步：「我突然有一股很強烈的直覺要停下

45 *J*。第一冊。頁 329。
46 同上。頁 329-330。
47 同上。頁 331。
48 同上；*V*。頁 426；*O*。頁 17、327-328。
49 *J*。第一冊。頁 331。
50 *J*。第一冊。頁 321。

來，打從心底，向這位神聖淨配請求寬恕，向祂保證忠誠。與此同時，所有的誘惑，所有的磨難和內心的痛苦都消失了，就好像從未經歷過一樣[51]。」在 1654 年的《靈修札記》中，她形容這份平靜是一種全新「祈禱狀態」的開始：「我發現自己就像來到一個新的地方，並且像以前一樣，與天主和平相處[52]。」

拉耶神父讀完 1633 年的《靈修札記》後，勸她不要繼續執著在「修院一天三次默想祈禱的主題上[53]。」瑪麗・閩雅全心投入閱讀阿爾方斯・侯德里各神父（P. Alphonse Rodriguez, 1537-1616）的著作《全德之實踐與基督徒的美德》（*Pratique de la perfection et des vertus chretiennes et religieuses*）[54]。拉耶神父告訴她，這樣的閱讀是沒有用的，要她把心思放在《聖經》上。碧昂院長給她一本《新約聖經》。此外，她自己有一本拉丁文、法文對照的日課禮儀書，她從中選擇禮儀的經文來閱讀。

考驗結束後，她了解其中的意義，深刻體驗到自己其實還是在抗拒天主的作為：「祂透過此，讓我看見自己的缺點，以及違背了祂的愛[55]。」在這段期間，她感受不到任何協助，內在修為不足的自我中心都顯現出來：「在經歷這些磨難之前，我們以為自己很完美，但當天主揭開事實，我們才醒悟過來，清楚看見自以為的完美苦修根本還沒有開始[56]。」

1633 年聖誕節的預言夢就是發生在此時，為她的內心啟發了新的方向。

在她的生活中，影像化的神視並不常出現，確定的只有五、六次，而且幾乎都是在半夢半醒中出現。第一次是在她七歲時做的夢；第二次是心心相印的恩寵；第三次是 1633 年聖誕節八日慶所做的預言夢，從中得知她的傳教使命即將展開[57]。

---

[51] *J*。第一冊。頁 332-333。

[52] *J*。第二冊。頁 302-303。

[53] 同上。

[54] 法文譯本譯者保羅・杜茲神父（P. Paul Duez）在 1621 年出版；瑪麗・閩雅一直對侯德里各神父懷抱敬意；在魁北克圖書館，她將他的著作放在重要的位置，參見〈瑪麗・閩雅與魁北克聖吳甦樂初學院圖書館〉。*RAM*。第 46 期。1970 年。頁 404。

[55] *J*。第一冊。頁 333-334。

[56] 同上。

[57] 瑪麗・閩雅在不同時間撰寫，但內容都差不多，沒有增加新的，講到同一件事時，用字也相同。三次神視之後（此處提到的第三次在 1635 年初又再出現一次），還有幾個類似的恩寵：1639 年初離開都爾之前預見加拿大的十字架（*J*。第二冊。頁 348-349）；預見兩位加拿大聖吳甦樂會修女無法承受考驗（*V*。頁 581-582）；最後一次是夢見 1664 年的重病，她在 1655 年給兒子的信中有提到。（*O*。頁 744）。

瑪麗‧閨雅留下三份有關神視的手稿，一份是 1635 年 5 月 3 日寫給雷蒙神父的信；一份是寫給她兒子的 1654 年《靈修札記》；第三份是逝世前不久寫的，這一份是克羅神父透過耶穌會士 1672 年的《福傳紀事》輾轉得知[58]。

　　不同時期的書寫可以讓我們看到瑪麗‧閨雅對於神視記憶的一致性、穩定性與精確性。

　　根據瑪麗‧閨雅的說法，這次的預言神視發生在 1631 年至 1633 年的考驗之後，被任命為副初學導師之前[59]。耶穌會士 1672 年的《福傳紀事》中有記載發生的時間：「大約是 1633 年底，發願不久後。」1635 年 5 月 3 日給雷蒙神父的信是這樣寫的：「一年前在聖誕節的假日，大概是我和茹耶修女準備接任初學院管理職務的五、六天前。」

　　聖誕節的假日指的是聖誕節之後的幾個放假日：26 日的聖斯德望慶日（fête de saint Etienne）、27 日的福音作者聖若望慶日（fête de saint Jean l'Evangéliste）。

　　當時的凌晨禱是在夜間進行，瑪麗‧閨雅就寢時間一如往常，她睡得很淺[60]。

　　她夢見自己和一位年輕的女士在一起，「我曾在某個場合見過她[61]。我們離開平時住的地方。我牽著她的手，大步向前，非常疲憊，因為路上遇到艱難的障礙，阻擋了我們要前往的地方。然而我並不知道那是哪裡，也不曉得路在何處[62]。」瑪麗‧閨雅帶領著她的同伴，卻不知道要去向何方。1635 年的信中沒有相關細節，但在 1672 年的《靈修札記》則有較多的敘述：「我和她一起走，我的腳步比較快，一直走在她前面，同時會注意她是否跟上。」從 1635 年的信感覺出她前進的困難在於不確定：「我們看不清楚，只是憑感覺前進。」

　　根據最新的資料（耶穌會士的《福傳紀事》），兩人來到海邊：「我們的道路朝向登船的地方。整個旅途中，我們一直在一起，直到目的地，最後我們到了一個很大的國家。下船後，我們登上一個岸邊，通道就像一座宏偉大門那麼寬闊。」

58　O。頁 42-43；J。第二冊。頁 303 起；RJ。1672 年（Q。頁 62-63；Th. 56。頁 246-250）。

59　發願以後，瑪麗‧閨雅專注於《天主的律法之美》以及新約與舊約的關聯（O。頁 26）。

60　RJ。

61　「年輕」這個詞只有出現在 RJ 中；1635 年的信裡只有提到一個「同伴」；瑪麗‧閨雅寫這封信的時候還不認識貝夫人，她覺得不需要在寫給雷蒙神父的信中特別明說那是一位「在俗女士」。

62　1654 年《靈修札記》。

在克服了種種困難之後，兩人來到一家皮草店。這個部分出自 1635 年的信，那是在做夢十六個月後寫的：「我們到達一個寫著『製革廠』的地方，在那裡，人們把獸皮放置兩年腐化後，再用來製作不同產品。我們必須經過這間皮革廠才能回到住的地方。」

1654 年的《靈修札記》中有關這部分的描述最為引人入勝：「我們抵達一處秀麗之地的入口，那裡有一位身著白色衣服的男人，衣服樣式與宗徒畫像上的服裝非常相似。他是這個地方的管理人[63]。他請我們進入，並用手勢示意我們從哪裡進入，除了那裡，沒有其他的路。儘管他不說話，我心裡明白就是那裡。所以我和我的同伴就進去了[64]。」

「這個地方很美，天空萬里無雲，道路像是鋪了一塊塊白色的大理石，石塊之間的縫隙是漂亮的紅色，寂靜也是構成此處美麗的元素之一。」

1672 年《靈修札記》的修稿人似乎想要將瑪麗‧閨雅原來沒有交代很清楚的細節連貫起來，因此自行補充說那個地方的周圍有排列整齊又漂亮的建築物，很像一間修道院。另外兩篇則只有提到那裡有一座聖母雕像。1635 年的信將之形容為一個「用大理石建造的小房子或招待所，採用古典建築工法，非常漂亮」。1654 年的《靈修札記》形容這個建築物是一個「大理石建造的小教堂，運用古典建築工法[65]」。根據瑪麗‧閨雅的手稿，她們兩位似身處於一個大庭院，從一個角落向左手邊遠眺，可以看到一個小教堂[66]。

63　「我有強烈的直覺，這個偌大地方的管理者就是聖若瑟」（*J*。第二冊。頁 324）。聖若瑟確實在 1624 年被選為新法蘭西的主保聖人：普利歐著（A. POULIOT）。〈獻給聖若瑟的新法蘭西〉。《蒙特婁聖若瑟研究研討會歷史組論文集》（*Actes du Congrès d'études à l'Oratoire Saint-Joseph de Monréal, section historique*）。蒙特婁 - 巴黎出版。1956 年。頁 361-416；卡達著（E.CATTA）。《安德烈修士（1845-1937）與皇家山的聖若瑟聖堂》（*Le frère André〔1845-1937〕et l'Oratoire Saint-Joseph du Mont-Royal*）。蒙特婁 - 巴黎出版。1963。頁 16-45；巴何那修女著（Mère Saint-Joseph BARNARD）。〈魁北克聖吳甦樂會修女在聖若瑟屬地的朝聖之旅〉（Un pèlerinage des Ursulines de Québec dans le domaine de Saint-Joseph）。《若瑟學期刊》（*Cahiers de Joséphologie*）。1968 年。單行本。頁 18-21。
64　1635 年的敘述細節不多，1672 年的敘述很多直接取自 1654 年的《靈修札記》。
65　雅梅神父發現夢中的情境有可能是白天看過的景象，他認出仿古的小教堂有著都爾方濟最小兄弟會修道院內的聖額我略教堂（église Saint-Grégoire）的漂亮外觀，瑪麗‧閨雅當初看著它被建造起來（*J*。第二冊。頁 304 的插畫以及頁 309 註解）；參見朱竇著（A.JUTEAU）。〈都爾最小兄弟會的聖額我略修院教堂素描〉。*BSAT*。第 4 期。1879 年。頁 375-388。
66　1654 年的《靈修札記》寫左手邊。

1654 年的《靈修札記》還寫說：「在這個小教堂上坐著聖母瑪利亞，屋脊的構造可以放上聖母的椅子，聖母把耶穌抱在膝上。」單看 1654 年和 1671 年的手稿，會以為小教堂是聖母雕像的基座。1635 年的手稿所描述的景象比較符合正常的比例：「屋頂上有一個類似座椅的凹處，聖母就坐在上面。」

　　從高處往下眺望，瑪麗・閨雅可以看到一片廣闊的土地，中間也有一座簡陋的教堂，「遼闊的大地[67]」、「寬闊廣大的國家，到處都是高山和河谷，濃霧瀰漫，只看得見那座鄉間教堂[68]」。有關這一點，1635 年和 1671 年的撰述都有比較細部的描寫：下方淹沒在濃霧中，只有屋頂探出頭，人們可以看到「濃霧上方較為清澈的天空[69]」。

　　1654 年的《靈修札記》形容這個地方「既荒蕪又可怕」。其他兩份《靈修札記》，尤其是 1635 年那一份有詳細的描述：「從我們所在的地方，有一條通往那片廣闊空間的小路，那條路的一側是可怕的岩壁，另一側是駭人的懸崖，沒有可以扶手的地方。路又陡又窄，光是用看的就讓人害怕[70]。」

　　聖母瑪利亞似乎正在看著這個國家。虔誠的瑪麗・閨雅跑向聖母[71]，她放開同伴的手，向聖母伸出雙臂：「我一見到聖母，愛慕之情頓時湧現，於是放開女士的手，跑向這位神聖的母親。我伸展雙臂，希望能夠觸及聖母所座落的教堂[72]。」有關夢境或是預言的描述有時並非合情合理。小教堂面向大地，側邊是地面砌石的庭院。教堂所在位置的關係，從高處看到俯視大地的聖母雕像並非正面：「由於她面對貧脊的大地，我只能從背後看到她[73]。我熱切期盼能看到慈愛的聖母的正面，但我只能看到她的背影[74]。」

67　1635 年的信。

68　1654 年的《靈修札記》。

69　1635 年的信。

70　同上。

71　有關瑪麗・閨雅對聖母的愛慕之情，參見呂巴著（H. de LUBAC）。《童貞聖母瑪利亞研究》（*Maria, Etudes sur la Sainte Vierge*）。出版者德・瑪諾（H. du Manoir）。第三冊。巴黎出版。1954 年。頁 181-204；《降生瑪麗的信仰》（*Ce que croyait Marie de l'Incarnation*）。頁 154-165；傑泰著（F. JETTE）。《降生瑪麗的成聖之路》（*La voie de la sainteté d'après Marie de l'Incarnation*）。頁 117-121。

72　1654 年的《靈修札記》。

73　同上。

74　1635 年的信。

突然，眼前景象動了起來。「我見到她低頭看著懷中聖嬰，雖然沒有說話，但我內心聽到某個重要的訊息。她似乎跟祂說到這個地方，還說到我，她對我已有所規劃。我愛慕她而伸出雙臂，就在此時，她優雅地轉向我，充滿慈愛地對我微笑，親吻我，但什麼話都沒有說。然後，她又轉向聖子，透過內心的感應，我聽到她告訴祂有關我的規畫。然後她再度轉向我，親吻我。之後，和聖子說完話，第三度親吻我，我的內心充滿不可言喻的恩寵和溫柔感受[75]。」

1654 年的《靈修札記》和 1671 年撰述中的聖母很年輕：「她的年齡大概是哺乳我們可愛的小耶穌的年紀[76]，看起來像十五、十六歲左右[77]。」

1671 年的撰述目的是以天主特殊「見證人的身分來介紹貝第夫人（Mme de la Peltrie）前往加拿大的使命」，然而其中省略了一個重要的細節。1635 年的信和 1654 年的《靈修札記》都有提到：

「我的同伴往下坡的路先走一步，所以她只有從她所在的地方看見聖母，而沒有機會接受到聖母的撫觸[78]。」

「她往下走了兩三步停下來，她可以從那裡看到聖母像的側邊[79]」。貝第夫人並沒有與聖母親密接觸，唯有瑪麗‧閨雅而已。

瑪麗‧閨雅當時睡著了，突然醒來，內心感覺極其溫暖。克羅神父摘錄經由耶穌會會士修訂的瑪麗‧閨雅的手稿如下：「我從睡夢中醒來（很淺的睡眠），神聖之吻的悸動仍在，我欣喜若狂，只差沒有跑去告訴修道院每一個人[80]。」

那時候，夢的意義還是未知，直到一年後，瑪麗‧閨雅才明白：「我當時不懂為什麼會有這些經歷，因為整個過程都是默默發生的。我不知道這一大片土地是哪裡？不知道管理人引導我們進去的地方是什麼？不知道為什麼聖母賜給我這麼崇高

---

75 1654 年《靈修札記》；1635 年的信也有提到這三個親吻；1672 年《耶穌會福傳紀事》（*RJ*）只有提到一次親吻；*V*。頁 233 提到「神聖的親吻」是複數（這段自述只有克羅神父有，應該是取自瑪麗‧閨雅 1671 年寫給耶穌會福傳紀事的手稿）。

76 1654 年的《靈修札記》。

77 *RJ*。1672 年。

78 1635 年的信。

79 1654 年的《靈修札記》。

80 *V*。頁 233。

+ L'oratoire S. Joseph

聖若瑟聖堂

+ Tours　　　　les Minimes

方濟最小兄弟會都爾會院

的恩寵？對我說了這麼美好的事。所有這些都是我無法理解的奧祕[81]。」

　　這個夢完整地、深深地刻在瑪麗・閨雅的記憶中。二十年間不同時期的撰述內容竟然幾乎是一致的！有一點可以確認這個夢的真實性，那就是這三份手稿分別寫給不同的人：1635 年的信是寫給雷蒙神父的，後來交給克羅。信的內容與 1654 年她在三河村寫的《靈修札記》手稿非常相近。1672 年《耶穌會福傳紀事》的審稿人將瑪麗・閨雅寫給他們的內容做了一些修改，他並不知道其他兩份文件的存在。再一次，我們見識了瑪麗・閨雅強大的記憶力。

81　*V*。頁 233。

第五章

副初學導師

（1634-1635）

　　瑪麗‧閨雅被任命為副初學導師的時間點就在她做了預言夢的幾天後：「在聖誕節假期，我和茹耶修女被指派管理初學院的五、六天前……[1]」

　　如果「假期」（férie）這個字無誤，如果這個神視真的發生在 1633 年聖斯德望或宗徒聖若望的慶日，瑪麗‧閨雅應該就是在 1634 年 1 月 1 日任職副導師。設立這個職務是必要的，因為勒寇克修女單純只負責副院長的職責，而修院人數增多，工作量自然也變多了。

　　我們在前面已介紹過茹耶修女。她在修院創院第一年就和她的兩個姊妹一起進入修院，所以她的修女年資已有十幾年，但是她的年齡不比瑪麗‧閨雅大。她們倆人相處極為融洽。第二年年初，瑪麗‧閨雅就告訴她有關加拿大的使命，她是早期少數幾位知情的人。她們一起規劃未來，一起向雷蒙神父談及此事：「茹耶修女也非常渴望這份使命。她是一位純潔的人，所以我認為她一定是第一位能夠如願

1　*O*。頁 42；「副初學導師」這個職務是克羅神父說的（*V*。頁 621）；都爾 1660 年的會憲沒有這項職務；1633 年都爾初學院人數眾多，所以有必要設立這個職務。

的[2]。」

　　茹耶修女的個性似乎比較多疑，瑪麗・閨雅後來需要耗費很大的精神來消除她對魁北克聖吳甦樂會修女的疑慮[3]。她並沒有完全成功，瑪麗・閨雅為此所承受的折磨一直持續到生命結束。

　　即使有這個弱點，茹耶修女依然是一位非常優秀的修女：她具備絕佳的管理能力。在 1639 年至 1677 年間曾五度擔任都爾修院院長，每一任的任期三年，她還數度連任，連續擔任六年院長職務。期間，她也至少兩度擔任副院長，可謂都爾修院的台柱。同教區的修院在都爾修院之下，有著轄屬的關係，包括昂布瓦茲、洛什、希農，易勒布沙[4]（Ile-Bouchard）、蒙特里沙（Montrichard）[5]，以及洛什修院在貝里（Berry）建立的利尼埃（Lignière）修院[6]。

　　克羅神父在母親的傳記中用六十五頁以上的篇幅記錄瑪麗・閨雅擔任副初學導師兩年期間的事[7]。實際上，有關她本人的部分並不多，除了開頭的部分，其他都是抄錄自瑪麗・閨雅在她所指導的三位修女過世後與聖吳甦樂修院間往來的信件。這三位修女分別是：波律其修女（Marie Beluche de la Nativité，歿於 1669 年 6 月 15 日）[8]；德・拉瓦利耶修女（Elisabeth de la Baume le Blanc de la Vallière），會名聖母無玷始胎安琪（Angélique de la Conception，歿於 1673 年 12 月 7 日）[9]；勒諾瓦修女（Perrine Le Noir de Sainte-Claire，歿於 1652 年 1 月 1 日）[10]。

　　克羅神父的選擇當然不是偶然的，他本人認識幾位都爾的修女，加上他的表妹瑪麗・布松（Marie Buisson）也入了修院，可以提供他一些訊息。不過克羅神父花

2　*O*。頁 31。

3　*O*。頁 574、643、652。

4　1645 年由希農修道院建立；首任院長是瑪特・費弗耶修女（Mère Marthe Février）：潘慕洛著（POMMEREU）。《大事紀》。第一冊。頁 419；《聖吳甦樂會歷史》（*Histoire de l'OSU*）。第二冊。頁 107-108。

5　1642 年由都爾修道院建立；首任院長是夏洛特・朱利安修女（Mère Charlotte Julienne de Saint-Joseph）：潘慕洛著（POMMEREU）。第一冊。頁 404；《聖吳甦樂會歷史》。第二冊。頁 124。

6　1664 年由洛什修道院建立；首任院長是路易絲 - 吳甦樂・巴呂修女（Mère Louise-Ursule Pallu）：潘慕洛著（POMMEREU）。第一冊。頁 453；《聖吳甦樂會歷史》。第二冊。頁 104-106。

7　*V*。頁 234-299。

8　*V*。頁 242-275。

9　*V*。頁 275-291。

10　*V*。頁 291-298；參見本部第三章註 9

了這麼多篇幅在這上面，卻可能偏離事實。那三位修女「導生」接受瑪麗・閨雅「靈修指導[11]」的時間不一定是在初學院期間。

舉例來說，勒諾瓦修女在 1622 年，亦即修院設立的第一年就進入修院，她的修女年資比瑪麗・閨雅大許多，只是她和瑪麗・閨雅在靈修生活上有著相當深刻的情誼[12]。

拉瓦利耶修女是瑪麗・閨雅初學時期的同學，同樣於 1632 年進入修院，並且在瑪麗・閨雅被任命為副初學導師那一年完成她的初學。至於波律其修女，她在瑪麗・閨雅任職時就已完成九個月的初學。

克羅神父倒是應該介紹瑪麗・閨雅所指導的初學修女瑪麗・巴呂（Soeur Marie Pallu de Saint-François）。她於 1635 年進入修院[13]，是艾里歐波利（Héliopolis）主教方濟・巴呂（François Pallu）的姊姊。巴呂主教是外方傳教會的創始人，與拉瓦主教是朋友。

當瑪麗・閨雅回到初學院擔任副導師時，遇見瑪麗・茹貝修女（Soeur Marie Joubert）。根據 1633 年 9 月 16 日的檔案記載，她當時仍是初學修女。她還遇到了她的一位表妹。她有幾位表姊妹都入了加爾默羅會，她之前一直祈求天主，希望最小的表妹能選擇聖吳甦樂會。「她祈求天主，已經有三個姊妹奉獻給聖女大德蘭了，請求至少最小的表妹奉獻給聖吳甦樂[14]。」初學修女們人數眾多，瑪麗・閨雅

11　V．頁 242。
12　布薩著（BUISARD）。《聖吳甦樂會都爾修院》（*Le couvent des Ursulines de Tours*）。頁 17-18。
13　布薩著（BUISARD）。頁 16；潘慕洛著（POMMEREU）。第二冊。頁 487-491；有關她的家庭，參見巴呂著（A.-C.PALLU）。《巴呂家族》（*Essai sur la famille Pallu*）。沙勒維爾出版（Charleville）。1902 年；同作者。《古老的巴呂家族譜》（*Une très ancienne généalogie de la famille Pallu*）。都爾出版。1931；波第蒙著（L.BAUDIMENT）。《外方傳教會主要創始人方濟・巴呂（1624-1684 年）》（*François Pallu, principal fondateur de la Société des Missions étrangères, 1624-1684*）。巴黎出版。1934 年；瑞米著（REMY）。《天主的建築師 - 方濟・巴呂》（*Un architecte de Dieu, François Pallu*）。巴黎出版。1953 年；《有關外方傳教會主要創始人方濟・巴呂的無名氏回憶錄》（*Un mémoire anonyme sur François Pallu, principal fondateur des Missions étrangères*）。出版者波第蒙（L. BAUDIMENT）。都爾出版。1934 年。
14　V．頁 246；雅梅神父針對這個主題有一篇長文（*J*．第三冊。頁 396-397）；他認為這裡指的是瑪汀・修塞修女（soeur Martine Chaussay），她的兩個姊姊——克莉斯多弗蕾特（Christoflette）和瑪麗（Marie）都入了都爾的加爾默羅會；她們是瑪麗・閨雅的代父的三個女兒。

沒有給一個明確的數字，她提過二十至三十人[15]，這幾乎占了修院總人數的一半，我們因此可以知道其工作量之大，以及 3 月 25 日才發願的瑪麗·閨雅所受到的信賴之深。

在此，我想應該要介紹幾位初學修女，但不會像克羅神父描述的那麼詳盡。

瑪麗·閨雅似乎特別關注瑪麗·波律其，因為她在初學修女當中顯得格格不入。其他初學修女大部分是「小女孩」[16]，而瑪麗·波律其在 1633 年的春天領受頭紗時已經二十六歲[17]。因父親年邁多病，她有很長一段時間必須照顧他。進入修院這個新環境，她適應得很辛苦。她的健康狀態似乎無法承受修院的生活型態，而且一直飽受失眠之苦[18]。她像瑪麗·閨雅一樣，發願後一段時間，直到她被交付監督新修院建造的任務（1637 年）[19]，才步入正軌。祭台布刺繡工作小組的成立，拉近了當時擔任副導師的瑪麗·閨雅和初學修女中最年長的瑪麗·波律其之間的關係：「為了製作祭台用的大幅刺繡作品，必須找人幫忙，否則恐怕會拖得很久。因此從這二、三十位初學修女中選出了六位手藝不錯的人選，瑪麗·波律其就是其中一位[20]。」瑪麗·波律其因出色的手藝，加上對藝術的品味，和瑪麗·閨雅志同道合[21]。她像瑪麗·閨雅一樣都愛好大自然與鄉間生活[22]。

至於瑪麗·閨雅，她非常讚賞瑪麗·波律其的慷慨和理解天主相關事務的慧根：「她清楚知道自己堅強的意志以及崇高的恩寵[23]。」由於茹耶修女的父母堅決反對她在 1639 年前往新法蘭西，於是修院裡有人認為波律其修女可以代替她，然而她的健康狀況太不穩定[24]。

15　確實的初學生人數是 28 位（根據南特一位聖吳勉樂會修女所寫的《可敬的降生瑪麗傳記》。頁 89）；瑪麗·閨雅沒有給一個明確的數字，參見 J. 第二冊。頁 307。至於接受培育的修女，1634 年 6 月 9 日的教務會議檔案有 27 位簽名。

16　V. 頁 246。

17　V. 頁 243。

18　V. 頁 248。

19　V. 頁 249。

20　V. 頁 247。

21　V. 頁 251、268。

22　V. 頁 245、271。

23　V. 頁 247。

24　V. 頁 250。

嚮往持守靜默以及與天主獨處的波律其修女對拉瓦利耶修女敞開心胸，無話不說。拉瓦利耶修女是瑪麗・閨雅另一個忠實的導生[25]，她出身於社會地位崇高的家庭，與宮廷關係良好，舅舅、哥哥、堂兄都先後擔任主教[26]。她的年紀比瑪麗・波律其小，1632 年進入初學院時年僅十三歲。當瑪麗・閨雅成為她的副導師，便對她無比推崇。克羅神父寫道：「她一穿上初學修女的會衣，內心和精神就到達一般初學者很難得的境界。降生瑪麗修女斷定她擁有祈禱的天賦[27]。」瑪麗・閨雅注意到她具有極大的熱情，以及對天主相關事務優秀的理解能力：「看到她年紀這麼輕，就對內在生活有著滿腔的熱情和開放的態度，瑪麗・閨雅感到非常訝異。從那時起，這位初學修女就接受她的啟發，對她的敬愛至死不渝[28]。」

瑪麗・閨雅指導她如何運用密契祈禱的方式度內修生活，這是她自己深受其惠的奧祕恩寵[29]。拉瓦利耶修女將所有從瑪麗・閨雅那裡聽到的、學到的都寫下來，後來仍持續撰寫。克羅神父寫道：「她下了很大的功夫來記錄和抄寫降生瑪麗修女的講道，透過閱讀這些資料，她可以獲得慰藉和喜悅。在我撰寫的這本傳記中，很大一部分是出自她的手稿[30]。」

拉瓦利耶修女沒有機會讀到瑪麗・閨雅 1633 年、1636 年和 1654 年的《靈修札記》，也沒有看過省思筆記。但是有關瑪麗・閨雅的記憶都非常鮮明，包括她對初學修女們的講道，以及後來寫給都爾修院的信件等等，拉瓦利耶修女都收錄在她的資料中。她在 1673 年 12 月 7 日逝世後，克羅神父透過瑪麗・布松取得了她的文稿。

至於克羅神父認定的第三位導生勒諾瓦修女[31]，是都爾修院第一位發願的修

25　*V*。頁 264。

26　她的舅舅佳播・德・波弗（Gabriel de Beauvau）於 1635-1667 年擔任南特（Nantes）主教，參見《法國名人傳記辭典》（*Dict. De Biogr. Française*）。第五冊。欄 1204-1205；她的哥哥吉爾（Gilles）1668-1677 年擔任南特主教。《法國天主教歷史索引》（*Gallia christiana*）。第十四冊。欄 837；她的外甥皮耶 - 方沙・德・波弗（Pierre-François de Beauvau）1688-1701 年擔任薩拉（Sarlat）主教，參見《貝里格歷史考古協會集刊》（*Bull. De la Soc. Hist. Et arch. Du Périgord*）。第 25 期。頁 187-191；另一位外甥吉爾 - 方沙・德・波弗（Gilles-François de Beauvau）於 1679-1717 年擔任南特主教，參見《法國名人傳記辭典》。第五冊。欄 1205。

27　*V*。頁 284。

28　*V*。頁 277-278。

29　*V*。頁 278-279。

30　*V*。頁 282。

31　*V*。頁 291 起。

女，她選擇做庶務修女 [32]。當瑪麗・閨雅來到這個修院團體時，她已經發願成為修女近十年了，克羅神父視她為母親的導生應歸因於她們倆人之間深厚的友誼 ：「在追求全德的道路上，降生瑪麗修女給予她極大的幫助，她願意花費心力去為她誦讀、解釋祈禱的主題，一般都是取自《聖經》，尤其是〈雅歌〉。她挑選某個段落來講解，簡明扼要，但充滿力量，溫暖動人，揭開其中的奧祕，以及在靈修上的運用 [33]。」

克羅神父在 1682 年出版母親的《避靜省思文集》，並附上《〈雅歌〉簡述》。這個附錄是由拉瓦利耶修女所蒐集的瑪麗・閨雅在初學院的講道內容。勒諾瓦修女很可能是第一位受益者。如果是曾經闡述過的段落，再發展成一系列的講道課程會容易許多。瑪麗・閨雅給這位庶務修女的個別講解讓她可以了解聽者的反應，進而篩選最適合年輕女孩的內容。

〈雅歌〉的內容深深打動瑪麗・閨雅。在拿到全文之前，她就在靈修閱讀時讀到許多出自〈雅歌〉的語錄。在 1631 年或 1632 年，她完整地閱讀了〈雅歌〉，從中發現貼合自身經驗的描述。不過，她還是補充說道：「自身的經驗比文字更為深刻 [34]。」從那時起，當她需要講述有關內修生活時，〈雅歌〉就成為她常引用的資料來源。僅僅八章的〈雅歌〉比一百五十篇的〈聖詠〉更頻繁被引用 [35]，比〈若望福音〉多兩倍。克羅神父肯定地說，在她的談話中，「最常提及的就是《聖經》裡的〈雅歌〉[36]。」

瑪麗・閨雅擔任副初學導師期間，每週兩次的講道課上，有人請她闡述〈雅歌〉的意涵。克羅神父引用拉瓦利耶修女的說法：「這些解說如此優美，如此溫暖，聽到的人都為之欣喜不已 [37]。」她也有闡述〈聖詠〉。瑪麗・閨雅在初學院的講道至今只留下已出版的八頁，名為《〈雅歌〉簡述》[38]》。我們不知道該文本在什麼情況下傳到克羅神父的手上，也不知道他在出版前做了什麼修訂。當時，聽講

32　V。頁 292、293。
33　V。頁 293。
34　J。第二冊。頁 261。
35　在 V 書中，抄錄的引文有五分之二出自〈聖詠〉，五分之三出自〈雅歌〉。
36　V。頁 240。
37　V。頁 240；J。第二冊。頁 307。
38　V。頁 242。

道是不做筆記的，如果有人事後想要重建內容，就得在自己的房間內慢慢回想。聖方濟·沙雷（Saint François de Sales）的靈修對話就是這樣產生的。不過克羅神父可能沒有參考這些課後紀錄，他應該握有母親的筆記手稿。

　　八頁的《〈雅歌〉簡述》涵蓋〈雅歌〉的全部內容，瑪麗·閨雅將之從頭到尾做了一個概述，針對具有特別意義的經文會加以解說。《〈雅歌〉簡述》這種呈現方式是一種做為〈雅歌〉逐行講道之前的開場。拉瓦利耶修女之後應該有跟瑪麗·閨雅索取《〈雅歌〉簡述》的文本，並抄寫下來，收錄在她的檔案中。後來她把檔案交給克羅神父，經修訂後再交給出版社。瑪麗·閨雅前往加拿大之前燒掉一些文件，而這一份因此躲過一劫，被保留下來。

　　在這份文本中，我們可以看到聖伯納《〈雅歌〉講道集》的內容，前幾頁出現的順序如下：

- 有一段的靈感大部分出自聖伯納（saint Bernard）《〈雅歌〉講道集》第一篇第七段。
- 有一段是《〈雅歌〉講道集》第三篇第二段和第五段的概述。
- 有一段是《〈雅歌〉講道集》第三篇第二段和第五段以及第四篇第一段的綜合講述。
- 有一段與《〈雅歌〉講道集》第七篇第二段極為相近。
- 接著有兩段的靈感來自《〈雅歌〉講道集》第九篇第四段和第八篇第二段。該文本的其餘部分似乎就沒有再使用聖伯納的講道內容了，即便有也僅是隱約帶到。此外，瑪麗·閨雅曾讀過聖女大德蘭（sainte Thérèse d'Avila）的《〈雅歌〉沉思》（*Pensées sur le Cantique*），並引用了第五章的闡述：「我坐在心愛之人的影子下，祂的果實嘗起來甜美，是什麼水果這麼甜美？一位嘗過而且極為喜愛的聖人告訴我，這是十字架之樹的果實[39]。」

　　瑪麗·閨雅透過〈雅歌〉幾段經文的解說，傳達了她自身的靈修經驗。她強調

39　*J*。第一冊。頁400。

默觀生活是使徒生活的先決條件，確保其收穫良多。天主教要理也是她極為重視的部分：在《〈雅歌〉簡述》文本中，天主教要理獨立於其他瑪麗‧閨雅所閱讀和思索的評論。這個不長的文本強調默觀祈禱在天主淨配生活中的重要性。重點不是淨配所投入的活動，而是背後驅使的愛，以及帶動這些活動的精神，這是與心中天主結合的精神。

　　瑪麗‧閨雅談到對天主的渴望賦予她無比的勇氣，無畏無懼，不在意別人的看法。她說，尋求天主必須要有勇氣和活力穿越黑夜，在晦暗時刻，必須懂得吃苦、修練，堅定地走向祂。天主會適時減輕走向祂的人所背負的十字架重擔：「祂用左手摸著我的頭，用右手擁抱我……」「不論祂是安慰我們，或是試煉我們，那都是出於愛。祂的甜美慈愛總是能撫慰我們的痛苦，因為祂只是輕輕用左手觸碰我們（為了讓我們受苦，為我們施以痛苦的洗禮）；祂只是把左手放在我們的頭上，而右手則擁我們入懷（為了安慰我們，讓恩寵的美妙充滿我們）。」

　　愛的順序首先在於與天主結合，之後才努力讓其他的靈魂與天主結合：「淨配希望讓天主所愛的人先品嘗在默觀的果實，然後再賜福給耶路撒冷的女兒們＊；她從隱退祈禱中汲取實踐生活的力量。」皈依後並不表示馬上要投入行動，而是先要在靈修生活上成長。成為天主的淨配，是從小女孩開始的；「乳房尚未發育，但是默觀的果實讓她逐漸成長為女人。」同時，她完全倚賴著她的淨配：她永遠都需要祂；弱小如她如果想要落實對他人的影響，必須緊依著祂。至於初學修女，她們最根本的職責就是完全投入默觀祈禱，執行尊貴的工作並不是配當耶穌淨配的原因，唯有忠於祂的旨意，全心擁抱至高的愛德才配得上祂。」

　　《〈雅歌〉簡述》讓我們得以認識瑪麗‧閨雅在 1634-1635 年間的靈修講道。傳道授課讓她感到喜悅：「她非常高興能有對象讓她分享所領受的光照和熱切的心。見到她心愛的導生時時在身邊聆聽講道，向她提出各種有關靈修生活的問題 [40]，這正是她的核心使命。」瑪麗‧閨雅具有講道的魅力，這項使命讓她覺得很快樂。她平時不多話，但當談到天主時，就變得滔滔不絕 [41]。

40　*V*。頁 242。

41　*V*。頁 236。

＊　譯者註：「耶路撒冷的女兒」在基督宗教中的寓意是指「屬於天主的人」或「天主子民」。

瑪麗・閨雅有關〈聖詠〉的闡述[42]，由於沒有留下任何記載，因此我們不得而知。在她尚有婚姻的歲月裡，〈聖詠〉是她內在生活的精神食糧，所以她非常熟悉。她的講道很可能不是以課程的形式進行，而是以個人經驗來重新詮釋。

　　她授課的主要內容還是以《天主教要理》（Doctrine chrétienne）為主。她的責任在於培養有意願、但缺乏要理講授經驗的初學修女，畢竟傳授要理是她們未來主要的任務。1647 年在魁北克，由拉勒蒙神父（P. Lalemant）主導、瑪麗・閨雅協助下所制定的會憲，清楚寫出聖吳甦樂會修女的工作之一是培育人成為良好的基督信徒。「天主教要理和良善的道德」依然是聖吳甦樂會的主要目標，其次才是「適宜的年輕女子教育：讀書、寫字、算術、縫紉以及其他女人從事的工作」，培養她們「履行所有可能面臨任務的能力」，贏得她們的心，以利「日後更易於認同修道的典範[43]」。瑪麗・閨雅的使命是以要理講授來培育初學修女，就是要培養她們「具備修會使徒工作的能力[44]」。

　　直到被任命為寄宿學生的導師為止，將近三年時間，她的職責就是教授《天主教要理》給「二、三十位初學院的修女[45]」。她備課動作很快：「上課前，我參考大公會議以及博敏樞機（Cardinal Bellarmin）的天主教要理內容，不用花太多時間[46]。」最令她感到驚訝的是自己能夠輕鬆自在地侃侃而談，《聖經》喚起大量的靈感，講道的內容非常私密[47]：「我感覺獲得智慧的恩寵，如果沒有聖神充滿，這些話我可能不願，也不敢說[48]。」

　　瑪麗・閨雅不只一次在談到《聖母經》或《信經》中的重點時中斷，並找藉口回到房間，因為她突然進入神魂超拔的境界。有時即使沒有到這個境界，她還是能夠意識到自己是在聖神充滿下而說話或行事：「當談完信德的幾個重點，要進入結

42　瑪麗・閨雅可能參考了安東・德・拉瓦（Anthoine de Laval）的《〈聖詠〉釋義》。出版者羅科雷（P. Rocolet）。巴黎出版。1626 年，或尼古拉・吉爾貝（Nicolas Guillebert）的版本。出版者德・波第 - 瓦（D. du Petit-Val）。1625 年。盧昂再版。之後由出版者尼古拉・布翁（Nicolas Buon）於巴黎出版。1632 年。

43　《魁北克會憲手抄本》（Const. Ms. de Québec）。對開頁 64；參見《博多 1635 年會憲》（Constitutions de Bordeaux de 1635）。頁 36。

44　J。第二冊。頁 306。

45　同上。頁 307。

46　O。頁 374。

47　J。第一冊。頁 302-303。

48　J。第二冊。頁 306。

論時，《聖經》的內容大量湧入腦海，讓我自己都難以置信。我無法停下來，必須服從占據我心靈的聖神[49]。」

因此，靈光湧現最豐盛的時刻就是做結論的時候。在這個最後的勸諭，信仰得以落實在具體行動上。瑪麗・閨雅特別指出她的兩筆主要參考來源：一個是特利騰大公會議通過的《天主教要理》。依照克羅神父的說法，指的是 1588 年的版本[50]；另一筆是博敏樞機的版本。瑪麗・閨雅手邊的這個版本可能是康彭（Crampon）在接近 1600 年時應阿弗朗什（Avranches）主教——方濟・貝里卡（François Péricard）的要求所翻譯的版本；也可能是 1628 年里昂的路易・繆給（chez Louis Muguet）出版的版本，作者是米歇爾・果薩神父（Michel Coyssard）；還有一個可能是西蒙・米揚芝（Simon Millanges）在 1620 年、1621 年以及 1633 年在里昂印刷出版的版本，譯者不詳[51]。

49　*J*。第二冊。頁 307。

50　大公會議的《天主教要理》有兩本法文譯本，一本是 1567 年在博多出版，1583 年、1598 年、1602 年、1620 年、1633 年再版；另一本是尚・吉優（Jean Gillot）於 1570 年在巴黎出版；克羅神父《成聖之道》序言所提到的 1588 年版（頁 27），我並不知道，也許是 1583 年的誤植？

51　1600 年在巴黎出版；1601 年在盧昂由出版者歐斯蒙（J. Osmont）出版；1604 年在里昂由出版者克羅格曼（A. Cloquemin）出版；1616 和 1618 年在都勒（Toul）由出版者聖瑪代（Sr Sainc-Martel）出版；1620 年在坎布雷（Cambrai）由出版者德・拉里維耶（J. de la Rivière）出版；1630 年在里昂由出版者里高（Rigaud）出版；果薩（P. Coyssard）的名字也許是筆名，參見宋梅佛傑著（SOMMERVOGEL）《耶穌會叢書》（*Bibliothèque de la Compagnie de Jésus*）。第一冊。欄 1196。

　　當時有關天主教要理的書單如下：

- 杜埃著（Cl. THUET）。《羅馬天主教要理手冊》（*La pratique du Catéchisme romain*）。出版者布翁（N. Buon）。巴黎出版。1625 年（1630 年再版）。
- 《天主教要理教學法》（*L'Instruction pour bien faire le catéchisme et enseigner la doctrine chrétienne*）。出版者卡莫西（S. Cramoisy）。蓬・穆松（Pont-à-Mousson）出版。1626 年。
- 《路易・德・格納德教理》（*Catéchisme de Louis de Grenade*）；柯藍譯（N. COLIN）。巴黎出版。1613 年（里昂。1620 年；巴黎。1623 年）；阿第譯（HARDY）。出版者布朗傑（L. Boullanger）。巴黎出版。1633 年。
- 《卡尼遜神父的天主教大要理》（*Le Grand Catéchisme du R. P. Canisius*）。卡特宏譯（N. CARTERON）。出版者德・佛賽（Du Fossé）。巴黎出版。1621 年。
- 《必涅侯的天主教課程》（*Les leçons catholiques de Pignarole*）。夏布譯（G. CHAPPUYS）。里昂出版。1585 年（魯昂出版的是 1587 年）。
- 《羅恆左・瓜達紐的聖學院》（*La sainte Académie de G. Lorenzo Guadagno*）。杜蒙賽譯（S. DUMONCEL）。巴黎出版。1618 年。
- 《黎希留樞機主教的基督信仰講授課程》（*Instruction du Chrétien du cardinal de Richelieu*）。1620 年在普瓦捷由出版者梅斯涅（Mesnier）出版，之後又再版多次；瑪麗・閨雅推薦魁北克初學生閱讀（〈初學生的書單〉引用頁 404）。
- 都戴勒著（J.-Cl. DHOTEL）。《根據法國早期出版之現代天主教要理起源》（*Les origines du Catéchisme moderne d'après les premiers manuels imprimés en France*）。神學叢書 71。巴黎 - 勒皮（Le Puy）出版。1967 年。

克羅神父補充還有第三筆瑪麗・閨雅經常引用的來源就是《聖經》。他在《成聖之道》的序言寫道：「她沒有參考神父們或大公會議針對《聖經》的闡述，應該說她沒有投入這些研究。最具權威的《聖經》就是她的閱讀材料，她全心全意研讀[52]。」克羅神父還寫道：「人們也許很訝異看到一位從未接受人文教育，知識程度也不高的普通修女，竟然能像一個神學家一樣適切地引用《聖經》，講道口才也不輸給神父[53]。」

1654 年的《靈修札記》可能會誤導我們。我們閱讀時，感覺瑪麗・閨雅的講道沒有事前筆記，而是內心自然湧現；然而，《成聖之道》的〈序言〉卻不是這麼寫的。克羅神父持有相當完整的手稿，這份資料就是《成聖之道》一書的骨架。它不像是學生的筆記，因為上面沒有每一堂課最後的總結勸導：「每當她講完一個奧祕或是一個信仰的重點，都會從中歸納出一個勸導，而這些都沒有出現在她的手稿裡，我因此推測她並沒有事先準備要說這些勸導，而是當下她對這些修道女孩的滿腔熱誠驅使下自然說出的，這些勸導沒有機會讓更多人受益甚是可惜[54]。」

如果參照修院的作息，實際情況應該是這樣的：瑪麗・閨雅在上課前參考她所說的兩筆資料來源，快速地寫下她要上的內容，上課時她並沒有照著課前準備的筆記唸。當她離開副初學導師的職務轉任住宿學生導師時，她重新整理這段時間的授課資料，並交給要接替她的人。這就是為什麼這些資料會留在都爾修院，沒有被瑪麗・閨雅在前往新法蘭西前燒毀。由此可見這可能是他母親的親筆手稿，或是忠心耿耿的拉瓦利耶修女的抄寫本。這個資料後來交給克羅神父，因為當時他完成了書信集的編輯（1681 年），開始著手撰寫《成聖之道》[55]。

至此，一切都順利進行，瑪麗・閨雅的筆記可以讓我們認識她的講道，然而在送印前，克羅神父介入了。《成聖之道》可以算是克羅神父和他母親共同的著作。關於他對瑪麗・閨雅原稿所做的修訂，他是這麼說的：「當初這些內容只針對年輕修女以及託給她教育的一般人……而我增刪修訂的目的是希望讓更多人可以使用該

---

52 《成聖之道》（*Ecole sainte*）。〈序言〉（*Préface*）。頁（16）。

53 同上。頁（17-18）。

54 同上。頁（23-24）。

55 最早是由都爾的教區祕書長及神學家方濟・卡繆（François Camus）於 1683 年 1 月 1 日批准；手抄本在 1682 年秋準備就緒，出版年分是 1684 年。

書[56]。」

實際上，他希望教區的神父、學校老師，以及想要每週日全家聚會時一起讀天主教要理的父親們，大家都能夠使用他母親闡述的要理[57]。

為此，克羅神父補充說，為了讓該書風格年輕化，他更新了原先引自 1588 年印製的天主教要理法文譯本的部分（這點無傷大雅），他要求將他母親所引用的部分改為新版《聖經》的法文翻譯。但為什麼他要刪除某些內容，又新增某些內容？如何區分經克羅神父年輕化的最初版本以及克羅神父所增加的部分[58]？

《成聖之道》於 1684 年由克羅神父交由關涅瓦（Coignard）出版，作者為瑪麗‧闈雅。瑪麗‧闈雅的要理內容豐富，提供大量的解說。博敏樞機的要理在該書分量不多，不過採用了他有關十字架的闡述以及有關天主十誡的評論。至於特利騰大公會議的天主教要理版本則占很重要的地位。瑪麗‧闈雅逐步照著要理的內容講課，針對特定的教學對象做重點摘要，大多時候還是以特利騰大公會議的要理版本為主，但有時也會引用要理沒有的《聖經》的部分來闡明某些要理。因此克羅神父認為《聖經》是《成聖之道》的第三筆參考資料是有其道理的[59]。瑪麗‧闈雅獨創的部分在於天主十誡的相關解釋，天主教要理沒有這個部分。《成聖之道》中有十五堂課皆著重於此，博敏樞機主教的要理有包含關於天主十誡的簡短解說，但瑪麗‧闈雅的闡述看不出與他的有所關聯。《成聖之道》的課程包含：一堂關於十字聖號的意義（頁 1-9）；二十三堂關於宗徒信經（頁 10-182）；十五堂關於天主十誡（頁 183-320）；十二堂關於天主經（頁 321-423）；十三堂關於聖事（頁 424-562）。

《成聖之道》的出版正值各個教區以及個人對要理的闡述百家爭鳴的時期[60]，因此並未受到重視。直到十九世紀，李紹道院長（abbé Richaudeau）在聖吳甦樂會

---

56 《成聖之道》。〈序言〉。頁（25-26）。

57 同上。頁（27）。

58 克羅神父自己加上瑪麗‧闈雅沒有著墨的第六條誡律的闡述，他將這個部分插入頁 275 和 276 中間，沒有加上頁碼，而標示〈補篇〉（Supplément），我們在註解中看到：「降生瑪麗修女完全沒有談到這個誡律，為了讓這本書更為完善，我們覺得有必要以補充的形式加上去。」

59 〈序言〉。頁（16）、（18）。

60 《天主教神學辭典》（Dictionnaire de Théologie catholique）。第二冊之 2。欄 1925-1938；都戴勒著（J.-Cl. DHOTEL）。同前。

引薦此書，並全力推廣。

　　瑪麗・閨雅可能因為教授年輕修女天主教要理，所以與教會長上佛傑蒙席建立了比較密切的關係。波禾卡郡（Beauregard）的領主佛傑蒙席屬當地極具聲望的家族。他年約五十五歲，自 1620 年以來擔任都爾教堂的祕書長，對於自己的職責盡心盡力。他有三本靈修著作，今日不易尋得：《成聖的實踐》（*les Hautes pratiques des Saints*）、《論天主慈悲》（*Traité de` la miséricorde de Dieu*）、《虔誠者的靈修實踐》（*Exercices spirituels pour les âmes dévotes*）[61]。克羅神父稱讚他是一名傑出的聖職工作者。都爾總主教生病期間，是由他來代理管理都爾教堂[62]。

　　瑪麗・閨雅也是因為教授要理而結識負責耶穌會相同職務的朱利安・莫諾瓦會士。他在 1633 年 8 月被派到都爾來休養，負責教導四十幾位小朋友、拜訪主宮醫院和監獄。他每星期日在聖瑪定教堂旁邊的聖皮耶 - 勒 - 布利耶大教堂（église collégiale Saint-Pierre-le-Puellier）講授要理時，都會吸引許多人前來聆聽[63]。

61　參見本書第一部第十章。註 78。

62　*V*。頁 242。

63　他在 1634 年底前往布爾日，賽如內著（X.-A. SEJOURNE）。同前。

第六章

$\backsim$

避靜

（1634-1635）

　　拉耶神父曾在 1633 年四旬期去過都爾，他住在奧爾良，書信往來很方便，加上兒子克羅在他的學校就讀，因此瑪麗·閨雅自然而然和他保持聯絡。1634 年聖朱爾神父（P. Saint-Jure）繼任拉耶神父的職位。一般來說，瑪麗·閨雅尋求都爾的耶穌會會士來指導靈修還是會比較理想，於是聖吳甦樂會的教會長上佛傑蒙席建

議她去找蒂內神父 [1]；這位神父她並不陌生，就是他在擔任雷恩學校校長期間，於1631 年拜訪都爾總主教之後，同意收留克羅。

蒂內神父與路易·拉勒蒙神父一起在盧昂接受耶穌會培育階段的「卒試／第三年」。他曾任奧爾良和雷恩學校的校長，在修會裡有大好的前程等著他，聖文生（saint Vincent de Paul）這麼形容他：「這位神父是天主最忠心的僕人 [2]。」如果他能夠在都爾多停留一段時間，瑪麗·閨雅就能從他那裡獲得更多的幫助，可惜他在1635 年離開了都爾。

斐揚修會的全體會士大會於 1634 年 5 月 17 日在貝里省的賽勒謝爾河畔（Selles-sur Cher）召開 [3]，雷蒙神父藉此機會在都爾停留幾個月。他在二月中旬左右到達，路易神父告訴他關於 1631 年到 1632 年間與瑪麗·閨雅之間的矛盾，並且

1　*J*。第二冊。頁 313。蒂內神父於 1584 年 10 月 18 日（或 1580 年 10 月 19 日）出生於穆蘭（Moulins），屬當地貴族家庭；他的叔叔卡斯帕（Gaspard）在 1600 年至 1619 年間擔任馬孔（Mâcon）的主教，而他的兩個兄弟其中一位是叔叔的助理（1616-1618），另一位繼任為主教（1620-1650）。他本人於 1604 年進入耶穌會，在培育階段「第三年」1619 年至 1620 年與路易·拉勒蒙神父在盧昂學校共事。1639 年至 1642 年擔任法國省會長，1643 年至 1647 年擔任香檳區省會長。他是法王路易十三的聽告解神師；他是一位非常著名的講道者：宋梅佛傑著（SOMMERVOGEL）。《耶穌會叢書》（*Bibliothèque de la Compagnie de Jésus*）。第三冊。欄 227；利姆詹 - 拉莫特著（LIMOUZIN-LAMOTHE）。《法國名人傳記辭典》（*Dict. De Biogr. Française*）。第十一冊。欄 374-375；《馬孔學區年鑑》（*Annales de l'Académie de Mâcon*）。系列 3。第十八冊。1913 年。頁198-209；傅格黑著（H. FOUQUERAY）。《耶穌會史》（*Histoire de la Compagnie de Jésus*）。第四冊與第五冊；塞桑著（L. CEYSSENS）。《1640-1643 年楊森主義與反楊森主義的起源》（*Sources relatives aux débuts du jansénisme et de l'anti-jansénisme*〔*1640-1643*〕）。魯汶出版。1957 年；同作者。《1644-1653 年第一個反楊森主義諭令的歷史起源》（*La première bulle contre Jansénisme, Sources relatives à son histoire*〔*1644-1653*〕）。布魯塞爾 - 巴黎出版。1961-1962 年；聖文生著。《書信集》（*Correspondance*）。出版者寇斯特（P.COSTE）；《喬法·艾禾盟回憶錄》（*Mémoire de Geoffroi Hermant*）。出版者卡季耶（A. GAZIER）。第一冊與第二冊；《禾內·哈班神父回憶錄》（*Mémoires du P. René Rapin*）。出版者歐畢諾（L. AUBINEAU）。巴黎出版。1865 年。第一冊；歐希巴著（J. ORCIBAL）。《尚·杜維吉·歐蘭尼（1581-1638 年）- 聖錫宏修院院長與他的時代》（*Jean Duvergier de Haurranne, abbé de Saint-Cyran*〔*1581-1638*〕*et son temps*）。魯汶出版。1947-1948 年；吉莫內著（J. JIMENEZ）。〈路易·拉勒蒙神父傳記〉。《耶穌會歷史檔案 33》（*Arch. Hist. S. J. 33*）。1964 年。頁 310、313；布雷著（P. BLET）。〈法國十七世紀天主教耶穌會士〉。同上。29。1960 年。頁 66-67。

2　《書信集》（*Correspondance*）。出版者寇斯特（P.COSTE）。第二冊。頁 394；他是位心思細膩的人，懂得洞察人心，從他的書《路易十三最後的日子》（*Relation des derniers moments de Louis XIII*），可以看出這個特質。歷史檔案系列 12（Le Cabinet historique 12）。1886 年。頁 225-260。

3　莫羅蒂斯著（MOROTIUS）。《熙篤會復興：高盧的熙篤會斐揚修道院史》（*Cistercii reflorescentis...chronologica Historia*）。頁 37；大會負責審議會憲：參見奧爾良市立圖書館。手抄本 499，《斐揚聖母會會憲：賽勒 - 貝里大會上通過基於現況的修訂》（*Les Constitutions de la Congrégation de N.-D. de Fueillens...accomodées à l'estat et usage présent, au Chapitre général tenu à Selles-en-Berry*）。1634 年。

告訴他，瑪麗・閨雅自 1633 年初以來固定向耶穌會士請益，跟斐揚修會幾乎不往來了，雷蒙神父聽了以後非常生氣。聖吳甦樂會的修院距離聖路易隱修院只有幾步之遙，他便去拜訪碧昂修女以及幾位與他交情不錯的資深修女。當看見瑪麗・閨雅時，他表現得很冰冷，只說了幾句話，就請她離開[4]。瑪麗・閨雅原本非常高興能見到他，聽到他這樣說，簡直不敢相信自己的耳朵。她愣了一下，雷蒙神父又說了一次她可以離開了，令她傷心欲絕。三個月過去了，她不敢請求他來看她，但她仍然抱持希望，也許大會結束後，雷蒙神父會再繞去都爾，因為會議所在的賽勒謝爾河畔就在附近。但是直到五月結束她都沒能再見到雷蒙神父。

　　於是瑪麗・閨雅決定寫信給他：「我下定決心以書面形式告訴您我原先想親口對您說的話，如果您願意傾聽。」她說自己會向耶穌會士請益是：「因為您不在身邊，而我迫切需要有人指導。」她的信非常誠懇，感動了惱怒的雷蒙神父，於是開啟書信模式，她又可以再度受教於雷蒙神父；但同時，她已固定與蒂內神父靈修交談，偶爾也會和拉耶神父通信。

　　按照那個時期的慣例，蒂內神父要求瑪麗・閨雅在獲得特殊恩寵時要書寫下來：「我將這類的事告訴我的靈修導師蒂內神父，他要我在遇到這些情況時寫下來[5]。」

　　瑪麗・閨雅當時正處於與天主共融合一的時期，她全心專注於天主。1631 年到 1633 年間的黑暗時期已經結束，然而痛苦依然存在。這個痛苦非但沒有阻礙與天主的結合與專一，反而更加激勵她。專注於天主讓她在質的上面有了很大的提升，變得更純淨，不受外界紛擾影響[6]：「在最痛苦的時候，我行經修院，感到內心持續受到熾熱且強烈的愛的擠壓。有時候甚至感覺心臟快跳出來，奔向生命源頭的祂。」在食堂、散心時刻，沒有任何事會干擾她對天主的專注。在瑪麗・閨雅的靈魂深處，外在的動靜無聲又遙遠。心和感官都承受極大的痛苦，但是真實的生命退居到一個感官到不了的地方。「當我在食堂時，靈修閱讀讓感官停止運作，整個

4　O。頁 16。雷蒙神父的態度可能跟瑪麗・閨雅曾經宣發的服從願有關，使得她必須跟隨雷蒙神父，以及之後接替他的人；然而瑪麗・閨雅認為一旦她成為修女，這個誓願就停止了，參見 J。第二冊。頁 220-221。

5　J。第二冊。頁 307。

6　J。第二冊。頁 336。

人沉浸在天主之內……」「團體散心時間，儘管我與其他修女們在一起活動，對天主的專注卻絲毫不減。唯有在做刺繡工作時（祭台布裝飾所需的刺繡）才能回過神來，因為需要特別用心。此時，對天主專注的心不是強烈炙熱的，而是溫柔地沉浸在對天主的想望[7]。」

從她剛入初學院以來，詠唱日課的時辰祈禱一直是她與天主相遇的最佳時刻：「頌唱聖詠時，當另一邊在詠唱詩句時*，我沉吟思索天主想要傳達的……但當我們這一邊詠唱時，我則必須從內心走出來……因為要發出聲音，我反而不能像當另一邊在詠唱時感受得那麼清晰，但是我的心是一致的[8]。」靈光乍現的恩寵經常在詠唱日課時出現，比其他任何時候都頻繁：「唱經的時候，我若理解所頌唱的聖詠或其他，就會感到言語無法形容的滿足。」她甚至想要「在祭台前舞蹈」：「尤其在晨禱的時候，所有受造物都受邀來讚美天主。」

在最痛苦的時候她感受不到任何的欣喜，「唯一只專注於天主，告訴祂我所承受的苦。」在那種時候，瑪麗・閨雅的祈禱自然而然地融入了哀嘆主題的聖詠，「我們誦讀的內容有時剛好呼應我所承受的苦楚。」

有時候，想像力會變得瘋狂，尤其是在沮喪的時候。它不受控制，四處游移：「讓我感到非常苦惱，不過它還是敵不過我與天主結合的力道，無法拆散我們[9]。」

蒂內神父堅持要瑪麗・閨雅每天寫下與天主有關的事情，尤其是在避靜期間。多虧蒂內神父這樣的要求，克羅神父才能擁有足夠的材料，在 1682 年出版《聖吳甦樂會的降生瑪麗修女避靜手扎》，並附錄《〈雅歌〉簡述》。這本書並不厚，裡面包含了至少五十四篇默想札記。若想深入了解瑪麗・閨雅這位聖吳甦樂會修女的靈魂，這本書是極其珍貴的。

瑪麗・閨雅在 1653 年 10 月 26 日從魁北克寫給克羅神父的信中就提到這份資料，她在出發前往新法蘭西之前沒有燒掉這一份：「我將一些資料留給碧昂院長，

7　*J*。第二冊。頁 336。
8　同上。
9　同上。
*　譯者註：按天主教修道院中的誦唱日課習慣，通常參與禮儀者會分成左右二邊以輪唱方式進行。

那是我聽從靈修導師的指示，將十天避靜的祈禱內容記錄下來的資料，還有一本筆記也有記錄類似的內容……這些資料都有兩份，因為我的導師要求原稿，我自己又把內容抄在一個小本子上，日後也許派得上用場。即將離開法國之際，我很技巧地要回了原稿，和我的小本子放在一起。我曾向碧昂院長修女索取這些資料，因為我不想讓世人看到任何我寫的東西，院長斷然地拒絕我。我在出發前燒掉很多類似的手稿，所以院長處罰我……我前面所提及的資料只包含在法國期間天主在我身上的作為[10]。」

出發前不久，可能是在巴黎的那段期間，她和當時已成為法國省會長的蒂內神父多次交涉，同時用了一些技巧，把她的手稿從耶穌會那裡取回，然後連同報告加拿大任務進度的信，一起寄回都爾修道院給碧昂院長。她先前為了準備前往新法蘭西而燒毀一些資料讓院長很生氣，指責她沒有遵守服從願。瑪麗·閨雅認為這樣做也許可以獲得原諒。

克羅神父在撰寫母親的傳記時，手邊有一份珍貴的資料，這份資料應來自拉瓦利耶修女，她總是樂於抄寫瑪麗·閨雅的手稿。他在母親的傳記序言中寫道：「她在兩次各為期十天的避靜之後所寫下的默想札記，充滿了神聖的甘甜。除了本書引用的部分，其他還有她內心深處的感受，將來有一天我會公諸於世，與大家分享[11]。」

這個計畫在出版母親的書信集（1682 年）後第二年就實現了。

我們在都爾修院 1660 年的會憲中可以讀到：「為了淨化心靈，修女們每年要避靜八或十天，獨處並進行靈修操練。經過院長評估建議或經由教會長上同意，她們可以有一位修院之外的人來帶領避靜[12]。」

克羅神父出版的避靜祈禱文集包含兩次避靜，一次十天，另一次八天。瑪麗·閨雅在 1653 年以及克羅神父在 1677 年都有提到這兩次的避靜時間各是十天。在這個文集裡，克羅神父將第二次避靜記錄下來的祈禱內容縮減為八天，也許因為他覺

10　*O*。頁 516-517。

11　*V*。〈序言〉。頁（15）。

12　1660 年印製的都爾《會憲》。頁 36；弗索由著（M.FOSSOYEUX）。〈十七世紀的靈修避靜〉。《巴黎與巴黎大區歷史協會集刊》（*Bull. De la Soc. De l'Histoire de Paris et de l'Ile-de-France*）。第 47 期。1920 年。頁 45-78。

得原來的內容不夠充實。整體看來，文集中第二次避靜的默想內容比較「制式」，不如第一次那麼獨特。

原則上這兩次的避靜札記應該都是帶領她至少兩年的靈修導師要求她寫的。我們從1654的《靈修札記》得知，蒂內神父要求她寫一些類似的紀錄。在他負責都爾耶穌會的兩年期間（1633年中至1635年中），同時也帶領瑪麗・闈雅的靈修。此外，兩次的避靜至少有一次是在她任職副初學導師的時候。第二次避靜最後一天的默禱札記談到一個恩寵，她是這麼描述的：「『萬福瑪利亞，爾胎子耶穌……』*：這些話在我腦海縈繞，甚至到了第二天，回到工作崗位給初學修女們講授天主教要理時，我突然想告訴她們我的授課內容對未來會有什麼幫助。在這堂課上，我因渾身充滿各種靈光，欣喜不已，整天心跳加速。內心唯一能舒緩自己的方法就是不斷地說：『啊，萬福，萬福瑪利亞，爾胎子耶穌[13]！』」我們再看看她1654年《靈修札記》中是怎麼寫的：「有一次在唸聖母經，唸到『萬福瑪利亞，爾胎子耶穌』時，我整個人都出神了，腦海出現聖經的這句經文：上主是麥子，是讓貞女萌芽的酒（她在默想札記54有提到這段經文）。我不得不中斷我的講課，以滿足聖神，或更確切的說，以承受心靈所承載的……我盡快回到房間，去消化豐盛的神聖糧食帶給我的痛苦。我將這段經驗告訴我的靈修導師蒂內神父，他便要求我把這些境遇都寫下來[14]。」

因此我們可以確定克羅神父出版的文集就是根據瑪麗・闈雅在1639年交給碧昂修女的小冊子，他只做了一點修改。這個小冊子的內容應該是依照時間順序，所以我們可以知道默禱札記是1633年中到1635年中兩次避靜的心得，其他無須再探究了。

可惜的是克羅神父依他那個時代的習慣做法，並沒有完整保留原著。他沒有直接將母親的手稿送印，原稿當初只是將兩次避靜的心得敘述給靈修導師，其中有的不太連貫。克羅神父想將之編成一本有助默想導引的書，供他人使用。他在序言中

---

13 *J*。第二冊。頁120-121。

14 *J*。第二冊。頁306-307。

* 譯者註：此為天主教每日誦唸的玫瑰經祈禱中的部分經文字句。

寫道：「有些默想空洞或是不完整，我自行補充，以免後續無法連貫，但始終沒有偏離原作者的想法。」我認為維持原稿還是比較妥當的做法。

聖吳甦樂會修女在做避靜的十天，會離開修院團體，一人獨處，守大靜默，不可與人交談。每天有三個小時在聖體前祈禱，她可以使用默想手冊，也可以接受靈修導師為個人設計的默想計畫或祈禱主題。

最近，我們發現一本為十天避靜所用的三十則默想主題手冊。這是都爾的神學家道明‧珊恩神父（Dominique Sain）於 1636 年至 1655 年間為他的表妹，同為聖吳甦樂會修女的寇得侯‧德‧拉貝度埃修女（Dominique Cottereau de la Bédouère）所寫[15]。克羅神父自己也採用這個模式，為他的表妹瑪麗‧布松設計了一個默想計畫[16]。

至於瑪麗‧閨雅，她並不適合使用這種方式，因為可能帶來反效果。蒂內神父提供給她的避靜計畫只有簡要指出須做的默想方向，每個主題方向他只引用一句聖經裡的話。整個避靜的架構、默想主題和聖經經文應該都是由蒂內神父本人所寫；瑪麗‧閨雅依循他的架構模式，完整記錄每一次的祈禱內容。讓讀者和神修歷史學家感興趣的不是思想本身，也不是要理上的探究，而是瑪麗‧閨雅在避靜中的個人心路歷程與註記，因為她的註記在心理層面非常深刻感人。我們可以把避靜的紀錄視為她在那段時間內修生活的自傳：也就是 1633 年至 1635 年宣發聖願後的幾年期間。克羅神父雖然不希望這個避靜札記僅僅侷限在個人，但他還是尊重母親的內心聲音。他所出版的札記仍保有瑪麗‧閨雅非常私人的部分。

她常寫到面對聖神充滿時完全的被動狀態：「個人意志也喪失功能，在主內忍受不明的事物。」……「在祈禱中，我無法行動：一切都處於被動狀態[17]。」「面對浩瀚無垠，我的腦子一片空白，我融入愛人的深淵……意志因神聖事物受折

---

15 〈都爾神學家道明‧珊恩的靈修避靜〉（Les retraites spirituelles de Dominique Sain, théological de Tours）。*RAM*。第 45 期。1969 年。頁 65-78；〈十七世紀上半葉都爾一位修女的導師：道明‧珊恩與聖吳甦樂會修女〉（Un directeur de religieuses à Tours en la première moitié du XVIIe s.: Dominique Sain et les Ursulines）。發表於 *BSAT* 期刊。

16 巴黎國家圖書館。手抄本 fr.15.793。對開頁 27-28。

17 巴黎國家圖書館。手抄本 fr.15.793。頁 38、47-48、54、63、105、112；有關無法思考，同上。頁 30、78、79。

磨[18]。」她向告解神師說道，她非常希望能夠獻身給世人，就像天主對她所做的一樣：「我不由自主地想要仿效祂，為我周遭的人服務[19]。」她也坦白承認驕傲這個弱點：「我意識到自己要對抗的是偶爾升起的驕傲心態[20]。」

在避靜期間，瑪麗‧閨雅回顧自 1620 年以來天主顯現的恩寵：「最讓我感動的是永恆的天主透過神奇的光照，或更精確地說，透過聖言提升了我，並贏得我心；用獨特又溫柔的愛引導我走上恩寵的道路。從中我看見天主工程的美好，經歷信仰的奧祕，我沒有見過比這個更美好的了[21]。」這段珍貴的自白表露出瑪麗‧閨雅是多麼喜愛天主在她身上的作為：「祂持續的陪伴，親密不拘，尤其是深刻的愛讓我倍感榮幸[22]。」

對於這些珍貴的資料，我們只要閱讀，無須再做無謂的分析。多虧蒂內神父要求瑪麗‧閨雅記錄兩次避靜的日誌，這也是她四十一年修道生活唯一留傳下來的避靜資料。

---

18 J。第二冊。頁 35。
19 同上。頁 24。
20 同上。頁 27；在第一次避靜期間，她常想到「一件事，使得她分心，減弱對天主的專注」（J。第二冊。頁 48），那是「一些無關緊要的小趣事，有時讓她疏忽對天主的專注」（J。第二冊。頁 49）；她必須「刻意禁止自己任何的娛樂，以免分散她對天主的專注力」、「完全犧牲人的快樂」（頁 61）；這是指她對碧昂修女過度的喜愛嗎？
21 J。第二冊。頁 37。
22 同上。頁 32。

第七章

꧁

加拿大的使命：期望與失望

（1635-1638）

「如果祂想派遣我至世界的盡頭，那裡就會是我的國家。」瑪麗‧閨雅在第一次避靜中記錄下來的第十九則禱文如此表達[1]。

自 1633 年聖誕節經驗神視以來，渴望成為一位傳教士的聖召占據了她整個身心靈。「我的內心有一股為使命燃燒的烈火[2]。」初學院無法讓她發揮滿腔的熱情，她嚮往更遠大的使命。

再一次，她等待機會：「聖神充滿我，讓我知道天主要將我派至他處，我全心全意準備投入天主的計畫與安排[3]。」

瑪麗‧閨雅雖然不清楚這些經驗的意義所在，但可以隱約感覺到聖吳甦樂會都爾修道院不是她最終的去處。腦中的思緒將她帶領至他處，所有耶穌基督統治所及

---

1 *J*。第二冊。頁 50。這似乎表示第一次避靜是在 1633 年 12 月 26 日或 27 日的神視之後。以下的段落也有類似的意思：「祂給我的恩寵之浩大相當於給那些冒著生命危險努力使異教徒皈依的恩寵。」（頁 63）；1635 年4 月，她寫道：「當我必須對靈修導師陳述那些與我的性別和條件不符的想法時，我感到羞愧。我先前沒有聽過傳教的事，然而我的心卻嚮往那個遙遠陌生的土地。」（*O*。頁 26-27）
2 *J*。第二冊。頁 307。
3 同上。頁 309。

的地方：「使徒精神是耶穌基督占據我的心靈而賦予的，一切都以至聖天主的關注與榮耀為依歸，讓所有祂用寶血所贖回的國家認識祂、愛戴祂、崇拜祂。我的身軀在修道院裡，但我的心靈與耶穌合一，自由地飛向印度、日本、美洲、東方、西方等等所有人類可居住的地方，我看見眾人都歸向了耶穌基督[4]。」

當時，篤信天主的法國掀起傳教熱潮，傳教士的足跡遍及馬拉尼昂（Margnan）、加勒比地區（Caraïbes）、黎凡特（Levant），再到大西洋彼岸的新大陸，甚至來到中國沿海[5]；瑪麗・閨雅對此產生共鳴，從 1625 年就開始特別關注這些福傳的消息[6]。在 1654 年的《靈修札記》中，她提到 1634 年的經歷：「我神遊在一片浩瀚的土地上，在那裡，我與福音使者相伴。我感覺和他們的關係非常緊密，因為他們都是為了我那神聖淨配而奮鬥。我認為我也是他們當中的一分子[7]。」她極度渴望擴展祂的國度至全世界，她心心念念的是成千上萬個等待救贖的靈魂：「請賜給我讓世界盡頭的人都聽得見的聲量，我要告訴大家，我的神聖淨配值得眾人的臣服與喜愛[8]。」1620 年 3 月 24 日第一次的奧祕恩寵讓她看見無價的寶血，這個景象在她腦海縈繞。她熱切地渴望神聖的愛火能夠在世人心中燃燒，她內心的力道如此強烈，渴望如此持久，以致於肉身承受極大的痛苦，幾乎昏厥：「我的教會長上佛傑蒙席探問得知我的內在狀態之後，很擔心我當下這樣持續性的神魂超拔會導致死亡，因此他不得不命令我盡全力從這個狀態中脫身[9]。」

然而，佛傑蒙席發現不論他怎麼要求，都無法阻止瑪麗・閨雅一心只想著天主

4　同上。頁 310；顧尤著（G. GOYAU）〈第一位法國女傳教士降生瑪麗的加拿大使命〉。《研究集》（Etudes）。1936 年 4 月 20 日。頁 145-168；雅梅著（A. JAMET）。〈十七世紀的女性聖召：降生瑪麗〉。《魁北克神職人員使命聯合會集刊》（Bull. De l'Union missionnaire du clergé, Québec）。第 4 期。1937 年。頁 59-72、99-118；拉貝勒著（S. LABELLE）。《降生瑪麗的使徒精神》（L'esprit apostolique d'après Marie de l'Incarnation）。渥太華出版。1968 年。她在 1643 年的一封信中提到她的內心與使徒精神結合。O。頁 185。

5　勒賽夫著（A. LECERF）。《十六世紀和十七世紀法國傳教理念的先驅》（Les précurseurs de l'idée missionnaire en France aux XVI⁰ et XVII⁰ siècle）。巴黎出版。1923 年；弗瑪著（G. de VAUMAS）。《從亨利四世至巴黎外方傳教會學院設立期間法國傳教意識的萌芽》（L'éveil missionnaire de la France d'Henri IV à la fondation du Séminaire des Missions étrangères）。1942 年。里昂出版；同前作者。《若瑟神父關於巴黎外方傳教會的書信和文件》（Lettres et Documents du Père Joseph concernant les Missions étrangères）。里昂出版。1942 年。

6　O。頁 24、26。

7　J。第二冊。頁 311。

8　同上。頁 311-312。

9　J。第二冊。頁 312。

的旨意，於是他放棄了，「讓我任由天主引領行事[10]。」1634 年整年就在這種狀態下度過了，聖誕節讓她回想到燃起她福傳熱情的預言夢。

1635 年 1 月 1 日之後的幾天，當瑪麗・閨雅在聖彌額爾教堂的偏殿小堂與其他修女一起祈禱時，神視再度出現：「所有一切都讓我想到這個蠻荒之地就是新法蘭西，我內心接收到一股吸力與使命，促使我前往該處，建立耶穌和聖母瑪利亞的家[11]。」

蒂內神父在瑪麗・閨雅告訴他有關她內心的狀態時，是否曾經提過加拿大？瑪麗・閨雅應該從未聽聞這個名字。其實她對新法蘭西傳教區還是一個非常模糊的概念；此外，她成為一位傳教士的渴望似乎根本不可行，因為當時正是特利騰大公會議之後，隱修院的生活是有禁地令的。她不相信「天主要她親身前往異地服務奉獻[12]」；她認為她的使命只限於祈禱，為這些福傳工作代禱，她自己就待在都爾修院裡為那些尚未聽聞福音喜訊的人完全犧牲奉獻，如同里修的聖女小德蘭（Thérèse de l'Enfant Jésus）一樣。

然而明確的命令就這麼下來了：前往新法蘭西，為耶穌和聖母瑪利亞興建一個住所。大約在同一時間，她發現要讓天主聽到她的祈禱，必須透過耶穌聖心（le Coeur de Jésus）才能到達天聽。「我的內心感受到一道神聖光芒流淌，接著是這些話語：『透過我最鍾愛的聖子耶穌來請求我，我透過祂應允並實現妳所求[13]。』」兩次光照間隔幾天相繼出現。在瑪麗・閨雅的內修生活中，加拿大傳教聖召與她透過耶穌聖心向天父祈禱的強大力量息息相關。

她做好準備隨時待命。有一次當她靠在唱經席的椅子上時，再度目睹前一年在床上半夢半醒時看到的景象，她清楚聽到：「我讓妳看到的是加拿大，妳必須去那裡為耶穌和瑪利亞建造一個住所[14]。」她絲毫沒有猶豫，不加思索地以「願爾旨承行」的心接受這個聖召以及隨之而來的一切，包括她預想得到的犧牲，以及未知但

10 *J*。第二冊。頁 313。
11 *O*。頁 43。
12 *J*。第二冊。頁 313。
13 同上。頁 315。
14 同上。頁 316；加拿大是指魁北克區，與大西洋區有所區別；根據法國探險家卡第耶（Cartier）的說法，奧爾良島是「大陸的起點，屬加拿大省」；與 1634 年的用詞是相同的。

未曾懷疑過的磨難。她馬上就下定決心，絕不反悔對天主旨意的承諾，在那一刻確定了她終將成為一位傳教士：「除了加拿大，沒有其他選擇，我的使命就是在休倫族的國家，遵照永生天父的旨意，在耶穌聖心的帶領下，與其他福傳工作者一起將福音喜訊傳給他們，讓更多人靈獲得救贖。每日在祈禱中我與全世界連結於十字架下，但加拿大是我最終的家園，我的國家[15]。」

就這樣，1635 年初，在神聖的光照之下，瑪麗・閨雅發現了新法蘭西，但她對這地方幾乎一無所知。讓我們與她一同認識加拿大使命的內涵[16]。

1633 年 12 月 26 日或 27 日，瑪麗・閨雅在神視中經驗到加拿大教會的十八個月前，法國才剛收復被英國占據三年的魁北克。

法國建設魁北克可以追溯到二十五年前（1608 年），經過二十多年的努力，成果仍少得可憐。不過福傳工作上稍有進展，從 1615 的重整小兄弟會（Récollets），到後來 1625 年耶穌會加入。英國人於 1629 年 7 月 20 日占領魁北克後，使得仍在起步階段的福音傳播工作戛然而止，一切必須重頭再來[17]。

魁北克於 1632 年 7 月 13 日正式移交給法國人。探險家尚普蘭（Champlain）於次年，亦即 1633 年 5 月 22 日跟隨一百聯營公司（Compagnie des Cent-Associés）的第二批船隊抵達，福傳使徒工作才又開始行動。保羅・樂仁神父（P. Paul Le Jeune）在 1632 年 7 月隨著埃默里・德・卡恩（Emery de Caën）的船隊抵達，同行的還有安尼・德・努埃神父（P. Anne de Nouë）、安東・達尼爾神父（P. Antoine Daniel）、安波斯・達佛斯特神父（P. Ambroise Davost）以及吉貝・布海修士（fr.

---

15 *J*。第二冊。頁 315-316。

16 參見 *O*。頁 270。

17 可以參考下列加拿大歷史相關資料：葛胡著（L. GROULX）。《加拿大歷史》（*Histoire du Canada*）。蒙特婁出版。1950-1952 年；朗托著（G. LANCTÔT）。第一冊。《從創始到君王體制》（*Des Origines au Régime royal*）。蒙特婁出版。1960 年；涂代著（M. TRUDEL）。《新法蘭西歷史》（*Histoire de la Nouvelle-France*）。第二冊。《1604-1627 年間的商行》（*Le comptoir, 1604-1627*）。蒙特婁出版。1960 年；關於早期的福傳：高斯蘭著（A. GOSSELIN）。《拉瓦主教之前的加拿大福傳》（*La mission du Canada avant Monseigneur de Laval*）。埃夫乎出版（Evreux）。1909 年；德・侯許蒙特著（C. de ROCHEMONTEIX）。《十七世紀耶穌會士與新法蘭西》（*Les Jésuites et la Nouvelle-France au XVIIᵉ siècle*）。巴黎出版。1896 年；朱維著（O. JOUVE）。《方濟各會和加拿大》（*Les Franciscains et le Canada*）。第一冊。《1615-1629 年信仰的建立》（*L'Établissement de la foi*〔*1615-1629*〕）。巴黎出版。1915 年。

Gilbert Burel）。魁北克的福傳任務一開始是為阿爾岡昆族（Algonquins）和山地族（Montagnais）的小孩開辦學校，1633 年 5 月樂仁神父招收了大約二十名學童。同年，卜瑞伯神父（P. de Brébeuf）抵達，重啟休倫族的福傳工作，八年前重整小兄弟會就曾在此服務。1634 年，他在達尼爾神父和達佛斯特神父的陪同下，來到休倫族所在地；1635 年皮耶·比佳神父（Pierre Pijart）和方濟·勒梅歇神父（François Le Mercier）前來會合；1636 年，伊薩克·饒格神父（Isaac Jogues）、皮耶·沙斯泰藍神父（Pierre Chastellain）和查理·卡尼耶神父（Charles Garnier）加入[18]。自聖方濟·沙勿略（Saint François Xavier）時期以來，耶穌會傳教士都會寫信廣發至天主教地區，希望引起虔誠教友對福傳的興趣[19]。樂仁神父在加拿大也遵守這個傳統，不過他的風格很特別。《新法蘭西福傳紀事》每年都會印製成冊，其風格非常活潑多彩，其目的不僅是讓基督信徒們了解教會的進展，同時還呼籲法國神職人員和平信徒加入他們的行列，鼓勵他們祈禱和慷慨奉獻，並喚醒世界各地神職人員和基督信徒的使徒精神。透過《福傳紀事》，法國的讀者能夠了解福傳教工作的實際需求、困難、緩慢的進展，甚至停滯，進而對「福傳工人」的工作有深刻透徹的認識。

　　瑪麗·閨雅讀到的第一本《福傳紀事》是 1634 年的，也就是第二冊，1635 年出版。那是克羅·瑪定在奧爾良學校人文學科的年輕老師——龐塞神父寄給她的。她在信中表達自己想前往福傳的殷切期望：「那時，我收到龐塞神父寄給我的《福傳紀事》，講述加拿大的事，他並不知道我對這個使命的渴望與感覺。他寫說天主給他的聖召是去那裡工作，他還寄了一張西班牙修女安妮巴爾多祿茂（Anne de Saint-Barthélemy）的圖像。圖片上，天主對著這位真福修女，用手指著佛蘭德區（la Flandre），要她前去獻身服務，因為該處即將淪入異教手中[20]。」

　　龐塞神父寄來的《耶穌會福傳紀事》，以及效法安妮巴爾多祿茂修女的邀約，

18 喬恩斯著（A.-E. JONES）。《早期的休倫部落》（*Ouendate Ehen or Old Huronia*）。多倫多出版。1909 年。頁 298 起；有關休倫族，參見圖克著（EL. TOOKER）。《1615-1649 年休倫印第安人誌》（*An Ethnography of the Huron Indians 1615-1649*）。華盛頓出版。1964 年。

19 普利歐著（L. POULIOT）。《新法蘭西耶穌會福傳紀事之研究》（*Etudes sur les Relations de Jésuites de la Nouvelle France*）。蒙特婁 - 巴黎出版。1940 年。

20 *J*。第二冊。頁 317。

讓瑪麗‧閨雅深受感動。龐塞神父寫道：「我將此圖片寄給您，是希望您也能夠在新法蘭西服事天主[21]。」

龐塞神父的表達方式可能不夠精確，其實他本人對新法蘭西的認識僅止於《福傳紀事》所描述的，而書中並沒有提到派遣修女至魁北克。樂仁神父只是希望未來能有一位勇敢的老師，帶領幾位女子，前來管理一所「女子學校[22]」。龐塞神父邀請瑪麗‧閨雅用祈禱的方式成為新大陸的使徒：「我對這份邀請感到訝異，因為就像我說的，他並不知道我內心對這個使命的渴望，這是我心中的祕密。他的邀請讓我為救贖人靈的期盼更加強烈。」

瑪麗‧閨雅並非是唯一收到來自大西洋彼岸的召喚而且有意願前往的人。

樂仁神父撰寫的《新法蘭西福傳紀事》非常具有感染力，令人難以抗拒。例如：「哦！這個景象在巴黎任何一個大街上都看不到：五、六百位身材壯碩，身著原始服裝的休倫族人，前來尋求救贖，他們說著馬其頓人對聖保祿說的話：『來吧！拯救我們！帶給我們從未點燃的火炬。』哦！這個景象讓人心生憐憫，他們感受不到那位為迷失靈魂而流血的祂的愛[23]，因為沒有人為他們盛接這血[24]。」第二年，他又寫道：「既然您如此溫柔地愛我們，而且願意大力支持遠在世界另一端的我們，敬愛的神父啊，請給我們有能力學習土著語言的人。天主將會激勵這些對人靈懷有悲憫之心的人，提供協助給冒著各種危險來拯救人靈的人[25]。」

樂仁神父的目的顯然是想要喚醒年輕弟兄們的傳教士精神，也鼓勵修會之外的人士能夠慷慨資助這個耗費龐大的福傳使命。然而非屬耶穌會的人要以何種方式來進行使徒活動呢？

很快地，有人開始行動了，1634 年 8 月 8 日，一位二十二歲，名叫尚‧布登（Jean Bourdon）的土地測量工程師，以及諾曼第巴尤教區（Bayeux）的聖索夫‧德‧圖裡 - 阿固堂區（Saint-Sauveur de Thury-Harcourt）三十六歲的尚‧勒序額神

---

21 *J*。第二冊。

22 *RJ*。1634 年（Q。頁 12；Th. 6。頁 150-152）。

23 *J*。第二冊。頁 310 起。有關基督寶血，參見《降生瑪麗的信仰》（*Ce que croyait Marie de l'Incarnation*）。頁 107-116。

24 *RJ*。1633 年（Q。頁 43；Th. 5。頁 24）。

25 *RJ*。1634 年（Q。頁 92；Th. 7。頁 230）。

父（Jean Le Sueur），一同抵達魁北克。他是第一位來到聖羅倫河岸定居的教區神父[26]。耶穌會的長上同意他可以在法國殖民地區行使必要的司鐸職責。

雷蒙神父所屬修會的聖召是默觀生活，所以他想以個人身分被錄取。在法國，他們的成員不到二百人，加上新法蘭西還只是教會剛開發的新傳教區，在那裡建立斐揚隱修院恐怕言之過早。但是他想，如果修會長上同意，或許耶穌會願意接納他也加入這個「全新的教會」？這是許多神職人員，而且是優秀的神職人員的夢想。於是他開始私下協商。瑪麗・閨雅無意中得知此事，在沒有意識到實際困難的情況下，她立即想到，如果天主召叫她的前靈修導師，應該就是要她透過斐揚修會來實踐她在祈禱時預見的使命。

瑪麗・閨雅在 1654 年的《靈修札記》中記錄的事件，其時間順序應該已依照她的書信集進行調整。關於二十年前的事，她的記憶有時會出錯，不過都是關於她的一些日常瑣事，而奧祕恩寵則是烙印在她的心靈，深深地刻在她的記憶中，外在發生的事就顯得沒有那麼重要。

雷蒙神父於是暗中為前往新法蘭西做準備。他和一百聯營公司的管理人達成協議，在復活節後起航的船隊上為他預留一個位置[27]。讓人不解的是他沒有讓修會裡任何一個人知道。他打算先斬後奏，事成後再讓長上知道，若要事先取得同意幾乎是不可能的。實際上，雷蒙神父當時在斐揚修會身居要職；1634 年全體大會結束後，他就被任命為位於巴黎聖奧諾雷路的聖伯納會院院長，這是本篤會斐揚修道院最大的修院[28]。

他沒有告訴任何人，除了一位「和他交情好的會士」，這位會士應該是省會長的祕書，會名為聖伯多祿的克羅神父（Dom Claude de Saint-Pierre）；瑪麗・閨雅在那年 10 月 2 日的一封信最後寫道：「請代為向省會長祕書克羅神父問候，因為他

---

26 高斯蘭著（A. GOSSELIN）。《尚・布登和他在聖索夫的一位院長朋友》（*Jean Bourdon et son ami l'abbé de Saint-Sauveur*）。魁北克出版。1904 年；第二位教區神父是吉勒・尼科萊（Gilles Nicolet），他是尚・尼科萊（Jean Nicolet）的兄弟，他於 1635 年到達；高斯蘭著（A. GOSSELIN）。《尚・尼科萊與當時的加拿大》（*Jean Nicolet et le Canada de son temps*）。魁北克出版。1905 年。頁 248-254。

27 *J*。第二冊。頁 329。

28 參見 *J*。第二冊。頁 336 註 4；巴黎馬札然圖書館。手抄本 3334。《斐揚修道院聖伯納隱修院紀事》（*Chronique du monastère Saint-Bernard des Feuillants*）。頁 81。

和我們站在同一陣線 [29]。」然而克羅神父並沒有保守祕密：「這位弟兄心裡很難過（因為雷蒙神父即將離去），他不知道能向誰傾訴。當時他人在巴黎，於是想到寫信給我的院長，請她寫信勸雷蒙神父打消前往新法蘭西的念頭。」雖然碧昂修女貴為院長，但她畢竟是個女人。瑪麗‧閨雅曾告訴她有關加拿大福傳的祕密，於是碧昂院長也將雷蒙神父的祕密告訴她，並要瑪麗‧閨雅寫信給他：「她跟我說了這件事後，要我馬上寫信給他，跟他談談我的使命，同時讓他知道我們已得知他的計畫 [30]。」

談完後，瑪麗‧閨雅馬上寫信。3 月 20 日她向前靈修導師寫了以下的信：「敬愛的神父……我非常想去加拿大，這份渴望如影隨形地跟著我，我不知道誰能幫我達成願望。有人告訴我，您正計劃投入這個偉大的志業，而且您將順利地搭乘復活節後的船班。天哪！這是真的嗎？如果是真的，請不要丟下我，帶我一起走吧 [31]。」就這麼簡單直接！

我們猜想當雷蒙神父收到這封信時應該非常震驚，接著就會震怒，因為他有時候會任由情緒爆發，生完氣後，還會因事情生變而苦惱；然而，他這次竟然沒有介意瑪麗‧閨雅的做法。自 1631 年以來，發生了許多事，以致於他和瑪麗‧閨雅之間的關係變得疏遠，他不想為此耽誤自己的規畫。離船隊出發還有一個月，他沒有時間去關心新法蘭西興建聖吳甦樂會修院的事，不過，他還是問清楚瑪麗‧閨雅信中所提及的事情。雖然他有時候表面看起來嚴酷，但身為天主的人，他還是非常善良仁慈；他承諾瑪麗‧閨雅，如果這個使命真的是天主的聖召，他會盡他所能地幫助她 [32]。

4 月 1 日，瑪麗‧閨雅針對這項使命寫信給雷蒙神父，報告她這邊的進展以及

---

29 O。頁 52；聖伯多祿克羅神父的名字出現在魁北克聖吳甦樂會修院 1653 和 1655 年的捐贈者名冊中；他本名克羅‧德‧拉努（Claude de la Noue），於 1615 年 1 月 29 日在巴黎發願，1660 年 10 月 20 日逝世，生前曾著有《斐揚修道院的禮儀法典》（*Cérémonial des Feuillants*）。巴黎出版。1637 年；參見莫羅蒂斯著（MOROTIUS）。《熙篤會復興：高盧的熙篤會斐揚修道院史》（*Cistercii reflorescentis... chronologica Historia*）。頁 92；1630 年時他可能在都爾（AD I.-et-L.。H 653）

30 J。第二冊。頁 329。

31 O。頁 24。

32 J。第二冊。頁 329。

她的顧慮：「我在前一封信裡跟您說過，我已經期待投入這項重大的使命十多年了。」她談到對自己的不信任，為了要分辨這個使命是來自天主，還是「自己天生太過躁進」，她給自己一些考驗與折磨。信末，她懇求：「可敬的神父，幫幫我吧！天主對我充滿憐憫，讓我服侍祂，死而後已。我清楚地表白我的計畫，但是如果沒有人協助，我的願望是不可能實現的。如果您知道我的渴望有多麼強烈，您一定會同情我[33]。」

瑪麗‧閨雅的信一封接著一封：3 月 20 日、4 月 1 日、4 月 5 日、4 月 19 日、4 月 26 日、5 月 3 日。她堅持不懈地祈求，除了自己寫的信，她還附上院長碧昂修女的信，為了向雷蒙神父展現她對此事認真的程度。「我一直在等待親愛的淨配給我的命令，身心飽受折磨，如果祂是在等我給祂答覆，我早就跟祂說我願意了[34]。」

至於與瑪麗‧閨雅同行的人選，她推薦也有「相同的渴望」的茹耶修女。及至目前，除了都爾修院的院長，蒂內神父是唯一知道這個祕密的人。他剛從耶穌會都爾會院調至巴黎克雷蒙學校：「如果有機會，他可以告訴您我的情況。」雷蒙神父很謹慎，他認為瑪麗‧閨雅應該來不及趕上 1635 年的船隊，但他不打算延後他的行程，於是回覆說他自己先去，到了當地再研究看看有什麼可行的方案。兩位聖吳甦樂會修女不接受這樣的答案：「如果丟下我們，誰會幫助我們呢？我們還可以找誰呢？教會哪個層級可以核准我們呢[35]？」瑪麗‧閨雅很清楚地知道，興建教堂的相關問題只能在法國解決，因為殖民地完全仰賴祖國。一旦到了魁北克、皇家港（Port-Royal）、米斯庫島（Miscou）或布雷頓角島（Cap-Breton），想要自己做什麼決定幾乎是不可能的。她在 4 月 26 日的信裡寫道：「如果可以的話，帶我們一起走吧！我們為了此事已煩惱許久。您可以告訴我們的院長您需要多少修女，她一定可以讓您滿意，因為這裡很多人都有能力實踐這個使命[36]。」

瑪麗‧閨雅是個無畏無懼的人。1639 年她在巴黎停留幾個月，經驗告訴她，

---

33 *O*。頁 27-28。
34 *O*。頁 30。
35 *O*。頁 33。
36 *O*。頁 37。

這樣重大的任務不可能輕易就做到，她堅信這是天主的工程，只有天主才能達成。她不疾不徐，耐心等候天主安排的機緣：「當您說我們必須延後出發，而您要自己先行離開，我們感到非常難過。」如果她們今年無法成行，那麼雷蒙神父應該要延後出發：「如果在嘗試過各種辦法之後，我們仍無法趕上這批船隊，我卑微地請求您等等我們……否則您將來再也無法給我們任何協助[37]。」為了說服他，瑪麗·閨雅告訴他 1633 年聖誕節的預言神視，以及年初時又再度出現的神視[38]。瑪麗·閨雅的堅持讓雷蒙神父甚是苦惱，一切都準備就緒了，難道要因為一件跟他沒有直接關連的因素而耽擱？[39]

突然間，他的加拿大計畫被打斷，一切都化為烏有。在提出申請前，他收到修會總會長聖瑪麗查理神父（Dom Charles de Sainte-Marie）的禁止令[40]。雷蒙神父運氣很差，原來一百聯營公司的管理人尚·德·勞森[41]（Jean de Lauson）正是總會長的親兄弟。做為修會的長上，不可能沒聽說他的會士中有人欲前往加拿大。至於雷蒙神父，他想這個祕密不可能隱藏很久，於是主動將他的決定告訴幾位神父，以化解他們的反對意見。

他寫信給都爾會院的院長路易神父[42]。瑪麗·閨雅在 1654 年的《靈修札記》中寫道：「路易神父讀完信後立刻來找我，他說雷蒙神父的計畫讓他感到震驚，他

37　*O*。頁 39；*O*。頁 47。

38　*O*。頁 42-43。

39　*O*。頁 45-46。

40　*V*。頁 339。查理·德·勞森於 1615 年 2 月 22 日發願，在 1634 年 5 月 17 日賽勒 - 貝里（Selles-en-Berry）的全體大會上被選為修會總會長，1659 年 12 月 7 日逝世；在加拿大歷史上，他是馬勒龐詩（Malebranche）的舅舅，勞森家族的叔叔輩：波榭 - 費歐著（H. BEAUCHET-FILLEAU）。《早期普瓦度家族字典》（*Dictionnaire des Familles de l'ancien Poitou*）。第二冊。普瓦捷出版。1854 年。頁 283-288（第二版，第五冊，楓德內 - 勒孔德〔Fontenay-le-Comte〕出版。1965 年。頁 680-683）；羅必內著（A. ROBINET）。《馬勒龐詩生平》（*Malebranche vivant*）。第二十冊。《傳記和書目檔案》（*Documents biographiques et bibliographiques*）。巴黎出版。1967 年。頁 90、136。

41　可以在《新法蘭西相關手抄本》（*Collections de manuscrits relatifs à la Nouvelle-France*）找到一百聯營公司的成員名單。第一冊。魁北克出版。1863 年。頁 75-85；關於公司，請參見伯特著（L.-A. BOITEUX）。《航海與商務總管黎希留》（*Richelieu, grand-maître de la navigation et du commerce*）。巴黎出版。1955 年。頁 245-282。

42　AD I.-et-L.。H 653；這裡指的是院長，因為就是他「找了神父來勸阻我，其中一位是我認識的」（*J*。第二冊。頁 331）。

還說他會說服總會長阻止他前往，因為這麼做對修會無益[43]。」

瑪麗・閨雅很技巧地為雷蒙神父辯解，假裝自己完全不知情。然而路易神父沒有上當，他已經嗅到不對勁，想要確認此事：「他每天來找我，逼問我是否也想去加拿大。」瑪麗・閨雅過了一段時間才告訴他自己的計畫，但是路易神父並沒有就此罷休，

他開始不斷地寫信、寫便箋：「他給我寫了好多便箋。」每日的會面都是不愉快收場：「他氣急敗壞，時常辱罵我、指責我。」此外，路易神父還「找了他修院一位我認識的神父來勸阻我；他把對我的看法全都告訴了這位神父」。

瑪麗・閨雅完全沒有因此而退縮。有一天，她對這兩位勸退她的神父笑著說：「你們說不定會改變想法，也想去加拿大，不過想歸想，你們不會付諸行動。」這個開玩笑的預言，將在未來被印證。雷蒙神父的計畫就這麼泡湯了，連同瑪麗・閨雅的具體計畫也一併終止。瑪麗・閨雅安慰雷蒙神父說：「如果偉大的耶穌要我們去新法蘭西，祂的計畫即使有再多人為干擾，最終一定還是會達成[44]。」瑪麗・閨雅的願望不是透過斐揚會士來實現，而是耶穌會士，他們才是主導新法蘭西福傳的人。她因為兒子的關係，以及耶穌會都爾會院的發展，一直和耶穌會士保持密切的關係。

耶穌會為了將都爾的住所轉變為一所綜合性的學校，1634 年開始展開協商，次年即大功告成。1635 年 11 月開學的時候，有三百名學生前來伯恩 - 桑布朗塞府邸（hôtel de Beaune-Semblançay）報到。這是蒂內神父力排眾議而取得的校址所在[45]，學生當中包括克羅・瑪定。他從奧爾良回來，獲都爾學校錄取。他的修辭學老師克羅・德・利岱神父（P. Claude de Lydel）曾在魯昂任教，法國古典悲劇大師

---

43 *J*。第二冊。頁 330-331。
44 *O*。頁 47。
45 傅格黑著（H. FOUQUERAY）。同上。第五冊。頁 162 起。*AD I.-et-L.*。D 1。波藍神父（P. Paulin）被任命為校長，從 1649 年開始擔任法王路易十四的告解神師：歇侯著（CHEROT）。〈路易十四的第一位告解神師查理・波藍神父〉（Le p. Charles Paulin, 1er confesseur de Louis XIV）。《研究集》（*Etudes*）。第 54-56 期（1891-1892）。

高乃依（Corneille）也是他的學生[46]。克羅·瑪定回到都爾寄住在姨媽家，她當時已再婚，嫁給安東·拉吉歐。1636 年到 1637 年間，他奉「拉耶神父之命」回奧爾良學哲學，可能因為都爾當時還未開設哲學課。

蒂內神父離開都爾後由波藍神父（P. Paulin）接任，瑪麗·閨雅再度面臨更換靈修導師的問題。佛傑蒙席推薦給她當時年約五十歲的米歇爾·薩藍神父（P. Michel de Salin）[47]。他是洛林人，曾翻譯勒高迪耶神父（P. Le Gaudier）的著書《論肖似基督》（Traité de la parfaite Imitation de Jésus-Christ）。薩藍神父似乎嚇到瑪麗·閨雅，使她無法信任他，因此，她等待了很長時間，一直沒有告訴他有關加拿大的使命。他曾經在她「剛開口說話」，就打斷她，所以她一直避開這個話題：「薩藍神父曾經很嚴厲地斥責我，我很怕他，所以不敢跟他提到任何有關加拿大的事[48]。」

然而，她心裡一直掛念著加拿大福傳。她祈求天主賜給她有利的條件，讓她能夠執行在加拿大興建天主住所的命令[49]。她有了以聖若瑟做為住所主保聖人的靈感。回想起 1633 年聖誕節預言夢的情境，那個地方的守護者正是聖若瑟，是他引領她來到小教堂，看到聖母瑪利亞並親吻她。「我心裡想著，耶穌、瑪利亞和若瑟是不可分的，以致於有一次在餐桌上，我處於神魂超拔，脫口說出：『喔，我的愛，這個房子是為了耶穌、瑪利亞和若瑟而建造的。』」

她不再和薩藍神父提及加拿大，但仍持續寫信給雷蒙神父，對 1636 年是否能成行還懷抱一絲希望[50]。雷蒙神父也以實際行動支持她們，幫她們找了一位德

---

46 J。第二冊。頁 299。克羅·德·利峇神父於 1594 年 6 月 6 日出生於穆蘭（Moulins），1671 年 3 月 19 日在盧昂（Rouen）逝世。他是高乃依的老師；宋梅佛傑著（SOMMERVOGEL）。《耶穌會叢書》（Bibliothèque de la Compagnie de Jésus）。第四冊。欄 1807-1808。

47 薩藍神父在 1584 年 5 月 10 日出生於都勒（Toul）教區，1662 年 6 月 12 日在拉弗萊什逝世。他最有名的事蹟就是翻譯勒高迪耶神父的拉丁文著書（1630 年。出版者卡莫西 Cramoisy）；宋梅佛傑著（SOMMERVOGEL）。《耶穌會叢書》（Bibliothèque de la Compagnie de Jésus）。第七冊。欄 472。

48 J。第二冊。頁 326。

49 同上。頁 323-324。

50 1636 年，哈齊利（Razilly）為阿卡迪區（Acadie）的拉黑夫（La Hève）居民召集了一支由希農和布爾蓋爾（Bourgueil）居民組成的龐大殖民者隊伍，共 34 人；莫哈著（C.-B. MORAS）。〈1636 年 4 月在加拿大的昂熱人和都爾人〉（Angevins et Tourangeaux au Canada en avril 1636）。《新法蘭西》（Nova Francia）。第 1 期。1925 年。頁 177；第 2 期。1926 年。頁 284。

行崇高，信仰虔誠的有力人士來資助教堂的興建，但這位人士不願曝露身分[51]。事情頗有進展，1637 年 1 月 15 日，一百聯營公司的主管在方濟・傅給（François Fouquet）府邸開會，決定贈與位於魁北克的「一塊土地，足以建造教堂和女修道院，她們將負責原住民女孩和在那裡定居的法國女孩的教育工作」。此外，還有「一塊位於魁北克上方或下方沿著聖羅倫河長十古里，寬一古里尚未讓與出去的土地[52]」。

但是，這位不知名的大善人還沒露臉就放棄了。從他在那段時間寫給蒙馬尼（Montmagny）總督的一封信中我們得知他的名字，他應該就是錫勒里（Sillery）指揮官 - 諾埃・布拉（Noël Brulart）[53]。

壞消息接二連三傳來。首先是錫勒里指揮官反悔，接著有茹耶修女父母的反對，就連隔年春天出發的希望都變得渺茫。

這些壞消息還包括蒂內神父寫給她的信，「他認為天主的啟示只是要她在精神上支持加拿大福傳，並不是真的要派遣她前往加拿大，他還相信她只能從天上看到新法蘭西[54]。」瑪麗・閏雅並沒有氣餒，而且還給雷蒙神父打氣。10 月 2 日，她對他說：「我比以往任何時候都有信心，直覺告訴我應該順應天主在我們內心深處的指引，因為那是一個完全無私的目的[55]。」11 月下旬收到的幾封信讓她知道這個計

---

51 *V*。頁 334；*O*。頁 48；*RJ*。1637 年（Q。頁 3；Th. 11。頁 48）。

52 華伊著（P. ROY）。《魁北克省檔案：封地土地轉讓清冊》（*Archives de la Province de Québec, Inventaires des concessions en fief*）。第五冊；博斯維爾（Beauceville）出版。1929 年。頁 139-141；*J*。第三冊。頁 82；第二筆轉讓應該就是聖十字封地。

53 *O*。頁 48；與蒙馬尼的書信參見：《天主忠心的僕人諾埃・布拉・德・錫勒里》（*Vie de l'Illustre serviteur de Dieu, Noël Brûlart de Sillery*）。巴黎出版（聖母往見會）。1843 年。頁 71-74；馬丹著（F. MARTIN）。《培薩尼神父撰寫之新法蘭西耶穌會神父的使命紀事》（*Relation abrégée de quelques missions des pères de la Compagnie de Jésus dans la Nouvelle-France, par le P. Frois Bressani*）。蒙特婁出版。1852 年。附錄。頁 296-297。樂仁神父認為如果女子學校附近沒有天主教村莊可能收不到學生，因而影響了諾埃・布拉的慷慨資助。有關他的部分除了上面引用的內容外，還可參見：布宏著（E. BURON）。〈錫勒里指揮官〉（Le Commandeur de Sillery）。《新法蘭西》（*Nova Francia*）。第 5 期。1930 年。頁 193-229；弗索尤著（M.FOSSOYEUX）。〈錫勒里指揮官的皈依〉（La conversion du Commandeur de Sillery）。《巴黎與法蘭西島歷史協會集刊》（*Bull. De la Soc. Hist. De Paris et de l'Ile de France*）。第 38 期。1910 年。頁 184-202 頁。

54 *O*。頁 49。

55 *O*。頁 51、53。

畫不可能很快實現[56]，而雷蒙神父認為他的夢想即將達成：「至於妳們，下一批船隊將會帶妳們前往幸福的國度[57]。」

瑪麗‧閨雅時常對周遭的朋友談到新法蘭西的事情，她請求大家為新法蘭西原住民的皈依祈禱，但她沒有提及自己的計畫。她「透過內心持續不斷地祈求」，等待天主給她新的啟示。她對薩藍神父已不抱任何期待，她轉向利岱神父，他曾前來跟她談過克羅的學業。利岱神父告訴她，他的職責是「將她的事全部轉達給拉耶神父[58]。」

為了徹底了解這份特殊的使命，拉耶神父開始要求她撰寫札記，以便銜接1633 年的《靈修札記》，這就是 1636 年《靈修札記》的起源。本書前面有多處引用其中的內容。克羅神父僅編輯有關他母親內在生活的部分，至於加拿大使命部分在她寫給雷蒙神父的信就提供夠多訊息了。

瑪麗‧閨雅寫道：「我後來知道拉耶神父把我寫的札記交給龐塞神父。我先前就與龐塞神父有信件往來，討論靈修方面的事以及加拿大的使命。」我們之前提過龐塞神父，他是克羅‧瑪定在奧爾良學校的老師，年僅二十六歲，是一位年輕學者。他的父親，尚‧龐塞‧德‧拉里維耶（Jean Poncet de la Rivière）是布雷蒂尼領主（Seigneur de Brétigny），也是一百聯營公司的成員。年輕的龐塞先在巴黎的克雷蒙學校修讀神學，1636 年時他人在羅馬，在那裡住了三年（1635-1638）。

瑪麗‧閨雅告知拉耶神父關於她的使命，在得到他的鼓勵後，便寫信給魁北克福傳的負責人樂仁神父[59]。他在 1635 年的《耶穌會福傳紀事》中說，他很高興看到許多修女想要投入聖羅倫河岸教會的興建：「許多奉獻給天主的年輕修女想要參與，她們克服女性先天的膽怯，自願前往救贖可憐的原住民女性，不畏懼凶險的海事以及蠻夷之邦……但我必須跟所有這些好女孩說清楚，不要倉促做決定，除非有好房子和舒適的環境，否則她們會造成法國的負擔，而且對原住民的幫助非常有限。男人懂得在困境中生存，但是修女們需要一棟房子、可以耕作的土地，以及足

56　O。頁 54。
57　O。頁 56。
58　J。第二冊。頁 327-328。
59　RJ。1636 年（Q。頁 6；Th. 8。頁 94）。

夠的收入。除了養活自己，還要救助貧困的女性原住民[60]。」

樂仁神父的回應一方面很激勵人心，另一方面卻又打擊人心。他說新法蘭西需要她們，她們的使徒工作將會很有幫助；但他又說，她們以為前往加拿大是特殊的聖召，其實不然，因為許多來自各個不同修會的修女們都渴望前往[61]。

1637 年，瑪麗‧閨雅只給雷蒙神父寫了兩三封信，10 月 26 日那封信透露勝利的訊息：「去到休倫族所在地區的神父盡其所能地召喚我……其中有兩位去年出發的神父寫信跟我說，經過兩個月的辛苦路程，他們抵達他們的住所『聖母無玷始胎之家』會院……最讓我感動的是樂仁神父計劃招募修女去當地教育小女孩，給我寫信的神父聽聞此事，就請求樂仁神父一定要設法讓我過去，他答應會盡全力促成，所以我現在正滿懷希望地等待消息[62]。」

前往新法蘭西人選競爭激烈，瑪麗‧閨雅因為兩位神父自此占有優勢，他們是卡尼耶神父和沙斯泰藍神父。卡尼耶神父是巴黎人，年約三十歲，他的父親是法王亨利三世內閣副祕書長，後來接任諾曼第財務長[63]。沙斯泰藍神父也差不多是同樣年齡[64]。蒂內神父應該和他們兩人提過瑪麗‧閨雅，因為他們曾同一時期都在克雷蒙學校。樂仁神父從這兩位神父，以及蒂內神父、拉耶神父和龐塞神父那兒聽說了瑪麗‧閨雅，於是他用該時期特有的風格回信給她。瑪麗‧閨雅寫信給雷蒙神父說：「他寫了好長一封信，跟第一封一樣地羞辱人，信中完全沒有提到加拿大的事。」她還略帶調皮地寫說：「他還真是一位好神父呢！他對待我的方式好像另一個您[65]。」十七世紀「被靈修指導的人」已經從經驗中學到了不因受到粗暴對待而沮喪。靈修導師們普遍以這種指導模式對待受指導者，所以對受指導者而言已經不

60　*RJ*。1635 年（Q。頁 6；Th. 7。頁 256）。

61　「很多聖吳甦樂會修女寫信給我，她們來自不同地方，每個人都非常熱切，如果我們滿足她們的期待，恐怕會有一城市的修女，一個學生可能有 10 個修女照顧……等時機成熟，天主會從中選擇幾位」。*RJ*。1637 年（Q。頁 5；Th. 11。頁 58）。

62　*O*。頁 64；她從 1637 年開始與卡尼耶神父和沙斯泰藍神父通信，1638 年和休倫族地區的傳教士通信更為頻繁，可惜這些信都遺失了（*J*。第三冊。頁 100、101、107-108）。

63　拉利維耶著（Fl. LARIVIERE）。《聖查理‧卡尼耶熱切的修道生活》（*La vie ardente de saint Charles Garnier*）。蒙特婁出版。1957 年。

64　有關沙斯泰藍神父，參見 *DBC*。第一冊。頁 208-209。

65　*O*。頁 67。

具殺傷力了。

最後要提一下瑪麗・閨雅在聖吳甦樂會的都爾會院負責的職務。從 1634 年 1 月 1 日到 1637 年年中或年底[66]，三年多的時間，她負責教導初學修女。1639 年 1 月 22 日，貝第夫人來到都爾時，瑪麗・閨雅負責照顧寄宿的學生。很可能考量她未來在新法蘭西的任務，1637 年她被任命為住宿生導師[67]。根據 1660 年都爾聖吳甦樂會的會憲，宿舍完全獨立於修院其他的建築。內部分為數個小班級，每班有十二到十五位學生，由一位住宿生導師修女負責，其職責比較像媽媽的角色，而不是老師，因為導師從起床到就寢是都陪著自己負責的學生，每個班就像大宿舍裡獨立出來的宿舍[68]。授課則由另外的老師負責，只在有課的時候出現。宿舍導師看著學生起床、盥洗；帶她們去望彌撒、去上課；給她們上天主教要理課；帶領靈修閱讀和講解；吃飯和休息時間由導師輪流看顧；學生至會客室一定由導師陪同。

學生中有一位是加拿大原住民小朋友，她可能在 1636 年春天來到聖吳甦樂修院，她是瑪麗・閨雅負責的學生嗎？這個女孩當時大概八歲，其實她是一個混血兒，父親是法國人，名叫查理 - 埃萊扎爾・德・聖斯德望・德・拉都爾（Charles-Eléazar de Saint-Etienne de la Tour），曾任阿卡迪（Acadie）總督。婁奈 - 哈齊利先生（Launay-Razilly）將她託付給聖吳甦樂會修女，他自己的長女則交給都爾博蒙修道院[69]。我們可以斷定瑪麗・閨雅對這個小女孩非常感興趣。

1636 年或 1637 年以來，瑪麗・閨雅還兼任助理院長的職務。院長的諮議會組成包括她自己挑選的一位副院長，以及由修院選出的四位諮議修女或助理院長，任期四年。都爾聖吳甦樂會修院的檔案中，瑪麗・閨雅的名字出現在兩個文件裡：一份是 1637 年 3 月 31 日的合約，一份是 1638 年 10 月 26 日由總主教和修女們共同

---

66 *J*。第二冊。頁 307。瑪麗・閨雅是一位嚴厲又苛求的初學導師，但是對於住宿生卻非常仁慈，讓人感到訝異。她說：「我看這些初學生都是明理之人，知曉天主的召喚崇高又充滿美德，她們必須實踐，因此我要盡全力幫助她們達成。而這些小孩意向尚未受到啟發，沒有偉大情操的鍛鍊，因此對待她們要寬容，溫柔地導引她們」。*V*。頁 611。

67 *J*。第二冊。頁 344。

68 1660 年印製之《會憲》。頁 304-318。

69 《博蒙修院紀事》（*Chronique de Beaumont*）。頁 139；庫亞 - 德斯佩著（A. COUILLARD-DESPRE）。《查理・聖斯德望・德・拉都爾及其時代（1593-1666）》（*Charles de Saint-Etienne de la Tour〔1593-1666〕et son temps*）。阿達巴斯卡（Arthabaska）出版。1930 年。頁 180-181。

簽署的協議，有關償還總主教封地上米歐（Millot）先生所屬領地的款項。助理院長名單上還有高第耶修女、朱利安修女（M. Elisabeth Julienne）和瑪麗·閨雅（名單上瑪麗·閨雅的姓氏寫的是 Guiard 或 Giard，而非 Guyart）[70]。

奇怪的是，茹耶修女從 1639 年起就擔任院長很長一段時間，也曾在 1632 年當過諮議修女，但在 1636 年到 1639 年期間都沒有進入諮議會，至於朱利安修女，我們幾乎一無所知[71]。瑪麗·閨雅於 1633 年 1 月 25 日發願，1636 年或 1637 年就當選為諮議會一員，由此可見她在修院裡備受敬重，屢屢擔任要職。

---

70 *AD I.-et-L.*。H 852。
71 伊麗莎白·朱利安，會名隆生，1633-1639 年擔任都爾修院助理院長，1643-1646 年任修院機要祕書，1653-1658 年任副院長（參見沙文〔Chauvin〕公證事務所有關華耶 - 傑波〔Royer-Gerbaud〕資料）。同時期在都爾還有兩位名叫朱利安的修女。

第八章

貝第夫人

　　在十七世紀初，儘管貴族女孩接受高壓式的教育，但阻擋不了她們擁有自我的個性和追求冒險的精神。那個時代的人談到貝第夫人時，有一個措詞是大家筆下都會出現的，那就是「驍勇」[1]，意指面對挑戰的勇敢、大膽、果斷以及堅定的意志，即使信仰虔誠也改變不了這些個人特質。

　　1643 年在尚未開化的蒙特婁，如果不是及時被阻止，她可能已經乘著印第安

1　有關貝第夫人，參見戈利耶著（A.-P. GAULIER）。《魁北克聖吳甦樂修院的創建人貝第夫人》（*Madame de la Peltrie, fondatrice des Ursulines de Québec*）。阿朗松出版（Alençon）。1891 年；吉葉院長著（Abbé GUILLET）。《弗烈德城堡與其領主（1050-1904）》（*Essai sur le château de la Frette et ses seigneurs〔1050-1904〕*）。拉夏貝 - 蒙第戎（La Chapelle-Montligeon）出版。1904 年；〈珍妮‧蒙斯、降生瑪麗和貝第夫人〉（Jeanne Mance, Marie de l'Incarnation et Madame de la Peltrie）。《朗克歷史與考古協會集刊》（*Bull. De la Soc. Hist. Et arch. De Langres*）。第 14 期。1968 年。頁 322-337；皮耶‧蒙他涅夫人著（Mme Pierre MONTAGNE）。〈貝第夫人和她的家庭〉（Madame de la Peltrie et son milieu familial）。《加拿大 - 法國家族族譜協會論文集》（*Mém. De la Soc. Généal. Canadienne-française*）。第 21 期。1970 年。頁 243-246。資料來源包括：*RJ*（特別是 1672 年）；*AUQ*；*ASQ*（法立博文件）；位於馬耶納省（Mayenne）傅傑侯 - 德 - 布來席斯（Fougerolles-du-Plessis）的克萊楓丹（Clairfontaine）檔案；位於奧恩省（Orne）阿朗松的里斯勒城堡（l'Isle）檔案以及位於羅亞爾省（Loire）拉塔朗迪耶（LaTalandière）的龍吉宏城堡（Longiron）檔案。龍吉宏城堡檔案如今置於梅因羅亞爾省（Maine-et-Loire）馬第尼 - 必昂（Martigné-Briant）的弗林城堡（Fline）。貝第夫人的傳記正在編撰中。

人的獨木舟划向大湖區。她有著探險家的特質，隨時準備好出發[2]。

《耶穌會福傳紀事》形容她是亞馬遜人[3]；根據《特沃字典》（*Dictionnaire de Trévoux*），這個詞的意思是「勇敢善戰的女人」。她的確具有冒險精神，危險不會讓她退卻，不過她有時過度幻想而不切實際；她崇拜像德·拉蓋特（de la Guette）夫人那樣的人[4]。

她十四歲之前的姓氏不太體面，叫寇松（譯者註：Cochon 在法文意指豬），她的父親吉庸·寇松（Guillaume Cochon）自 1588 年擔任阿朗松（Alençon）地區選出的民意代表主席，1602 年購得修維尼（Chauvigny）土地，1617 年王室特許狀准許他改用這塊地的姓氏——修維尼，取代原先不體面的姓氏，但他還是等了兩年才得以在盧昂正式登記新的姓氏[5]。他的家族最初來自諾曼第阿朗松附近的盧傑（Lougé）教區。他們曾擁有沃布恭（Vaubougon）的土地和封地，到了吉庸·寇松仍保有這個領主的頭銜。他的社會地位與其說是貴族，不如說是商人更為貼切[6]。1591 年 2 月 20 日他與寡婦若安·德·布榭（Jehanne du Bouchet）結婚，她的前夫是葛拉蒂尼（Glatigny）的領主——何內·茹安（René Jouënne）。他們所生的十個孩子中，只有三個活到成年。其中身為唯一繼承人的兒子何內不幸在二十五歲時（1618 年）逝世。修維尼先生家裡最後就只剩他的妻子和兩個女兒。大女兒瑪格麗特出生於 1600 年，1618 年與阿朗松森林水利官，也是格斯提耶（Queustière）領主——喬治·德·穆蘭（Messire Georges des Moulins）結婚。第二個女兒瑪德蓮，出生於 1603 年，她就是貝第夫人。此外，修維尼妻子前一段婚姻還有兩個女兒，年齡大很多，兩人都已結婚。

修維尼先生在他的族譜紀事中寫道：「1603 年 3 月 25 日星期三，我的妻子生

---

2   *RJ*。1672 年（Q。頁 66；Th. 56。頁 266）。

3   *RJ*。1652 年（Q。頁 43；Th. 38。頁 96）；這個字常出現在福傳紀事：聖吳甦樂會修女和醫護會修女也都被稱為亞馬遜人！

4   《德·拉蓋特夫人回憶錄》（*Mémoire de Madame de la Guette*）。出版者維吉耶（P. VIGUIÉ）。巴黎出版。1929 年。

5   龍吉宏檔案（Chartier de Longiron）。內龍（Neyron）檔案。沃布恭領主吉庸·寇松系列（Fonds Guillaume Cochon, sieur de Vaubouogon）。第二部。

6   克萊楓丹檔案（Chartier de Clairefontaine）。寇松檔案（Dossiers Cochon）。

下一個女孩，並於 4 月 2 日受洗，代父是德·拉豐特內勒先生（de la Fontenelle），代母其中一位是夏托尼領主的妻子，也是博邁領主（dame Beaumais）——蓓唐·德·何絲（Bertranne du Roës）；另一位是我妻子的長女瑪德蓮·茹安（Madeleine Jouënne），我們給她取了和代母一樣的名字[7]。」

克羅神父期望：「天主能啟發一位作家將貝第夫人的事蹟寫下來，做為所有虔誠教友的榜樣。」因為寄望未來，所以很可惜他「自己沒有投入撰寫這位充滿信德和英雄事蹟的女士的傳記」，他只有「輕描淡寫[8]」。據他所說，瑪德蓮·德·修維尼沒有讓父母煩心過，因為她天性良善。貝第夫人心地善良，富有憐憫之心，但也有堅定的意志和異想天開的性格。克羅對她的形容有點言過其實。她是家裡最小的孩子，由於好幾個小孩相繼過世，父母對她特別疼愛，甚至到寵溺的地步，她的姊姊就曾抱怨：「修維尼夫婦對他們最小的女兒（指貝第夫人）特別寵愛[9]。」

瑪德蓮渴望投入修道生活，但一直沒有向父母提及，直到一天有人提到她的婚事：「她聽到這個提議感到極為震驚，這與她內心所嚮往的背道而馳，於是她離家出走，把自己關在修道院裡。大家費了很大的功夫才將她帶離修道院[10]。」這一次逃家她年僅十八歲。由於她在 1635 年至 1636 年是方濟第三會的會員，1621 年至 1622 年很可能去了阿朗松的聖佳蘭隱修院（couvent des clarisses）。該修院於 1499 年由洛林的真福瑪加利大（Marguerite de Lorraine）所創立。修院不能違背她父母的意願，因此無法留她，她最終只得接受安排給她的婚姻[11]。

夫家的條件比她家更好，她的夫婿查理·德·格呂勒（Charles de Gruel）是歷史悠久的貴族家族一員，父親是圖瓦（Thouvoye）領主、國王隨從騎士、中輕型騎兵隊隊長；他的母親是已故的珍妮·德歐夫人（Jeanne d'O）。他們的婚禮於 1622 年 10 月 29 日左右舉辦：「查理·德·格呂勒大人、騎士、貝第領主……與瑪德

7　同上。修維尼先生的族譜紀事（Livre de raison de M. de Chauvigny）。

8　*V*。頁 312。

9　克萊楓丹檔案。修維尼領主繼承爭議。傑克·阿梅勒（Jacques Hamel）律師的辯護狀。

10　*V*。頁 313。

11　戈韓著（G. GUERIN）。《洛林的瑪加利大真福》（*La bienheureuse Marguerite de Lorraine*）。拉夏貝 - 蒙第戎（La Chapelle-Montligeon）出版。1926 年；尚巴與杜瓦合著（CHAMBAT et DUVAL）。《奧恩歷史與考古協會集刊》（*Bull. De la Soc. Hist. Et arch. De l'Orne*）。第 2 期。1883 年。頁 130-149。

蓮・德・修維尼結為夫妻……1622 年 10 月 29 日的證書為憑 [12]；這份文件是在薩爾河畔梅勒（Mêle-sur-Sarthe）公證人面前簽署 [13]。瑪德蓮帶來了 30,000 古銀元的嫁妝。他們可以住在位於阿朗松的宅邸，或是住在位於佩什省（Perche）都滬夫區（canton de Tourouvre）比維利耶鎮（Bivilliers）的貝第莊園。

我們今日仍看得到這個舊莊園的遺跡，原先的三座塔樓在 1827 年左右被拆除。主建築有兩層樓，建於十六世紀，坐落在比維利耶鎮入口處一個小山谷的斜坡上，池塘和廣闊的草原環繞四周，北方是覆蓋著石南花的布貝泰高地（Bubertré）。貝第莊園距離都滬夫僅有半古里，此處是前往加拿大移民的重要據點 [14]。

貝第夫人婚後很快就產下一女，但不幸夭折，之後就再沒有其他小孩。1626 年 10 月 16 日，夫妻二人相互捐贈：事實上，在當初的婚姻協議書上就已明訂，如果配偶一方死亡，則應將其財產歸還家人，丈夫一部分遺產保留給貝第夫人。她的丈夫在 1624 年 11 月就已立下遺囑，並選擇比維利耶教堂做為下葬之處 [15]。他是國王的軍官，雖然還很年輕，但已設想到突如其來的死亡。沒想到 1628 年 7 月，他在拉羅謝勒（La Rochelle）執勤時遭殺害，當年貝第夫人二十五歲，結婚才五年半 [16]。

她開始思考未來該怎麼辦：「當時，她想到自己沒有孩子，但擁有巨額財富。她在天主面前陷入苦思，內心交戰：一方面，她想要實踐當初渴望的修道生活，但另一方面，天主賦予她的財富正好可以為加拿大原住民的福傳使命提供重大幫助 [17]。」《耶穌會福傳紀事》寫道：1628 年，貝第夫人還沒有做出決定。她獨立的

---

12 龍吉宏檔案。內龍檔案。3。格呂勒・德・修維尼（Gruel de Chauvigny）；參見吉葉院長著（Abbé GUILLET）。《弗烈德城堡》（*Le château de la Frette*）。頁 29-30。

13 阿梅勒（Hamel）的辯護狀。

14 杜曼著（L-V. DUMAINE）。《都滬夫及相關記憶》（*Tourouvre et ses souvenirs*）。拉夏貝 - 蒙第戎（La Chapelle-Montligeon）出版。1912 年。頁 157-158；蒙他涅夫人著（Pierre MONTAGNE）。《都滬夫和朱切羅家族：佩什人移民至加拿大章節》（*Tourouvre et les Juchereau, un chapitre de l'émigration percheronne au Canada*）。加拿大族譜協會（Soc. Canad. De Généal）。第 13 期。魁北克出版。1965 年；同上。〈關於貝第夫人〉。《佩什紀事》（*Cahiers percherons*）。第 34 期。1972 年。頁 22-37。

15 吉葉院長著。（Abbé GUILLET）。《弗烈德城堡》（*Le château de la Frette*）。頁 30。

16 *RJ*。1639 年（Q。頁 6；Th. 16。頁 10）。

17 *RJ*。1672 年（Q。頁 58；Th. 56。頁 230）。

個性使她遠離所嚮往的修道生活。在魁北克，她嘗試了幾個月聖吳甦樂會的修道生活，後來放棄，她的聖召並不在此。

貝第夫人的夫家很想把她留下來，準確來說應該是她的公公，因為她的婆婆在她嫁入前就逝世了。而她比較想回去住她自己在阿朗松的房子，因為擔心若與父母同住可能又會違背她的意願，再把她嫁人。瑪麗・閨雅在 1670 年 10 月 25 日給龐塞神父的信中寫道：「她因此獲得自由，做了許多慈善工作，為窮人提供住宿和服務，把賣身的女孩帶回她家，避免她們犯罪[18]。」

即使她獨自居住，還是躲不掉父親的緊迫盯人，他非常希望她再嫁。他年紀大了，變得不可理喻，每一次談話都不歡而散。他愈來愈焦躁、易怒又多疑，尤其是談到再嫁的事。由於她一再地拒絕再婚，她父親甚至禁止她踏入家門，並告訴她永遠不再見她；這樣的處境迫使她不得不找一個修道院去躲避一陣子，但因為那裡距離父母家不遠[19]，她仍無法脫離被糾纏的命運。瑪麗・閨雅在信中隱約提到這座修道院位於阿朗松的外郊。我們很自然地想到莫他涅（Mortagne），那裡有一座聖佳蘭隱修院和一間主宮醫院[20]。莫他涅距離比維利耶鎮只有二古里，所以就像在都漚夫一樣，貝第夫人會聽到加拿大相關的訊息。那時海軍外科醫生羅伯・吉法（Robert Giffard）正商討在魁北克東部的博波特（Beauport）沿岸建立佩什殖民區[21]。

貝第夫人的母親修維尼夫人於 1633 年 6 月 2 日逝世，她於是離開修院，與父親同住，以便照顧他。後來她的姊姊對於她帶著僕人舉家遷入父親住處頗為不滿，

18　*O*。頁 904；她的慈善工作可能和傑端神父（P. Gédouyn）當時在阿朗松發起的教理工作有關：阿米著（A. HAMY）。〈阿朗松學校：傳記註解、書目、年鑑〉（Le Collège d'Alençon, Notices biographiques, Bibiliographie, Chronologie）。《奧恩歷史與考古協會集刊》（*Bull. De la Soc. Hist. Et arch. De l'Orne*）。1899 年。

19　*O*。頁 904。

20　有關這兩個機構，參見戈韓著（G.GUERIN）。《洛林的瑪加利大真福》（*La bienheureuse Marguerite de Lorraine*）。頁 223-248、282-288。

21　高必歐著（R. GOBILLOT）。〈佩什人至加拿大的移民〉（L'émigration percheronne au Canada）。《新法蘭西》（*Nova Francia*）。第 3 期。1927 年。頁 17-31；甘培著（A. CAMBRAY）。《博波特第一位領主羅伯・吉法以及新法蘭西的起源》（*Robert Giffard, premier seigneur de Beauport, et les origines de la Nouvelle-France*）。瑪德蓮岬（Cap-de-la-Madeleine）出版。1932 年；蒙他涅夫人著（Pierre MONTAGNE）。《都漚夫和朱切羅家族》（*Tourouvre et les Juchereau*）。

日一行人的所有開銷都由年邁的父親支付[22]。當時父親還親手打理事業，但是1634年以後就由管家代為處理，而他的女兒貝第夫人則代為簽名[23]。

1636年初，塞巴斯汀・卡莫西（Sébastien Cramoisy）出版《新法蘭西福傳紀事》。貝第夫人讀了樂仁神父寫給法國省會長的信，字字句句都讓她深受感動：「修女們需要一棟房子，一塊可以耕作的土地以及足夠的收入來養活自己……喔！天主啊！如果法國貴婦能夠將奢華的開銷用在這項神聖的工程上，她們的家庭將會收到多麼大的降福啊！盛接天主聖子的寶血，用在這些可憐的異教徒身上，這是多麼大的榮耀啊！難道世上的財富比生命更可貴嗎？看看這些溫柔纖弱的修女們，冒著生命危險，不畏大海險阻，為了拯救幼小的靈魂……難道沒有一位正義之婦願意提供協助給這些亞馬遜人，給她們一棟房子，讓遠在世界另一端的人也能夠讚美天主，事奉天主嗎[24]？」

貝第夫人從《福傳紀事》所領會的超出樂仁神父所寫的內容。她不僅想要捐獻她的財產，在新法蘭西建立一座修道院，她甚至自以為讀到樂仁神父要修院創建人遠渡大西洋，親赴魁北克。「這些話打動了她的心，因此從那時起，她全心全意關注加拿大[25]。」1636年整個春天她都在思考這個計畫。7月2日聖母訪親慶日（la Visitation）那天：「在祈禱中，天主對她說，祂希望她前往加拿大，投入野蠻人救贖的工作。祂要她透過這個方式來事奉祂，來證明她所承諾的虔誠，而祂則將賜給她在蠻夷之邦滿溢的恩典[26]。」但是貝第夫人並非自由之身：她必須照顧她那時日無多的父親。照顧父親對她而言並非難事，但惱人的是她父親和她一樣固執，一再地提起再婚一事。

不久後，貝第夫人病倒了，而且幾乎性命垂危。大家已不抱希望，於是趕緊請幾位裁縫為她縫製方濟會的會衣，以第三會會員的儀式下葬。「兩位方濟嘉布遣會的神父前來為她祈禱，就像對垂死的人的做法一樣，他們用教會的禱文命令靈魂

22　克萊楓丹檔案（Chartrier de Clairefontaine）。阿梅勒辯護狀（Plaidoirie Hamel）。

23　龍吉宏檔案。修維尼先生的族譜紀事。

24　*RJ*。1635年（Q。頁2；Th. 7。頁258-260）；1634年，樂仁神父就希望有「勇敢的幼教老師和世俗女子前來」。*RJ*。1634年（Q。頁12；Th. 6。頁357）。

25　*O*。頁904，*J*。第二冊。頁316。

26　*V*。頁314；*RJ*。1672年（Q。頁60；Th. 56。頁234）。

+ La Pelletarie au XVIIe siècle.

十七世紀的貝第莊園

離開她的身體[27]。」貝第夫人突然有了對聖若瑟祈禱的靈感，祈求成全她實踐 7 月 2 日她所強烈接收到的啟發：「去加拿大以若瑟之名建立屬於天主的教堂，並在他的庇護下用生命和財富為原住民女孩服務[28]。」第二天早上貝第夫人就痊癒了。一位來探視她的醫生開玩笑地對她說：「嘿，夫人，您發的燒呢？它一定是去了加拿大！」這個說法把她逗樂了，「她還無法言語，輕輕地抬起眼睛望著天上，微微一笑[29]。」

剩下要解決的就是她父親修維尼先生一直堅持的事：再婚。一位耶穌會士想到一個解決辦法，他跟貝第夫人說：「為了不再嫁，可以和尚・德・貝尼耶 - 洛維尼先生（Jean de Bernières-Louvigny）假結婚。」貝尼耶先生是一位非常虔誠的基督信徒，在康城的信友圈很活躍。修維尼先生過世前，這不失為一個理想的解決方案。瑪麗・閨雅在 1670 年給龐塞神父的信中寫道：「她將她的加拿大計畫告訴您修會的一位神父，並且請教他如何處理父親的緊迫盯人。這位神父告訴她一個兩全其美的方法，既讓她的父親滿意，又不會讓她陷入最害怕的再婚。他說他認識一位士紳，名叫貝尼耶先生，是康城的財務官，過著聖人般的生活，所以可以求他向她求婚，但兩人像兄妹一樣一起生活[30]。」

貝尼耶先生是個大名鼎鼎的人物[31]，只比貝第夫人大一歲。他不喜歡出門，深居簡出，熱衷默觀祈禱的生活。1636 年，他開始嶄露頭角，但當時知名度還未享有靈修導師之盛名。他後來提議在聖吳甦樂會康城修院外面建一個隱修處所（Ermitage），讓他可以在那裡帶領幾名學生。

27　*V*。頁 314。

28　同上。

29　*RJ*。1635 年（Q。頁 61；Th. 66。頁 238）

30　*O*。頁 905。

31　羅蘭院長著（abbé LAURENT）。《貝尼耶 - 洛維尼先生》（*M. De Bernières-Louvigny*）。康城出版。1872 年；蘇里歐著（M. SOURIAU）。《兩位諾曼第神祕主義者：杭第和貝尼耶》（*Deux mystiques normands: G. De Renty et Jean de Bernières*）。巴黎出版。1913 年；培蒙著（H. BREMOND）。《宗教情感文學史》（*Histoire littéraire du sentiment religieux*）。第六冊。頁 229-266；蘇里歐著（M. SOURIAU）。《十七世紀諾曼第的神祕主義》（*Le mysticisme en Normandie au XVIIᵉ siècle*）。巴黎出版。1923 年；厄特豐著（R. HEURTEVENT）。《貝尼耶的靈修工作》（*L'oeuvre spirituelle de Jean de Bernières*）。巴黎出版。1938 年。有關他的姊妹康城聖吳甦樂會創始人茹丹（Jourdaine），參見潘慕洛（POMMEREU）。第二冊。頁 281-287；康城聖吳甦樂會大事紀（康城聖吳甦樂會檔案手抄本）。

耶穌會神父的建議是非常可行的。貝第夫人立即寫信給貝尼耶先生，但這封信讓貝尼耶先生感到震驚又為難[32]。他善於慈善行動，因為他在 1633 年之前就與雅各・卡尼耶（Jacques Garnier）合作設立一個孤兒院，收留被遺棄的小孩；1634 年和若望・尤德（Jean Eudes）一起設立從良婦女中途之家。但貝第夫人的提議與那些慈善工作完全不一樣。貝第夫人曾將整個過程告訴瑪麗・閨雅；1670 年瑪麗・閨雅寫道：「貝尼耶先生像天使一般純淨，當收到貝第夫人的信，他所受到的驚嚇是我們想像不到的，他不知道要如何回覆。他詢問自己的導師以及幾位虔誠具善表的人，大家都勸他接受這項提議，而且向他確保，以他們所認識的貝第夫人，她單純只是想透過他來實踐計畫。他後來跟我說，他思考了三天都無法下決定，即使大家對貝第夫人都非常敬佩[33]。」

最後幫助他下決定的是他的靈修導師聖羅神父（P. Jean-Chrysostome de Saint-Lô）[34]。他為人極其嚴謹，依他的個性幾乎不可能鼓勵他的導生投入婚姻，所以如果連他都贊成，表示這個嘗試本身具有正當性。這件看起來浪漫的事背後的動機其實是嚴肅的。

最後，貝尼耶先生終於決定不論最終是否結婚，都先向貝第夫人求婚。為此，他請阿朗松的一位友人去提親，克羅神父根據瑪麗・閨雅的說法，認為這位名叫德・拉波旁涅（M. de la Bourbonnière）先生[35]，應該就是安東・歐梅（Antoine Hommey）。他是拉波旁涅的領主，也是賽斯鎮（Séez）的醫生。他女兒是聖事皇家港修會（Port-Royal du Saint-Sacrement）的修女[36]。商議進行得非常順利，修維尼先生完全不需要再考慮，他很高興再婚這件事能夠盡快告一段落：「為了接待他，特別整理布置家裡，還教導貝第夫人做為一個賢妻該講的話[37]。」

貝尼耶先生仍拖了一段時間，因為他一直無法確定這是否是件對的事。他告訴修維尼先生說他有事在身走不開，拖延了六個月之久。貝第夫人跟他父親一樣心

32 *V*。頁 351。
33 *O*。頁 905。
34 蘇里歐著（M. SOURIAU）。《諾曼第的神祕主義》（*Le mysticisme en Normandie*）。頁 131 起。
35 *V*。頁 352。
36 奧恩省級檔案（AD Orne）。H 5131、5149、5147。
37 *O*。頁 906。

急，她偷偷約貝尼耶先生在阿朗松碰面，商討相關事宜。最後他們決定不結婚，甚至假結婚也不要，他們就假裝已結婚，以執行貝第夫人的計畫[38]。此外，修維尼先生恰巧在這個時候逝世了，確切的日期不詳，大概是在 1637 年年底。

由於貝第夫人太過急於處理遺產繼承之事，反而引起很多問題。她的姊姊瑪格麗特和姊夫覺得遺產清冊不夠確實，甚至有許多缺漏，但貝第夫人不同意重新清點。從姊姊瑪格麗特那一方的陳述可以猜到這件事引起很大的家庭糾紛，雙方都飽受折磨；兩姊妹之間不僅面臨訴訟，還必須聯合對抗母親前一段婚姻的女兒，因為修維尼先生並沒有給予同等的財產分配。

貝第夫人的慷慨大方為她的親戚提供一個藉口，為了防止她揮霍，禁止她直接動用財產，而是託人代為管理[39]。為此，他們召開一場家族會議，參與的家人都認為有託管財產的必要，於是簽署一項協議，然後經由法院公證，並在主日講道上宣布[40]。克羅神父寫道：「康城的法院同意貝第夫人家人所有的要求。」在貝尼耶先生的建議下，她向盧昂最高法院提起訴願，最後判定她「具有能力支配自己的財產」。

除此之外，貝第夫人還有好幾個沒完沒了的官司正在進行。儘管如此，她還是去了巴黎。後來她說，為了避免家人綁架她或軟禁她，「她和女僕交換衣服，然後跟隨女僕到鎮上去，就好像女僕才是女主人[41]。」官司持續拖延至 1638 年上半年，一直到七月。她派人通知貝尼耶先生十二月的時候和她在巴黎會合。她的管家尼古拉‧婁迪耶（Nicolas Laudier）前往位於阿朗松和康城之間的法萊茲（Falaise），代為與貝尼耶先生洽談此事[42]。

一開始，她想徵求文生蒙席（M. Vincent）和祈禱司鐸會的會長恭德杭神父（P. Condren）與建修院計畫的許可，他們倆人都屬於聖體軍（Compagnie du Saint-Sacrement），和宮廷關係良好，如果他們原則上同意，對後續的協商會很有幫

38　*V*。頁 353。

39　同上。

40　貝侯著（J. BERAULT）。《諾曼第公國慣例的改革》（*La Coutume réforme du pays et duché de Normandie*）。魯昂出版。1620 年。頁 216-217。

41　*V*。頁 352。

42　龍吉宏檔案。為尼古拉‧婁迪耶（Nicolas Laudier）寫的回憶錄。

助 [43]。

正當貝尼耶先生想聯繫在巴黎負責加拿大任務的拉勒蒙神父（P. Charles Lalemant）時 [44]，遇見龐塞神父。他當時完成了培育課程以及「第三年」，準備搭乘前往新法蘭西的春季船隊。龐塞神父和他談到瑪麗‧閨雅的計畫。「貝尼耶先生得知這個訊息非常興奮，趕緊找到貝第夫人告訴她⋯⋯可敬的神父您（瑪麗‧閨雅對龐塞神父講話）為他寫信給我，我感謝天主，並且答應了 [45]。」1654 年的《靈修札記》補充道：「這是 1638 年 11 月的事」[46]。現在一切似乎都進行得很順利。但仍有來自兩個方面的困難：一百聯營公司和耶穌會士。

公司的主管為春季出發的船隊已經準備得差不多了。跟往年一樣，共兩艘船，沒有預留貝第夫人和聖吳甦樂會修女的位子，更沒有多餘的空間放她們要攜帶的物品，於是建議貝第夫人搭乘 1640 年的船班。貝第夫人不願意，並聲稱要自費租一艘船，儘管依照往例，這個計畫的人員搭船都是免費的。

至於耶穌會士那一方的問題，主要是來自省會長比奈神父（P. Etienne Binet）和新法蘭西福傳新任命的院長韋門神父（P. Barthélemy Vimont）兩人 [47]。他們試圖勸貝第夫人不要帶聖吳甦樂會博多會院的修女，他們比較希望她接洽巴黎的聖吳甦樂會，亦即位於聖雅各區的大修道院，並終止與都爾聖吳甦樂會的所有商議。他們

---

43 寇斯特著（P. COSTE）。《十七世紀偉大的聖人聖文生》（Le grand saint du grand siècle, Monsieur Vincent）。第三冊。巴黎出版。1932 年。頁 104 起；阿姆洛特著（P. AMELOTTE）。《恭德杭神父的生平》（La vie du P. de Condren）。巴黎出版。1643 年。第二部。頁 347。他們兩位當時都還不是所謂的「靈修諮詢委員會」的成員。他們的角色比較是聖體軍的靈修啟發師。根據婁迪耶的備忘錄記載，貝第夫人在巴黎見了以下這些人：艾吉永公爵夫人、沙鵬街（rue Chapon）的德‧雷索先生（M. de Lézeau）、法國行政法院審查官巴里庸‧德‧莫杭吉斯（Barillon de Morangis）先生和他的兄弟國會主席、國務大臣傅給先生和他的兒子法國行政法院審查官、一百聯營公司經理德‧勞森（de Lauson）、帳目審計師戴博德先生（Desbordes）、錫勒里指揮官、法國里永（Riom）的財務大臣德‧蘇哈蒙（de Suramont）、聖雅克區的聖吳甦樂修院院長、聖安東街往見會修院院長。

44 查理‧拉勒蒙神父是魁北克耶穌會首位院長（1625-1629），魁北克傳教士（1634-1638，後來擔任福傳任務巴黎聯絡負責人（1638-1650）。他是杰羅姆‧拉勒蒙神父（P. Jérôme Lalemant）的兄弟：DBC。第一冊。頁 423-424；《耶穌會歷史檔案 33》（Arch. Hist. S. J. 33）。1964 年。頁 311、319。

45 O。頁 907。

46 J。第二冊。頁 340。

47 杜歐著（G. THUOT）。〈巴戴勒米‧韋門神父〉（Le Père Barthélemy Vimont）。出自《法屬加拿大》（Le Canada français 25）第 25 期。1939 年。頁 798-823。韋門神父 1594 年出生於里修（Lisieux），他於 1613 年 11 月被接受入會；1630 年到 1638 年在瓦訥（Vannes）居住，最後三年擔任校長。

特別指出都爾總主教年紀大了，性格乖戾，他不會同意他總教區的修女至他處創設修院。

　　但是，到了一月上旬，事情有了轉機。在貝第夫人的堅持以及拉耶神父的建議之下，比奈神父接受建立一個聯合會的原則。貝第夫人可以帶瑪麗‧闔雅同行，必要的話，還可以多帶一位聖吳甦樂會都爾修院的修女，另外再加一位聖吳甦樂會巴黎修院的修女。比奈神父和韋門神父最初堅持排除都爾的聖吳甦樂會，是因為巴黎的會規比較符合他們的需求，特別是第四願，有關兒童教育的誓願，巴黎的聖吳甦樂會有此要求，而博多的聖吳甦樂會沒有。從那時起，瑪麗‧闔雅就明確立下了她日後的原則：建立都爾和巴黎兩個修院的聯合修院，各自的會規和會憲都維持不動。雙方修女依然歸屬原修院，若加拿大當地有特殊需求，再以都爾和巴黎各自的規章為基礎，制定加拿大專屬的會憲[48]。建立修院之事務最後在國務大臣兼一百聯營公司股東——方濟‧傅給家中召集的會議上進行討論。

　　貝第夫人即將前來都爾的通知信於 1 月 22 日上午寄達聖吳甦樂會修院[49]，因此大家猜測興建修院的事應該已經在當年 1 月 11 日一百聯營公司「審議重要提案」的股東大會上討論通過了[50]。該會議最低出席人數是二十人。一般例行性事務交由十二位管理人組成的會議討論。瑪麗‧闔雅在她 1654 年的《靈修札記》中提到幾位會議出席者的名字，包括：財務大臣的父親——國務大臣方濟‧傅給[51]；錫勒里指揮官；蒂內神父，瑪麗‧闔雅稱他省會長，其實他當時只是克雷蒙（collège de Clermont）學校校長；以及負責耶穌會士修院工作的拉耶神父。此外應該還有一

48　*O*。頁 72；兩個地方修會的會服不同，這點被特別提出來，目的是希望貝第夫人放棄找都爾聖吳甦樂會修女的想法。

49　*J*。第二冊。頁 343。

50　巴黎國家圖書館。法文手抄本 16.738。對開頁 140。

51　朱日著（L.-T JUGE）。〈美麗島（Belle-Isle）傅給家族的歷史研究〉。《貴族歷史與傳記期刊》（*Revue Nobiliaire, Historique et Biographique*）。第 3 期。1856 年；謝思修訂（CHAIX d'EST-ANGE）。《十九世紀末法國古老或知名家族辭典》（*Dict. Des familles françaises anciennes ou notables à la fin du XIXe s.*）。第十九冊。艾弗禾（Evreux）出版。1927 年。頁 110-114；《聖文生書信集》（*Correspondance de saint Vincent de Paul*）。出版者寇斯特（Coste）。第一冊。頁 480、819；第二冊。頁 41；第五冊。頁 556-560。

百聯營公司負責人勞森先生、龐塞神父的父親龐塞‧德‧拉里維耶先生[52]、瑪麗‧閨雅後來通信的對口——公司祕書安東‧薛弗（Antoine Cheffault）[53]、在任的省會長比奈神父、將搭乘春季船隊的福傳使命負責人韋門神父，以及負責財務的查理‧拉勒蒙神父[54]。

聖吳甦樂會都爾會院在這個計畫中似乎處於不利的狀態，多虧拉耶神父，加上貝第夫人的協助，才得以翻轉局勢：「他慷慨激昂地表示，我們應該樂見並協助這位女士參與這項神聖的計畫。他成功地說服了大家，而且決定同意她的要求。有關修女的部分，大家認為最好由她親自來都爾找我，讓事情可以進行得更順利[55]。」另外還決議由一百聯營公司聯合寫信給艾守總主教；省會長則負責聯繫耶穌會都爾會院院長康達米神父。「還有人負責寫信給我和我的院長。」會議最後，貝第夫人承諾出資額外租一艘小船，委由這項福傳任務的財務掌管查理‧拉勒蒙神父（P. Charles Lalemant）裝載此行所需物資。「貝第夫人馬上告知我事情進展的狀況。1639 年 1 月 22 日，亦即至聖童貞與淨配聖若瑟締婚紀念日，我們收到這個消息，院長便對全修院宣布此事，當時大家正在聖若瑟避靜院祈禱。」這所避靜院如今只剩下地基，還有一些模糊的老舊照片，我們能夠隱約看出它是依十九世紀的風格重建。它位於修道院花園的東南角。當時正好輪到瑪麗‧閨雅負責伙食，於是她便以此為藉口沒有參加修院的小型聚會。雖然好幾位修女都彷彿接收到加拿大使命的聖召，但當消息傳來，還是讓大家又驚又喜：「聽到這個消息，每個人都感到非常訝異，不敢相信如此非比尋常的事情真的發生了[56]。」

實際上，這項計畫在法國教會歷史上具有重大意義，它開啟在傳教區國家興建

---

52 何貝留著（A. REBELLIAU）。《聖體軍祕密團體：巴黎團與馬賽團 1639-1662 年間的書信集》（*La Compagnie secrète du Saint-Sacrement, Lettres du groupe parisien au groupe marseillais, 1639-1662*）。巴黎出版。1908 年。龐塞先生在 1649 年是巴黎會的祕書。

53 一百聯營公司祕書安東‧薛弗是禾那地耶（Renardière）領主，有關他的家族，可以參閱他的姊姊瑪麗的遺囑。瑪麗是朱利安內（Jullianet）先生的遺孀。這個遺囑是她在 1636 年 7 月 31 日進入芒特（Mantes）聖吳甦樂修院時立下的（伊夫林〔Yveline〕省級檔案。D 1818）。

54 根據《都蘭年鑑》（*Annales de Touraine*，都爾市立圖書館手抄本 1216），當時阿卡迪首長妻奈-哈齊利（Claude de Launay-Razilly），也有大力協助瑪麗‧閨雅有關加拿大興建修院的計畫。

55 *J*。第二冊。頁 343。

56 同上。頁 343-344。

女修道院的時代。都爾聖吳甦樂會修女和迪波的醫護會修女是此類計畫的先驅，接著陸續有蒙特婁、安地列斯群島、路易斯安那、法屬印度，然後推展至全世界[57]。

大家或多或少都意識到這件事的重要性。1639 年 1 月 22 日下午，在休息空檔，修女們來到花園，詠唱聖若瑟連禱文並祈禱，向新法蘭西的主保聖人致敬。

---

57 實際上，拉丁美洲有女修道院；在秘魯的利馬（Lima），我們在 1572 年就見過聖奧斯定會（降生）的女修院；1585 年有貧窮女修會修院（聖母無染原罪）；1584 年之前，建立了熙篤會修道院（三位一體）。尚・德・培第尼（Jean de Brétigny）試圖在 1625 年左右在剛果建立加爾默羅會和聖吳甦樂會，這些修女來自西屬尼德蘭，參見《金塔納杜埃尼亞斯的尚・德・培第尼書信集（1556-1634 年）》（*Quintanaduenas, Lettres de Jean de Brétigny, 1556-1634*）。出版者賽胡埃（P. SEROUET）。魯汶出版。1971 年。頁 183、199、202、204、207、211、225-277、239、247、264）。後來，在 1654 年，道明會找了四位修會修女到馬丁尼克教育小女孩。培蒙著（R. BRETON）。《三個札記、加勒比、瓜地洛普 1635-1656》。出版者禾納（RENNARD）。巴黎出版。1929 年。頁 166；有關瑪麗・閨雅之後聖吳甦樂會修女的福傳使命，參見古德雷著（M. de Chantal GUEUDRE）。《1612-1788 年舊體制下的聖吳甦樂會修院》（*Les monastères d'Ursulines sous l'ancien régime〔1612-1788〕*）。巴黎出版。1960 年。第六章：聖吳甦樂會修女福傳的不凡經歷。頁 277-344。

第九章

從都爾出發

（1639 年 2 月至 5 月 4 日）

　　從巴黎到都爾，若是郵件四天就能抵達；但如果是一般人搭乘公共馬車，從巴黎到位於羅亞爾河畔的都爾 60 古里的距離，需要多花上一至兩天的時間。貝第夫人在離開巴黎前不久，發了一封信，告知她與貝尼耶先生的到來。瑪麗・閨雅寫道：「信抵達的那天，我早上和我負責的住宿生在一起，突然得到一個感應，告訴我即將離開現有的一切，於是我就前往聖若瑟避靜院，感謝祂賜給我這麼大的恩寵[1]。」

　　類似的預感總是以這種隱晦的方式，預先讓她知道即將發生的事，暗示她的修道生活有重要的任務正在醞釀。瑪麗・閨雅起初猶豫是否應該跟隨這股吸引力；前往花園的另一端必須穿過新建物的工地，她寫道：「然而，我被那股愛的力量牽引，不由自主地往那裡走去。我帶著兩名住宿生前去感謝這位偉大聖人給予我的恩寵。」但其實她並不是很清楚到底是什麼樣的恩寵。一個小時後，茹耶修女得了院長之命氣喘吁吁地跑來找她，她說：「親愛的修女，天主降福您了，那位女士要來

1　*J*。第二冊。頁 344。

接您了，她快到了[2]。」

兩天後，貝第夫人抵達都爾。她化名為「十字架夫人」，貝尼耶先生陪同她一起來。「整趟旅程，大家都以為他們是一對夫婦，同車的上流人士也都這麼認為[3]。」由此看來，貝第夫人並沒有自己的馬車，她和貝尼耶先生搭乘公共馬車，這正好符合她希望「低調」的想法[4]。

她是否像1644年拜訪都爾的年輕英國旅人約翰‧伊夫林（John Evelyn）一樣，對都爾留下美好的印象呢？約翰‧伊夫林是這麼說的：「這座城市的美與其魅力是法國任何其他城市都比不上的。」然而他熱情的筆觸下，無法讓人認出這就是十七世紀的都爾。他形容道：「街道又長、又直、又寬，而且非常乾淨。」瑪麗‧閨雅先前曾在路上看見死狗的破爛街景，難道在這麼短的時間，道路就有了這麼大的改善？

貝第夫人下榻一間小旅店，一安頓下來便馬上通知耶穌會學校校長康達米神父。他先前已收到比奈神父幾封相關的信件。在他得知此計畫時，就向艾守總主教請示，向他報告整個計畫，獲得總主教非常正面的回應：「什麼！康達米神父！天主需要我的女兒來實踐這樣一個偉大的計畫！我何德何能可以獲得這個恩寵！」

艾守總主教飽受結石之苦，個性變得乖戾[5]。手術非常折磨人，使得他身體很虛弱，與他交談不易。他當時年近八十三歲，在這個年齡，很少人會樂見如此特殊的福傳使命。瑪麗‧閨雅將之歸功於康達米神父，因為他，總主教在這件不尋常的任務上才會展現如此開放的態度。她說：「這項非比尋常的計畫，大家都認為無法實踐，但總主教聽了校長的報告，並讀了錫勒里指揮官、勞森先生以及傅給先生的信之後，得知天主需要祂的兩個女兒投入如此光榮的計畫，對天主的這個恩寵欣喜不已[6]。除了這些新法蘭西耶穌會士的信，還有比奈神父和拉耶神父推薦貝第夫人的信，「保證這個計畫是經過巴黎靈修最崇高的人士所檢驗過的，確認這確實是天

2　J。第二冊。頁345。
3　O。頁907。
4　J。第二冊。頁350。
5　瑪托著（M. MARTEAU）。《甜美的天堂……》（Le Paradis délicieux......）。第三卷。頁164。
6　O。頁908。

主的旨意與恩寵[7]。」瑪麗‧閨雅沒有說的是，總主教不僅認識她，而且十分欣賞她。如果這個計畫不是找她，而是其他人選，也許總主教的態度就會有所保留。

總主教想要確認參與者的決心，於是親自接見貝尼耶先生和貝第夫人。康達米神父見過瑪麗‧閨雅後，又去晉見總主教，以取得他准許貝第夫人進入修院禁地的同意。貝第夫人在聖吳甦樂會修院的會客室等候，康達米神父趕忙跑去找她[8]：「修院全體修女都已排好唱經的位置等著迎接她，從唱伏求造物主聖神降臨開始，接著讚美詩，這位女士進來時似乎帶來了天堂的喜樂[9]。」

乍看之下，瑪麗‧閨雅立刻就認出她。這正是她在預言夢中所牽著的同伴：「因為加拿大這項光榮天主的計畫，我的心靈好像馬上與她合而為一。」油然而生的友誼並非一路平順，她們在一些關鍵點上產生分歧，也衍生一些令人難過的誤會，特別是貝第夫人。但這份友誼最終還是化解了所有障礙，三十年後，最初的情誼回想起來依然清晰而深刻。

瑪麗‧閨雅做為前往加拿大的人選沒有任何異議，至於要和她一同前往的人選，幾位院長和教會長上認真思考過，但一直沒有做成決定。自願參與者不少，為了確認這個人選符合天主的旨意，在修道院進行了四十小時的祈禱活動。遴選工作由總主教交付給聖吳甦樂會的教會長上兼都爾教區的財務總管佛傑蒙席、康達米神父、碧昂院長、貝第夫人、貝尼耶先生以及瑪麗‧閨雅等六人。總主教將批准他們所共同選出的人選[10]。

瑪麗‧閨雅在初學院的同伴瑪麗‧薩沃尼修女雖然內心很掙扎，還是報上自己的名字給院長。瑪麗‧薩沃尼修女很年輕，出身名門，身體較虛弱，天性開朗、自信而獨立。樂仁神父稱她是一個「自由的靈魂[11]」。她的請求立即被拒絕了：「碧昂院長完全不想聽她說明，為了讓她死了這條心，院長把瑪麗‧閨雅的房間和住宿生導師的職務給她。瑪麗‧薩沃尼修女當時還不滿二十二歲半，加上她的健康狀況不太理想，因此完全不考慮她：「我們看著推薦的人選一直無法達成共識，這些女

7　V。頁364-365。
8　O。頁447。
9　J。第二冊。頁346。
10　O。頁447。
11　參見樂仁神父的見解，RJ。1652年（Q。頁51；Th. 38。頁138）。

孩都具備崇高的智慧與美德，但顯然天主揀選的人不在其中[12]。」而瑪麗・薩沃尼修女長期以來一直心繫加拿大。她曾經和瑪麗・閨雅長談，瑪麗・閨雅認為她的聖召非常明確。這位年輕修女有一天對瑪麗・閨雅說：「我跟妳保證，如果妳帶我去加拿大，我會堅持到底，絕不與妳分開，不論是死亡、痛苦、苦力、大海、暴風，或是遠離父母與親愛的修女們，總之，沒有任何事物可以切斷天主在我們之間建立的連結[13]。」

　　瑪麗・閨雅是個天生的外交官[14]，她沒有在一開始就提出建議，她懂得等待時機成熟，再說出自己的想法；對她而言，前往加拿大最佳的同伴人選是年輕的瑪麗・薩沃尼修女。但由於院長一開始並不接受這位人選，瑪麗・閨雅也不堅持，靜待後續發展。每一次審查所提出的人選，遴選會中總會有人反對。瑪麗・閨雅見狀，於是將她的想法告知斐揚修會的院長，這位院長熟識那些可以做最後決定的人士。斐揚修會會院的檔案中並沒有明說這位院長是哪一位。我們只知道 1633 年都爾的院長是聖伯納路易神父（Dom Louis de Saint-Bernard），下一年是聖瑪麗路易神父（Dom Louis de Sainte-Marie），1639 年則沒有相關記載。當時那位院長建議瑪麗・閨雅「勇敢地說出她的想法，並且告訴她說，她的意見一定會被接受」。

　　瑪麗・閨雅首先徵求瑪麗・薩沃尼修女的同意，然後去找貝尼耶先生和貝第夫人，尋求他們的支持。之後她又馬上向院長正式提出，最後再由瑪麗・薩沃尼修女以「堅定又謙卑的態度」親自跪求碧昂院長。院長為此輾轉難眠一個晚上，最後終於做出決定：幾經掙扎後，她同意這位年輕修女的人選，前提是其他遴選委員以及她的家人也都同意。第二天早上貝第夫人和貝尼耶先生開始運作，之後又與康達米神父和佛傑蒙席開會討論。瑪麗・閨雅寫道：「佛傑蒙席感到訝異，不過天主遮住他的雙眼，使他不再考慮先前看過的人選[15]。」

　　瑪麗・薩沃尼修女的家人尚未被告知，也還未表示同意。她的家族德・薩沃尼

12　*O*。頁 447-448。
13　*O*。頁 446。
14　例如 *O*。頁 658。
15　*O*。頁 448。

在昂熱擁有一個宅邸，位於里昂路，聖三教區，當時他們正住在那裡[16]。有人寫信告知他們的長女已向聖若瑟發願，「如果父母親同意她的請求，就會以他為主保聖人更改自己的會名為聖若瑟[17]。」「當康達米神父得知一個騎兵被派往昂熱為了了解她父母的想法時，就去向總主教匯報。總主教當下回應說：『康達米神父，瑪麗‧薩沃尼修女是我的女兒，她已不屬於她的父母了。若是如你所說，她已得到這個召叫，那麼她就要去加拿大，我准許她前往。』」總主教說話的口氣就是一個習慣於被服從的人的說話方式。

德‧薩沃尼先生和夫人一開始想要阻止他們的女兒前往加拿大，後來昂熱的加爾默羅會院長居中說服了他們。德‧薩沃尼夫人本想前去都爾與女兒道別，院長也勸她打消此念頭。他說：「夫人，請您不要前往，因為您的溫柔關懷可能會打亂這個計畫[18]。」他們肯定都是極為虔誠的天主教基督徒，才能接受這樣的建議。

至於瑪麗‧閨雅家人的反應則是另一個極大的考驗：「她的姊姊用盡各種方法想把她留住……她動用教會和教區的力量來阻止這個計畫[19]。」眼見這些手段都無效，她甚至威脅要棄年紀尚輕的克羅於不顧。「當她進入修會時，姊姊自願提供一筆錢支付克羅住宿所需的費用，這是為了報答她為家裡事業的付出。為了勸退瑪麗‧閨雅，跟她好話說盡後，說她已經找了一位公證人要收回這筆錢，克羅將無所依靠。」即便瑪麗‧閨雅內心撕裂般疼痛，她依舊不為所動。她堅信天主對她的承諾，為了天主拋棄的兒子，天主必會照看。

當一切似乎準備就緒，新的考驗又來了。與貝第夫人一起長大，形同姊妹的隨身女侍想到要去世界的彼端，感到非常惶恐，她表明不願前往[20]，因此瑪麗‧閨雅必須趕快找到替代的人選。她想到一位非常適合的人，但薩藍神父「前來與她道別時，建議她換一個更適合的人選」，這個人選就是來自阿瑟 - 勒 - 理竇（Azay-le-Rideau）的十九歲女孩，夏洛特‧巴雷（Charlotte Barré）[21]。她有一個舅舅叫諾

16　*J*。第四冊。頁 415。
17　*O*。頁 449。
18　同上。
19　*V*。頁 374-375。
20　*V*。頁 372。
21　我找不到夏洛特‧巴雷的出生證明。

埃・戴侯什（P. Noël Desroches），他是國王的伴隨神父，是都爾聖 - 皮耶 - 勒 - 布里耶（Saint-Pierre-le-Puellier）大教堂領有俸祿的司鐸。她的父親應該是在 1639 年前去世的，想盡辦法要阻止她的是她舅舅與她的兄弟[22]。

至於夏洛特・巴雷本人，她一直嚮往進入修道院，但她的家庭無法為她提供嫁妝[23]。她得到的承諾是如果她當貝第夫人的女侍，陪同前往加拿大，幾年後就可以進入在新法蘭西設立的修院，讓她得以實現修道生活的夢想。於是她不顧家族成員的想法，毫不猶豫地接受了。她沒有跟任何人道別，「甚至包括她的母親[24]」。「這個好女孩就像是天主賜給我們的禮物，與我們同行，前往加拿大，加入我們的行列，為天主奉獻[25]。」

1654 年的《靈修札記》記錄了出發前在都爾的最後幾天。瑪麗・閨雅完全沒有因為即將投入一個大冒險而感到興奮或狂熱。相反地，在這個投身奉獻的時刻，天主賜給她一個全然清晰的神志[26]。有三天的時間，她幾乎無法進食和入睡，因為內心劇烈翻騰：「我看到了即將在加拿大發生的一切。我看到無止盡的考驗；內心感覺遭受天主的遺棄，以及一些折騰的人事；我看見我將進入一種隱晦而未知的生活。」這個啟示造成她內心極大的痛苦。她沒有反悔，但她坦白說：「我無法形容這個景象為我帶來的恐懼。」不久前，她也看到了一個景象，在她一生當中只有五、六次類似的經驗：「我似乎處在一個新建的街道或城市，那裡有一座宏偉的建築物。我眼睛看到的建築物不是石頭建造的，而是由被釘在十字架的人所堆疊出來的。每個人都抓著自己被釘的十字架，但唯有那些全身都被釘在十字架上的人才是發自內心的。」

瑪麗・閨雅所稱的新教堂是建立在十字架上的，對十字架的熱愛是所有前往福傳的人的先決條件。如果沒有放棄世俗的決心，就無法面對即將到來的各種困難。

儘管預感和強烈的心神抽離造成瑪麗・閨雅內在的劇烈波動，她表面上還是從

22　V。頁 373；〈降生瑪麗的第三位同伴是夏洛特・巴雷〉。*BSAT*。第 37 期。1972 年。
23　有關夏洛特・巴雷的嫁妝證明：*J*。第四冊。頁 133；*O*。頁 983-984。
24　摘自〈祭文〉。《魁北克聖吳甦樂會》（*Les Ursulines de Québec*）。第二冊。魁北克出版。頁 60-65。
25　V。頁 374。
26　*J*。第二冊。頁 346 起。

容地進行準備，並一一道別。在處理出發的各種必要手續同時，心早已離開了：「我獨自一人承受可怕的孤獨，只為實踐天主在我身上的計畫。在這份孤獨中，我對於離開我的修女同伴、家人、朋友，甚至法國，都毫無感傷。我的靈魂已經出發，趕去至聖天主所召喚的地方[27]。」

出發日期訂在 2 月 22 日。一切事務都得在三天內完成。當日上午，艾守總主教派了他的馬車載兩位聖吳甦樂會修女前來與他告別，同行者還有修院院長和一位唱經修女[28]。主教公署距離修院僅有幾步之遙。1644 年約翰·伊夫林寫道：「主教府邸包含新的和舊的建築，有幾套漂亮的房間，以及一座很美麗的花園[29]。」艾守總主教重建了部分前人留下的舊莊園[30]。

「這位總主教透過重建位於都爾的莊園來救濟工匠，因為他們的日子並不好過，這些年飽受飢荒之苦[31]。」

總主教無法親自主持彌撒。康達米神父也在場，應該就是由他主持彌撒：「總主教健康狀況不佳，他讓我們領聖體，並與我們一同用餐。之後，他用耶穌派遣門徒時的話語勉勵我們，清楚揭示我們的職責，並讓我們對他再次宣發服從聖願[32]。」

總主教與貝第夫人和貝尼耶先生商討建立修院的合約內容，他希望這個合約能當著他的面定案[33]，但由於已與比奈神父說好要帶巴黎聖雅各區的聖吳甦樂會修

---

[27] *J*。第二冊。頁 347；其中應該還包括馬尚先生（M. Marchand）（〈根據捐款名冊瑪麗·閏雅的通訊人〉。引自《教會與神學》（*Eglise et Théologie*）。第 3 期。1972 年。頁 30；也許還有聖體聖事團體的會士，我們所知道的有德·沃賽·德·侯什茲（M. de Vauçay de Rocheuse，殁於 1645 年 3 月）、古塞先生（M. Goussay，殁於 1646 年 8 月）、盧梭神父（M. Rousseau, prêtre，殁於 1649 年 4 月）、侯班·德·胥雷（M. Robin de Suré，殁於 1651 年 11 月）；參見何貝留著（A. REBELLIAU）。同前。頁 48、67、75、85。

[28] *J*。第二冊。頁 349。

[29] 杜佩著（A.DUPRÉ）。〈約翰·伊夫林十七世紀至法國的旅行〉（Extraits d'un voyage de John Evelyn en France au XVIIe siècle）。*BSAT*。第 3 期。1875 年。頁 314-315。

[30] 薩圖（J. SADOUX）手冊插畫。《加斯科涅最年幼者》（*Un cadet de Gascogne......*）

[31] 索羅著（Ollivier CHERREAU）。《都爾聲名顯赫的總主教史》（*Histoire des Illustrissimes Archevêques de Tours*）。都爾出版。1644 年。第 104 章。

[32] *J*。第二冊。頁 350。傳教許可證的正本已遺失，副本存於 *AUQ* 以及 *ASQ*（總主教教區。編號 A。頁 375），以及里斯勒城堡（château de l'Isle）檔案中；會議上有「好幾位德高望重的人士提供相關建議給總主教」。*V*。頁 379。勒布第耶主教（Victor Le Bouthillier）應該也在場。

[33] *O*。頁 908。

女，而且她們的名字要寫進文件中，因此不便當下就擬定：「貝尼耶先生請求總主教允許他們延至到巴黎再擬，因為行程太緊迫。貝第夫人還承諾要捐出 3,000 古銀元的定期收益[34]。」如果總主教堅持，未來恐怕會有嚴重的影響。幸好，他最後接受口頭的承諾。他將授權書交給貝尼耶先生，「命拉耶神父與雷蒙神父為代理人，我們在巴黎期間，由他們代他行使職權。」

兩位聖吳甦樂會修女懇求艾守主教給予她們正式的新法蘭西派遣令，讓她們的福傳任務能夠獲得降福。總主教答應她們，並命四位修女頌唱聖詠「出埃及」與「謝主曲」。拜會總主教之後，兩位修女回到修院幾個小時，向所有人做了最後的告別，然後就沿著羅亞爾河以南的聖皮耶德可鎮（faubourg Saint-Pierre-des-Corps），往昂布瓦茲的路出發：「總主教要求院長親自陪著我們到昂布瓦茲（離都爾六古里遠），順便處理一些昂布瓦茲修院的事務[35]。」

瑪麗‧閨雅記錄了院長對年輕的瑪麗‧薩沃尼修女的細心呵護與百般疼愛：「院長對她有如母親般的關愛，除了因為瑪麗‧薩沃尼修女本身有著在一般人身上少見的優點，還因為院長從小看著她長大，照顧她，從寄宿生、初學院一路到宣發聖願成為修女[36]。」在昂布瓦茲的停留時間很短暫，大概只有一個晚上。離別之際，碧昂院長「非常難過不捨[37]」；之後，一行人繼續他們的行程。他們共有七人：貝第夫人、夏洛特‧巴雷、貝尼耶先生與兩位隨身侍從，以及兩位聖吳甦樂會修女。「貝尼耶先生負責安排我們旅途期間的作息和禮儀，我們就像在修院一樣嚴守會規。他也和我們一起默想祈禱。在可以交談的時候，他會跟我們分享他的祈禱內容以及靈修相關的議題。貝尼耶先生非常體貼周到，每到一個住宿點，都是由他來打理我們的需求[38]。」

34　根據 *V*，會議應該是在彌撒之前召開。

35　*O*。頁 450。

36　*O*。頁 448。

37　*O*。頁 450。

38　*O*。頁 908-909；參見 *V*。有關當時的旅程，參見：貝勒瓦侯爵著（Marquis de BELLEVAL）。《舊時的神父、習俗與習慣》（*Nos pères, moeurs et coutumes du temps passé*）。巴黎出版。1879 年。頁 1-29；卡利耶著（H. de GALLIER）。《舊時的習俗和私人生活、旅店和會客廳》（*Les moeurs et la vie privée d'autrefois, Auberges et salons*）。巴黎出版。1912 年。頁 50-75；杜邦 - 費里耶著（DUPONT-FERRIER）。〈馬拉的車與船、旅店〉（*Les coches de terer et les coches d'eau, les hôtelleries*）。《大巴黎地區歷史協會集刊》（*Bull. de la Soc. de l'Hist. de Paris et de l'Ile-de-France*）。第 57 期。1929 年。頁 55-64。

貝第夫人希望盡快趕路，而且不想讓他人認出她。只要修院興建未完成，她怕家人隨時會來阻撓；因此從都爾到巴黎途中經過了幾個修道院，他們都沒有停留，包括博魯、波仲西（Beaugency），還有奧爾良[39]。

瑪麗·閨雅的姊姊託馬車夫將一封信親手交給克羅·瑪定，他即將完成在奧爾良學校的學業。這封信「非常考究，內容極盡煽動、鄙視之能，以及對克羅的同情與不捨，希望刺激他大鬧一場，並尋求各種方式來阻止他的母親[40]」；克羅當時快二十歲了。當他得知母親抵達奧爾良，就跑去她下榻的旅店，假裝訝異看到她離開了都爾。「他央求她告訴他要去哪裡，她只回答說要去巴黎。他又再問她沒有要去更遠的地方嗎？她說會一路去到諾曼第。克羅看她一直不願坦白，於是拿出信來對她說：『母親，請您讀這封信。』」

對她來說，這又是一個新的挑戰，但是她沒有被擊倒。她平靜又溫柔地與克羅長談，向他解釋一切原委，以及那些促成今日行動的超自然啟示。克羅的情緒漸漸平復，並且也認同母親的決定：「他的內心層次提升至萬物之上，不再擔憂未來將發生在自己身上的事。能有天主做為父親，以及如此聖潔的母親做為擔保，他覺得自己實在太富足了。」他當下決定日後不再向家人提出任何需求。

2月26日傍晚，貝第夫人一行人抵達巴黎：「我們住在耶穌會修院旁，宮廷的總管德·莫勒先生（M. de Meulles）將他的住所整個借給我們使用，感覺好像在一個避靜的場所[41]。」如果是住在聖吳甦樂會位於聖雅各區的修院就沒那麼方便了，因為為了興建修院的事必須經常外出。也許另外一個原因是貝第夫人和瑪麗·閨雅刻意想要和巴黎的修女們保持距離。德·莫勒先生對都爾來的人有特別的情感[42]。他的妻子來自碧索內（Briçonnet）家族，他有兩個女兒當時在都爾的聖吳甦樂會修院，一位已經發願，另一位是年僅九到十歲左右的住宿生。德·莫勒先生是

---

39 V。頁 381。

40 V。頁 375。

41 J。第二冊。頁 350。

42 J。第三冊。頁 119 n；《博魯聖吳甦樂會年鑑》。頁 4、40-43；奧爾良市立圖書館。手抄本 457。第八冊。對開頁 201；盧瓦雷（Loiret）省級檔案，GG874、954、953、197；巴黎國家圖書館杜珊（A.Duchesne）系列。第 9612。編號 23。字母 Y。

奧爾良的財稅總督，在巴黎有一幢大宅邸，位於聖安東街耶穌會修院旁[43]。從二月底到 3 月 15 日將近一個月的時間，瑪麗・閨雅就住在那裡。聖路易教堂距離她住的地方很近，她都在那座教堂望彌撒與祈禱。大宅邸內空無一物，沒有家具。抵達當晚，她就寫信給院長說：「貝尼耶先生和我們一起鋪地毯、擺家具，他似乎想趕快把我們安頓好。龐塞夫人大老遠地趕來看我們，並且堅持要我們在接下來的旅程搭乘她的馬車。拉耶神父一聽說我們抵達了，特別前來表達他的欣喜之意，為我們長久以來的期望終於可以實踐而感到高興[44]。」

旅程的最後一天，貝尼耶先生感到身體不適，抵達巴黎便臥床休息；而貝第夫人的婚姻假戲演得很徹底：「她整天待在貝尼耶先生的房間，醫生向她說明病情，給她處方簽去拿藥[45]。」貝第夫人和瑪麗・薩沃尼修女覺得演這齣戲很有趣，但貝尼耶先生就不這麼認為了。他反覆說著：「拉波旁涅先生會怎麼想呢？天哪！他會怎麼說呢？我沒有臉見他了！」

貝尼耶先生的病並沒有耽誤耶穌會士和巴黎聖吳甦樂會修女的協商。時間緊迫，必須盡快趕在春天船隊出發前到達迪波港（Dieppe）。雷蒙神父建議兩個修會必須要聯合建立一個修院；然而加拿大福傳使命的負責人韋門神父則有不同的盤算，他直接找拉耶神父談，因為都爾總主教授權拉耶神父決定契約的內容。韋門神父對博多聖吳甦樂會印象不佳。瑪麗・閨雅說：「他曾經與我們修會的某位院長有過非常不愉快的經驗，讓他擔心同一修會的其他修院也會發生類似的狀況[46]。」他的想法是，魁北克未來的修院應該完全脫離博多的聖吳甦樂會，甚至認為最簡單的做法就是讓瑪麗・閨雅和瑪麗・薩沃尼修女在出發前就直接歸屬巴黎的聖吳甦樂會[47]。

拉耶神父得知後並不認同這個想法，於是韋門神父便不再堅持：「他們沒有進

43 　*O*。頁 909。在 3 月 28 日簽署的合約（參見以下），貝第夫人是「住在檢察官高第耶先生（Gaultier）的房子，靠近聖彌額爾廂門（porte Saint-Michel）」；她和聖吳甦樂會修女一同離開莫勒先生的宅邸，獨留貝尼耶先生。

44 　*O*。頁 75。

45 　*O*。頁 909。

46 　*O*。頁 574。

47 　事實上，博多修會和巴黎修會的會規非常相近，參閱 *O*。頁 268。

一步施加壓力。韋門神父相信，一旦我們到了魁北克必須獨力行事時，我應該就會任由他們進行他們的計畫。」拉耶神父認為最好讓我們兩位修女知悉韋門神父的計畫，「之後就可以安心出發了[48]。」

3 月中旬，瑪麗・閨雅和她的同伴在聖阿瓦路（rue Sainte-Avoye）上的修道院稍作停留。1639 年 3 月 19 日，為了慶祝聖若瑟日，她們兩人在聖雅各區的修道院住了一個星期左右。她們在那裡受到熱情的接待[49]，「其中有幾位修女向我敞開心胸，說出內心的話。她們表示很希望法國所有的聖吳甦樂會能夠成立一個聯合會等等。院長也與我長談，她告訴我，上次在巴黎舉辦的大會上，針對聯合會的議題，好幾位主教都加入熱烈的討論[50]。」

原來被任命加入加拿大使命團的是凱特琳・戈德貝・德・商帕涅修女（Mère Catherine Godebert de Champagne），會名聖杰羅姆（Saint-Jérôme）[51]。到底實際上發生了什麼事？巴黎的德・恭第總主教（Mgr de Gondi）已承諾准許她前往加拿大，但卻在最後一刻撤銷了，也許是礙於她的家庭壓力[52]。瑪麗・閨雅和瑪麗・薩沃尼修女兩人只好獨自離開巴黎的修院。她們前往法王路易十三的王后奧地利之安妮（Anne d'Autriche）所居住的聖日耳曼昂萊城堡（château de Saint-Germain-en-Laye），因為王后想見她們[53]。王后派了碧燕伯爵夫人（Comtesse de Brienne）去聖

48 *V*。頁 375。

49 巴黎的教會長上是雅各・沙東（Messire Jacques Charton），他是主教座堂的赦罪主教（grand pénitencier de la cathédrale）；貝杜著（A. BERTOUT）。《巴黎聖吳甦樂會修女》（*Les Ursulines de Paris*）。頁 202。院長貝宏修女（Mère Béron de Sainte-Madeleine）是茹丹・貝尼耶的好朋友。聖朱爾神父撰寫其生平，收錄在聖雅各區修道院年鑑手抄本（*AUQ*）；參見潘慕洛（POMMEREU）。《大事紀》（*Chroniques*）。第一冊。第三部分。頁 26-47；第二冊。頁 286。

50 *O*。頁 77。

51 *J*。第二冊。頁 364-365。註 15。

52 *J*。第二冊。頁 351；總主教的禁令在預定出發兩小時前收到。《聖雅各修院年鑑》（*Annales du couvent du Faubourg Saint-Jacques*）。頁 195、494；瑪麗・閨雅在 1670 年的一封信中寫道，戈德貝修女在要出發時病倒了。*O*。頁 910。

53 烏達著（G. HOUDARD）。《古老的聖日耳曼昂萊城堡》（*Le château vieux de Saint-Germain-en-Laye*）。聖日耳曼出版。1912 年；拉固－卡耶（G. LACOUR-GAYET）。《聖日耳曼昂萊城堡》（*Le château de Saint-Germain-en-Laye*）。巴黎出版。1935 年；達里寇著（R. DARRICAU）。〈法國王后奧地利之安妮的善行〉。《十七世紀》（*Le XVIIe siècle*）。1971 年。頁 111-126；有關碧燕伯爵夫人，參見《聖衣會大事紀》（*Chroniques de l'Ordre des Carmélites*）中的祭悼文。特洛伊（Troyes）出版。1861 年。第四冊。頁 164-265。

雅各修院接她們：「王后陛下極其慈愛、誠懇地看著我們，向我們表示她非常高興我們將前往加拿大，同時對於貝第夫人極為感佩，因為她不僅捐出財產，甚至奉獻自己與我們一同赴險。她已經聽聞我們為了這項計畫所經歷的種種波折。」王后還帶她們到王儲王子的搖籃旁邊，那個嬰兒就是未來的法王路易十四 [54]。他是全法國上下虔誠祈禱，殷殷期盼來的王子，當時他剛滿六個月。王后連著兩天（大概在 3 月 27 日和 28 日）接見她們兩位。每一次見到王后，她們就請求她能介入，請巴黎總主教不要阻撓原來應該同行的巴黎修女 [55]。她們也向艾吉永公爵夫人（la duchesse d'Aiguillon）和碧燕伯爵夫人請求協助，但最終仍無果。「王后陛下命令一位士紳代表親自去見總主教，請他讓巴黎修女同行 [56]。」恭第總主教猜想是聖吳甦樂會修女試著影響王后，而他寧願離開巴黎，也不願屈服於王室的意志，於是隱身在一處別人找不到他的地方 [57]。」

3 月 28 日下午從聖日耳曼城堡回來後，興建修院的契約就開始著手擬定，戈德貝修女的名字沒有放進來。這份契約經由沙特雷（Châtelet）公證人何內・菲塞（René Fiessé）研擬，再連同另一位公證人 —— 吉庸・杜珊（Guillaume Duchesne）進行公證 [58]。

契約中有一項條款讓瑪麗・閨雅極為不滿，但是她沒能成功說服貝第夫人改變主意。瑪麗・閨雅說：「我們這批開創者的想法沒有完全被採納。」該條款如下：「若出於戰爭、瘟疫、飢荒或其他原因，在加拿大新設的修道院和學校的修女被迫棄守新法蘭西，回到法國避難，那些在新設修道院發願的修女，每人可以從創建基

---

54 路易十四生於 1638 年 9 月 16 日；法國上下全部教友展開祈禱：培蒙著（H. BREMOND）。《宗教情感史》（Histoire du sentiment religieux）。第三冊。頁 547；同作者。《神祕主義的普羅旺斯》（La Provence mystique）。頁 379-382；羅和院長著（Abbé LAURE）。《科蒂尼亞克聖母歷史》（Histoire de Notre-Dame de Grâce de Cotignac）。馬賽出版。1886 年。頁 111-144；卡尼耶著（M. GRANIER）。《十七世紀兩位神祕主義者 - 貝紀耶的賈桂特・巴什里耶以及克雷蒙 - 勒侯的瑪麗・日耳曼》（Deux mystiques au XVIIᵉ s., Jacquette Bachelier, de Béziers, et Marie Germain, de Clermont-L'Hérault）。蒙彼里埃（Montpellier）出版。1916 年。頁 20；羅朗 - 高思藍著（J. ROLAND-GOSSELIN）。《1619-1620 年波恩的聖衣會》（Le Carmel de Beaune, 1619-1620）。1969 年。頁 140-141、161-164。
55 O。頁 77。
56 J。第二冊。頁 351。
57 同上。
58 AUQ；ASQ。編號 A。頁 366-375。

金中領取 200 古銀元的養老金 [59]。」換句話說，返回法國，修院也隨之解散，而瑪麗・閨雅原本希望即使被迫返回法國，新的修院依然能夠保持其獨立性。如此一來，當危機解除後，還是可以重返加拿大繼續福傳使命。一直到 1650 年她的期望才得以實現 [60]。

貝第夫人最初打算捐出所有的財產來建造修院，但為了避免可能引起的阻力，瑪麗・閨雅請她拿出繼承遺產的三分之一。在都爾總主教面前，貝第夫人承諾 3,000 古銀元的基金。擬定契約時，貝尼耶先生和貝第夫人的代理人婁迪耶先生都在場：「當時出了一點問題，因為公證人覺得貝第夫人把她承諾給總主教的金額寫進契約是不妥的，這樣做超出了法律範圍，未來她的家人可能會對此提起訴訟。因此，在朋友們的建議下，我們不得不朝著合於法律的前提下擬定契約，避免引發潛在問題 [61]。」

因此，魁北克女修道院的捐贈金額被減至「阿杭維利耶（Haranvilliers）土地每年 900 古銀元的年租收入 [62]」，但是這樣的金額遠遠不足，使得未來充滿不確定性。新法蘭西修院的興建未來將仰賴法國友人的善心捐助，以及貝第夫人不定期的慷慨解囊。在得知主宮醫院的建造花費後，更可以預見這筆金額之窘迫。主宮醫院係由艾吉永公爵夫人出資建造，原本是 22,000 古銀元的本金每年所產生的 3,000 古銀元收益，後來本金提高到 4,0500 古銀元 [63]。貝第夫人的慷慨大方是無庸置疑的，我們都知道，她在出發前花了 8,000 古銀元，用來支付「船隻運費以及補給等所需費用 [64]」；如果她能夠付出更多，她一定不會猶豫。後來的困難是由於她沒有意識到依法投入的金額嚴重不敷使用。

三月的時候，耶穌會士趁著瑪麗・閨雅人在巴黎，向雷蒙神父提議接下米

59　*O*。頁 427。

60　有關新的契約，參見 *O*。頁 476、507；本書第四部第四章。

61　*O*。頁 910。

62　《魁北克聖吳甦樂會年鑑手抄本》（*Annales ms. Des Ursulines de Québec*）。頁 6。在 1660 年 9 月 29 日的契約中記載了第一筆資金是 1500 古銀元；大家應該以為後續還會有其他款項進來。

63　〈珍妮・蒙斯、降生瑪麗和貝第夫人〉。頁 325-326。1644 年蒙特婁的主宮醫院基金是本金 42,000 古銀元的收益 3,000 古銀元；1646 年，布里庸夫人增加 20000 古銀元本金；參見達弗呂著（M.-Cl. DAVELUY）。《珍妮・蒙斯》（*Jeanne Mance*）。蒙特婁出版。1934 年。頁 128-129。

64　《魁北克聖吳甦樂會年鑑》（*Annales Urs. Québec*）。頁 6。

斯庫島（l'île Saint-Louis de Miscou）的福傳任務據點[65]。米斯庫島是希皮根島（Île Shippigan）的延伸，在加斯佩半島（la Gaspésie）以南的夏勒灣（baie des Chaleurs）下緣終止；它與佩西（Percé）同為聖羅倫灣的貿易和捕魚站。島長約十里，最寬廣的部分長五里。該傳教據點是在 1635 年由查理·杜吉神父（P. Charles Turgis）和查理·杜馬歇神父（P. Charles Dumarché）一起建立的。當時米斯庫島的第一家公司試圖派遣二十三位殖民者在島上建立長期據點。設立傳教據點的目的在於「協助前往定居的法國人，同時也盡量幫忙當地的原住民[66]」；兩年後，壞血病大規模肆虐，帶走三分之二殖民者的生命，杜吉神父亦於 1637 年 5 月 4 日犧牲性命。當時杜馬歇神父正在魁北克處理重要事務，獨留杜吉神父一人。自 1638 年以來，該職務就由恭杜安神父（P. Gondouin）和德·拉普拉斯神父（P. de la Place）接手，後來恭杜安神父病倒了。雷蒙神父無法接受接手米庫斯島福傳的提議，因為他的省會長職務以及長上的反對都是無法克服的障礙。

走到這一步，一切大致底定。在契約簽訂的第二天或第三天，兩位修女在貝尼耶先生和兩名隨從的陪同下，一同啟程前往迪波港。他們的馬車應該是走北方路線，行經聖但尼（Saint-Denys-en-France）、蓬圖瓦茲、韋克桑馬尼（Magny-en-Vexin），日索爾（Gisors），埃古依（Ecouy）和盧昂，這些地方的聖吳甦樂會修院都是他們的停留站。在蓬圖瓦茲，由於聽說還有一個原本保留給巴黎聖吳甦樂會的名額還未補上，修女們都表現出高度的興趣與熱情。在盧昂也是同樣情形。但是時間所剩不多，而且戈德貝修女那一方也並非全然沒有希望。瑪麗·閨雅 4 月 2 日從魯昂寄出的信中寫道：「只有天主知道是否只有我們兩個修女前往或是需要第三個人[67]。」想起先前所經歷的種種困難和阻礙，她有了這樣的反思：「我不知道未來還會發生什麼，我看到魔鬼對我們的計畫很生氣，看看它在我們前面橫亙了多少

---

65 *V*。頁 388。

66 *RJ*（Q。頁 102；Th. 12。頁 336）；勒布朗著（R. LE BLANT）。〈1635-1645 年米斯庫島第一家公司〉。*RHAF*。第 17 期。1963 年。頁 363-370。

67 *O*。頁 78。埃弗厄（Evreux）聖吳甦樂會修女伊莉莎白·杜吉修女（Mère Elisabeth Turgis，會號聖彌額爾）也在候選名單中，最後選擇了迪波的修女：潘慕洛著（POMMEREU）。《大事紀》（*Chroniques*）。第二冊。頁 289。

阻撓[68]。」

　　幾天後，她看到了大海，這是她生平第一次看見海。在盧昂，她與拉勒蒙神父碰面，他一切已準備就緒，並從迪波船東那裡取得貝第夫人要求的第三艘船[69]。在迪波，他們與龐塞神父和修莫諾神父（P. Chaumonot）會合，不久韋門神父和克羅·雅杰修士（Fr. Claude Jager）也前來會合，他們四人是新法蘭西福傳使命團的成員。

　　他們在四月初，大概是 3 日或 4 日抵達迪波港。原則上該船隊應該在聖週（4 月 17 日至 23 日）期間起航[70]。瑪麗·閨雅和她的同伴瑪麗·薩沃尼修女住在城裡的聖吳甦樂會會院。這間修院財務並不寬裕，「是由一位名叫瑪麗·德·馬雷（Marie de Maret）的六十歲虔誠女教友所資助，但她自己經濟條件不佳，捐助的金額不高[71]。」該修院實際上是由迪波暨諾曼第首長龍格維勒公爵（duc de Longueville）所資助。

　　韋門神父極力爭取的巴黎聖吳甦樂會修女名額最後由迪波的聖吳甦樂會修女遞補，中選的是黎榭修女（Cécile Richer de Sainte-Croix），她當時年約三十歲。瑪麗·閨雅形容她「美德與智慧兼具[72]」，是再理想不過的人選了。她為人謙遜、個性成熟穩定、具有良好的判斷力，並且安分守己，不製造任何麻煩，「就像孩子一樣[73]。」黎榭修女的靈修札記記載了飄洋過海以及抵達魁北克安頓的過程，展現出她不凡的智慧，而且筆觸幽默，整份文稿樸質動人[74]。人選一直到最後一刻才定案，船隻都已經抵達。她的傳教核准令由魯昂總主教於 4 月 26 日簽署，大概在 27 日或 28 日送達迪波。

68　*O*。頁 78。
69　*O*。頁 910；何諾院長著（Abbé RENAULT）。《1619-1906 年魯昂聖吳甦樂會修女》（*Les Ursulines de Rouen, 1619-1906*）。費剛（Fécamp）出版。1919 年。
70　*O*。頁 81。
71　潘慕洛著（POMMEREU）。《大事紀》（*Chroniques*）。第一冊。頁 218-219；賽納 - 馬定姆（AD Seine-Maritime）省級檔案。D 345、D 346、D 347、D 370。
72　*J*。第二冊。頁 352；有關黎榭修女的傳教准許證：賽納 - 馬定姆省級檔案（AD Seine-Maritime）。D 345。
73　*O*。頁 574。
74　*O*。頁 951 起。

比維利耶鎮的教堂

阿杭維利耶莊園

瑪麗・薩沃尼修女的家族此時又帶來新的考驗[75]，但並不是來自她的父母，他們是虔誠的天主教基督徒，當初就已同意奉獻出女兒。問題是出自親戚，尤其是聖德（Saintes）教區的雅各・哈務勒主教（Mgr Jacques Raoul de la Guibourgère），他是薩沃尼夫人的表兄[76]。一般來說，美洲新大陸各個機構要招募人員並不容易，尤其是女性移民者[77]；哈務勒主教不知道魁北克的情況是個例外。他跟薩沃尼夫婦說：「加拿大很糟糕，送去那邊的人都是生活不檢點的人……光是把女兒送去那裡的消息就足以玷污家族的名譽[78]。」薩瓦尼夫婦嚇壞了，於是撤回了他們的許可，趕在登船前發通知阻止他們的女兒。瑪麗・閨雅一行人剛抵達迪波就收到這個消息。瑪麗・薩沃尼修女寫信給父母，告訴他們新法蘭西與安地列斯群島完全不一樣，尤其與聖克里斯朵夫（Saint-Christophe）大不相同。加拿大並沒有收那些道德有瑕疵的人，而且加拿大「是一個獨特、純淨的地方……就像教會剛萌芽的時候一樣[79]」，建立一個耶穌初期教會的想法再度燃起加拿大福傳的熱度[80]。

75　*O*。頁 84。

76　在進入修會，成為聖德教區主教之前，他是南特的市長：亞賽著（ARCERE）。《拉羅謝勒市與歐尼斯省歷史》（*Histoire de la ville de La Rochelle et du pays d'Aunis*）。拉羅謝勒出版（La Rochelle）。1757 年。第二冊。頁 486；吉瑪著（M. GUIMAR）。《南特年鑑》（*Annales nantaises*）。南特出版。共和國第三年。頁 408-411；《法國天主教歷史索引》（*Gallia christiana*）。第二冊。欄 1084-1085、1377-1378；貝胡亞著（L. PEROUAS）。《1648-1742 年拉羅謝勒教區：社會與教會》（*Le diocèse de La Rochelle de 1648 à 1724, Sociologie et Pastorale*）。巴黎出版。1964 年。

77　德邊著（G. DEBIEN）。《1634-1715 年十七世紀與十八世紀殖民社會：安地列斯群島的殖民者》（*La Société coloniale aux XVIIe et XVIIIe siècles, Les Engagés pour les Antilles, 1635-1680*）。巴黎出版。頁 83-85；同作者。《1635-1680 年安地列斯首批女性殖民者：殖民歷史筆記》（*Les femmes des premiers colons aux Antilles, 1635-1680, Notes d'Hist. coloniale*）。第 24 期。1952 年；古勒圖著（P. CULTRU）。《舊時的殖民：聖克里斯朵夫的波彎席指揮官》（*La colonisation d'autrefois, Le Commandeur de Poincy à Saint-Christophe*）。巴黎出版。1915 年；有關加拿大的女性移民：萵胡著（L. GROULX）。《一個種族的誕生》（*La naissance d'une race*）。蒙特婁出版。1919 年。頁 50-69；朗格拉著（G. LANGLOIS）。《法國-加拿大人口史》（*Histoire de la population canadienne-française*）。巴黎出版。1934 年；瑪爾切洛斯著（G. MALCHELOSSE）。〈十七世紀新法蘭西年輕女性移民〉（L'immigration des filles de la Nouvelle-France au XVIIe s.）。*CD*。第 15 期。1950 年。頁 55-80；德・柏諾著（Cl. De BONNAULT）〈聖體聖事團體、德・杭第男爵與加拿大〉（La Compagnie du Saint-Sacrement, Le Baron de Renty et le Canada）。*BRH*。第 38 期。1932 年。頁 337-341；朗托著（G. LANCTOT）。《風塵女子或王室女孩：新法蘭西女性移民研究》（*Filles de joie ou Filles du Roi, Etude sur l'émigration féminine en Nouvelle-France*）。蒙特婁出版。1952 年。

78　*V*。頁 387。

79　*V*。頁 387。

80　哈耶著（A. RAYEZ）。〈降生瑪麗與加拿大的靈修氛圍〉（Maire de l'Incarnation et le climat spirituel de la Nouvelle-France）。*RHAF*。第 16 期。1962 年。頁 3-36（特別是頁 6、34）。

薩沃尼夫婦這才得以稍微放心。他們請雷蒙神父代表他們決定如何做是好；雷蒙神父於是前往迪波，了解當年的移民者情況，然後寫信給薩沃尼夫婦，告知的確無須擔心[81]。持續的惡劣天氣使登船日延後了兩個星期，直到 5 月 4 日才能夠出發。與聖吳甦樂會修女同行的還有迪波主宮醫院的奧斯定醫護會修女。艾吉永公爵夫人託付這些修女在魁北克興建一間主宮醫院，來醫治當地的印第安人。

　　十五年前（1625 年），盧昂總主教方濟・德・阿萊（François de Harlay）根據特利騰大公會議的決定，在迪波舊有的主宮醫院引進了會規。蓬圖瓦茲醫院不久前也引進新的會規和改革，1625 年 8 月 9 日，迪波主宮醫院比照蓬圖瓦茲醫院，當日就從蓬圖瓦茲派遣院長、副院長、初學導師和門房過去。原來的修女除了三位，其他都離開了。不到一年的時間，修女們又回來了，修院人數眾多，到 1639 年主宮醫院計有四十五位唱經修女。盧昂總主教「請人為這間修院編撰會規，融入原修道院的慣例，以及改革後的會規和其他規定，於 1627 年頒布新的會憲[82]」；1635 年改革後的主宮醫院前去協助韋門神父前一年在瓦納（Vannes）組成的一個小型宗教團體。在隨後的幾年中，迪波的主宮醫院陸續支援尚蒂伊（Gentilly，1636 年）、巴約（Bayeux，1644 年）、雷恩（Rennes，1644 年），勒阿弗（Le Havre，1644 年）、尤鎮（Eu，1655 年）、維特（Vitre，1655 年）等地的主宮醫院。

　　樂仁神父在《耶穌會福傳紀事》中多次表達設立醫院的必要性。從迪波主宮醫院的發展歷程，我們不難理解為什麼黎希留的姪女德・恭巴雷女士（Mme de Combalet），也就是未來的艾吉永公爵夫人會託付迪波的主宮醫院去加拿大興建醫院[83]。

81　*O*。頁 457。可能請求了幾次，雷蒙神父在第二次時介入。

82　必桑提尼著（R. PIACENTINI）。《1635-1935 年在瓦納 - 馬萊斯拓的聖奧斯定仁慈耶穌會的醫護修女 》（*Les chanoinesses régulières hospitalières de la Miséricorde de Jésus de l'Ordre de saint Augustin, Vannes-Malestroit, 1635-1935*）。馬萊斯拓出版（Malestroit）。1935 年。頁 27-39、316 起；雅梅著（A. JAMET）。《1636-1716 年魁北克主宮醫院年鑑》（*Les Annales de l'Hôtel-Dieu de Québec, 1636-1716*）。蒙特婁出版。1939 年。〈引言〉。

83　波諾 - 阿維囊伯爵著（Comte de BONNEAU-AVENANT）。《艾吉永公爵夫人（1604-1675 年）的生平與善行》（*La duchesse d'Aiguillon, Sa vie et ses oeuvres charitables, 1604-1675*）。巴黎出版。1882 年。卡斯坎著（H.-R. CASGRAIN）。《魁北克主宮醫院史》（*Histoire de l'Hôtel-Dieu de Québec*）。魁北克出版。1878 年；華伊著（P.-G. ROY）。《魁北克主宮醫院》（*L'Hôtel-Dieu de Québec*）。雷維斯（Lévis）出版。1939 年；雅梅著（A. JAMET）。同上。

1637 年 8 月 16 日，艾吉永公爵夫人與迪波奧斯定會（Ordre de saint-Augustin）簽訂契約，捐贈 22,400 古銀元[84]。此外，她還雇用了一些工人，搭乘春天船隊，跨海去加拿大協助墾荒，隔年，亦即 1638 年 8 月 12 日，工人就開始動工；未來的主宮醫院是奉獻給耶穌寶血的。當時聖吳甦樂會修院才剛簽訂興建契約，建地是從未開墾過的地方！條件相當不利，遠遠比不上主宮醫院。

第一批出發的醫護會修女有三位：瑪麗‧格內修女（Mère Marie Guenet de Saint-Ignace，二十九歲）、安妮‧勒關特修女（Mère Anne Le Cointre de Saint-Bernard，二十八歲）以及弗雷斯提修女（Mère Forestier de Saint-Bonaventure，二十二歲）；另外還有一位名叫凱特琳‧修瓦利（Catherine Chevalier）的二十五歲女孩陪同，她打算入加拿大的修院當庶務修女。

4 月 18 日聖週一，三艘船裝貨完畢，停泊在港口：「我們的行李都已上船了，衣服也全部在內，現在只等待適合的風向，讓我們可以安全搭乘小艇登船；等待這個幸福登船的期間，先穿別人借給我們的衣服[85]。」三天前，瑪麗‧閨雅給她的哥哥艾利寫信道：「大家都對我們很好，讓出位子給我們，船長甚至把他的房間讓給我們，那個房間又大又漂亮，而且聽不到船的噪音[86]。」

船長長年在海上工作，但心思卻體貼細膩得令人讚歎。在海上一個月後，瑪麗‧閨雅寫信說道：「我們的船長奔騰先生（M. Bontemps）[87]對我們的照顧不比韋門神父少，他把最好的都給了我們，好像這趟旅程是我們專屬似的[88]。」

對瑪麗‧閨雅而言，近兩個月的時間充滿了前所未有的豐富體驗。在此之前，她從未離開她的家鄉。她拜訪了巴黎和宮廷，認識了貝尼耶先生以及許多朋友，這

---

84 艾吉永公爵夫人最早想到派遣醫護會修女此事要追溯到 1636 年的中旬期（mi-Carême），沙斯泰藍神父居中協商；1637 年 8 月 6 日捐款獲同意。

85 *O*。頁 84。

86 *O*。頁 81-82。

87 勒貝院長著（Abbé LE BER）。〈迪波海盜船長奔騰〉（Le capitaine Bontemps, corsaire dieppois）。《迪波港瞭望崗誌》（*La Vigie de Dieppe*）。1936 年 7 月 3 日、7 日、10 日、14 日、21 日、28 日、31 日；8 月 4 日；9 月 15 日、18 日。

88 *O*。頁 86-87；與梅居‧方濟（Mercure François, 1639-1640）第 23 冊頁 333-334 所載不同，貝第夫人並沒有從聖日耳曼區聖若慈醫院帶走 35 到 40 位女孩；只有少數幾位女孩有上船：貝尼瓦著（BERNEVAL）。〈1639 年女子配額〉。*BRH*。第 45 期。1939 年。頁 3-15。

些友誼對於她即將獻身的志業極其珍貴。法國王后奧地利之安妮接見她兩次；她見過兩次當時才六個月大、未來將在位長達七十二年的法國國王；她拜訪了許多巴黎的宗教團體，呼籲大家關注加拿大興建修院的計畫[89]，包括聖雅各區和沙邦路上兩個加爾默羅會、聖雅各區的往見會、班固街上的聖母領報修會、聖瑪賽區的聖多瑪道明會，聖雅各區的斐揚修會、聖奧諾雷街的聖母升天修會、聖事皇家港修會等等。

瑪麗・閨雅也結識了黎希留樞機主教的姪女——瑪麗・德・維涅侯（Marie de Vignerot），也就是恭巴雷領主艾吉永公爵夫人。她因為無法如願進入聖衣會，於是從事慈善活動以彌補她的遺憾[90]。瑪麗・閨雅還與聖德尼斯聖衣會的創辦人、王后的女官——碧燕伯爵夫人結下深刻的友誼，與她一直有書信往來，直到她於 1665 年 9 月 2 日逝世。另外還有呂伊內公爵（Luynes）的女兒——安妮-瑪麗（Anne-Marie），她當時年僅十九歲，正要入聖德尼斯的聖吳甦樂會，她的靈修導師是拉耶神父。「她對宗教的熱情使她嚮往跨海前往加拿大，出錢出力幫助當地的原住民」，像貝第夫人一樣[91]。

此外，她結識的朋友還有：財務大臣的母親傅給夫人；龐塞・德・拉里維耶夫人，她是耶穌會龐塞神父的母親，龐塞神父對加拿大教會的興建提供許多協助；柯賽-畢薩克（Cossé-Brissac）伯爵夫人瑪格麗特・德・恭第（Marguerite de Gondi）以及米哈米翁夫人（Mme Miramion）等等。

然而，這麼多朋友中，瑪麗・閨雅只有對貝尼耶先生敞開心胸，分享其內在靈修生活。由於貝尼耶先生是魁北克聖吳甦樂會的財務管理人兼法國代理人，所有的捐贈都會經由他，因此瑪麗・閨雅每年都有機會與他聯繫，持續與他進行靈修方面的交流。克羅在《書信集》的〈序言〉中寫道：「她經常給他寫信，內容通常只涉及祈禱……大部分的信長達十五、十六頁。他對這些分享抱持一種獨特的敬意；他

89 〈根據魁北克聖吳甦樂會捐贈者名錄，瑪麗・閨雅的聯絡人〉。《教會與神學》（*Eglise et théologie*）。第 3 期。1972 年。頁 5-44。
90 卡斯坎院長著（abbé CASGRAIN）。《魁北克主宮醫院史》（*Histoire de l'Hôtel-Dieu de Québec*）。頁 56。提到艾吉永公爵夫人寫給醫護會修女的一封信（1639 年 4 月 10 日），請她們在旅途上以及將來的工作上都要與聖吳甦樂會修女維持良好的關係，和平共處。
91 潘慕洛著（POMMEREU）。《大事紀》（*Chroniques*）。第一冊。第二部分。頁 264。

告訴我，他認識很多全心致力祈禱的人，這樣的靈修活動對他們而言稀鬆平常，再熟悉不過，但他從未見過像她這樣領悟力如此之高，言談如此神聖之人[92]。」而瑪麗・閨雅則稱他是「一位極具魅力的人[93]」。她視他為修院興建的護守天使[94]。

停留在法國的最後幾個小時，瑪麗・閨雅對兒子的惦念沒有停止過。面對克羅在都爾和奧爾良發生的事件，她表面看起來冷靜，但內心痛苦至極。二十年後，她寫道：「當我登上了前往加拿大的船，為了天主的愛，拋棄現有的一切，我心中有兩種念頭，一個關於您，另一個關於我自己。離開您，我的痛苦彷彿骨頭從肉體剝離般劇烈。但是，我的內心深處因忠誠地奉獻給天主和聖子而喜悅滿溢，用生命回報天主賜予的生命，用愛回報天主的愛，用一切回報天主賜予的一切[95]。」出於對天主的忠誠和全然的犧牲，她沒有為克羅爭取任何好處：「我停留在巴黎期間，要幫您安排一個好位子並不難。王后、艾吉永公爵夫人和碧燕伯爵夫人都對我留有很好的印象，只要我提出需求，她們一定不會拒絕[96]。」她對待兒子就像對待自己一樣，只求安貧與最純粹的信仰[97]。

---

92 *O*。1681 年版。〈序言〉。頁（2-3）。
93 *O*。頁 75。
94 *O*。頁 910。
95 *O*。頁 725。
96 *O*。頁 131。
97 這樣的做法事實上對瑪麗・閨雅帶來極大的不安；1631 年某種撕裂的情緒爆發，參閱 *O*。頁 989。

第 三 部

魁北克修院的創立

(1639-1652)

第一章

〜

邁向新世界
（1639 年 5 月至 8 月）

　　整個四月份，西風從未停歇。惡劣的天候讓這一批開創者得以與迪波（Dieppe）的修女們一同慶祝復活節。這些等待的日子伴隨著焦慮：眼看目標就在前方，又會有什麼新的考驗阻撓他們的計畫呢？瑪麗·閨雅向雷蒙神父（Dom Raymond de Saint-Bernard）寫道：「儘管一切都準備就緒，我仍然害怕失去我的幸福。兩位到拉羅謝勒（La Rochelle）登船的神父其中一人生病了，只好留下來，讓他的同伴獨自一人出發⋯⋯這件事讓我體會到無論何時都有害怕的理由⋯⋯[1]」

　　復活節第二主日落在 5 月 1 日；第二天，風就開始轉向，很快地風向就有利出航了。奔騰船長（M. Bontemps）請人通知耶穌會會院、主宮醫院和聖吳甦樂會修院。然而海事依然凶險。「1639 年 5 月 4 日的早晨，我們離開修院，前往醫院參加彌撒，順便接走三位將與我們同行的修女[2]。」期待已久的時刻終於到了。瑪麗·閨雅寫道：「我終於有機會為天主冒生命危險，以聊表我對祂的愛。」她甚至

---

[1]　*O*。頁 50。

[2]　*J*。第二冊。頁 353。

還說：「我知道我的生命微不足道，但這是我僅有的，加上我全部的心和所有的愛。[3]」

　　三位聖吳甦樂會修女來到主宮醫院的內院，並在修女的聖堂與醫護會修女一起參加彌撒。簡單的用餐後，六位修女向其他醫護會修女道別，並來到聖體台前向天主祈求。瑪麗·閨雅當下得到極大的恩寵，她說：「我告訴天主，我將奉祂的旨意付諸行動，以證明對祂的愛，我全心奉獻給降生的聖言耶穌基督。就在此時，我感覺天主聖神占領我的靈魂。主啊！這份恩寵和無我的境界是言語無法形容的。」

　　過了一會兒，有人請門房通知她們說迪波省長的夫人和她的馬車在主宮醫院門口等著載她們前往港口[4]。菲利普·德·蒙蒂尼（Philippe de Montigny）的夫人安妮·德·當傑（Anne de Dangeul）是一位二十一歲的少婦，她有兩個孩子，一個四歲半，一個兩歲。瑪麗·閨雅當時正處於聖神充滿的神視狀態，她說：「她親自帶著馬車來接我們，這是多麼大的榮幸。儘管我們四周擠滿了人，但我的心靈仍沉浸在密契的狂喜中，無法轉移與天主聖言交流的注意力[5]。」貝尼耶先生（M. de Bernières）與這些修女一起搭上載往船舶的小船，而且一直待到啟航之前都沒離開。他原本想親自陪同她們前往新法蘭西，等到秋天再搭船返回：「他捨不得丟下她們，他原先的計畫是陪著她們一起前往即將犧牲奉獻的加拿大。但是有人建議他留在法國，幫忙貝第夫人（Mme de la Peltrie）收款，以便支付興建修道院的費用[6]。」

3　*J*。第二冊。頁 353。

4　安妮·德·當傑是蘇爾領主尼古拉·德·當傑（Nicolas de Dangeul）和安妮·德·布里安維里耶夫人（Anne de Boullainvilliers）的獨生女。她出生於 1618 年 10 月 17 日，1633 年與擔任迪波堡壘指揮官的菲利普·德·蒙蒂尼結婚。菲利普的父親吉庸·德·蒙蒂尼（Guillaume de Montigny）仍然保有省長頭銜；這個家庭和拉瓦主教沒有血緣關係；他的頭銜是來自蒙蒂尼城堡，座落在佩爾（Perreux），離茹瓦尼（Joigny）不遠；參見高德福瓦-佩尼勒、梅亞、杜東普勒著（GAUDEFFROY-PENELLE, METAIS, du TEMPLE）。《法國紋章總彙：沙特爾教區檔案 16-18》（*Armorial Chartrain, Arch du Dioc. de Chartres 16-18*）。第一冊。沙特爾出版。1909 年。頁 414；第三冊。頁 51-52；德·特雷莫著（G. de TREMAULT）。《蒙蒂尼家族寶藏》（*Le Trésor des Familles : Montigny*）。旺多姆考古協會檔案手抄本；《厄爾-盧瓦爾省級檔案：蘇爾鎮》（*AD. Eure-et-Loir, Sours*）。天主教徒彙編 GG 4，GG 5，GG 6，GG 7，GG 11，GG 13；巴冬著（R.BAZIN）。《迪波城堡：歷史評論》（*Le château de Dieppe, Essai historique*）。迪波出版。1906 年。頁 9-10。

5　*J*。第二冊。頁 354。

6　*V*。頁 389。

負責聖吳甦樂會魁北克修院興建與基金財務的貝第夫人在登船前寫信給康城聖吳甦樂會修道院當時的院長——茹丹‧德‧貝尼耶修女（Mère Jourdaine de Bernières）：「請求您保管我和修女們的錢，並依照我的護守天使（貝尼耶先生）的意思來運用這些錢[7]。」

奔騰船長在「旗艦」的甲板上迎接她們[8]；他還把船長的大房間讓給她們。瑪麗‧閨雅寫道：「這個房間很大，能夠讓我們共同祈禱。醫護會修女們位於其中一側，而我們在另一側。那裡也是我們睡覺、吃飯的地方。它是一個封閉的空間；有幾扇大窗戶讓室內通風。我們十一個人在這裡住得相當舒適[9]。」這十一個人包括三位聖吳甦樂會修女、貝第夫人、夏洛特‧巴雷（Charlotte Barré）、三位醫護會修女、凱特琳‧修瓦利（Catherine Chevalier），以及兩位當年的移民婦女；其中一位很可能是瑪麗‧瑪格麗（Marie Marguerie），她打算去加拿大與她的哥哥法蘭索瓦會合。法蘭索瓦是魁北克城的建立人尚普蘭（Champlain）的夥伴，他是一名探險家，也是印第安語言專家[10]。

八年的修院生活並未使瑪麗‧閨雅忘記她先前在都蘭省與水手和碼頭工人相處的經驗，因此她並沒有被船員的粗魯行徑嚇到；而且，他們懂得用自己的方式表達對新法蘭西六位修女的敬意以及喜愛。瑪麗‧閨雅極為讚賞船的操控技術，她說：「我從未見過比他們更有紀律的船組人員[11]。」她登船時，看到這艘船的名字，了解到這是天主特別的旨意：她將搭乘「聖若瑟號」航行[12]。

三艘船剛駛離港口就遭遇到惡劣的天氣。英吉利海峽波濤洶湧，船上所有的乘客都開始暈船[13]，更嚴重的是他們很可能會遇到海盜。瑪麗‧閨雅行前就收到警告，在 4 月 15 日的信中她告訴她的哥哥：「您一定知道我們航行在這片浩瀚大海

7　*O*。頁 950。

8　*O*。頁 81、86、951。

9　*J*。第二冊。頁 357。

10　關於渡海，參見杜維勒（R. DOUVILLE）與卡薩諾瓦（A.-D. CASANOVA）合著。《新法蘭西的日常生活：尚普蘭在蒙卡爾姆時期的加拿大》（*La vie quotidienne en Nouvelle France: Canada de Champlain à Montcalm*）。巴黎出版。1964 年。頁 208。

11　*O*。頁 86。

12　*O*。頁 87。

13　*O*。頁 86。

中會遇到各種風險，最可怕的不是迷航，而是我們擔心遇到英國人、敦克爾克人和土耳其人[14]。」原則上，法國人與英國人處於非交戰狀態，但是敦克爾克人自 1635 年以來就為與法國交戰的西班牙國王服務，且海盜船有時就駐守在海峽出口處，1635 年奔騰船長曾在該處與他們交手[15]。

船長的憂慮果然成真。瑪麗·閨雅透過他們從英吉利海峽穿越大西洋時遇到的漁民轉信給她的院長：「我們冒著被西班牙人和敦克爾克人劫持的危險離開了英吉利海峽……幾天前，我們發現他們的其中一隻船隊，大概有二十艘船，幸好我們的船長很警覺地選擇了往英格蘭的路，以避免與他們正面交鋒。我們看到遠處還有幾艘船，但是無法分辨出船上的國旗，也不知道他們來自何處[16]。」這封信是 5 月 20 日寫的。由此推測他們花了兩週的時間才通過科唐坦半島（le Corentin）和英國康瓦爾郡（la Cornouaille）。

關於渡海經歷，除了瑪麗·閨雅在其 1654 年的《靈修札記》中有一段簡短的敘述外，也出現在黎樹修女（Mère Cécile Richer de Sainte-Croix）從魁北克寫給聖吳甦樂會迪波修院院長的一封長信[17]、魁北克主宮醫院年鑑[18]，以及修莫諾神父（P. Chaumonot）寫給耶穌會會長維特雷士神父（P. Mutius Vitelleschi）的一封信[19]。

修莫諾神父的長相很有人緣，非常有個性[20]。他出生在勃根地（Bourgogne）的鄉下，靠近塞納河畔沙蒂永（Châtillon-sur-Seine）。他的祖父是一位小學教師，他自小跟祖父學識字，後來在沙蒂永跟一位當神父的叔叔學習基礎拉丁文。在一位同伴的慫恿下，他藉口去博訥（Beaune）的祈禱司鐸會一位神父那裡繼續學業，逃離

---

14 *O*。頁 82。

15 *RJ*。1635 年（Q。頁 22；Th. 8。頁 60。）

16 *O*。頁 82。

17 《修會研究》（*Recherches de Sc. relig.*）。第 7 期。1917 年。頁 100-110；*BRH*。第 32 期。1926 年。頁 549-561；*J*。第三冊。頁 143-156；勒貝著（Le BER）。《1639 年啟航前往加拿大》（*Départ pour Canada en 1639*）。迪波出版。1939 年；*O*。頁 951。

18 《魁北克主宮醫院年鑑》（*Annales de l'Hôtel Dieu de Québec*）。出版者雅梅（éd. JAMET）。頁 14-18。

19 卡哈雅著（A. CARAYON）。《耶穌會在加拿大的第一個使命》（*La première mission des Jésuites au Canada*）。巴黎出版。1864 年。書信 12。頁 193-194。

20 蘇普樂儂著（A. SURPRENANT）。〈皮耶-若瑟-瑪麗·修莫諾神父〉（Le Père Pierre-Joseph-Marie Chaumonot）。*RHAF*。第 7 期。1953 年。頁 64-87、241-258、392-412、505-523。

叔叔家，還偷了 100 蘇（sols）。然而，僅僅 100 蘇無法讓他跑得太遠。他跟母親要錢，卻被命令回到叔叔身邊，安分守己。這個回應不僅讓他更不願意回去，還使他決心去四處漂流，承受調皮搞怪帶來的教訓。他在法國和義大利經歷了各種戲劇性的冒險後，於 1632 年 5 月 18 日進入羅馬的耶穌會聖安德初學院，當年他二十一歲。七年後，他與瑪麗・閨雅一同前往新法蘭西。他應達布隆神父（P. Dablon）的要求在 1688 年撰寫傳記，可惜並不完整，最遺憾的是記錄聖吳甦樂會修女 1639 年渡海的筆記本丟失了[21]。

渡海旅程期間，韋門神父（P. Vimont）的關懷讓瑪麗・閨雅至為感動，尤其是當初他並不樂意帶博多聖吳甦樂會修女到魁北克。瑪麗・閨雅在海上寫給都爾修院院長的信中說道：「韋門神父對我們的關心和仁慈讓我感動得無以言表，無論在生活上或是心靈上，他對我們的照顧更甚於一位母親[22]。」

離開英吉利海峽後，天氣轉晴，大家終於得以站立。瑪麗・閨雅有點得意地寫道：「我們已經習慣了大海，就好像我們從小就在海上長大一樣[23]。」5 月 20 日前後幾天的喘息後，馬上又開始為期兩週的考驗。「凶險的海事幾乎沒有間斷，因此整個大祈禱日（Rogation），包括耶穌升天節，我們都無法舉行彌撒、領聖體。」（耶穌升天節是在 6 月 2 日；大祈禱日為 5 月 30 日、31 日和 6 月 1 日）。6 月 12 日聖神降臨節那天，海浪依舊凶猛，彌撒無法進行：「根本無法站立，如果不扶著東西，連走都不能走，坐也不能坐，有時還會滾到房間的另一側。用餐時，盤子只能放在地上，必須由三到四個人同時抓住餐盤以免翻倒[24]。」乘客們又一次面臨暈船的考驗。尤其是貝第夫人，她不再心心念念這個她稱為「親愛的國家」的加拿大，她只求片刻的喘息。黎榭修女也很受罪，她說：「在暴風雨中，我無法入睡；我寧願白天、晚上都倚靠在某個東西上。」

船上的水質非常糟糕：木桶在啟航前沒有徹底清潔，一離開港口，水便開始腐

---

[21] 《皮耶・修莫諾神父：自傳及未出版的作品》（*Le Père Pierre Chaumonot, Autobiographie et pièce inédites*）。出版者卡哈雍（A.CARAYON）。普瓦捷（Poitiers）出版。1869 年（關於渡海紀事的書信，頁 115-117）。

[22] *O*。頁 86。

[23] *O*。頁 87。

[24] *O*。頁 952。

敗變質，於是她們只能喝葡萄酒。瑪麗・閨雅無法忍受，她盡可能地少喝，想著自己可能會口渴而死。「我幾乎整段航程都沒有睡覺。我頭痛欲裂，痛不欲生[25]。」然而我們都知道她是一個非常能忍受肉體痛苦的人。

漫長的暴風雨使得船往北部偏離，並迫使其延長航時：「我們原本預計航行一千三百海里，但最後總共航行長達兩千海里[26]。」

6月19日，天主聖三節那天，「聖若瑟號」迷失在比原本航道更北的海霧中。這個區域有許多冰山，濃霧使人無法從船的一端看到另一端。大約十點左右，彌撒之後，修女們在大房間中頌唱第九時辰經時，一名船員在甲板上，他在濃重的霧氣中看到了前方距離只有兩法尋（brasse）的冰山，他大聲叫喊：「天哪！我們全都完蛋了！[27]」韋門神父被驚醒，從上層甲板走下樓告知乘客，他說：「如果上主不垂憐我們，我們都會死。有一個像座城市一樣大的冰山現在離我們的船只有十步的距離，就要撞上了。」接著，他與貝第夫人、聖吳甦樂會修女和醫護修女都跪了下來，一起唸聖方濟・沙勿略（Saint François-Xavier）祈禱文：「耶穌，我的救世主，求祢垂憐我們[28]。」

船傾斜地向那座巨大而看不到頂峰的冰山駛去，意外似乎是不可避免的。薩沃尼修女（Mère Marie de Savonnières de Saint-Joseph）建議韋門神父許願，他遲疑了一下，想起十年前，暴風雨將他吹到不列顛角海岸，當時他許了一個願，但之後為償願而吃盡苦頭[29]。最終他還是承諾在接下來抵達的第一塊土地上舉行兩台彌撒，其中一台為紀念聖母，另一台則是為了聖若瑟，所有乘客都領了聖體[30]。接著，他回到甲板上為全體船員赦罪。身為海事專家，他向修女們說：「我要到水手那邊去，然後我會再回到這裡赦免你們的罪，我們還有半小時的時間。」薩沃尼修女開始唸聖母德敘禱文，每個人都跟著她祈禱。過了一會兒，奔騰船長進入房間說：「我們安全了，這真是個奇蹟！」據修莫諾神父的說法，當時突然有一陣強風吹來；但根

25　*J*。第二冊。頁358。
26　*O*。頁88。
27　根據修莫諾神父的信件，他當時在另一艘船上，並沒有親眼見證這個危險的時刻。
28　*O*。頁953。
29　*RJ*。1629年（Th. 4。頁244）。
30　*O*。頁953。

據瑪麗・閨雅的說法，可能是舵手突然驚慌失措，將舵轉向原指令的反方向，而這個操作卻產生意外的好結果[31]：船掉頭了；就在前幾刻，船才正要碰到冰山；現在它轉彎了，僅是輕輕擦過冰山，船尾慢慢駛離[32]。

　　瑪麗・閨雅告訴她的兒子：「在船員們還驚慌失措的時候，我心底深處已感覺到我們會安全抵達魁北克[33]。」再一次，她的直覺使她預見意想不到但即將發生的事情。黎榭修女很直率坦白地說：「我當時並沒有任何一點罪惡感，既不畏審判，也不怕地獄，唯一懼怕的就是淹死在大海裡。一直到神父離開房間，我才慢慢冷靜下來，自問是否願意在這樣的心態下死去。」

　　第二天，濃霧逐漸散去，船行可以及時避開冰山。黎榭修女寫道：「我們看到冰山距離我們很近，其中一座與小城一般大的冰山特別與眾不同，其他冰山看似被雪覆蓋著（實際上並沒有，因為我們可以看見太陽照射在上面），而這一座則像水晶般清澈透明[34]。」

　　從 6 月 21 日起，海上又變得風平浪靜。修女們每天早晨都可以參加韋門神父主持的彌撒、領聖體。先前因為船隻搖晃太劇烈而無法舉行彌撒，韋門神父讓沒有生病的人領聖體[35]。濃霧在海上已相當危險，靠近陸地又更加驚險。在紐芬蘭島附近或聖羅倫灣的航行過程中，眾人仍冒著非常大的風險，而且持續好幾天：「濃霧讓我們迷失方向，我們被困在岩石區上方大約六十海里處[36]，遲遲無法脫離。」

　　照慣例，魁北克船隊不會停靠在布雷頓角島（Cap-Breton）、米斯庫島（Miscou）或是加斯佩半島（Gaspé）。黎榭修女說，在河的下游，距離泰道沙克（Tadoussac）的數海里前，「聖若瑟號」遇到了一群從米斯庫島來的原住民，他們要將恭杜安神父（P. Gondouin）帶到魁北克。這是聖吳甦樂會修女們第一次看到原住民，黎榭修女寫道：「我們看到的第一位原住民是一位名叫尤恩喬

31　瑪麗・閨雅和黎榭修女，甚至醫護會修女們都有提及此事。
32　根據黎榭修女說法。
33　*J*。第二冊。頁 356-357。
34　黎榭修女。
35　龐賽神父和修莫諾神父在另一艘船上。
36　*J*。第二冊。頁 357-358。

（Jouënchou）的船長，他把耶穌會恭杜安神父帶到船上[37]。」恭杜安神父接替杜吉神父（P. Turgis），與德・拉普拉斯神父（P. de la Place）一起住在米斯庫島已經一年了；他的健康狀況不佳，所以要回魁北克休養[38]。奔騰先生也許在聖羅倫灣就已經收到來自某個漁船的通知。

7月15日[39]，在沿著加斯佩半島海岸線和聖羅倫河口逆流航行後，「聖若瑟號」抵達泰道沙克的岸邊，就在雄偉的薩格奈河（Saguenay）河口前。隔了幾天，安索船長（Capitaine Ançot）的「聖雅各號」前來會合。7月20日，船隊到齊[40]。黎樹修女說：「我想你們一定能想像我們有多麼喜悅。」貝第夫人的小船行駛速度比其他兩艘船快得許多。小船已經先抵達，並預告船隊即將到來的消息[41]。」

我們在1632年的《新法蘭西耶穌會福傳紀事》中能讀到：「泰道沙克是一個很小的海灣，附近有一條名為薩內（Sagné）的河流，流入聖羅倫河。薩內河流和塞納河一樣漂亮，水流流速幾乎與隆河一樣快，深度甚至比海洋的幾處還要更深[42]。」「大自然賦予了港口一個絕美的入口，周圍有高峻的岩石和高地為港口防風。該港口位於魁北克省的北方，距離約40古里[43]。」

兩艘船中只有吃水較淺的「聖雅各號」能航行到魁北克，而「聖若瑟號」將貨物運抵泰道沙克倉庫，再由前往魁北克的小船分次來此載貨；泰道沙克也是運載皮貨的交通樞紐，因此這個地方比魁北克熱鬧許多；偶爾會有捕鯨漁夫來此地補給糧食和水：「巴斯克人（Basques）會到泰道沙克甚至更遠處來獵捕鯨魚[44]。」

修女們沒有被邀請上岸。在兩艘船交會後，所有乘客就轉至安索船長的「聖雅

---

37 有關前一年被帶到法國的尤恩喬之子，參見 *RJ*。1639年（Q。頁4；Th. 15。頁222）。
38 *RJ*。1647年（Q。頁76；Th. 32。頁36）。
39 日期來源為《主宮醫院年鑑》。
40 *J*。第二冊。頁367。
41 *RJ*。1639年（Q。頁2；Th. 15。頁218）。
42 *RJ*。1632年（Q。頁3-2；Th. 5。頁20）。
43 *RJ*。1652年（Q。頁11；Th. 37。頁182）。
44 *RJ*。1636年（Q。頁48；Th. 9。頁168）；喬塞著（C. CHAUSSÉ）。〈耶穌會士與泰道沙克地區的福傳〉（Les Jésuites et la Mission de Tadoussac），出自《下加拿大書信集17》（Lettres du Bas-Canada 17）。1963年。頁178-189；當時還沒有固定的傳教士職位。貝朗傑著（R. BELANGER）。《聖羅倫港灣的巴斯克人》（Les Basques dans l'estuaire de Saint-Laurent）。蒙特婁出版。1971年。

各號」。黎榭修女寫道：「我們所在的地方非常狹窄，每日彌撒以及用餐時間，大家都圍坐在一個箱子周圍，另一端的人要經過時，必須請其他人站起來，因為我們每個人都只有一個非常狹小的位置；睡覺前，要先調整行李箱上的木板，再把床墊放上去[45]。」

7 月 26 日，聖亞納（Sainte Anne）紀念日，韋門神父得到了與傳教士們一起上岸的許可，可能是在馬爾拜灣（la Malbaie），以便履行先前舉行彌撒的承諾。大夥紛紛跳上小艇，由於人數太多，小艇差點翻覆：「我們一行人縱身跳上小艇，差點就沉入船底[46]。」

7 月 29 日，又要轉一次船。西風仍吹個不停，使得「聖雅各號」好幾天都無法向上游繼續航行。因此乘客們得改乘坐小船前往魁北克，這艘小船由奔騰船長的屬下工頭雅各・瓦堤（Jacques Vatel）駕駛，船上沒有任何東西可以擋風遮雨，大家不是擠在發臭的鱈魚箱子裡，就是在甲板上任風雨吹打。在鱈魚堆中生活才三天就已令人窒息，更別說那似乎永無止境的暴雨！瓦堤預計於 31 日晚抵達魁北克，然而他的想法過於樂觀，沒有料到狂風暴雨的猛烈程度。黎榭修女寫道：「韋門神父看到我們都濕透了，他自己也和大家一樣，但因在船上無法生火讓我們烘乾，所以請船長讓我們在附近不遠的陸地下船[47]。我們停靠在奧爾良島的最西端，魁北克就在前方。有人幫我們點火來烘乾身體。我們席地而坐，吃著鱈魚乾，但沒有奶油可以配。他們用最原始的方式為我們搭了一座小木屋；即使直接睡在一條鋪在地上的毯子，我卻睡得很好。隔天一早，我們回到船上，大約早上八點，聖皮耶林斯連（Saint Pierre-ès-liens）紀念日那天（1639 年 8 月 1 日）抵達魁北克[48]。」

儘管天氣依舊惡劣，還是有人通知魁北克的崗哨小船逐漸靠近。蒙馬尼總督（Montmagny）先派出一艘簡易的木筏，上面載著兩名男子，他們在奧爾良島的海

---

45 O。頁 954；根據《主宮醫院年鑑》記載：「我們沒有麵包，只好撿拾倉庫老鼠啃過的麵包；我們將外層撥掉，就拿來配鱈魚吃。」

46 J。第二冊。頁 357；O。頁 955。

47 O。頁 955。

48 同上註。他們在奧爾良島的末端搭了三間小屋，一間給神父，第二間給修女，第三間給船員；參見《主宮醫院年鑑》。

邊與瓦堤工頭的船相會[49]。瑪麗・閨雅說，到了第二天黎明時分，蒙馬尼總督派了一艘裝滿新鮮食物的小艇。吃了沒完沒了的乾鱈魚餐之後，新鮮的蔬菜水果讓人無法拒絕[50]。

當總督的小艇在魁北克靠港時，蒙馬尼總督和他的中尉 —— 培歐騎士（Chevalier de Bréhaut de l'Isle）、魁北克的重要人士 —— 皮耶・勒卡德（Pierre Le Gardeur）、查理・勒卡德（Charles Le Gardeur），德岡先生（de Gand）、尚・布登（Jean Bourdon）、勒序額神父（P.Le Sueur）、奧利維・勒塔第（Olivier Le Tardif）、吉庸・古雅・德・萊斯比內（Guillaume Couillard de Lespinay）、諾埃・朱切羅（Noël Juchereau）、尚・朱切羅（Jean Juchereau）、羅伯・吉法（Robert Giffard）、當地的神父，可能還有皮梭先生（M. de Puisseaux），大家都來迎接他們的到來[51]。堡壘鳴炮歡迎。在魁北克，8月1日是假日，就是為了紀念他們的到來。「我們做的第一件事就是親吻這片我們將為天主和貧困的原住民而獻出生命的土地[52]。」韋門神父代表所有人祈禱，每一位出席者都默默地凝視著現場[53]，他們知道剛發生了一件重要的事。

總督親自與大家一一致意。黎榭修女說：「他熱切的歡迎之意是無法用言語形容的。」樂仁神父（P. Le Jeune）也說：「總督竭誠地接待他們。」蒙馬尼總督確實是一位有成就的紳士，也是一位偉大的基督徒，他盡其所能地用殷切真摯之情款待這些客人[54]。

眾人沿著陡峭山坡攀登到回歸之母座堂（la chapelle Notre-Dame de Recouvrance），這座聖堂由尚普蘭於1633年透過一百聯營公司的協助所建造。它靠近聖路易堡（fort Saint-Louis）的廣場，現今是魁北克聖母大殿主祭台所在位

---

49 O。頁955。
50 J。第二冊。頁368。
51 可能還有查理・塞維斯特先生（Charles Sevestre）。
52 J。第二冊。頁368；《主宮醫院年鑑》中也有記載相同的細節。
53 RJ。1639年（Q。頁8；Th. 16。頁18）。查理・余歐・德・蒙馬尼（Charles Huault de Montmagny）接待聖吳甦樂會修女的情形記載在夏波（L. CHAPOT）編著的《可敬的降生瑪麗修女傳記》（Histoire de la Vénérable Mère Marie de l'Incarnation）。第一冊。巴黎出版。1892年。頁441-443。
54 參見華伊著（J.-E. ROY）。〈關於蒙馬尼總督的研究〉（Étude sur le gouverneur de Montmagny）。收錄於《新法蘭西》（La Nouvelle France）。1906年3月至11月。

置，耶穌會士於 1636 年將其奉獻給始胎無玷聖母（Imaculée-Conception）[55]。黎榭修女寫道：「我們直接前往教堂，唱了〈讚主詩〉（Te Deum）、參與彌撒並領聖體。」瑪麗‧閨雅補充道：「接著總督帶領我們所有人前往堡壘用餐[56]。」堡壘俯臨著壯闊的景觀，瑪麗‧閨雅當下就認出了這片風景，這正是她在 1633 年聖誕節預言夢中所見的景象。

度過連續幾天艱難的旅程後，整個上午的活動讓大家倍感疲累。神父們適時跟迎接的人群道別，就帶著兩組修女前往各自的臨時修道院。「醫護會修女們被安置在總督提供的房子，這棟房子非常接近堡壘。她們要在那裡住到自己所屬的建築物完工，我們也陪同她們前往[57]。」這棟房子屬於一百聯營公司[58]，後來重整小兄弟會於此地建造修道院，再後來成為英國國教大教堂。

聖吳甦樂會修女們的住所則是位於下城區，離港口僅數步之遙。這棟房子屬於夏德雷（Châtelet）領主諾埃‧朱切羅，位於一百聯營公司下方。房子裡有兩個還算寬敞的房間、一個地窖和一間閣樓。貝第夫人在離開法國之前就為聖吳甦樂會修女們租好這間房子[59]。修道院將建造在堡壘後方的高地，完工前，這間港邊小屋就暫時當作修道院使用，只是空間實顯狹小。

魁北克當時只是一個貿易驛站：港口容納的人數不超過二百至二百五十人。瑪麗‧閨雅後來寫道：「我們初抵加拿大時，整個魁北克連六間房子都沒有，其中只有兩間是石造的，而堡壘本身還是木頭建造的[60]。」這裡提到的「房子」意指包含多個房間且適合居住的屋子，其餘的都只是木板小屋。樂仁神父在 1636 年的福傳紀事中談到這個地方的轉變時，他以南方人的誇張口吻寫道：「我得承認魁北克已

---

55 關於回歸之母座堂與其所在地，參見：華伊著（P.-G. ROY）《法國體制下的魁北克市》（*La ville de Québec sous le régime français*）。第一冊。魁北克出版。1930 年。頁 117-120；拉維迪耶院長著（Abbé LAVERDIERE）。《回歸之母座堂》（*Notre-Dame de Recouvrance*）。出版地與時間不詳。

56 *O*。頁 955。

57 *O*。頁 955-956。

58 《魁北克主宮醫院年鑑》（*Annales de l'Hôtel-Dieu de Québec*）。頁 19。

59 黎榭修女；蒙馬尼的接待紀實，參見本章註 53。

60 *O*。頁 870；華伊著（P.-G ROY）。《法國體制下的魁北克市》。第一冊。頁 145-146、155；在 C. 唐格（C. TANGUAY）所著的《加拿大族譜辭典第一冊》（*Dict. généal. des familles canadiennes*。魁北克出版。1871 年），我們在附錄中找到一張尚‧布登（Jean Bourdon）於 1641 年所簽署的博善雷（Beaupré）海岸讓與書。

徹底改頭換面，與過去截然不同，它已不再是隱藏在世界盡頭，只能看到一些小屋和少數歐洲人的小角落[61]。」

對於來自先進的法蘭西王朝的都市人來說，魁北克似乎連一個像樣的村莊都沒有，除了蒙馬尼總督在上城區規劃房子的排列方式，讓日後的建築能夠較為整齊[62]。當初尚普蘭用樹枝、草和木頭所建立的堡壘被全面翻修。樂仁神父在 1636 年寫道：「蒙馬尼先生繪製堡壘施工圖，讓工程能夠逐步進展，有的人負責石灰、有的人負責磚頭、有的人負責石頭，有的人負責鋪設廣場[63]。到 1639 年 8 月，工程幾乎沒有什麼進展，一直到 1648 年都尚未完成。魁北克一直停留在工地狀態，但它同時擁有『世界上最美麗的風景』[64]。」

小艇只載了貝第夫人、耶穌會會士和修女們。最早到達泰道沙克的船載的是聖吳甦樂會修女們大部分的物資，而生活必需品都在聖雅各號上：「我們沒辦法馬上做飯。」蒙馬尼先生於是提供了糧食：「他在堡壘上為我們和醫護會修女準備了一些糧食，並持續提供直到我們的東西抵達為止[65]。」8 月 1 日晚上，有人放煙火慶祝路易十四誕生，消息是乘客們傳來的，貝第夫人的船員們並沒有正式宣布這個消息。樂仁神父寫道：「我們去年得知王后已經懷孕，我們期待著奇蹟，期待一個被天主降福的孩子；我們都相信天主的恩賜將是完美的，而我們將擁有一位王子。『王子』這個字一脫口而出，我們的內心馬上充滿喜悅，靈魂充滿感恩之情。這個消息很快就傳遍各地，我們用盡各種可能的方法在魁北克準備慶祝的煙火[66]。」有一段是敘述讓原住民看得眼花撩亂的煙火：「我們讓火花在空中飛舞，天空降下金色雨水，讓星星閃閃發亮：燃燒的金蛇煙火四散，煙火照亮了美麗的夜晚；最後大砲的聲音迴盪在山林間。」但是比起欣賞堡壘砲台發射的煙火，聖吳甦樂會修女們

61　*RJ*。1636 年（Q。頁 41-42；Th. 9。頁 138-142）；關於人口數據，參見薩隆著（E. SALONE）。《新法蘭西的殖民》（*La colonisation de la Nouvelle-France*）。巴黎出版。1906 年。頁 62-63；蘇爾特（B. SULTE）列出 1639-1640 年在加拿大的知名人士：《加拿大法國人的歷史：1608-1880 年》（*Histoire des Canadiens-français: 1608-1880*）。第二冊。蒙特婁出版。1882 年。頁 91-92。

62　*RJ*。1636 年。同上註。

63　同上註。

64　O。頁 956。

65　載著物資的船一直到 8 月 15 日才抵達。《主宮醫院年鑑》。頁 22。

66　*RJ*。1639 年（Q。頁 2；Th. 15。頁 220）。

那天晚上可能寧願早點上床睡覺！

第二天，神父們帶著修女搭船到錫勒里（Sillery）：「這個地方距魁北克大約一海里半；我們要渡水過去，總督再一次把他的划艇借給了我們[67]。」

耶穌會士認為，為了確保原住民永久皈依天主，必須讓他們固定在一塊土地上生活，使他們成為定居農民。如果先讓他們接受洗禮，風險比較大。這個想法在一開始傳福音的時候就是這樣，樂仁神父始終堅決維護這個原則。先前為了開創新一代天主教基督信徒的做法是讓原住民的小孩接受法式教育，但成效不佳。一方面原住民非常疼愛孩子，不願與他們分開；另一方面，小孩離開家，自由受到限制，於是愈來愈不快樂，甚至選擇逃跑。基督信徒村莊的概念漸漸受到眾人信服，為了使之根深柢固，就必須讓人口固定居住在同一塊土地上[68]。

錫勒里的指揮官布拉（M.Brúlart）曾提議設立一所女子學校，樂仁神父讓他了解目前實施這個計畫還太早，最好先建立一個基督信徒村莊；因此，布拉提供耶穌會士所需資金，用於墾荒、建造教堂以及神父住所和幾幢房子[69]。時機一成熟，樂仁神父便將兩個阿爾岡昆家族：諾艾・內加巴馬（Noël Negabamat）和酋長尼加斯庫馬（Ngaskoumat）家族納入以錫勒里村莊為名的聖若瑟傳教區；總共約二十人（1637 年）[70]。為了建立「集合化傳教村」，耶穌會士選擇這塊已讓予一百聯營公司的總幹事——德岡先生（François de Ré de Gand）的土地[71]：「他是原住民的好朋友，亦是位充滿福傳熱情的平信徒聖人，他願意為這個計畫做出奉獻。」

第一次與被全然基督化了的印第安社會接觸時，修女們和貝第夫人就留下深刻

---

67 O。頁 956。

68 斯考特著（H-A. SCOTT）。《聖福依聖母堂：公民與宗教歷史》（*Notre-Dame de Sainte-Foy: Histoire civile et religieuse*）。魁北克出版。1902 年；〈錫勒里領地與妻黑特的休倫人〉（La seigneurie de Sillery et les Hurons de Lorette），收錄於 *MSRC*。1900 年。第 1 篇。頁 73-115；費朗著（J.-B.-A. FERLAND）。《錫勒里的歷史筆記》（*Notes historiques sur Sillery*）。魁北克出版。1850 年；普利歐著（A. POULIOT）。〈加拿大最古老的修院〉（La plus vieille maison du Canada）。《1949 歷史協會報告》（*Canad. Hist. Ass. report 1949*）。頁 22-31；〈錫勒里聖堂相關文獻〉。*BRH*。第 69 期。1967 年。頁 41-45；G.F.G。〈第一個印第安保留區〉（The First Indian 'Reserve' in Canada）。*RHAF*。第 4 期。1950 年。頁 178-210。

69 關於錫勒里的指揮官，參見本書第二部第七章，註 53。

70 *RJ*。1638 年（Q。頁 17；Th. 14。頁 204）。

71 華伊著（P.-G. ROY）。《魁北克市》（*La ville de Québec*）。第一冊。頁 153-154；*DBC*。第一冊。頁 270-271；*BRH*。第 9 期。1903 年。頁 23-27。

的印象：「當她們看到這些可憐人聚集在教堂裡祈禱並詠唱著我們的信經，她們不禁流下了眼淚；她們想要隱藏，但是心中的喜悅滿溢，化作淚水從眼眶湧出[72]。」

當修女們詢問可否在這座教堂辦告解時，被邀請參加一個洗禮，一位被內加巴馬收養的十歲小女孩的洗禮：「開始之前，原住民們被安置在長椅上，樂仁神父讓他們用他們自己的語言祈禱，接著唱信經和幾首用他們的語言撰寫的讚美詩[73]。」接著開始進行洗禮：貝第夫人擔任她的代母，「大多數參與者都在儀式中因喜悅而哭泣[74]。」在 1654 年的《靈修札記》中，瑪麗‧閨雅向她的兒子述說她的感動：「聽到他們唱著讚美天主的歌時，我們得到了極大的安慰。噢！我們能與這群新教友在一起，真是無比快樂，而他們也很高興看到我們[75]！」

從教堂出來後，貝第夫人和她的同伴參觀了周圍的小木屋，原住民看到她們輕撫孩子們時非常訝異。印第安人對孩子極其疼愛，但他們不會表現出來。「貝第夫人一行人只要遇到原住民小女孩，無一不溫柔又熱情地親吻她們，而這些小女孩一開始的冷淡化作驚訝與感動[76]。」黎榭修女讚歎原住民的歌聲之甜美，以及樂仁神父對於這些新歸化天主子民如母親般細心的態度：「他是這片土地的福傳始祖，也是原住民之父。」

8 月 3 日，他們去參訪在聖查理河邊（Saint-Charles）的天使之母修道院（Notre-Dame des Anges）。第一座天使之母修道院曾是重整小兄弟會的住所，他們在 1620 年於此地建造了一座小型修道院。當耶穌會來到魁北克時，重整小兄弟會將一半的房間、花園和內院提供給他們使用。但是為了不造成他們負擔，耶穌會不久後選擇了一個會址，「距離重整小兄弟會七、八百步的地方，靠近萊爾特小河

72 *RJ*。1639 年（Q。頁 8；Th. 16。頁 18）。

73 黎榭修女；關於樂仁神父，見 J. C. 喬賽著（J. C. CHAUSSÉ）。〈傳教士與殖民者──保羅‧樂仁神父〉（Le P. Paul Le Jeune, missionnaire et colonisateur）。*RHAF*。第 12 期。1958 年。頁 52-79、217-246；其《靈修書信》（*Lettres spirituelles*）由福列松庫（F. FRESSENCOURT）在 1875 年於巴黎出版。

74 *O*。頁 956；見普利歐著（L. POULIOT）〈有關新法蘭西耶穌會福傳紀事 1632-1678 年受洗者人數和身分研究〉（Essai sur le nombre et la qualités des baptisé, dans les Relations des Jésuites de la Nouvelle-France, 1632-1678）。《教會科學》（*Sciences ecclésiastiques*）。第 10 期。1958 年。頁 473-495。

75 *J*。第二冊。頁 368。

76 *RJ*。1639 年（Q。頁 8；Th. 16。頁 18）。

（Lairet）流入聖查理河之處[77]，」薩卡神父（P. Sagard）寫道：「這個地方被大家稱作雅各·卡第耶堡壘（fort de Jacques Cartier）。」而這個第二處住所也被稱為天使之母修道院[78]。1632年返回魁北克後，對這個住所進行了修復，其中一樓有四個房間，一間用來當作聖堂，第二間當作食堂兼宿舍，第三間為廚房，第四間則是用作公共空間。這是神父們最大的住所，前往那裡的路上，三位聖吳甦樂會修女還參觀了自上一年開始動工的主宮醫院的工地。

終於在8月4日，瑪麗·閨雅隨同樂仁神父、韋門神父、蒙馬尼總督、貝第夫人，與另外兩名聖吳甦樂會修女一起視察即將建造修道院的土地。「這個地方相當宜人，且位置鄰近堡壘；那裡已經開始開墾了，蒙馬尼總督說他早已為了聖吳甦樂會的到來開始做準備[79]。」

兩座臨時修道院的安置作業進展順利。8月7日星期日，一座聖吳甦樂會的小聖堂已經準備好，可以舉行彌撒了。「我們星期五和星期六還是出去參加彌撒，從星期日以後我們就沒有再出門了，由神父來我們這裡舉行彌撒。我們在壁爐的角落用木板圍起來進行彌撒，那裡只容得下祭台和神父。我們很樂意靠天主近一些，向祂訴說我們的需求[80]。」特利騰大公會議頒布的禁地令規定在世界的另一端得以施行。最讓人訝異的是，在歸化天主的印第安人社會，沒有人對此感到驚訝或惱火，或提出質疑。黎榭修女寫道：「我們的修院禁地與外界並不是完全封閉的，透過矮牆上的格窗還是可以互通彼此；這座牆將塵俗隔絕於我們之外。[81]」

能夠待在主耶穌臨在的聖體龕附近並親近地在旁工作，這讓三位聖吳甦樂會修女感到幸福，至於瑪麗·閨雅，她將禁地規定視為和天主保持親密關係的保障。

---

77 有關天使之母修道院，參見 P.-G. 華伊（P.-G. ROY）著。《魁北克市》（*La ville de Quebec*）。第一冊。頁141-142；馬盧安著（R. MALOUIN）。〈天使之母修道院的領地〉（La seigneurie de Notre Dame des Anges）。收錄於《魁北克歷史》（*Soc. hist. de Québec*）。1955年。

78 華伊著（P.-G. ROY）。《魁北克市》（*La ville de Québec*）。第一冊。頁75-76、85-86、141-142。

79 *O*。頁957。

80 同上。

81 *O*。頁956。

第二章

❧

原住民使徒的培訓

（1639-1640）

　　瑪麗・閨雅前往福傳的新法蘭西雖然幅員遼闊，但在十七世紀初時，人口非常稀少，主要由兩個不同語系的種族占據：在北部和東部的阿爾岡昆族（famille algonquine），發展較為落後，也較不穩定；休倫 - 易洛魁族（famille huronne-iroquoise）則聚集在伊利湖（lac Erié）、安大略湖（lac Ontario）和休倫湖（lac Huron）這三大湖的湖畔。當時阿爾岡昆人居無定所，以狩獵和捕魚維生；而休倫 - 易洛魁人已經懂得農耕，且其社會結構較為複雜。實際上，印第安人不管在語言還是社會層面都存在極大的差異：在法國人到達的東北部地區，部落不穩定，而且不同部落間相互競爭，其文明的程度與生活型態有所落差[1]。

---

[1] 懷特著（J.WHITE）。《加拿大印第安人手冊》（*Manuel des Indiens du Canada*）。渥太華出版。1915 年；傑尼斯著（D. JENNESS）。《加拿大印第安人》（*The Indians of Canada*）。渥太華出版。1932 年；斯瓦頓著（J.-R. SWANTON）。《北美印第安部落》（*The Indian Tribes of North America*）。華盛頓出版。1953 年；杜維勒（R.DOUVILLE）與卡薩諾瓦（J.-D. CASANOVA）合著。《法國殖民時期加拿大印第安人的日常生活》（*La vie quotidienne des Indiens du Canada à l'époque de la colonization français*）。1967 年。巴黎出版；貝利著（A.-C. BAILLEY）。《歐洲和東阿爾岡昆的文化衝突》（*Conflict of European and Eastern Algonkian Cultures*）。1504-1700 年。聖約翰（St-John）出版。1937 年；瑪爾切洛斯著（G. MALCHELOSSE）。〈新法蘭西的原住民〉（Peuples sauvages de la Nouvelle France）。*CD*。第 28 期。1963 年。頁 63-92。

在聖羅倫河（Saint-Laurent）以南靠海處，以及今日的加斯佩半島（Gaspésie）、新蘇格蘭省（Nouvelle-Ecosse）、新布蘭茲倫維克省（Nouveau-Brunswick）和緬因州地區，許多阿爾岡昆部落聯合起來組成阿貝納基（Abénaquis）聯盟，他們都是住在「日出之地」的人。聖羅倫河以北，從泰道沙克到三河（Trois-Rivières），被那些法國人稱為「高山人（Montagnais）」的部落所占據，羅倫山脈（chaîne des Laurentides）緊鄰著河流。這個族群的各個部落都說著各自相差甚遠的方言，很難讓他們定居在同一塊土地上。

阿爾岡昆族主要聚集於聖莫里斯（Saint-Maurice）的西面以及渥太華河（Rivière des Outaouais）盆地。

一些較先進的部落已經開始從事園藝、種植玉米（又稱作印第安小麥）以及南瓜；他們也懂得食用野生稻米和楓糖漿。但是遊牧生活的形式讓他們無法像休倫人和易洛魁人一樣形成聚落。他們住在一種名為「維格沃母（wigwam）」的暫居棚屋，拆除方便，重新搭建也非常容易。每一個「維格沃母」都住著一個家庭。所謂「維格沃母」是阿爾岡昆人利用白樺樹皮、獸皮或毛皮覆蓋在頂部交叉的木桿上所搭建的屋子，兩根木桿撐起一塊獸皮當作門來進出。爐火冒出的煙通過棚屋上方中空的地方排出。阿爾岡昆族的基本社會構成單位並不是部落，而是數個家庭組成的團體，並由一位厲害的獵人做為團體的領導。

位於西邊的休倫 - 易洛魁族的生活模式則截然不同。種族家庭大致分為三類：第一類是休倫族，主要居住在喬治亞灣（Baie Geogienne）南部和東部，亦即休倫湖向北延伸的地區以及錫姆科湖（Lac Simcoe）的周圍；第二類是易洛魁族聯盟，他們住在安大略湖南岸；第三類是中立族，住在伊利湖以北，靠近安大略湖。

休倫這個詞是雅各·卡第耶（Jacques Cartier）的第一批同伴開始這麼稱呼的，「休倫」在法文意指混蛋、病夫、粗魯的人 [2]。休倫族的四個氏族組織都相

---

[2] 休倫這個名字也有一說是與他們的髮型有關：頭髮集中在中間一排，其餘部分都剃光，很像野豬的「豬頭」。關於休倫人：喬恩斯（A.-E. JONES）著。《古老的休倫》（*Ouendake Ehen or Old Huronia*）。多倫多（Toronto）出版。1909 年；波葛杭 - 相帕涅著（A. BEAUGRAND-CHAMPAGNE）。〈休倫人〉（Les Hourons）。CD。第 11 期。1946 年。頁 53-622；特瑞格著（Br.-G. TRIGGER）。〈法國人在休倫地區：法國與休倫關係的結構〉（The French Presence in Huronia: The Structure of franco-huron Relations）。收錄於《加拿大歷史期刊》（*Canada Hist. rev.*）。第 49 期。1968 年。頁 107-141。

當嚴密，分別為弦氏族、熊氏族、石氏族和鹿氏族。在易洛魁族滅絕休倫族戰爭的前夕，這個四個族群約有三萬人。易洛魁族，又稱五族聯盟，在十六世紀末時（大約 1570 年？）組成，從東部到西部[3]，接著到了安大略湖南部，陸續遇到位於尚普蘭湖和黎希留河（舊易洛魁河）南部的安尼耶人（Agniers）、歐尼屋人（Onneiouts）、歐諾達給人（Onondagués）、哥由關人（Goyogouins）和特松農圖安人（Tsonnontouans）。而伊利人（Eriés），亦稱沙人（Chat），並不屬於該聯盟，他們居住在特松農圖安人所在地區的南部和東部。十五世紀中葉，易洛魁族的組成人數約一萬五千至兩萬人。

至於「中立族」則是另一個擁有相同血緣的聯盟，他們在易洛魁族與休倫族之間的衝突中保持中立而得到這個稱呼。休倫人稱他們為「阿提彎達羅（Attiwandaronks）」，意指「那些語言亂七八糟的人」。1640 年時，卜瑞伯神父（P. Jean de Brébeuf）估計該族人口約有一萬兩千人，分布在四十幾個聚落。

休倫 - 易洛魁族採半定居的生活模式；他們固定居住在同一個村落中，因為倚賴農耕，所以每隔十到十五年當土地資源耗盡時就會遷徙。玉米是他們的主食，其他還有豆子和各種瓜類、哈密瓜等，他們不飼養家畜，唯一養的動物只有狗。

這些村落有些住著數百名居民，村落外圍有防禦用的木椿。村落裡的屋舍是「長型木屋」，通常會有八到十個家庭居住在同一屋簷下，有時甚至會住到二十到二十五個家庭。這些木屋長約三十公尺；覆蓋木屋的樹皮都經過精確的裁剪與縫製，木屋中間有一個長廊，房間在長廊兩側。通常每個木屋只有一個爐灶。部落相關的事物幾乎都得經過「木屋」討論通過，由此可見木屋才是社會的基本組成單位；這個單位係由一位年長且經驗豐富的婦女來管理。該族群為母系社會，男人在

3　波莧杭 - 相怕涅著（A. BEAUGRAND-CHAMPAGNE）。〈魁北克的古老易洛魁族〉（Les anciens Iroquois du Québec）。CD。第 1 期。1936 年。頁 171-199。同作者。〈古代易洛魁人的社會組織〉（L'organisation sociales des anciens Iroquois）。CD。第 3 期。1938 年。頁 271-290；同作者。〈古易洛魁人的政治體制〉（Le régime politique des anciens Iroquois）。CD。第 5 期。1940 年。頁 217-230；同作者。〈古易洛魁人的信仰〉（Croyance des anciens Iroquois）。同上。CD。第 6 期。1941 年。頁 195-210；同作者。〈古代易洛魁人的疾病和醫學〉（Les maladies et la médecine des anciens Iroquois）。CD。第 9 期。1944 年。頁 21-40；同作者。〈古代易洛魁人的戰略和武裝〉（La stratégie, la tactique et l'armement des anciens Iroquois）。1945 年。CD。第 10 期。頁 21-40；德洛歌著（L-P. DESROSIERS）。《易洛魁地區》（Iroquoisie）。第一冊。1534-1646 年。蒙特婁出版。1947 年。

結婚時就搬至妻子的木屋居住。幾間木屋就能組成一個聚落，但從政治層面來看，部落的位階仍然更高。

法國人進入加拿大對於福音的傳播工作至關重要。魁北克地區的高山族當然是第一批受益者，另外還有在聖莫里斯外所遇到的阿爾岡昆族。尚普蘭早在 1609 年就與休倫族建立了聯繫。1615 年 7 月，他在休倫族所在地進行一場偉大的探險之旅，以強化他們與法國的友誼關係，而休倫人也邀請他參加反易洛魁人的對抗行動。

1615 年到 1616 年，重整小兄弟會的勒卡隆神父（P. Le Caron）是第一位與原住民們一起過冬的傳教士。當耶穌會士於 1625 年加入重整小兄弟會的福傳工作時，開始自學印第安語言。當時休倫族已經開始以半定居模式生活，促使耶穌會士在 1632 年之後將主要精力集中在學習休倫語。他們並沒有忽略尚未開化的高山族和阿爾岡昆人，但是在休倫族中看到了新法蘭西傳教區的巨大希望。

卜瑞伯神父從經驗中學到，定居部落不一定比較容易傳福音。歐洲人在不自知的情況下帶來了病菌，印第安人毫無防備。最常與法國人來往的部落也正是受到傳染病、麻疹、天花等疾病傷害最大的族群。可想而知，原住民把責任歸咎給這些前來傳教的神父們。看到傳教士唸日課時，他們立即聯想到具有強大效力的神祕巫術咒語。此外，傳教士剛開始主要為瀕臨死亡的兒童付洗，這也在印第安人心中建立起洗禮與死亡之間的直接關係；難道耶穌會士都是危險的巫師嗎？但也正因這份懼怕，不只一次地挽救了會士的生命。基督宗教的傳播因此推展得極為緩慢。若和耶穌會神父在其他國家的傳教區如印度、日本、法屬印度支那（東南亞地區）、墨西哥或巴拉圭所獲得的成果相比，在加拿大的傳教任務似乎徒勞無功，但法國那邊還沒有完全意識到這一點，樂仁神父在他的福傳紀事中似乎隱約透露出了樂觀的態度。1632 年在加拿大的傳教士總共有六位，1635 年增至十九位，到了 1637 年總共二十九位，其中有六位是修士。

當時法國在加拿大的殖民經過幾次嘗試失敗後，仍停滯在起步階段。法國人開始與聖羅倫河域的部落接觸，是在 1525 年雅各‧卡第耶的第二次旅行時；1541 年，侯伯瓦（Roberval）和卡第耶曾試圖在魁北克建立永久殖民地，但終究於 1543 年放棄此計畫。

1608 年，尚普蘭也開始投入殖民計畫；直到 1615 年，新法蘭西的首都還只是一座設防的「住宅屋」，外加一家貿易商店；而這些「冬居者」並不算真正的殖民者。1617 年，路易・艾伯（Louis Hébert）成了第一位決定與家人定居聖羅倫河域的法國人。隔年，尚普蘭向國王提出了一份計畫，旨在建立一個能夠讓法國僑民全方位開採資源的殖民地，而不只限於皮草製品。

　　黎希留（Richelieu）於 1627 年決定創建並主導一個大型殖民公司，名為一百聯營公司。他為這個公司訂定了三個目標：法國人口移入、美洲資源開採，以及印第安人皈依基督宗教。

　　一百聯營公司得到了整個北美地區（從佛羅里達到北極地區）的領主權，並壟斷皮草貿易；後因法英衝突的影響，公司一直到 1632-1633 年才開始有效率地執行計畫。

　　該公司以國王的名義，並在全能總理的掌控下確保新法蘭西的行政管理。由公司擬出一份名單，讓總理挑出一位人選推薦給國王任命為總督。他擁有一切民事、軍事、司法權，遇到複雜案件時會有重要人士協助；財務管理則委託給一百聯營公司的總管來負責[4]。

　　關於傳教區的管轄權，自 1632 年以來羅馬教廷就將之授予向原住民傳播福音的耶穌會士；但他們的管轄權限對於居住在魁北克或三河的法國人而言並不是那麼明確；他們所施行的婚姻聖事之有效性是有爭議的。修女們的到來更是構成了一個複雜、待解決的問題。耶穌會在羅馬的長上們對於修女歸屬耶穌會還是教區主教管轄抱持保留態度，他們甚至刻意將傳教工作與修女的一般事務性工作區別開來。首批醫護會修女全部來自迪波，在大西洋的另一端，她們繼續將盧昂（Rouen）的總主教視為教會長上。而聖吳甦樂會的修女中，有兩位來自都爾，一位來自迪波；一年之內，還有兩位從巴黎來的修女加入；她們原則上仍然隸屬各自原屬教區的主教管轄。

4　朗托著（G. LANCTOT）。《新法蘭西的行政》（*l'Administration de la Nouvelle-France*）。巴黎出版。1929 年；瓦松著（A. VACHON）。《1627-1760 年新法蘭西的行政》（*l'administration de la Nouvelle -France: 1627-1760*）。魁北克出版。1970 年。

有關管轄權的議題還不是討論的時候，當前最迫切的是要讓這些新來的福音使徒學習如何傳播福音。這些修女們回應耶穌會《福傳紀事》的號召而來到這裡，為了照顧病人、原住民女性和女孩們。首先，她們必須學習印第安人的語言。聖吳甦樂會修女們在樂仁神父的指導下熱切地投入學習。

　　「我們必須學習印第安人的語言，想要教育印第安人的這份強烈渴望讓我立刻先投入語言學習。樂仁神父卸下傳教區會長職務後，接受他的繼任者韋門神父的委託，仁慈地提供我們靈修和語言學習方面的協助[5]。」

　　瑪麗‧閨雅當時即將年滿四十歲，自結婚以來，她就鮮少從事腦力相關活動，她的靈修生活成長是透過其他的方法，因此有時候閱讀對她而言十分吃力：「因為我過去二十幾年都沒有思考任何有關科學或思辨的事情，而這個語言跟我們的母語相去甚遠，學習過程一開始讓我非常頭痛。」還記得渡海三個月期間她就飽受頭痛之苦，她絲毫沒有喘息的時間。「我們透過規則來學習語言。當我努力記住這些單字和動詞時，感覺好像有石頭在腦袋裡滾動、壓碾，加上我無法理解怎麼有這麼原始的語言，覺得憑我的能力是無法成功的，我祈求耶穌基督我的愛幫助我，讓我在很短的時間內就得以掌握這個語言。」

　　事實上，瑪麗‧閨雅的學習成效就和她的工作效率一樣好，這應歸功於其聰穎的天資以及強大的記憶力，但是她並未意識到自己擁有這些天賦。經過幾個月的努力，成果相當令人滿意，瑪麗‧閨雅已經可以傳授天主教要理最核心的部分，但她仍有很大的進步空間，需要幾年不懈的努力才足夠，一年的時間並無法達到流暢的程度，但已經是很好的開始。1640 年 9 月 4 日，她向羅蘭修女（Mère Gillette Roland）吐露道：「有一位原住民跟我說：『妳很快就可以說得跟我們一樣了[6]。』」

　　抵達加拿大兩年後，她仍然覺得語言學習上的挑戰非常艱難。「學習與母語相差甚遠的語言猶如針插一般刺痛難耐；但當我表示痛苦時，人們會嘲笑我，因為他們說如果這麼痛苦的話，怎麼這麼快就學會了。但是，相信我，渴望學會說他們的

5　*J*。第二冊。頁 369；另參見 *O*。頁 140、229。
6　*O*。頁 109。

語言是我學習的動力：我想親口告訴我親愛的新天主子民，我所深刻體認的天主和耶穌的愛[7]。」

　　瑪麗‧閨雅專精高山族語和阿爾岡昆語；薩沃尼修女則勇敢地嘗試學習休倫語，後來也投入學習阿爾岡昆語[8]。1640 年，根據當時巴黎的兩位聖吳甦樂會修女所言，這三位修女的「語言水準不足以與原住民溝通[9]」。所謂溝通是指比較深入的對話，因為她們說的是「小土語」。樂仁神父在 1633 年的福傳紀事中有提到這種溝通的語言：「我在研究語言時，發現法國人和原住民之間使用一種怪異的語言，他們講的既不是法語也不是原住民語；然而，當法國人講這個語言時，他們自己以為在講原住民語，而原住民也模仿這個語言，以為那是法語[10]。」

　　瑪麗‧閨雅和同伴居住在位於下城區的臨時會院，空間極為狹小。聖吳甦樂會魁北克修院年鑑中記載：「我們的住所很小，祭台、會客室、宿舍和食堂全都擠在一個十六平方法尺（pieds）的房間，另外一間是給法國人和原住民上課的教室；聖堂、祭衣房還有廚房則設於我們在外面搭的一個長廊[11]。」瑪麗‧閨雅晚年時曾對她的兒子提到剛到加拿大的生活是何等艱困：「我們一開始吃了很多苦，尤其在住所方面。神奇的是我們竟然都活下來了，而且沒有嚴重的殘疾[12]。」

　　主要的廳房就在木條釘的天花板下方，瑪麗‧閨雅說：「那間小房子實在太簡陋了，我們可以透過天花板看到夜晚的星空。由於透風的緣故，蠟燭也幾乎點不起來[13]。」在夏季還能夠忍受，但可以想像她們第一個冬天在這個簡陋住所會是什麼樣子[14]。

　　聖吳甦樂會修女們充分利用了這個狹小空間：「我要告訴你如何讓這麼小的空

7　*O*。頁 125。

8　*O*。頁 285、451。

9　*O*。頁 969。

10　*RJ*。1633 年。（Q。頁 8；Th. 5。頁 112-114）。

11　《魁北克聖吳甦樂會修女年鑑手抄本》。頁 5；此處引用克羅神父的版本（*V*。頁 408），而非 1654 年靈修札記的版本（三河的手抄本）；參見 *O*。頁 98。在荒廢兩年後，1644 年居住在那裡的醫護會修女的描述並不正面：「這間小屋到處都是蟾蜍、蠑螈、潮蟲和各種昆蟲。」（《主宮醫院年鑑》。頁 51）。

12　*O*。頁 870。

13　*O*。頁 98。

14　*O*。頁 148。法國船隊還停泊在港口時，住在登船處附近還是有一些缺點，房子離小海灣只有幾米之遙。參見《主宮醫院年鑑》。頁 52。

間容納這麼多人。房間的盡頭用松木板隔間：一張床靠近地面，另一張床在上方靠天花板處，必須爬梯子才能上去[15]。」根據瑪麗‧閨雅的說法，這一切布置安排，尤其是棚下的聖堂，都非常成功[16]，但是花費不少。她說：「我們沒想到為搭建這座小房子所花的費用竟然這麼高[17]。」所謂教室則是戶外一間「由樺樹皮和木杆搭建的阿爾岡昆棚屋[18]」。

就這樣，河邊的小屋很快被塞滿了。屋內住的是三位聖吳甦樂會修女、貝第夫人和夏洛特‧巴雷。貝第夫人聘請的年輕僕人住在所謂「禁地」外圍的祭衣房，而裡面則住著被託付給聖吳甦樂會修女的原住民小女孩[19]。9月2日，抵達魁北克的一個月後，黎樹修女寫信給迪波修院的院長：「我們已經收了六位長住的原住民寄宿生，偶爾還有其他的人來來去去，如果我們有能力供給吃穿，可能會有更多人來[20]。」

第一個寄宿生是小瑪麗‧內加巴馬（Marie Negabamat），她在聖吳甦樂會修女的陪伴下於8月2日在錫勒里領洗，並由貝第夫人擔任代母。其他寄宿生還有：瑪麗-瑪德蓮‧阿巴特瑙（Marie-Madeleine Abatenau），阿涅斯‧查布迪庫切奇（Agnès Chabdikouechich），瑪麗-吳甦樂‧卡米田（Marie-Ursule Gamitiens），瑪麗‧阿米斯谷方（Marie Amiskouevan）和妮可‧阿斯龐斯（Nicole Assepanse）[21]。除了原住民學生以外，還有幾位住在魁北克的法國女孩前來上課：「我們已經收了大

---

15 *O*。頁98。

16 瑪麗‧閨雅可能也曾親自投入祭台細木工的工程；她對這類的工作相當有天分。*V*。頁505。

17 *O*。頁98。

18 *O*。頁219。

19 *O*。頁98。

20 *O*。頁957。

21 參見 *O*。頁98；*RJ*。1640年（Q。頁44；Th. 19。頁38）。在聖吳甦樂會來之前，都是艾伯夫人在照顧印第安小女孩；庫亞-德斯佩著（A.COUILLARD-DESPRÉES）。《路易‧艾伯和他的家庭》（*Louis Hébert et sa famille*）。里爾-巴黎-布魯日出版（Lille-Paris-Bourges）。1913年。頁87-89、107-108；醫護會修女在錫勒里為了住得離魁北克太遠的原住民小女孩開設了一間學校；她們也招收寄宿生，其中包括羅伯‧吉法的兩個小孫女，參見 *RJ*。1641年（Q。頁26；Th. 20。頁238）。

約七、八名學生 [22]。我們剛抵達魁北克還不到一星期，她們就被送來這裡了 [23]。」

這個小團體各有各的分工：薩沃尼修女是寄宿生導師 [24]，她也同時負責管理祭衣房和床單桌巾等物品。黎榭修女負責飲食，她開玩笑地說：「您可以想像，並不是一直都有人可以做飯，因此這份工作通常都會歸給我。儘管工作量不大，但仍然讓我有得忙，我其實並不擅長做飯 [25]。」非住宿生的課程由薩沃尼修女和黎榭修女共同負責。至於貝第夫人和她的女僕夏洛特則負責類似法國庶務修女的工作。錫勒里的神父們會將一些年幼的孤兒暫時託付給聖吳甦樂會修女，直到找到願意收養她們的家庭。要照顧這些孤兒必須具備堅忍不拔的意志：「貝第夫人負責照料小原住民，這些小女孩有兩歲到三歲的，照顧她們的人每天一早就開始忙碌 [26]。」

此外，每一位進入修院學校的女孩，不論是暫時或是確定留下的，都是由貝第夫人為其「脫脂」，還有清除蝨子，她變成了這方面的專家 [27]。瑪麗·閨雅在給龐塞夫人（Mme Poncet）的信中寫道：「她們被送來我們這裡時像蝨一樣光溜溜，由於父母在她們的身上塗油，我們必須把她們從頭到腳清洗乾淨；不管我們再怎麼刷洗，再怎麼頻繁地幫小女孩換衣服，還是無法根除她們身上因厚重油脂帶來的蝨子。這項工作要花上一個人大半天的時間，這是一個每個人都極力想征服的挑戰，成功的人感到特別幸運，而失敗的人則認為自己能力不足。我們的創始人貝第夫人幾乎整年都在做這件事，今天輪到薩沃尼修女享受這份幸福 [28]。」蝨子的活動範圍並不只限於同一個人身上，在這個靠近港口的擁擠小屋裡，儘管竭盡全力想解決蝨子的問題，但每個人都還是逃不掉。十七世紀的衛生習慣使得這個磨難沒完沒了。

---

22 要列出一份清單非常困難，即使是猜測的也不容易：德·彭第尼（M. Le Gardeur de Repentigny）、德·拉波特利（de Le Neuf de la Potherie）、德·萊斯比內（de Couillard de l'Espinay）的女兒們，還有小朱切羅（la petite Juchereau）……

23 *O*。頁 958。

24 *O*。頁 451。

25 *O*。頁 958。

26 *O*。頁 958、965。

27 印第安人為了防曬、防寒、防蚊以及讓肌膚保持柔軟，都會在身上擦大西洋狼魚油、海豹油或者熊油：杜維勒（R.DOUVILLE）與卡薩諾瓦（J.-D. CASANOVA）合著。《印第安人的日常生活》（*La vie quotidienne des Indiens*）。頁 21、150、191。

28 *O*。頁 97。

甚至那些長期和印第安人生活在附近的加拿大人都無法理解聖吳甦樂會修女和貝第夫人怎麼能有這麼大的耐心：「來拜訪我們的人在看到我們把渾身油膩而且發臭的小女孩抱在膝上親吻、撫摸她們時，都感到難以置信。當這些小女孩稍微適應這邊時，我們就開始幫她們去除身上的油脂，這需要花上幾天的時間，油脂混著髒東西像膠水一樣黏在皮膚上，很難處理。清完後我們再給她們穿上內衣和小長袍，避免蝨子再次上身[29]。」原住民小女孩不太容易接受法國的衛生習慣：「這些小女孩有許多壞習慣，我們每天都會在鍋子裡發現頭髮、煤灰，偶爾甚至還有鞋子[30]。」

　　原住民小女孩其實感情非常豐富，有時當她們想起從前的自由生活，很容易就感傷起來，但是她們的性格比法國女孩子溫順。薩沃尼修女向樂仁神父坦言：「沒有見過比這些孩子更溫順的了，我們要求她們服從，她們完全沒有一點怨言。每當我們要她們向天主祈禱、背誦要理或做一些雜務，她們會立即準備好，沒有任何抱怨和藉口[31]。」這些法國人不只一次表達了他們對印第安小孩的行為感到驚訝，這些女孩的父母一向任她們為所欲為，從不責罵她們。如果這種教育方式用在法國小孩身上，可能會帶來災難性的後果。魁北克聖若瑟學校的寄宿生遠比法國女孩們來得乖巧：「我們教授她們任何東西都能夠輕易吸收，像小羔羊一樣被我們引導著，我從未見過像她們一樣溫順的法國女孩[32]。」

　　原住民小女孩這般態度可歸因於印第安人本身的性情，以及換了新環境的陌生感；但瑪麗‧閨雅和她的同伴們認為聖洗聖事的恩寵也是原因之一，因而感到驚歎、欣喜。這些寄宿生對與天主相關事物的喜愛、超自然的感應、開放、純真等等，在導師修女們眼裡全是聖神臨在的奇妙作為，讓她們覺得辛苦的付出都值得了：「她們非常專注學習，即使我要她們從早到晚反覆背誦要理，她們也願意服從，讓我非常驚喜。我在法國從未見過女孩子像我們這群學生一樣渴望受教育或向

29　*J*。第二冊。頁372。

30　同上。

31　*O*。頁962；杜維勒（R. DOUVILLE）與卡薩諾瓦（J.-D. CASANOVA）合著。同上。頁115-116、131-133；然而，印第安人的性觀念十分開放，小孩很早就有經驗。

32　*O*。頁103，104。

天主祈禱。我相信天主會降福這些純潔的靈魂……[33]」

至於貝第夫人，她之前因為唯一的女兒早夭而心情陷入低谷，在印第安小女孩身上她又重拾身為母親的感覺[34]。她寫道：「有一天，我因身體不適而在床上躺了一個上午，下午來到印第安小女孩們的房間時，感受到了一股不可思議的溫情，她們大喊：『Ninque，ninque！我的媽媽，我的媽媽！』她們撲上來緊緊抱著我。親愛的神父，說真的，看到這些野蠻孩子的真情流露，我滿心歡喜，我對她們的愛就如同親生小孩一般[35]。」

薩沃尼修女到處散播歡樂，一位來自聖吳甦樂會巴黎會院的修女在抵達的第二年寫道：「休息時間，她常常把我們逗得笑到流淚，跟她在一起時總能擺脫憂慮；她是一個多才多藝的女孩[36]。」她擅於演奏古提琴，並透過這項才藝吸引印第安人的注意。「演奏時，看到原住民們著迷地停留在提琴旁，是一件令人開心的事[37]。」

1640 年，勒布格修女（Mère Anne Le Bugle de Sainte-Claire）抵達魁北克後，向聖吳甦樂會巴黎修院院長詳述了上課情況：「薩沃尼修女是這些學生的老師，她對學生們的愛就像一位母親對自己的小孩一樣。上完要理，她教孩子們唱歌，用古提琴彈奏聖詩；有時她會讓她們跳原住民舞，見到貝第夫人時，天真無邪的女孩們會邀她一起跳舞[38]。」跳舞和飲食習慣的部分是修女們為印第安人所做的唯二讓步。至於其他部分，聖吳甦樂會修女們仍努力使她們法國化[39]；她們的想法和福傳未果的耶穌會士是一致的。後來，當科爾伯（Colbert）殖民專責辦公室希望大幅度推動法國化時，這些耶穌會士和聖吳甦樂會修女對此抱持保留意見。1639 年至 1640 年

33　O。頁 93。

34　「我從未見過像貝第夫人和聖吳甦樂會修女們一樣，對學生的占有慾像母親對自己孩子一樣。」RJ。1640 年（Q。頁 44；Th. 19。頁 36）。

35　O。頁 965。

36　O。頁 968。

37　O。頁 957。

38　O。頁 968-969。

39　參見斯丹利著（G.-F.-G. STANLEY）。〈舊制度時期針對印第安人法國化的管制〉（The Police on 'Francisation' as applied to the Indians during the Ancien Regime）。RHAF。第 3 期。1949 年。頁 333-348。

間，對一個印第安小女孩最大的讚美就是「她看起來不像原住民[40]」。

　　聖若瑟學校自開始就受到了傳染病的考驗：「由於原住民得到天花，我們的小屋很快就變成醫院。由於我們當時還沒有家具，只能將床放在地板上，數量甚至多到無法走動，我們必須跨過病床來移動，有三、四個原住民女孩因病逝世[41]。」

　　當時也有不少成年印第安人會來到修院，一開始他們把這裡當作一處景點，來看看這些「來自法國的船長女兒」如何照顧當地的孩子。他們總會問一樣的問題：「有些人從老遠的地方來，看到我們如此不同的生活方式感到非常疑惑，問我們為什麼要把頭包起來，或者為什麼只能透過小洞看我們[42]。」

　　瑪麗・閨雅嘗試回答他們，儘管回覆得結結巴巴，雙方仍能相互了解。參觀修道院也是獲得禮物的機會：先是餐點，然後是衣服，再來是原住民們非常渴望的宗教小物[43]。

　　瑪麗・閨雅很高興能夠為他們做點什麼；新領洗者的純真、慷慨，還有不受禮節束縛的最直接的熱情，都讓她和同伴感到驚奇。她提過好幾次關於初期教會的精神：「初期教會的狂熱似乎也傳入了新法蘭西[44]……」

　　這正是她來到加拿大所尋求的，源自她默觀與奧祕生活的使徒熱忱，需要一個能夠喚起初期基督宗教精神的地方來綻放，而新法蘭西沒有讓她失望[45]。

　　十五年後，易洛魁人發動戰爭滅絕了休倫族，使徒工作的方向轉移回到法國人本身，瑪麗・閨雅回想起初來乍到那幾年的情景不免感傷：「當時原住民人數眾多，男男女女蜂擁而至，我們教導他們、與他們對談，讓我感到莫大的欣慰[46]。」

40　可參見 O。頁 91、102。

41　J。第二冊。頁 369。

42　O。頁 109。

43　O。頁 958。

44　O。頁 94。

45　哈耶著（A. RAYEZ）。〈瑪麗・閨雅和新法蘭西的靈修風氣〉（Marie de l'Incarnation et le climat spirituel de la Nouvelle-France）。RHAF。第 16 期。1962 年。頁 3-36。

46　J。第二冊。頁 370。關於她在教導原住民女孩時的快樂，請參見 O。頁 140；加拿大對她而言是一座「天堂」。O。頁 110。

第三章

巴黎修女們的到來

(1640 年)

　　儘管韋門神父曾在一年前碰過釘子，他仍未放棄爭取讓巴黎聖吳甦樂會修女來到新法蘭西的計畫[1]。在啟航前往新法蘭西之前，他已經獲得貝第夫人和都爾聖吳甦樂會修女們的同意，大家的共識是將都爾的修女算在博多聖吳甦樂會內，同意派遣不超過博多修女人數的巴黎修女前往加拿大[2]。但是瑪麗・閨雅不知道的是，韋門神父為了這座新的隱修院寫信給羅馬教廷以取得教宗諭旨，他向羅馬教廷表示這座隱修院係歸屬巴黎的聖吳甦樂會。瑪麗・閨雅到後來才得知此事。她當時也不知道韋門神父已經告知巴黎聖吳甦樂會修女，說魁北克修院將採用她們的會規和會憲。因此，這兩位被指派來新法蘭西的修女可能以為抵達加拿大後，不必改變原來的生活方式。

　　前一年阻止戈德貝修女（Mère Godebert de Saint-Jérôme）前往新法蘭西的所有異議並沒有被遺忘，讓大家學到了一課。「巴黎聖雅各區大修院院長——貝宏修女

---

[1] 第一個冬天非常嚴峻，但是沒有一位聖吳甦樂會修女因此生病。*O*。頁 109。
[2] *O*。頁。109。

（Mère Béron de Sainte-Madeleine）將此事處理得非常好。她於當年年底（1640 年）宣布，若非在本人懇求且徵求父母同意的情況下，絕不將任何一位女孩送到這麼遙遠的地方 [3]。」

他們詢問了兩位修女的意願：分別是三十三歲的勒布格修女和二十六歲的弗萊塞勒修女（Marguerite de Flécelles de Saint-Athanase）。1640 年 2 月 17 日，聖吳甦樂會在聖雅各會院召開總代表大會，審議由耶穌會神父、貝第女士和魁北克第一批聖吳甦樂會修女提出的請求：「請派遣巴黎聖吳甦樂會修女來幫助他們建立加拿大修院。大多數人都表示贊成，認為這將會光榮天主；他們也提出負擔她們的旅行費用，並且每年提供 300 古銀元以支應她們住在簡陋小屋中的日常開銷所需 [4]。」

勒布格修女已經響往加拿大多年；她時常把這件事掛在嘴上，並希望有一天她的願望得以實現。當院長告訴她這個決定時，她欣喜若狂。她的同伴弗萊塞勒修女也是自願前往，但她的態度相對保守，心裡其實百般不願意離開法國。

巴黎總主教的態度比前一年緩和，院長以各種方式技巧性地表達她的需求，「院長非常謹慎地處理這件事，並且透過一些可以影響總主教的人脈來協助，加上都爾聖吳甦樂會修女們平安抵達新法蘭西的好消息振奮人心，為當地福傳開啟希望，所以總主教最後批准了他前一年所駁回的案子 [5]。」

但是最主要的困難還是來自父母的阻礙，尤其是勒布格修女的父母。他們在她離開巴黎前三到四天時要求撤銷派遣許可；然而勒布格修女並未因此灰心喪志，她寫了一封文情並茂的信給總主教，闡述「她渴望前往加拿大的動機，以及天主召喚她的所有徵兆已經過一些人審視確認，請巴黎總主教決定她是否可以前往加拿大。」她寫給母親的信中也表達了相同的意思。最後她獲得雙方的許可，得以在 1640 年 3 月 8 日與同伴一起前往迪波港 [6]。她們在迪波港與梅納神父（P. Ménard）和杜佩宏神父（P. Duperron）會合。一百聯營公司租用的兩艘船於 3 月 26 日進入港口，修女們登上由古彭船長（capitaine de Courpon）掌舵的「希望號」

3　《聖雅各修院年鑑手抄本》（*Annales ms. du Couvent du Faubourg St-Jacques*）。頁 200 起（*AUQ*）。
4　聖吳甦樂會聖雅各會院院務登記簿。
5　《聖雅各會院年鑑手抄本》。同上。
6　院務登記簿；年鑑提到的是 3 月 6 日。

（Espérance），與前來支援的梅納神父和兩位迪波醫護會修女一同準備出發[7]。

　　待在港口的五週，天氣都非常惡劣：暴風驟雨、雪霧瀰漫，一切都阻礙著兩艘船出航。一直等到 4 月 28 日才終於啟航，整段航程反而相當平穩。6 月 14 日船隊航經布雷頓角、19 日到加斯佩、30 日到了泰道沙克，他們在此換搭安索船長所駕駛的「聖雅各號」。修女們於 7 月 8 日抵達魁北克。蒙馬尼總督、韋門神父和貝第夫人都在港口等著迎接待她們。我們在 1640《靈修札記》中可以讀到：「貝第夫人帶著一群衣著整齊的學生迎接她們，抵達時先將她們帶到離港口最近的聖吳甦樂會修院的聖堂[8]。」我們能夠想像在下城的窄小修院接待新來修女們的景象。

　　勒布格修女出身巴黎望族，連總主教都有所聽聞。她出生於 1605 年，曾就讀尤鎮（Eu）的聖吳甦樂寄宿學校。她在 1626 年左右進入聖吳甦樂會巴黎修院，其過程因母親的遲疑並不順利。她是一位出色的修女，性格開朗、苦修克己，也同時善於處理事務[9]。弗萊塞勒修女是尚・德・弗萊塞勒（Jean de Flécelles）的女兒。這位父親是柯爾貝布里（Corbeil-en-Brie）的子爵，也是布雷吉（Brégy）、伊韋尼（Yverny）、馬爾梅松（Malmaison）的領主，以及巴黎會計協會會長；他的妻子是凱特琳・德・艾爾本（Catherine d'Elbène）。弗萊塞勒修女的兄弟之一尼古拉（Nicolas），曾擔任高階外交官，後來出任皇家軍隊的少將。弗萊塞勒修女生於 1614 年 5 月 28 日，由聖吳甦樂會修道院的修女撫養長大，後來進入初學院[10]。瑪麗・閨雅筆下描寫的弗萊塞勒修女，全是有關她明智、穩重和才能等特質的讚揚，瑪麗・閨雅非常喜歡她，二人關係極為親密融洽[11]。新修女的到來對魁北克修道院來說是極大的恩寵，但是韋門神父向巴黎聖吳甦樂會許下的承諾卻引起了兩難。韋門神父也許已經把自己的想法當作事實，卻沒有意識到瑪麗・閨雅為捍衛自身權利的堅定之心。她說：「來自巴黎的兩位修女對先前發生的事一無所知，她們單純認為我們將歸屬她們的修道院，遵循她們的規章制度以及隨之而來的事務。這種情況

7　*RJ*。1640 年（Q。頁 2；Th. 18。頁 70 起）；梅納神父關於渡海的書信由夏博修女（Mère Marie-Emmanuel CHABOT）彙編至《從書信認識降生瑪麗》（*Marie de l'Incarnation d'après ses lettres*）。頁 296-300

8　*RJ*。1640（Q。頁 4；Th. 18。頁 74）。

9　《魁北克聖吳甦樂會》（*Les Ursulines de Québec*）。第一冊。頁 362 起。

10　同上。頁 479 起；*J*。第三冊。頁 259 註解。

11　參見 *O*。頁 265、269、644。

下更有必要處理這件事，但不能在公開場合，而是在一個私下特定的會議中說清楚……因此，正如我剛才所說，她們認為我們將歸屬她們的修道院。我反駁道，我們想要共同合作建立一個聯合會，而非讓我們歸屬她們的修道院。我在這個場合必須堅持立場，讓眾人在我身上看到前所未見、面對重要事物的堅決。我盡可能地表現出尊重，但立場始終堅定[12]。」

身為院長的韋門神父與修會靈修導師樂仁神父這兩位耶穌會士扮演仲裁角色，同時也是當事人。當瑪麗・閨雅談到她的堅持，主要都是針對他們兩位。來自兩個聖吳甦樂會不同修道院的修女們在生活上都能夠和平相處，爭議只存在於定位上的適法性。「（巴黎修女）聽從神父們的建議，我們也是；她們向神父表達了不滿，我們也同樣表達了自己的不滿。」但是在日常生活中，除了偶爾相處時會感到尷尬和一點冷漠之外，我們雙方都盡量避免衝突：「感謝天主，我們從未發生任何爭執，為了維持和諧，在我們這個小團體中也從沒發生過相互攻擊的事件。」對於瑪麗・閨雅而言，韋門神父對此事的偏袒才是最難以忍受的。他以為他是為光榮天主而努力，但是他圓滑的處理方式讓巴黎聖吳甦樂會修女懷抱錯誤的希望。此外，瑪麗・閨雅先前不經意地寫下對福傳工作相關的服從誓言，她認為這是天主帶給她的靈感：「基於天主強烈的啟發，（我）向負責福傳的院長神父立下一個特別的誓言，為了實踐祂向我要求的一切，達成這個聖召的使命，承受應受的苦難[13]。」誓言的範圍很明確，直接關乎印第安社會的使徒工作。但我們仍在字裡行間感覺到韋門神父以福傳使命為藉口，要求瑪麗・閨雅放棄都爾聖吳甦樂會的會規。「我獨自承受所有的打擊，因為我的同伴薩沃尼修女還年輕，大家都認為如果我被打敗了，他們就可以達成目的[14]。」

瑪麗・閨雅並沒有將這件事歸咎於薩沃尼修女，但她認為必須提醒她。「她深受感動，並且堅定地表示會在適當時機表達自己的意願。她的回覆蘊含著她超齡的謹慎和睿智，我每每想起，總會暗自欣喜。她的謙虛和委婉讓我們看到她兼具美德

12　*O*。頁 575-576。
13　*J*。第二冊。頁 373。
14　*O*。頁 576。

與智慧 [15]。」

在這場僵局中，兩位耶穌會神父不得不在原則上讓步，並在依加拿大生活條件下制定的特殊會憲完成之前，承認某種臨時性的聯合會規約。該法案由雙方共同撰寫，然後交由秋天的船隊寄送給都爾和巴黎修道院，經由修院各自的會議核准後，再將核准書送回魁北克。聖吳甦樂會魁北克修院保留一份「聯合會要點 [16]」檔案；另一份收藏於《魁北克聖吳甦樂會年鑑 [17]》（*Annales des Urs. De Québec*）中，而聖吳甦樂會巴黎修院於其年鑑中做一個重點摘要 [18]，並記錄魁北克修女彼此達成協議的時間，即是當年 9 月。巴黎修女們於 7 月 8 日抵達魁北克，根據瑪麗·閨雅的敘述，談判持續了整整兩個月，而這兩個月正好是院長事務最為繁忙的時候，她要監督工程、接待原住民，還要處理寄往法國的書信等事務；同時還為了解決種種物資問題、處理訂單和發貨的事，每天不眠不休地寫信回法國。

協商的第一點是關於會服，而其他三點則是有關第四聖願。我們可以從這裡看出來，這份協議一開始只是一個妥協方案，而非旨在建立新會規基礎的協議。修女會服採用都爾聖吳甦樂會的，而教育年輕女孩的特殊誓願則是採納巴黎聖吳甦樂會的。放棄原來的修女會服並不是一件容易的事，瑪麗·閨雅特別提到這兩位聖雅各區修院修女的難得之處：「你們想想，要放棄發願時穿的會衣對這兩個女孩來說是多麼大的犧牲啊！」她們不知道是否有權在請示她們的修院前就放棄自己的會服：「對她們來說，確實非常為難，尤其是在沒有她們所屬修院修女的參與或同意的情況下……這些好女孩們在會議上展現出她們的美德，因為我們兩個修道院的會服截然不同 [19]。」至於都爾聖吳甦樂會修女則同意宣發巴黎修道院的第四聖願。韋門神父太快相信自己已經成功說服修女們，於是便向巴黎修女宣布：都爾修女們願意宣

15　*O*。頁 576-577。

16　很可能是於 1682 年火災後重寫的副本。

17　《魁北克聖吳甦樂會年鑑手抄本》。頁 8。

18　《聖雅各修院年鑑手抄本》。頁 211；聯合會法案由夏波（L.CHAPOT）編撰，收錄於《可敬的降生瑪麗修女生平》（*Vie de la Vénérable Mère Marie de l'Incarnation*）。第二冊。頁 387-389。《魁北克聖吳甦樂會》（*Les Ursulines de Québec*）。第一冊。頁 60-63。

19　*O*。頁 576；博多聖吳甦樂會修女並沒有教育的誓願。此為二十五歲以後，依照教宗諭旨的修道生活十年之後才承擔的義務。參見 *O*。頁 268；針對魁北克聖吳甦樂會服裝的細節描述，參見《會憲與會規》（*Constitutions et règlements*）。對開頁 85 起。

發新的隆重願。這麼做就好像表明她們先前宣發的聖願只因為沒有第四願，就變成不足且無效的。瑪麗・閨雅希望能夠私底下發第四願，因為萬一魁北克修道院無法繼續存在，她只想回到她原來歸屬的都爾修道院。她最終成功了，達成的協議內容如下：「從博多聖吳甦樂會來到加拿大的修女可以私下宣發教育年輕女孩的第四願，並且只在加拿大有效。」

那些直接進入魁北克修道院的初學修女將面臨一個問題。還記得 1639 年 3 月與貝第夫人在巴黎簽訂合約時，瑪麗・閨雅就間接地提及這件事。如果魁北克修道院的修女被遣返法國，不屬於該兩修道院的初學修女們該怎麼辦呢？早在 1639 年，瑪麗・閨雅就認為由貝第夫人建立的修道院應保留其獨立性，即使被遣返法國亦然。當初創院的條款中並沒有提及這種情況。聯合會要點則提出了解決方法：「若是被遣返法國，巴黎和博多兩個修道院的修女能夠選擇返回她們的修道院……也可以和在加拿大修道院發願的修女選擇法國的某個城鎮定居，只要經過國王和當地主教的同意。她們將遵守加拿大修道院的會規生活，一直到有機會重返新法蘭西，繼續援助當地住民。若天主願意給予恩寵，她們可以運用創建基金，以及發願修女們從法國帶來的錢財來維持修院運作。」

新條款應至少先獲得貝第夫人的口頭同意，她前一年已經拒絕過一次；但是瑪麗・閨雅發表了源源不斷的意見，在措辭上極為圓融。

聯合會要點中還包括其他重要條款：兩個創始修會的修女數量必須維持相等；若巴黎聖吳甦樂會派來一位修女，博多修會也必須派來一位；而且應由魁北克修道院及教會長上主動提出從法國派遣修女的要求，而非由法國當地修道院院長自行決定派遣。最後，專屬於魁北克的會憲必須「根據當地情況以及修女們的想法」於魁北克當地制訂。當時其中一個條款暫時沒有被採用，即是聯合會要點的第六點：「派遣一名直屬教宗的長上兼使徒工作專責人員，並要取得羅馬教宗諭令，以維持聯合會的穩定和永續。」耶穌會總會長不希望由加拿大的耶穌會士來扮演這個角色；他希望由教區神父來擔任長上 [20]。

20　參見韋門神父於 1640 年 9 月 1 日寫給迪波院長的信：「勒序額（Le Sueur）修道院院長與她們待在一起，我相信會持續下去，甚至偶爾聽告解。我們可敬的總會長和省會長都如此期望著。」（*ASQ*。多元作者區 22。編號 57。）

教宗諭令遲遲沒有下文。至於直屬羅馬教廷且獨立於耶穌會外的教會長上這個願望，只能等到拉瓦主教（Monseigneur François de Montmorency-Laval）的到來才能夠實現，然而這位主教的態度卻讓瑪麗・閨雅感到失望[21]。

一直到隔年收到都爾和巴黎兩個修道院的同意書後，聯合會協議才終於在1641年9月8日聖母誕辰紀念日正式簽署[22]。但是瑪麗・閨雅要面對的困難尚未結束，她仍要為會規的細節奮鬥：「這件事情解決了，接下來就輪到將改變我們親愛的女孩們言行習慣的相關規定細節。儘管整個過程都是公正且平等的，對她們來說仍然是一種嚴酷的考驗。負責巴黎修女的神父都想滿足她們的要求，但又不願公開違背我們的意願。然而，我私底下被各種嘗試說服的言論所壓迫，情況逐漸失控[23]。」瑪麗・閨雅並沒有明確指出這次危機達到高峰的時間點，她只說：「我在這次會議上所承受的巨大壓力是我一生所遭遇過最痛苦的經歷，與這些被信任、愛戴的聖人產生糾紛，不認同他們的理由、與他們的堅持抗衡，簡而言之，身處必須與他們抵抗的兩難，是非常沉重的十字架。儘管如此，仍得堅持下去，並以公正平等的方式制定規章，與此同時，等待一個可以幫助我們走得更遠的人，但目前並沒有找到合適的人選[24]。」

相關的敘述具客觀性，這要歸功於瑪麗・閨雅，她承認韋門神父的出發點是公正的，論點是堅實的，生命是聖潔的。

不論是巴黎或都爾聖吳甦樂會，她們的會規和慣例至多也才二十至三十年的歷史，其傳統並不久遠，且兩者的會憲差異都是在次要的方面，為何修女們會這麼在意這件事？

也許是瑪麗・閨雅和她的同伴誇大了這個問題：她們在空間狹小的地方實踐隱修，生活條件非常艱苦，以致於最細瑣的事都會被無限放大。此外，修女們還被當

21　夏博著（Marie-Emmanuel CHABOT）。〈魁北克早期聖吳甦樂會的會憲與會規〉（Constitutions et Règlements des premières Ursulines de Québec）。《拉瓦大學期刊》（*Rev. de l'Univ. Laval*）。第 19 期。1964 年。頁 105-111。

22　關於都爾的同意書，參見 *O*。頁 144。

23　*O*。頁 577；「臨時會規由傳教負責人韋門神父以及卜瑞伯神父、樂仁神父和昆恩神父三位諮議訂定，他們都非常仁慈地協助我們此事。」*J*。第二冊。頁 405-406。

24　*O*。頁 577；參見 *O*。頁 291。

時的形式主義和吹毛求疵的思想所牽制。在十七世紀，像這樣的團隊精神前所未見，當自己所屬社會團體的權利受到威脅，每個人都願意為此奮戰。加上瑪麗・閨雅是一個注重細節的人，我們之後在談到魁北克專屬的會憲時會看到她的這一個特質。

她深信，她有責任捍衛都爾的「權利」，同時也是為了魁北克修院的發展。魁北克修院在很長一段時間內仍無法與法國修道院相提並論[25]。

沒有人比瑪麗・閨雅更熱切渴望在法國建立一個單一的聖吳甦樂修會，她熱切地關注法國神職人員大會上有關這個議題的努力。她也對自己的兒子所屬之本篤會聖莫爾修道院（Saint-Maure），以及克魯尼修道院（Cluny）這兩個本篤會的結合感興趣，正是因為這個情況跟她們的很類似[26]。她認為雙方都必須有所犧牲，聯合會的理想才得已實現；另一方面，基於新法蘭西福傳的實際需求，她並不認為統一的會規絕對是一件好事，或是值得不惜一切代價追求的理想。

根據克羅神父的說法，在魁北克簽訂的協議受到法國各個聖吳甦樂修道院的高度肯定，甚至將之視為法國聖吳甦樂聯合會一個可採用的基礎，這也是瑪麗・閨雅於 1639 年 3 月與巴黎修道院的院長和修女所談過的事情[27]。克羅神父在母親的傳記中寫道：「人們認為建立一個結合法國所有聖吳甦樂修道院的聯合會是合理公正的事，而且加拿大的範例可以做為榜樣。瑪麗・閨雅收到各地關於此事的來信，她對於成果終於獲得認可，甚至因此孕育了更偉大的計畫而感到甚是欣慰。她知道此事困難度很高，因為聖吳甦樂會受主教管轄，而主教們擁有規章的核定與否決權，很難讓他們全體達成共識，即使如此，瑪麗・閨雅還是寫信給所有她認為能夠推動這個龐大計畫的人士……[28]」

她認為，聯合會是防止主教對內部任意控制或是放寬會規的理想作法。「（我們因此可以）透過聖吳甦樂會全體適用的會規讓日常行事作為更穩定而持久，這

25　有鑑於都爾聖吳甦樂會修女的精神，保障這些權利是絕對必要的。參見 O。頁 579；然而瑪麗・閨雅強調「女孩們的順從」和彈性，能夠接受一些調整。O。頁 239。

26　參見 O。頁 269、378；關於聖莫爾和克魯尼聯合修會：參見 O。頁 272。註 2。

27　V。頁 411。

28　V。頁 411-412。

些法規一旦經過羅馬教廷批准，將不再受外在條件影響，造成對會規的損害……事情進展得出乎意料得快，讓掌管一切的主教們不得不在全國神職人員會議上報告[29]。」然而不幸地，這件事情並沒有後續：「沒有任何一條被採納實施，一切都保持原樣。這並沒有阻止瑪麗‧閨雅一輩子把這個願望保留在心中，她最後一次生病時，委託一位修女向法國轉達自己所能想像聯合總會將帶來的種種好處，她至死都會懷抱這個願望，期待它的實現[30]。」

　　她的想法很有遠見，她說每個修道院的立法都有好有壞。若我們擱置私利，「保留最好、最周延的部分，就可以擬出一個完美無缺的法規[31]。」聯合會這個想法深植她心底。她在 1645 年與兒子談到這件事，1649 年又提了一次。克羅神父肯定道：「她深信聯合會將光榮天主，（即使）她對加拿大的熱愛程度無人不知，她仍願意離開一段時間，回到法國，為了聯合會貢獻自己[32]。」她若晚兩個世紀出生，就可以看到這個願望成真[33]。

29　參見 *O*。頁 378；《法國全國神職人員會議 1560 年到 1768 年的會議紀錄集》（*Collection des Procès verbaux des Assemblées générales du Clergé de France depuis l'année 1560 jusqu'en 1768*），談到了 1635 年的聯合會計畫。第二冊。巴黎出版。1756 年。頁 766；早在 1632 年 11 月 19 日在聖雅各修道院舉行的一次私下會議上，此事就被提出，前面克羅神父已有提及。（摘自巴黎聖吳甦樂諮議會議的結論。1626-1695 年。*AUQ*）

30　*V*。頁 412。

31　同上。

32　同上。

33　李紹道詠禱司鐸（Chanoine RICHAUDEAU）籌備許久的羅馬聯合會在 1900 年的總代表大會上通過。參見波謝著（Marie-Vianney BOSCHET）。《聖吳甦樂羅馬聯合會歷史》（*Histoire de l'Union Romaine de l'Ordre de Sainte-Ursule*）。第一冊。〈源起〉（Les Origines）。1951 年。羅馬出版。頁 491-530。

第四章

貝第夫人的背棄

(1641-1643)

第一批送到瑪麗城（Villemarie）的物資隨著勒布格修女和弗萊塞勒修女於 1640 年所搭乘的船隊抵達魁北克，放置在沙岸上：「運來的二十桶糧食跟其他生活必需品是為了供應蒙特婁島的新居所需[1]。」

以建立殖民地來拓展宗教信仰的想法由來已久。在 1630 年至 1634 年間，這個想法變得更加明確。一位來自昂熱（Angers）的仕紳在拉弗萊什市（La Fléche）擔任稅務官，他意識到自己的使命，認為自己是被天主揀選的人，要他以聖若瑟之名創建一個新的醫護修女會，並在比魁北克更內陸的聖羅倫河流域建立殖民地，推動

1　*RJ*。1651 年（Q。頁 36；Th. 22。頁 202）。

原住民皈依天主，而殖民地的主宮醫院將接受來自他所新創修會的修女[2]。

　　神奇的是，儘管物資匱乏且困難重重，這兩項計畫終究成功了，而且此殖民地的地理位置絕佳，後來成為加拿大最大的商業都市的搖籃，即便是天才經濟學家也難以達到這個成就。蒙特婁位於下加拿大幾條主要河流的交匯點：渥太華河（Ottawa）、上聖羅倫河（haut Saint-Laurent）、黎希留河（Richelieu）和聖方濟河（Saint-François）等。然而，蒙特婁島當時並不繁榮，主要貿易站位於三河地區（les Trois-Rivières）。

　　拉多維歇先生（Jérôme Le Royer de la Dauversière）的計畫是讓「他的」殖民地成為虔誠信奉天主的法屬印第安文化文明中心。他的靈修導師修沃神父（P. Chauveau）是拉弗萊什學校的耶穌會士，當拉多維歇先生向他吐露自己的想法時，他抱持著懷疑的態度。在他看來，拉多維歇就像一位信仰虔誠的夢想家，又或是神祕而危險的唐吉訶德，尤其當時魁北克已不再是法國的屬地。

　　但是，拉多維歇並沒有因此灰心喪志，反而滿懷信心繼續朝他的目標前進。他的計畫引起一位富裕的年輕仕紳的興趣，他是弗岡男爵（Baron de Faucamp），名叫皮耶·雪佛里耶（Pierre Chevrier）。他為了宣揚聖若瑟而創立聖家會（sainte

2　庫瓦尼耶·德·婁內著（E.-L COUANIER DE LAUNEY）。《勒華耶·德·拉多維歇、瑪麗·德·拉費，以及他們的使命和超自然現象概要》（*Notions abrégées sur Jérôme Le Royer de la Dauversière, Marie de la Ferre, leur mission et les interventions surnaturelles qui s'y rattachent*）。拉卪出版。1887 年；《法國與加拿大的聖若瑟醫護會修女歷史》（*Histoire des Religieuses hospitalières de Saint Joseph, France et Canada*）。第一冊。巴黎出版。1887 年；《聖若瑟的醫護會修女院年鑑與歷史》（*Annales ou Histoire de l'Institut des religieuses hospitalières de Saint-Joseph*）。索米爾出版（Saumur）。1829 年；多利耶·德·卡松著（F. DOLLIER de CASSON）。《蒙特婁歷史》（*Histoire de Montréal*）。出版者芙練利（Ed. FLENLEY）。多倫多出版。1928 年；蒙杜修女著（Soeur MONDOUX）。《1642-1942 年蒙特婁第一座醫院──主宮醫院》（*L'Hôtel-Dieu, premier hôpital de Montréal 1642-1942*）。蒙特婁出版。1942 年；高尤著（G. GOYAU）。《加拿大修院之起源》（*Les origines religieuses du Canada*）。巴黎出版。1924 年；雅梅著（A. JAMET）。〈杰羅姆·勒華耶·德·拉多維歇與蒙特婁初期〉（Jérôme le Royer de la Dauversière et les commencements de Montréal）。《渥太華大學期刊》（*Rev. De l'Univ. d'Ottawa*）。第 6 期。1936 年。頁 387-419；貝唐著（C. BERTRAND）。《德·拉多維歇先生》（*Monsieur de la Dauversière*）。蒙特婁出版。1947 年；梅尼提耶著（Ch. MENNETRIER）。〈拉弗萊什與蒙特婁〉（La Flèche et Montréal）。《曼恩省》。第 27 期。1947 年。頁 50-79；烏則羅著（F. UZUREAU）。〈關於杰羅姆·勒華耶·德·拉多維歇之死的未出版信件〉（M. Jérôme Le Royer de la Dauversière, Lettre inédite sur sa mort）。同上。第 21 期（第一套）。1913 年。頁 208-217；克雷蒙著（B.CLERMONT）。《瑪麗·德·拉費（1592-1652）與聖若瑟醫護會修女》（*Marie de la Ferre〔1592-1652〕, les Hospitalières de Saint-Joseph*）。蒙特婁出版。1964 年；艾斯田著（Y.ESTIENNE）。《面對：杰羅姆勒華耶·德·拉多維歇的一生》（*Faire Face, Vie de Jérôme Le Royer de la Dauversière*）。土魯斯出版。1971 年。

Famille），並在一位德行崇高的女子——瑪麗・德・拉費（Marie de la Ferre）協助下重整拉弗萊什的主宮醫院。瑪麗・閨雅前往加拿大的同一年，瑪麗・德・拉費和同伴開始了修道生活；昂熱主教於 1642 年批准這個新的修會。拉多維歇的計畫後來感動了修沃神父，於是同意他在巴黎展開運作，促使蒙特婁計畫這個遠大的夢想得以實踐。在瑪麗・閨雅心繫魁北克的同一時間，拉多維歇與弗岡男爵一同前往巴黎。

有人建議他去找掌璽大臣塞吉耶（Séguier）。他前往拜訪的時候在候見廳遇見奧利耶（Olier）先生，給了他非常有力的支持，並居中與聖體軍（Compagnie du Saint-Sacrement）聯繫。杭第（Gaston de Renty）以及加拿大福傳最大的贊助人格什維勒侯爵夫人（marquise de Guercheville）的兒子——羅傑・杜普萊西斯 - 利安庫爾（Roger du Plessis-Liancourt），兩人提議協助拉多維歇和弗岡男爵成立一個旨在建立加拿大福傳中心的非營利組織[3]。經歷過無數次徒勞無益的嘗試，終於在拉勒蒙神父（P. Lalemant）的幫助下，拉多維歇和弗岡男爵獲得勞森總督（Jean de Lauson）的同意，將先前一百聯營公司贈與的蒙特婁島轉讓給他們。依 1640 年 8 月 7 日的合約，轉讓金額為 15 萬古銀元。當時蒙特婁聖母軍（Société de Notre-Dame de Montréal）只有六人，拉多維歇於是提高借貸金額。他還找到了適合海外新職務所需要的領導人選：保祿・德・修麥迪・梅宗訥夫（Paul de Chomedey de Maisonneuve），他是一位二十九歲的年輕軍官，出身香檳省貴族，他的姊姊是特魯瓦（Troyes）的一名修女。他被說服前往新法蘭西，為國王效忠。由他帶領蒙特婁聖母軍所招募的五十六名工匠、農民和士兵，準備登船[4]。

3　《蒙特婁聖母軍的先生和女士們為新法蘭西原住民皈依的真正動機》（*Les véritables motifs des Messieurs et Dames de Notre-Dame de Montréal pour la conversion des Sauvages de la Nouvelle-France*）。達弗呂（M.-Cl. DAVELUY）再版；《1639-1663 年蒙特婁聖母軍》（*La société de Notre-Dame de Montréal, 1639-1663*）。蒙特婁出版。1965 年；關於殖民地成立之前的蒙特婁，參見：波格杭著（A. BEAUGRAND）。〈1542-1642 年的蒙特婁〉（Montréal, 1542-1642）。CD. 第 7 期。1942 年。頁 19-26；朗托著（G. LANCTÔT）。〈梅宗訥夫到來前的蒙特婁〉（Montréal avant Maisonneuve）。《拉瓦大學期刊》（*Rev. de l'Univ. Laval*）。第 11 期。1957 年。頁 576-583；貝唐著（C. BERTRAND）。《1535-1760 年蒙特婁歷史》（*Histoire de Montréal, 1535-1760*）。蒙特婁 - 巴黎出版。1935 年；呂米立著（R. RUMILLY）。《蒙特婁歷史》（*Histoire de Montréal*）。第一冊。蒙特婁出版。1970 年。

4　德洛歇著（L.-P. DESROSIERS）。《保祿・德・修麥迪——梅宗訥夫領主》（*Paul de Chomedy, sieur de Maisonneuve*）。蒙特婁出版。1967 年；朗托著（G. LANCTÔT）。《梅宗訥夫治理下的蒙特婁》（*Montréal sous Maisonneuve*）。蒙特婁出版。1964 年。

在拉羅謝勒，一名年約三十五歲，來自朗克（Langres）的女士在出發前一刻抵達。她受到貝第夫人的啟發，以她為榜樣，渴望親自獻身於新法蘭西的福傳使命。同時，她受到克羅·德·布里庸（Claude de Bullion）的遺孀安琪莉克·弗何（Angélique Faure）私下請託，準備在蒙特婁建立一座與魁北克相似的主宮醫院[5]。法國各地的資產階級都感受到探險風氣正在醞釀，信仰虔誠的女孩們也受到影響。珍妮·蒙斯（Jeanne Mance）於是搭上 1641 年 6 月初的船隊中的一艘，這艘船上還有雅各·德·拉普拉斯神父（P. Jacques de la Place）以及十二名新招募的人員；而梅宗訥夫則與二十五名同伴一起搭乘另一艘船，其他人已經在幾週前從迪波港登船出發了。

珍妮·蒙斯搭乘的船是最早抵達的。1641 年 8 月 8 日，她的船停靠在魁北克，距離聖吳甦樂會的臨時修道院僅幾步之遙。她在航程中飽受暈船之苦。過了許久，梅宗訥夫一行人才終於抵達[6]。和他同行的有一位教區神父弗蒙席（M. Fau），他是魁北克聖吳甦樂會修女從法國邀請來擔任駐堂司鐸及聽告解神師，每年支付他 90 古銀元，外加一些伙食費。但他因為無法適應加拿大的氣候，只待兩年就離開了，從此沒有再見過他[7]。

由於資料分歧，歷史學家對於蒙特婁船隊第二艘船停靠下城碼頭的日期沒有共識，時間可能落在九月中旬之後。氣候因素使得船隻無法航行到蒙特婁，而拉羅謝勒的船隻必須啟程回到法國，因此無法在冬天到來之前，在港口卸下蒙特婁殖民地所需物資，再乘划艇將它們帶到上游將近一百古里處。於是梅宗訥夫一行人就在魁北克過冬，蒙特諾（Montrenault）的領主——皮梭先生提供聖彌額爾（Saint-Michel）和聖弗伊（Sainte-Foy）兩座莊園供他們居住。聖彌額爾莊園位於魁北克和錫勒里之間，是魁北克居民公認新法蘭西最美麗的莊園。聖弗伊位於更上游處，距魁北克二古里。

5　達弗呂著（M.-Cl. DAVELUY）。《珍妮·蒙斯（1602-1673 年）》（*Jeanne Mance, 1602-1673*）。蒙特婁 - 巴黎出版。1962 年；同前作者。〈克羅·德·布里庸夫人（1593-1664 年）〉（Madame Claude de Bullion, 1593-1664）。*RHAF*。第 9 期。1955 年。頁 141-149。

6　*RJ*。1641 年（Q。頁 55；Th. 21。頁 106）。

7　《魁北克聖吳甦樂會年鑑手抄本》（*Annales ms. des Ursulines de Québec*）。頁 10。

珍妮・蒙斯的福傳使命感始於 1640 年四月中旬一次與表兄尼古拉・多勒博神父（Nicolas Dolebeau）的談話。尼古拉・多勒博是巴黎聖教堂（Sainte-Chapelle）的本堂神父，也是黎希留公爵年輕時的家庭教師。尼古拉激昂地向珍妮・蒙斯提到他的弟弟耶穌會士尚・多勒博（Jean Dolebeau）前往新法蘭西的事情；他還提到魁北克以及當地聖吳甦樂會和醫護修女會的創立。貝第夫人堅定的意志給珍妮・蒙斯留下了深刻的印象。因此，理所當然地，當她在 1641 年 8 月抵達魁北克時，與貝第夫人成為親密的朋友[8]。

　　第一批前往蒙特婁的人抵達魁北克時，並沒有受到熱情接待。蒙馬尼總督表明反對這項計畫，認為這是「瘋狂之舉」。他非常了解新法蘭西的真實情況，因此，他比拉多維歐、弗岡男爵、杭第以及梅宗訥夫等人更清楚眼前那些幾乎無法克服的困難。捍衛這個新的據點將會非常艱難；若真要建立新據點，魁北克總督就必須在易洛魁人的河（黎希留河）的河口建立一座新的堡壘，以確保蒙特婁與三河之間往來的安全[9]。他能使用的人力非常吃緊，尤其易洛魁人剛向法國人宣戰，他不贊成分散他的士兵。他們的對手是新法蘭西最有組織的印第安人，而且有相當完備的武器，因為荷蘭人用低廉的價格賣武器給他們。他們隨時都能將蒙特婁孤立，因為他們的水路可以通到蒙特婁島羅倫河的下游。蒙馬尼總督打定主意：一旦殖民領導人梅宗訥夫搭乘的第二艘船停靠在魁北克時，就向他們提議在奧爾良島定居。該島當時荒蕪人煙，由於就在魁北克旁邊，比蒙特婁島要容易防守。

　　一百聯營公司獨占出口至法國的皮貨交易市場，但是居民還是能夠以個人名義與原住民進行買賣，前提是要將他們取得的毛皮再賣給一百聯營公司所屬的商店。如果大宗的皮貨交易轉向蒙特婁，很可能會損及魁北克居民的利益，因此在某種程度上，他們不信任，甚至敵視這些初抵新法蘭西的人。

　　第一位抵達魁北克的珍妮・蒙斯，憑著女人的直覺，立刻感受到魁北克人對蒙特婁計畫的反對態度。她受到不甚友善且冷淡的接待，加上遲遲未見梅宗訥夫抵

8　〈珍妮・蒙斯、瑪麗・閨雅和貝第夫人〉（Jeanne Mance, Marie de l'Incarnation et Madame de la Peltrie）。《朗格歷史考古協會集刊》（*Bull. de la soc. hist. et arch. de Langres*）。第 14 期。1968 年。頁 322-337。

9　*O*。頁 167-168。

達，因此感到非常焦慮。她被告知，從法國來的船隻要在這個季節抵達幾乎是不可能的，而且相當危險。珍妮・蒙斯需要有人支持她、安撫她的情緒，或者至少陪伴她承受這些焦慮，於是她找到了貝第夫人。一切都在冥冥之中將兩人連結在一起：她們年齡相近，貝第夫人當年三十九歲，而珍妮・蒙斯三十五歲；社會處境類似：一位是沒有孩子的寡婦，另一位單身；兩人來到新法蘭西的動機也非常相似，共同的理想將兩人牽在一起。此外，珍妮・蒙斯對於貝第夫人在福傳使命中所扮演的角色既尊敬又崇拜。

從一開始，兩個女人對彼此就產生了強烈的好感，生性好動又富於幻想的貝第夫人對蒙特婁計畫充滿熱忱。看到魁北克人排擠這個計畫，反而激起她行俠仗義、幫助弱者的精神！當時她也住在皮梭的聖彌額爾莊園，與梅宗訥夫和珍妮・蒙斯一起度過一個冬天，到了春天便和他們一同前往蒙特婁。「5月17日……蒙馬尼總督以蒙特婁議會之名將這座島交給梅宗訥夫，開始建造第一批建物；韋門神父領唱『伏求造物主聖神降臨』，主持彌撒，明供聖體，祈求新的工程一切順利[10]。」

然而，貝第夫人的離開，對於聖吳甦樂會的魁北克修院是一場災難。她的900古銀元年金，再加上兩位新來的巴黎修女的600古銀元膳宿費，不足以讓聖吳甦樂會往前發展。修院很顯然地沒有足夠的資金來源，前面已經提過資金的問題，修院非常依賴來自法國的捐助款項，以及貝第夫人在能力範圍內的捐款，以填補當初法定金額之短缺。貝第夫人一離開，修院馬上就面臨財務窘境。

在這樣的困境下，瑪麗・閨雅向法國尋求幫助。她想到如果呂伊內小姐（Mlle Luynes）得知這個狀況，也許會幫忙補上貝第夫人承諾捐贈的部分。瑪麗・閨雅向呂伊內小姐吐露魁北克修院的窘況：「我們優秀的創院人對我們的情感之深眾所周知，她既慷慨又英勇，將我們帶到加拿大。這一年來對我們和學生就像母親愛孩子那般，更值得讚許的是，她還想要親自去探望原住民。但不久之後，她卻徹底離開我們，很少再來拜訪。大家都認為她應該是對修院的禁地規定感到反感，既然她本就不是度奉獻生活的修女，理應放她自由。就我們而言，只要她繼續給我們當初承

---

10 *RJ*。1642 年（Q。頁 37；Th. 22。頁 210）。

諾的捐助，她的離去就不會對我們造成任何傷害[11]。」

實際上，貝第夫人於 1639 年 3 月 28 日從公證人吉庸・杜珊（Guillaume Duchesne）和何內・菲塞（René Fiessé）那裡得知自己依法只能捐贈 900 古銀元的年金時，她向貝尼耶先生、都爾總主教代理人拉耶神父（P. de la Haye）和雷蒙神父承諾，她每年都將捐款，以彌補創建基金每年損失的 2,100 古銀元的年金。她還承諾等到法律允許時，她將重新簽署一份 3,000 古銀元的合約。瑪麗・閨雅在寫給呂伊內小姐的信中繼續說道：「但隨著時間流逝，她提供我們的金錢援助愈來愈少。」當珍妮・蒙斯和梅宗訥夫人來到加拿大，貝第夫人沒有意識到自己完全忽視了聖吳甦樂會的存在。「她把送給我們的家具，以及教堂和修院中使用的許多東西都拿走了。我們任她帶走一切，內心沒有一絲怨懟。相反地，當把東西還回去時，我感到非常高興，想像天主對待我就像對待被父親遺棄的聖方濟，他甚至連身上的衣服都還給了他父親[12]。」

瑪麗・閨雅基本上還是為貝第夫人說話；我們無法證實修院是否真的對於這件事也如此淡然。某些線索似乎提出了相反的證明：「我心甘情願地任自己一無所有，使得學校陷入極度的匱乏。當這位女士加入我們時，她把自己的東西拿出來讓大家共用，再加上法國修女給我們的一些家具，我們感到欣喜[13]。她的基金太少了，根本不足以給修院和學校添購家具。她離開後，留下的床鋪只夠三名學生睡，而我們的學生數有時候超過十四名。我們讓她們睡在木板上，儘可能在底下墊一些東西，睡起來比較沒那麼堅硬。另外，我們向商店借來一些獸皮當作被子，當時的經濟窘況迫使我們這麼做。」

高山族和阿爾岡昆族的小女孩原本就沒有居住在舒適環境的習慣，因此睡在木板上並沒有嚇到她們；但是，冬天即將來臨，我們可以理解瑪麗・閨雅的憂慮。從商店借來的獸皮將被秋季的船隊載往法國，短時間內無法找到可以替代的東西，所以她們將在極度匱乏的狀態下度過嚴冬。

儘管如此，瑪麗・閨雅仍沒有譴責貝第夫人：「因為天主，我不會怪罪我們的

11　*O*。頁 173。

12　同上。

13　換言之：我們感到滿足。

創院人。一方面，我知道她已沒有能力來幫助我們，離開了我們，她的財產甚至不足以負擔頻繁旅行的費用。此外，既然她已回到俗世，她理應享有與自己身分相符的生活條件……總而言之，她對天主如此虔誠和敬畏，讓我確信她的意圖是良善而神聖的。神父們和總督先生竭盡全力挽回她，他們一再說服她回來；我們等待她的回覆，但不抱太大希望[14]。」冒險對她的呼喚肯定很強烈，讓她遺忘了自己的責任和最初的承諾。瑪麗·閨雅接續道：「這起巨變讓我們修院的事務陷入困境，福傳負責人貝尼耶先生告訴我，他無法利用僅僅 900 古銀元的微薄資金來處理我們的事務。醫護會修女即使擁有 3,000 古銀元的資金，再加上艾吉永公爵夫人（Mme la Duchesse d'Aiguillon）的大力協助，她們仍難以維持生活。這就是為什麼貝尼耶先生告訴我，若天主不幫助我們，就必須遣散學生和工人，因為沒有足夠資金支付費用，光是寄東西給我們的船運費用就要 900 古銀元，等於是我們修院的全部收入。他說：『而且，如果創院人離開妳們，在我看來已成定局，你們將被迫回到法國，除非天主派遣另一個人來協助你們[15]。』」

當時情況如同災難一般，修道院連基本所需的家具都沒有；全部收入都用於支付修女從法國寄送東西的運費。在法國她們貸款以購買緊急必需品；在魁北克也為了支付食物和雇用工人的費用必須貸款。

呂伊內小姐雖然慷慨大方，卻不了解瑪麗·閨雅對她真正的期望。1642 年，她寄了 600 古銀元，接下來的兩年也捐獻相同的金額。1645 年，她慷慨地將捐贈金額加到 900 古銀元[16]，但並沒有給修院固定年金。瑪麗·閨雅希望透過公證設立年金，否則只能仰賴天主眷顧，靠捐款度日，修院必須乞討，而非固定獲得年金收入。不過瑪麗·閨雅並沒有縮衣節食或減少開支，她還是充滿信心，甚至大膽地繼續向前行。

雖然瑪麗·閨雅並沒有明確指出，但我們可以推測出貝第夫人的離開重挫了修院士氣，甚至對院長的態度也產生變化：韋門神父對院長的堅持感到惱火。他無法

14　*O*。頁 176。

15　同上。

16　〈捐款人登記簿〉（Registre des bienfaiteurs）（*AUQ*）；呂伊內小姐自己也因深陷官司而無法援助聖吳甦樂會修女。

理解有人可以為了維持都爾修道院的權利而做出如此固執的抗爭。身為加拿大福傳工作的負責人，他的變通計畫卻因聖吳甦樂會修院院長的態度而受到阻撓。

這次是修院本身認為院長應該要為這個極端艱困的處境負責。先前的一切都是建立在瑪麗‧閨雅和貝第夫人之間的友誼基礎。瑪麗‧閨雅和薩沃尼修女是唯二獲得口頭承諾款項來支應魁北克修院生計的人，難道院長不應該為貧困現狀負部分責任嗎？不應該挽留創院人並採取行動避免修院被剝奪曾經所擁有的嗎？然而，院長卻坐視一切發生而沒有提出抗議。

瑪麗‧閨雅在 1654 年的靈修札記中寫道：「我失去了對人的信任，那些最崇高的人以及在靈修生活上與我交流密切的人，天主讓他們不斷地對我產生憎惡之念，而且親口對我這麼說[17]。」瑪麗‧閨雅的心情跌到谷底，脾氣變得暴躁易怒，「遇到意見不合的情況，尖銳的性格導致她厭惡自己的同伴」。她承認在一些會議上「因無法控制情緒而大發脾氣[18]」。

下城區的小修院氣氛令人窒息，一無所有的大家擠在一個小空間，修女們變得極度敏感，脾氣火爆，一觸即發。等到上城區的大修院建造完成後，這種氣氛將得以緩解。

直到 1643 年底或隔年年初，貝第夫人才返回魁北克並重新照顧急需她協助的修院。這場磨難從 1641 年秋天持續到 1643-1644 年的冬天，這兩年可以算是瑪麗‧閨雅一生中最艱困、最棘手的時期，加上這個期間正值修院興建，需要大筆花費，創院人的支持是迫切不可或缺的。

1643 年 3 月 9 日，貝第夫人在蒙特婁參加了特索瓦（Tessouehat）的聖洗聖事，特索瓦的外號是島上的獨眼龍，他是上渥太華區（Outaouais）阿盧米特島（Ile-aux-alumettes）阿爾岡昆族的大首領。貝第夫人是他妻子的代母，皮梭先生是她的代父[19]。貝第夫人一心一意想著等雪融化，就要北上到休倫地區，成為第一位抵達五大湖區的白人女性，為此她積極進行各項準備工作[20]。

---

17 *J*。第二冊。頁 376。
18 *J*。第二冊。頁 397-398。
19 *RJ*。1643 年（Q。頁 54；Th. 24。頁 234）。
20 *RJ*。1672 年（Q。頁 66；Th. 56。頁 284 起）。

她無論如何都不願放棄這項自己投入大筆資金的計畫。最後成功勸阻她的是一位負責休倫族福傳的神父：「我們其中一位神父乘著休倫號從休倫地區南下，為了讓她明白這個計畫不僅毫無意義，甚至會讓自己陷入易洛魁人手中的危險，她才不再執著[21]。」然而她一直到 1643 年秋天都還留在蒙特婁：當韋門神父撰寫將於九月船隊寄回法國的《福傳紀事》時，她仍然待在蒙特婁。

　　1644 年的《福傳紀事》提到貝第夫人的回歸，吳甦樂學校的孩子們歡欣鼓舞，而修女們則較為內斂，但喜悅之情同樣深刻。「當這些小女孩看見她回到學校，心中的喜悅如泉水般湧出，她們當下感覺貝第夫人真的是她們的母親，因為她一直還是珍惜她們，疼愛她們的[22]。」

　　貝第夫人不在的期間，聖吳甦樂會新增加了一位修女：即屬於巴黎會院，來自布列塔尼普洛厄爾梅（Ploërmel）修道院的雷澤內修女（Marie-Anne de Lézenet des Séraphins）[23]。她於 8 月 15 日抵達，同船的還有岡丹神父（P. Quentin）、卡侯神父（P. Garreau）、圖耶神父（P. Druillettes）、沙巴內神父（P. Chabanel）、兩位來自迪波的醫護會修女，以及接替弗蒙席來做聖吳甦樂會駐堂神父的沙提耶神父（P. René Chartier），「他來到這裡為聖吳甦樂會修女獻身服務，懷著渴望利用餘生事奉天主之心，並盡其所能地拯救原住民[24]。」沙提耶是一位好神父，但性格古怪，不好相處。在加拿大服務四年後，他感到心灰意冷，決定於 1647 年秋天返回法國，棲身於安茹（Anjou）的莫奈（Monnais）隱修院，1655 年 10 月 19 日不幸被他的一位佃農刺殺身亡[25]。貝第夫人不在的這段時間，聖吳甦樂會修女們搬進上城剛建好的修道院，待下一章再做介紹。

　　1644 年春天，貝第夫人表示希望能夠前往泰道沙克，因為樂仁神父於 1641 年5 月開始在那裡展開福傳，她當時就在那裡等待從法國返回的樂仁神父，以及當年

21　同上註；似乎無法斷定這位傳教士是誰。

22　*RJ*。1644 年（Q。頁 29；Th. 25。頁 236）。

23　關於普洛厄爾梅修道院，見潘慕洛著（POMMEREU）。《大事紀》（*Chroniques*）。第二冊。頁 359-280。

24　*RJ*。1643 年（Q。頁 6；Th. 23。頁 286）。

25　有關路易 - 岱安德・夏提耶・德・婁必尼耶神父（Louis-Théandre Chartier de Lotbinière），參見 *DBC*。第一冊。頁 207-208；關於他，請見：《曼恩 - 羅亞爾省級資料檔案 14》（*AD. Maine-et-Loire 14*）H 5 至 10（主要是第 7、8 卷）。

度被派遣來的兩位都爾聖吳甦樂會修女。她嚮往在一個幾乎不受法國影響的小型福傳據點，去體驗原住民的生活，而這正是她夢寐以求，希望在休倫族地區做的事情 [26]！當時的駐地傳教士是德·昆恩（de Quen）神父，他將貝第夫人安置在一間阿爾岡昆式的樹皮小屋。貝第夫人感覺自己也屬於叢林探險一族。六月，公司的船隻抵達港灣，和樂仁神父同行的有恭班修女（Anne Compain de Sainte-Cécile）[27]，以及年僅二十四歲的勒布茲（Anne Le Boutz de Notre-Dame）修女 [28]。他們的到來為泰道沙克帶來歡樂：「天主知道原住民是如何興奮又開心地接待樂仁神父。樂仁神父見到這個情景感到萬分欣慰，腳才落地就看見德·昆恩神父帶來五位原住民，請他為他們付洗成為天主的子女，心裡更是高興。貝第夫人為了見證這些新信徒的熱忱，特地前來泰道沙克，就這樣成了幾位皈依原住民的代母。兩位新來的聖吳甦樂會修女親眼看到了她們一直以來熱切渴望的景象 [29]，也感到欣喜不已。魁北克修院年鑑手抄本記載了兩位聖吳甦樂會修女於 7 月 14 日抵達魁北克港口的情況，我們猜想貝第夫人和夏洛特·巴雷應該是跟著她們一起溯河而上。

從那一刻起，貝第夫人就結束了她「使徒」追尋之路。「她理解到（好不容易才使她理解），若要完全達成使命，拯救被遺棄的靈魂，她必須透過不斷的祈禱、齋戒、克苦、救濟原住民小女孩、實踐隱修，並與女孩們一同遵守會規 [30]！」於是她認真地履行自己的義務，甚至在 1646 年要求和她的侍女夏洛特·巴雷一同進入初學院，而這正是夏洛特當初願意陪同貝第夫人前往加拿大的目的 [31]。她的聖召由來已久，而且堅定不移。貝第夫人當時已四十幾歲，「她有充分的理由不成為修女，然而，她決心要在修院中度過餘生、穿著一般世俗服裝、遵守會規，並過著獻

---

26 關於德·昆恩神父於 1640 年夏天在泰道沙克開始的福傳（*RJ*。1641 年。Q。頁 55 起；Th. 21。頁 101 起）；唐伯雷著（G. TREMBLAY）。《1535 年至 1922 年泰道沙克專論》（*Monographie de Tadoussac de 1535 à 1922*）。出版地與時間不詳（希庫蒂米。1922 年）；歐哈甘著（T. O'HAGAN）。〈泰道沙克的古老傳福教堂〉（The old Mission Church at Tadoussac）。《第 4 卷書信集》（*Le Courrier du livre 4*）。頁 153-161。

27 *O*。頁 574 起（她造成創院人的挫折）。

28 瑪麗·閨雅稱她是「只歸屬全能天主的女孩」。*O*。頁 498；關於都爾聖吳甦樂會修女的到來，參見 *J*。第三冊。頁 398 註解；*RJ*。1644 年（Q。頁 26；Th. 25。頁 222 起）

29 *RJ*。1644 年（Q。頁 62-63；Th. 26。頁 138）；參見 *O*。頁 208。

30 *RJ*。1672 年（Q。頁 66；Th. 56。頁 284）。

31 關於夏洛特·巴雷的發願證書。見 *J*。第四冊。頁 133。

身修女一樣的生活[32]。」

　　事實上，她的生活模式很有彈性。1650 年初，她在修院禁地之外建造了一幢堅固的小屋，後來被擴建，至今仍存在。她偶爾會離開修院禁地，來到此處休息，過著世俗生活[33]。我們之後會介紹這幢非常實用的小屋[34]，但我要先談談上城區修道院的興建。

---

[32] 《魁北克聖吳甦樂會年鑑手抄本》。頁 11。

[33] 這棟房子有兩層樓，有 30x21 古尺，即 10x7 公尺；每層樓都只有一間房間；見《年鑑》。頁 15-16 及 O。頁 423。

[34] 火災發生前它用來出租，租金歸聖吳甦樂會修女。參見 O。頁 423；租金捐贈給聖吳甦樂修女的日期是 1650 年 10 月 15 日（ASQ。法里博（Faribault）資料。第 87 號）；因此貝第夫人極少住在那裡。

第五章

◦～◦

工地與書信

　　瑪麗・閨雅在 1640 年 9 月 3 日給龐塞夫人的信中寫道：「我們向法國要求派遣工人到我們選定鄰近原住民的地方建造修道院，結果一位工人都沒有派來，因為我們沒有錢支付費用。甚至有人告訴我們，沒辦法同時負擔我們的生活費、學生費用，還有興建修道院的費用，只有慈愛的天主知道如何幫助我們，如果祂不介入，我們就得長時間住在這些小棚屋[1]。」提出這個節制警示的人是在法國負責管理魁北克修道院財務的貝尼耶先生。雖然他對信仰虔誠，仍因資金問題而拒絕雇用專業工人。瑪麗・閨雅於信末懇求龐塞夫人能夠說服巴黎的貴婦，請她們關注聖若瑟學校：「常有權貴人士去拜訪您，所以我請求您跟他們談談這所學校，為了您所愛的耶穌基督，請您為可憐的原住民小女孩居中牽線。」根據捐款名錄顯示，她的呼籲獲得的回響很小，不過這個名錄可能有誤，因為似乎遺漏多筆資料。像是 1641 年的資料，只有記錄實物捐贈的部分。儘管法國反應冷淡，「該年，修院的地基開始

1　*O*。頁 99；漢耶甘（J. HENNEQUIN）針對瑪麗・閨雅各方面的貧困進行研究，包括物質和靈修方面。〈降生瑪麗與貧困〉。《十七世紀》（*Le XVIIᵉ siècle*）。1970 年。第 89 期。頁 3-22。

動工，當時僅有 60 法尺長（相當 19 公尺），28 法尺寬（相當 9 公尺）[2]。」

首批工人的船隊比蒙特婁的早一點抵達，聘用期通常為三年。1644 年夏天，總共有十名工人為聖吳甦樂會修女工作[3]。我們無法確定第一年是否就達到這個工人數。雇用這些工人的費用很昂貴：一位砌石工或木匠一年就要 135 古銀元；砌石助手一年 60 古銀元；細工木匠一年 110 古銀元。1644 年光是支付十幾個人的工錢就花了 1,200 古銀元。這對於年收入 1,500 古銀元的修院來說，實在是一件不簡單的事。

1639 年 8 月 4 日，也就是聖吳甦樂會修女抵達的三天後，蒙馬尼總督、韋門神父、樂仁神父、貝第夫人以及三位第一批到來的聖吳甦樂會修女一同前往堡壘後方的高地，考察未來興建修院的建地[4]。

他們前來視察，但尚未決定蓋在哪個位置。由於建築工人們將到來，1641 年初，大家開始討論選址的議題[5]。韋門神父、魁北克耶穌會會士、貝第夫人和幾位修女都「支持在一個瑪麗・閨雅認為極度不適合的地點興建。他們請瑪麗・閨雅來，希望聽聽她的看法；儘管與大家的想法相悖，她仍不放棄表達自己意見的機會」；做為院長，她說她應該說的話。然而，沒有人聽取她的意見。克羅神父寫道：「大家完全不採納她提出的想法，甚至還有點鄙視。」最後的決定沒有違背大原則，於是瑪麗・閨雅順從多數人的意見。過了不久，「還是回到瑪麗・閨雅一開始選擇的地點時[6]」，她也沒有因此感到得意。

她在 9 月 16 日寫給都爾院長茹耶修女的信似乎凸顯了這一段插曲的重要性。「我們在魁北克定居的地方是最安全的，也是對教學最有利的[7]。」由此可見，耶穌會士和貝第夫人中意的地點可能不是在魁北克上城區，而是在錫勒里[8]。醫護會

2　《魁北克聖吳甦樂會年鑑手抄本》。頁 9。

3　O。頁 219；德邊著（G.DEBIEN）。〈從拉羅謝勒的角度看十七世紀赴加拿大的志願者〉（Les engagés pour le Canada au XVII siècle, vus de La Rochelle）。*RHAF*。第 6 期。1952 年；詳見第 239 號起，貝第夫人所保留的部分。

4　900 古銀元的資金加上巴黎吳甦樂會修女的年金。

5　*V*。頁 492-493。

6　同上。

7　*O*。頁 144。

8　*O*。頁 98。

修女於 1638 年曾在艾吉永公爵夫人的指示下在魁北克動土興建,後來棄置,再到錫勒里蓋一座新的修院[9]。

　　瑪麗·閨雅直覺認為以長遠來看,錫勒里並不適合,若是與印第安人發生戰爭,當地建設的修院恐怕很快就會失守。結果證明她是對的:1644 年 5 月 29 日醫護會修女被迫重返魁北克。瑪麗·閨雅在 8 月 24 日給都爾聖母往見會(Visitation)院長的信中寫道:「我們正在鄰近魁北克堡壘的地方建造修院,那裡是最安全的地方[10]。」

　　後續發生的事我們都知道了:貝第夫人的背棄以及聖吳甦樂會的財務困境,工程應該繼續下去嗎?瑪麗·閨雅在 1642 年最艱困的時候,全心仰賴天主眷顧。她向呂伊內小姐寫道:「我讓工人繼續建造學校,希望天主將我們帶到這裡,不是為了摧毀我們,讓我們退卻[11]。」她還說:「貝尼耶先生寫信給我後,看到我依然如以往一樣要求寄送糧食,甚至把支付工人費用和購買建材的 6,000 銀元帳單寄給他,另外還加上船運費,他應該會感到非常震驚。我這麼做只因為這一切都是天主的旨意。雖然大家都不抱希望,但我內心持續追隨天主要我們拓展新教會的旨意。」

　　奇蹟發生了。1641 年 8 月動工興建的建物,1643 年剛入冬時就可以入住了。《耶穌會福傳紀事》中寫道:「聖吳甦樂會修女於 1643 年 11 月 21 日遷入新居,那天是紀念聖母瑪利亞在聖殿中將自己奉獻給天主的日子。他們的新居是用石灰和沙所建造的,又大又堅固。在新居所在地,還發現一個噴泉,非常實用。她們選擇的地方在加拿大算是最安全的了,因為距魁北克堡壘僅有八十至一百步的距離[12]。」魁北克聖吳甦樂會修女年鑑中指出,她們入住的新居其實尚未完工[13],結冰使得泥水工程無法進行,即便如此,工程還是以驚人的速度進展。從十一月到五月期間,工人只能做一些準備工作,像是石材搬運、切割、砍伐樹木,先將所有

9　1640 年 7 月 9 日。《主宮醫院年鑑》(*Annales de l'Hôte-Dieu*)。頁 29。

10　*O*。頁 124。

11　*O*。頁 176-177。

12　*RJ*。1643 年(Q。頁 6;Th.23。頁 290)。

13　《魁北克聖吳甦樂會年鑑手抄本》。頁 10。

可能會用到的東西運過來，等五月雪融就可以加快工作速度。瑪麗・閨雅給克羅描述新修院的樣貌，其中包含一些珍貴的細節。「整座修院都是石頭建造的，長92 法尺（相當 30 公尺），寬 28 法尺（相當 9 公尺）。在加拿大以這種方式所建造最美、最大的建物就是我們的修院。裡面還有一座聖堂，聖堂寬 17 法尺（相當於 5 公尺），長度與修院寬度相同。您可能會認為這樣的空間很小，但是在嚴寒氣候下，不宜建造得太寬闊，有時候神父的手和耳朵都被凍傷了[14]。」她還補充說：「別以為我們的房子是砌石造的，不是的，只有牆角位置用砌石疊起來，那是一種類似黑色大理石的石頭，一塊塊相當工整，比法國的礫石更好。這種石材雖然漂亮，但硬度極高，切割不易。除了一些居民為我們提供石灰、沙子和磚頭以外，所有工作全由我們的十位建築工人完成。我們的房子有三層樓，如同在法國的一樣，個人房間位於二樓[15]。」

我們發現，1644 年瑪麗・閨雅所描述的建築長度比 1641 年的年鑑手抄本多了 32 法尺（相當 10 公尺）。事實上，在主建築完成後，工程仍持續進行。我們從1644 年《耶穌會福傳紀事》中讀到：「修女們今年擴建主建物，以容納一個小聖堂，並提供給更多的修女和學生居住。這個擴建只是個起頭，其他還有很多工作要做，需要極大的耐心，而耐心是加拿大的奇蹟[16]。」然而，奇蹟般快速的建設終得付出代價。木頭剛砍下馬上就切割成橫梁或木板，由於沒有足夠的時間讓它乾燥，木材容易變形。門和窗戶無法完全閉合，窗框沒有緊密接合[17]，導致風不斷灌進修道院；而工人們沒有考量到加拿大氣候條件，建造的壁爐數量不足。比起下城的臨時修道院，新修院防寒效果相對好，但面對加拿大的嚴冬考驗仍顯不足：「我們的壁爐位於宿舍盡頭，用來溫暖走廊以及那些僅用松木板隔間的單人房間。冬天若是沒有壁爐讓我們取暖，實在很難長時間待在房間裡，光是停留一個小時就很難熬了，還得將雙手藏在衣服下保暖。除了會規規定的作息，其他讀書、寫字或學習等

14　O。頁 219。
15　O。頁 219-220。法國的工人在加拿大還沒有足夠的施工經驗，以致於無法依照當地氣候型態進行建設；所有的隔板都使用冷杉，地板由兩排冷杉木板鋪成，木板間用泥土接合。
16　RJ。1643 年（Q。頁 8；Th.23。頁 300）。
17　會規規定院長必須經常視察門、窗以及房間護窗板，以確認它們有緊密接合。

活動都要在壁爐旁進行，極度不便且克難，尤其對於在法國不習慣烤火取暖的我更是難以適應。我們一次燒五、六根大木材，但只能溫暖一側，而另一側冷得要死。我們一年就利用四個壁爐燃燒了 300 立方米的木頭[18]。」至於在房間裡，她們決定採用箱式床來對抗低溫：「我們的床是木頭製成的，像櫥櫃一樣可以關起來；儘管我們已經加厚毛毯和織布，保暖效果仍非常有限[19]。」

新修道院的優點是寬闊，不再像港口小屋那般擁擠。夏天住起來應該非常舒適；但到了冬天，大家全都擠到那七個溫暖的房間裡，至於第八個房間則當作廚房使用。院長不顧任何阻礙繼續進行建設，直到全部工程完工，修會已經負債累累[20]。瑪麗・閨雅的冒然行事很可能是 1646 年她被撤銷總務一職的原因之一。這個職位是她在院長第二任期結束後，1645 年被推選出任的。後來她被指派一些較為卑微的職務[21]。克羅神父有關此事的敘述有些隱晦，如果能說清楚一點就好了。他說：「她負責總務和麵包烘焙的工作都還沒滿一年，就被指派去做其他較低下的工作，讓她蒙受極大侮辱。天主容許他人質疑她的品行，並且不明就理地責怪她，明明是清白的，卻被他人視為有罪。無論她做什麼、說什麼，都被冷漠看待⋯⋯派給她的低下工作不只一件，而是好幾件，但她都以極大的勇氣完成每一件，其中還包含了護理工作⋯⋯[22]」

關於瑪麗・閨雅這兩年在修道院沒有擔任要職而從事卑微工作，克羅神父沒有多加說明。這些雜事其實非常適合她，從她與姊姊和姊夫一起工作的頭幾年就可以

18　O。頁 220；第一個爐灶有可能是在 1668 年瑪德蓮・德・勞森進入初學院時，依其家人明確要求所安裝在宿舍裡的：卡斯坎著（CASGRAIN）。《降生瑪麗修女傳》（*Histoire de la Mère Marie de l'Incanation*）；《作品全集》（*Oeuvres complètes*）第一冊。魁北克出版。頁 90；參見賽岡著（R.-L. SEGUIN）。〈新法蘭西的爐灶〉（Le poêle en Nouvelle-France）。CD。第 33 期。1968 年。頁 157-170。

19　《會憲與會規》中有詳細描述，對開頁 85；賽岡著（R.-L.SEGUIN）。〈一件加拿大的家具──箱式床〉（La cabane, une pièce du mobilier canadien）。*RHAF*。第 16 期。1962 年。頁 328-349。

20　O。頁 410；O。頁 1：「我們為這幢建築欠下的債務超過了我們的基金」；資金終於提高至 24,000 古銀元（龍吉宏檔案與 *ASQ*。法里博〔Faribault〕資料。第 86 號）；瑪麗・閨雅為修院所估的價格為 50,000 或 60,000 古銀元（O。頁 416、421）；耶穌會士又估了 40,000 法郎（*JJ*。頁 147）。

21　《魁北克聖吳甦樂會年鑑》（*Annales des Urs. De Québec*）。頁 11；V。頁 513。

22　V。頁 513。

看得出來，而護理正好是她所喜愛的工作[23]。克羅神父可能誤解了這次撤職背後的原因。我們在下一章中會看到，瑪麗‧閨雅退下要職的期間，拉勒蒙神父正好著手進行修會會憲撰寫，他需要有人與他合作，以及幫忙文書工作，所以看起來瑪麗‧閨雅似乎是為了這件工作而不擔任修院的要職。1648 年選舉時，會憲修訂工作幾近完成，瑪麗‧閨雅再次被推選為總務[24]，而弗萊塞勒修女則開始為期三年的院長職務。

每年夏天，除了建造工程的壓力，書信對她也是一項沉重的負擔。

平時寂靜冷清的魁北克港口到了夏天，因為迪波船隊或拉羅謝勒船隊抵達就變得很熱鬧。當船隊一出現在河的下游，幾艘輕快的小艇便會將船隻抵達的消息通知總督和神父們。有時會等待比較久。從七月初就可能抵達新法蘭西，但也可能晚很多。瑪麗‧閨雅一行人於 8 月 1 日抵達；次年巴黎聖吳甦樂會修女則是 7 月 8 日；1641 年珍妮‧蒙斯是 8 月 8 日；梅宗訥夫一直到九月才抵達。1643 年的抵港日期落在 8 月 15 日至 19 日之間；根據魁北克修道院年鑑手抄本，1644 年兩位都爾聖吳甦樂會修女抵達的日期為 7 月 14 日。

船隊抵達時，每個會院團體都會收到從法國寄來成堆的信件，回信時間非常緊湊。船隊等到皮貨裝載完成，船員趁這個期間可以正常飲食、養精蓄銳，大約在秋天啟航返回法國，信件必須要趕上這個船期。例如 1645 年，啟航返回法國的日期是 10 月 24 日[25]。天氣好的日子，工地必須加快施工速度，一天工作超過十二個小時。此外加拿大的農忙集中在四個月的時間，在一年中工作最繁重的時候，還要花兩、三個月的時間來回覆從法國寄來的數百封信[26]。許多印第安人也會在此時前來沒完沒了地高談闊論。當院長的必須設想周全，注意很多事。修院裡的工作又多又雜，修院長期以來只有一位庶務修女，就是迪波修院於 1642 年派來的巴塔耶修女

---

23 克羅神父似乎誤解了她在 1654 年《靈修札記》中的敘述（*J*。第二冊。頁 419）。而且此事發生在 1647 年 8 月 15 日，而非 1646 年。

24 「我在三年任期結束後任職總務」（*J*。第二冊。頁 438）。

25 *JJ*。頁 7-8。

26 非回覆的信件可以在船隻抵達前就開始撰寫，參見 *O*。頁 294；關於書信集的一般性問題，參見雅梅神父所著第三冊的序，以及筆者編纂的版本的序。

（Soeur Anne Bataille de Saint-Laurent）[27]。唯一能寫信的時間幾乎只剩下晚上了[28]。新法蘭西夏天的晚上酷熱又潮濕，數不清的蚊子趨光而來，手和脖子都被叮咬得很厲害，所以夜晚比白天還要受罪。密西西比州的傳教士馬雷斯特神父（P. Gabriel Marest）這麼形容：「自從法國人來到加拿大，因為蚊子而咒罵的頻率之高前所未見[29]。」

在加拿大，大量的信件是無法擺脫的沉重負擔，每一封信件都等著回覆。只有幾封敘述新法蘭西教友現況的信件，以及向供應商採購的信可以在船隊到達之前就先寫好，其他大部分的信件都必須看過內容才能夠回覆。一封信件都要謄寫三份：一份留存在魁北克；另外兩份則放在兩艘不同的船上，以確保至少其中一份能夠安全寄達法國。

1644 年 9 月 15 日，瑪麗・閨雅時常坦言自己非常疲倦。在 1644 年 9 月 15 日寫給兒子的信中吐露道：「書寫這麼大量的信件讓我感到極度疲累，我想大概有超過兩百封信要在船隊離開前寫完[30]。」1651 年 10 月 23 日給兒子的信中表達了她的無力感：「在船隊停留這麼短的時間內，我不可能回信給所有必須回覆的人，也因此我不得不將一百二十封以上的信件延至隔年才寄出[31]。」

與法國的交通慢慢地有所改善；船隻會提前離開迪波港或拉羅謝勒，離開魁北克的船則可以等到 11 月才出發。還有一些新的管道被開發：紐芬蘭（Terre-Neuve）和布雷頓角的漁民從佩什取得郵件[32]，或是從新英格蘭和波士頓，前提是要與英國維持良好的外交關係，但實際情況並非總是理想。

27　《魁北克聖吳甦樂會年鑑》（*Annales des Urs. De Québec*）。頁 9。

28　*O*。頁 372。

29　杜維勒（R. DOUVILLE）與卡薩諾瓦（J-D. CASANOVA）合著。《新法蘭西的日常生活》（*La vie quotidienne en Nouvelle-France*）。頁 179-180；關於蚊子，見沙卡著（SAGARD）。《加拿大歷史》（*Histoire du Canada*）。頁 184、185、191；雷卡波著（LESCARBOT）。《新法蘭西歷史》（*Histoire de la Nouvelle-France*）。第五本。第五章；布雪著（P.BOUCHER）。《新法蘭西地區風俗與產品的真實本地的歷史》（*Histoire véritable et naturelle des mœura et productions du pays de la Nouvelle-France*）。巴黎出版。1664 年。頁 124、153。

30　*O*。頁 240。

31　*O*。頁 430。

32　它們到達法國的時間早了許多：*O*。頁 389；關於此主題亦可參見貝朗傑著（R. BÉLANGER）。《聖羅倫港灣的巴斯克人》（*Les Basques dans l'estuaire de Saint-Laurent*）。蒙特婁出版。1971 年。

1651 年 9 月,她給兒子的信中寫道:「這是我們傳遞消息的第三條途徑,第一條經由新英格蘭,第二條則是透過漁民。」她補充道:「我認為這兩條途徑都不夠可靠,因為必須透過個人搭乘從大船放下來的小艇,因此風險很高,託他們帶的信件當然也就不安全 [33]。」

儘管這些新途徑有風險,但對於雙邊通信而言非常寶貴,可以加快訊息傳遞的速度,在當時非常需要。當在秋天從魁北克提出一個問題,至少要等八到九個月的時間才能收到回覆 [34];如果法國的收件者無法完全理解魁北克寄件者的意思,則需要再花一年才能獲得切題的答案。但若是透過加斯佩或阿卡迪(Acadie),甚至是波士頓來寄送郵件,那麼在春天寄出信件 [35],就有機會在秋天得到回覆,撰寫信件的時間因此寬裕許多。儘管如此,大量的信件仍是一份沉重辛苦的負擔。1668 年 9 月 13 日,瑪麗・閨雅在去世前三年寫信給都爾一位聖吳甦樂會修女:「您可能會被我寫信數量之多給嚇到,儘管我的手累到快要無法支撐下去,仍得堅持到最後。這個月底前,我大約還剩下四十封信要寄出。我的天主,我能預見自己卸下院長重擔的那一刻,將會多麼幸福 [36]。」

夏天幾個月的時間實在令人精疲力竭:「對那些需要寫信回法國的人,這三個月裡根本沒有一點喘息時間 [37]。」整夜埋首於書信堆中,當時還年輕的院長瑪麗・閨雅幾乎被疲勞壓垮。她在 1643 年 9 月 30 日寫道:「為了趕在船隊出發以前完成,我只能利用晚上來寫信,我的手已經累到幾乎不聽使喚了 [38]。」1652 年 10 月,她坦言自己已精疲力竭:「我從來沒有像這四個月以來一樣持續熬夜,白天忙於修院事務和興建工程,只能利用晚上時間處理信件。若是我沒有寫信給都爾的修

---

33 *O*。頁 412;可參見 *O*。頁 408;即使透過一般路徑送信,信件也不一定能夠成功送達。頁 475。

34 「不論是多麼緊急和重要的問題,都必須等待一年才能解決,如果不能在船隻停留法國的時間內解決,就必須等待兩年。船隻啟航返回加拿大時,那些我們詢問的對象只關心與自己相關的事,因此我們幾乎得不到任何明確的解決方案。此外,人們大多沒有依照我們的意向去著想,使得結果常與我們想要的相悖。」(*O*。頁 268;參見 *V*。頁 567)。

35 *JJ*。頁 151 提及 1651 年 5 月 2 日的啟航。

36 *O*。頁 187。

37 *O*。頁 377;暮夏時節的夜晚非常寒冷:「我晚上寫信給您時,就好像縮在箱子裡那樣關在我們的房間裡,因為實在太冷了。」(*O*。頁 356)。

38 *O*。頁 202。

女，她們便能夠理解我實在分身乏術[39]。」瑪麗‧閨雅的體能、穩健以及工作能力再次令我們讚歎，即便面對堆積如山的工作也不會慌亂。她曾試著利用白天寫信，但總是不停地被打斷，但她從容以對[40]。她寫道：「我無法向您細數我寫信時被打斷的次數。這封信很短，但我是利用零碎時間，斷斷續續地寫出來的[41]。」

信件涵蓋各種主題，商務相關的信件非常多，訂單由貝尼耶先生轉發給廠商，通常都是簡單扼要的字條，聖吳甦樂會魁北克修院檔案室有類似的文件。最主要的還是希望法國修道院對於新法蘭西任務，以及聖若瑟學校所達到的成就給予關心，並與捐款人保持聯繫，希望他們能夠持續捐助；還有寫給家人或都爾修女的信件，最後才是寫給貝尼耶先生的祈禱紀錄[42]。

1681 年，克羅神父整理的書信集中有一些信件特別長，都是有關殖民地真實面貌的日誌，以及結構完整的靈修撰述。瑪麗‧閨雅擅於書寫，她能夠輕而易舉地透過筆下的文字表達自己，她的詞彙也許不多，相隔幾行就會出現重複的字，但仍然能夠精確且生動地闡述自己的想法，即使她撰寫過程中會一直被打斷，但總能快速銜接上[43]。寫給貝尼耶先生的信「長達十五至十六頁，每一封信都能獨立成為一本書了[44]」。寫給兒子或都爾修會，特別是最初幾年的信件也差不多是這個長度；有些信甚至長到僅僅謄寫就得花上好幾個小時。為了出版的需求，克羅神父將信件區分為靈修類和歷史類[45]。這種武斷的分類方式，將信中加拿大相關訊息與修道或密契生活問題的回應，以及靈修分享做了區分。有些信件以「公開」為目的而書

39　*O*。頁 497。

40　根據 *V*。頁 633-634。

41　*O*。頁 392-393；*O*。頁 399：「我寫這封信已經被中斷好幾次了，中間總是有新的消息進來。」；亦參見 *O*。頁 598、716。

42　她要求信件謄寫的副本要廣傳，參見 *O*；頁 172。*O*。頁 156-157 是一個這類信件的例子，這是寫給一位聖吳甦樂會院長請求捐助。

43　夏博著（M.-E.CHABOT）。《從書信認識降生瑪麗》（*Marie de l'Incarnation d'après ses lettres*）。頁 243-282。

44　克羅‧瑪定版本的《書信》（*Lettres*）。〈提醒〉（Avertissement）。頁（2-3）。

45　十七世紀出版關於克羅神父個人部分的文稿參見萬利賽著（E. GRISELLE）。《第一位魁北克聖吳甦樂修院院長可敬的降生瑪麗修女：書信集補篇》（*La Vénérable Mère Marie de l'Incarnation, Première Supérieure des Ursulines de Québec, Supplément à sa correspondance*）。巴黎出版。1909 年；*J*。第三冊。頁 28-34；〈降生瑪麗信件的新手稿〉（Un nouveau manuscrit des Lettres de Marie de l'Incarnation）。*RHAF*。第 21 期。1967 年。頁 51-63；*O*。序。頁 XIX-XXVI。

寫；從某種意義上說，就如同《耶穌會福傳紀事》，有著宣傳的目的，呼籲、請求大家對新法蘭西慷慨贊助；有的是為了喚起真正的修道聖召[46]。在法國的修道院中渴望前往新法蘭西的修女不乏其人，潘慕洛修女（Mère de Pommereu）在《聖吳甦樂會大事紀》（Chroniques de l'ordre des Ursulines）中就曾提到這個事實。另外，瑪麗・閨雅也毫不避諱地提及遭遇到的困難，以及想要在世界彼端進行福傳工作所必備的資格。因為擔心來到修院的人打退堂鼓[47]，她對渴望前來的人的素質要求非常嚴格[48]。

克羅神父將瑪麗・閨雅的書信集命名為《靈修與歷史信件》（Lettres spirituelles et historiques），並於 1681 年出版，這是加拿大歷史的重要資料來源；基於此，他特別使用二分法的分類，並以此做為書的標題，否則以此標題命名恐被認為太過自負。他經常閱讀法國史料，所以深知母親的信具有歷史價值，這些信件是加拿大傳教史和新法蘭西起源的重要敘事史料，應與《耶穌會福傳紀事》及多利耶神父（Dollier de Casson）所編纂之《蒙特婁歷史》（l'Histoire du Montréal）齊名。書信集中可能不容易找到不為人知的事件，因為瑪麗・閨雅撰寫信件時，總是會參考準備寄往法國的《耶穌會福傳紀事》，從中摘錄了許多她認為朋友會感興趣的內容，並適時將她所讀到、見證的事情做為補充。克羅神父寫道：「信件內容包含簡單扼要卻真實的歷史，時間從 1640 年至 1672 年，即瑪麗・閨雅生活在加拿大的這三十二年間，發生在加拿大的所有重大事件。我們可以完全相信她所敘述的一切，她寫的內容全都來自各個傳教區的耶穌會神父口述或信件的資訊。甚至負責撰寫福傳紀事的神父會讓瑪麗・閨雅閱讀他的撰述，她可以選擇她認為合適的內容來傳達給法國的朋友和修院的捐款人[49]。」因此，與瑪麗・閨雅通信的人十二月就能夠獲知最新消息，而這些消息一般要等到一月才印製，二月至三月才公開發行。

瑪麗・閨雅寫信的對象涵蓋各類的人。例如，她在 1645 年寫信給法國王后，感謝她捐贈魁北克修道院 2,000 古銀元；1641 年寫給艾吉永公爵夫人，感謝她

46　關於傳教目的之書信：拉貝勒著（S.LABELLE）。《降生瑪麗的使徒精神》（L'esprit apostolique d'après Marie de l'Incarnation）。頁 40-43。
47　後來發生兩起背棄事件：一次是普洛厄爾梅（Ploërmel），另一次是都爾的。參見本書第四部第三章。
48　「為了完整領略加拿大使命，必須抱著必死的決心」。O。頁 140。
49　《書信》（Lettres）。出版者克羅・瑪定。〈提醒〉（Avertissement）。頁（7）。

為克羅‧瑪定爭取到黎希留樞機祕書處副書記一職；王后宮廷女仕維勒奧克萊（Ville-aux-Clercs）領主、布里安伯爵夫人（Comtesse de Brienne）；財務大臣的母親瑪麗‧德‧莫伯（Marie de Maupeou）；布里薩克公爵夫人（duchesse de Cossé-Brissac）瑪格麗特‧德‧恭第（Marguerite de Gondi）；德‧蘇哈蒙夫人（Mme de Suramond）：巴黎一位會計師之妻、萊斯維勒（Lesseville）領主。在上一章我們引用很多寫給呂伊內小姐的信的內容，信中的語氣比寫給皇家港口修道院院長的信更為親切。

瑪麗‧閨雅與聖吳甦樂會院長們的信件往來非常頻繁。一些非常珍貴的信件都有被保留下來：寫給聖德尼（Saint-Denys）修院院長的信、給蒙斯（Mons）修院院長或是第戎（Dijon）修院院長的信都非常有價值。克羅神父未能將這些寶藏全部彙整成冊，因為聖吳甦樂會會院的數量實在太大。魁北克修道院的捐款名錄中可以看到所有的名字，但未出現在書信集中。其他修會的名字也有出現在名錄中：加爾默羅會在巴黎聖雅克區和沙彭街的兩個修道院、聖母往見會的巴黎修道院、聖安托萬區（Saint-Antoine）的天使報喜修會（Annonciades deu Saint-Esprit），又稱波班固（Popincourt）修女會、新聖奧古斯丁街的聖多瑪斯（Saint-Thomas）道明會、聖雅克區的斐揚修會、聖奧諾雷區的聖母升天修會（Filles de l'Assomption）、拉弗萊什和穆蘭的聖母往見會、沙特爾的加爾默羅會等等。

瑪麗‧閨雅在都爾有許多朋友，他們或多或少都有捐款給魁北克修道院。其中聖伯多祿教區的絲綢商馬圖林‧馬尚（Mathurin Marchand）是最積極慷慨的捐款人之一。還有巴呂主教（Évêque d'Héliopolis）的妹妹芳莎‧巴呂（Françoise Pallu），她是波德（Borde）領主亞歷山大‧米隆（Alexandre Milon）的妻子；阿卡迪亞歷史中最知名的國王艦隊司令——克羅‧德‧婁奈‧哈齊利（Claude de Launay-Razilly）的妻子貝琳‧高第耶（Perrine Gaultier）；珊恩小姐（Mlle Sain）、德沃小姐（Mlle. De Vaux）、巴提斯小姐（Mlle. Patrix），以及 1636 年至 1637 年間曾被瑪麗‧閨雅照顧的寄宿生，她們都出身富裕的資產階級家庭[50]。瑪麗‧閨雅與聖吳甦樂會都爾

50 關於瑪麗‧閨雅教授學生的靈修課程：傑泰著（F. JETTÉ）。《降生瑪麗的成聖之路》（La voie de la sainteté d'après Marie de l'Incarnation）。頁 163。

修道院的修女們有很多信要寫，大家都渴望收到她的來信，但要滿足每一個人是不可能的。寫給院長的信在經過適度刪減後，可於休閒時間公開讀給大家聽。瑪麗・閨雅在聖母往見會和都爾的加爾默羅會也有交情甚篤的朋友和親人，為我們留下了幾封美好的信件。

瑪麗・閨雅的家人在她前往新法蘭西的前幾年收到了很多封信，後來數量慢慢減少，主要都是寫給兒子克羅・瑪定及保羅・布松（Paul Buisson）與克羅・閨雅（Claude Guyart）的女兒——瑪麗・布松（Marie Buisson），她將瑪麗・布松視為自己的女兒般地深愛。瑪麗・閨雅寫給兒子的信是其中最為精彩豐富的部分[51]，不論從歷史還是靈修的角度來看，克羅・瑪定收到的信件都饒富意義。在寫給其他人的信中，感受不到如此發自內心的人性溫度和對兒子的摯愛力量。她稍稍地抱怨自己收到的信不夠多：「我收到您唯一的一封信中，說你將透過另一條途徑寫信給我。但是五艘船抵達港口後，我卻沒有收到您任何來信，我得說您有點懶惰[52]。」為了在精神上更靠近兒子，她算好了新法蘭西和法國之間的時差，當她想著他時，就知道他正在做什麼[53]。克羅・瑪定直接切入難以回答的問題，因此獲知瑪麗・閨雅與天主結合最隱私的部分，他所問的，全都是深入核心的問題。瑪麗・閨雅生命最後幾年的信揭露了被天主完全占有的最高境界。有時候克羅・瑪定的提問毫無顧忌，但幸好他這麼做，我們今天才能夠看到瑪麗・閨雅為自己刻劃出來的真實形象。

51 夏博著（M.-E. CHABOT）。《從書信認識降生瑪麗》（*Marie de l'Incarnation d'après ses lettres*）。多處皆有提及。
52 *O*。頁 571；*O*。頁 187-188。

第六章

❦

克羅‧瑪定神父與瑪麗‧布松修女

　　瑪麗‧閨雅非常疼愛她的兒子和外甥女瑪麗‧布松。每天晚上,她都會為了他們,藉由聖子耶穌聖心向天父祈禱:「在聖心內,如同在祭台上,我將祢的僕人克羅以及瑪麗獻給祢。因我的神聖淨配耶穌之名向祢請求,讓聖神充滿他們的內心,在聖心的庇護下,願他們永遠屬於祢……」她跟兒子說:「我不記得自己曾忘記為你們祈禱,除非因為生病,或是因為內心劇烈的波動而無法自己[1]。」

　　繼 1631 年後,1639 年的分離讓身為母親的瑪麗‧閨雅心如刀割。因為天主要她放棄一切並託付給天主安排,使得兒子失去了親人的依靠。她形容當時的感覺就像骨頭被拆散般的劇痛。她心中有兩道光正在拉鋸,第一道是為人母的天性,另一道則是聖神的光照,使得她承受很大的煎熬。她知道她造成兒子的痛苦,而這份痛苦是承行天主旨意的結果[2]。她在 1670 年 9 月 25 日寫信給兒子說:「坦白說,自從來到加拿大,我就因為傷害了您而感到痛心。在天主召喚您之前,我擔心自己的

---

[1]　*O*。頁 659-660;以及頁 184、372。
[2]　參見本書第一部第十章。

疏遠最終會讓我失去您。我害怕親戚朋友會拋棄您，我感到痛不欲生。有一次，魔鬼趁機讓我的腦子充滿幻覺來誘惑我，我當時以為那些幻覺是真實的，以致於我必須離開修院躲起來。我以為我將心碎而死，但是曾經承諾要照顧您的主拯救了我[3]。」

　　瑪麗・閨雅於 1639 年春季出發，她不指望在 1640 年夏天之前能收到兒子的消息。1640 年 7 月 8 日抵達魁北克的船隊令她非常失望，因為她並沒有收到兒子的來信。不過與她通信的法國友人間接告訴她有關克羅的消息[4]：1639 年她待在巴黎這段期間，她要克羅從奧爾良過來，希望能讓他進入耶穌會的初學院，但當時沒有下文。克羅在接下來幾個月中所做的嘗試皆未果，為此克羅感到非常丟臉[5]。他應該把一切都告訴母親：他的期望、他的努力，以及耶穌會拒絕他的藉口。他因為害怕，什麼也沒有做，就這樣任他的母親為他擔憂。瑪麗・閨雅因而寫了一封嚴厲的信給他：「嘿！您眼看著船隊離開，竟敢連一封關心的信都沒寫！如果不是收到其他人的來信，我都不知道您發生什麼事。別人告知什麼我就不詳述了。讓我知道您的需求，並將之獻給天主，我只求您，至少不要因為沒有把握住聖召而喪志，進而輕易放棄；反之，您應該要透過勤奮努力來彌補因疏忽而蒙受的損失[6]。」

　　馬丹神父（Dom Martène）在談及克羅・瑪定時是否較為偏袒，並將自己不喜歡的耶穌會士塑造成不友善的形象？又或者是瑪麗・閨雅從法國收到的訊息並不完整？第一個假設可信度相對高。比起教化人心的目的，不如參考當時相關事件的文獻。根據馬丹神父的說法，克羅・瑪定與奧爾良的老師聖朱爾神父（P. de Saint-Jure）建立了深厚的情誼[7]。在神父的建議下，克羅申請進入耶穌會的初學院，拉耶

3　O。頁 898。

4　那一年她因此事感到難過痛苦：O。頁 186、558。

5　根據馬丹神父的敘述，克羅神父請求「可敬的神父們同意讓他進入修會；他同時也將他的想法告知人在巴黎的母親。大家可想而知瑪麗・閨雅得知後有多高興……她透過這個修會的友人協助這個度誠的計畫……他們跟她說，省會長來到巴黎，必須讓他兒子來一趟，在她去加拿大前就要趕快解決此事。」克羅神父遲到了，省會長告訴他「目前無法收他」，以此為藉口拒絕了他。此事令他的母親非常難過，然而她並不因此喪志。為了鼓勵兒子不因此受挫，同時等待下一個機會，她將他送到一位品德高尚的司鐸住所（在巴黎，很可能是貝尼耶先生的朋友）。然而，在瑪麗・閨雅離開巴黎前，有人建議她把兒子送回奧爾良繼續他的學業。馬丹著（MARTENE）。《克羅・瑪定神父生平》（*Vie de Dom Claude Martin*）。頁 14-15。

6　O。頁 115。

7　馬丹著。同前註。頁 14。

神父支持他；但是自 1639 年春季以來擔任省會長的蒂內神父（P. Jacques Dinet）卻遲遲沒有決定。第二次再提出申請時，他的回覆是：「他很笨拙……而且悟性不足以成為耶穌會士[8]。」

克羅‧瑪定因怯懦而不敢繼續堅持，他感到灰心喪志，沒有試圖克服眼前的阻礙。然而，讓申請者在錄取前經歷各種阻礙是自修道生活方式存在以來就有的傳統，為了考驗聖召的堅定程度。克羅的意志不夠堅定，第一次遭到拒絕就覺得沒希望了。他不知所措，甚至不敢寫信給母親。心理上的衝擊是否導致他做錯了事？這並不無可能[9]。

1639 年時，瑪麗‧閨雅並沒有意識到她兒子這麼需要支持。他自幼缺少父親的教育，十二歲時就得面臨孤兒的處境。瑪麗‧閨雅 1639 年回應天主旨意捨棄了他，對他而言確實殘酷，遠遠超過這個年輕人所能承受的打擊。在韋門神父的建議下，瑪麗‧閨雅改變原本不加以干預的態度，遵循天主所指引的道路，讓事情自然而然地發生。這次她決定親自出手：「我寫信給我的幾個朋友，盡量為您爭取適合的機會，以免您渴望修道生活的計畫無法達成；是時候該認識自己了。您已經足夠成熟，一直以來您受人幫助，現在應該由您來推自己一把。一位翩翩君子若是缺乏勇氣，那就太可恥了。所以親愛的兒子，請擺脫您的懦弱，要相信在這個世界上若不付出努力是無法收穫任何東西的[10]。」

個性堅毅的瑪麗‧閨雅驚訝地發現她兒子的確還只是個孩子，認為他不夠有男子氣概，然而他已經二十一歲了；但是她有沒有想過克羅童年時期所經歷的事件對心理影響有大呢？若是他晚熟，這是可以理解的。隨著時光流逝，瑪麗‧閨雅終將以她的兒子為榮。她中老年的一些信件透露出了她身為母親的那份驕傲。

8　同上註。頁 15。
9　克羅神父提到：「他的母親……在得知他並沒有按照她所教導的聖人格言時非常悲痛……這使他陷入迷失自我進而喪失靈魂的危機深深觸動了她」。*V*. 頁 446；此外，他在奧爾良欠下一些債務。在他母親生平的手稿中，克羅神父對此說得很清楚：「他用了最晦暗的顏色描寫自己，談及我們能想像最羞辱的事情」；但這個部分在審稿時被刪除了：馬丹著。同前註。頁 271；瑪麗‧閨雅表示，她因克羅在年輕時候抗拒超自然的事實感到難過：*O*。頁 183。
10　*O*。頁 115。根據馬丹神父的敘述，「他的親人為擺脫他，曾想過將他送到加拿大，到母親身邊。但是謹慎的瑪麗‧閨雅勸退他們，說他沒有辦法在加拿大生活，在那邊是無益的。而克羅本身懷有一顆高尚的心，渴望著更高尚的地位。」馬丹著。同前註。

1640 到 1641 年間冬季，瑪麗‧閨雅對克羅的未來感到極度擔憂。法國那邊完全沒有消息，遙遠的距離更是讓她胡思亂想、憂心如焚。她坦白地說道：「我痛苦到以為自己要死了[11]。」但接下來 1641 年 8 月船隊的抵達為她帶來極大的喜悅；她從信件中得知克羅進入了法國旺多姆地方本篤會聖莫爾（Saint-Maure）集團的聖三修道院做初學。她說這個消息彷彿讓她「起死回生」。她在 9 月 4 日給兒子的信中寫道：「親愛的兒子，您的消息對我而言是多大的安慰，甚至難以用言語表達。為了您，我這一年來都生活在痛苦中，想著您可能身陷困境。我們的天主終於撫慰了我的靈魂，相信祂的慈愛不會讓我們失去為祂的愛而放棄的東西。親愛的兒子，您的信讓我更堅信這件事，也實現了我對您的期望，甚至遠遠超乎我的預期……[12]」

　　經歷第一次失敗後，克羅就放棄了投身修道奉獻生活的念頭。阿蒂奇神父（P. Achille d'Attichy）將他介紹給艾吉永公爵夫人。1639 年瑪麗‧閨雅離開法國前，她就非常關心克羅。她仁慈地接待克羅，為他規劃美好前途，但是過了很久她的承諾才得以實現。就在克羅即將獲得黎希留樞機祕書室的副書記職務之際，他突然決定再次嘗試申請進入修會。雷蒙神父一直鼓勵他這樣做，另方面他察覺到來自上天的催促要他下定決心。馬丹神父寫道：「當時是 1640 年底，本篤會聖莫爾集團修道院院長達利斯神父（Dom Grégoire Tarisse）在聖日爾曼德佩（Saint-Germain-des-Prés）接待克羅‧瑪定；達利斯神父與他見面不到兩、三次，就從他身上看到許多優點，認為這是天主賜給他的寶藏[13]。」這句話純綷是出自馬丹神父，他根本不認識達利斯神父，無從得知神父的想法；他自己加油添醋，刻意將蒂內神父以及讓克羅進入本篤會聖莫爾集團修道院的神父做對比。

　　於是 1641 年 1 月 15 日，克羅‧瑪定正式進入旺多姆的聖莫爾集團修道院，在保祿‧黎費利神父（Dom Paul Rivery）的指導下開始初學院生活，1 月 31 日領受會衣。瑪麗‧閨雅給他的信中寫道：「都爾聖儒略修會（Saint-Julien）和馬穆蒂修會

11　O。頁 898。
12　O。頁 130。
13　馬丹著。同前註。頁 16、20。

（Marmoutier）改革的這段期間，我期望您有機會獲得恩寵，但是聖召始終來自天主，所以我沒有跟您提到此事，我不想干預專屬天主的安排[14]。瑪麗‧閨雅說出實情：曾經有很長一段時間，她被本篤會的生活和會規深深吸引。在父母將她嫁人之前，她曾非常渴望進入都爾的本篤會博蒙修道院。她在都爾斐揚修道院的影響下度過奧祕生活的前十二年，在選擇聖吳甦樂會前，她曾希望自己能夠加入本篤會的斐揚修道院。

1642 年，已成為修士的克羅因未收到母親的「大量信件」而感到失望[15]。1642年 2 月 3 日，獻主節的隔天，他在旺多姆的修道院宣發初願。5 月時，他轉修道院，前往沙特爾（Chartres）教區的本篤會泰隆集團（Tiron）聖三修道院，進行為期兩年的初學修道。得知他已發願的瑪麗‧閨雅對此表達了衷心的喜悅：「在得知您透過修道聖願將自己完全屬於天主後，我獲得此生前所未有的安慰[16]。」

自此，他們母子開始持續地進行靈修交流，隨著克羅神父在密契生活的道路上前進，交流也變得愈來愈密切[17]。

克羅神父鮮少揭露自己的內心生活，我們可以從他的手稿一窺他獨特的追尋天

---

14 *O*。頁 130。關於初學期，見都爾市立圖書館。手抄本 1442。對開頁 18；馬丹神父並沒有完整發表他的手稿；省略的段落可參見杜伯瓦女士版（E. DUBOIS）的附錄（出版者葛雷格〔Ed. Gregg〕。法恩伯勒〔Farnborough〕出版。1972 年）。然而，瑪麗‧閨雅的痛苦尚未結束，因為一位奧爾良商人想要以克羅曾經欠下的債務來阻止他發願。債務的金額應該不小，因為他還專程來到旺多姆；初學生導師為他的債務做擔保，家人也同意替他還債；克羅神父為此感謝他的叔叔，但我們無從得知是哪一位；馬丹著。同前註。頁 29；*V*；頁 449。

15 *O*。頁 183。

16 同上；關於前往泰隆之記敘，參見馬丹著。同前註。頁 31。

17 她開始毫不保留地向他表達自己的慈愛；其中有許多非常感人的信件：例如 *O*。頁 384、658、659。

主道路的方式，以及他親身從祈禱中得到的領悟[18]。他針對母親手稿的分析與詮釋揭示了他是天主的人。母親對他影響之深遠是無庸置疑的，尤其在他不懈的堅持下，得到1654年《靈修札記》的那一刻起。但是當時他還是年輕的修道人士，並未對母親生活最深刻的部分多加臆測。

1644年，瑪麗・閨雅的外甥女瑪麗・布松進入都爾聖吳甦樂會的消息為她帶來了第二份喜悅[19]。

瑪麗・布松接受聖召的過程如同小說般高潮迭起，雅梅神父（Dom Jamet）很幸運能得知一切並將之公諸於世。瑪麗・布松出生於1626年12月初，她是保羅・布松和克蘿・閨雅所生的女兒，並於聖母無染原罪瞻禮的前一天領受聖洗聖事[20]。她從小就倍受寵愛，母親總是放任她為所欲為[21]。失去父親的那一年，她只有五、六歲。母親於1634年4月18日再婚[22]，但她的第二段婚姻似乎並不幸福[23]。克蘿將全部的愛都放在這個孩子身上，用孩子父親所留下的財產讓她接受最好的教育。十五歲的瑪麗・布松已經成為一位亭亭玉立的少女：「她只追求那些能讓她拓展眼

---

18 《本篤會聖莫爾修道院會士月退省守則》（*Conduite pour la retraite du mois à l'usage des Religieux de la Congrégation de Saint-Maur*）。巴黎出版。1670年；《可敬的克蘿・瑪定神父著作中摘錄之靈修箴言》（*Maximes spirituelles du Vénérable Père Dom Claude Martin tirées de ses ouvrage*）。馬丹著。盧昂出版。1698年；《聖伯納會規實踐》（*Pratique de la Règle de Saint Benoît*）。巴黎出版。1674年；《長上的全德與避靜》（*Perfection du chef, Retraites aux Supérieurs*）。出版者艾斯貝（R.-J. HESBERT）。巴黎出版。1952年；《苦修會議》（*Conférences ascetiques*）。出版者艾斯貝。巴黎出版。1956年；史密茲（Ph.SCHMITZ）在《本篤會期刊》第41期中出版的幾封信件。1929年。頁262-267；358-367；第43期。1931年。頁153-158；*RAM*。第13期。1932年。頁146-163；《未完成的默觀專論》（*Traité de contemplation, inachevé*）。出版者哈耶（A. RAYEZ）。*RAM*。第29期。1953年。頁206-249。關於他的靈修，參見：培蒙耶（H.BREMOND）。《宗教情感歷史》（*Histoire du sentiment religieux*）。第六冊。頁629-678；恭涅著（L.COGNET）。《克羅・瑪定神父（1619-1696年）與法國神祕主義》（*Dom Claude Marin 1619-1696 et le mysticism français*）。*RHEF*。第43期。1957年。頁125-149；阿勒里著（O. d'ALLERIT）。〈克羅・瑪定神父隱修生活的神學〉（La théologie de la vie monastique de Dom Claude Martin）。《隱修學》（*Studia monastia*）。第5期。1963年。頁165-192；同上。〈克羅・瑪定神父帶領下的聖日耳曼德佩〉（Comment on travaillait à Saint-Germain-des-Prés sous la direction de Dom Claude Martin）。《近現代歷史期刊》（*Rev. d'Hist. moderne*）。第4期。1957年。頁212-228。

19 夏博著（M.-E CHABOT）。同前。頁143-161。

20 *J*。第三冊。頁222註解。

21 *O*。頁206。

22 *J*。第一冊。頁232。註7。

23 1642年1月7日放棄財產。尚貝著（CHAMBERT）。《降生瑪麗修女的家族》（*La famille de Marie de l'Incarnation*）。頁99。

界並展現自己的圈子，一心只想著玩樂[24]。」曾住在布松家的瑪麗‧閨雅把她看作自己的女兒，對此感到憂心。

　　年輕迷人的瑪麗‧布松讓一位三十幾歲、名為方濟‧謬塞（François Musset）的卡賓槍騎兵隊隊長為她深深著迷。他的母親與皇家港口（Port-Royal）阿爾諾家族（les Arnauld）有血緣關係；他的父親於 1635 年在菲利普斯堡（Philipsbourg）圍城中被殺後，就由他繼承家族姓氏，他也是家族土地普賴旺多姆（Pray-en-Vendômois）的領主[25]。身為基督新教胡格諾派教徒的謬塞難以被拉吉歐家族和閨雅家族認可，他決定採取極端的手段：「一天他利用瑪麗‧布松僅由一位侍女陪同前去望彌撒的機會，阻擋了前往彌撒的必經道路。她被逼到一輛馬車旁，沒有意識到這是一個陷阱，就被粗暴地推了進去[26]。」以綁架少女來脅迫少女家人同意婚事，最是率直的做法，但是具有危險性。[27]如果女孩對綁架者有意，就有可能達成共識，舉辦婚禮；否則莽撞的求婚者將面臨被審判的風險。

　　謬塞將他所認定為未婚妻的瑪麗‧布松「護送到一座鄉間城堡，並把她託付給一位非常正直的女士照顧」；那位女士名叫安東妮特‧貝昂‧德‧馬利圖恩（Antoinnette Péan de Malitourne），他是安德烈‧貝傑（André Berger）的遺孀。瑪麗‧布松被軟禁的城堡有可能是馬利圖恩家的城堡，位於都爾北方臨近森林的卡定高地（plateau de Gâtines）上的豐代特（Fondette）和佩爾奈（Pernay）之間。瑪麗‧布松不服，在她被綁架之前，沒有人詢問過她的意見，她不同意在這樣的條件之下嫁出去。克蘿‧閨雅和她的第二任丈夫派人到鄉間尋找女兒的踪跡，最後成功

24　*V*。頁 483-484；*J*。第三冊。頁 360-364。

25　聖維南著（R. de SAINT-VENANT）。《旺多姆地形學辭典》（*Dictionnaire topographie du Vendômois*）。第三冊。布盧瓦 - 旺多姆出版（Blois-Vendôme）。1914-1915 年。頁 117-1214；聖阿雷著（de SAINT-ALLAIS）。《法國貴族譜》（*Nobilitaire universel de France*）。第三冊。巴黎出版。1872-1873 年再版。頁 52-54；伯軒尼侯爵著（Marquis de BEAUCHESNE）。〈曼恩的謬塞家族〉（Les Musset au Maine）。《拉弗萊什年鑑》（*Annales fléchoises*）。第 13 期。1912 年。頁 106-107。

26　*V*。頁 484。

27　若我們從類似情節發生的次數來看，儘管法律嚴苛，但透過綁架締結的婚約有效性幾乎等同於制度內婚約；在此僅舉瑪德蓮‧德‧楓丹 - 瑪杭（de Fontaine-Maran）和德‧米哈米翁女士（de Miramion）的例子；第一位魁北克主宮醫院院長瑪麗‧格內（Marie Guenet de Saint-Ignace），也經歷過相似的遭遇。參見卡斯坎著（H.-R. CASGRAIN）。《魁北克主宮醫院》（*L'Hôtel-Dieu de Québec*）。魁北克出版。1878 年。頁 107。

找到她。克羅神父寫道：「在這群人的攻擊下，謬塞不得不讓步並同意釋放女孩，條件是讓綁架者能夠全身而退[28]。」

　　然而，找回女兒的克蘿‧閨雅和她的丈夫卻不願遵守約定。為了瑪麗‧布松的安全，他們將她關在博蒙都爾修道院中，然後向方濟‧謬塞和兩位共犯——巴黎夏特雷的騎士官米歇爾‧穆蘭（Michel Moulin）與甘蒂利耶（Grandillière）領主奧諾雷‧貝傑（Honoré Berger）提起訴訟。雅梅神父從 1642 年的巴黎議會檔案登記簿中找到了審判的相關文件。方濟‧謬塞和他的朋友被判有罪，因此他們被迫躲藏一段時間以逃避入獄服刑。克蘿‧閨雅不久就逝世了，時間大概在 1642 年 1 月 7 日至 1643 年 3 月 7 日之間[29]。女兒由她的親戚收養，有可能是貴族尚‧米歇雷（Jean Michelet），他是國王的顧問，並在都爾選舉中當選刑事官[30]。

　　方濟‧謬塞獲得特赦，但他還是沒有放棄他的夢想，他認為克蘿‧閨雅的死亡為他除掉了最大的阻礙。克羅神父敘述說道：「他讓奧爾良公爵以為瑪麗‧布松是他的妻子，出於他無法理解的原因，第一位審判法官把瑪麗‧布松從他的家中帶走，他懇求親王殿下幫忙將妻子還給他。於是公爵寫信給法官，而法官不敢違抗這第二順位的王位繼承人，於是建議瑪麗‧布松暫時躲到修道院。她採納法官的建議，選擇了聖吳甦樂會修院[31]。」然而謬塞不願就此放棄。「他知道必須使出非常手段才能將瑪麗從修院帶出來，他利用王后的權勢要總主教讓瑪麗‧布松離開修院，回到他身邊。」

　　路易十三於 1643 年 5 月 14 日駕崩以後就由王后攝政，總主教不敢違背來自皇室高層的指示。當時的總主教勒布第耶（Victor Le Bouthillier）是艾守總主教（Mgr Bertrand d'Eschaux）的繼任者，他為這位陷入愛河的紳士與瑪麗‧布松安排一場會面。他邀請瑪麗‧布松到總主教府邸，「她進入一個房間，她的死對頭已經在裡面等待。將他們安置好後，總主教和幾個人躲到房間的另一端。就在這一刻，這位多情男子極盡所能地表達他的愛意，試圖撼動一顆從未向著他，甚至鄙視他的心[32]。

28　V。頁 484。
29　尚貝著（CHAMBERT）。同前註。頁 99。
30　J。第三冊。頁 364 註解。
31　V。頁 485。
32　V。頁 486。

瑪麗‧布松的回覆讓總主教明白雙方並非兩情相悅。勒布第耶總主教將瑪麗帶回聖吳甦樂會修院，「瑪麗‧布松得知這位求愛者不但沒有被擊敗，反而愈挫愈勇。他醞釀著新的計畫來打動她堅定的意志，於是她採取了大膽而危險的方法：成為一位修女。她當修女的動機不是真正出於事奉天主的渴望，而是要擊退求愛者⋯⋯她請人向王后表明她的計畫，並親自寫信給她，證實她留在修道院的目的。」王后奧地利之安妮（Anne d'Autriche）絕對不會阻撓聖召。「（她）下令讓人放過這個女孩。」

瑪麗‧布松因為堅持己見而被困在修道院。她原本希望離開修院，但現在進退兩難。沒有真正收到聖召的她，先是順服，領受會衣後，她的內心開始感受到那股跟瑪麗‧閨雅一樣的吸引力。這位初學修女的信仰熱情愈來愈強烈，到了發願的時候，她已經成為一位真正的聖吳甦樂會修女[33]。至於她的追求者謬塞，也在不久後找到了與他社會地位相當的女孩瑪麗‧于侯‧德‧羅比達（Marie Hurault de l'Hôpital），兩人結為連理。1653 年 6 月 26 日的前一天或前兩天，他在普雷城堡（Le Pray）中逝世，沒有留下子嗣。

瑪麗‧閨雅在得知這段跌宕起伏的故事後，熱切地為外甥女祈禱。她竭力為自己的兒子和瑪麗的救贖做出犧牲。她在許多地方都提到了自己對生命中摯愛的兩個人所做的奉獻。她在 1654 年《靈修札記》中寫道：「除了我的罪應受的懲罰之外，我的神聖淨配，請祢知道，我託付給祢的這兩個靈魂都不是為俗世而存在的。他們若是因犯錯而配不上祢的聖召和友誼，我願意為他們承擔罪罰⋯⋯[34]」克羅神父讀到這段文字後，請他的母親進一步說明，並在 1655 年 10 月 2 日的來信中得到回覆。瑪麗‧閨雅寫道：「親愛的兒子，當我撰寫所面臨的誘惑時，其實我想到的是您和您的表妹。上主為了你們的救贖給予我如此特別的愛，我無法眼睜睜看著你們在這個充滿誘惑的俗世迷失自己。我覺得我現在正在為著你們的救贖而受苦；因此如果您看到我因你們偏離正道而痛心，請不要感到驚訝[35]。」

33　*V*。頁 487。

34　*J*。第二冊。頁 382。

35　*O*。頁 558；參 *V*。頁 446、463、482-483；1671 年 10 月 6 日，她給他的信中寫道：「啊！不管要我承受多少痛苦，我都想要讓您成為聖人！每每想起您一來到世上，我是第一個將您獻給天主的人時，我都會譴責我自己，將我的罪惡視為您遭受磨難的源頭」。*O*。頁 927。

瑪麗·布松的聖召一直都受到她的天性所左右，時常讓瑪麗·閨雅感到擔憂。而克羅則與她大不相同，瑪麗·閨雅看著他在天主的道路上大步邁進。她不只一次將外甥女託付給兒子[36]。當瑪麗·布松表示想要追隨姨媽前往加拿大時，瑪麗·閨雅剛開始並不樂見[37]，因為她知道未來有什麼樣的考驗等著她，而她的毅力不夠堅定，恐無法承受。瑪麗·布松的動機完全來自對瑪麗·閨雅的情感，瑪麗·閨雅意識到，也了解到這一點。她希望瑪麗·布松的聖召能夠更堅定，更經得起考驗，更具有超性的特徵。

　　克羅和瑪麗是瑪麗·閨雅深愛的兩個孩子[38]：一個極度羞怯，喜歡孤獨，總是想要隱藏自己，但是修會長上卻讓他出任愈來愈高階的職務；另一個個性衝動、對於自己個人的魅力太過自信，並且在外喜歡表現，但是聰明、活潑、感情豐富，即便有上述的缺點，她依然是一個好修女（不過在瑪麗·閨雅眼中還是不夠好）[39]。瑪麗·閨雅為他們兩位向天主祈求，在加拿大最初幾年，她所承受的內在痛苦和外在考驗就是她所付出的代價。在他們之後，瑪麗·閨雅為休倫地區和整個加拿大的福傳，向天主祈求一樣的願望，付出一樣的痛苦代價[40]。

36　參見 *O*。頁 586、920-921。

37　*O*。頁 230；參見 *O*。頁 301-302、484-485。

38　「你們是最常讓我的靈魂回到法國的兩個人」。*O*。頁 485；亦參見 *O*。頁 830；*J*。第二冊。頁 493。

39　「別人對妳說的是實話，妳和我有些許相似之處，我在年輕時曾是世界上最自滿的人……以受造物的視角，永遠不要為自己的仁慈而感到自滿」。*O*。頁 301。

40　請給我所有的折磨，而不要減少對他們兩人的愛，為了他們的救贖，我將自己完全奉獻，在祢的協助下，善用我的一生。*J*。第二冊。頁 386；*O*。頁 319。

第七章

❦

內在的痛苦與喜悅

　　瑪麗‧閨雅離開法國之際，內心承受著巨大的孤獨，她預見自己即將走向一個充滿無盡磨難的陌生之地；她知道必須要「犧牲自己」來事奉天主。她遭受不少外在折磨。前幾個章節中已經針對「加拿大的磨難」做了詳細而鮮明的描述，我們現在來聽聽瑪麗‧閨雅對於她與天主的關係，以及她為此承受的苦難的表白。

　　1639 年春季，瑪麗‧閨雅迎來第三次漫長的奧祕黑暗期，也是最長的一次。第一個劇烈階段是發生在加拿大生活的前三年，即 1639 年至 1642 年，這是最痛苦的一段時期。到了 1642 年夏天，她與天主親密關係的意識恢復了一部分，但痛楚依然強烈，直到遇見拉勒蒙神父時才好轉（1645 年 9 月）。內在生活的困難與痛苦又再持續兩年，到了 1647 年聖母升天節驟然消散，磨難總共持續八年。

　　離開都爾的前幾天，瑪麗‧閨雅感受到內在有一股力量吸引著她，周圍的一切都變得生疏。她獨自一人處在陌生的世界，如同一艘迷失在汪洋大海中的船。她與世界連結的纜繩被切斷了，她的靈魂就像她即將搭乘的船一樣。她想表達的是在遠離意識的靈魂所經歷的「強烈而深沉的安寧」，以及迷失在「神聖的黑暗」的自

我[1]：「在渡海過程中，我孤單自處，無法用任何言語傳達我微妙的內心世界，只能說一些日常生活事務。[2]」

抵達新法蘭西以後，晦暗突然變得更加濃厚。她發現「天主施加在她身上的天賦和恩典，以及賜予她所有外在與內在的禮物」都不見了[3]。她陷入一無所有的狀態：在天主面前，靈魂毫無可與神聖淨配相匹配之處，也無法讓她提升至塵世之上，她完全無法與天主交流。面對浩瀚的天主，她卻陷入了無邊的虛空。

此外，強烈的情緒波動也在此時出現。與 1631 到 1633 年間不同的是，那次是情慾方面的，而這次是憎惡他人的易怒與痛苦情緒[4]。

1640 年聯合會會規撰寫期間，韋門神父也是瑪麗・閨雅的痛苦來源之一；另外，就在她的周遭，甚至在修院裡，出現了不愉快的事情。我們聯想到貝第夫人，以及負責帶領她靈修的樂仁神父。她後來跟兒子提到樂仁神父如何嚴厲地對待她[5]。

至於瑪麗・閨雅本人，她已經完全不認識自己。她會因為一件微不足道的事而瀕臨憤怒，旁人有時可以感受到她的怒氣[6]。修女們在休息時間閱讀酒保小男孩的信，從中看出所描述的就是瑪麗・閨雅，大家不由得會心大笑[7]。

這個小男孩來自魁北克，他決定投入休倫福傳工作，並打算 1645 年春季就出發。他從三河給瑪麗・閨雅寫了一封奇怪的信：「信中有幾行橫書，其他直書；有的寫在中間，有的在側邊。從摺法和寫法來看，這封信似乎只是為了娛樂大

1　*J*。第二冊。頁 375。

2　同上。

3　同上。參見 *O*。頁 242-243：「如果您知道……自從離開您以來我將近三年的狀態，您的靈魂將會顫抖……我所做的一切都讓我感到討厭和乏味，這是我的靈魂狀態所顯現出來的……我什麼痛苦都經歷過了。」

4　同上。薩沃尼修女離開都爾時就察覺到了：「當她看著我，她相信世上沒有比我更痛苦的人」。*O*。頁 447。

5　「樂仁神父說他訓練了我的美德確實有理；他完全是為了我好，我能確定我受了他極大的恩惠……他是一位希望自己帶領的所有人都能成為像他一樣的聖人。」*O*。頁 533。

6　*J*。第二冊。頁 385-386。

7　雅梅神父認為事件的主使可能是前往休倫地區的傳教士之一，這麼做的目的是要給瑪麗・閨雅上一課。*J*。第四冊。頁 12-14；培蒙（BREMOND）已經提出了這個假設，但他並沒有將事件誇大（第四冊。頁 131-135）；這個解釋似乎不被信服；孩子自己做出這個行為這一推測也不無可能。而這個孩子很可能是小雷吉（Léger），1646 年，15 歲的他在堡壘擔任廚房小學徒，將自己獻給耶穌會並前往休倫地區，1646 年到 1647 年都在那邊度過（*JJ*。頁 63、111）；關於泰倫（Talon）之前的魁北克餐酒館，參見華伊著（P.-G. ROY）。《魁北克市》（*La ville de Québec*）。第一冊。頁 90、185。

家[8]。」有人在休息時間把信交給瑪麗‧閨雅。這封信只是抄寫:「出身貴族的日內瓦主教——真福方濟‧沙雷(bienheureux François de Sales)的著作《虔誠者的靈修指導》第十章的內容。信件被大聲朗讀時,在修院內引起哄堂大笑:「親愛的修女,自尊會隨著肉體之死而消失,當我們被流放在這個塵世,總是會感覺自尊受到打擊、受到折磨……突然,妳察覺到自己迷失了,對你應該要服從的人感到厭惡而做出違反溫和、謙卑與仁慈的行為,你必須彌補這個錯誤。你的情感,尤其是那些強烈的情緒波動都將受到折磨……對你周遭的人應該抱持一顆溫柔慈愛的心,尤其是面對你所負責但厭惡的人……」

瑪麗‧閨雅自己也承認,經常在不經意的情況下,第一時間就被自己的衝動帶著走,多次話語「脫口而出」,因而感到非常懊惱:「對於一個敬畏天主、害怕罪惡與熱愛純淨靈魂的人來說,這是世上最令人痛心的事情[9]。」瑪麗‧閨雅確實是一個急性子的人。當她決定要做一件事情時,總是希望能快速進行。她曾經因為事情耽擱而急躁不耐。在 1646 年給外甥女的信中有提到這一點:「有人跟妳說,妳和我有些許類似的缺點,這是實情……過去的我做事衝動,如今亦然[10]。」此外,她有時很嚴厲[11]。但是我們不應將之視為缺點。她率真地說:「和我共事的人認為我審慎、純樸、真誠且有耐心[12]。」

她補充道,在這段艱難時期,天主賜予她恩寵,讓她「能夠在不表現出內心起伏的狀態下處理事務,與修院的人和平共處。並不是我沒有因分心而犯錯,只是那些錯誤都是一時的,並非出自壞心眼[13]」。

最悲慘的部分只侷限在瑪麗‧閨雅的內心深處,與他人無關,只有天主才能進入,或是靈修導師從某個角度來說也可以觸及。這位靈修導師據說就是從 1639 年到 1645 年指導她靈修的樂仁神父。他從基督新教皈依天主公教,是一位偉大的傳

8　V。頁 467。
9　J。第二冊。頁 403。
10　O。頁 403。
11　「她的溫柔沒有絲毫軟弱……每當關係到天主榮光與聖化靈魂之時,她會使勁地表現出來。儘管她的性格如同油一般圓滑,但同時也融入紅酒的剛強」。V。頁 614。
12　J。第二冊。頁 405;參見 V。頁 614,以及 O。頁 813。
13　J。第二冊。頁 404-405。

教士與修道人。他曾是拉勒蒙神父帶領的初學生，卒試期期間也是由他帶領。樂仁神父比瑪麗・閨雅年長八、九歲[14]。

　　瑪麗・閨雅定期與樂仁神父交流的時間只有在 1639 年至 1641 年秋天，以及 1644 年 7 月後到 1645 年 9 月，因為期間他回法國兩次（1641 年到 1642 年冬天與 1643 年到 1644 年冬天），1642 年到 1643 年冬天他都待在在三河[15]；因此瑪麗・閨雅有將近三年的時間沒有接受靈修指導。此外，在她經歷第一階段磨難期間（1639 年至 1642 年），「因為感到力不從心，所以極少與樂仁神父交流」。神父對她非常嚴厲，由不得她自由地表達看法，或者自然反應。瑪麗・閨雅喪失了讓他人理解的能力，也無法清楚描述天主施加在她身上的做法，而這些作法表面看起來都是拋棄與漠視。但是在夜半時分，突如其來的靈光乍現伴隨溫柔的親密片刻浮出：「有時候，一道光照亮我的靈魂，用愛點燃它，讓靈魂處於激昂狀態。我感覺那時就像到了天堂，享受天主擁我入懷的親密關係[16]。」然後，「幽暗的深淵與痛苦的黑暗」又回來了，就像「地獄，充斥著黑暗中產生的絕望所引起的悲傷與苦澀[17]」；痛苦將她帶到絕望的邊緣，上面所提到的憎惡甚至指向天主。此時，她的處境似乎使她仇恨天主[18]。

　　因此，她認為地獄是她應得的懲罰。若正義的天主因此可以得到滿足，她願意接受懲罰，只要還能夠繼續愛著天主。對她而言，真正的入地獄之罰是不可能的，除非真的與天主為敵；然而她願意為自己的過錯，以及為兒子與外甥女的過錯接受嚴厲的處罰：「我知道下地獄是我應得的，天主的正義將我扔進深淵並沒有錯，只要不剝奪我與天主的友誼，我都願意承擔[19]。」

14　參見本部第一章註73，以及本章註5。樂仁神父在 1591 年出生於維特利 - 勒 - 法蘭索瓦（Vitry-le-François），父母為加爾文教派，他在 16 歲時皈依，1612 年進入耶穌會的巴黎初學院；1631 年擔任迪波會所的院長時，在沒有申請的情況下被指派前往加拿大；他於 1644 年在巴黎去世。

15　RJ 1643 年（Q。頁 46；Th. 24。頁 190）；1641 至 1642 年的冬季，他去到都爾，見了瑪麗・閨雅的家人，參見 O。頁 149；她在 1644 年提及這件事：「我（在加拿大）看到被完全淨化的靈魂，就好像不存在地球上似的……您們見到的樂仁神父就是其中一位。」O。頁 238。

16　J。第二冊。頁 377；參見 O。頁 243。

17　J。第二冊。頁 377-378。

18　同上。

19　V。頁 416；參見 J。第二冊。頁 380、382。

瑪麗・閨雅認為當前的考驗就是彌補她從接受奧祕生活的聖召以來所犯過的所有錯誤。她親身體會天主對純潔的要求：「有時候我能看清自己狀態改變的原因……自至聖天主召喚我進入靈修生活起，我所犯下的一切過錯、缺陷和不潔之罪都浮現在眼前[20]。」曾經她認為自己有著一顆深愛的心，所以這些缺點不算什麼，如今它們的嚴重性顯現出來，她用天主的目光看待這件事：「不潔是靈魂天性不可妥協的敵人，天主的愛對於純潔之嚴苛毫不留情。」天性無處不追求全德：「只有天主才知道道路在何處，也只有祂能夠用烈火或至高的權力來摧毀。當祂想要折磨時，將會是比電擊更強烈的試煉[21]。」因此，淨化完全是被動的。瑪麗・閨雅只能承受神聖之火的考驗，渴望天主所要的。在至上的純潔之前，她獨自一人，全然的孤獨；她感到自己被定罪，而她也認罪。

　　任何造物對她都毫無幫助，「只會使我的十字架變得更沉重，甚至刺痛」。在痛苦中，即使是教導原住民女孩的滿足感也沒有了，因為擔負院長職務的她已經失去那樣的閒情逸致。「在我承受的苦難之中，教她們認識祢、愛祢是我唯一的安慰[22]。」

　　1642 年，她內心的痛苦終於有所緩解。滌罪之苦的劇烈階段似乎已經告一段落：「一段時間後（我仍繼續守在崗位上），我的狀態產生了某些變化。體內只剩下叛逆的情緒，但感覺靈魂自由了，我從極度痛苦中解脫[23]。」聯合會的問題大致都已解決，他們達成「權宜的妥協」；而韋門神父也不再施壓要求都爾聖吳甦樂會修女轉入巴黎聖吳甦樂會。但此時又遭逢財務危機，因為貝第夫人離開她們，去了蒙特婁。

　　瑪麗・閨雅必須格外小心，以免她的易怒和多疑再犯。不過她承認「衝動的情緒」還是非常「劇烈」，但至少她又能再次享受與天主「神聖又熟悉的親密關係」。她補充道：「這讓我感到更加羞愧。我無法理解，與神聖天主的親近怎麼能

20　*J*. 第二冊。頁 378-379；同上。頁 401，以及 *O*。頁 242。
21　*J*. 第二冊。頁 379。
22　同上。頁 386。
23　同上。頁 397。

與叛逆衝動的情緒共存，這種感覺讓我感到非常痛苦[24]。」有一天，她在這種不對稱的痛苦驅使下，毫無準備地向樂仁神父辦告解：「我向他懇求，獲得他允許後，我立刻告明自己一生的罪，純粹只是內在靈魂自我省察，清楚明確，更甚於自己花了好幾天的省察[25]。」這件事可能發生在 1644 年底，或者是 1645 年初的幾個月，接近該年春季的選舉，那一次選舉結果由弗萊塞勒修女獲選為院長。

瑪麗・閨雅的自尊很可能掉至谷底，儘管她依然意識到自己所擁有的天賦，但這些不再讓她感到驕傲：「天主召喚我，賦予我各種天賦，而我卻像一個揮霍的浪子，因個人的過失而喪失一切，我濫用了祂賜給我內在和外在的恩寵。因此，我受貶抑、被毀滅[26]。」天主現在可以利用她做任何事；她已經沒有任何可以感到驕傲的東西。這也是她從第三次奧祕黑暗期主要階段中收穫的第一個好處[27]。

魁北克的選舉時間一般落在聖神降臨節的週三或週四[28]。1645 年，瑪麗・閨雅已經做滿連續兩個三年的任期，無法再連任。修會中，大家都希望由薩沃尼修女接任院長，但她本人對此感到非常擔憂。瑪麗・閨雅理解她的抗拒，也不希望魁北克修院的第二位院長仍由都爾修道院的修女擔任[29]：「聯合會才剛成立不久，如果選擇讓都爾修道院的修女接任，巴黎修道院的修女們恐怕會以為大家無視她們的權益，因此她認為應該要考慮巴黎修道院的修女；儘管她讓修女們自由投票，但還是引導她們支持弗萊塞勒修女。自此以後弗萊塞勒修女和瑪麗・閨雅每六年輪流擔任院長[30]。」克羅神父補充道，這個聰明的策略完美地維持了修院的和諧。傳教區最高長上——韋門神父也立刻批准選舉結果[31]。

---

24 同上。頁 398。

25 同上。頁 399。

26 同上。頁 405。

27 她從考驗中獲得了對天主不可動搖的信心：「我遠遠不及您的完美，但是為什麼要猶豫，不讓我們完全奉獻給想要淨化我們的祂，只要我們用愛與毫無保留的信心奉獻給祂，祂就會淨化我們。孩子們餽贈小禮物，但天主神化自己的孩子，並賦予他們相匹配的崇高尊嚴。這就是為什麼我更愛祂、愛撫祂，並停止細想自己的卑鄙和侮辱。」O。頁 271。

28 《會憲與會規》。對開頁 93。當天是 1645 年 6 月 7 日或 8 日。

29 RJ。1652 年（Q。頁 50-51；Th. 38。頁 136-138）；參見 O。頁 459；O。頁 248；V。頁 544-545。

30 V。頁 469。

31 「儘管我已經不再是院長，我仍不懈地處理修院事務。我覺得天主的聲音跟著我，對我說著：『天主要妳為祂建立一座修院』。這個聲音讓我能夠跨越任何障礙，讓我忘記自我與休息」。O。頁 265-266。1646 年，她與勒布茲修女一起被派到初學院照顧初學生；O。頁 578。

1644 年，由杰羅姆・拉勒蒙神父（P. Jérôme Lalemant）接替韋門神父，成為新法蘭西傳教區耶穌會會長[32]；他原負責的是休倫傳教區。派任魁北克的派遣令在中途被易洛魁人攔截，因此他一直到 1645 年 9 月才從休倫地區出發；9 月 7 日到達蒙特婁；9 月 10 日在三河正式接任新職務；10 月 1 日抵達錫勒里；10 月 2 日進入魁北克。

拉勒蒙神父是一位聖潔的人，嚴肅又有點古板，厭惡世俗名利。瑪麗・閨雅與他相處馬上就感到很自在。她說：「這位偉大的天主僕人，對我而言就像是另一個雷蒙神父。在追隨天主的道路上，我的靈魂與之連結[33]。」1650 年 9 月 17 日，在寫給兒子的信中，她大力讚揚拉勒蒙神父。她說：「他比任何人都了解我，從我出生以來所發生的一切，不論好事、壞事，他都清楚[34]。」這個話從她口中說出來特別具有意義，因為她懂得分辨一個人的聖潔：「他是我有生以來認識的最聖潔的人[35]！」

隨著天寒地凍的季節到來，六年來過度勞累的瑪麗・閨雅生了一場大病——腎絞痛伴隨高燒[36]。大家都擔心她會就此離世；她自己也已經做好「死亡的心理準備」；這是她第一次面臨健康危機，在此之前，她說自己從未「生過重病」。根據薩沃尼修女的說法，她當時已「病入膏肓[37]」。

拉勒蒙神父在她重病期間曾多次前往探視，並為她辦了總告解聖事。他告訴她不要害怕：如果天主召喚她，就一定會接納她，該擔憂的是她對她神聖淨配的不信任。瑪麗・閨雅以「自由和開放的心態」與她的靈修導師交流。拉勒蒙神父細心地關懷她[38]，充分展現出他的善解人意。「先前他的確因為我的狀態，而以各種方式考驗我（易怒以及對其他修女的刻薄）[39]。」瑪麗・閨雅的病情隨著聖誕期的到來逐漸好轉，她想要宣發全德聖願。每年這個時候，她都會重溫 1633 年 12 月 26 日

---

32 *JJ*。頁 3；關於拉勒蒙神父，參見下一章節，註 4。
33 *O*。頁 557。
34 *O*。頁 403。
35 *O*。頁 406。
36 *O*。頁 296；在那之前，她只受過「包紮頭部」的苦，參見 *O*。頁 229。
37 *V*。頁 749；*O*。頁 982。
38 他也清楚地出現在 *JJ* 中所記載的摘錄中。
39 *J*。第二冊。頁 408。

或 27 日的那場預言夢[40]。召喚她進入使徒生活恩寵的省思讓她渴望將自己完全獻給天主：「（1645 年）聖誕八日慶期的最後一日，我有一個強烈的意念，要在上主輔助的聖化中，以聖願致力尋求天主的榮光。我急著將這份渴望告訴神父，他聽完我的話，並祈禱託付於天主後，便允許我這麼做：實踐、受苦、思考和敘述我所知道的全德，以及我認為對天主最大的榮光[41]，而且當我見到全德與天主的最大榮光時，任其實踐、受苦，思考並說出來；一切都體現在我的自由行動中，聖願包含了服從我的靈修導師，並跟隨他的指引，一切都在至聖聖母的保護之下[42]。」

瑪麗・閨雅對這個全德聖願毫無保留，拉勒蒙神父看見她的慷慨，就同意她這麼做。幾年後，他改變主意。聖女大德蘭（Sainte Thérèse d'Avila）曾經發過類似的聖願，但是奉行對她實在太難，因為她總是有許多顧忌。塞巴斯汀・胡雷（Sébastien Huré）於 1655 年在巴黎出版法文版的《赤足加爾默羅會會士歷史》（Histoire générale des Carmes déchaussés et des Camélites déchaussées），這是由卡畢耶神父（Gabriel de la Croix）從迪亞哥・迪歐茲（Diego Dioz）西班牙文著作（第一冊。馬德里出版。1644 年）改編而來。當拉勒蒙神父看到此書，表示希望瑪麗・閨雅能按照聖女大德蘭的告解神師加西亞・德・托萊多（Garcia de Toledo）的指示，將其聖願限制在一個範圍：「向天主承諾，在告解之後，將依聽告解神師給予的回覆與他所訂定的全德做為實踐之準則。」條件有三：聽告解神師必須知道聖願的存在；由告解者主動告解；所提出的「最大的全德[43]」對她是最合適的。

為了讓拉勒蒙神父滿意，瑪麗・閨雅依照加爾默羅會大事紀（Chroniques du Mont Carmel）上的指示重新修改了聖願，但她在臨終之前表示：「他希望我按照

---

40 她當時獲得了聖言雙重境界的靈光聖寵，可能是由聖誕八日慶期中的週日彌撒繼抒詠（Graduel）詩句《你美得勝過世人（Speciosus forma prae filiis hominum）》所引起的；參見 O。頁 296、318、358、661；《降生瑪麗的信仰》（Ce que croyait Marie de l'Incarnation）。頁 117-127；聖朱爾神父著（Père de Saint-Jure）。《關於天主的認識與愛》（De la connaissance et amour de Dieu）。第一冊。第六章。

41 1624 年，她已經朝著這個方向發了聖願；她承諾「盡最大的努力」服從她的告解神師（J。第一冊。頁 164）；參見 O。頁 318、516；卜瑞伯神父也於 1645 年 8 月 18 日發願「完成我能為天主成就的最大榮耀與服務」，但他補充了許多合乎法律形式的特點（胡斯唐神父〔F. ROUSTANG〕。《新法蘭西的耶穌會士〔Jésuites de la Nouvelle-France〕》。巴黎出版。1960 年。頁 103、137-138）。

42 J。第二冊。頁 408。

43 O。頁 898。

這份文件的指示來宣發聖願，但我努力堅持自己的，出自天主的憐憫，我毫不猶豫：如果我無意中犯了錯誤或任何瑕疵，希望善良而寬大為懷的天主不會將之歸咎於我的聖願，他將協助我不再犯錯[44]。」瑪麗‧閨雅能夠如此坦蕩，應歸功於她極佳的心理狀態。另外，她在離世前幾個月承認：天主讓她避免有意識地犯下違背聖願的錯誤。在她與天主的關係中，感受不到任何拘束、困難或是行動之鐐銬，聖願為瑪麗‧閨雅帶來更多力量：「我藉著這個聖願，感受到自己變得強大許多，這是上主所賜予我的極大恩典……儘管我當時仍痛苦纏身[45]。」

拉勒蒙神父對瑪麗‧閨雅相當嚴苛，他「考驗」她，毫不修飾地「告知」真相；但是瑪麗‧閨雅無法改變自己一直以來與天主的親密態度，因此過了一段時間，拉勒蒙神父就任她隨心所欲地服從天主聖神[46]。她達到完全任聖神引導與作為的境界，同意並配合天主神聖的行動。她向那些責備她默想的人說：「人們都說默觀祈禱是無所事事，從某些角度來看確實如此，但是默觀祈禱所要達成的任務很艱難，在聖神恩寵的道路上，無論白天還是黑夜都無法休息，可憐的靈魂即便順從，還是感受深刻，我無法用言語來形容[47]。」

從瑪麗‧閨雅開始接受拉勒蒙神父指導（1645 年 10 月）與苦難結束（1647 年8 月 15 日）的兩年期間，她就跟先前一樣，「充滿了叛逆，厭惡身邊的人」，她的軟弱令自己飽受折磨，但對她而言這還不算真正的煩憂，她說：「實際上，使我感到不安的並不是缺點本身，而是看到自己的缺點與天主向屬於祂的靈魂所要求的全德之間的巨大差距[48]。」她還說：「有鑑於我的不完美，魔鬼想讓原本毫無顧忌的我變得有所顧忌，從而使我又陷入新的煩惱[49]。」

自苦難中完全解脫的日子在 1647 年的聖母升天節突然到來。當天拉勒蒙神父照慣例為路易十三的宣發誓願舉辦了一場隆重的儀式：他們抬著「聖吳甦樂會之

44　O。頁 932。
45　J。第二冊。頁 409。
46　同上。頁 410-411。
47　同上。頁 409-410。
48　同上。頁 421。
49　同上。頁 405。

母[50]」的聖母雕像，在兩個地方停靠，一個是主宮醫院，另一個是聖吳甦樂會的聖堂：「就在那天我感受到一股強烈的靈感：求助聖母讓我得到救贖，如果這樣能夠光榮她摯愛的聖子⋯⋯我當時處在至聖聖體之前。轉瞬之間，我感受到心願獲得滿足，就好像脫掉一件敏感的外衣，接著靈魂的感知部分都被平靜注滿。原本的厭惡感變成了熱忱的愛[51]。」

失而復得的平安喜悅為瑪麗・閨雅帶來極大的慰藉。經歷了漫長的痛苦歲月，她總結說：「我不知如何以言語來表達靈魂所擁有的平靜與祥和讓我完全擺脫束縛，重拾以為已經失去的一切；靈魂知道，而且也體會到不僅沒有損失任何東西，還累積了無數寶藏。我對天主感激不盡，感謝祂讓我經歷這麼多荊棘與阻礙⋯⋯我不願跳過這個卑微的狀態，對我來說，這是一段極為珍貴且無與倫比的經歷[52]，更甚世上所有的珍寶。」

1649 年至 1650 年間，瑪麗・閨雅在數不清的糾葛和各種困難中找回了內心的平安。一切苦難根源都被阻隔在外，不再侵擾第三次奧祕黑暗時期深受重傷的內在心靈[53]。

50　*JJ*。頁 93-94。

51　*J*。第二冊。頁 418。克羅・瑪定神父提及，而且很可能誇大的卑微就發生在此時期。接著有人提出了瑪麗・閨雅為協助拉勒蒙神父起草會憲與會規而在 1646 年卸下總務一職的假設（參見下一章節）；瑪麗・閨雅所暗示的事件很可能發生在修院之外，是關於「有德性的人」在外散播的誹謗，這也一度阻礙她完成其中一項計畫。針對此事難以得知更多訊息（*J*。第二冊。頁 419）；何諾丹神父（P. RENAUDIN）認為自己料到「尖銳的批評與對於她管理修院的質疑」（《降生瑪麗：宗教心理學隨筆》〔*Marie de l'Incarnation, Essai de psychologie religieuse*〕。頁 223）；在此指的是單一事件：瑪麗・閨雅自己做出的決定讓她遭受嚴厲譴責。這件事似乎與耶穌會院長是否有權管理修女會服與發願無關。*JJ*。頁 93、186。

52　*J*。第二冊。頁 496。

53　在兒子的建議下，她並不想參與阿諾（Arnauld）關於勤領聖體的事務。*O*。頁 344。

第八章

杰羅姆・拉勒蒙神父與會憲

（1645-1648）

　　瑪麗・閨雅於 1656 年寫信給都爾修道院院長：「我任職院長第一個六年期間，為了捍衛我們的權利，遇到難以想像的困難，儘管每個人都認為自己是在尋求天主並為祂服務[1]。」都爾和巴黎兩個修道院母院在 1640 年所同意通過的聯合會法案是雙方共識的基礎。該法案已經預留專為魁北克制定會憲的部分：「至於會憲，應在加拿大根據當地情況以及修女的意見來制定[2]。」

　　大家很快就投入會憲的擬定。魁北克來自兩個聖吳甦樂會修道院的傳統不同，雖然大方向相近，但在細節上卻有所分歧。會憲必須考量加拿大的情況，但修女們初來乍到也還不甚清楚。身為新法蘭西傳教區長上的韋門神父偏好巴黎聖吳甦樂會會院的慣例，並且傾全力支持她們。瑪麗・閨雅溫和而堅定地捍衛她們源於博多修道院的都爾會規。她投入許多心力，因為她知道都爾修道院在權利方面非常敏感。透過耐心、談判技巧與相互讓步，終於擬定一份暫時性的共同會規[3]。瑪麗・閨雅

1　　*O*。頁 574。
2　　見第三章註 16、17、18；聯合會法案第五條。*O*。頁 229。
3　　*O*。頁 576。

在核心要點上非常堅持，但在一些細節上願意讓步，然而都爾的修女們還是覺得太快就讓步了。

韋門神父是個喜歡簡單的人，不喜歡無謂的繁瑣，他受不了聖吳甦樂會修女的事務。魁北克其他神父中，沒有任何一位對於女修會特有的問題有充分的了解，因此無法擔負會憲與會規撰寫這種耗時重任。擁有豐富管理經驗與組織天賦的拉勒蒙神父自然成了不二人選[4]。瑪麗・閨雅知道他能夠理解修女們的心理，他也曾經展現他的本事：「在法國處理過類似，甚至更棘手的事務[5]。」

拉勒蒙神父抵達魁北克時，瑪麗・閨雅已經結束連續兩屆三年院長任期，由弗萊塞勒修女接任。卸任院長後，瑪麗・閨雅負責總務之職，但她似乎仍繼續處理擔任院長期間開始起草的會規。確實，我們在 1654 年的《靈修札記》中讀到：「上主給予我特殊的啟示，讓我知道拉勒蒙神父就是我應該要找的人。他是天主派來幫助我通往祂的道路，幫助整個修院、作息規矩、聯合會的完善、會憲等等我們第一年就經歷的事務[6]。」

拉勒蒙神父剛抵達魁北克時（1645 年 9 月），弗萊塞勒修女和瑪麗・閨雅就寫信給她們各自的教區主教與原屬母院，請求同意她們在魁北克著手擬訂「依據我們的經驗評估所需之地區專門的會憲[7]。」聯合會法案中原本就預留未來會憲修訂的相關條款，換句話說在 1641 年即獲得原則上的同意。而再一次提出同意的請求似乎是為了預防兩個原始母院或主教未來可能衍生的困難：「隔年船隊帶來批准的消息。」1646 年 8 月 8 日布雷船長（capitaine Poulet）的船隻抵達時，聖吳甦樂會

4　1593 年 4 月 27 日出生於巴黎，1673 年 1 月 26 日在魁北克去世。他 1610 年 10 月 20 日進入巴黎的耶穌會的初學院，在蓬-塔-穆松（Pont-à-Mousson）讀哲學，在克萊蒙學院（Collège de Clermont）讀神學；他於 1638 年被派遣至加拿大休倫地區；他的名字與休倫聖瑪利亞會所的建造關係密不可分；參見普利歐著（L. POULIOT）。DBC。第一冊。頁 425-426 及參考書目；另外還有耶穌會檔案 33，1964 年。頁 309-310、317；有關瑪麗・閨雅對他的讚揚，參見 O。頁 291、403、571、653；殉道者卡尼耶神父（P. Charles Ganier）是這麼說他的：「我們的院長是一位德行傑出的人，審慎且關愛他人，他唯一缺的就是無法深入人心」（胡斯唐著〔F. ROUSTANG〕。《新法蘭西耶穌會士》〔Jésuites de la Nouvelle-France〕。頁 283）。他在耶穌會會訊裡的形象是精通禮儀，極為嚴肅，沉著冷靜，不可嘗試與他開玩笑。在會規擬定上非常嚴謹、仔細，似乎想獨自一人完成，不過即便如此，他還是有一些宏大的構想。

5　O。頁 577。

6　J。第二冊。頁 406。

7　同上註。

修女收到批准通知[8]。

「接著，我們將所有相關文件交給拉勒蒙神父，他是當地的教會總負責人，所以也是我們的長上。我們懇求他費心為我們撰寫符合聯合會以及在地經驗，且適用於當地的會憲與會規[9]。」拉勒蒙神父本人在《耶穌會會訊》中記錄了他開始工作的日期：1647 年 2 月初[10]。7 月 31 日聖依納爵（Saint Ignace）慶節完成第一部分，標題訂為《會憲》。手稿保存於魁北克聖吳甦樂會修院檔案室，其結語如下：「願讚美歸於天主、耶穌基督與聖母，以及他們的僕人聖依納爵，讓新法蘭西耶穌會的傳教區負責人——拉勒蒙神父於 1647 年聖依納爵主保日完成這份憲章。」

會憲的撰寫花了整整六個月的時間，過程中沒有遇到任何困難，一切都進行得「非常順利[11]」。1654 年的《靈修札記》中，瑪麗·閨雅寫到拉勒蒙神父的進行方式：「他非常尊重我們的感受，每一個章節都讓每一位修女至少讀過三遍，並聽取她們的想法和感受，接著再呈給修院，進行匿名投票。所有修女都有收到每一個章節，儘管我們一致決定尊重神父的意見，無須太多繁文縟節，但他仍希望透過投票方式決議，給予修女們最大的自主權[12]。」

魁北克聖吳甦樂會修女手稿中所記載的日期只包含過程的一部分。整份著作有 316 頁，要進行三次審閱，也就是瑪麗·閨雅所說的在 1647 年 2 月 1 日到 7 月 31 日之間三度修訂，困難度很高。我們知道聖吳甦樂會修女跟傳教區長上拉勒蒙神父都非常忙碌，所以三次審閱與修訂的可能性不高。聖依納爵慶節當天完成的應該只有第一部分，也就是純粹「會憲」的部分。光是這一部分就有近 140 頁，能夠在這麼短的時間內完成已算是一大壯舉。手稿第 70 至 158 對開頁是《會規》的部分，從 1641 年起就開始起草，應該在 1647 年 7 月 31 日以後還繼續撰寫。

8　*JJ*。頁 61。

9　*J*。第二冊。頁 407；夏博著（M.-E CHABOT）。〈魁北克早期聖吳甦樂會的會憲與會規〉（Constitutions et règlements des premières Ursulines de Québec）。《拉瓦大學期刊》（*Rev. de l'Univ. Laval*）。第 19 期。1964 年。頁 111-117；同一作者在《從書信認識降生瑪麗》（*Marie de l'Incarnation d'après ses lettres*）一書中也有一些有關會憲的段落。頁 301-308。

10　*JJ*。頁 77。

11　*O*。頁 577。

12　*J*。第二冊。頁 406。

這裡有兩個問題待釐清：一、誰是協助拉勒蒙神父撰寫《會憲》的祕書？二、第二部分《會規》的主要作者是誰？我們注意到，這兩個部分呈現的方式不大相同。只有第一部分有傳教區負責人拉勒蒙神父的簽名，至於第二部分，一看內容就知道他不是作者。身為教會長上的拉勒蒙神父，掌控一切是他的職責，但是他不可能編撰出一整套修會會規，因為他必須對修院禁地中生活的所有細節都瞭若指掌，唯有實際生活在修院的聖吳甦樂會修女才有辦法撰寫這些內容。至於會憲三次修訂的抄寫工作肯定不是拉勒蒙神父本人做的，他自己任內的事務已經讓他夠忙碌了，因此他需要幫手。正巧克羅神父提到瑪麗・閨雅於 1646 年至 1648 年間卸下總務修女一職，被交付一些卑微的工作。克羅神父認為這是對瑪麗・閨雅做錯事的一種懲罰；然而，我們傾向認為瑪麗・閨雅這兩年卸除繁重的修院事務，正是為了能有更多時間與拉勒蒙神父一起撰寫《會憲與會規》。

雖然沒有證據能夠直接證明瑪麗・閨雅在這項工作握有主導權，但許多線索都清楚地指出這一點。舉例來說，瑪麗・閨雅在 1661 年 9 月 13 日寫給都爾修道院院長的信中提到，拉瓦總主教（1659 年抵達魁北克）希望重新撰寫第一版會憲：「不，親愛的院長，我們並不樂見，但是我們的總主教希望這麼做，或至少得進行修訂[13]。」

幾位魁北克聖吳甦樂會修女對於拉勒蒙神父撰寫的會憲不太滿意。她們認為太過冗長瑣碎。瑪麗・閨雅接著寫道：「拉瓦總主教根據自己的想法做了一份簡易版，保留主要內容，刪去解釋與實踐的具體說明部分。」

我們無法確切得知拉瓦總主教要求刪減的範圍有多大，因為在瑪麗・閨雅的堅持下，總主教不得不放棄他的想法，並批准 1647-1648 年的版本。他自己要加進去的五項條文則編進附錄。瑪麗・閨雅在寫給都爾院長的信中闡明了自己的原則：「他給我們八個月到一年的時間思考；但是，親愛的院長，現在這個版本已經是深思熟慮的結果了。我們心意已決，若非一定要服從，我們絕不會接受……[14]」。文字間透露出瑪麗・閨雅無比的堅定意志。我們由此得出一個結論，魁北克會規充分

13　*O*。頁 652。
14　*O*。頁 653。

展現出瑪麗‧閨雅的想法，這是她親身經驗所得，根據她的見解，此會規完全能夠滿足加拿大地區的需求。世上任何事都無法撼動她的決心，除了「服從的絕境」。

　　拉瓦總主教勉為其難地退讓了。在這次的事件中，他遇到強勁的對手，決定保留到未來再處理，瑪麗‧閨雅當時六十三歲。他批准了，並說：「我們保留修訂權，未來將根據更長久的經驗，並配合時代改變，來修訂會憲與會規的內容，為了光榮天主，也為了您們修道院的好處[15]。」瑪麗‧閨雅逝世九年後，韋門神父的夢想實現了。他毫不費力地讓魁北克修道院併入巴黎修道院，並採用巴黎修道院的會憲。自 1644 年到 1672 年與瑪麗‧閨雅輪流擔任院長的弗萊塞勒修女也順從他的意思[16]。

　　上述一切都指出瑪麗‧閨雅和 1647 年的《會憲與會規》有著密切關係，她一離開，就再也沒有人能阻止大幅修訂這份與拉勒蒙神父共同撰寫的著作了。由此可見，此會憲與會規體現了瑪麗‧閨雅的思想，她正是其靈感的來源。她深信會憲和會規是天主給她和修女們的旨意的具體內容。若想要了解瑪麗‧閨雅的思想，肯定能夠在這份著作中找到答案[17]。

　　要認識 1647 年到 1648 年的會憲與會規，必須先針對魁北克手稿進行簡單的分析。會憲的序言定義聖吳甦樂會的目的：「與天主恩寵密切合作，戰戰兢兢地致力於自己的救贖和全德；更進一步的，藉由同樣的恩寵……盡心竭力救贖他們周遭的人……尤其是透過教育小女孩，特別是原住民小女孩。」

　　會憲分為兩個部分，第一部分與修會的主要目的有關，即「修女自身的救贖與全德」；它同時是修會生活全德的規範與條約：拉勒蒙神父首先談修道聖願，然後是對天主和同伴的愛德、祈禱、閱讀聖書及聆聽講道、守靜默、日課誦禱、望彌撒與領聖體；最後以修女的三種基本美德做結尾：謙卑、堅強和明辨。

　　拉勒蒙神父將熱忱愛人的使命放在會憲的第二部分。他談及巴黎聖吳甦樂會的特殊誓願「教育」、實現的方法以及必備的美德。會憲的最後有兩個附錄：「修女

---

15 《會憲與會規》。對開頁 159 頁。
16 參見本書第四部第六章。那時最後一位來自都爾的修女也逝世了。
17 何諾丹神父（P. RENAUDIN）在《降生瑪麗：宗教心理學隨筆》（*Marie de l'Incarnation, Essai de psychologie religieuse*）一書中有特別提到。

從事誓願職責以外的教育」;「修女為奉獻靈魂救贖的其他方式」。一頁頁的冗長敘述中,可以看出拉勒蒙神父清晰而縝密的思維,為了使其更容易理解,他將所有必要的細節都寫進去。對於拉勒蒙神父而言,一位教育者最重要的美德是溫和、與聖神不間斷的結合、謙卑、極大的勇氣和不計代價也要履行義務的堅持。

會憲並沒有採取法律條文的形式撰寫,而是類似靈修指南,納入關於修會生活義務的本質與實踐、靈修的意義,以及使其活化應有的精神。拉勒蒙神父針對職責的具體內容做了詳細,甚至過於瑣碎的註解,我們從中可以看出他非常強調輕重緩急之區別。

至於會規,即使瑪麗·閨雅有採用修女們的一些回憶手札、兩個原始修會母院先前所使用的幾個法律文本,以及撰寫過程中他人給予的無數意見,但最主要的還是她親自撰寫的部分。會規的第一部分是關於修院生活,包括應遵守的規矩、修女培育、會衣相關規定、靜默、飲食、殯喪禮儀等等;第二部分關於修院裡的工作分配與職掌,包括院長、祕書、聖器管理修女、會衣縫製修女以及庶務修女。

從 1656 年寫給都爾修道院院長的信中,我們可以讀到一段有關巴黎聖吳甦樂會修女蠻有意思的描述:「巴黎聖吳甦樂會除了會憲,還有大量的會規,從初學院到資深修女,從小細節到大方向都有明確規範。在這樣的環境下成長並嚴格遵循會規的女孩,遇到必須改變習慣的情況時會很難接受。」然而,瑪麗·閨雅非常認同巴黎聖吳甦樂會會規這種鉅細靡遺的風格,這與她的個性相符。魁北克會規又比巴黎會規更為詳盡。瑪麗·閨雅個性務實,組織力強,因此能夠在會規撰寫工作上大展其才。她面面俱到,特別注重不同價值的優先順序,而且謹守核心價值。會規章節的結構顯得鬆散,感覺得出會規撰寫期間處於忙碌狀態,然而許多地方讀起來相當生動且饒富趣味。瑪麗·閨雅非常注重細節和具體情況的描寫,沒有任何模糊或不精確的內容,對未來設想周全,對修女們的心理充分理解。

會規跟會憲一樣,都是以靈修指南為基礎。瑪麗·閨雅看重超性的動機。她認為修道生活的一切活動都應該以信仰為依歸;她要她的修女們在任何時機都要向天主證明自己的愛。無論都爾修道院還是巴黎修道院,她們會規的撰寫風格都比較枯燥,法條重於人情。

以關於院長的章節為例,其呈現方式類似一幅自畫像,也可以說是瑪麗·閨雅

在院長這個職務上所提出的理想和目標。敘述雖是冗長，但無損於文本之美麗，用字遣詞非常優美。首先，瑪麗・閨雅介紹每三年一次的院長遴選過程：「當宣告當選的院長時，所有修女都在腦海裡想著上主對她們說：『這位是妳們的母親』；院長也同樣在腦海聽見天主對她說：『這些是妳的女兒』；但是她應該要回覆上主：『不，我的主，她們並不是我的女兒，而是祢的女兒，我依祢所願，奉獻自己，做為她們主要的、最卑微的婢女[18]。』」

院長必須將她的修女們視為「崇高、全能、愛人、令人愛慕又受人愛戴的主耶穌基督的女兒」；從某種意義上說，她的職責應該是「管理這些小皇后、小公主，做一位溫柔又慈愛的母親」。如此崇高職務的安全感來自她的信仰，因為這份恩典是天主為了讓她履行職責而賜予的：「天主賦予她特別的恩典與安排，協助她帶領整個修院。」但是修院「真正的院長」其實是耶穌和聖母，院長只是工具。一個好的工具應具備的優質條件，也就是院長該當自我期許的優質條件，讓造物者可以全然自如地操作：「工具不會有任何出於自我意志的行為，只能依照使用者的意志。因此院長不能憑自己的想法和意圖來管理修道院，而應該根據會憲和會規中所記載的天主的思想，院長必須要有智慧，並熟知會憲和會規，這是天主為了修道院的聖德而制定的唯一道路[19]。」

意識到自己的無能所產生的謙卑絲毫沒有削弱她的信心。她深信天主將院長職務的重擔交付給她，一定會讓她得心應手。溫柔與效率是管理者必須具備的兩項基本特質。瑪麗・閨雅解釋她所理解的「效率管理」：「她下達的指令必須簡單明瞭，而且要考量不同情況，並經過深思熟慮；如果有人推託或抗拒，她先詢問原因，如果沒有道理，她會堅持自己的立場。服從的結果通常會比出自墮落本性之懦弱所提出的困難或藉口來得好。如果她給出了理由，這個人還是不肯屈服，她就必須以『這是天主旨意』做為定案理由。院長應透過這種方式來激勵及管束修女，而不以當時常用的處罰來威脅她們[20]。」

18　《會憲與會規》。對開頁 118。
19　同上。對開頁 119。
20　同上。對開頁 119。

與當時許多靈修導師不同的是，瑪麗・閨雅不喜歡特意去貶抑他人。針對這一點，她並不認同雷蒙神父和她「親愛的」碧昂修女的做法。她寫道：「最好盡量不在會議以外的公開場合斥責人。」不過關乎公眾的過失就必須公開糾正，否則將導致會規的鬆懈，但是最好延遲到會議上再處分，讓院長有時間思考最妥當的處置方法，也避免被一時的情緒所左右[21]。溫柔既不代表隨和，也不代表軟弱。她寫道：「真正的溫柔，就是要懂得如何視時間和地點來指正修女的錯誤。」

　　院長是修女們的知己，是所有痛苦與憂慮的傾聽者。她必須讓修女們完全信賴才會願意走向她。她也是一切糾紛的仲裁者；因此她必須避免「事先」贊同任何一方，也不能有任何偏袒：「（她）的心……屬於整個修道院。」

　　她讓修女們在修道院中保有足夠的自主性：「各個職務的細項內容交由負責的修女決定。她不干涉安排與執行，也不會以過於頻繁、急切或吹毛求疵的指令干擾她們。如果她針對他人抱怨而進一步去了解，是為了捍衛她們，而不是譴責她們；如果抱怨之事屬實且情節重大，她會先了解事情真相，並和她們一起和平調解[22]。」

　　院長的角色並不容易，因為職務性質，使她成了所有壞情緒和仇恨的目標。「她面臨的困境」主要是「針對她的計畫和想法的負面詮釋，各種揣測與妄自評斷」。她的目光深入修女心中，找出過失或偏差行為背後追求全德的意圖，以及對天主的真切渴望：「她不應該以不再犯錯做為衡量的標準，而應注重不再犯錯的意願與誠心；犯錯後的懊悔、羞愧與坦白，以及情緒的克制[23]。」她必須懂得耐心聆聽，但又不輕易相信別人向她所說的話，尤其是牽涉到他人的事情。她必須能夠保守祕密，提供所需，確保每一位修女都盡到自己的義務，並且「讓每個人都在喜悅和滿足中事奉天主」。

　　院長應避免行奇特的克苦補贖，若身體「真有不適」，應接受他人提議的合理

21　儘管如此，她是這麼說自己的外甥女的：「如果她來加拿大，恐怕會後悔，因為我對她會比對其他人更加嚴屬地折磨」，但是她又補充說：「可是我並沒有折磨人的本事」。她的意思似乎是：「我沒有像雷蒙神父和碧昂修女那樣折磨人的天賦」。*O*。頁 230。

22　《會憲與會規》。對開頁 122。

23　同上。對開頁 123。

緩解方法，即便她不需要。如此一來，「那些有需要的修女就不會覺得羞恥。」院長自己必須服從教會長上，遇到重大事件時應請求他的協助。接著瑪麗・閨雅介紹院長在會議上該怎麼做，以及在什麼情況下應採納提出的意見。她必須記下該做的事或是承諾要做的事，以免忘記，「小修女們會因為反覆向院長請求同樣的事情而感到不好意思。」院長負責修院的圖書館，並且在團體閱讀的選材上格外用心。關於負責各個職務的修女，她要多體諒；原則上應該相信她們是對的：「只要是合理的情況，她應該支持她們，或至少要幫助她們脫離窘境和不友善的對待，不打擊她們的士氣，不破壞她們與院長的團結與情感。當一件事情失敗時，不要怪罪她們，因為她們通常都是依照院長的想法行事，這樣才不會讓她們對自己的職務心生厭惡。院長在遭逢失敗時應該要做的是把一切交給天主，並且督促負責的修女今後盡可能地做好[24]。」

從這些段落當中，我們發現了瑪麗・閨雅非常珍貴的一面。她通情達理，處世樂觀，不在生活小事上鑽牛角尖：「修道院中偶爾會陷入混亂或是爭執，通常發生在節日或重要活動前後。她應該要耐心等候，這只是魔鬼的手段，因無法阻撓光榮與事奉天主而試圖扭曲其全德並貶低功勞。遇到這樣的情況，院長將求助於善良的天使與光榮的總領天使聖彌額爾，去擊敗魔鬼的計畫。院長不會因此驚慌失措，而是耐心等待一切平息，並且小心不讓情況繼續惡化[25]。」

這個龐大而精彩的章節似乎主要源自於聖本篤（saint Benoît）的會規。兩個會規中都包含了相同的主題：母親這個詞的宗教意涵、服務比領導更偉大、杜絕偏祖、耐心聆聽、接受忠告、拯救靈魂並帶領她們走向天主，而不是把她們視為完美的人來管理。聖本篤有關修道院管理的觀念不論是在古代或現代的教會中都已成了大家共有的資產，但是瑪麗・閨雅因熟讀這位隱修創始者聖本篤的著作，因此有更直接的接觸。1644 年 8 月 30 日，她給兒子的信中寫道：「我目前的靈修閱讀是關於你們的會規和神操。我看得很清楚，我們的《會憲》和《會規》的制定者，他們大量的擷取精華中的精華……我來親自告訴各位……那是蘊含在（你們修會）裡面

---

24 同上。對闢頁 126。
25 同上。對闢頁 127。

聖吳甦樂會修院　　　耶穌會修院　　　主宮醫院

魁北克市　　　　　　聖路易堡

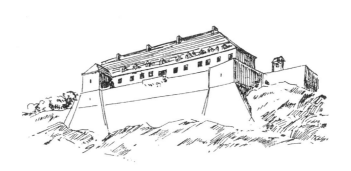

1647年魁北克的聖路易堡

的，教會中沒有任何一個修會未曾借助聖本篤以及他的修會遵行者所擁有的至聖精神[26]。」

有關院長這一章的文字表達自然又直接，通情達理，同時又帶有超性幅度。字裡行間充分展現出務實的精神。這不是要減損願景的光輝，而是為了指引院長，避免她讓他人遭受無謂的痛苦，或是為難自己。

瑪麗・閨雅投入在這一個章節的撰寫比任何人都要多。撰寫完成後，她在任職院長的這段漫長的期間反覆地閱讀與思考。她賦予院長一項任務：「特別建議院長每個月都要重新閱讀一次『院長職務』這個章節，並在每個節日與星期日都要花半個小時左右的時間來審視修院的狀況，除非遇到分身乏術的情況。修院的審視可以透過幾種方式：務實思考或與天主對話；閱讀會憲或會規；檢討自己在熱誠、慈愛、溫柔、保密等方面的疏失。這個章節揭示良好的修院管理與事奉天主的關鍵[27]。」從魁北克聖吳甦樂會會規第二部分第一章，我們看到瑪麗・閨雅最真實的心靈與思想面貌。

26　*O*。頁 228-229。
27　《會憲與會規》。對開頁 127。

第九章

是否應該離開加拿大？

（1650-1652）

　　新法蘭西耶穌會的首要工作是將福音傳播給休倫部落[1]。休倫族比高山族和阿爾岡昆族進化得早，他們採半游牧的生活型態，人口大約三萬人，分布在二十個村莊，地理位置在休倫湖和三科湖（lac Simcoe）之間一塊面積相對小的地區。

　　福傳工作一開始就遇到一個意想不到的阻礙：可怕的傳染病，與法國人往來的印第安原住民深受其害。從醫學的角度來看，歐洲人來到原住民地區是一場災難，他們在毫不知情的情況下帶來了病毒，而原住民完全沒有抵抗力。1634 年，卜瑞伯神父在休倫地區進行第一次概略的人口普查，到 1639 年，拉勒蒙神父以更精確的方法進行第二次人口普查，結果比第一次少了幾乎一半的人口，從三萬人降至一萬二千人。數個家庭居住在同一個大棚屋的生活模式也是助長傳染病擴散的原因

1　德·侯許蒙特著（C. de ROCHEMONTEIX）。《十七世紀耶穌會士與新法蘭西》（*Les Jésuites et la Nouvelle-France au XVII*）。巴黎出版。1896 年；胡斯唐著（F. ROUSTANG）。《新法蘭西的耶穌會士》（*Jésuites de la Nouvelle-France*）。巴黎出版。1960 年；何帝著（A. RÉTIF）。《加拿大的耶穌會士》（*Les Jésuites du Canada*）。巴黎出版。1964 年。

之一[2]。印第安人將此現象歸咎於傳教士，不過福傳工作雖然緩慢，但仍持續地進行，而且有一些相當優秀的原住民皈依了天主。

拉勒蒙神父在1639年被任命為傳教區負責人，開始著手建立一個中央據點：聖瑪利亞會所（résidence Sainte-Marie）[3]。樞密院首席大臣黎希留撥款30,000古銀元，用以建造一個城堡及所有必要的建物，包括聖堂、宿舍（供神父、傭人和幾個士兵使用）、工作室、為休倫人所造的大棚屋（供基督信徒避靜或對福傳感興趣的非教友使用）、農莊，以及專為婦女與小孩所設的醫院[4]。

傳教士以休倫族所在地為中心，向以西的族群拓展福傳工作，他們的種族和語言與休倫族相近，尤其是中立族和貝屯族。1640年，有十五位神父常駐聖瑪利亞會所，在附近推動福傳工作，1648年增加到十九位。聖瑪利亞會所在休倫地區的影響力逐年增加：1648年，該會所接待的人數高達六千人。從1644年開始，領洗的成年人愈來愈多，神父們決定在休倫村莊設立六個固定據點。福傳活動的成效日益彰顯，1647年有五百人領洗；第二年有一千三百人；福傳據點拓展為十個。福傳似乎有著大好前景。

然而，休倫地區的福傳和法國在聖羅倫河區域的據點同樣受到易洛魁人的威脅。休倫族與易洛魁族之間的敵對關係可以追溯到法國人到來之前。十六世紀，游牧的阿爾岡昆族為了尋找狩獵場，將最早沿聖羅倫河定居的休倫 - 易洛魁族趕至大湖地區。有些族群與侵略者達成協議，取得阿爾岡昆族所屬的休倫湖沿岸的居住許可。易洛魁族無法原諒他們的背叛，其中休倫族是他們攻打最猛烈的對象。除了報仇以外，還有經濟因素。與法國人友好的休倫族，是西部族群與法國在聖羅倫河貿

2　參見本書本部第二章。註3；圖克著（E.TOOKER）。《1615-1649年休倫印第安人誌》（*An Ethnography of the Huron Indians 1615-1649*）。華盛頓出版。1964年；勒布朗著（P.-G. Le BLANC）。〈1615-1649年休倫地區印度安人與傳教士的往來〉（Indian Missionary contact in Huronia, 1615-1649）。《安大略歷史期刊》（*Ontario Hist. Rev.*）。第40期。1968年。頁133-146。

3　德芬著（E.-J. DEVINE）。《聖瑪利亞堡：1639-1649年加拿大耶穌會傳教士和殉道者的住所》（*Le Fort-Sainte-Marie, residence des missionaires et des martyrs jésuites au Canada, 1639-1649*）。普魯多姆譯（P. PRUD'HOMME）。聖瑪利亞堡出版（Fort-Sainte-Marie）。1926年；德查丹著（P. DESJARDINS）。《休倫人的聖瑪利亞會所》（*La residence de Sainte-Marie-des-Hourons*）。薩德伯里出版（Sudbury）。1966年；朱利（W. JURY）與麥克雷歐（El. McLEOD）合著。《休倫人的聖瑪利亞》（*Sainte-Marie among the Hurons*）。多倫多出版。1954年。

4　德·侯許蒙特著（C. de ROCHEMONTEIX）。《十七世紀耶穌會士與新法蘭西》（*Les Jésuiteset la Nouvelle-France au XVII*）第一冊。頁479-481；《聖瑪利亞學院檔案》（*Arch. du collège Sainte-Marie*）。149-7、749-26。

易站之間皮草交易的主要仲介；而易洛魁族在自己的領土上沒有毛皮，因此覬覦他們的鄰居[5]。

　　易洛魁人發現到休倫部落的勢力因為 1634-1640 年的傳染病而削弱。當基督信仰在休倫地區拓展之際，易洛魁族的人口幾乎增長了兩倍。加上曼哈頓（Manhattan）和橘子堡（Fort-Orange）的荷蘭貿易商提供武器給易洛魁人[6]，使得他們的勢力更加強大；而法國人對休倫族還是存有戒心，以致於後來造成休倫族的悲劇下場。易洛魁族的目標不純粹是要滅絕，發動戰爭除了為報復當初的背叛，他們還透過俘虜來填補自己族人之減損。在多戶同住的大棚屋，掌事的婦女有權挑選戰俘，做為因戰爭或疾病而過世的兒子或先生的替身，並冠上所替代的人的名字。每一場戰爭都會帶來新的俘虜以「重組大棚屋」。認領手續完成後，替身就被視為族人，並擁有與逝者相同的權利。

　　針對休倫人，易洛魁人的策略是摧毀他們的部落，促使他們併入易洛魁人在安大略湖以南地區的五族聯盟。何內・古比修士（Frère René Goupil）被易洛魁人俘虜，而後殉道。他在 1642 年就看出這個策略，並寫信告知蒙馬尼總督。他說：「易洛魁族打算將休倫族一網打盡，將該族的首領處死，其他人則吸收成為同一個種族，統一成為同一個國家[7]。」1643 年，易洛魁族幾乎成功地孤立了休倫族，讓他們無法與法國人進行交易。他們的目標似乎最終是消滅休倫部落，以便搶占高處地區的皮草貿易，並將貿易對象轉為與他們有往來的荷蘭。

　　易洛魁人從 1644 年開始騷擾休倫村莊；魁北克地區也有他們的足跡。1645 年是休戰期：他們派使節來到三河與法國人談和；但是法國人很快就看出易洛魁人想持續與休倫族及其他結盟的印第安族群征戰的意圖。此外，五族聯盟中只有阿涅族（Agnier）有派遣使節。饒格神父（P. Joques）[8] 和拉藍德修士（Frère de La Lande）

5　德洛歇著（L.-P. DESROSIERS）。《易洛魁區》（Iroquoisie）。第一冊。1534-1646 年。蒙特婁出版。1947 年。
6　O。頁 168。
7　德・侯許蒙特著（C. de ROCHEMONTEIX）。第二冊。頁 29-30。
8　塔波著（Fr.-X. TALBOT）。《野蠻人中的聖徒伊薩克・饒格生平》（Saint among Savages, The Life of Isaac Jogues）。紐約出版。1935 年（法文譯本 1937 年巴黎出版）；康波著（L. CAMPEAU）。〈聖伊薩克・饒格的形象〉（Portrait de saint Isaac Jogues）。《下加拿大書信集》（Lettres du Bas-Canada）。1952 年 9 月。頁 134 起；同前作者。〈一座歷史遺跡的發現〉（Un site historique retrouvé）。RHAF。第 6 期。1952 年。頁 31-41。

的殉道是衝突再起的警訊[9]。1648 年 7 月 4 日，易洛魁人殲滅了聖若瑟福傳據點與村莊，屠殺了達尼爾神父（P. Antoine Daniel）[10] 和七百名休倫人。1649 年春，輪到聖依納爵和聖路易據點，不僅屠殺，還對殉道者卜瑞伯神父和加俾額爾‧拉勒蒙神父（P. Gabriel Lalemant）[11] 用對待身分特殊的戰俘模式來虐殺。

接二連三的屠殺行動讓休倫人士氣低落，他們每天都聚集在聖瑪利亞會所四周。他們一無所有，沒有食物，也失去首領。不過聖瑪利亞會所的防禦不足，耶穌會士後來也棄守了。休倫族的倖存者於是轉移至喬治亞灣外海的聖若瑟島，那裡也有一個福傳據點。大遷徙發生在 1649 年 6 月 14 日。冬季剛開始，易洛魁人再度發起攻擊，摧毀了休倫族的鄰居盟友貝屯部落所在的聖若望福傳據點。卡尼耶神父（P. Garnier）在那一場屠殺中喪命，而沙巴內神父則在離聖若瑟島不遠處犧牲性命[12]。

對於聖若瑟島的難民來說，冬天非常難熬。所有的補給都被催毀；匆忙建造的大棚屋不足以容納所有的人，很快地就發生饑荒和疾病。1650 年春的某一天，兩名休倫族首領前來與福傳負責人哈格諾神父（P. Paul Ragueneau）會面，告知前一晚會議上的意見，休倫人決定離開耶穌會的傳教區。有些人支持敵方易洛魁人提議的合併；其他人想移民到北方；有些人認為應該去新英格蘭的安達斯特部落（les Andastes）。他們說：「我的兄弟，振作起來，只有您可以救我們；如果您想

9　德洛歇著（L.-P. DESROSIERS）。〈1945 年的和平破局〉（La rupture de la paix de 1645）。*CD*。第 17 期。1952 年。頁 169-182；同前。〈1646 年的休倫地區〉（L'année 1647 en Huronie）。*RHAF*。第 2 期。1948 年。頁 238-249。

10　波凡著（F.POTVIN）。《加拿大殉道者聖安東‧達尼爾》（*Saint Antoine Daniel, martyr canadien*）。*RHAF*。第 8 期。1954 年。頁 395-414、556-564；第 9 期。1955 年。頁 236-249、392-409、562-570；第 10 期。1956 年。頁 77-92、250-256、391-415。

11　拉圖瑞著（R. LATOURELLE）。《聖若望‧德‧卜瑞伯手稿研究》（*Etude sur les écrits de saint Jean de Brébeuf*）。蒙特婁出版。1953 年；同前作者。〈聖若望‧德‧卜瑞伯休倫地區的使徒老兵〉（Saint Jean de Brébeuf, routier de la Houronie）。*RHAF*。第 4 期。1950 年。頁 322-344；羅賓著（J. ROBINNE）。《心被吃掉的使徒》（*L'Apôtre au cœur mangé*）。巴黎出版。1949 年；拉利維耶著（Fl. LARIVIÈRE）。《聖查理‧卡尼耶的熱切生活》（*La vie ardent de saint Charles Garnier*）。蒙特婁出版。1957 年；同前作者。〈聖查理‧卡尼耶的靈修〉（La spiritualié de saint Charles Garnier）。《教會科學》（*Sc.eccl.*）。第 6 期。1953 年。頁 125-142；卡尼耶神父於 1649 年 12 月 7 日在聖若望村莊被殺害。

12　山形日著（F. SAINTONGE）。《陰影中的殉道者聖諾艾‧沙巴內》（*Martyre dans l'ombre, saint Noëll Chabanel*）。蒙特婁出版。1958 年。

採取大膽的舉動，請選擇一個可以讓我們聚集的地方，不要讓我們潰散了；請您看看魁北克那邊，是否可以把我們剩下的人帶去那裡……如果您接納我們的意願，我們會在魁北克堡壘的庇護下建造一個教堂，我們的信仰將不會熄滅。」耶穌會士最後還是忍痛放棄了休倫族，新法蘭西的福傳計畫以失敗告終。他們原本想在大湖區建立一個強大的基督信仰的國度，進而向外拓展福音，如今首領們提議，或是讓這些原住民基督信徒分散至其他部落，但他們應該很快就會背棄耶穌；或是撤離到魁北克和加拿大東部地區。第二種解決方案似乎較為理想，至少不會讓十五年的努力成果化為烏有。哈格諾神父帶著三百名印第安人，「三百個悲傷的生靈，曾經人口興盛的族群，在最虔誠信奉天主的時候，得到的卻是苦難[13]」，他們開始了漫長的遷徙，行經喬治亞灣北部海岸、法國河（Rivière française）、尼皮辛湖（lac Nipssing）、渥太華河和聖羅倫河，經過兩個月的步行，在 7 月 28 日到達魁北克。休倫族其餘部落的倖存者也在冬天來臨前來到魁北克。另外有些人至伊利人處避難，少數人至安達斯特人的部落，另外還有一部分人併入易洛魁族聯盟的族群之一：特松農圖安人。

休倫福傳使命團的災難在《耶穌會福傳紀事》中，以哈格諾神父的一段哀鳴做為結束。他表達了絕望的痛苦：「直到什麼時候天主才能讓這片土地免於蠻夷的殘害，成為一個被降福的國度呢？如果沒有他們的殘暴，天主之名就會快速傳播至這個眾多等待皈依的異教徒國度。耶穌基督的十字架將在異教區的黑暗之中被點亮，天堂將向百萬個身處地獄的可憐靈魂敞開。」[14]

瑪麗・閨雅在修道院持續關注這些令人難過的消息。1634 年以來，她與這些傳教士在精神上有諸多交流。在 1650 年的《靈修札記》中，她描述這些避難的人在魁北克如何被接待：「醫護會修女展開雙臂，敞開心胸，滿懷慈悲地迎接他們……聖吳甦樂會修女和熱誠的貝第夫人也提供協助，甚至超出她們的能力範圍，但她們全心仰賴天主。她們馬上就答應照顧一個大家庭，這是休倫部落第一個擁抱

13　*RJ*。1650 年（Q。頁 25-26；Th. 35。頁 192-198）。
14　事實上，休倫基督徒分散至各處反而有利福傳，不論是西部易洛魁、錫涅克（les Sinèkes），或是其他大湖區的部落。

天主的家庭。吳甦樂學校接收休倫族的小女孩，學生數因而暴增。好心的修女們熱情無上限，學校的課程也開放給許多非住宿生。她們用休倫族的語言來講授教理，還提供食物給學生[15]。

休倫族遭遇的災難在魁北克引起不同的反應。一百聯營公司看到的是少了一個重要的皮草來源，雖然法國貿易商刺激印第安人在皮草交易上相互競爭，但還是很難找到能替代的供貨來源。對殖民者而言，他們擔心局勢會惡化，易洛魁人在高處地區獲勝，恐怕會全力攻打聖羅倫地區的族群，以及法國的據點。至於傳教士，新大陸福傳的門被關上了，拓展新世界的靈修領土遙遙無期。瑪麗‧閨雅是福傳使命團的一員，這些印第安原住民是她遠赴加拿大的主要理由。她相當了解耶穌會士的福傳計畫，因此對於這次潰敗，內心感觸極深[16]。她知道福傳工作的所有細節：每一位來到魁北克，或是要往高處地區出發的神父都會來拜訪聖吳甦樂會修女。經過聖吳甦樂會的印第安人也會帶來許多消息，因此瑪麗‧閨雅比任何人都了解。她在1654 年的《靈修札記》中寫道：「十五年來我有幸生活在新教堂裡。最讓我感到痛苦的是阿爾岡昆族、高山族和休倫族的新教友們在十年間一直飽受敵人的欺侮。每次遇到這種事，我心中的擔憂和不捨是言語無法表達的[17]。」

我們在前幾章已經描述過瑪麗‧閨雅所遭遇的種種難關與痛苦，包括成立聯合會的困難、貝第夫人的背棄、經費不足的煩惱以及各種屈辱，但是對瑪麗‧閨雅而言，最令她痛苦的是易洛魁人對皈依的印第安人的殺戮，尤其是休倫族人。從1645 年間的信件，我們可以看到，當締結和平協議的時候，瑪麗‧閨雅對未來懷抱著多麼大的期望：「今後我們可以無所懼怕，將福音傳播至美洲所有的族群。在這裡，無論是精神上或是生活上都無限美好[18]。」1646 年的信件也表達了同樣的樂觀態度：「去年達成的和平協議為遙遠的族群打開了大門，這些族群無所畏懼地來

15　*RJ*。1650 年（Q。頁 28；Th. 35。頁 208）。「在我所承受的痛苦中，看到這些可憐的難民，我唯一能得到的慰藉就是在他們身邊，照顧他們的女兒」（*J*。第二冊。頁 429）；有關聖吳甦樂會修女的善行，參見 *V*。頁 541、626。

16　*V*。頁 579-580。

17　*J*。第二冊。頁 373。

18　*O*。頁 248。

到這些地區，很高興能夠享有貿易自由以及接受教育[19]。」然而，第二年，希望幻滅了：「天主讓我們感受到祂下手沉重[20]。」不過，殉道者的作為讓瑪麗·閨雅感到欣喜，她覺得為信仰犧牲性命是信仰實踐的最高境界。她瞞著耶穌會士，把在休倫傳福音喪生的神父的幾塊遺骨寄給她的兒子：「我們的創院人寄給您一些殉道神父的遺骨，不過她是偷偷寄的，因為神父們不想給我們，怕我們寄回法國。但創院人是個不受束縛的人，那些取得殉道者遺骸的人私下拿給她，我於是求她寄一些給您[21]。」

我們可能會以為瑪麗·閨雅已經預見休倫族的大遷徙，因為在得知休倫人逃至喬治亞灣的島上過冬之前，她就已經開始學習他們的語言。第一批難民跟隨培薩尼神父（P. Bressani）於 1649 年秋天抵達魁北克，打算定居：「這些新住民迫使我們學習從未學過的休倫語，在這之前我只會阿爾岡昆語和高山族語，因為他們一直和我們在一起。你們可能會笑我到了五十歲才要開始學一個新語言，但是為了事奉天主，救贖我們的鄰人，一切的努力都是必須的。於是在諸聖節八日慶期的八天後，我開始學習休倫語，培薩尼神父是我的老師[22]。」

1650 年夏天的信件透露出些許悲觀的想法：「我們只能仰賴法國的救援，因為我們沒有能力對抗敵人。如果法國做不到，我們便只剩兩條路可走，一是一走了之，二是犧牲生命[23]。如果敵人繼續攻打並獲勝，那麼法國人將無計可施[24]。」然而瑪麗·閨雅的信仰依然堅定不移，在絕望中保持希望：「我希望教會現在承受的考驗將受讚揚。我聽到的消息並沒有打擊我，最好的證明就是我到了這個年紀開始學休倫語，日常各種事務依舊照常進行，彷彿一切都會平安無事[25]。」這是她 1650 年 9 月 17 日寫信的內容，就在三個半月後，修道院發生火災。一夕之間，她變得

---

[19] O。頁 279。
[20] O。頁 323。
[21] O。頁 379；收集遺骨的是馬雷伯修士（frère Malherbe）：卡斯坎著（CASGRAIN）。《魁北克主宮醫院》。頁 203-205。
[22] O。頁 390；J。第二冊。頁 430。
[23] O。頁 394。
[24] O。頁 398。
[25] O。頁 404。

無所有，即便如此，她的決心也沒有動搖。

　　瑪麗・閨雅剛過完在加拿大第十二個聖誕節後，和她一起來加拿大的薩沃尼修女的肺病日益嚴重，不久後病故。休倫難民駐紮在魁北克堡壘的附近，離聖吳甦樂會修院只有幾步路，聖吳甦樂會修女們舉債救助他們：「我們負責照顧一個相當龐大的家庭，提供他們食物……由於我負責總務，所以每週都是由我分配食物給他們，這份工作讓我得到很大的安慰……[26]」拉勒蒙神父搭乘本季最後一班船——「獵人號」回法國，該船於 11 月 2 日啟航。他不在的期間，由哈格諾神父擔任副院長一職[27]。

　　1650 年的聖誕節給所有人帶來了極大的喜樂。1940 年 6 月 15 日一場大火，燒毀了尚普蘭於 1633 年興建的回歸之母座堂，該教堂是為了紀念從英國人手裡收復魁北克而興建。位在上城區的耶穌會院也在那一次大火被燒毀[28]；幾年來，都是一百聯營公司將一個商店借給神父們舉行禮儀之用，後來魁北克的堂區財產管理委員決定重建教堂。1645 年 10 月 8 日通過該提議，教堂獻給始胎無玷聖母（la Conception de Notre-Dame），命名為和平聖母院（Notre-Dame de la paix），以紀念 7 月與易洛魁族達成的和平協定，但和平的時間很短暫。1647 年 9 月 24 日放下基石正式動工，並且盡可能遵循羅馬公教宗座禮規[29]。到了 1650 年聖誕節，教堂幾近完工，於是正式啟用。12 月 24 日，龐塞神父在新教堂舉行第一場彌撒與祝聖，聖誕前夕舉行了子夜彌撒[30]。

　　1640 年耶穌會士住所遭遇祝融之災，瑪麗・閨雅為他們的命運感到不捨：「這是我們慈愛的天主所為，祂要考驗祂的孩子以及祂最好的朋友，任房子、教堂、家具完全燒毀，他們只剩下身上穿的衣服，也就是夏季單薄又破舊的衣服。他

26　*J*。第二冊。頁 430。
27　*JJ*。頁 144。哈格諾神父於 1608 年 3 月 18 日出生在巴黎，1626 年 8 月 21 日申請入耶穌會，他在布爾日學院曾教過大孔代（le grand Condé）；1636 年 6 月 28 日抵達魁北克，第二年春天被派至休倫地區，1645 年被任命為休倫福傳院長，五年的時間協助重建被摧毀的教會，參閱普利歐著（L. POULIOT）。*DBC*。第一冊。頁 545-576。
28　華伊著（P.-G. ROY）。《魁北克省的舊教堂》（*Les vielles églises de la Province de Québec*）。頁 1 起。
29　*JJ*。頁 95。
30　*JJ*。頁 146。

們目睹這場災難發生卻沒有太激動的反應，因為他們說，這樣看上去更像一無所有的耶穌基督。實際上，他們不正是仿效這位神聖的老師嗎[31]！」類似的考驗也將發生在聖吳甦樂會修女身上[32]。12 月 30 日晚上 11 點[33]，安妮・德・雷澤內修女和住宿生在麵包坊和樓梯的上方睡覺。她被奇怪的劈啪聲和煙囪傳來的巨大轟隆聲給驚醒，她馬上起身，發現宿舍被下面的火焰給照亮，火舌開始透過木板空隙延燒開來[34]。

　　一位後來離開修會的初學庶務修女當時負責製作麵包。她在火災發生的前一天，為了讓麵團解凍以便第二天早上可以烤麵包，於是想到在麵盆裡放一些炭爐。她原本打算睡覺前經過麵包坊時，再把炭爐拿出來，然後蓋上蓋子，讓麵團保溫；但是她誦唸完當天的晚課後，就忘了此事，直接回到房間，炭爐就一直留在麵盆裡。麵盆的密封性非常好，使得睡前巡視的修女沒有發現任何異狀[35]。

　　家具、隔牆板、地板、樓梯都是橡膠木做的，麵盆是松木做的，所以我們能夠想像其後果。炭爐為麵團加熱後，開始從麵盆底下燒起來，加上風的助長，麵包坊就陷入了火海，燒到隔牆板、樓梯後，很快就延燒到樓上[36]。幸好雷澤內修女及時被驚醒，讓大家有時間逃命。她跳下床，對孩子們喊：「趕快逃！趕快逃！」然後三步併作兩步跑到樓上修女睡覺的地方。一位修女死命地敲鐘，叫醒修院的人，並

31　O。頁 106。

32　火災當天的相關資料來源包括 1654 年的靈修札記（J。第二冊。頁 430 起）；克羅神父彙編的三封信（O。CXXXIII。頁 412 起；O。CXXXIII。頁 421 起；O。CXXXVI。頁 425 起）；潘慕洛修女彙編的《大事紀》中的一封信（O。CXXXII。頁 408 起）；RJ。1651 年；JJ；《魁北克聖吳甦樂會年鑑手抄本》（Annales ms. des Ursulines de Québec），以及如今已遺失的幾封信，但克羅神父在他所編撰的《可敬的降生瑪麗修女生平》一書中有提及。（該書第 556 頁有引用一封拼湊出來的信）。

33　JJ：「大約在凌晨一點到兩點」。潘慕洛：「晚上十一點」；火災持續兩個小時（RJ。1651 年。Q。頁 3；Th. 36。頁 168）。1650 年的聖誕節是一個星期日；根據瑪麗・閨雅的說法，火災發生的日期是八日慶期的星期五，亦即 12 月 30 日晚上；JJ 記載火災日期是 12 月 31 日。

34　O。頁 421。

35　這位初學生是芳莎・卡貝勒（Françoise Capelle），1626 年在法國領洗；她在 1651 年 5 月 3 日離開修院，去康梅松小姐（Grandmaison）家幫傭（JJ。頁 152）；同年與尚・杜寇（Jean Turcot）結婚；1653 年 9 月與雅各・呂卡（Jacques Lucas）再婚，1600 年又和三河的勒馬尚（Lemarchand）結婚：唐格爾（C. TANGUAY）。《加拿大家族譜辭典》（Dict. généalog. des familles canadiennes）。第一冊。魁北克出版。1871 年。頁 102、399、408、576。

36　麵包坊和其他工作室位於地下室（J。第二冊。頁 431）；小孩的宿舍似乎就在正上方，修女們住樓上（O。頁 412）；在上面還有一層（閣樓？）瑪麗・閨雅的辦公室在此。

向外求救。幾位修女們跳下床，試圖阻止大火蔓延，但是她們除了盡量搶救，其他什麼都做不了[37]。

哈格諾神父在 1651 年的《耶穌會福傳紀事》中描述聖吳甦樂會修女撤離寄宿生的景象：「幾位仁慈的修女衝進火海中，把小孩抱出來放到安全的地方後，馬上又衝回去繼續救援。她們的愛更甚於烈火，完全不害怕自己可能會被燒死，再也出不來[38]。」動作必須迅速，因為這把火在短短一個小時內就會將全部付之一炬。瑪麗·閨雅一開始想去儲藏室，把布料和一些物品從窗戶丟出來，但是她想想更重要的是修會的文件，所以她趕快來到辦公室，迅速篩選，將最重要的丟出窗外。她原本想把寫給兒子的祈禱靈修札記丟出來，後來她放棄了，因為怕有人在雪地裡撿拾東西時撿到，而落入別人手中，所以最後還是留在桌上[39]。處理完修會的文件，瑪麗·閨雅試圖去倉庫，但為時已晚：「我發現大火已經延燒到宿舍裡，我想去的地方和我原來所在的地方，整個房子的屋頂和下方的工作室也都陷入火海中，我身陷兩處大火中間，第三處的火像湍流般緊緊追著我。」

在此期間，黎榭修女和夏洛特修女打破內院的木柵欄，讓住宿生可以從內院外邊另外一側的祭衣房旁樓梯下樓，大一點的孩子自行逃離，年紀小的孩子則需要一個一個去找[40]。救出最後一個時，孩童宿舍的地板同時坍塌。瑪麗·閨雅當時人在樓上，當她看見救援行動已無法繼續，而且似乎大家都已逃離火場，她自己便從「宿舍另一頭的會客室」逃出來。她說當她下樓時，遇到耶穌會院長和他帶來救援的人。當他們被告知樓上已沒有人了，便下樓到聖堂搶救「聖體」。祭衣房的物品都被及時救出，有一位修士差點困在裡面。

當警報鐘響時，弗萊塞勒修女趕快拿著她負責保管的內院禁地鑰匙，把所有的門都打開，讓住宿生可以出來，同時讓前來救援的耶穌會士得以進入。眼看住宿生都逃離了，她才鬆一口氣[41]；然而隨著時間過去，卻沒有看見修女們出來，她用盡

---

37 潘慕洛修女在大事紀中收錄的一封信，和克羅神父彙編的信有一些出入，例如敲鐘的人是誰。

38 *RJ*。1651 年（Q。頁 3；Th. 36。頁 170）。

39 總務辦公室就在鐘樓的下面，瑪麗·閨雅剛離開辦公室，鐘的金屬就融化滴下。O。頁 413。

40 一部分小孩上到樓上修女住的地方，因為他們自己的地方快塌了。O。頁 413。

41 其中一個小女孩——貞納維耶·布登（Geneviève Bourdon）一開始沒找到，她父母趕來後不久就找到了；她後來當了醫護會修女。《降生瑪麗的生平》（*Vie de Marie de l'Incarnation*），作者為南特一位聖吳甦樂會修女。

力氣呼喊。「她沒有看見我們，沒有聽到我們，於是跪在聖母瑪利亞的跟前，以始胎無玷聖母之名許願[42]。」她的恐懼一點一點地消退了，修女們一個個來到她的身邊，但還差瑪麗‧閨雅一人，最後她終於出現了：「我們的寄宿生和通勤生緊緊挨在她身邊。她們覺得自己會凍死，因為她們身上只有睡衣，其他衣物都被燒毀了。」瑪麗‧閨雅在搶救東西的時候，把一個床墊從窗戶丟下來，讓生病的薩沃尼修女可以躺著；至於她自己的衣物，在逃跑時被食堂窗戶外的柵欄勾住，就這樣掛在那邊。

現況就是如此窘迫。小寄宿生穿著睡衣，修女們穿著睡袍[43]，許多人都打赤腳。穿著鞋子睡覺的人才有鞋子，有些人在匆忙中穿上拖鞋[44]。

這場火災中沒有人喪生。有一位名叫則濟利亞‧阿杭西（Cécile Arenhatsi）的休倫成年女孩，她住在修道院，希望有一天能成為庶務修女。她沒能及時醒來，後來倉促地從窗戶跳下來。下面的馬路上積雪很硬，跳下來時便失去意識，大家以為她死了，幸好後來又醒來[45]。「夜晚非常寧靜，天空布滿星星，天氣很冷，沒有風，烈火中一陣微風將火焰吹向花園和耕地」朝北的方向[46]。

好幾個小孩著涼了，其中幾位在後來幾天病得特別嚴重。等大家都到齊，點完名之後，哈格諾神父把部分小孩「安置在傭人住的大棚屋，另一部分送至一個鄰居家[47]」；至於修女們，他將她們領到上城區的耶穌會會院，暫時安置在會客室。途中，富有同情心的鄰居給她們兩、三雙鞋，貝第夫人拿了一雙。哈格諾神父也從儲藏室拿了幾雙鞋。「在我們所有人中，只有三個人有鞋子，因為她們晚上穿著睡覺來保暖[48]。」修女們穿著睡袍[49]，裹著耶穌會士給她們的毯子，腳上穿著男人的鞋

42　*O*。頁 413。

43　*O*。頁 409。

44　*J*。第二冊。頁 433。

45　參見《魁北克聖吳甦樂會修女》（*Les Ursulines de Québec*）。第一冊。頁 166-168；*RJ*。1651 年（Q。頁 3；Th. 36。頁 170）。

46　*O*。頁 409。

47　*O*。頁 414。

48　床單是被允許的，似乎只能在床單和鞋子中擇一：《會憲與會規》。對開頁 86，以及 *O*。頁 414。

49　修女的睡衣在會規中沒有明確的描述，只有提到無袖胸衣（guimpe）、束帶（bandeau）、頭紗（voile de nuit）。《會憲與會規》。對開頁 85；修女服裡面應該是白色棉質內褲（對開頁 84）。

子，景象應該相當有趣。德‧阿勒布斯女士（Mme d'Ailleboust）表明很樂意提供聖路易城堡給聖吳甦樂會修女居住；醫護會修女們也表示歡迎：「院長神父認為我們的狀況可能去醫護會修女處比較適合，於是親自把我們帶過去[50]。」

瑪麗‧閨雅在 1651 年一封給他兒子的信，以及 1654 年的靈修札記中，描述她在火災中的內心狀態。她的內心感到非常平靜，思緒沒有受到影響：「在一片混亂中，我的頭腦清醒，我清楚知道自己在做什麼，就好像沒有什麼特別的事情發生[51]。」

沒有絲毫的慌張，她鎮定地、毫不猶豫地完成該做的事：「我感覺內心深處有一個聲音告訴我什麼東西要扔出窗外，什麼東西就任火燒毀。」她的感受與約伯（Job）相同，當苦難第一次降臨時：「賞賜的是天主，收回的是天主，照上主的旨意，成就於我，讚美主的名。」她沉浸在白冷城的貧困情境，所以並沒有衡量魁北克一個小修院在短短時間內的損失程度。十年的努力、折磨和憂慮在一個多小時的時間就化為烏有：「天主賜給我一無所有的恩寵，我無法用言語來形容我的感動。」在 1654 年的《靈修札記》中，瑪麗‧閨雅描述得更為詳細：「當我看到這個大勢已去的災難，我相信一切的根源就是我的罪，我的心靈坦然接受處罰[52]。」這個想法來自天主的公義，同時也確信天主要置她於與聖子一樣絕對的貧窮：「天主用這樣的方式顯現，在聖誕八日慶期，祂取走了一切，似乎以這種方式來與馬槽的簡陋相匹配。」瑪麗‧閨雅的靈魂因為完全默許天主的旨意而找到平安。「我的腦海和內心一直不斷地重複說：「我聖潔的淨配啊，這都是祢做的，願祢受讚揚！祢做得真好！祢所做的一切都很好！只要祢滿意所做的我就歡喜。」她補充說：「我的靈魂浸潤在取悅天主神聖旨意的喜悅中[53]。」

在 1654 年的靈修札記中，她告訴兒子，有兩個人在災難發生之前就已預知，其中一人只是有預感，另一人則是預見。瑪麗‧閨雅說，第一位住在離修院二古里的地方，應該是指艾蕾諾‧康梅松（Eléonore de Grandmaison）。她與丈夫方濟‧

50　*O*。頁 415。
51　*O*。頁 425。
52　*J*。第二冊。頁 434。
53　同上。頁 435。

德‧夏維尼[54]（François de Chavigny）在 1640 年來到新法蘭西。1649 年 3 月，在奧爾良島的西端買了一塊領地，後來命名為美地（Beaulieu）。蒙馬尼總督不在的時候，有好幾次都是由夏維尼代理。自 1648 年以來，他就一直擔任魁北克議會的議員。夏維尼夫人感應到預感後，便在自己家裡為「我們安排住的地方，並盡她所能提供我們各種協助[55]」。

第二個人「與修道院的關係相當親近」；瑪麗‧閨雅稱她為「聖人」。她所預見的景象與哈格諾神父在聖奧斯定加大利納傳記中所描述的非常相似。加大利納修女是主宮醫院的醫護會修女，於 1648 年 8 月 19 日抵達魁北克。1650 年，她年僅十八歲[56]。聖吳甦樂會修女在火災第二天被安置在醫護會修女處，瑪麗‧閨雅因而與她結識；但並不是加大利納修女本人告訴瑪麗‧閨雅她所預見的事情，而是她的靈修導師哈格諾神父似乎犯規告知瑪麗‧閨雅，但他沒有提及修女的名字。

我們不要以為瑪麗‧閨雅內心的平靜使她看不見災難的後果。正如她出發前往加拿大的前夕，她已預見無數磨難的未來：「我看到這場災難的煩憂和善後工作都將落在我肩上，我必須投入更多心力在工作上，對於即將面對的任務，我滿心歡喜地接受[57]。」

她們很快就決定讓學生放假回家。魁北克的兩個修道院暫時合併三週的時間，聖吳甦樂會修女穿成醫護會修女的樣子：「好心的主宮醫院修女讓我們穿上她們的

---

54 參見勒費弗爾著（J. J. LEFEBVRE）。*DBC*。第一冊。頁 354-355；華伊著（P.-G. ROY）。《魁北克市》（*La ville de Québec*）。第一冊。頁 193；同前。《奧爾良島》（*Île d'Orléans*）。魁北克出版。1928 年。頁 30、93-94、95-97；同前。《謝佛提耶的夏維尼家族》（*La famille de Chavigny de la Chevrotière*）。李維斯（Lévis）出版。1916 年；《封地轉讓》（*Concession en fief*）。第一冊。頁 85、86、93、95、175、176、177；第三冊。頁 68。

55 *J*。第二冊。頁 436。

56 哈格諾神父著（P. RAGUENEAU）。《新法蘭西魁北克慈悲會醫護修女──聖奧斯定加大利納修女生平》（*La vie de la Mère Catherine de Saint-Augustin, religieuse hospitalière de la Miséricode, de Québec en Nouvelle-France*）。巴黎出版。1671 年；余東著（L. HUDON）。《聖奧斯定加大利納修女生平 1632-1668》（*Vie de la Mère Catherine de Saint-Augustin, 1632-1668*）。巴黎出版。1925 年；登瑪利著（J. DANNEMARIE）。《加拿大 16 歲英勇的女傳教士──聖奧斯定加大利納》（*Catherine de Saint-Augustin, Au Canada avec une héroïque missionnaire de seize ans*）。巴黎出版。1956 年；1654 年的靈修札記提到的應該就是她：「在一次神視，聖母讓她看到火災景象，並承諾她將修復我們的修院」（*J*。第二冊。頁 442）。

57 *O*。頁 426。

灰色會衣 [58]，還提供我們衣物等必需品，我們總共十五人。」（包括貝第夫人和休倫人則濟利亞・阿杭西），「我們和醫護會修女吃住都在一起，日課作息也都一樣，總而言之，我們住在她們的地方，就好像同屬一個修會一樣 [59]。」

聖吳甦樂會修女在主宮醫院居住期間有一些基本的家具，讓她們可以重拾獨立的修院生活：床、桌子、椅子、毯子、炊具等。全魁北克都熱心幫忙：「居民對我們的關愛給了我們很大的慰藉與感動。」至於耶穌會士和醫護會修女，他們把僅存的儲備物資全部給了她們：「收容我們的最親愛的醫護會修女，不僅要負擔我們住宿的開銷，還借給我們價值 500 多古銀元的各種物資……而我們敬愛的神父們，盡其所能地救助我們，甚至還把他們倉庫裡的布料送來給我們，讓我們自己做衣服穿。此外，還提供我們食物、床單、毯子，甚至還派修士和傭人來幫忙幾天 [60]。」

《耶穌會會訊》也記載了相同的內容：「我們傾盡全力幫助她們，詳載於下。我們全部的神父都願意提供協助給這些修女們。」細節的描述饒富趣味：「一月的第二天，所有的神父一致同意犧牲甜點，以救助這些修女。她們的需要比我們的甜點更為迫切 [61]。」

德・阿勒布斯總督和他的夫人提供聖吳甦樂會修女非常多的幫助。「甚至連貧窮的人都同情我們，有人給我們一條毛巾，或是一件衣服、一件外套、一隻雞、幾顆蛋等等，看到這麼多的善心，我們感動不已 [62]。」甚至前來避難的休倫人也對我們伸出援手。印第安人的交易貨幣是白色貝殼串成的漂亮鍊子，他們送給聖吳甦樂會修女兩串鍊子，每串有 1200 顆貝殼 [63]。

瑪麗・閨雅永遠忘不了這些生活並不寬裕的人的慷慨救助，因此她特別照顧這

---

[58] 醫護會修女於 1642 年在錫勒里決定採用灰色，因為比較耐髒，之後不久又換回一般的白色，但 1646 年以後，只在特殊的節日穿白色；卡斯坎著（CASGRAIN）。《魁北克主宮醫院》（L'Hôtel-Dieu de Québec）。頁 117、143。

[59] O。頁 415。

[60] 同上。

[61] JJ。頁 147。

[62] O。頁 415。

[63] RJ。1651 年（Q。頁 12-13；Th. 36。頁 214 起），以及 V。頁 68；參見《北美法國殖民地回顧展目錄》（Catalogue illustré de l'Exposition retrospective des Colonies française de l'Amérique du Nord）中一張白色貝殼串鍊。巴黎出版。1929 年。頁 6。

些經歷過 1650 年大火的人。

　　貝第夫人在修院附屬建物中所建的房子沒有被燒到。這個房子不大，一樓和二樓各有一個房間，樓梯在室內，房子每層面積只有九十平方公尺，另外還有一個地窖和一個閣樓。聖吳甦樂會修女彷彿又回到最初在下城住的房子，不過差別在於現在修院的人口較多[64]。哈格諾神父寫道：「她們住在一個只有兩個房間的小房子，宿舍、食堂、廚房、客廳、醫務室，以及全體修院十三個人，還有幾個不忍放棄不顧的住宿生，全都擠在這個小房子裡。[65]」哈格諾神父談到「她們的不便幾乎是無法忍受的程度」。瑪麗・閨雅也承認：「我們處在這個狹隘的空間，物資極度匱乏，生活極為不便[66]。」

　　瑪麗・閨雅總是有許多解決問題的好法子。她馬上就想要搭蓋一些附屬建物來擴充修院的使用面積。到春天，在一個「樹皮小屋」中重新開始上課[67]。魁北克修道院在貧困和卑屈中重獲新生，如同十二年前在下城；在聖母瑪利亞的看顧下，修院慢慢站起來。大火前不久，弗萊塞勒院長將修院的管理託付給聖母，視她為「第一位最主要」的院長[68]。這是魁北克在十七世紀時女修道院盛行的做法：將修院奉獻給聖母瑪利亞，並將聖母瑪利亞視為修院院長。

　　聖吳甦樂會修院的重建工作在 1651 年和 1652 年初幾個月期間進行。在進一步講述重建之前，必須先提一下同時期一件令人難過的事：薩沃尼修女於 1652 年 4 月 4 日病逝。魁北克聖吳甦樂會修女的第一座墳墓，象徵著在新法蘭西的生活進入一個新階段。

　　瑪麗・閨雅第一次提到薩沃尼修女的病情是在 1648 年 10 月 8 日寫給薩沃尼修女的姊姊的信。她的姊姊聖母領報佳碧修女（Mère Gabrielle de l'Annonciation）是淨化修院的卡維（le Calvaire）本篤會修女，該修院是瑪麗・德・麥地奇王后（Reine Marie de Médicis）於 1619 年在昂熱所設立。信中她寫道：「我們親愛的助理院長

64　《聖吳甦樂會修女年鑑手抄本》（Annales ms. des Ursulines）。頁 16。
65　RJ。1651 年（Q。頁 3；Th. 36。頁 172）。
66　O。頁 410。
67　J。第二冊。頁 437；O。頁 416。
68　J。第二冊。頁 440。

薩沃尼修女想給您有關新世界聖子教堂的消息……至於她的病情……今年比往年來得嚴重，整整四個月都待在醫務室，使她意氣消沉[69]。」

　　她的肺結核最初出現症狀是在 1645 年到 1646 年的冬天。她的父母希望她在 1648 年秋天能被送回法國治療，但為時已晚。瑪麗·閨雅說：「我寫信告知薩沃尼修女的母親有關她的病情。至於她希望送回法國一事，我明白地跟她說海上行程的辛苦不允許這麼做。」瑪麗·閨雅還說：「即使不存在這個因素，她本人和修院也不會同意回法國[70]。」

　　1647 年秋，薩沃尼修女的病情急速惡化。哈格諾神父在耶穌會士 1652 年福傳紀事[71]中寫道：「離世前四年半的時間，她的狀況一直很不樂觀，哮喘、肺病、胸悶，使得她不停地咳嗽，甚至咳血，動彈不得，高燒不退[72]。」儘管如此，她仍然盡她所能依會規正常作息，甚至做得更多。她是唯一休倫語的程度足以照顧該族的人。她還負責帶領唱經團。她的聲音非常美妙，且精通樂理，堪稱是一位天生的音樂家。

　　瑪麗·閨雅在 1648 年給佳碧修女的信中強調薩沃尼修女對修院的貢獻：「她的病況偶爾稍微緩解時，她會堅守會規，履行她的職責，令人讚歎[73]。」由於這封信是寫給薩沃尼修女的家人，瑪麗·閨雅不能太過明顯表達她的擔憂；但與茹耶修女談及此事的方式就非常直接：「修女的病情比以往更嚴重，如果天主沒有在她身上顯現奇蹟，她恐怕活不久了。她必須一直待在她所厭惡與痛恨的醫務室，因為違背了她做為修女理應克苦的本分。她若死了，對我們來說是一個莫大的損失。我覺得她像一個成熟的果實，天主為她面對死亡而做準備，因為她在全德的進展非比尋常。願天主旨意成就在她和我身上[74]。」1649 年她的病情稍有好轉，又燃起希望：「我們不敢奢望她能夠持續保持這麼好的狀態[75]。」整個夏天，薩沃尼修女還能夠

69　*O*。頁 350。
70　同上。
71　*RJ*。1652 年（Q。頁 47；Th. 38。頁 114）。
72　同上。
73　*O*。頁 350。
74　*O*。頁 355。
75　*O*。頁 387。

如常照顧她最愛的休倫人；然而，瑪麗・閨雅在秋天開始積極地學休倫語，部分原因就是她認為薩沃尼修女應該很快就無法繼續教導休倫人了[76]。

1650 年 12 月 30 日的大火，加上生活又回到當初在下城區第一座修道院的窘境，使得薩沃尼修女身體更為不適。在原來的大修道院中，有一些可以安靜獨處的空間，例如她可以獨自一人在醫務室靜養；而在貝第夫人的小房子裡，即使大家都很好心，但噪音、氣味和煙霧無處可躲。樂仁神父用了很傳神的筆觸描寫這個小空間對一個重病者之危害：「修道院被燒毀了，可憐的聖吳甦樂會修女蝸居在一個小空間。她們的床鋪層層疊起來，就好像商店裡擺放貨品的層架，薩沃尼修女就睡在其中一個層架。小學生的吵鬧聲及唱經修女的誦唱聲充斥在這個小房子裡（四點鐘就陸續起床了！）[77]。由於大火也燒毀了鞋子，修女們穿著木拖鞋走在木地板上的聲音也是噪音的來源之一。煙霧瀰漫在房子各個角落，使得咳嗽加劇，肺病更加惡化……[78]」肺結核最後一期的病人在這樣的生活條件下還能優雅以對，面帶笑容，這需要多麼大的美德才能做得到啊！

修女們的和善、關心與奉獻彌補不了物資匱乏所帶來的不便與痛苦；再加上那個年代殘酷的治療方式，更是折磨人。

瑪麗・閨雅非常讚賞國王的御用外科醫生梅諾伊先生（M. Menouil）的醫術。他出於奉獻來到加拿大已有數年之久，他的醫術精湛，不論在法國或加拿大都享有盛名；但是我們只有看到她描述梅諾伊醫生如何對薩沃尼修女施以殘酷的治療。她說：「我們相信天主讓她繼續活著的理由是為了經歷煉獄的洗滌[79]。」酷刑般的折磨在 1652 年 4 月 4 日「復活節八日慶期的星期四晚上八點」[80] 畫下句點。

瑪麗・閨雅寫給法國聖吳甦樂會修院的通功代禱信函中包含許多薩沃尼修女

---

76 參見前面的章節。

77 《會憲與會規》。對開頁 99。

78 *RJ*。1652 年（Q。頁 54；Th. 38。頁 152）。

79 *O*。頁 463；有關方濟・梅諾伊（François Menouil），參見華伊著（P.-G. ROY）。《法國體制下的魁北克市》（*La ville de Québec sous le régime français*）。第一冊。頁 120、194；*JJ*。頁 146、147、155；1650 年初始，他的名字出現在德高望重的名單上；1651 年他是魁北克第一屆議會的成員；1652 年初回到法國；耶穌會修士佛倫・邦梅（Florent Bonnemer）也有治療過薩沃尼修女的水腫；參見 *DBC*。第一冊。頁 111-112。

80 *O*。頁 465；1652 年瑪麗・閨雅寫道：「親愛的薩沃尼修女在病榻前跟我預告，我將要背負許多的十字架。親愛的兒子，我期待這些十字架，出現時，我將擁抱它們。」*O*。頁 186。

生平的細節。樂仁神父在他 1652 年的《耶穌會福傳紀事》中引用了一部分[81]。此外，為了讓大家更認識薩沃尼修女，他還添加許多活生生的例子，比起瑪麗・閨雅的長篇敘述更為珍貴。瑪麗・閨雅撰寫時應該是受限於該類文章的體裁。從樂仁神父的敘述，我們看到一位獨特又深具魅力的人物，同時也可以感受到她的離世造成的損失，以及瑪麗・閨雅的悲痛。

樂仁神父是個直言不諱的人，他不認同用拐彎抹角的敘述方式造成讀者疑惑。所以即使引用瑪麗・閨雅中規中矩、不帶色彩的內容，他所呈現的風格卻非常具體生動[82]。

薩沃尼修女做任何事都表現得非常樂意。有人批評她「對某些人過於殷勤」；沒有人比她更懂得讓上級喜愛。人們很難抗拒她的魅力：「她很迷人，很容易贏得上位者的心[83]。」她帶有一種強大的吸引力，如果不特別注意，她的女人魅力很容易就讓大家任她擺布。但是她「一點都沒有女孩子的特質」[84]，她的個性陽剛而獨立，從小就討厭「花俏的小玩意兒」[85]，行為舉止彬彬有禮，為人忠實、正直，因此討人喜歡。「她絕不會低聲下氣地去博得友誼或協助[86]。」就純粹的人性層面來看，她不是一個順從的人。她的思想「敏銳而清晰」[87]，不過在她還是個年輕修女時，對一位她認識的神父產生過於熱烈又危險的情愫，最後以悲劇收場：「她的青春仍在血液中燃燒[88]。」她為此做出的慷慨犧牲揭開了前往新法蘭西的序幕[89]。

在加拿大，她似乎被舉揚進入密契的境界，拉勒蒙神父見此，要求她撰寫自童

81　瑪麗・閨雅在 1653 年 10 月 26 日的信中授權樂仁神父引用。O。頁 521。

82　瑪麗・閨雅描述一段薩沃尼修女四歲時的童年記憶。在林間小路上，一個僕人奉命抱著她送到母親那裡：「這個將她抱在懷裡的男人不知是有意還是無意觸碰到她沒有衣服覆蓋的部位，她尖叫大哭，一直安撫不下來。」O。頁 437；同一件事在樂仁神父的筆下就清楚多了：「抱著她的男僕不當地撫摸她，可憐的孩子放聲大哭，不斷掙扎，男僕嚇得不知找什麼藉口來掩飾哭的理由。我要說這是她一生唯一犯下的不潔之罪。」RJ。1652 年（Q。頁 37；Th. 38。頁 70）。

83　RJ。1652 年（Q。頁 51、42；Th. 38。頁 136、92）。

84　同上。（Q。頁 40；Th. 38。頁 80）。

85　同上。（Q。頁 38；Th. 38。頁 72）。

86　同上。（Q。頁 51；Th. 38。頁 138）。

87　同上。（Q。頁 42；Th. 38。頁 92）。

88　同上。（Q。頁 42；Th. 38。頁 94-96）。

89　瑪麗・閨雅認為到了天邊遠的地方，讓她沒有會客機會，從靈修角度來看是一件莫大的好事，由於她的個人魅力，她一直會受到干擾，讓自己陷入危險。

+ G.O.   Les Hayes

薩沃尼家的艾耶莊園

年以來的靈修札記[90]，希望能更加了解她，因為她不擅於用口頭方式敞開內心。可惜 1650 年聖誕節的大火燒毀了筆記本。加拿大生活吸引她的原因是貧窮，而實際上她的確生活在貧窮中[91]。

樂仁神父補充說：「她的談話不帶有一絲一毫的憂鬱，從未見過她皺眉頭，或是悶悶不樂，或是神情怪異……她既不挑剔又不陰沉，個性真誠、圓融、正直，堅毅。在她傳達給我的事項中，有的關於和平，有的關於修院的調解和改善，有些事還相當棘手。我在她身上看到的是理性男人所具有的判斷力，不是一般女孩的見識。[92]」

我們可以猜想到薩沃尼修女的離世為瑪麗・閨雅帶來多麼大的傷痛。從她長篇的通功代禱函可以看出對這位和她一起來到加拿大同伴的深厚情感。這篇代禱函幾乎是一部傳記的規格[93]，這是瑪麗・閨雅在四月到六月底船隊停留期間抽空撰寫的[94]。

她在 9 月 18 日給薩沃尼修女的一個姊姊寫道：「天主透過愛德將我們兩人緊緊繫在一起，即便是死亡也無法拆散，因為對我來說她並沒有離開。她現在和天主在一起，我覺得我和她在精神上的關係比她肉身在世上時更近了。我對她感激不盡，因為她現在持續給我極大又穩固的協助和支持，更甚於她在世時。[95]」她跟一位都爾聖吳甦樂會修女說：「唯有想到她現在的幸福才能安慰我的悲傷；妳稱她為妳的天使；她也是我的天使[96]。」她對都爾修道院的前院長說道：「親愛的院長，世上再也找不到像她這樣的女子了[97]！」

這篇通功代禱函在對加拿大感興趣的法國修道院中快速流傳，引起大家的關

---

90 *RJ*。1652 年（Q。頁 50；Th. 38。頁 132）。

91 同上。（Q。頁 51；Th. 38。頁 138）。

92 同上。（Q。頁 52；Th. 38。頁 138-140）。

93 她全心全意撰寫：「絕不能說我在院務繁忙中還要撰寫是很累的事。您要知道，親愛的院長，只要是與她有關的事，即使熬夜、費時、費功夫都值得。」*O*。頁 505。

94 *JJ*。6 月 23 日。頁 171。

95 *O*。頁 491-492。

96 *O*。頁 497；參見 *O*。頁 486：「天主擁有了她，讓我感到安慰，否則失去一位這麼好的人真是令我難過極了」。

97 *O*。頁 506。

注，並開始崇拜這位年僅三十四歲就犧牲性命的聖吳甦樂會修女 [98]。薩沃尼修女很快就被冠以「奇蹟聖人」的美譽。薩沃尼修女的死讓瑪麗‧閨雅陷入更深沉的孤獨。1644 年兩位都爾聖吳甦樂會修女抵達，她們無法融入魁北克修道院，並認為魁北克的會憲只顧及巴黎聖吳甦樂會而背棄了她們所屬的修會。恭班修女寫給法國的信，以及她 1656 年返回都爾後寫的報告，引起都爾聖吳甦樂會對魁北克修道院的不信任與反感 [99]。這種傷害的痛苦大概只有薩沃尼修女能夠承受，她靠的是耐心與無比的慈愛。但天主自有其他的安排 [100]。

---

[98] *O*。頁 505；參見 *O*。頁 818：「貝尼耶先生逝世前告訴我，他透過薩沃尼修女祈禱，而獲得天主很大的恩寵。」

[99] 參見本書第四部第三章。

[100] 1662 年薩沃尼修女的骨骸從花園移至修女祭台區下方的地窖或地下小教堂。瑪雅‧閨雅將遷移的事寫兩封信分別給薩沃尼修女的兩位姊姊：聖母領報佳碧修女（*O*。頁 721-722）和聖方濟荷內修女（*O*。頁 737-738）；有關骨骸遷移，亦可參見《魁北克聖吳甦樂會年鑑手抄本》（*Annales ms. des Ursulines de Québec*）。頁 23。

第 四 部

加拿大教會之母

(1651 -1672)

第一章

〜

重建

(1651-1653)

　　歷經數年激烈戰鬥後，易洛魁族（Iroquois）終於戰勝休倫族（nation huronne）。除了逃往魁北克避難的一小群人以外，休倫族幾乎已全數滅亡。殘餘的休倫族人則被易洛魁族或鄰近部落同化，並於未來成為信仰耶穌基督的天主教徒，為日後印第安人福傳工作奠定基礎。直至 1650 年，易洛魁族人須周旋的對象只剩其世仇阿爾岡昆族人（Algonquin）以及移居此地的一小群法國人，後者與聖羅倫（Saint-Laurent）部落和平共處。

　　夏季期間，易洛魁族人帶來的威脅持續籠罩著瑪利亞城（Ville-Marie）、三河（Trois-Rivières）和魁北克三個殖民地。瑪利亞城所處地理位置最易遭受攻擊：鄰近黎希留及易洛魁河，位於易於進攻路線。三河的位置也同樣危險。魁北克雖位於第三位置，但仍然易遭受攻擊，由於方圓三至四古里處遍布農場，接近魁北克中心周圍的農場數量甚至更多：如紅角（Cap-Rouge）、聖弗伊（Sainte-Foy）、錫勒里（Sillery）、聖彌額爾（Saint-Michel）、博波特（Beauport）海岸、博普雷（Beaupré）海岸，直至圖爾門特角（Cap-Tourmente）、奧爾良島（Ile d'Orléans）

及勞松（Lauszon）海岸[1]。

目前再也無法寄望法國能前來援助建設聖羅倫地區，只能仰賴當地的人力和士兵自力更生。黎希留樞機（cardinal de Richelieu）死於 1642 年，他將加拿大傳教區福傳工作視為其主要功績。繼任者馬薩林（Mazarin）則將目光投向其他目標，但 1650 年至 1653 年間的兩次投石黨運動（Frondes）中斷了他的行動。此外，與西班牙的對外戰爭延宕至 1659 年，使得馬薩林無暇顧及海外事務。

1650 年至 1653 年期間，易洛魁族人於蒙特婁附近頻繁挑起紛亂，他們對於法國人在聖羅倫河和渥太華河交匯處開墾定居感到憤怒，或許是因為他們聲稱自己擁有土地的所有權。在卡第耶（Cartier）時期，易洛魁人即占領該處。三河也多次遭受攻擊。在這段悲慘歲月中，易洛魁族人在此地屠殺或俘獲共三十八人（占法國殖民人口的三分之一）[2]。

當時的局勢十分艱難，瑪麗・閨雅在信中並未對身處於法國的通信者隱瞞此事，但她也於信中提到殖民地居民的樂觀態度和強韌生命力。擔心害怕的同時，這些正面力量足以讓她們重燃熱情，重拾定居處的開墾工作。她於 1652 年寫道：「當我們聽聞易洛魁族人所引起的不幸事件……每個人都想返回法國，然而，與此同時還是有人們投入婚姻、建設當地、開墾土地，聚落成倍增加，大家漸漸地只想著定居安家[3]。」

居民開始加強防禦工事：「易洛魁族人非常懼怕加農炮，這意味著他們不敢接近堡壘。為了驅趕易洛魁族人並威嚇他們，居民房屋中備有防衛器械，以便使用小型武器來保護自己。對我們來說，我們的武器是聖母瑪利亞和天使的庇護[4]。」如

1　為保衛此地，便於 1649 年成立由士兵和居民組成的防衛隊，或稱之為「騎兵隊」，可隨時待命行動。參見蘇爾特著（B. SULTE）。〈1649 年防衛隊〉（Le camp volant de 1649）。《加拿大期刊》（*Revue canadienne*）。1881 年。頁 163-167。

2　耶穌會士對於修女的代禱充滿信心。1650 年秋天，拉勒蒙神父給法國省會長的信中提到：「這是我為保護這片土地所寄予的希望，無法想像天主拋棄了這些如此仁慈和慈善的靈魂。在我看來，如果這片土地上的人們未能在這個新世界中獲得保護，那麼天堂所有的天使都將提供援助。」參見夏波著（L. CHAPOT）《可敬的降生瑪麗修女傳記》（*Histoire de la Vénérable Mère Marie de l'Incarnation*）。第二冊。巴黎出版。1892 年。頁 97。

3　*O*。頁 477。

4　*O*。頁 478；耶穌會士於 1653 年向勞森總督提出魁北克修道院防禦工事之申請。申請文件存檔於《北美殖民地展覽目錄》（*Catalogue de l'exposition des Colonies d'Amérique du Nord*）。申請文件註解處。第 25 期。頁 54。

有必要，聖吳甦樂會修女也有能力抵抗外敵攻擊：「我們有……一些槍枝……共有十把槍，至今尚未將其用於對抗易洛魁族人，只有在夏秋之際，有人生病時才會用於獵殺斑鳩和鴨子。如果易洛魁族人真的來攻擊我們，迫不得已之時我們才會使用這些槍枝來保衛自己。」易洛魁人尚未查覺自身弱點，而這點成為殖民地墾荒者的優勢：「如果天主打開敵人的眼界，那麼這個強大到足以讓我們失去一切的敵人將使整片土地陷入險境[5]。」瑪麗‧閨雅於 1652 年寫下這些字句。隔年，情況卻更加惡化。

1650 年聖誕節火災翌日即面臨到一個進退兩難的問題：是否要放棄加拿大的一切、遣返所有修女、離開情勢還尚未穩定的殖民地？抑或重新開始基礎建設的工作，但同時必須承擔更多債務？瑪麗‧閨雅設法想出一個兩全之策。她不打算回法國[6]，但是建造第一座修院時已為她帶來許多困擾，以致於重建第二座的念頭讓她望而卻步。魁北克修道院已負債累累：「就個人而言，我考慮到的不是重建的問題，在創始者傳承給我們的小修院中，我想到的是須保持謙卑，我認為可以在這裡透過『擴建』的方式，盡力履行我們的職責[7]。」

盡可能修整好未受火災波及的居所，並用木頭建造一些附屬建物來擴大主要居所，一如大多數魁北克式建築一樣，木造房子並不會太過昂貴。如果只須由她承擔責任，這會是她選擇的解決方案[8]。

然而瑪麗‧閨雅並未參與此重建案之決策過程。她感受到這個決定所帶來的負擔，但她僅是聳聳肩膀：「我內心的直覺告訴我這項重擔將落在我肩上，我必須重新開始。我當然對此心生畏懼，但我不敢說出這種想法，因為我害怕違背天主的旨意[9]。」

1650 年 12 月 31 日一大早，聖吳甦樂會修女陪同阿勒布斯總督（gouverneur

5　*O*。頁 478。

6　*O*。頁 476 與頁 482-483：拉勒蒙神父曾敘述同一件事，參見卡斯坎著（H.-R. CASGRAIN）。《降生瑪麗修女傳》（*Histoire de la Mère Marie de l'incarnation*）。頁 92。

7　*J*。第二冊。頁 437。

8　醫護會修女也放棄建造居所，「基於不確定性，我們不知是否會在此長住。」引用凱特琳‧西蒙修女 1651 年 11 月 9 日信件，參見卡斯坎著（H.-R. CASGRAIN）。《魁北克主宮醫院》（*L'Hôtel-Dieu de Québec*）。頁 185。

9　*J*。第二冊。頁 438。

d'Ailleboust）和哈格諾神父（P. Ragueneau）視察修道院情況，後者為新法蘭西傳教區耶穌會會長拉勒蒙神父（P. Lalemant）的職務代理人：「火災隔日，總督和神父陪同我們看查燒毀的破房子，我們甚至不太敢靠近還在燃燒的斷垣殘壁。所有的煙囪都垮了、牆壁也龜裂倒塌。所有東西，包括地基全都付之一炬，我們必須在這些辨認不出外觀的廢墟上進行重建[10]。」我們等了好一段時間，確定一切安全後，才進入一堆燒焦的橫梁和木板中評估災情：「這場大火發生六週後，我們仍可在廢墟中發現火苗[11]。」

聖吳甦樂會修女在主宮醫院（Hôtel-Dieu）待了三週[12]。一月的最後一週，其中幾位修女遷居至貝第夫人（Mme de la Peltrie）屋中，其他人仍留在主宮醫院。21 日的《耶穌會會訊》提到：「21 日：聖吳甦樂會修女參觀我們的修道院、教堂及堡壘後，她們仍將居住在她們的修道院中[13]。」內院禁地改建工程大約花了二至三週的時間，到了 2 月 13 日完成。其實重建的決定是在內院禁地完成前幾週才定的。「因此我們都得待在小房子裡，忍受著生活上的種種不便和狹小空間。然而事情卻沒有明顯進展。總督先生、哈格諾神父和我們一些友人一同討論後續應該如何處理；解決方式是我們不得再拖延，而且必須在最初的基礎結構上進行重建，因為當地的法國和原住民女孩都需要我們的幫助[14]。」此次會談於 1651 年 1 月 25 日或 26 日舉行。在 1 月 27 日，聖吳甦樂會向魁北克居民基金借貸 8,000 古銀元（livres），且應於 1656 年聖彌額爾日（Saint-Michel）償還[15]。在公證人歐度瓦（Guillaume Audouart）的見證下，修女在其居所簽署貸款合約，總督先生、哈格

10　O。頁 409-410；另參見頁 415。
11　O。頁 409；另參見 J。第二冊。頁 439。「火勢在廢墟中悶燒了三個多星期」。
12　1651 年 2 月 8 日，為紀念醫護院修女的善行並見證兩個修會的團結，通過了「祈禱與貢獻聯合法案」，收錄於 AUQ；此法案被引用於卡斯坎著（H.-R. CASGRAIN）。《主宮醫院》（L'Hôtel-Dieu）。頁 194-196。1858 年 5 月重新修改此聯合法案並減少兩個修院為亡者的祈禱次數。
13　JJ。頁 148。
14　O。頁 416。
15　收錄於 AUQ；有關魁北克法國移民，請參見德拉弗斯著（M. DELAFOSSE）。〈新法蘭西居民〉。RHAF。第 5 期。1951 年。頁 120。1648 年的顧問是方濟·德·夏維尼（François de Chavigny）、羅伯·吉法（Robert Giffard）和尚 - 保羅·戈德佛（Jean-Paul Godefroy）；夏維尼於 1651 年返回法國接受治療，由外科醫生方濟·梅諾伊（François Menouel）取代其職位。如無還款，利息將從 1656 年起計算。參見 O。頁 476。

諾神父、總督祕書布鍾尼耶（Bougeonnière）及議會書記科爾森（Nicolas Colson）也一同出席見證。

實際上，居民基金僅借出一半金額，而剩下的另一半屬債務轉移：耶穌會士將居民基金 4,000 古銀元的債權轉讓給聖吳甦樂會。

總督阿勒布斯先生自願承擔建築師和承包商的職務：「總督先生本人想親自繪製建築藍圖，身為殖民地居民的領導者，他對此工程深具宏圖[16]。」阿勒布斯先生約莫四十來歲[17]，1612 年左右出生於香檳區昂西勒弗朗（Ancy-le-Franc），與歐坦主教（évêque d'Autun）[18] 及著名的十七世紀女聖人真福珍妮‧阿布索律修女（Jeanne Absolu）因家族聯姻[19] 有親戚關係，後者是上歐石楠區（Hautes-Bruyères）豐特弗羅修會（ordrc de Fontevrault）的修女。阿勒布斯先生二十六歲時與同鄉的瑪麗 - 芭柏‧德‧布隆尼（Marie-Barbe de Boullongne）在巴黎聖斯德望堂（Saint-Etienne-du-Mont）完婚，當時他即享有「專精武器工程師」之美名。他對蒙特婁的建設發展深感興趣，他向天主祈求醫治妻子的不治之症，待妻子痊癒後，他得以於 1643 年春天與妻子一同從拉羅謝勒（La Rochelle）乘船出發，並招募四十名男子同行。四年期間，他擔任蒙特婁創始人梅宗訥夫（Maisonneuve）的副官，甚至在 1645 年至 1647 年他不在任期間代理其職務。1647 年夏天，他受蒙特婁聖母軍

16　*J*。第二冊，頁 439；利耶傑（Liégeois）修士常為耶穌會於各地的工程工作，但他可能無法幫助聖吳甦樂會修女。事實上於 1650 年至 1652 年期間他居留於法國；參見瓦松著（A. VACHON,）。*DBC*。第一冊。拉瓦大學出版中心。魁北克出版。1966 年。頁 486-487。

17　關於阿勒布斯先生，參見卡農著（E. GAGNON）。《路易‧阿勒布斯》（*Louis d'Ailleboust*）。蒙特婁出版。1930 年；弗特著（Æ. FAUTEUX）。《阿勒布斯家族》（*La famille d'Ailleboust*）。蒙特婁出版。1917 年；華伊著（R. ROY）。《阿勒布斯家族》（*La famille d'Ailleboust*）。蒙特婁出版；米宏著（E. MYRAND）。〈阿勒布斯女士與族譜錄〉（Madame d'Ailleboust et le dictionnaire généologique）。*BRH*。第 5 期。1899 年。頁 43-51；達弗呂著（M.-CI. DAVELUY）。《蒙特婁聖母軍》（*La Société de Notre-Dame de Montréal*）。頁 280-295。關於阿勒布斯先生的侄子，查理‧阿勒布斯（Charles d'Ailleboust des Musseaux），同前註，頁 313-317；高布著（A. GODBOUT）。*RAPQ*。第 32-33 期。1951-1953 年。頁 468-473。

18　參見〈查理‧阿勒布斯〉（Charles d'Ailleboust）。《法國天主教歷史索引》（*Gallia christiana*）。第 IV 卷。第 1572-1585 期。第 425 欄。

19　與歐特曼（Hotman）家族結為姻親，參見歐哲候著（J. AUGEREAU）。《珍妮‧阿布索律——十七世紀的神祕女子》（*Jeanne Absolu, Une mystique du grand siècle*）。巴黎出版。1960 年。頁 14-15；關於知名的方濟‧歐特曼（François Hotman），也就是阿勒布斯先生的外公，參見達黑斯特著（R. DARESTE）。〈透過未發表的書信內容來認識方濟‧歐特曼〉（François Hotman d'après sa correspondance inédite）。《歷史期刊》（*Revue historique*）。1876 年。第 2 期。頁 1-59；頁 366-435。

（Société Notre-Dame de Montréal）和一百聯營公司召喚返回法國，因為國王的樞密院希望由他繼任蒙馬尼（Montmagny）成為新法蘭西總督。1648 年，阿勒布斯在四十名士兵組成的艦隊護衛卜返回加拿大，這些士兵能為殖民地的堡壘提供更精良的防衛。他是一個非常好的天主教基督徒。《魁北克聖吳甦樂會年鑑》（*Annales Urs. Québec*）在 1653 年記載：「一月時，他的妻子渴望離開丈夫進入修會度修道奉獻的生活，儘管困難重重，她還是希望能夠進入我們的修道院嘗試看看是否適合修道生活；如果能成功，他自己也將獻身成為司鐸，她則是修女[20]。」阿勒布斯妻子的姊姊菲莉賓‧德‧布隆尼（Philippine de Boullongne）於 1649 年 12 月 2 日進入聖吳甦樂會初學院，並於 1650 年 12 月 9 日，大火發生前幾週宣發初願。軍事工程師阿勒布斯在建築事務上得心應手，1650 年底，他草擬了三河的防禦工事，並為堡壘指揮官布樹（Pierre Boucher）留下非常清楚的指示說明。他也主動向聖吳甦樂會提供相關幫助，瑪麗‧閨雅肩上重擔因而減輕不少。

　　「為了進行重建，須先將部分焚毀過的居所拆除只剩地面層，當時仍無法視察此處災情，因為大火持續在廢墟中燃燒三週之久[21]」。瑪麗‧閨雅特別提及清理工作，因為大部分的主結構似乎沒受到大火波及，補強後即可再重新使用。這也解釋了為何房子的重建能如此快速。1651 年 9 月 13 日，這天是開始動工後四個月，她給兒子的信中寫道：「建築物的四面牆已蓋好，我們正在安裝煙囪，八日後即可安置主梁[22]。」五月至九月期間，也就是說在四個月內，重建進度已達到相當程度的進展。在冬季來臨前，這個建築物將可全面完工，但是付出的代價真的是太高了！

　　如同前一章內容所述，修道院聘請了法國建築工人和木匠，並與其簽訂三年工作合約。但 1650 年十二月大火發生後，直至 1652 年夏初之前可聘雇到法國工人的機率近乎其微。雪上加霜的是 1651 年所有的船期都延誤：於 6 月 23 日前夕，波戴勒（Pointel）船長的船隻在庫德雷斯島（Ile-aux-Coudres）河下游擱淺。布雷

20　《魁北克聖吳甦樂會年鑑手抄本》（*Annales ms. des Ursulines de Québec*）。頁 17。於 1663 年秋天至 1664 年
　　夏天，她二度嘗試修道生活；參見《年鑑》（*Annales*）。頁 24-25；*O*。頁 730；另參見《主宮醫院年鑑》
　　（*Annales de l'Hôtel-Dieu, passim*）；關於她的姊姊菲莉賓‧德‧布隆尼，請參見下文，第三章。

21　*J*。第二冊。頁 439。

22　*O*。頁 422。

（Poulet）船長的船隊直到 8 月 31 日才到達[23]。

直到 10 月 13 日三艘補給和援助的船隻才抵達港口[24]。魁北克人於 1651 年所聘雇的工人依舊不見人影，瑪麗・閨雅 9 月 13 日寫道：「假使從法國出發的船隻皆已抵達，我們就可以多做些努力，向朋友商借他們從法國帶過來的工人。這裡的工匠和工人出奇地貴，一天工資就高達 45 或 55 蘇（sols），工人每日伙食費為 30 蘇。這場大火真是無妄之災，時遇人力匱乏，這也說明為何聘請工人的花費如此高昂，當然如有必要，我們可以從法國聘請價格較合理的工匠，與他們簽訂三年合約，彼此各取所需。有時候我們甚至須花費 30 古銀元來聘請人力，更別說那些依施作範圍或按件計酬的工人。現在還有四頭牛是用來拖運木材及砂石[25]。」依照如此消耗速度，很快就會花完一月貸款的 8,000 古銀元。「我提筆寫信之際（9 月 13 日），我們的欠款已累積至 15,000 古銀元，在居所完工之前，我們將欠下 20,000 古銀元，更遑論還有室內裝潢和家具了[26]。」

瑪麗・閨雅的確面臨一道難題，她要如何才能籌措到能償還所有債務的資金呢？她懷著焦慮向兒子坦白：「我們重建工程所累積的債務遠超過建造第一座修院的花費[27]。」再者，燒毀的第一棟修道院的債務仍尚未還清。

9 月 1 日，她致信給耶穌會神父向其尋求幫助：「神父，請憐憫您可憐的女兒吧！請您（向上主）祈禱為我們帶來援助，將我們從萬丈深淵中拯救出來！捐助人會因為其善行獲得永恆的冠冕[28]。」這封書信沒有得到回應。《魁北克聖吳甦樂會捐助者名錄》記載了令人感到沮喪的捐款數額：1651 年為 1,064 古銀元、1652 年為 2,434 古銀元、1653 年為 2,734 古銀元、1654 年為 2,196 古銀元。之後，法國那邊停止援助，往後數年的捐款約莫為 1,000 古銀元上下，1661 年降至 394 古銀元；因此，捐助者之捐款對債務減輕也是無濟於事。阿勒布斯先生並不是唯一幫助聖吳甦樂會重建工程的人。瑪麗・閨雅另外得到勒梅歇（Le Mercier）神父的幫助：

23　*J*。第二冊。頁 171、173。
24　*J*。第二冊。頁 162；*O*。頁 422。
25　*O*。頁 422。
26　*O*。頁 416。
27　*O*。頁 422。
28　*O*。頁 421。

「我有股莫名衝動，想請求勒梅歇神父的會長考量我們窘迫的情況，同意將勒梅歇神父借調給我們以協助所有事宜，幫助我們度過如此艱難的時日[29]。」勒梅歇神父在 1635 年抵達魁北克時即是休倫傳教區的先驅者，他深具語言天賦，1637 年卜瑞伯神父（P. Brébeuf）將奧索薩內據點（Ossossané）的工作託付予他，直到拉勒蒙神父到任前，皆由他管理聖瑪利亞堡（Fort-Sainte-Marie）的大小事：他照顧新慕道者、管理「義工」（donnés）及法國工人、監督耕種地擴展事宜。勒梅歇神父是位傑出的管理者，頭腦清晰，行事精準且熱心，1650 年他與其他神父一起逃離休倫地返回魁北克後，並沒有返回法國，而是選擇留在當地。1653 年 8 月，他被任命為魁北克耶穌會學院的院長和新法蘭西傳教區負責人。瑪麗‧閨雅十分倚靠他，他與阿勒布斯先生一同工作。對瑪麗‧閨雅而言，有了他們的協助，重建工程無疑比建造首座居所時來得更加輕鬆，因為在建造第一座修道院時，她必須承擔建築設計工作。但這並不代表她對工程漠不關心，她時常穿梭於工匠之中，爬上棚架檢查現場，誠心向聖母祈禱保護現場的建築工人。聖吳甦樂會修女利用重建機會來擴大修院規模，建築總高度為 108 法尺（39 公尺），而非 92 法尺（31 公尺），比原先還高了 8 公尺[30]。雖然如此，聖堂的建造時程因故而延遲。瑪麗‧薩沃尼修女（Mère Marie de Savonnières de Saint-Joseph）於 1652 年 4 月 4 日去世，「由於無合適的位置，因而將她安葬在花園中[31]」。直到十年後 1662 年春天，她的遺體才被移葬至修女唱經席下方的地穴。

貝第夫人只關心教堂的建造，對修道院的重建卻不太感興趣，藉由建造教堂的機會也發現到她慷慨大方的性格[32]。她對於重建一事絲毫未有急切心理，她過於專注追求自己的目標，卻忽視了重建所遭遇的困境。耶穌會士竭盡全力勸服她放下

---

29 *J*。第二冊。頁 439。

30 5 月 19 日由貝第夫人擺下第一塊石頭。參見《聖吳甦樂會年鑑》（*Annales des Ursulines*）。頁 16；魁北克保存著一幅油畫，根據畫中內容，該建築有 11 個立面窗戶。有關此油畫的重製品，參見《魁北克聖吳甦樂會降生瑪麗修女》（*Marie de l'Incarnation par une Religieuse Ursuline de Québec*）。魁北克出版。1935 年。頁 234 註解。

31 參見第三部第九章。

32 堂區教堂捐獻者名錄（魁北克神學院檔案，第 27 號堂區）中可找到下列陳述：「1653 年 1 月，捐獻聖若瑟油畫一幅；1654 年（？）古金幣（écu）用於支付披風和長袍的黑色飾物；40 古銀元用於支付 1652 年下半年期間的教堂禮儀；21 銀元用於購買掛毯；10 古銀元用於拋光銀色和金色吊爐。1647 年，她捐獻 150 古銀元給醫護會以購買聖體櫃」。參見《主宮醫院年鑑》（*Annales de l'Hôtel-Dieu*）。頁 65。

執念，但卻徒勞無功。瑪麗・閨雅 1652 年 9 月 9 日寫道：「她的心思並不在修院的重建上，她一心一意只想著教堂，她奉獻微薄的收入，一點一滴支持教堂的建造[33]。」「我們努力說服她不要執著於此，但她卻回說她最大的心願就是建造天主的住所。」

事實上，教堂即將落成。他們在 1656 年夏天開始進行建築工作：「處理修院團體的事務後，我（本人）專注於建造創始人希冀賜予我們的小教堂，她希望由我來帶領大家。這項任務占用我絕大多數時間，因為事事都需親力親為，儘管這個小教堂建築又小又簡陋，但仍須負擔所有工人伙食，最終累積巨額花費[34]。」

瑪麗・閨雅讓我們了解到貝第夫人的退休金不足以支付所有費用：面對新的開支，現有資金難以填補此財務缺口。雖然如此，《聖吳甦樂會年鑑》指出，貝第夫人共支出了 10,000 古銀元[35]。關於這座教堂，克羅講述了一段軼事，清楚表明瑪麗・閨雅順從指示的服從態度，並說明她在討論事情時深知變通的處事原則：「她擔任院長修女及重建修道院時展現絕佳的服從個性。她已和建築師、木匠和其他工人談妥交易。當時的耶穌會會長哈格諾神父認為修院非常貧困，他不贊成依建築圖規畫建造一座占地十二平方英尺的小教堂。在其他修女在場的情況下，瑪麗・閨雅僅向會長陳述一切都已安排好，也已談好交易，而且花費不會超過 400 古銀元。哈格諾神父卻回覆說，即便如此這金額對於一無所有的人來說，仍是一筆不小的數目。這些回應使她沉默了，並暫停建築工程。在此情況下，無法再將未來願景納入考量，瑪麗・閨雅便決定用一座牆封閉教堂和修院小聖堂之間的通道[36]。」多虧塔西先生（M. de Tracy）的捐獻，小聖堂得能於 1667 年完工。塔西先生於拜訪修道院時看到一些建材，並詢問其用處。他之後做了一件偉大的事：1667 年 4 月 29 日由拉瓦主教（François de Montmorency-Laval）為第一塊石頭降福，並由塔西先生親自擺下，他捐助了 2,000 古銀元，並將小聖堂獻給聖亞納（Sainte Anne）[37]。當時拉

---

33 O。頁 483。

34 O。頁 572；1656 年升天節（5 月 28 日）當天由勞森總督擺入教堂的第一塊石頭，參見《聖吳甦樂會年鑑》（Annales des Ursulines）。頁 18；關於瑪麗・閨雅於祭壇裝飾之貢獻，參見下文，第九章。

35 參見《聖吳甦樂會年鑑》。頁 31。

36 參見 O。頁 493。

37 參見《聖吳甦樂會年鑑》。頁 27。

瓦主教正好將在 8 月 17 日主持大教堂的落成典禮，他無法拒絕塔西先生的熱情請求，同時為即時完工的小聖堂祝聖。

　　教堂建造的話題似乎有些離題了，時間回到 1651 年。1651 年 6 月 12 日，瑪麗・閨雅當選院長，病重的瑪麗・薩沃尼（Marie de Saint-Joseph）則擔任助理院長，而病痛並沒有削弱她的勇氣。安妮・勒布格（Anne Le Bugle de Sainte-Claire）修女則擔任總務一職[38]。隔年，瑪麗・閨雅歡喜地將女孩們安頓在修復好的修道院中：「我們在聖神降臨節前夕（5 月 29 日）搬入新會院，堂區所有神職人員和大批群眾陪同我們將至聖聖體從寄居地遷移到新居所；接下來是長達四十小時的祈禱守聖時，一直持續到聖神降臨節後的週二。每個人看到我們搬回先前的會院都很欣慰[39]。」

　　這是一場為期三天的慶典，拉勒蒙神父熟知如何組織規劃這類活動，他總是謹慎留意細節，賦予了這些慶祝禮儀極深的宗教意涵：「在這三天中，堂區的人們列隊遊行，高聲歡唱：就像在大教堂裡一樣，為禮儀所演唱歌曲皆有如天籟之音，如同法國最佳唱詩班的歌聲那般莊嚴宏偉。」

　　聖吳甦樂會修女在室內裝修尚未完成前即入住新居。於屋頂處仍可聽到刨刀、鋸子和錘子的聲音，瑪麗・閨雅於 9 月 26 日的信中提到：「修院即將全面完工，我們已開始入住[40]。」次年，即 1653 年，一切重建皆已完工，聖吳甦樂會修女終於能正常履行其職務：此會院與現今在上城區修道院北邊的內院禁地建築極為雷同。該會院在 1686 年 10 月 20 日星期日那天再度遭受祝融之災，時隔三十六年後又重現了 1650 年那場大火的光景[41]。修院橫跨主宮醫院和貝第夫人居住的小房子。黎榭修女（Cécile Richer de Sainte-Croix）1687 年 9 月 15 日逝世於貝第夫人家中。重建工作是在既有的地基上進行，該地基於 1652 年進行擴建，「牆壁仍舊是完好的。」

　　1651 年至 1652 年重建工程深受恩澤。瑪麗・閨雅於施工期間感受到聖母的庇

38　*JJ*。頁 155。

39　*O*。頁 476-477、495；1654 年 9 月 5 日，她寫道：「我們的居所和以前的一樣好」。參照 *O*。頁 540。

40　*O*。頁 477。

41　《魁北克聖吳甦樂會》。第一冊。頁 396-410。

護，為她帶來外部援助，特別是阿勒布斯先生和勒梅歇神父的幫助：「我對（重建）計畫的所有負面情緒皆已消失，我感到很堅強，並且充滿可不斷工作的勇氣。我認為自己屬於聖母，我們敬愛的母親與長上……一開始我即感受到她用一種非常特別方式協助我，她不斷地向我展示……雖然看不見，但我卻能感覺到她陪在我身旁，在來往工地之間無時無刻陪伴著我，從我們開始拆除房屋（廢墟）直到工程結束之時。在重建過程中，我對她說：『來吧，我至聖的母親，請保佑我們的工人。』若遇到需要在棚架爬上爬下的情況時，我能感受她的庇佑，讓我無所畏懼。有時，教會讚美聖母歌曲的旋律也讓我深受鼓舞。我跟隨她的指示並經常對她說：『我的聖母，請護佑我們的工人。』她全然庇佑著我們，工程期間沒有任何人員受傷。開始重建工作前，當行使天主旨意感到軟弱或疲憊時，正需要這種幫助，重建所帶來的疲憊感遠超過建造三棟房子的艱苦 [42]。」

克羅懷疑他的母親沒有向他坦白所有事情：他因而提出抗議，並要求她將故意隱瞞之事提供更多細節。1656 年間她在 1654 年《靈修札記補篇》中解釋：「我告訴過您重建時有奇蹟發生，這種事您不太能了解，但確實發生了，因為那一場大火，我們失去了一切。我們設法重建修道院，購買衣物，重新擺設家具，為此，我們的花費超過 30,000 古銀元 [43]。我們在此地僅能借到 8,000 古銀元，這些錢在法國本地還不值 6,000 古銀元 [44]。我們得到為數不多的捐獻，其中一部分用於購買衣物，另一部分用於支付伙食，扣除這些花費，我們還剩 4,000 古銀元的債務，不過後來債務人在死後捐獻出了這筆錢，但他對其遺產仍持有用益物權。最後，由於天主庇佑，我們的餘額還有 24,000 古銀元，我很難解釋這筆錢的來源 [45]。」

---

[42] *J*。第二冊。頁 440；1652 年她寫信給兒子：「我向您保證，我需要超乎常人的勇氣來背負十字架」。*O*。頁 485。

[43] 1651 年她提及超過 15,000 古銀元的債務，並且認為至少累積 20,000 古銀元的債務（*O*。頁 416）；1652 年 9 月 1 日她寫道：「為了重建居所和支付其他生活必需品，我們所需的金額超過 25,000 古銀元，因為我們失去一切東西，我們欠缺所有東西。在這筆款項中，我們積欠了 16,000 古銀元，天主將保佑我們順利償還欠款。」（*O*。頁 476）；1654 年 9 月 5 日她說道：「對我們來說，我們正在逐漸從火災事故中恢復……我們的確身負債務，但願我們的債務日漸減少，債權人並無催促我們。」（*O*。頁 540）。

[44] 1664 年新法蘭西主權參事會批准：「相較於法國售價，價格可增加 65%；海上運輸價格固定為每噸 80 古銀元。」

[45] *J*。第二冊。頁 493-494。

瑪麗‧閨雅的言論是有憑有據的，她懂得記帳，如果她說這是天主上智的安排，人們會相信她，再者，記帳本上的數字也能支持她的說法。聖吳甦樂會修道院的重建的確是天主保佑。

　　但殖民地的情況在此同時已大大惡化，新的修道院是否會步上休倫聖瑪利亞會所（Sainte-Marie-des-Hurons）的後塵？當時耶穌會士於撤離休倫傳教區前，親自放火焚燒了他們的居所。

　　1652 年，法國殖民地居民身處危機。「一年以來，承受（十字架）的重擔變得愈發沉重，此地的局勢相當險峻，以致於人們深信已瀕臨最後絕望之時。居民計劃放棄一切，為了不落入敵人手中，已從法國召來船隻準備撤離。」當殖民地居民焦慮高漲的同時，瑪麗‧閨雅只想到傳教任務和傳福音工作的挫折：「如果您問我最大的難處為何，我會告訴您，這將是整個教會的損失，因為還有許多靈魂將繼續盲目地活著。對此，我內心遭受磨難：因為我將自己奉獻給天主，希望能替眾人承受所有的痛苦和折磨，祈求我的苦難能平息祂的憤怒[46]。」

　　1653 年 10 月 26 日的書信內容讓我們能精確地指出瑪麗‧閨雅向天主自我奉獻之時刻；即是介於耶穌升天節與聖神降臨節之間，她正在做神操避靜的期間（5月 22 日至 6 月 1 日），自出生以來，她在這段期間明顯感受到天主對她的指引，並且迅速完成了 1653 年至 1654 年靈修札記的綱要（後續章節將論述相關內容）：「拉勒蒙神父告訴我，我可以詢問天主……問祂於我死前是否可做些什麼事以彰顯其光榮……（我看到我）為了這個荒涼的國度，將自己奉獻給神聖的天主，以祂想要的方式在我身上行使其旨意[47]。」

　　透過奉獻自我，一如她先前為克羅和布松夫人（Marie Buisson）所做的犧牲，瑪麗‧閨雅將她自己與新法蘭西教會的命運聯繫在一起[48]。「不幸的國度」意指她掛心的法國殖民地，也代表印第安傳教任務。

46　O。頁 506。
47　O。頁 515；1634 年她寫道妻子的狀態有如一位奉獻者（J。第二冊。頁 59）；1639 年越洋期間，她奉獻自己做為「淨配，以全燔祭方式向天主致敬」（J。第二冊。頁 355）；1653 年信中她談到龐塞神父（P. Poncet）類似的奉獻行為（O。頁 506）；凱特琳‧西蒙修女也有著相同的態度，參照 1666 年信件，該信件被引用於卡斯坎著（H.-R.CASGRAIN）。《主宮醫院歷史》（Histoire de l'Hôtel-Dieu）。頁 260。
48　O。頁 506。

她確實得到了天主的回應，勞森總督（gouverneur de Lauson）藉由易洛魁聯盟（Confédération iroquoise）分裂的契機於九月達成和平協議；於是西方部落與法國人達成和解：東方部落則對與荷蘭人進行的所有交易都課徵高額稅負。「錫涅克人（Sinèkes）」（西部易洛魁部落）表明希望開闢另一條經由蒙特婁且通往法國殖民地的商業航道[49]。此提議提出的時機點恰到好處：易洛魁人的戰爭導致所有毛皮交易停擺，在加拿大經商的一百聯營公司卻只對毛皮交易感興趣。無論如何，「和平」讓殖民者和商人都重新燃起希望。

---

[49] 德洛歇著（LP. DESROSIERS）。〈1653-1660 年和平奇蹟〉（La paix miracle, 1653-1660）。*CD*。第 24 期。1959 年。頁 85 -112。

第二章

〜

1654 年靈修札記

克羅成為隱修士之後，頭幾年的修道生活中閱讀了許多靈修經典，讓他意識到母親心靈層面的豐饒遠遠超過先前的理解。他雖深知母親已將自我完全交付於天主，但之前從沒想過憑自己之力也可以從母親的靈修經驗中獲益。這項體悟似乎來自他的反思；同時，他也記起母親書信中字裡行間的細微線索，這些都賦予了新的意義。長久以來他一直與母親的故舊們保持聯繫，知道他們非常敬重她，例如蒂內神父（P. Jacques Dinet）、拉耶神父（P. de la Haye）、聖朱爾神父（P. de Saint-Jure）、雷蒙神父（Dom Raymond）及碧昂修女（Mère Françoise de Saint-Bernard）；現在他則是透過閱讀及自己初期祈禱經驗的光照，理解了他們為何那般敬重她。其實雷蒙神父和拉耶神父手上擁有瑪麗・閨雅討論祈禱的書信或靈修札記，但他們始終小心謹慎地不向這位年輕修士透露此事，就連碧昂修女也未曾向克羅提及此事。

克羅應是從加拿大那方得知此事，或更確切地說是透過瑪麗・薩沃尼修女定期來信中得知。事實上，1645 年下半年間，瑪麗・閨雅曾陷入生命垂危的險境。交代後事時，她請從都爾時期就伴隨她的瑪麗・薩沃尼來到房裡，從書桌下取出數篇

省思札記（修女們通常將書本和個人物品存放於此 [1]），並指示於其逝世後須悄悄地燒毀這些物品。但薩沃尼修女卻提議，如果瑪麗‧閨雅不幸離世，她會將所有物品寄給克羅修士，因為他將會是他母親的繼承人。瑪麗‧閨雅心想，她還能留給兒子什麼東西呢？她最後還是接受了這個安排 [2]。

1646 年薩沃尼修女在給克羅修士的信中僅簡要陳述事情經過，但也因此勾起了這位年輕修道人的好奇心，直到收到母親的書信後才緩解他心中的好奇。實際上，瑪麗‧閨雅持有的物品並不多，拉耶神父保存了她 1633 年的《靈修札記》。瑪麗‧閨雅在離開都爾之前，「燒毀了許多同類型的札記 [3]」，剩餘的物品則交由碧昂修女保管，其中包括《十日神操札記》（Oraisons des exercices de dix jours）（避靜札記）和一本相同主題的手札本。瑪麗‧閨雅在魁北克很少寫東西。她空閒的時間不多，而且她的靈修境界已進入另一階段，很難準確記錄下來在此階段的內心歷程。

克羅知道母親願意透露後即向她詢問一些問題。為了更快達到目的，他直接觸及敏感主題並宣稱因兒時親情受挫，故有權利知道；又因幼時無法像正常小孩般享受應得的母愛，所以克羅認為自己有權利與母親進行靈修上的交流 [4]。瑪麗‧閨雅深知無法避免此類的爭論，但她沒有東西可確切滿足兒子的期待。即便如此，她仍承諾他有朝一日將會收到保存於魁北克的些許札記：「至於我的札記，它們能代表什麼呢？親愛的兒子，我能執筆寫下的東西不多，也無法停下手邊工作來書寫您思索的問題。的確，在病危之際，我將為數不多的手札文章交給薩沃尼修女，並請求她燒毀，但她告訴我她會轉寄給您；因此，即使您未表明希望如此，這些東西最終還是會轉交到您手中。由於我的文字可供您慰藉，而您也冀望閱讀我的書信，只要手邊有紙筆，我就會為您寫下片語隻字。如有一日我驟然離世，此手札本將會送至您手上 [5]。」

1　《會憲與會規》。第 86 r 條。
2　1643 年 9 月 1 日給兒子的信中說明她已為自己想到此安排。參見 O。頁 184。
3　O。頁 517。
4　O。頁 525。
5　O。頁 317。

瑪麗・閨雅並無一本完整的個人自傳，因此無須刻意尋找此類文獻。另一方面，瑪麗・閨雅答應會對克羅敞開心胸，與其分享奧祕生活：「您想知道天主對我的安排，我很樂意告訴您這一切，好讓您明白且蒙福，接受天主無以言喻而寶貴的仁慈召叫，召叫我倆去為祂服務世人。但誠如您所知，這些信件可能會落入他人之手，這種疑懼使我心生退卻，但我向您保證，此後我不會對您隱瞞我的現況：至少我會向您說明清楚，讓您得知我的境況，對我而言我必須這麼對待我的孩子，您是那麼全心全意地將自己奉獻給了我的至聖天主，對祂，我有著與您一樣的精神[6]。」

　　因此，克羅每年可收到一份靈修札記，以了解瑪麗・閨雅當時的情形，只有他享有這般待遇。為了滿足他的要求，瑪麗・閨雅在 1646 年信中附上一小段僅有靈修導師知道的內容：「透過這一篇札記，您將了解約莫兩年前，我大病初癒時的狀態[7]。」但這並不能滿足克羅修士，他想要母親分享其生活經歷，他在一封信中坦誠地懇求母親，這封信在 1647 年時經由船隊寄送到瑪麗・閨雅手上。瑪麗・閨雅在與拉勒蒙神父談過之後，對克羅許下承諾[8]。儘管她有無數的工作要完成，但她認為自己有責任向兒子展現信賴和無限關愛：「我會依您的要求回信……今後會回覆您詢問的事情，但這對我來說會有些許困難，我不可能在船隊離開之前完成這件事……最後，只要天主願意，總有一日我會回覆您所要求的內容，或者會有他人替我代勞。在完成工作職務之後，我會寫下那些您想知道的事情，如天主保佑，希望您會全數收到[9]。」

　　瑪麗・閨雅不僅許下承諾，也設法努力達成。1649 年期限將至時，瑪麗・閨雅還尚未完成信件。儘管如此，在無數個夏夜裡，她犧牲睡眠為克羅寫了一封內容豐富的回信，詳盡地回覆他的問題和諮詢內容，信中針對密契神學進行完整論述。同時瑪麗・閨雅也提到，天主對她的安排是如此簡單又奇妙，以當前所處的狀態，

6　同上。

7　*O*。頁 317。

8　拉勒蒙神父可能對克羅希望持有母親靈修札記之事一無所知。身為靈修導師，他可能感受到克羅的願望。瑪麗・閨雅有時談到拉勒蒙神父的命令，有時談到她兒子懇求之事。

9　*O*。頁 343。

她難以傳達內心生活的玄妙之處。她說：「我的內心狀態是如此簡單又如此屬靈，難以用言語形容，也無法找出適合的詞語。我們擁有的或我們被賦予的內在恩寵是如此崇高，想要說出或論及大主這件事，反而顯得低俗且無法與祂相稱⋯⋯心靈內觀的限制難以轉化為外在的言語交流[10]。」

儘管感到勉強，瑪麗・閨雅仍投身寫作工作。此外，身為靈修導師的拉勒蒙神父也在身旁提醒她遵守諾言，他也希望能夠深入了解瑪麗・閨雅自幼至今，天主為她所規劃的道路。冬天不適合進行寫作，房裡太冷，凍得讓人無法寫字。修道院裡唯一有暖氣的地方是公共空間，這裡是藏不住任何祕密的。在夏季月份，許多船隻停泊於港口，這時瑪麗・閨雅須花費許多時間來處理從法國寄來的郵件和各種物品：「我負責處理修道院所有庶務工作，我必須從法國訂購生活必需品，用票據支付款項。我們在這裡沒有錢幣，因此為了提領我們的食物，我還必須與水手打交道。除此之外，我還得打點及處理數不清的事務，雖無須對您細說有哪些事務，但我所有的時間都被工作占滿了[11]。」

在加拿大撰寫靈修札記的最佳時機是在春季月份：五月和夏天第一個月（六月）。運氣不錯的話，某幾年的十月底和十一月初還可繼續寫作。寫作如同寫信一般，總在夜深人靜之時才更有效率，因為可確定此時絕不會被打擾。但瑪麗・閨雅已年屆五十，1645 年身體狀況惡化為她帶來嚴重警訊：儘管時常過度勞累，但至此之前她從未生病，而今後她必須多注意自己身體健康。

1650 年五月至六月期間靈修札記進度取得重大進展；然而，如要趕在秋季船隊出航之前寄給兒子，內容分量仍顯不足[12]。瑪麗・閨雅應是於十一月完成寫作，但修院卻於 12 月 30 日發生大火。瑪麗・閨雅突然醒來並趕到辦公室匆匆整理修院文件，須不惜一切代價來保存這些文件。她如此形容當時的猶豫：「我拋棄了我的札記和私人物品。那些是您向我要求的文章，也是我對您承諾不久後寫下的文字。

<hr />

10　*O*。頁 372。

11　*O*。頁 377-378。

12　秋天出發至法國之前，拉勒蒙神父閱讀完瑪麗・閨雅尚未完成的手稿後便歸還給她，她寫道：「與您相關的內容因為具有情感所以令您為之動容，如果我沒有寄出您要求的這些文章，我也不會保留它們；是我的神師命令我書寫，於其滿意後便會將文章歸還給我，而我就會將此燒毀。」*O*。頁 485。

如果沒有發生火災的話，我會按原計畫將這些文章寄給您，因為我答應了您的要求，前提是您必須在閱讀後將其燒毀。我當時曾想到把它們扔到窗外，但又擔心落入他人手裡，因此我寧可將它們丟入火中……反覆思量後，我無意間再次將手移向那些札記，一股內心的力量促使我將它們留在火場。我拋棄它們是為了服從天主聖神的旨意，我向您保證，我不希望他人看到文章內容：自從我探索自己內心以來，這是天主對我的安排，我卻拖延了五年多的時間來服從這項旨意[13]。」

火災事故發生後，瑪麗・閨雅認為自己無須兌現對兒子的承諾。她盡了一切努力滿足克羅，但天主對此已有其他安排：「自此之後，一切都結束了，我親愛的兒子，我們無須再想著這件事。」瑪麗・閨雅內心深處暗自欣喜天主給她機會讓她能守著「國王的祕密」不受人窺視，但她輕忽了克羅的執著。克羅神父在 1652 年的信件中再次向她提出要求，她對此寫道：「為如您所願，如果我可以從繁忙的工作中挪一些時間出來，我將會依記憶和情感試著再寫一次，並於明年寄給您[14]。」她向他表示可用超自然原因來解釋這項不可推卻的聖召，在某種程度上，這個聖召曾迫使她放棄自己的孩子。

因此，瑪麗・閨雅於 1653 年五月重拾寫作工作，大約是在耶穌升天節和聖神降臨節之間，即 5 月 22 日到 6 月 1 日她做神操祈禱的避靜期間開始寫作[15]。此次避靜期間其寫作觀點徹底改變。1648 年至 1650 年，瑪麗・閨雅努力重現 1633 年《靈修札記》，並補充了之後幾年的內容。在 1650 年的大火之後，考慮到拉勒蒙神父的正式要求，她也逐漸重拾寫作，重新撰寫那些已燒成灰燼的文章：「我的靈修導師要求我把以前寫過的東西再次寫下來，當時這些文章隨著修道院在大火中被燒毀。」

五月底的避靜帶給她新的啟發，在天主聖神新的光照下她重新檢視自己的心靈與聖召，很明顯地，天主上智的安排與她的內心和外在生活有著親密無間的聯繫，她發現「過往世俗和修道生活的一切行動與工作，都有著天主上智的安排引導」，

13　*O*。頁 425-426；會憲文本都被大火燒毀，是從拉勒蒙神父的那份副本另做抄錄。參照 *J*。第二冊。頁 407。

14　*O*。頁 485。

15　*O*。頁 515。

經由這個發現她認出自己與天主至聖行動的合一，在此之前，她並未參悟前述兩者（她的行動與工作）交互影響的關係。現在，即便是最偶然或最平凡的事情上，她也能看到天主的神聖作為：「當時，也未曾想過是否有用處，我拿了張紙，立刻隨手寫下綱要或簡短摘要，然後把它放入資料夾[16]。」巧合的是，拉勒蒙神父利用此次避靜機會，請瑪麗‧閨雅祈求天主明示她該做什麼方能彰顯天主更大的光榮。她在祈禱中得到了回應，去做兩件事：為處境危急的加拿大奉獻自我；記錄下從首次得到召叫迄至目前一路以來的密契靈修歷程。

瑪麗‧閨雅便開始投入第一部分的回應：拉勒蒙神父應是允許她在聖神降臨節（1653 年 6 月 1 日）那日自我奉獻。至於記錄靈修歷程的第二個指示，她不太好意思立即付諸行動。幾天後「受到內心中天主聖神的催迫」，她拿出先前寫下的「綱要目錄」，並坦言她在兒子的不斷要求下，打算擴充這份大綱，以取代 1650 年大火燒毀的《靈修札記》。「他沒有對我說達成您的要求是件正確的事，他就是命令我完成寫作[17]……」她補充道：「我將這份《綱要目錄》呈交給靈修導師，他閱讀之後對我說：『立即撰寫這兩章，分別是第二十二章和第二十五章。』我隨即遵從他的命令並盡我所能地完成它[18]。」之後，她重新投入寫作工作並從第一章開始撰寫。當船隊於八月抵達時，她已完成九十六張四開紙[19]，內容已寫到 1633 年聖誕節的夢中情景；此時《靈修札記》已經完成了三十九章[20]，其中包括拉勒蒙神父要求她立即撰寫的那兩章。

這份著作的讀者分別是拉勒蒙神父和她的兒子，但在剩餘部分完成之前，瑪麗‧閨雅並未將第一部分寄給克羅。她至多寄給他一份「綱要目錄」，並請他耐心等待：「在我看來……等待較長後續篇幅的期間，這份簡短但重要的綱要目錄，已

---

16 同上。關於 1654 靈修札記的結構及瑪麗‧閨雅靈修精神的不同狀態，請參見傑泰著（F. JETTÉ）。〈降生瑪麗修女的靈修之路〉（L'itinéraire spirituel de Marie de l'Incarnation）。《靈修生活》（La Vie spirituelle）。第 92 期。1955 年。頁 618-643；關於靈修札記之分析，參見何諾丹著（P. RENAUDIN）。《聖吳甦樂會會士降生瑪麗》（Marie de l'Incarnation Ursuline）。基督宗教靈修大師系列（coll. Les Maîtres de la spiritualité chrétienne）。巴黎出版。1942 年。頁 28-45。

17 O。頁 516。

18 同上。於定稿文本中分別為第十八和二十二章，內容關於兩次感受天主三位一體的神魂超拔。

19 三本筆記，每本各 16 張紙。

20 O。頁 515。

經讓您足以認識那引導我心靈的天主聖神[21]。」

　　瑪麗‧閨雅於 1654 年 5 月至 6 月完成後半部分的內容：她寄給兒子並附上兩封信，信中標注的日期分別是 8 月 9 日和 8 月 12 日，她請克羅原諒文章不足之處以及簡潔的文句，她的寫作環境容易被許許多多的工作分心，但她已努力在這樣的情況下完成寫作：「您或許會納悶為何我僅用少許文句來敘述這多年以來的靈修生活，但其實其中滿溢天主豐沛的賞報，讓我得能度過各種不同的狀態和經歷[22]。」的確，1654 年《靈修札記》的內容比 1653 年來得更簡單扼要。她僅要求克羅回覆是否有需要說明的地方：「如果您對題材內容或我傳達的方式有任何不了解，請告訴我您的想法和疑惑，並指出費解之處，在天主聖神的幫助下，我會盡力滿足您。」

　　若是把這篇手稿以普通信件的形式交由某位船隊船長遞送，風險實在太高。因此，瑪麗‧閨雅找到一位正好要返回法國的耶穌會神父，「我最終將手稿託付給里翁納斯神父（prêtre Martin de Lyonnes），我向您保證，他會親手將它們交給您[23]。」事實上，從 1650 年至 1659 年，為處理與新法蘭西傳教區相關事務，耶穌會士幾乎每年都會往返法國，通常在秋天出發並於隔年春天返回。「我沒有空餘時間再次審閱我寫給您的內容，更不用說再抄寫另一份副本了。雖然如此，如果神父搭乘的船隊沒那麼快出航，我會聽從拉勒蒙神父的指示，請我親愛的弗萊塞勒修女（Mère Marguerite de Flécelles），即修院院長，親筆抄寫一份副本，我只信任她來做這件事。這樣我就不會讓自己太過辛苦[24]。」瑪麗‧閨雅帶著一絲狡黠的語氣補充：「如果這些文章遺失了，您可能會要求我再重寫一份，但我或許無法達成您的要求。」

　　完成的手稿長達兩百頁，弗萊塞勒修女應有足夠時間來抄寫瑪麗‧閨雅所提到的副本，因為里翁納斯神父搭乘的船隊於九月的最後一週才離開；瑪麗‧閨雅謙遜

21　*O*。頁 521。
22　*O*。頁 526。
23　*O*。頁 532。
24　同上。

的表現令人感到敬畏 [25]，她於 27 日的信件中向兒子提出最後一個關於這份文稿的請求：「我努力完成這些文章，也費盡千辛萬苦將手稿寄給您……除了您之外，我不希望其他人看到或得知其中內容……如有一日您病重且有生命危險，請將它們扔入火中，或者為了讓我能更放心，將它們寄給我的外甥女，如果我仍活著，她會妥善交回給我。這是我的條件……對這方面我很堅持 [26]。」

能夠深入了解如此苦心守護的隱祕生活是多麼幸運！多虧克羅極盡所能懇求其母親，並取得瑪麗・閨雅難以託付他人的私密內容。然而，瑪麗・閨雅早有預感此手稿及其對凡世的看法深具重要性，因為她這份得助於聖神的紀錄是在頌揚天主的光榮：「拉勒蒙神父告訴我在我離世之前，可以詢問天主要我做些什麼事來彰顯祂的光榮，希望祂能向我揭示 [27]。」

克羅依著瑪麗・閨雅的指示，向她詢問對於書信內容不解之處。此外他更趁此機會請求提供更多訊息。他的母親於 1655 年回覆：「我已經看過並仔細思量您信中提到的諸多要點，它們成為我撰著的一大助力，雖然現在我不太可能有時間提筆。天主是如此地愛我們，為了天主的愛，您必須耐心等待，如果天主仍延續我的生命，明年春天我將開始進行寫作，屆時我將可在空閒時間回應您的觀點和提問。這樣的安排比較適宜，就無須分次在不同的書信附件中回覆 [28]。」瑪麗・閨雅於 1656 年 5 月至 6 月完成寫作，並交付予拉勒蒙神父：「為了讓您收到（寫作內容），（他）願意成為親手遞交的送信人 [29]。」

依克羅之見，瑪麗・閨雅所撰寫的補充內容是「一部非常重要的著作」。他說道：「針對我剛提及的靈修札記，此著作不僅對數個艱澀難懂的段落進行完整說明，也闡明先前沒有解釋的心靈狀態 [30]。」

克羅將此著作編輯成二十個段落，篇幅共二十頁。此著作為 1654 年《靈修札

---

25 該副本應該不是要給瑪麗・閨雅的，因為她一心想將文本燒毀。因此應是交給拉勒蒙神父保存的那份副本。拉勒蒙神父於 1673 年 1 月 26 日於魁北克離世。

26 *O*。頁 548；另參見頁 549。

27 *O*。頁 515。

28 *O*。頁 557-558。

29 *O*。頁 572。

30 參見前言。

記》進行補充說明，具有重要意涵，有鑑於此，他幾乎將手上所有手稿送去印刷，並將其餘內容用於撰寫《可敬的降生瑪麗修女生平》（*Vie de la Venérable Mère Marie de l'Incarnation*）一書，但由於書中並無明確引用出處，無法確切判斷哪些字句出自於瑪麗‧閨雅。

1654 年《靈修札記》是瑪麗‧閨雅的重要著作，克羅也深知此部作品的重要性，並以此為主軸來撰寫與母親相關的書籍，他完整出版了此部靈修札記，並忠實地保留母親的寫作風格。在傳記每一章結尾處皆附有評論，克羅在評論中廣泛引用瑪麗‧閨雅的其他著作，如 1633 年《靈修札記》、1636 年《靈修札記》、1656 年《靈修札記》、避靜札記、省察紀錄及書信等；但 1654 年《靈修札記》始終是其寫作基礎的參考依據。儘管瑪麗‧閨雅將靈修札記寄給克羅之時曾自行表明有不足之處，但 1654 年《靈修札記》忠實呈現了她的生活樣貌，這是天主日復一日為其建構的歲月光陰，以豎立慈愛的紀念碑，猶如一面明鏡投射出靈魂中既溫柔又嚴謹的處事原則，此靈魂可超越任何阻礙，在天主的引導下行事。

母親的寫作風格讓克羅有些擔憂，並非對於自己本身，而是考量到讀者的立場，因此他認為自己有權改寫內容，以迎合當時的閱讀品味。再者，他堅信此舉是出自於對母親的尊重，她從未想過自己的作品有朝一日會被出版。所幸聖吳甦樂會三河修道院（Ursulines de Trois-Rivières）收藏了一份忠於原稿的副本：小張四開紙（16×19），以羊皮紙裝訂，總共由九十九張紙組成。雖然版面尺寸較小，但頁數的配置與原稿十分相近，瑪麗‧閨雅的原始手稿應是以手札本的形式呈現，共有六冊，每冊內含三十二頁，總計一百九十二頁（瑪麗‧閨雅曾提到有二百頁）。不過聖吳甦樂會三河修道院擁有的手稿並非出自瑪麗‧閨雅之手，也不是由弗萊塞勒修女所抄寫。這份手稿出自於十八世紀，屬於當時一位名叫薩特隆（Pierre Sartelon）的法國聖敘爾比斯司鐸使徒生活團（Société de Saint-Sulpice）團員，他於 1709 年在都勒（Tulle）出生，並於 1730 年加入聖敘爾比斯司鐸使徒生活團。抵達加拿大前一年（即 1733 年），薩特隆晉升為司鐸。他約莫於 1782 年去世，當時的身分可能是蒙特婁主宮醫院的駐院司鐸[31]。

---

31 有關皮耶‧薩特隆（Pierre Sartelon），參見 *J*. 第二冊。頁 144-145。

回顧這些日期有助於了解這份手稿的出處。薩特隆晉鐸離開法國時年僅二十五歲，此份手稿並不是由他抄寫，以字跡來判斷，應是出自於女性之手。如果薩特隆於離開法國之前想取得 1654 年《靈修札記》的文本，當時應該很容易買到克羅 1677 年編輯的那版著作；再者，對他而言，相較於印刷版本，擁有原始文本的副本這件事，並不是特別重要。十八世紀初的人們並不在意十七世紀出版的書籍作品中是否有附註評論內容，而一位在傳教區工作的年輕司鐸通常不會掛心這類事情。雖然如此，歸化為加拿大籍的薩特隆也有可能盡其所能想獲得瑪麗・閨雅偉大的靈修札記。如果當時新法蘭西保存著直接從原稿抄寫的副本，那麼薩特隆或許輕而易舉就能取得這份手稿[32]。即便如此，1654 年 8 月 8 日與 9 月 27 日之間，弗萊塞勒修女應有足夠時間來抄寫瑪麗・閨雅寄給克羅的副本，那麼為何還要捨近求遠請他人抄寫呢？

　　雅梅神父則指出沙勒沃神父（P. de Charlevoix）於 1723 年前撰寫瑪麗・閨雅傳記時曾親眼見到原稿的副本。實際上，每次引用《靈修札記》前二十三章內容時，沙勒沃神父皆一併對照 1677 年印刷文本和原稿副本的內容，沙勒沃神父長期定居於新法蘭西，他很有可能取得部分副本[33]。總而言之，在加拿大取得副本此一假設似乎比較合理。當時在法國仍可買到印刷版，如果一心想取得原稿的副本，則須負擔尋找文本和抄錄文本的開銷，而這些都是能省則省的費用[34]。

　　本章內容旨在了解瑪麗・閨雅在加拿大的寫作工作，前文已探討她在法國的寫作工作。在此須重溫讀者的記憶，在夏季三個月份期間，繁重的書信寫作使她幾乎無法休息[35]。關於此點，可參考下列時程：

－ 1642 年至 1645 年：撰寫《回憶錄》，有助撰寫將來的《會憲與會規》。

---

32 依據聖吳甦樂會三河修道院的傳統，此手稿典藏於該院中，其藏書為卡隆神父（P. Calonne）的遺贈。參照 *J*。第二冊。頁 145；關於後者，請參見《聖吳甦樂會三河修道院：自成立至現今》（*Les Ursulines de Trois-Rivières depuis leur et établissement jusqu'à nos jours*）第二冊。三河出版。1892 年。頁 437-516。

33 *J*。第二冊。頁 146-147。

34 克羅死後，原手稿可能被歸檔於瑪麗・布松修女的信件中，直到法國大革命之前一直留在都爾修道院內。關於這些信件的最終安排，參照前言和 *O*。頁 XII-XXII。

35 參見前文，第三部第五章。

- 1645 年聖誕節：《天主子雙重之美》。
- 1646 年至 1647 年：與拉勒蒙神父討論並完成《會憲與會規》最終文本。
- 1647 年夏天：寫給兒子一封長信，內容關於她當時的靈修狀態，並且回覆有關密契生活的許多疑問。
- 1649 年至 1650 年：剛完成一部靈修札記，但卻於 1650 年 12 月 30 日的大火中慘遭燒毀。
- 1652 年至 1653 年：在拉勒蒙神父的要求下，重拾靈修札記的寫作工作，但瑪麗・閨雅似乎沒有取得太多進展，因而於 1654 年銷毀文章。
- 1652 年 5 月至 6 月：編寫瑪麗・薩沃尼修女的傳記。
- 1653 年 5 月 22 日至 6 月 1 日：快速起草「綱要目錄」作為 1654 年《靈修札記》的寫作主軸。
- 1653 年 6 月的前兩週：將「綱要目錄」呈交給拉勒蒙神父，並撰寫第二十二章和第二十五章。
- 1653 年 6 月至 7 月：撰寫 1654 年《靈修札記》前三十九章內容。
- 1654 年 5 月至 7 月：瑪麗・閨雅完成《靈修札記》。在拉勒蒙神父的要求下，交由弗萊塞勒修女抄錄副本，此副本保存於拉勒蒙神父於魁北克的檔案卷宗。
- 1656 年 5 月至 7 月：書寫 1654 年《靈修札記》的說明和補充內容，以回應克羅的問題和要求。

　　瑪麗・閨雅繁忙的生活使人頭暈目眩，我們難以想像在如此不利寫作的條件下，她還能完成上述所有工作，實在令人欽佩。

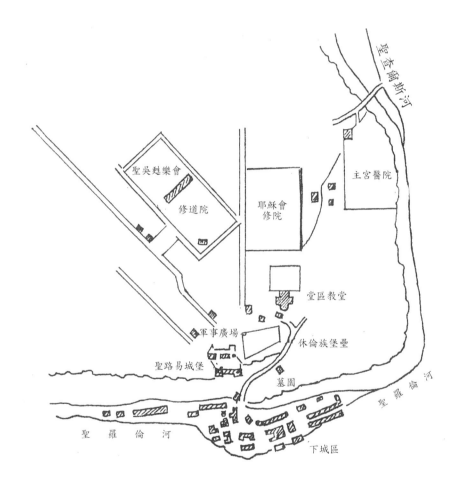

聖查爾斯河

主宮醫院

聖吳甦樂會

修道院

耶穌會
修院

堂區教堂

軍事廣場

休倫族堡壘

聖路易城堡

墓園

聖羅倫河

下城區

聖羅倫河

1660年魁北克地圖

第三章

∽

魁北克修院

　　來到聖吳甦樂會魁北克會院團體的修女們彼此間欠缺同質性，因此修院生活初始也顯得格外艱辛。瑪麗・閨雅對此情況有著切身體會：「若是我們都來自同一個會院，既然有著相同的人性，團結起來本非難事[1]。」除了所屬的修院不同之外，每一個修道院的規定亦不盡相同。總歸來說，聖吳甦樂會巴黎會院的修女似乎還比都爾的修女好相處些，都爾修女們對於她們並不是唯一於傳教區創立聖吳甦樂會修道院的人感到有些不滿；這裡說的不是指瑪麗・閨雅或瑪麗・薩沃尼修女，而是後來那些來到魁北克修道院的都爾修女們，她們每位的自尊心可比誰都要強。

　　1644 年兩名都爾修女來到魁北克，她們分別為安妮・恭班修女（Anne Compain de Sainte-Cécile）和安妮・勒布茲修女（Anne Le Boutz de Notre-Dame），這兩位修女認為這裡的會規不過是暫時性的，之後便以此為藉口不遵守會規，而當遇到對其有利的規定時，便循規蹈矩。她們一逮到機會，便毫不猶豫地將會規拋諸

---

[1]　O。頁 579；關於聖吳甦樂會修女的活動，參見 RJ。1651 年（Q。頁 4；Th. 37。頁 172）；RJ。1668 年（Q。頁 41；Th. 37。頁 228-232）；1650 年聖母瑪利亞被視為「首位院長」，參閱 J。第二冊。頁 440。

腦後[2]。我們不太了解恭班修女的個性，不過她似乎極度無法適應加拿大的氣候和生活條件。而透過瑪麗・閨雅的書信內容卻能夠觀察到勒布茲修女的為人處世；她對自己相當有自信，是一位行事果決、極具威嚴的人，她在各領域都展現優越的處事能力。1651 年至 1652 年間她生了重病，在生命垂危之際，瑪麗・閨雅曾表示：「她是在各方面都相當優秀的女孩，她的病情讓人深感憂心[3]。」但勒布茲修女的性情卻被評價為「反覆無常」，她堅持己見，然而做出的決定又與先前的意見互相矛盾。她很樂意「為自己量身修訂（妨礙到她的）會憲與會規[4]」。瑪麗・閨雅寫道：「她從不加以掩飾自己的情緒，且十分任性，不了解她的人，就會對此感到萬分震驚。其實她很聰慧，並且恪守常規[5]。」儘管個性有些缺陷，魁北克修院歷任院長仍然十分看重她，特別是弗萊塞勒修女，她授予勒布茲修女初學導師的職務。

恭班修女和勒布茲修女是最後兩名來自都爾的修女，此後都爾修道院皆以「氣氛不佳」為由，相繼於 1656 年[6]和 1670 年[7]拒絕回應魁北克修道院的請求。都爾和魁北克之間的誤會始於火災那年的一則不實消息。瑪麗・閨雅基於「對於當事人的尊重和義務[8]」，對散播消息者的姓名嚴加保密，因此無法確切得知何人為始作俑者，但恭班修女似乎與此事脫不了關係。瑪麗・閨雅將和解談判相關的祕密永久封存，1639 年曾於巴黎展開艱鉅的談判過程，隨著兩位聖吳甦樂會巴黎修道院的修女抵達魁北克後，於當地持續進行。恭班修女試圖了解事情的全貌，但卻如同生活裡不斷上演的戲碼，人們總以為自己已經充分了解情況，但事實上恭班修女得知的內容，遠不及完整真相的四分之一，但她靠著這些零碎的消息，運用想像力努力填補空白處。都爾修女收到恭班修女的信件後，不滿的情緒隨之高漲。1651 年瑪麗・閨雅從船隊送來的信件中得知了都爾的態度。她以略加節制的憤慨語氣向兒子說道：「當我們到達迪波港準備前往加拿大時，有人告訴都爾的修女們，說我們與

2　*O*。頁 578。
3　*O*。頁 498。
4　*O*。頁 579。
5　*O*。頁 643。
6　*O*。頁 592。
7　*O*。頁 935。
8　*O*。頁 482。

巴黎修道院的修女們已達成新的協議，協議內容含有不利於都爾修道院的條款。這個不實的謠言已傳遍整個修道院，與我通信的人還不忘向我提起此事，甚至有人因此感到忿忿不平。她們甚至還寫下假的協議條款內容，認為他人濫用我的信任，引誘我受騙上當。我或許可以猜到是誰在散播此不實說法……您無法想像這件事在某些人心中已造成莫大的影響[9]……」

魁北克傳教區的耶穌會士成為代罪羔羊，必須承受都爾修女們的不滿情緒。瑪麗・閨雅心裡深受打擊：「拉勒蒙神父前往都爾時，有人向他轉述了修女們的感受[10]……」

假使散布錯誤訊息的罪責真在恭班修女，那麼可推測她與院長之間曾嚴肅討論過此事。確切來說，自此之後她便開始要求返回法國。瑪麗・閨雅曾試圖對恭班修女曉之以理，因為她本身不贊同此決定：「對於一位意念堅決的女孩，我們只能透過強硬的方式來挽留她，但也許會因此損其心靈[11]。」

1650 年歷經祝融之災、薩沃尼修女患病、勒布茲修女病重臥床長達七個月以及易洛魁人的攻擊，在種種事件不斷打擊之下，使得雷澤內修女（Anne de Lézenet des Séraphins）陷入情緒低潮，她來自普洛厄爾梅（Ploërmel），於 1643 年來到魁北克，原隸屬巴黎修院。1655 年瑪麗・閨雅帶著一絲沮喪的語氣向兒子寫道：「……將近五年的時間，我竭盡心力地執行著任務，時時敦促（這兩位修女）要忠誠貫徹她們的聖召……您能明白，心智不夠堅定的靈魂很難適應團體生活。我無法再多做說明，也許只能告訴您，這將會是我接任第二任院長初期須面對的磨難之一[12]。」恭班修女和雷澤內修女因而返回各自的修道院。她們彼此「平和溫柔」地互道離別，然而魁北克修道院與都爾修道院之間的關係，卻沒有因修女的離去而有所改善。恭班修女返回法國後仍向他人訴說她的怨懟，由於當地無人能夠指正其言

9　O。頁 426-427；關於流傳在都爾的結盟謠言，參見 O。頁 430-431、482、484-485、935-936。

10　O。頁 427。

11　O。頁 484。

12　O。頁 539；兩位修女離開前不久，瑪麗・閨雅已有預感，她在寫給都爾吳甦樂會的一封信中提到此點。參見 O。頁 569；關於安妮・德・雷澤內，《魁北克聖吳甦樂會年鑑手抄本》提到：「她是一位虔誠的女孩，非常內向；身體變得非常虛弱，不得不回到法國，並於一年後去世。她的父母對我們修會貢獻良多，而我們修會對她仍具有責任。」

詞不妥之處，因此更難以化解誤會。

　　魁北克修道院與都爾修道院遲遲無法消除彼此間的隔閡。瑪麗・閨雅於臨終之際喚來數名法國修女進行職務交接，她感覺某些來自聖吳甦樂會都爾修道院的修女們對她本人及其處事方式的不滿：「來自都爾的修女告訴我，親愛的修女們曾在幾次面談中提到她們願意前往加拿大，條件是蒙特婁只有來自都爾的修女，我對此事深感震驚[13]。」

　　1651 年期間發生了諸多事件，再加上休倫族被滅族，使得殖民地長年以來籠罩著一股惶惶不安的氣氛，種種事件的積累下使瑪麗・閨雅於請求人力增援的信中語帶保留：「我們不急著要求從法國派遣誦禱修女來……[14]」她在 1652 年寫道：「我們擔心派遣來的修女不適合我們，也難以適應這裡的生活、環境及人群，但我們更擔憂的事情是她們可能沒有服從精神並缺乏堅定的聖召[15]。」瑪麗・閨雅不太願意再次經歷這種不愉快的經驗，因而拒絕都爾院長將她外甥女瑪麗・布松送到魁北克的提議。她向克羅解釋：「我當然很希望自己的外甥女能夠過來，大家總是不厭其煩地告訴我她既聰明又賢慧，聖召堅定。我甚至願意親自教導我們在此的工作內容，以及任何與這個國度相關的事情；但是我擔心她在這裡待得不開心，想要回法國，這份擔憂令我卻步[16]。」

　　然而魁北克修道院非常需要庶務修女，瑪麗・閨雅猶豫是否要從法國招募一些有意成為庶務修女的女孩前來魁北克[17]。她偏好已受過培育的庶務修女。儘管如此，她仍於 1653 年接受芳莎・吳望（Françoise Ouen）為此目的遠道前

13　O。頁 936；然而，在都爾不乏希望前往加拿大的修女，例如荷內・薩沃尼（Renée de Saint-François），即是瑪麗・薩沃尼修女的姊妹，參照《都爾市名錄手稿 1443》（Tours Bibl. munic. ms. 1443）。第 162 張（通功代禱函；此手稿於 1940 年燒毀）。

14　O。頁 485。

15　同上。頁 484。1644 年的信中瑪麗・閨雅明確指出她認為「加拿大聖召」是必須要點之一；O。頁 239。

16　O。頁 484；另參見頁 506。

17　O。頁 483；確切來說，是向安東妮特・巴雷（Antoinette Barré）提出這個解決方法，後者名號為哥倫布聖母升天（Colombe de l'Assomption）修女，最後成為聖德尼（Saint-Denys）修道院的庶務修女。參見潘慕洛修女著（POMMEREU）。《大事紀》（Chroniques）。第二冊。第三部分。頁 465、474。

來[18]：芳莎・吳望應是於 1655 年 5 月 18 日宣發聖願，會名為聖瑪德蓮（Sainte-Madeleine）。另外，1657 年拉勒蒙神父成功為魁北克爭取到一位年為二十六歲，來自馬尼（Magny）的瑪麗・維利耶修女（Marie de Villiers de Saint-André），同行的還有一位女孩，「這位名為安東妮特・梅奇農（Anthoinette Mekinon）的女孩是迪波港修女派遣來的，因為我們去年曾要求她們幫忙尋找可成為庶務修女的女孩[19]」，她抵達不久後即進入初學院，接受瑪麗・都第耶修女（Marie Dodier de la Passion）的指導成為庶務修女，會名為聖瑪爾大（Sainte-Marthe）。

來自法國的誦禱修女依然占少數：從 1655 年二位修女叛離魁北克返回法國以來，僅有六位修女前來，其中包括瑪麗・維利耶修女[20]。一直到 1671 年之前都再無其他誦禱修女前來。即使如此，現在看來，加拿大的初學院仍然算是蓬勃發展的，這與瑪麗・閨雅當時的看法不同；在她那個年代，不同於加拿大，各地的修道院可是如雨後春筍般創立，加入修會的人數也明顯增長，她早已將此視為常態。1657 年她寫給兒子的書信中提到，由於殖民地裡的人口依舊稀少，年輕女孩傾向踏入婚姻，很少會有人選擇進入修道院[21]。再者，修道院尤其需要金錢收入，而大部分的女孩身上也沒有足夠的嫁妝，如果沒有家庭資助，她們就無法進入修道院。瑪麗・閨雅的看法顯然過於嚴苛，因為以人口比例來說，加拿大的修道聖召人數還算是多的。

隨之而來的是與教會法典相關的問題：一般來說，教宗詔書頒定之日起才能確立魁北克修道院之合法性。如果僅由修會中同一個修道院來成立魁北克的修道院，事情也許就不會如此複雜。聖吳甦樂會巴黎的修道院和博多的修道院皆有權在任一教區另外成立會院，但必須得到她們原屬教區主教的許可；然而魁北克的修道院是由分屬兩個不相隸屬的修院修女們共同創立，因此不屬於任一修道院，這就造成了

---

18 《魁北克聖吳甦樂會年鑑手抄本》（Annales ms. des Ursulines de Québec）。頁 17-18。她當時年齡為 33 歲，於登船之日即開始初學培育。

19 《年鑑》（Annales）。頁 19。於 6 月 29 日到達。

20 1658 年間修女們等待兩名來自布列塔尼和博多修道院的修女，瑪麗・閨雅須向她們表示感謝。修院因一次意外事件損失部分資源。參照 O。頁 591-592。

21 O。頁 591；瑪麗・維利耶修女針對申請加入者及加拿大初學持有嚴厲態度，她認為她們太過自我，而且「這種氣候使她們變得脆弱及軟弱」。O。頁 1007。

非比尋常的情況。

　　瑪麗·閨雅對於能否獲得教宗詔書之事憂心如擣。自 1644 年以來，她幾乎年年提此事。於王后奧地利之安妮（Anne d'Autriche）的支持下，瑪麗·閨雅曾就此事向羅馬教廷尋求首肯；但教廷總是以「目前尚無主教派駐於加拿大本地，因此無法授予教宗詔書」做為推託之詞。「您可以想像教廷賜予的恩惠對我們來說是多麼重要，但教廷仍無法頒定詔書，因為此地並無駐地主教[22]。教廷的回絕迫使我尋求其他方法，並向神學家們諮詢由二間不同修道院共同創立修道院的詔書相關事宜。專家們提出相應的解決之道，認為只要雙方皆取得各自主教的認可和派遣即為合法。因此，魁北克修道院的設立並不需要新的詔書，這裡仍然可以接受初學修女、核准宣發聖願，以及履行修道院所有應有之作為，與法國無異[23]。」雖然如此，瑪麗·閨雅還是希望能夠取得教宗詔書。1649 年至 1650 年間的書信中她一再提及此事[24]，但之後則對此事釋懷。除了詔書之外，如要接受修女發願，仍需得到主教核准；為此，盧昂總主教以信函形式授予新法蘭西傳教區的最高長上得以行使代理主教之權[25]。

　　此點解釋了為何拉勒蒙神父可接受貝第夫人的「侍女」夏洛特·巴雷（Charlotte Barré de Saint-Ignace）宣發聖願的原因，她於 1648 年 11 月 21 日發願。後來總督的姨妹菲莉賓·德·布隆尼修女也於 1650 年 12 月 9 日發願。誠如書中前文所示，貝第夫人雖嘗試過修道生活，但卻無後續發展，而總督的妻子阿勒布斯女士僅嘗試了一個月（1653 年 1 月）。1654 年 11 月 25 日眾人歡喜見證了首位加拿大本地籍的修女宣發聖願，亦即貞納維耶·布登修女（Geneviève Bourdon de Saint-Joseph）[26]；1658 年 9 月另有兩名新進會的保守生：安妮·布登修女（Anne Bourdon de Sainte-Agnès）和瑪麗·布德修女（Marie Boutet de Saint-Augustin）。之後珍妮-路易絲·戈德佛（Jeanne-Louise Godefroy）則於 1659 年新進會成為保守

22　*O*。頁 229、294-295。

23　*O*。頁 344

24　*O*。頁 378、398。

25　*O*。頁 485；*JJ*。頁 186-187；關於初學生，參見《魁北克聖吳甦樂會修女》（*Les Ursulines de Québec*）。第一冊。頁 143-147。

26　《魁北克聖吳甦樂會年鑑手抄本》。頁 17。

生 [27]。貝第夫人總是不吝幫忙籌措嫁妝。《年鑑》中記載:「於其生活的修道院中,幾乎每位在這裡將要入會的女孩,皆受過她的資助才得以籌足嫁妝,如果沒有她的幫助,這些女孩將無法進入修道生活。她依情況所需調整捐助金額,為了幫助一部分女孩,她捐獻了 1,000 古銀元,又分別貢獻了 200 古金幣(écus)和 800 古銀元協助其他女孩 [28]。」至 1668 年時,瑪麗・閨雅會院中已編列有二十一名修女,她補充說道:「住宿生和僕役的人數相去不遠,通常約莫五十至五十五人。對她們而言,此數目實為一項重擔,需要眾人努力不懈辛勤照護 [29]。」1671 年共有四名來自法國的修女,其中三位是誦禱修女,另一位則為庶務修女,自此之後大家開始對未來充滿憧憬 [30],甚至有人認為此時可在蒙特婁成立修會母院 [31]。

　　自 1641 年起,修道院團體可以有駐院服務的教區司鐸。前文提到的弗蒙席(M. Fau)曾短暫任職於此;他於 1641 年 8 月 12 日抵達,於 1643 年搭船離去 [32];他寄宿於耶穌會的會院,但在聖吳甦樂會的修院會客室內用餐;他的年薪為 90 古銀元,附帶伙食 [33]。醫護會修女也邀請他擔任聽告解神師;但由於弗蒙席無法適應加拿大氣候,他於抵達後隔年即請辭,直到 1643 年才由沙提耶(René Chartier)替補擔任聽告解神師,沙提耶神父於 8 月 19 日抵達 [34],原本計畫定居於加拿大,但因誤入歧途導致負債累累,最後於 1648 年返回法國 [35]。耶穌會和聖吳甦樂會修女

27　關於加拿大申請加入修道院者,參照《魁北克聖吳甦樂會修女》(Les Ursulines de Québec)。第一冊。頁 223-228、264-270;華伊著(G. ROY)。《我們歷史上的小事》(Les petites choses de notre histoire)。第 5 系列。列維斯出版。1923 年。頁 72-73;也有第二天即放棄的人,例如瑪格麗特・達弗內(Marguerite de Thavenet)。參見艾特・德・胡維勒著(J.-B.-M. HERTEL de ROUVILLE),〈赫岱爾家族譜〉(Généalogie de la famille Hertel)。《新法蘭西》(Nova Francia)。第五冊。1930 年。頁 158;或與瑪格麗特・布朱瓦(Marguerite Bourgeoys)同行的瑪麗・雷森(Marie Raisin)。《魁北克聖吳甦樂會年鑑手抄本》。頁 27。

28　《年鑑》(Annales)。頁 31。

29　O。頁 813。

30　1666 年魁北克人口普查記錄聖吳甦樂會修院有 18 名發願者(其中 5 名為庶務修女),21 名寄宿者和 7 名僕役(其中 6 名已簽署聘雇契約)。參見 RAPQ。1935 年 -1936 年。頁 5-7;關於 1671 年初來乍到的修女,請參閱下文第九章。

31　O。頁 894。

32　《魁北克聖吳甦樂會年鑑手抄本》。頁 9。

33　《魁北克聖吳甦樂會》(Les Ursulines de Québec)。第一冊。頁 92。

34　《年鑑》。頁 10;他應是患有心理疾病,自 1642 年 9 月開始居住於主宮醫院並擔任醫護會司鐸,他於更早之前已是醫護會的聽告解神師。參見《主宮醫院年鑑》(Annales de l' Hôtel-Dieu)。頁 43。

35　《年鑑手抄本》(Annales ms.)。頁 12。

們對於沙提耶神父的未來生活感到不安[36]。沙提耶神父身負司法案件，離開後其名下的魁北克房子被強制出售來償還 800 古銀元債務。1647 年間，大家都認為他不會再出現了，所以在查理‧拉勒蒙神父（P. Charles Lalemant）的引薦下，聖吳甦樂會修女重新聘請了一位駐院司鐸——維納（Guillaume Vignal），維納神父於 1648 年 9 月 13 日抵達加拿大[37]。在任期間共十年半，之後則返回法國申請加入聖敘爾比斯司鐸使徒生活團，並在他的請求之下，於 1659 年被該團體派遣至蒙特婁傳教區服務。1661 年 10 月 25 日他不幸被易洛魁人俘虜，兩日後便慘遭殺害。維納是一位聖潔、謙虛、虔誠且慷慨之人，聖吳甦樂會修女由衷感謝他於 1650 年 12 月 30 日火災後所展現的善舉。關於他遇難一事，瑪麗‧閨雅向兒子寫道：「我們的聽告解神師看到我們人力不足又還要管理大量工人，便帶領人們去耕種那些先前不在優先開墾順位的土地。他的工作時間比其他人都還要長……」但也因此帶來豐盛的收穫：「來自法國的援手幫助修院四十人撐過了一整年，其中還包括我們的工人[38]。」維納離世後將他那棟與修院圍牆相鄰的房子留給了聖吳甦樂會修女，另還有一古畝（arpent）的土地，修女將此片土地出租，每年可為修道院帶來 50 古銀元的收入[39]。

1658 年至 1660 年間由耶穌會士擔任駐院司鐸[40]。之後，拉瓦主教於 1660 年任命一位年事已高的神父：「拉瓦主教今年為我們派任貝勒翰蒙席（M. Pélerin），他是一位非常善良且具德行的神父，擔任聽告解神師的職位，不過他只待了十個

---

36 其父親於 1648 年 9 月 8 日對他寫道：「拉勒蒙神父說有人問到您是否不返回加拿大，如果確定不回來，他們會派其他人來協助聖吳甦樂會修女；船隊於 3 月中旬出航。」參見《曼恩 - 羅亞爾省級資料檔案 14》（*AD. Maine-et-Loire 14*）。H7。編號 36。關於其債務，參見同一檔案內其兄弟沙提耶（Louis-Thénadre Chartier de Lotbinière）1653 年 3 月 15 日的信件。

37 *JJ*。頁 116；關於古庸‧維納，請參照默候著（O. MAURAULT）。《歷史之外》（*Marges d'Histoire*）。第三冊。《歷史之外第三冊 ：聖敘爾比斯》（*Marges d'Histoire t. III, Saint-Sulpice*）。蒙特婁出版。1930 年。頁 189-196；可於巴黎聖敘爾比斯檔案室找到他殉道日誌，手稿 1209，第 13 號。

38 *O*。頁 476 頁；塞岡著（R.L. SEGUIN）。〈十六至十九世紀居民的農具〉（L'équipement aratoire de l'habitant du XVIe au XIXe S.）。*CD*。第 29 期。1964 年。頁 115-142。

39 《魁北克聖吳甦樂會》。第一冊。頁 93。

40 自 1650 年起，聖吳甦樂會修道院每季來一次的特聘聽告解神師為皮耶‧沙斯泰藍（Pierre Chastellain）神父，參見吉蓋何著（E. GIGUÈRE）。*DBC*。第一冊，頁 208-209。杰羅姆‧拉勒蒙神父於 1656 年被召回法國；直到 1659 年他一直留在法國。（譯者註：根據正文中之上下文脈絡，此註解開頭所提之「1650 年起」，應係「1660 年起」的筆誤所致）

月左右。他因病痛不得已才返回法國，後來在主教的許可下，由仁慈的耶穌會神父，即拉勒蒙神父，來擔任我們的聽告解神師，直至辭世前都一直負責此工作。」（1673 年）[41]

早些年在下城區的小修道院裡，瑪麗・閨雅提到有一位負責傳遞院外送來物品的「門衛員（tourier）」，這個年輕人是貝第夫人所聘請，夜晚在祭衣房睡覺。修院的僕役人員日漸增加[42]，有幾位農場男孩負責開墾荒地並耕作一些轉讓予修院的土地，還有一些「聘雇的」建築工人和木匠。《年鑑手抄本》記載兩名與修院關係緊密的義工[43]，首先於 1646 年提到：「今年有一位來自法國名為雅各（Jacques）的修士，獻身服務於建造花園，為了讓花園可供人使用，他做了很多開荒和整地工作[44]。」此外，於 1647 年：「今年 12 月 16 日，泥瓦匠皮耶・莫羅（Pierre Moreau）來修院貢獻他的技能，依我們的需求提供服務。他受聘於 1641 年，當時年僅二十四歲，工作期滿六年後，他將所有工資歸還修院，亦即 180 古銀元。這是我們應支付他的費用，而他本可利用這筆錢做為其他用途[45]。」

相較於受雇者及僕役，「義工」較易於管理。有意前往加拿大展開冒險旅程的人須具備一定程度的膽識和獨立自主的精神。總體而言，相較於修道院靜態的僕役工作，位於大西洋彼岸的加拿大則有更多隨時可勇闖森林的勇者。瑪麗・閨雅找回以前管理姊夫公司貨船及水手時所建樹的領導威信，可以沿用來治理修院。僕役之間有時會發生爭吵。1665 年 10 月 21 日，即聖吳甦樂主保慶節時，《耶穌會會訊》記載下列事蹟：「21 日那天巴迪神父（P. Bardy）於聖吳甦樂會修院裡宣講聖吳甦樂的道理。當日，修院中兩名僕役因酒後誤殺一名士兵被處以鞭刑，其中一

---

41 《聖吳甦樂會年鑑手抄本》（*Annales ms. des Ursulines*）。頁 22；1667 年 8 月，貝第夫人設立捐助司鐸的彌撒基金，參見 *AUQ*。副本：*ASQ*。Polygr 3。42 和 43 號。

42 *O*。頁 98。

43 雇用人力開墾土地金額共計 150 古銀元，參見《主宮醫院年鑑》。頁 54；另參見塞岡著（R.L. SEGUIN）。《十七和十八世紀加拿大農場器具》（*L'équipement de la ferme canadienne aux XVIIe et XVIIIe siècles*）。蒙特婁出版。1950 年。

44 《魁北克聖吳甦樂會年鑑手抄本》。頁 11。

45 同上。頁 12；於拉勒蒙神父（Jérôme Lalemant）和吉庸・維納（Guillaume Vignal）先生的見證下，皮耶・莫羅（Pierre Moreau）於 1652 年 1 月 1 日簽署捐助契約。收錄於 *AUQ*。聖吳甦樂會修院 1652 年 1 月 7 日接受捐助的文件也收錄於同一檔案。

名重罪者由劊子手執刑，並於其身上烙印下百合花紋[46]。」此次的誤殺事件發生於晚間十點鐘左右，在修道院外警衛處，事發地點「與內院相隔約 50 古尺[47]」。兩位僕役與卡里尼昂軍團（régiment de Carignan）數名士兵酒足飯飽後竟互毆鬧事：「自認不夠強壯，無法抵擋肉身攻擊，（僕役們）因而躲入警衛處自衛。眼看著對方逼進，情急之下其中兩位僕役透過洞口朝著士兵們開槍射擊，其中有一位士兵當場喪命。」於塔西先生面前，瑪麗・閨雅竭盡全力為兩名當事者爭取免除死刑，但戰爭委員會（Conseil de guerre）並沒有因為她的求情免除鞭打及烙印刑罰。克羅寫道：「其中一位被（加）判為國王服役一年，另一位則被加判服刑十年。她請求法官減輕為國王服勞役的刑期，法官於是同意，甚至將十年奴役的刑期減至五年，多虧瑪麗・閨雅仁慈的懇求，該罪犯於五年服刑期間十分平順[48]。」此外尚有發生一些沒那麼嚴重的事件，但由此可知在修道院工作的人並非皆是「個性溫馴的男孩」。

　　瑪麗・閨雅的書信內容提及各種因農作而引發的問題，事實上，修院仰賴耕作維生。1657 年收割前兩日，遭逢一場罕見強烈的暴風雨，「暴雨瞬間摧毀了我們農場的穀倉、殺死了牛隻，還壓死了耕作者[49]。」當天是 8 月 13 日。《耶穌會會訊》指出車夫僅受輕傷，此外，四頭牛之中有兩隻負傷逃離[50]。此次災禍估計損失高達 4,000 古銀元[51]。次年 8 月 22 日出現另一個新警報，夜晚八點時分，易洛魁族人從附近樹林冒出來，從遠處就可以聽到他們喊叫著放牧者的聲音，「易洛魁族人故意讓人以為他們將放牧者擄走，猶如數日前剛被帶走的牧牛人一樣。」其實這位牧牛男孩並無就地等待援救，他的腿力很好，所以便自行設法逃脫易洛魁人的魔掌，繞了一段路後回到修道院敘述他的冒險經歷。後來人們派十名武裝人員去守衛農場。但農場付之一炬，牛隻也都不見了，瑪麗・閨雅寫道：「隔日，在某處偏僻

---

46 *JJ*。頁 336-337。
47 *V*。頁 630。
48 同上；*JJ* 記載 1646 年 5 月發生的一場劍鬥與爭吵（*JJ*。頁 45）；1665 年 5 月 4 日的判決書提到另一場較早發生的爭吵事件。
49 *O*。頁 598。
50 *JJ*。頁 218
51 *O*。頁 598。

之地找到牛隻，牠們都被大火嚇得逃離農場，身上還拖著一塊長木頭，即先前用來栓綁牛隻的木柵。天主為我們保留這群牛隻，僅有一頭牛全身上下被刀刺傷。農場建築本體的價值並不高，但是家具、武器、工具及用具的損失造成極大不便。至善天主時常與我們同在，時而賜予，時而奪去[52]。」

來自法國的修女抵達魁北克主宮醫院時，依慣例會前來拜訪聖吳甦樂會修院。聖吳甦樂會修女於內院以「無比喜悅和熱情」來款待這些初來乍到的修女[53]。聖吳甦樂會修女也滿心歡喜地迎接前來瑪利亞城的醫護會修女，這些修女準備移居至由拉多維歇先生（M. de la Dauversière）與布里庸夫人（Madame de Bullion）所創立的主宮醫院[54]：「今年，即1659年，《聖吳甦樂會年鑑手抄本》記載，自9月初，二名來自拉弗萊什的醫護會修女抵達，後續將前往蒙特婁，她們分別是培索樂修女（Judith Moreau de Bressolles）、瑪西修女（Catherine Massé）及瑪葉修女（Marie Maillet）。當時這三位修女還尚未領受會衣，服飾及髮型仍與世俗女性無異，僅配戴小頭巾。我們的創院夫人從拉瓦主教那取得許可，她們可以在修院暫留近一個月時間，等待適合的時機前往蒙特婁。我們盡可能地妥善安置她們，她們的美德充分感化我們[55]。」

十年後也有其他修會的修女暫居於聖吳甦樂會修院：「今年（1669年）宏斯雷修女（Andrée Devernay Du Ronceray）和樂居莫修女（Renée Lejumeau）為了將會衣遞交給蒙特婁醫護會前來此地，如同首批修女一樣暫住我們這裡，但她們並未長

---

52 同上。參見 *JJ*。頁 239。「易洛魁人當晚（8月21日）出現在紅角（Cap-Rouge）並擄走尚‧阿歐（Jean Hayot），但他有技巧地自行逃脫了。」他即是瑪麗‧閨雅提到的放牧者；另參見 *RJ*。1658年（Q。頁 18；Th. 42。頁 228-230）。

53 《聖吳甦樂會年鑑》（*Annales des Ursulines*）。頁 28。

54 克雷蒙著（B. CLERMONT）。《瑪麗‧德拉費（1592-1652年）與聖若瑟醫護會修女》（*Marie de la Ferre, 1592-1652, Les Hospitalières de Saint-Joseph*）。蒙特婁出版。1964年；莫翰修女著（soeur Marie MORIN）。《蒙特婁主宮醫院年鑑》（*Annales de l'Hôtel-Dieu de Montréal*）；弗特主編（Æ. FAUTEUX）。《馬西科特與貝爾同》（*E.-Z. MASSICOTTE et C. BERTRAND*）。蒙特婁出版。1921年。頁 110；次年，即1660年，莫翰修女成為聖吳甦樂會院寄宿者。勒費弗著（E. LEFEBVRE）。《瑪麗‧莫翰——加拿大聖瑪利亞城首位歷史學家》（*Marie Morin, premier historien canadien de Villemarie*）。蒙特婁出版。1961年。頁 38；蒙杜修女著（Sr MONDOUX）。《主宮醫院——蒙特婁首間醫院》（*L'Hôtel-Dieu, premier Hôpital de Montréal*）。1942年。頁 162-164。

55 《聖吳甦樂會年鑑》。頁 21；*JJ*。頁 263；〈珍妮‧蒙斯、降生瑪麗及貝第夫人〉（Jeanne Mance, Marie de l'Incarnation et Madame de la Peltrie）。頁 335-336。

期停留於此，因為她們抵達不久後便遇到前往蒙特婁的好時機，她們的修道院位於蒙特婁。另有一位女孩與兩位醫護會修女同行，這位女孩有意成為蒙特婁主宮醫院的庶務修女，但暫居於魁北克修院時，她曾強烈表示不願前往他地，希望留在我們這兒。」年鑑撰寫者記載：「我們難以改變她的心意。」

自此之後，這儼然成為魁北克修道院的一項傳統：確保蒙特婁醫護會修女可於聖吳甦樂會魁北克修院找到舒適的過夜處。根據主宮醫院歷史學家莫翰修女（Morin）的說法，由於她們彼此間的連結是如此緊密，常會有人誤以為這些修女屬同一修會[56]。

探討修女和修道院相關議題後，應將重心移至聖吳甦樂會修女的學生、住宿生及通勤生，因為她們是修女們留在魁北克的首要原因。

透過《耶穌會靈修札記》的敘述內容，遠方的小印第安原住民早已征服了聖吳甦樂會修女的心，吸引她們前往新法蘭西。修道院的寄宿學校與法國相去甚遠。首先，印第安女孩分屬不同年齡層，有些三歲，甚至兩歲，部分女孩甚至已達十七歲適婚年齡。最初幾年，託付給聖吳甦樂會修院的女孩幾乎全都來自錫勒里。樂仁神父（P. Le Jeune）寫道：「她們修道院……小圍牆內充滿著無比的歡樂，比起凱撒皇宮有過之而無不及……除了修女們教導的法國小女孩，尚有長期住宿於此的學生……我們接收幾位穿著原住民服飾的印第安女孩，她們僅留居一段時間……在這裡學習我們信仰的奧祕[57]。」

無論僅是過來待上幾天或幾週的印第安年輕女孩，聖吳甦樂會修女基於傳教精神皆一律接收。有些女孩一直穿著部落服飾；其他女孩則身著法式服飾，學習閱讀和書寫法語。

瑪麗·閨雅寫道：「我們接收各個年齡層的原住民女孩[58]」。「如有女孩面臨失去生命、名譽或父母關愛的險境，抑或遭遇任何麻煩，軍官們為確保當地居民過

---

56 《聖吳甦樂會年鑑》。頁 28；《蒙特婁主宮醫院年鑑》。頁 97。

57 *RJ*。1641 年（Q。頁 2-3；Th. 20。頁 124）。

58 參見巴何耶修女著（Mère BARNARD）。〈魁北克聖吳甦樂會修女在聖若瑟屬地的朝聖之旅〉（Un pèlerinage des Ursulines de Québec dans le domaine de Saint-Joseph）。《若瑟學期刊》（*Cahiers de Josephologie*）。第 16 期。1968 年。頁 28-62。

著純正天主教基督信徒的生活，會將她們帶到我們這裡，我們會收留並教育這些女孩[59]」；但最重要的是保護她們免於被擄走，故將她們安置在聖吳甦樂會修院。瑪麗・閨雅提到：「無論身為基督信徒或異教徒，原住民有時會忘卻其本分而綁架同族女孩，違背天主的律法強行將其留下：我們收留並教導這位女孩，直到神父前來將她領走[60]。」冬季月份時修女們收留女孩的人數達到高峰，因為此時正值印第安人的狩獵季節，打獵期間可長達六個月。

　　無論年紀大小，生活習慣不同是印第安女孩所遇到的最大問題，修道院生活與原住民認知及喜愛的自由生活差距甚遠！在天使之母修道院（Notre Dame des Anges），耶穌會教育原住民男童時也遭受重大挫折，這個修院的會規相對而言較不嚴格，即便如此，仍無法成功留住十歲至十五歲男童。耶穌會士與聖吳甦樂會修女遇到的問題差不多一樣。一位名叫妮可・阿斯龐斯（Nicole Assepanse）的小女孩曾向父母說過：「我在那裡並沒有缺少什麼，反而我是想吃多少就吃多少，修女給我漂亮的衣服穿，她們非常關愛我，但我還是捨不得離開你們[61]。」然而也有不少女孩和年輕的瑪麗・內加巴馬（Marie Négabamat）一樣回到父母親家裡，內加巴馬是修院首位「學生」，但她撕毀修女給她的法式長裙後逃回森林[62]。印第安人非常疼愛他們的孩子，也很少強迫子女，因此不太會有所堅持：「好幾位原住民女孩一旦在修道院感到悲傷或天性受到限制就會選擇離去；只要她們感到傷心難過，父母就會把她們接走，擔心孩子因此而死去……有些女孩則因任性和幻想而離開。她們像『松鼠』一樣爬上跟圍牆一般高的柵欄，奔跑回到樹林。有些人則持之以恆，我們以法式教育培育她們[63]。」

　　在特殊情況下，聖吳甦樂會修女可接收成年女性，例如一位阿爾岡昆 - 尼比西里尼族（algonquine-nipisirinienne）的寡婦，瑪麗・閨雅在 1664 年的信件中詳細提及此人，並坦言她從未見過如此虔誠的原住民女性[64]。

59　O。頁 287；參見 O。頁 163。瑪麗・閨雅表示冬天是人數最多的時期；O。頁 286。
60　O。頁 802。
61　O。頁 96。
62　O。頁 95。
63　O。頁 802。
64　O。頁 730。

印第安年輕女孩讓聖吳甦樂會修女最感驚訝的是她們隨和的性格和聰明的頭腦[65]。她們有著原始記憶，具有觀察和模仿的天賦，學習法語及法式禮儀對她們來說易如反掌。此外，印第安父母親很少對子女展現親情，女孩們對父母的矜持已習以為常，但卻很喜歡修院的人對她們表露情感，貝第夫人對此大為感動。瑪麗‧閨雅也注意到女孩們會對修女做出「輕撫」的動作，「她們從未對原生母親做這件事[66]。」最重要的是，此為天主賜予這些年輕靈魂的恩典，瑪麗‧閨雅與其同僚對此深表喜樂：「身處法國的人們難以相信天主對修會創辦學校的賜福源源不絕[67]。」

課餘時間大家用法語和原住民語唱歌。瑪麗‧閨雅覺得印第安女孩的歌聲猶如天籟之音。她對這些孩子們有些溺愛，有一日，女孩們向前來拜訪的耶穌會神父抱怨道「因為她們不乖巧，所以不能像法國女孩一樣有漂亮的新裙子」，瑪麗‧閨雅聽聞後立即用「一匹絕美的紅絲錦布[68]」親手為她們縫製衣裙、手套和鞋子。

留在學校裡的原住民學生數一直不多，瑪麗‧閨雅於 1640 年間記錄的人數共有十八位，「長期居住和短暫停留的人數不相上下[69]」。1642 年她寫道：「今年學生數量超出我們的能力範圍[70]。」1650 年後，在易洛魁族的威脅下學生數量突然驟降，原住民因害怕被俘不敢再前來進行交易，因而變得鮮少與法國殖民地居民往來[71]。另一方面，休倫難民帶來額外工作量，貝第夫人的小房子總是不夠收留所有人。

五年後，瑪麗‧閨雅看到她們的學校重拾往日光景，但她並未指明是法國或是原住民學生的人數變多：「自大火重建後，女子學校人數大幅增加，女孩數量明顯上升，超出我們可承受的範圍。我只能懷著無比愧疚，被迫拒絕好幾位女孩，她們

65　*O*。頁 102。

66　*O*。頁 97。

67　*O*。頁 95。《主宮醫院年鑑》講述一位印第安女性的故事，她名為瑪格麗特（Marguerite），先前是聖吳甦樂會修院的學生，她於 1662 年收留並照顧兩名法國俘虜，保護他們免受易洛魁人虐待。參見《年鑑》。頁 134-136。

68　*V*。頁 627-628。

69　*O*。頁 97。

70　*O*。頁 159。

71　「易洛魁人為基督宗教帶來的障礙，使我們無法像以前一樣接收原住民女孩」。*O*。頁 484。

面帶淚痕離開……我們的負荷嚴重超支，只有奇蹟出現才能解救，讓我們得以持續下去[72]。」法國學生人數日益增加，如後文所示，學校隨著殖民地的發展將教育重心轉向法國女孩，法國學生的數量也日漸增長。從事教育工作的修女總數可做為印證：「每日有七名誦禱修女負責教導法國女孩，另還有兩名庶務修女負責室外活動。原住民女孩和法國女孩一同生活用餐，但考量因材施教，需要一名教導原住民的專屬教師，有時甚至更多，教師的人數取決於原住民學生數量……不久之前因生活物資缺乏，我拒絕了七位阿爾岡昆族學生，對此我深感遺憾。為了補給法王軍隊，軍官從這裡取走了所需物資。自定居加拿大以來，儘管修院財務貧困，但我們從未以此為理由拒收學生，因物資缺乏的情況必須要拒絕這些女孩，這使我萬分內疚。無能為力之下，我只能強忍著自責並且謙恭地將數名法國女孩送回她們父母那裡。我們僅能接收十六名法國女孩和七名原住民女孩[73]。」

通勤生則無人數限制：聖吳甦樂會修女樂於接收所有申請就讀的學生。1663年《年鑑》的記載內容完全反映修女樂於接受學生的態度：「今年，一如前後兩年（1662 年至 1664 年），為保護休倫族原住民免受易洛魁人入侵威脅，他們被安置在我們為其建造的休倫族堡壘中，此處位於城內，介於大教堂和城堡之間。每天約有六十或八十名印第安女孩以通勤生的身分前來上課。念誦祈禱、唱讚美詩、複誦教理、學習或聽取天主教要理解釋後，我們為她們分配玉米肉粥，每人自備「颶風」（碗）和湯匙。感謝天主賜予恩典之後，（她們）便各自返回堡壘內的小木屋，並將剩餘的肉粥帶給父母[74]。」《耶穌會靈修札記》曾對聖吳甦樂會修女款待之舉表以敬意，1648 年靈修札記提到：「她們的學校從未拒絕任何一位法國或原住民女孩；她們隨時於修院行愛德，其善心更勝任何財物[75]。」

72 O。頁 579。
73 O。頁 801；關於易洛魁學生，她於 1667 年信中寫道：「她取材自女性族人的性情，她們是世上最甜蜜、最溫順的人。」參見 O。頁 786；關於寄宿制度，於會憲起草時並存兩種傳統：在巴黎只有一名女教師和一些助教，而都爾將住宿生分為不同組別，每一組皆附一位專屬教師。魁北克寄宿學校的規模不大，附有一名教師及一名助理教師；來自都爾的安妮‧恭班（Anne Compain de Sainte-Cécile）和安妮‧勒布茲（Anne Le Boutz de Notre-Dame）反對此方案，並要求兩位具有同等地位的住宿生教師以及一位總教師；之後，她們遺憾其提案並未被採納。參見 O。頁 578。
74 《聖吳甦樂會年鑑》。頁 24。
75 RJ。1648 年（Q。頁 18；Th. 32。頁 212-214）。

關於法國學生，聖吳甦樂會修女接受所有居住於魁北克城內的法國女孩[76]。其實當時人口數並不多，根據 1666 年人口普查，該城居民尚不及 600 人。至於「偏遠地區」的孩童，意指那些居住於博波特海岸、奧爾良島、紅角、聖福瓦或南岸的女孩，她們則需寄宿於修院。每位女孩僅限寄宿六個月，不過事實上在魁北克地區幾乎所有女孩都在聖吳甦樂會修院待過一段時日[77]。「對於年紀稍長的法國女孩，受教約莫六個月，如果沒有接受教育，她們會比原住民女孩還更粗野，這就是為什麼我們持續教導她們的原因，教育實則為這個國度帶來不可估量的巨大益處[78]。」

　　瑪麗・閨雅辭世前在信中指出法國女孩的就學期間已延長。即便如此，她仍認為就讀時間過於短暫匆促：「不少住宿生僅是短暫停留，教師就必須時時敦促她們努力學習，有時她們得要在一年時間內學會讀、寫、做女紅、祈禱、學習一個基督信徒品性道德及身為女孩須知道的事[79]。」時光稍縱即逝，教育法國女孩的工作對修女來說愈顯急迫：「如果沒有接受教育，法國女孩會變得毫無教養，她們甚至比

---

76 皮耶・布榭（Pierre Boucher）提到聖吳甦樂會修女所帶來的教育「對此國度大有裨益」。參見《新法蘭西正史》（*Histoire véritable et naturelle...de la Nouvelle-France*）。頁 12。

77 華伊著（A. ROY）。《法國統治下的加拿大文學、科學與藝術》（*Les lettres, les sciences et les arts au Canada sous le régime français*）。巴黎出版。1930 年。頁 45；高斯蘭著（A. GOSSELIN）。《1635-1670 年法屬加拿大之教學法》（*L'instruction au Canada sous le régime français, 1635-1670*）。魁北克出版。1911 年；巴哈貝著（H. BARABÉ）。〈降生瑪麗——教育者〉（Marie de l'Incarnation, éducatrice）。《渥太華大學期刊》（*Rev. de l'Université d'Ottawa*）。1940 年。頁 82-96；葛胡著（L. GROULX）。〈新法蘭西東方傳教士：征服與修道院〉（Missionnaires de l'Est en Nouvelle-France: Réductions et séminaires）。*RHAF*。第 3 期。頁 45-72；魁北克住宿生的作息表如下（會憲和規章，第 75-77 張紙）：

5 點半或上午 6 點　　起床
7 點　　　　　　　　團體祈禱，彌撒，早餐，接著上課
10 點　　　　　　　　聖母祈禱文，午餐，休息至中午
12 點至 14 點　　　　上課，然後吃點心
15 點　　　　　　　　晚禱－聖母小日課與數項祈禱
15 點半至 16 點　　　法國學生學習天主教要理
16 點至 16 點半　　　印第安學生學習天主教要理
17 點半　　　　　　　晚餐，下課休息至 18 點 45 分
18 點 45 分　　　　　夜禱，靜默省思
住宿生須於晚上 8 點前就寢。
週日休假：針對具有原住民語能力且與學生練習對話的修女。

78 O。頁 507。瑪麗的意思是法國小女孩的行為就像動物一樣，只是憑直覺行事。

79 O。頁 802。

原住民還更需要我們的教導，因為基於您所了解到的理由，神父雖可代為教導原住民女孩，對於法國女孩卻無法等同待之[80]。」

殖民地在成立之初，十分需要女性，加拿大也不例外；因此，父母親在看顧子女方面格外謹慎小心，絕不可試探天主。當時將十三至十五歲的女孩單獨留在農場是極度危險之事，即使周日彌撒，也不得讓她們與「受雇僕役」單獨相處。直至婚配之前，大多數的父母會將女兒送至聖吳甦樂會修道院寄宿，這可讓他們如釋重負。聖吳甦樂會修女所擔負的教育工作頗具難度，因為修院所接收的女孩通常太過於「懂人事」，「我想表達的是，與法國相比，這裡的女孩危及貞潔行為的比例較高。住宿生所帶來的工作量為法國的雙倍。通勤生所帶來的工作量也頗多，但不同於閉院的學生，她們無須接受品格教育[81]。」

近年來因殖民地人口增加，聖吳甦樂會修女相對須付出更多心力。修院人員不足以應付增長的需求，瑪麗・閨雅因此希望法國可派幾位修女過來：「法國殖民地日漸擴大⋯⋯居民和教徒的數量也隨之增加，因此加重了我們的負擔和工作量。我們不得不開立新班級[82]⋯⋯」魁北克修院財務拮据的狀況大幅加深修女的工作難度。她說道：「在法國，住宿生並不會加重修道院的負擔；但在加拿大則是完全不同情況[83]。」

嚴格來說，印第安學生無法帶來任何財務收入，而法國學生則須取決於父母親的經濟狀況。生活貧困且無力支付住宿費的法國居民可以要求聖吳甦樂會修女無償接受其女兒入學：「修會學校接收眾多女孩，不外乎倚賴天主的安排。人們有時會問及此事，會問我是否有基金資助，我僅是回應說我們有天主上智的安排。事實上我對此抱有堅強信念，天主一直看顧著我[84]。」

財務成為修道院一大難題，瑪麗・閨雅於 1660 年寫道：「我們度過了許多無法想像的難關⋯⋯我們為學生背負著高昂費用，但並不是因為印第安住宿生人數眾

80　*O*。頁 476。
81　*O*。頁 802。
82　*O*。頁 895。
83　*RJ*。1648 年（Q。頁 18：Th. 32。頁 212-214）。
84　*O*。頁 41。

多，而是需要照料那些送至修院的法國女孩，這些女孩的雙親只能支付少量物品，甚至有些家長無力提供任何東西。在此須說明，法國學生與原住民學生不能相提並論，她們在飲食和生活方面花費更多[85]。」全額住宿費每年約 120 至 200 古銀元不等[86]，布登先生（M. Bourdon）和蒙斯女士（Jeanne Mance）分別向修院支付上述費用。前者於 1650 年 9 月 8 日將女兒瑪格麗特（Marguerite）送至聖吳甦樂會修院；後者則於 1652 年 8 月 13 日為來自蒙特婁的凱特琳·皮莫女士（Catherine Primot）支付住宿款項。

許多住宿費用是由耶穌會士或貝第夫人代為支付，他們生性慷慨無比，《住宿生名冊》記載：「1652 年 5 月 12 日，路易絲·瑪索萊（Louise Marsolet）和瑪麗-瑪德蓮·瑪索萊（Marie-Madeleine Marsolet）進入修道院女子學校接受教育。兩位分別由哈格諾神父和創院人貝第夫人（亦為瑪索萊的代母）幫忙支付一年 120 古銀元的住宿費[87]。」耶穌會士和貝第夫人時常幫助有困難的父母，他們會代為支付第一年的費用，甚至為了讓女孩繼續留在修院學習，也會協助支付第二年費用。即使無任何資助，聖吳甦樂會修女仍會收留原住民女孩。

若是學生年紀太大就無法成為住宿生，但也有例外通融的情況，這類女孩可以如同貝第夫人一樣在修道院生活。《住宿生名冊》記載：「1654 年 9 月 5 日，拉布蘭奇提小姐（Mademoiselle de la Blanchetière）離開修道院，與里翁納斯神父的侄子奧特維勒先生（M. d'Otteville）結為連理。去年九月，蒙特婁總督梅宗訥夫先生將這位小姐從法國帶來並交給了我們。里翁納斯神父以同等價值的物品為其支付當年 500 古銀元的住宿費。在例外通融下，拉布蘭奇提小姐於修道院生活了一年。」

至於被易洛魁人挾持的法國女孩，因曾在部落收養多年，於返回殖民地後，通常會託付給聖吳甦樂會修道院：「1666 年……塔西先生……將兩位曾被囚禁的可憐女孩帶到修道院，如果她們願意留下，他會為兩位女孩支付一年的住宿費用，但

---

85 *O*。頁 637。

86 瑪麗·閨雅 1669 指出住宿生人數為 20 至 30 位，並註明法國女孩的住宿費為 120 古銀元。參見 *O*。頁 852。

87 《魁北克聖吳甦樂會修女檔案》，住宿生名冊（無頁碼）；摘錄自《法國女孩和女子學校學生入學及結業紀錄》（Livre des entrées et sorties des filles françaises et Séminariste）。收錄於夏博著（M.-E. CHABOT），《從書信認識降生瑪麗》（*Marie de l'Incarnation d'après ses lettres*）。頁 312-313。

如果她們在當年年底前結婚，我們會退還剩餘款項。除此之外，塔西先生還為她們提供衣物、亞麻布和其他必需品。其中一位女孩不久後便接受婚配成婚，另一位女孩與我們一起生活一年之後表明希望成為庶務修女，我們讓她接受考驗，但最終沒有成功，便於幾個月後離開修道院[88]。」

　　1650 年 10 月 17 日，由於魁北克當地局勢不穩定，貝第夫人決定重擬一份創院契約；即使眾人須撤退回法國等待新法蘭西情勢明朗化，也能保障修道院的存續。假使面臨解散修道院的情況，與其將修女遣散回各自修道院，或是提供必要的生活費讓魁北克已發願修女自行選擇法國修道院，貝第夫人則認為可將魁北克修道院移轉至法國，因而無須解散修院[89]。1660 年貝第夫人的財務狀況有所好轉：家族經營的事業終於讓她有機會為魁北克修道院籌措到足夠的資金，她將 1639 年第一筆基金金額提高至 17,000 古銀元[90]。這些金額不嫌多。新基金的優點在於其收入來自盧昂和雷恩的兩所學院：聖吳甦樂會修女認為與其將遠在法國的土地交由代理人經營，卻無從行使監督之權力，倒不如全權交由兩所學院的總務神父們（Pères Economes）管理，因而獲取固定收益。但條款內容仍顯示該基金尚有許多不足之處。雷恩學校的資金減為 4,000 古銀元，僅有 200 古銀元的收益。貝第夫人保留絕大部分收入的用益權（usufruit），並將剩下的用益權讓與阿勒布斯夫人（Mme d'Ailleboust）。1660 年擬定的契約內容令人倍感期待，但卻無法立即改善修院的狀況。此外，1660 年的契約另外變更了一部分基金（共 2,000 古銀元），為的是「用於資助六位女孩的住宿費，但須具清寒資格」，而貝第夫人保有挑選資助對象的權力[91]。最後，貝第夫人於 1664 年將一筆 2,000 古銀元基金的收益 100 古銀元用於支付「魁北克聖吳甦樂會修女駐院司鐸的費用，神父須專職於聖吳甦樂會修道院」，且必須依貝第夫人之意每週舉行兩次彌撒[92]。雖然貝第夫人為其奉獻基金設定上述

88　《聖吳甦樂會年鑑》。頁 25。
89　關於 1650 年契約，請參見 O。頁 476 和 507；ASQ。法里博（Faribault）。第 86 號；另參見前文，第三部第九章。
90　AUQ。原件與兩份副本。
91　1660 年 9 月 29 日成立的基金用於幫助六位貧窮法國女孩。副本：ASQ。修道院（Séminaire）。第 92.19 號。頁 2。
92　1664 年 8 月 14 日的基金用於支付一位司鐸的生計，副本：ASQ。Polygr。第 3 號。頁 42、43。

附帶條件，但可以肯定的是 1660 年的契約有助於改善修院的財務狀況，1641 至 1643 年以及 1651 至 1652 年期間那段悲慘日子是未曾復見。

下一章將討論瑪麗‧閨雅及修女們與印第安人的關係。聖吳甦樂會修女於法國殖民地進行福傳工作，尤其是針對當地女性。《會憲》規範：「修女們憑藉承行天主旨意之心，致力於向每位前來修道院柵欄前面，預備接受教導的女性對象講授天主教要理，《會憲》內容有此一說法；不過修女們通常且固定所做的，是於週日向女僕們和其他需要憐憫的女性們講授要理 [93]」。因此每週日固定進行要理講授，此外，無論何時，殖民地的女性皆可前來聖吳甦樂會修道院門口尋求建議或是精神上、物質上的幫助。修女們總會極力滿足求助者的需要。

阿勒布斯夫人協同修莫諾神父（P. Chaumonot）在蒙特婁創立聖家會（confrérie de la Ste-Famille）後，也於魁北克籌備此事（1664 年），聖吳甦樂會修道院因而成為聖家會女子總部。拉瓦主教於 1665 年 3 月 4 日依教規成立此會，1664 年 8 月 19 日瑪麗‧閨雅寫道：「我們在加拿大成立聖家會以聖化當地家庭，男性由神父們領導，至於虔誠女士和未婚女子組成的女性團體則由聖吳甦樂會修女帶領。這些女性每週日都會聚集於修道院聽取修女講授要理 [94]。」

聖家會每位女性成員先前皆是聖吳甦樂會修道院的學生，無一例外。該會運作於某種程度上延續了這些女子於修道院學校的學習工作：「我們所做的僅是鞏固她們已習得的觀念和天主教教育。」

魁北克聖吳甦樂會修道院具有如此深遠的影響力，在法國無能出其右者。於王國各個城市之中，僅有貴族精英階層才能受到影響；但魁北克修道院時常會向社會弱勢階層的孩子們講授要理，在法國聖吳甦樂會修道院僅接收家庭出身良好的女子，如貴族或資產階級。然而在魁北克，女子受教觀念普及化，雖然學習內容並不精進，但仍教導每位女孩閱讀、書寫並且了解未來身為母親的須知事項。無論社會階級為何，每位女孩皆可進入聖吳甦樂會修道院的學校就讀：「我們沒有遺漏任何

93　《會憲和規章》。第一部分。第五章。第 67 v 張。
94　*O*。頁 735。

一位女孩，修院教育為整個殖民地帶來了改變，虔誠信仰融入每個家庭中 [95]。」瑪麗・閨雅所描述的內容貼切而符合事實！

---

[95] _O_。頁 735；關於寄宿學校之名氣，特別是通勤生的名聲，請參見《魁北克聖吳甦樂會》。第一冊。頁 322-333、481-482、484-490。

第四章

樹林中的孩子

　　法國對於自身具備福傳聖召特恩的意識覺醒於十七世紀初；長久以來法國教會對於傳統基督宗教的詮解導致他們與非基督宗教者鮮少往來，加拿大傳教區的建立再次讓法國成為新教會誕生的重要推手。

　　對瑪麗‧閨雅而言，「新教會」實質上同為「初期教會」：新法蘭西的環境與宗徒時代的初期教會相似，能沉浸在如此的氛圍中令她感到無比欣喜；所有的事蹟皆可造就時代的偉大：傳教士的遠行如同聖保祿的旅程[1]，死亡與殉道的機會近在眼前，喚醒印第安原住民與天主共融生活的渴望。瑪麗‧閨雅感到心滿意足，並於 1640 年 9 月 3 日寫道：「初期教會的活躍信仰在新法蘭西重新誕生[2]。」這是她成為傳教士一年後的初步印象，也是向法國友人通信裡所形容的氛圍：「我們在這個新誕生的教會中，看到了與初期教會剛被宗徒們所歸化時一樣熾烈與熱誠的信

1　瑪麗‧閨雅對傳教士的欽佩之情皆表露於書信中，參見 O。頁 94、105、118、124、565、583、597、615-616、860、872 和 883。
2　O。頁 94。

仰[3]。」

　　一旦與超性向度接壤，基督信仰自然而然地在這些印第安靈魂中萌芽，當瑪麗‧閨雅接觸到如此的現象時，她猶如成了天主彰顯奇妙作為的見證者，帶給她極大的喜樂，並對自己的一無所能有了更深的體悟，相信當下她所生活的環境不是她配得的。印第安原住民的歸化，甚至某些人是徹徹底底地歸化，也召喚她重新悔改皈依[4]：「必須讓您知道，新教會的原住民不再帶有土著的野蠻行為，我們反而見證了一股新精神，它承載著莫名的神聖力量，令我內心由衷感到欣喜，但這並非是張揚的快樂，而是一種難以言喻的喜悅感。我們這裡的虔誠原住民不分性別，與您在法國所見到的文明人一樣並無不同……[5]」「親愛的修女，為了真正感受新教會使徒的福傳使命，您是否認為應該改變心態呢？毫無疑問，這是必須的[6]！」新皈依者的虔誠之心使瑪麗‧閨雅心中充滿喜悅，特別是當她想到他們相信天主之前的樣貌[7]。陪伴屬於上主的孩子和謙卑人們，坦誠地回應祂的愛，當身受苦難時，能使她的內心，甚至是肉體感到寬慰：「能與一大群原住民婦女及女孩相處是多麼開心的事，她們身穿由獸皮或舊毯子縫製而成的破舊衣物，雖然散發著不好聞的氣息，但她們靈魂的坦率和樸實是如此討人喜歡[8]。」她永遠看不膩印第安女性祈禱時的景象，這對她而言總帶給她新的啟發：「任何有關原住民的事物對我來說永遠都是嶄新的體驗，想到他們認識天主之前及現今信奉天主的樣貌，我心中都有著無法言喻的感動[9]。」

　　新法蘭西沒讓瑪麗‧閨雅失望，她重拾當初前來此地的初衷：為了拓展天主的國度不斷奉獻自己。她說道：「每個人都在追求自己鍾愛的東西，如同商人賺取

3　*O*。頁104；參見拉貝勒編著（S. LABELLE）。《降生瑪麗修女的使徒精神》（*L'esprit apostolique selon Marie de I 'Incarnation*）。頁102-105、109-110、149-151；1643年出版的《蒙特婁聖母軍勸化新法蘭西原住民之真實動機》（*Véritables motifs des Messieurs et Dames de Montréal*）一書將蒙特婁殖民地與早期天主教進行比較，有關最具象徵意義的文字段落，參見*O*。頁139、154及201。

4　參見拉貝勒編著（S. LABELLE）。同上註。頁35-40。

5　*O*。頁139；參見*O*。頁501。「此地萬物盡是野生，無論花朵或是人民都一樣美好。」

6　*O*。頁140。

7　*O*。頁538；見下文註腳9

8　*O*。頁108。

9　*O*。頁398-399；*J*。第二冊II。頁371和373。

金錢，而神父們和我們則是為了贏得靈魂[10]。」「來到加拿大追求世俗事物的人永遠無法與那些為耶穌基督獻出生命的人相比[11]。」簡單來說，她意識到加拿大的生活極為艱苦，她必須持續犧牲奉獻：「為投入加拿大聖召，則須有勇毅赴死的準備[12]。」但在黑暗之中總有一線光明，能將榮耀歸於天主：「加拿大被描繪成恐怖之地；有人告訴我們這裡是地獄，世上再無如此令人嫌惡之處，但我們的經歷卻完全相反，因為這裡有如天堂，就我個人而言，我不配居住於此美地[13]。」

瑪麗回應自己內心深處的渴望，完全獻身於福傳工作，方式不一：給予原住民物質方面的協助、與他們的對話、面對面的教學工作。修女在聖吳甦樂會修院的聖堂為印第安人準備聖洗聖事，此為使徒工作中令人歡喜的光榮時刻：「這些男男女女在我們的小聖堂領受聖洗聖事時，我們看到新皈依者散發著基督信仰的光芒，內心的喜悅無法言傳。這是來自天堂的財富，將蔓生於加拿大的荊棘馴化，使它們釋出友善，勝過世上一切愉悅所能給予的[14]。」

印第安人的待客之道總是有如一場「盛宴」。賓客抵達部落後即可融入其中，享受家庭式的美宴，如果來客身分尊貴，則會籌備一頓饗宴以表敬意。為了不失禮數，聖吳甦樂會修女對所有訪客一律比照辦理，來到修院的訪客皆可飽餐一頓，食量大如牛者也能吃一頓飽飯。印第安人的傳統料理「撒加米特（Sagamité）」是一種用玉米粉熬製的粥，須先將玉米粒烘烤再加以磨成粉末。為增添風味，印第安人還會添加一些肉塊、豆類或魚肉。魁北克聖吳甦樂會修女依此特製食譜。修女烹煮的「撒加米特」具有特殊風味：「要準備六十或八十人份的餐點，且迎合印第安人喜好的濃郁口味，大約需要一斗黑李子、四塊麵餅（每塊重達六古斤）、四份豆粉或玉米粉、一打動物性油脂（液態）、兩或三古斤肥豬油[15]。」以法國傳統饗宴而言，依此食譜所準備的「盛宴」還算經濟實惠，但因經常款待眾多賓客，導致聖吳

10　*O*。頁678。《書信集》中時常提及她與魁北克傳教士的談話；如情況許可，她常寫信給遠方的傳教士。參照 *RJ*。1642 年（Q。頁 36；Th. 22。頁 194）及後續章節。

11　*O*。頁 103。

12　*O*。頁 149；另參見 *O*。頁 165。

13　*O*。頁 112。

14　*O*。頁 165。

15　*O*。頁 113。

甦樂會修院預算嚴重吃緊：「將口中的麵包贈予窮苦人民，這對我們來說是一種強而有力的慰藉[16]。」

瑪麗·閨雅從不鄙視印第安人的性格[17]。她在書信中特別強調原住民的性格優點，並向法國通信者列舉一些特質，使其了解天主的恩寵如何在新皈依者身上展現，她能透過觀察印第安人的行為舉止來得知其個性。印第安人無憂無慮的個性如孩童一般：「原住民的天性是……容易忘懷讓他們生氣的事情[18]。」她知道不可過於相信他們，因為謊言對於印第安人而言是重要的社交手段，她因而將其性格形容為「天生薄情」。瑪麗·閨雅臨終前一年寫給兒子的長信中回答了一些問題，是克羅先前詢問有關印第安社會及其信仰的問題。相較於道德議題，瑪麗·閨雅對信仰議題較感興趣，所以著重於她認為更是信仰基石的天主教信理等相關討論，或是談論傳播福音時難以克服的特殊障礙[19]。

抵達魁北克之際，瑪麗·閨雅相信他們有能力改善印第安社會，並使其生活方式更趨近「文明」，然而法國人和印第安人之間的接觸僅被遠方的福傳工作者視為提升道德水準的工作，福傳成果令人感到失望[20]。耶穌會迅速被迫減少與原住民的實質接觸，僅在可控範圍內管理他們。總體而言，相較於移居殖民地的法國人，皈依天主的印第安人更「實踐他們的信仰」，所以必須與法國移民「區隔」開來，以免仿效他們不可取的行為：「原住民和法國人是一樣的，都存在著虔誠或較不虔誠的人，但普遍來說，他們比法國人更基督化；儘管如此，我們擔心他們會仿效法國人，所以不會將他們安置在法國人居住的村莊中，即使加拿大的法國移民行為良

16　O。頁97、98；另參見 O。頁157。

17　「您須了解向原住民傳教是一件艱難之事。」參見 O。頁855。

18　O。頁178。瑪麗·閨雅對活在福音光明之外的「貪婪」人性有著悲觀想法，她相信這是惡魔持續的惡行；對此「楊森主義的預定論」實在言過其實，參見何帝著（A. RÉTIF）。《降生瑪麗與傳教任務》（Marie de l'Incarnation et la mission）。頁120-126。

19　O。頁915 以下。

20　德·侯許蒙特著（C. de ROCHEMONTEIX）。《十七世紀耶穌會士與新法蘭西》（Les Jésuites et la Nouvelle-France au XVIIe s.）。第一冊。頁289 以下；斯丹利著（G.-F.-G. STANLEY）。〈法國舊統治時期針對印第安人實施之法國化政策〉（The Policy of Francisation as applied to the Indians during the Ancien regime）。RHAF。第 3 期。1949 年。頁333；詹南著（C.-J. JEANEN）。〈十七世紀法蘭西美洲印第安人之法國化與福音化〉（Francisation et évangélisation des Amérindiens de la Nouvelle-France au XVIIe s.）。《天主教會加拿大歷史社會報告》（Rapport de la Soc. canad. d'Hist. de l'Eglise cath.）。第 35 期。1968 年。頁 33-46。

好，但原住民仍難以理解法式自由風氣[21]。」

　　沒過多久，瑪麗・閨雅便發現成年印第安人不願改變原有的生活形式，但透過一些特殊條件會讓他們願意定居：休倫－易洛魁部落的例子顯示印第安人絕非冥頑不靈，即便如此，他們仍無法轉變成溫順的農民，但對印第安孩童，特別是女孩則可寄予厚望。與阿爾岡昆人和高山族人（Montagnais）相比，休倫人顯得較進步，後者於 1650 年逃往魁北克避難時，耶穌會士認為可透過婚配成功結合兩大種族優點，進而創造一個混血部族。此外，殖民地居民仍缺乏適婚女性，多年以來鮮少法國女子願意前往新法蘭西，因此聖吳甦樂會修院所培育的印第安女孩或許可取而代之：「神父們認為我們以法式教育培育的休倫女性是合適人選，因為現今所有休倫族人皆已皈依天主，並且就近與法國人一起生活，有朝一日這些女孩將能與法國人結為連理，因為她們已習慣法語及法式生活[22]。」

　　神父的構想並非一無所獲[23]，關於此點，瑪麗・閨雅於 1663 年 10 月 20 日信中寫道：「我們以法式教育培育了一些習得法語讀寫的女孩，她們後來與法國男子結婚。神父和我們一同分擔相關費用，去年我們為兩位女孩支付了 600 古銀元的嫁妝。我們分別養育了她們七年和四年的時間；她們懂得閱讀和寫字，生活衣食無缺，懂得管理家務，與法國女孩一樣聰慧且儀態良好。大家都把她們當成法國人看待，因為她們說話的口音與法國人無異[24]。」

　　確實有些成功案例，但又有多少失敗例子呢？以下信件內容最能呈現瑪麗・閨雅當時的想法，此封信件書寫的時空背景適逢法國宮廷內閣重啟耶穌會士先前的使命規畫，但目前看來此項工作顯得徒勞無功[25]，瑪麗・閨雅寫道：「我不知道此項工作的成果為何，但說實話，這對我來說是一項萬分艱難的任務。我們在此地已耕耘了這麼多年，卻只能成功使七、八名法國化的原住民更趨近文明化。大多數孩童

21　*O*。頁 221-222。

22　*O*。頁 545-456；另參見 *O*。頁 821。

23　依此可列舉下列人士：皮耶・布榭（Pierre Boucher）的第一任妻子瑪麗・吳艾巴（Marie Oueba Dinskoue）；羅倫・杜博（Laurent Duboc）的妻子瑪麗-菲力絲・阿宏修（Marie-Félix Arontio）及尚・杜宏（Jean Durand）的妻子凱特琳・安諾卡（Catherine Annennonkak）。

24　*O*。頁 718。

25　*O*。頁 809 和 821。

皆已返回父母家中，即使她們是非常虔誠的基督徒，但是她們更嚮往自由自在的野外生活。能以法國處事風格留住她們已是奇蹟，但她們認為自己不適合法國文化……[26]」「一百人之中，我們只能成功將一位原住民變得更文明化[27]。」

　　讓印第安人回歸林野生活並不是一件壞事，至少他們依然保有基督信徒的信德。對於傳教士而言，比較惋惜的是無法從他們之間吸引到原住民籍的本地聖召。有幾位印第安女學生顯露出對修道生活感興趣的傾向，瑪麗・閨雅起初對此感到無比欣慰，她在 1642 年談到阿爾岡昆族酋長內加巴馬（Noël Négabamat）的兩位侄女，其中一位侄女夏費克費奇（Agnès Chabvekveche）寫給酋長叔叔的信中提到：「我希望能為這所我鍾愛的修道院服務，在這裡我跟隨著成就這一切的造物主宰。我希望一生都待在這裡教導同族女孩們……」，另一位姪女烏迪奇（Anne-Marie Uthirdchich）說道：「我全心全意希望保有貞潔之身（如同這座修道院中的貞女們一樣）……當我長大後，我將教導同族女孩[28]。」雖然有數名嘗試者，但終究無人成功。醫護會修女的運氣則稍微好一點，因為曾有一名印第安女性在她們那裡宣發了聖願，可惜在幾個月後逝世了[29]。瑪麗・閨雅寫道：「我們試過接納一些原住民女孩，但她們無法長期待在內院禁地中，她們會變得非常抑鬱，自由自在的天性更是加劇了這種抑鬱感[30]。」耶穌會則經歷了更加慘痛的挫折：「此國度重新復甦，仍須仰賴歐洲來培養福傳工作者，即使美洲印第安人的天性聖潔且具有靈性，仍無法勝任教會聖職工作，僅能教導他們，引領他們通往天國之路[31]。」

---

[26] *O*。頁 828。

[27] *O*。頁 809；參見 *O*。頁 890；關於法式教育，可參見拉瓦主教 1668 年 11 月 8 日給巴黎聖若瑟堂區波特凡蒙席（M. Poitevin）的書信，收錄於 ASQ，書信（Lettres）。

[28] *O*。頁 162。

[29] 聖吳甦樂會修院曾接收一位年輕休倫族寡婦則濟利亞・阿杭西（Cécile Arenhatsi），她希望成為一名修女；她和修女們一起生活兩年，但她因健康不佳無法完成庶務修女的工作；修道院火災時，她因跳出窗外差點喪生。請參見《魁北克聖吳甦樂會》。第一冊。頁 166-168。醫護會也接收一名曾為聖吳甦樂會修院學生的女孩，名為阿涅絲・斯卡努達盧阿（Agnès Skanudharoua）；但她於初學一年後去世，亦即 1657 年 11 月 3 日。參見卡斯坎著（H.-R. CASGRAIN）。《魁北克主宮醫院》（*L'Hôtel-Dieu de Québec*）。頁 208-209；華伊著（P.-G. ROY）。〈首位休倫族修女〉（La première religieuse huronne）。《我們歷史上的小事》（*Les petites choses de notre histoire*）。第 5 系列。列維斯（Lévis）出版。1923 年。頁 74-75。

[30] *O*。頁 718。

[31] *O*。頁 396。

瑪麗‧閨雅將所有精力奉獻於傳播福音，為此她努力學習並教授印第安語。踏足這片土地之時，她即開始練習高山族語和阿爾岡昆語。1650 年，年屆五十歲的瑪麗‧閨雅曾學過休倫語，後來也學習易洛魁語。在生命最後的十年期間，她致力教導加拿大新一代聖吳甦樂會修女學習原住民語，並用文字記錄自我學習歷程。她在 1662 年寫道：「去年冬天，因為我懂得這個國度的語言，我持續教導三、四名修女，滿足她們想要學習原住民語的渴望。她們強大的求知慾使我充滿熱情和力量，我以口頭和書面形式指導她們學習這些語言所需的一切[32]。」應克羅請求，她詳細陳述 1661 年至 1662 年冬季三個月內所完成的工作內容：「將臨期（l'Avent de Noël）至二月底，我為她們撰寫一本休倫語天主教要理、三本阿爾岡昆語要理，用阿爾岡昆族語寫下所有基督徒祈禱文及一本阿爾岡昆族語大詞典。坦白說，我因此感到無比疲憊[33]。」與此同時，她也將一些文章材料寄給杜克神父（P. Ducreux），以利其編寫《加拿大歷史》[34]。

　　如健康狀況允許且有足夠精力，瑪麗‧閨雅總是堅持親自授課，這成了她冬季早晨的日常事務。1668 年，年近七十歲的瑪麗‧閨雅仍可提筆寫信給兒子：「這是一件難事，但我下定決心在離世之前要盡可能地留下多本著作。去年四旬期開始直至耶穌升天節，我以阿爾岡昆族語完成了一大本聖教會史和靈修相關的書籍、一本字典，以及一本有如珍寶的易洛魁語要理。去年一整年，我以法文字母排序編寫了一本阿爾岡昆族語大詞典；此外，還有另一本以原住民字母排序的大詞典。我之所以寫這封信是要告訴您，天主的聖善使我在軟弱中有了力量，讓修女們有足夠的能力為祂奉獻，從事拯救靈魂的工作[35]。」由此可知，她將人生最後的精力奉獻於協助宣揚福音喜訊。

　　而令她感到痛心的是，眼睜睜看著傳教士和她本人如此用心經營的福傳基礎被

32　*O*。頁 678。

33　同上。

34　*O*。頁 718 和 818；《加拿大歷史》一書 1664 年於在巴黎出版（1951 年至 1952 年間於多倫多發行的版本由羅賓森〔P.-J. ROBINSON〕與科納許〔J. B. CONACHER〕共同翻譯為英文）；關於杜克神父（Père Ducreux），參見斯考特神父著（Abbé SCOTT）。《古代史官》（*Nos anciens historiographes*）。列維斯出版。1930 年。頁 162-167；*DBF*。第十一冊。頁 c. 1317。

35　*O*。頁 801。

一些只關心經濟發展的法國人破壞殆盡。這些法國人只關心自身的商業利益，為了促進皮草交易，一百聯營公司的員工和水手讓印第安人接觸酒類飲品。歐洲人登陸之前，當地原住民從未接觸過酒類飲品，由於原住民飲食不含鹽或任何調味料，這使他們的身體對酒精特別敏感，只需少量酒精即可讓他們進入醉醺醺、飄飄然狀態，法國人總是想辦法用酒飲使他們開心。原住民一旦初嘗酒精，便會無所不用其極地找機會重拾酒杯。目擊者描述印第安人醉酒的場面令人難以置信，由於酒後毫無自主意識，最深層的本性得以釋放。此時，法國人只須安全地躲在自己的房子裡等待印第安人酒醒即可。對於法國人來說，更重要的是獲取低價毛皮、當地肉品、印第安雪鞋、毛毯或其他常用物品。儘管官方明文禁止，當地居民，甚至是婦女仍不斷向印第安人提供葡萄酒、啤酒和烈酒。

瑪麗・閨雅抵達加拿大初期即開始抱怨此事，「法國人讓他們品嘗烈酒或葡萄酒，他們立即無法抵抗誘惑，只嘗試一次就可以讓他們成癮且為此瘋狂……[36]」隨著時間流逝，這樣的情形是每況愈下[37]。事實上，新法蘭西除了總督梅濟（gouverneur de Mézy）治理時期外，原則上禁止烈酒交易。

雖然如此，新荷蘭和新英格蘭殖民地仍然開放交易。隨著商業競爭，原住民很快就任由新供應者擺布；於是那些原本充滿希望的基督徒們也很快一一被攻陷。易洛魁族人皈依不久即受酒精迷惑：「英國人和荷蘭人對此部族提供大量的烈酒和葡萄酒，他們對此沉醉不已……這些酒類阻礙了信仰的傳播，領洗者僅剩下長者、孩童和垂死之人[38]。」

36　*O*。頁 221。

37　參見 *O*。頁 681、686、839 和 863；關於拉瓦主教所扮演的角色，參見勒瓦克著（D. LEWACK）。《1659-1685 年拉瓦主教的反酒精工作：二十五年的英勇奮鬥》（*L'œuvre antialcoolique de Mgr de Laval, vingt-cinq ans de luttes héroïques, 1659-1685*）。魁北克出版。1952 年；瓦松著（A. VACHON）。〈拉瓦主教與烈酒交易〉（Mgr de Laval et la traite de l'eau-de-vie）。《天主教會加拿大歷史社會報告》（*Rapport de la Soc. canad. d'Hist. de l'Eglise cath.*）。1957 年 -1958 年。頁 33-34；同作者。〈印第安社會中的烈酒〉（L'eau-de vie dans la société indienne）。《加拿大歷史協會報告》（*Canad. Hist. Assoc. report*）。1960 年。頁 22-32；斯丹利著（G-F-G STANLEY）。〈舊政權時期印第安人與烈酒貿易〉（The Indians and the Brandy Trade during the Ancien Regime）。*RHAH*。第 6 期。1952 年。頁 489-505；亞宏 - 提耶山著（R. HARANG-TIERCIN）。《法國統治下加拿大酒精警察於樹林中的行動》（*La Police de l'alcool et de la course des bois au Canada sous le régime français*）。巴黎出版。1941 年。

38　*O*。頁 808。

魁北克和三河的阿爾岡昆族長時間與法國人接觸，因此深受其害。此情況令瑪麗・閨雅於晚年倍感折磨：「此區域中唯獨阿爾岡昆人飲酒過量且許多人都常喝到爛醉如泥，一切都歸咎於提供他們酒飲的法國人。最可悲的是他們居然也讓妻兒嗜酒成癮，沒有信仰的情況下，整個部落的人有如迷途羔羊；即便有信仰，如果天主不予以救援，酒精仍會讓他們錯亂迷失[39]。」

瑪麗・閨雅在她駐居新法蘭西的三十年間，常常在祈禱中默觀這一連串的挫敗：休倫族於接受福傳初期即慘遭滅族、傳染病肆虐阿爾岡昆族，而酗酒問題使情況更加惡化。她反覆自問，天主是否只要在新法蘭西建立一個「過渡期」的教會[40]。儘管如此，她的樂觀戰勝了絕望。使徒工作新地點的發現讓她不斷重燃熱情，向外拓展「耶穌基督的國度」。

1653 年開始有人提議於安大略湖岸，即易洛魁族地區，成立傳教區，瑪麗・閨雅寫道：「我知道自己將不會前往此地……因為時機不對，況且我的身分也不適合[41]。」但是如果天主召喚，她仍可隨時出發：「如果有人告訴我現在必須出發前往印度、中國或易洛魁之地，學習他們的語言並向他們傳福音，我隨時都準備好出發[42]……」她感到天主讓她成為建造新基督教會的重要基石，她的祈禱將陪伴著耶穌會會士和聖敘爾比斯司鐸使徒生活團團員前往尚待探索之地：「每日都有不斷新發現的部落族群，但修院禁地令卻不准許我追隨那些將福音喜訊傳播給他們的福傳使徒，儘管如此，我仍然可以與這個新教會合作，在上主光榮的召叫中，我可以精神上與他們緊密相連，於此富足且崇高的征途之中，恰似我如影隨形陪伴他們，與他們一同工作……[43]」

瑪麗・閨雅的使徒精神充分表現在她對殉道的渴望中[44]。她熟識那些在新法蘭西殉道的耶穌會士：饒格神父（P. Jogues）、卜瑞伯神父、卡尼耶神父（P. Garnier）；她也曾與那些倖免於難的神父傾心交談，他們被俘期間忍受各種折磨，

39　*O*。頁 872。
40　*O*。頁 102、398、735。
41　*O*。頁 507。
42　同上。
43　*O*。頁 734-735。
44　*O*。頁 133、615。

那些經歷令人害怕顫抖[45]。易洛魁戰爭期間，她無數次與死亡擦肩而過。1650 年間，她一心一意準備犧牲殉道：「如有一日我們死去了，我們的鮮血和骨灰將（與印第安基督信徒們）融為一體，您應該對這個消息感到欣喜。希冀數以千計的易洛魁人離開部落前往中立族並加入皈依者的行列[46]，而我們相信，這事將能如願以償。」

瑪麗・閨雅願意為此流血捨命，但她自認不配：「須全力以赴才配得上為耶穌基督流血[47]。」她在 1650 年長嘆寫道：「我不配得到如此光榮和高貴的恩寵，儘管此恩寵近在咫尺[48]。」雖然沒有機會流血捨命，但瑪麗・閨雅圓滿完成的使徒聖召仍然賦予了她殉道者的冠冕。

45 _O_。頁 105-106。
46 _O_。頁 395。
47 _O_。頁 133。
48 _O_。頁 394。

第五章

聖吳甦樂會的會客室

設有雙重格柵的修道院會客室是瑪麗・閨雅平日接觸魁北克及加拿大居民小小世界的管道。根據《魁北克聖吳甦樂會會憲》，院長和總務修女配有一間專屬會客室，因為職務處理要務繁多，若情況允許下，此二人可各自擁有一間獨立會客室[1]。會客室的格柵帶有門片和布簾，僅於接待特定人士時才會打開。除了印第安人和傳教士，修女幾乎很少露臉接待其他訪客。隱修院的傳統規範其實深植於魁北克修院的思想觀念。如《會憲》所示，修女們「將會客室視為修道生活以外的地方，她們擔心敵人的詭詐在此破壞（她們的）幸福」[2]。

然而，聖吳甦樂會並不是全然默觀祈禱的隱修會，會客室就是她們發揮使徒精神的主要場所；在這裡，她們會晤將出發遠行至異地的「福傳工作者」，這些傳教士時常可感受到「無與倫比的喜樂」，「謹依恃天主安排，像當年的宗徒們一般」

1　《會憲和規章》。第 72 v 條。

2　同上。第 9 r 條。

前往冒險之地[3]。

　　錫勒里、魁北克和昂熱聖母鎮三處鄰近聚落的耶穌會士經常來到修院舉行靈修講習、帶領避靜、照料印第安人或單純處理日常事務。從抵達後的最初幾個月起，瑪麗・閨雅和其他修女已有多次機會接待韋門神父（P. Vimont）、樂仁神父、德・昆恩神父（P. de Quen）、比佳神父（P. Pijart）及布托神父（P. Buteux）[4]。

　　大多數的神父從歐洲出發抵達魁北克時，就會從此地開始他們的工作，他們會停留數週，甚至數個月的時間；這是聖吳甦樂會修女們與他們建立友誼的良機。神父在前往傳教地區前會來到修院向修女們道別，並請求她們代禱。他們會語帶詼諧或半帶嚴肅地談論可能發生的致命情境：「他們對我們說，時刻來到時，我們將會高唱〈讚主詩〉（Te Deum）[5]。」

　　瑪麗・閨雅總是不吝給予讚賞，這些耶穌會士所散發的英雄氣息總讓她深受鼓舞，精神倍感振奮，例如 1646 年 10 月 7 日，圖耶神父（P. Druillettes）出發前往阿本拿基族（Abénakis）部落不久後，她寫道：「（圖耶神父）於過去幾天體驗獨處無人之境的喜悅，那是一處無人可前去救援的地方，」接著她補充說道：「他出行之時是如此地欣喜，如同前往天堂一般[6]。」關於柯雷柏神父（P. Crespieul），她則於 1671 年寫道：「他前來與我們道別時，笑著說他將為耶穌基督承受苦難[7]。」

　　魁北克修院的修女們心中總是牽掛著遠行的傳教士，不忘為他們熱心祈禱。偶爾獨木舟會送來傳教士從遠方寄來的書信，但也是寥若晨星；瑪麗・閨雅於 1645 年向兒子寫道：「龐塞神父（P. Poncet）出發去向內比西里尼人（Népissiriniens）講授天主教要理，那裡距離此地三百古里，也許他會走得更遠。與您捎信來的頻率相

3　*O*。頁 103。

4　*O*。頁 94 以下與頁 164 以下。

5　*O*。頁 105。

6　*O*。頁 293。圖耶神父於 1643 年來到加拿大，是一個創造奇蹟的聖人，參見康波著（L. CAMPEAU）。*DBC*。第一冊。頁 289-291；關於達布隆神父（Père Dablon）和修莫諾神父前往甘尼塔哈（Gannentaha）之旅，參見 *O*。頁 565-566。

7　*O*。頁 947。柯雷柏神父（François Crespieul）於 1639 年生於阿拉斯（Arras），於 1670 年前往加拿大。參見安傑著（L. ANGERS）。*DBC*。第二冊。頁 167-168。

比，我們不常收到他的來信[8]。」事實上，每年主要是在春季時節，會由乘坐獨木舟的貿易商人將北方部落地的消息帶回魁北克，其餘時間則鮮少收到消息。

即便如此，瑪麗・閨雅仍積極與傳教士保持書信往來，得幸她在與法國往來的書信中常引用傳教士們的內容，因此得以保存其中好幾封信件[9]。

如果收到的書信量不多，修女便會藉神父南下魁北克之際，好好把握與他們長談的機會。瑪麗・閨雅聽著神父們的敘述總感到「趣味橫生[10]」。1640 年時，哈格諾神父向修女們敘述他為一位生命垂危的休倫婦女施行聖洗聖事的過程，由於此事違背其丈夫意願，神父頭部慘遭重擊，但他卻奇蹟似的毫髮無傷：「他總結時表示完全不知道此事是怎麼發生的[11]。」另有比佳神父講述了他從休倫地歸來的故事，於整段回程的水路上印第安人讓他吃力地划著船槳，以致於他抵達魁北克時感到無比疲憊[12]。

阿魯耶神父（P. Allouez）在渥太華（Outaouais）待了兩年後，於 1667 年 8 月在聖吳甦樂會修院舉行了一場生動的「演講」，他告訴修女們，在這長達數月期間他只能食用橡樹果實和一種生長在岩石上，又被稱為「有如石頭內臟（tripe-de-roche）」的苔蘚，瑪麗・閨雅寫道：「我問他如何能以這般劣質食物維生，吃起來是什麼味道呢？他回我說，對飢餓的人說，什麼都是珍饈美饌[13]。」另外於 1669 年，費奈隆神父（abbé de Fénelon），即未來康布雷總主教（Cambrai）的兄弟，講述不久之前在易洛魁聚落度過寒冬，但「只能以撒加米特燉粥裹腹，喝著純淨的水維生[14]。」

瑪麗・閨雅與數名傳教士建立緊密的關係，前述的龐塞神父對於她能實現前往

8　*O*。頁 270。瑪麗・閨雅向傳教士們提供了祭台布，並給他們一些裝飾聖堂的東西。參見潘慕洛修女著（POMMEREU）。《大事紀》（*Chroniques*）。第二冊。第三部分。頁 444。

9　可於 *O*。頁 223、556 及 622 中發現引用修莫諾神父信中的句子；另可於 *O*。頁 277-278 中發現引用德・昆恩神父的句子。

10　*O*。頁 122。

11　*O*。頁 105。

12　*O*。頁 118。

13　*O*。頁 788。參見下文第七章；瑪麗・閨雅有時收到傳教士的私密信件，關於此點，參見 *O*。頁 533；她還提及，假使無修道聖召，她希望跟隨傳教士，如同跟隨耶穌的聖女一般。參見 *O*。頁 860。

14　*O*。頁 841。

加拿大福傳的聖召，扮演了很重要的角色，還有 1649 年與她一同完成跨洋旅程的修莫諾神父[15]，以及 1650 年教導她學習休倫語的培薩尼神父（P. Bressani），當這位耶穌會士決意返回法國時，她充滿感慨地對兒子說道：「您將見到一位真正的殉道者，他曾承受您先前聽過的苦難，尤其是被囚禁於易洛魁部落期間。您偷偷小心地瞄一下他的雙手，您會看到曾被肢解的傷痕，他幾乎沒有一隻手指是完整的。今年，他的頭又被三支箭射傷，他曾一度以為這三箭將為他的工作畫下完美句點，而這箭傷使他的一隻眼睛幾乎完全喪失視力[16]。」

至於先前在休倫傳教區工作後返回法國的神父們有達宏神父（P. Daran）、比佳神父、格斯隆神父（P. Greslon）、杜佩宏神父（P. Duperron）及邦南神父（P. Bonnin），其中邦南神父是她「所遇到過最熱誠的傳教士之一[17]」；瑪麗‧閨雅確信這些神父將拜訪克羅並且向其提及她的事。

可惜現今僅有少數文獻能佐證瑪麗‧閨雅於 1647 年至 1649 年期間與殉道神父建立的關係。她在魁北克曾有機會與饒格神父交談，該位神父於被俘前幾日（1642年 7 月）[18]，曾說服一位休倫族的年輕寄宿生離開聖吳甦樂會修道院與他一同前往休倫地。而與卡尼耶神父，雖然只透過書信往來，但瑪麗‧閨雅與他長達十二年的時間裡始終保持著知心好友的關係[19]。卜瑞伯神父在魁北克度過很長一段時間，當時要制定臨時會規以做為《魁北克聖吳甦樂會會憲》基礎之時，卜瑞伯神父、樂仁神父和德‧昆恩神父皆曾受邀提供諮詢意見[20]。

被任命為新法蘭西傳教區會長那一刻起，拉勒蒙神父即提議編寫《會訊》（Journal），藉此文件可更清楚了解魁北克居民的日常生活。會長神父一如往常準確記錄完成事項，例如 1 月 1 日，耶穌會士、修女與當地士紳彼此交換新年禮物。耶穌會士 1646 年用「兩大塊餡餅」籌備美味的新年大餐，聖吳甦樂會修女請他人

15　*O*。頁 230。
16　*O*。頁 406。
17　*O*。頁 395、403、405。
18　*O*。頁 167。
19　*O*。頁 396-397。
20　*J*。第二冊。頁 405；參見前文，第三部第三章。

將餡餅帶去給神父做為「晚餐[21]。」拉勒蒙神父補充記載：「（她們）希望我在傍晚之前過去探望她們，我抵達後問候了貝第夫人，她送了新年禮物。我雖然想要省略這點，但此事無須被省略。」

與當地「居民」的交流是每日例行活動，只要修女們需要食物，當地居民即會予以幫助，送給她們蔬菜、雞蛋或野禽[22]。瑪麗・閨雅將勒卡德（Pierre Le Gardeur de Repentigny）[23] 和布登（Jean Bourdon）[24] 兩家族視為最忠誠的友人；她還提到都爾的資產家德尼先生（M. Denys）來到此地開創事業[25]。另外可合理推測曾有一些受到瑪麗・閨雅（時任院長）聖德所吸引的虔誠女士，瑪麗・閨雅經常因世俗事務向他們諮詢意見，而瑪麗・閨雅也會提供他們建言；另外透過一封致羅蘭修女（Gillette Roland）的信件可得知會客室內的部分談話內容：「發生在我們身上的事件皆是天主安排的神聖祕密，無人可看清天主的安排，無論當時情況條件如何。我依此向數名人士諮詢，他們都如此回答：『我無法看清天主安排的全貌，僅能窺見其中一角』；儘管對此我是盲目的，但事情還是能夠以我無法理解的方式完成。大則適用於國家建立，小則適用家庭[26]。」

瑪麗・閨雅接待的訪客還包括皮草交易雇員[27]、幾位有如舒亞（Médard Chouart des Groseillers）的冒險家[28]、卡里尼昂軍團或軍隊的軍官[29]，但在此因行文考量無法一一詳述。瑪麗・閨雅也接待過移居此地的「居民」，她向兒子寫道：「在這裡，修道院是殖民地區的重要元素之一，只要失去其中任一間修道院，將會

---

21 *JJ*。頁 24-25。餡餅由肉醬制成，最初是用肉醬將圓餅和家禽類的肉煮熟；加拿大人稱之為家禽肉餡或一種特定野禽的肉餡；參見杜維勒與卡薩諾瓦合著（R. DOUVILLE & J.-D. CASANOVA）。《新法蘭西的日常生活》（*La vie quotidienne en Nouvelle-France*）。頁 66。

22 *O*。頁 109。

23 *O*。頁 240。

24 *O*。頁 833-834。

25 *O*。頁 563；他是尼古拉・德尼（Nicolas Denys）的兄弟，參見倫安著（J. LUNN）。*DBC*，第一冊。頁 269；奧菲著（H.-M. AUVRAY）。〈尼古拉・德尼──紐芬蘭、布雷頓角、聖尚島等地之總督暨總指揮官〉（Nicolas Denys, gouverneur-lieutenant général de Terre-Neuve, Cap-Breton, de l'île Saint-Jean et autres lieux）。*BSAT*。第 35 期。1967 年。頁 71-76；另參見安德-羅亞爾河省（Indre-et-Loire）庫萊訥（Coulaines）城堡文獻室。

26 *O*。頁 353；另參見 *O*。頁 483。

27 *O*。頁 678。

28 *O*。頁 874；她對他的評價似乎不是這麼欣賞。參見 *O*。頁 742。

29 *O*。頁 583、774。

使絕大多數法國人感到沮喪。我們的存在是他們的精神支援[30]。」

其實瑪麗・閨雅也身任數名新法蘭西總督的顧問，特別是阿冉松（Argenson）總督和法國國王派駐美洲的總指揮官塔西侯爵，其中一封書信提及她與達隆（Talon）督察曾因此進行幾次單獨對談[31]。

阿冉松總督出身自都爾望族，家族在聖體軍（Compagnie du Saint-Sacrement）的歷史進程中扮演至關重要的角色。他十八歲擔任都蘭省執法官，年屆三十三歲時於 1658 年 7 月 11 日抵達魁北克，當時是殖民地最艱難的時期，阿冉松總督歷經易洛魁戰爭的動盪時期，當時戰爭嚴重危及殖民地的未來。他可用來抵禦印第安人的資源寥寥無幾。總督被召回法國之際，瑪麗・閨雅向兒子寫道：「我相信他在這個國度深受苦難，他被賦予重任，但卻沒有得到法國的支援，他不願縮減魁北克的駐軍，在對抗易洛魁族時是心有餘而力不足⋯⋯這使他抑鬱不已。」「一些不值一提的人對他的作為頗有微詞，甚至大肆抱怨，他們竟敢如此冒犯這位才德兼備的人。然而他卻優雅大度地忍下一切⋯⋯我們對阿冉松先生虧欠良多，因為他對我們非常慈愛關照，總是不吝施以援手。我感到很榮幸，他時常代您前來探望我[32]。」事實上，阿冉松任職都蘭省執法官時，克羅曾與他有所往來，很有可能是藉由聖體軍的引薦，因阿冉松的兄弟曾擔任聖體軍三任祕書及一任主席。

儘管對天主保有虔誠與敬愛，阿冉松總督仍認為拉瓦主教太過於獨斷專制，與之個性不和。梅宗訥夫和阿勒布斯則完全不把總督放在眼裡，因此在魁北克未能取得他人信任。瑪麗・閨雅談到「他身邊無可信之人能提供建言，亦無人可與他共同商討機密事宜」。

塔西侯爵則是位卓越的成功人士。1663 年 11 月 19 日被任命為「南美與北美地區的總指揮官」。1664 年 2 月 26 日於拉羅謝勒（La Rochelle）啟程出航，首先前往安地列斯群島驅逐荷蘭人，讓馬提尼克島、托爾蒂島、瓜德魯普島、格林納達島、瑪麗 - 加朗特島及圭亞那總督重返工作崗位。次年，他向北航行前往新法蘭西

30　*O*。頁 476

31　*O*。頁 883。

32　*O*。頁 673；另參見 *O*。頁 632-633。

與首批卡里尼昂軍團人員會合，借由軍團之力成功征服易洛魁人。他在加拿大僅駐留了兩年，但他曾有多次機會向聖吳甦樂會修女及院長表示敬意：「塔西先生將離開我們。國王將他召回法國，並派遣一艘大戰艦光榮護送他回國……（他）以善行、為國家貢獻的美德及信仰表率贏得眾人的心。我們對他虧欠甚多……自我們安身於這個國度以來，他一直是我們的摯友[33]。」與阿勒布斯、阿冉松及魁北克其他友人相比，他幫助聖吳甦樂會修院之事不勝枚舉。瑪麗·閨雅補充說道：「為了教會和加拿大全體的福祉，我們希望國王陛下能再派他回來。我們為此祈禱。」如前文所述，拉瓦主教是在塔西先生的堅持下才同意為聖吳甦樂會的小聖堂主持莊嚴的落成典禮。

並非所有人皆與瑪麗·閨雅友好。克羅說道：「很難完整描述她在加拿大所遭遇的矛盾或爭執[34]。」他提到有一位修女憤慨不已地對她說：「但是，瑪麗·閨雅修女，您不知道這些人是如何對待您的嗎？您對此竟毫無怨念，使我倍感震驚[35]！」

克羅和瑪麗·閨雅皆未提及這些人是誰，但書信上下文表示瑪麗·閨雅曾多次承受債權人催討時的負面情緒，克羅轉述母親對此事的回覆：「某日，因背負沉重債務卻沒有能力償還，我擔心這會讓這些人感到不悅。當我在思索此事的同時收到了法國的來信，打開信件之前，我走到聖母瑪利亞腳下，我經常為了修院事務向她祈求幫助，而我也在等候她的援助，結果信中提到王后陛下的敬虔捐助了我們2,000古銀元[36]。」修女們於 1645 年 8 月收到此款項[37]。

瑪麗·閨雅對與她相處過的人都抱持正面評價。她具有仁慈之心，人們總覺得她對於那些不值的人過於和善。她是否不應太快相信皮卡盧奇（Pigarouich）巫師

33　*O*。頁 780；另參見 *O*。頁 767；先前提到兩位從易洛魁人部帶回的法國女孩，是由他將她們交給聖吳甦樂會修院（前文，第三章）；女孩的姓名分別是瑪德蓮·布哲利（Madeleine Bourgery）和安妮·巴亞尚（Anne Baillargeon）；關於塔西先生在魁北克的住所，多見華伊著（P-G. ROY）。《魁北克菁城》（*Le vieux Québec*）。第 1 系列。魁北克出版。1923 年。頁 46-52。

34　*V*。頁 639。

35　*V*。頁 641。

36　*V*。頁 641-642。

37　《捐助者名錄》（*Registre des bienfaiteurs*）。1645 年。

的皈依？非也，因為印第安人天性真誠熱情，即使後續改變態度，仍保有一顆真誠之心。

　　因為彼此之間存在著嚴重分歧和衝突，瑪麗・閨雅的友人有時將她置於尷尬處境，尤其是阿冉松和阿勒布斯發生爭執，最終分道揚鑣一事。布登和阿冉松也因王室調查殖民地居民管理不善之事產生嫌隙。

　　瑪麗・閨雅與兒子來往書信中謹言慎行的程度讓歷史學家在研究時屢陷困境，因為她通常以非常籠統又模糊的方式談論殖民地人們之間的衝突。信中幾乎未曾提及奎律斯神父（M. de Queylus）和耶穌會士事件，她對於阿冉松總督與拉瓦主教之間的緊張關係也近乎緘默，尚有 1660 年貝宏・德・梅尼（Péronne du Mesnil）的司法調查案，以及其子之後因在魁北克街上制止不肖分子慘遭殺害之事，還有關於布登和維勒雷（Villeray）舞弊指控案等也隻字未提。瑪麗・閨雅深諳沉默之道，她選擇保持緘默，而非散布零碎消息使自己陷入混亂處境。然而只要是涉及梅濟總督之事她即無法自制，因為梅濟與拉瓦主教之間的齟齬已是眾所周知。

　　毫無疑問地，瑪麗・閨雅的書信內容反映她一貫的謹慎態度：她不願介入任何與她無直接相關之事，避免因談論或錯誤言論而加劇衝突。聖徒傳記作者可從中找到研究題材，但歷史學家呢？

第六章

拉瓦主教

（1659-1666）

　　法國人於魁北克定居不久，查理・拉勒蒙神父即提出加拿大教會未來組織規畫事宜[1]，並於 1633 年 11 月 2 日寫道：「隨著時間推移，加拿大將需要一名主教，眼下這裡的人們並無主教可仰仗……[2]」，不過此點並非完全正確，因為傳教士之權力是由教宗（Souverain Pontife）直接授予，而教宗本身即是天主教主教之首。

　　耶穌會士並不急於商議此事。後來是由蒙特婁傳協會（Associés de Montréal）將此事重新納入議程[3]。根據《蒙特婁聖母軍勸化新法蘭西原住民之真實動機》（*Les Véritables motifs de Messieurs et Dames de la Société de Notre-Dame de Montréal pour la conversion des Sauvages de la Nouvelle-France*）一書內容，瑪利亞城創始人希望能在北美

1　柏蘭著（J. BLAIN）。〈1632-1674 年西法蘭西教會組織與殖民地局勢〉（Les structures de l'Eglise et conjoncture coloniale en Nouvelle-France, 1632-1674）。*RHAF*。第 21 期。1968 年。頁 749-756。

2　德・侯許蒙特著（C. de ROCHEMONTEIX）。《十七世紀耶穌會士與新法蘭西》（*Les Jésuites et la Nouvelle-France au XVIIe s.*）。第二冊。頁 189。

3　德・弗瑪著（G. de VAUMAS）。《法國傳教覺醒》（*L'éveil missionnaire de la France*）。頁 388-398；莫翰著（C.-M. MORIN）。〈1631-1641 年法蘭索瓦・安高利祕書欲在加拿大設立主教之企圖〉（Les tentatives du secrétaire François Ingoli pour l'érection d'un évêque au Canada, 1631-1641）。《天主教會加拿大歷史社會報告》（*Rapport de la Soc. canad. d'Hist. de l'Eglise cath.*）。1944-1945 年。頁 69-82。

新法蘭西地區任命一位主教。

　　蒙特婁市建立後數年間，聖體軍推舉勒高夫（Thomas Le Gauffre）為預備人選，蒙特婁傳協會也大力支持此事。勒高夫來自法國芒斯教區的大呂塞（Grand-Lucé），曾擔任會計商會顧問，後來成為神父[4]；但他卻於 1646 年 3 月 21 日逝世，留下一萬古金幣遺產給未來的主教。與此同時，旺斯（Vence）主教戈多（Antoine Godeau）也向法國聖職委員會（Assemblée du Clergé de France）提議於新法蘭西建立宗座聖統制，因為當時沒有主教可以授予已皈化的原住民堅振聖事。聖職委員會接受戈多主教的提議，並委任塞茲（Séez）主教龐卡雷（Jacques Camus de Pontcarré）將此事上呈王后（1646 年 5 月 25 日）。7 月 11 日聖職委員會就此議題再次進行討論，聖職委員會主席馬薩林（Mazarin）承諾為此「每年資助 1,000 古金幣」[5]。然而對此並無立竿見影的效果。無論如何，此事促使盧昂總主教阿萊（François de Harlay de Champvallon）重申新法蘭西之管轄權，因為出發前往新法蘭西的港埠迪波港位於其管轄區內，總主教先前已對此做出聲明。

　　如前所述，韋門神父曾代表加拿大耶穌會向阿萊總主教申請並取得代理主教的權柄。此舉曾令耶穌會在羅馬的會長卡拉法神父（P. Caraffa）不悅，即便如此，總會長絕不會因此公開批駁下屬。1649 年，盧昂總主教更新信函內容，再次申明此傳教區長上即為他的代理副主教。

　　然而爭取加拿大設立主教的想法一直存在。有鑒於此，一百聯營公司於 1651 年 6 月 15 日透過信函向耶穌會總會提出建議，信中甚至已提名查理·拉勒蒙神父、哈格諾神父或樂仁神父[6]，總會駁回了此提議；然而盧昂新任總主教阿萊和耶

4　關於多默·勒高夫，參閱巴黎國家圖書館手稿。fr. 23.062 與 23.968；孔德著（J. GRANDET）。〈勒高夫先生──新法蘭西提名主教〉（M. Le Gauffre, évêque nommé de la Nouvelle-France）。收錄於《法屬加拿大》（Le Canada français）。第 12 期。1924 年。頁 198-203；瑪定神父著（Abbé MARTIN）。〈多默·勒高夫與蒙特婁紳士〉（Thomas Legauffre ct les Messieurs de Montréal）。《緬因省》（La Province du Maine）。第 18 期。1938 年。頁 49-51；隆何著（P. LEMPEREUR）。《可敬的伯納神父生平》（La Vie du Venerable Père Bernard）。巴黎出版。1708 年。passim（尤其第 247 頁以下）。

5　《1646 年法國聖職委員會紀錄》（Procès-verbal de l'Assemblée du Clergé de 1646）。巴黎出版。1646 年。頁 749-750。

6　關於一百聯營公司給高斯文·尼克（P. G. Nickel）神父的信，參見 RJ。Th. 36。頁 68 以下；蘇爾特著（B. SULTE）。《法屬加拿大歷史》（Histoire des Canadiens français）。第三冊。頁 31-32；德·弗瑪著（G. de VAUMAS）。《法國傳教覺醒》（L'éveil missionnaire de la France）。頁 300。

穌會蒙特婁的會士卻與其立場相左，極力促成此事。1653 年阿萊總主教於加拿大隆重頒布《依諾增爵十世大禧年》（le jubilé d'Innocent X），因而迫使新法蘭西的耶穌會士不得不公開他們一直嚴守的祕密，即自 1647 年以來該地的耶穌會實則歸屬盧昂總主教管轄。

1656 年 8 月 9 日瑪利亞城傳協會透過戈多主教再次向法國聖職委員會提議在蒙特婁設立教區。為賦予主教相關資源，他們願意讓出蒙特婁島一半的領主權（droits seigneuriaux），其推薦的候選人因而獲得提名，即奎律斯神父，後者自 1645 年以來為聖敘爾比斯司鐸使徒生活團成員，亦是「克萊蒙費朗神學院」創立人[7]。聖職委員會批准此項提議，認定該案具有「絕對必要性」，並指示戈多主教執行後續事宜。1657 年 1 月 10 日聖職委員會會議中，戈多主教向出席主教們報告此案進度，並舉薦法國國王認可之奎律斯神父。據戈多主教所言，「耶穌會神父們同意」此項提名。

實際上耶穌會並不接受此人選，隨後即向宮廷強力遊說。十五日後，國王指示格費耶（Queffier）向羅馬教廷上呈設立教區一案時，提名人選已改為拉瓦。而在此時奎律斯神父已取得盧昂總主教授權登船前往新法蘭西行使其職權，但總主教的授權信並未清楚說明內容。

基於事件之複雜性，羅馬的協商過程延宕兩年之久[8]；耶穌會總會與蒙特婁的會士們意見分歧。依據 1516 年《宗教協定》（Concordat）規範，王室內閣希望於當地設立一位隸屬盧昂教區的派駐主教（évêque résidentiel），類似法國本地的教區。反之，羅馬萬民福音部（Congrégation de la Propagande）卻想盡辦法減少王家政權對於傳教活動的干預，希望傳教區的聖職管理能直接歸屬宗座（Siège Apostolique）。經兩年談判之久，終於在 1658 年 4 月 11 日頒布《傳教法令》（décret de la Propagande），此法令推舉耶穌會士候選人拉瓦為新法蘭西宗座代牧

7　關於奎律斯神父，參見達弗呂著（M.- Cl. DAVELUY）。《蒙特婁傳協會》（La Société de Notre-Dame de Montréal）。頁 307-312；瓦松著（A. VACHON）。DBC。第一冊。頁 659-664。

8　柯喜康著（R. CORRIGAN）。《萬民福音部與其北美傳教活動》（Die Propaganda-Kongregation und ihre Tätigkeit in Nord Amerika）。慕尼黑出版。1928 年。頁 149-174。

（vicaire apostolique）[9]。拉瓦於 5 月 6 日被任命為倍特（Pétrée）主教。宗座代牧與派駐主教不同，是直接隸屬於聖座（Saint-Siège）。法國聖職委員會、盧昂總主教及王室政權皆對此決定感到不滿[10]。為避免爭端，1658 年 12 月 8 日教廷大使皮可羅米尼（Piccolomini）在都勒（Toul）主教索塞（André de Saussay）的協助下，於巴黎聖日耳曼德佩（Saint-Germain-des-Prés）修道院的聖堂祝聖拉瓦為主教，此舉卻引發巴黎總主教的抗議。

拉瓦心中只想著出發執行使命。他與三位教區神父（prêtres séculiers）一同於春天登船出發。他成功說服法國國王承認其「宗座代牧」的權力，但妥協之下，於行使權力時「不得有違普通管轄權」，這非但沒有解決問題，反而後續引起不少爭議。

《耶穌會會訊》記載：「6 月 16 日，梅奇農修女於聖吳甦樂會修道院發願。當日晚間六點，一艘從法國出發抵達魁北克的船隻為我們帶來首位主教，隨行的還有沙尼神父（M. de Charny）、拉勒蒙神父和其他兩名神父[11]。」

瑪麗‧閨雅高度關注任何相關消息，特別是因為羅馬方面告知只要新法蘭西一日無聖統制度，為修道院申請教宗諭旨則為無用之舉。尚未設立主教期間，聖吳甦

---

9 拉杜著（Bertrand de LA TOUR）。《拉瓦主教生平回憶錄》（*Mémoires sur la vie de M. de Laval*）。科隆出版。1761 年；高斯蘭著（A. GOSSELIN）。《1622-1708年拉瓦主教的生平：魁北克首任主教及加拿大使徒》（*Vie de Mgr de Laval, premier évêque de Québec et apôtre du Canada, 1622-1708*）。魁北克出版。1890 年；蓋喜著（C. GUÉRY）。〈拉瓦 - 蒙莫宏西主教：埃夫勒副主教及魁北克主教〉（Mgr de Laval-Montmorency, grand-archidiacre d'Evreux et évêque de Québec）。《諾曼第天主教期刊》（*Rev. cath. de Normandie*）。第 1 期。1891 年。頁 542-552；第 2 期。1892 年。頁 95-106、162-171、271-285；《法屬加拿大》（*Le Canada français*）期刊於 1923 年出版介紹拉瓦主教的專刊（參見第 10 期。1923 年。頁 250-392）；德‧尚彼著（H. GAILLARD de CHAMPRIS）。《方濟‧德‧蒙莫宏西 - 拉瓦主教——新法蘭西首任主教》（*Mgr François de Montmorency-Laval, premier évêque de la Nouvelle-France*）。巴黎出版。1924 年；貝金著（E. BÉGIN）。《方濟‧德‧拉瓦》（*François de Laval*）。魁北克出版。1959 年。

10 高斯蘭著（A. GOSSELIN）。〈加拿大的諾曼第人與盧昂總主教行使之管轄權〉（Les Normands au Canada, Juridiction exercée par l'archevêque de Rouen）。《諾曼第天主教期刊》。第 5 期。1895-1896 年。頁 152 以下；柏蘭著（J. BLAIN）。〈盧昂總主教、加拿大教會與歷史學家：歷史扭曲之例〉（L'archevêque de Rouen, l'Eglise du Canada et les historiens, Un exemple de déformation historique）。*RHAF*。第 21 期。1967 年。頁 199-216；關於後續年分，請參見帕拉帝著（W.-H. PARADIS）。〈1626-1674年魁北克教區之建立與盧昂總主教之反對〉（L'érection du diocèse de Québec et l'opposition de l'archevêque de Rouen, 1626-1674）。*RHAF*。第 9 期。1955 年。頁 465-501。

11 *JJ*。頁 258。

樂會修道院雖然實質存在，但於法律上卻無法享有完整權利。任命主教的消息傳至魁北克後，她立即致信給兒子：「貝尼耶先生（M. de Bernières）告知我此事，拉勒蒙神父也證實此消息，拉瓦神父將成為我們的主教，人們說他是天主之僕。也是時候在此設立主教，對這個國度來說將是一個絕佳的安排，但願他與耶穌會神父們因傳教熱情而團結齊心，否則將有損天主光榮，不利靈魂救贖[12]。」次年，瑪麗·閨雅於信中向兒子提到對拉瓦主教的第一印象：「我們終於有一位主教了，雖然於主教到達後才收到通知。這是一項令人愉快的驚喜。整個國度不只因新任主教的到來感到喜樂，主教獨特的非凡人格也讓人們感到欣慰……他是一位德行高尚且具有超凡美德之人。我知道您對選任過程有些意見，無論旁人如何非議，他都是天主選定的。」她依個人觀點寫出如此讚美之詞，於拉瓦主教就任初期，她對其評價也是如此：「我並沒有說他是位聖人，這太言過其實。但我所說的皆是千真萬確，他過著聖潔的使徒生活，不太在乎他人的看法，而且從不虛言，會談時總是襟懷坦白地向大家陳述事實[13]。」

　　新任主教與某些官員之間發生些許衝突：「這裡需要一位有力人士來剷除這些惡毒言語，這些誹謗批評持續一段時日，已扎根於人心……」就瑪麗·閨雅而言，她希望主教的行事作風能再圓融些：「他並不是藉由結交朋黨來推動事務或累積利益，他本人唾棄這種方式。如果他處事更圓融些，情況或許會改善，在這裡少了世俗人士的幫助是不能成事的[14]。」瑪麗·閨雅也提到教徒對主教的深刻印象：「他的生活可謂之為榜樣，大家都對他欽佩不已。他是貝尼耶蒙席的摯友，與其維持四年忠誠的師徒關係[15]；如我們所見，在持續的練習下，他在祈禱方面能達到如此崇高的狀態，對此無須感到驚訝[16]。」

　　對於主教的到來，魁北克尚未準備就緒，一些生活所需的安排仍待處理，如

12　*O*。頁 597。

13　*O*。頁 613。

14　*O*。頁 632。

15　德·尚彼著（H. GAILLARD de CHAMPRIS）。〈尚·德·貝尼耶──拉瓦主教的平信徒導師〉（Jean de Bennières et Mgr de Laval, ou le directeur laïque d'un futur évêque）。《法屬加拿大》。第 10 期。1923 年。頁 294-306。

16　*O*。頁 613。

主教的住所還尚未有著落[17]。主教一開始在主宮醫院的神父那住了將近三個月；之後，聖吳甦樂會修女向其提議可先在貝第夫人的小屋安頓下來，那裡獨立於修院之外，先前用來安置住宿生：「我們讓他借住於學生住宿處，此處位於修院禁地一隅，離堂區教堂不遠，也能欣賞美麗的花園。關於住宿安排，為符合教會法典的規定，他命人建造一座隔離柵欄。直到主教公署完工之前，生活將有所不便，因為住宿生須遷居至修院房間，不過這一切都是值得的，我們一點也不介意[18]。」拉瓦主教在貝第夫人的房子裡借住了一整年，「在這期間，他幾乎每天都在我們的小聖堂裡舉行彌撒[19]」。

拉瓦主教於 1659 年 6 月抵達魁北克，但直到 1660 年 4 月才對聖吳甦樂會[20]進行法定視察，顯然是因為想熟悉環境和面會相關人士。藉此次機會瑪麗·閨雅才深刻體認到修院中並非所有人皆認同 1646 至 1647 年間辛苦完成的《會憲[21]》。某些修女向拉瓦主教抱怨《會憲》範圍過廣、結構鬆散且過於冗長。修改《會憲》的消息傳出後，雜音此起彼落，瑪麗·閨雅在寫給都爾修道院院長的信中解釋過這一點。此事雖於前文提及，但仍有必要再次深究：「拉瓦主教去年拜訪時，有幾位修女在我們不知情的情況下向他訴求刪減《會憲》。他信守諾言並根據自己的想法進行刪略，只保留實質內容。他刪改了解釋性及有利條款實行的文句；然後又加入自己想要的內容，簡化版本更趨近加爾默羅聖衣會（Carmélite）或更偏向加爾瓦略修會（Calvaire），但卻不適合聖吳甦樂會修女，其實這麼做是毀了整部《會憲》。由於我們編寫《會憲》過程時拉勒蒙神父曾不遺餘力協助，他對天主的託付毫不懈

17 華伊著（P.G. ROY）。《魁北克舊城》（*Le vieux Québec*）。第 1 系列。魁北克出版。1923 年。頁 27-31。

18 *O*。頁 613-614；據瑪麗·維利耶（Marie Villiers）修女所述，拉瓦主教於貝第夫人的屋中借住一年，參見 *O*。頁 1007。

19 《魁北克聖吳甦樂會年鑑手抄本》（*Annales ms. des Ursulines de Québec*）。頁 21。

20 同上。頁 22。

21 關於拉瓦主教與聖吳甦樂會修女的關係，參見余東著（L. HUDON）。〈拉瓦主教和女子修會〉（Mgr de Laval et les communautés de femmes）。《天主教會加拿大歷史社會報告》（*Rapport de la Soc. canad. d'Hist. de l'Eglise cath.*）。1957-1958 年。頁 40-45；夏博著（M.-E. CHABOT）。〈魁北克早期聖吳甦樂會的會憲與會規〉（Constitutions et règlements des premières Ursulines de Québec）。《拉瓦大學期刊》（*Revue de l'Univ. Laval*）。1964 年。頁 117-120。

怠，有鑑於他的良多貢獻，主教請他審閱修改版本[22]。」1661 年四月，拉瓦主教拜訪聖吳甦樂會修院再次進行法定視察時，極有可能藉此機會向修女們介紹他所改寫的《會憲》：「他給我們八個月至一年的時間思考。我親愛的修女，我們已深思熟慮並做了決定：除非強迫我們服從，否則我們絕不願接受。但我不願再跟他堅持，以免影響其他事務，我們現在是在與一位虔誠事主的主教打交道，如果他深信這是為了光榮天主，且永不退讓，我們將不得不接受此事[23]。」瑪麗・閨雅下定決心準備與主教重新討論此事，即使協商過程有如先前與韋門神父和樂仁神父討論時那般艱辛，她仍竭盡全力挽救其工作成果和創院時的精神。她訴說著過往心路歷程：「這一切歸因於尊敬的主教對此事之熱情，但我親愛的修女，正如您所知道的那樣，在會規制定方面，經驗凌駕謀略。目前一切運作良好，所以就應該如此維持下去，至少這樣我們能確定事情進展順利，若是有所改變，我們將無從得知未來是好是壞。」至少這一次瑪麗・閨雅不像 1640 年至 1641 年間那般感到孤立無援。身旁有拉勒蒙神父為她提供建議並減緩衝突：「拉勒蒙神父……是我們的摯友，我們可以信任他處理任何事情。無論在靈修或世俗方面，他都給予我們完善的照顧，由於他能洞悉拉瓦主教的心思，因此替我們免去許多難以承受的挫折[24]。」

　　儘管如此，瑪麗・閨雅仍難以適應主教於彌撒時以誦唸「平調」（recto tono）的方式取代先前的唱頌：「他擔心我們會因唱歌產生虛榮心理，給予外界自得意滿的印象。彌撒時我們不再歌唱，因為他說這會讓大家在禮儀進行時分心，況且他的經驗中未見過人們於彌撒時歌唱[25]。」

　　瑪麗・閨雅禮貌但堅決地表達反對立場，拉瓦主教因而放棄其《會憲》「刪減工作」。1662 年 7 月 22 日，主教批准 1647 年《會憲與會規》，「他堅持修改其中五條條款……」。主教費力地在一百五十八張手稿上每頁親筆簽字，並在正式批准文件中特別註明：「另有一份四百七十頁（二百三十五張紙）同樣包含我手寫簽名的副本」。此份副本可能包含《會規》多處提及的「禮儀書」。

22　*O*。頁 652-653。

23　同上。

24　同上。

25　同上。

拉瓦主教堅持保留的條款共計五條，內容如下：「彌撒中感恩經（成聖體聖血時）不再詠唱；彌撒中，以前平調詠唱的一些部分，未來都將以誦唸（à voix droite）方式進行。部分修女不須每日領聖體；除基督聖體聖血節的八日慶期以外，原本每月第一個主日及節日的明供聖體取消。最後，宣發完初願的年輕修女必須在發願滿四年後才可於修會全體大會（le chapitre）中發言[26]。」

　　拉瓦主教堅持保留的條款涉及次要項目，但卻是修女們十分看重的敬禮，雖說無關大體，但對未來影響仍是未知數；瑪麗‧閨雅已六十二歲，但拉瓦主教尚未滿四十歲，她的身體已過度操勞四十餘年，在她離開人世後，主教批准的《會憲》將會對修會未來構成一大威脅。

　　瑪麗‧閨雅曾呼籲須以「經驗」為準則，而非主教所推崇的「思辨謀略」。主教卻提出「未來經驗」之說：「保留日後修改的權力，可增修或刪減《會憲與會規》的內容，隨著長時間的經驗累積和時代變遷，依此與時俱進，以光榮天主，這可為妳們的修會帶來最大益處。」

　　瑪麗‧閨雅是否曾意識到此次的成功無法持久？ 1666 年她非常樂觀地向都爾聖吳甦樂會修女寫道：「感謝天主，一切皆處於絕佳狀態，透過倍特主教（Mgr. de Petrée），我們所推行的事得到了聖座認可，聯合案與《會憲》皆受到批准，只須教會長上依照慣例給予許可，我們即有權在各地成立修院[27]。」但拉瓦主教的許可僅具暫時效力，絕無可能凌駕羅馬的教宗詔書。修道院仍然沒有法定地位。為授予修道院存在之合法性，拉瓦主教採取較簡易的方式，於 1681 年將魁北克聖吳甦樂會併入巴黎的聖吳甦樂會——因為當時魁北克市已不再被視為傳教區。當時勒布茲修女才剛離世，她是最後一位來自博多聖吳甦樂會修女，而巴黎修女的人數為八位，其中包括一位庶務修女[28]。拉勒蒙神父協助瑪麗‧閨雅完成《會憲》時，博多修會的修女人數共四位，而巴黎修女卻有五位。 1681 年聯合法令在歡樂氣氛下簽

26　《會憲與會規》。第 159 v 張。

27　*O*。頁 763。

28　最後一位都爾聖吳甦樂會修女離世後，拉瓦主教才依其想法修改瑪麗‧閨雅所完成的會憲；在此之前，他對此部會憲持有不同意見。此點呈現其人格之正義感且遵守承諾；參見《魁北克聖吳甦樂會》（*Les Ursulines de Québec*）。頁 349-352。

署，透過官方文件之內容，不難推測是何人促成此事。

　　瑪麗‧閨雅離世還不到十年，艱辛促成的聯合案成果卻隨之消滅，她曾寫道：
「如果我知道處理如此重要議題（聯合案）時竟偏離原本創院精神，我寧願捨棄生
命也不願接受此事[29]！」

29　*O*。頁 763。

第七章

新法蘭西的擴張

（1660-1670）

1653 年和平奇蹟之後，易洛魁人將戰事轉向西部伊利人（Eriés），後者如同休倫族一般，無法逃脫滅族亡身的命運。奧諾達給（Onontagués）的易洛魁族人戰後戰力大幅衰落，因此他們計劃集結奧爾良島（ile d'Orleans）殘餘的休倫人來重組部族。為重建部族，奧諾達給人須取得總督的核准，但條件是他們須接受在部族內設立傳教站，經歷一番猶豫思量後，休倫人同意此條件。此為瑪麗‧閨雅意指的「安大略傳教站」，該傳教站實際發跡於甘南塔哈湖（lac Gannentaha）岸邊，前後歷時兩年（1656 年至 1658 年）。

易洛魁人中就屬安尼耶（Agniers）部落與法國居地最為靠近，他們並未解除武裝，也經常缺席與法國人的協商會議。魁北克休倫人則是法國人的有力盟友，因而對安尼耶人心存警惕，雖然法國人不甚熟悉當地的戰鬥方式，但在某種程度上，休倫人可為法國殖民地提供掩護。1656 年 5 月 20 日，安尼耶人突襲殘留在奧爾良島上的休倫人，之後休倫人被虜和死亡人數因而增至七十一人，但由於魁北克的法國人與易洛魁族人和平共處，法國人並沒有出手干預此次衝突，他們的信譽也因而受到極大損害。

1658 年，此和平景象一夕破滅，由於安尼耶人的介入，成功摧毀了法國人與西部易洛魁人的和平協議，數名法國人因此命喪樹林中。對此勞森總督的繼任者路易‧阿勒布斯（Louis d'Ailleboust），以代理總督身分下令，將所有行經法國駐站的易洛魁人扣為人質。

1658 年 7 月 28 日抵達的阿冉松總督也無法成功擊退印第安人[1]；恐懼再次籠罩殖民地長達兩年之久；短短幾個月內，有八十多名法國人慘遭殺害，另還有其他法國人被俘虜。1660 年間易洛魁人掌控整個局勢，魁北克採取最高等級的防禦措施，以抵禦即將前來支援的大批印第安軍隊。某位被俘虜的易洛魁人提到軍隊人數近八百人：「這個消息⋯⋯讓我們的主教憂心忡忡，擔心這會對修女們的安全造成危險，他命人將我們教堂的聖體龕移走，並下令修院遵從他的指示。我們對此命令感到驚訝，因為在如此堅固的修道院中無須心生恐懼，但我們必須服從主教指示。他也同樣要求將醫護會和堂區的聖體龕移至安全處[2]。」拉瓦主教將修女們安置在堡壘附近，雖然聖吳甦樂會、醫護會的修道院以及堂區教堂與堡壘相距不遠，但主教認為所處位置過於暴露在危險之中，他希望將各修道院人員聚集在離堡壘最近的耶穌會修院中：

「人們依命令查訪各修道院以確定建築物結構是否足以抵抗攻擊。實際上，總督和專家曾多次造訪修道院，然後在修道院兩端設置哨所，定期輪班站崗。他們盤點各處防衛樓塔時，發現最堅固的樓塔位於我們馬廄附近，從那裡可以防衛穀倉，亦可保護教堂。他們在所有窗戶上都釘上橫梁，在牆面高度一半的位置也都設有槍眼孔，並加強修道院門口的防禦措施，在房間之間皆有便橋做為通道，修道院和僕役房間之間也設有通道。我們只能透過一個小柵門進入院子，而且每次只能有一個人通行；簡而言之，修道院被改造為一座由二十四人守衛的堡壘。當我們接收到

---

1 關於魁北克總督府的防衛組織工作，參見德‧柏諾著（Cl. de BONNAULT）。〈加拿大軍事：1641-1760 年民兵軍官之暫況〉（Le Canada militaire, Etat provisoire des officiers de milice de 1641 à 1760）。*RAPQ*。1949-1951 年。頁 229-294；關於魁北克，參見頁 296-297；關於波特‧德‧萊維（Pointe-de-Lévy），參見頁 313-314；關於聖福瓦，參見頁 375-376；關於博波特，參見頁 391-392；關於博普雷，參見頁 397-398。

2 *O*。頁 619-620；華伊著（P.-G. ROY）。〈1660 年春季的魁北克〉（Québec au printemps de 1660）。*BRH*。第 3 期。1925 年。頁 33-39；德洛歇著（L.-P. DESROSIERS）。〈三百年前〉（Il y a trois cents ans）。*CD*。第 25 期。1960。頁 85-101。

離開的命令時，哨所已設置完成[3]。」瑪麗・閨雅以執行總務職責為由，可於夜晚留守修道院，防止他人偷竊院內家具和物品[4]：「我取得留守修道院的許可，以免將修道院全權交託給參戰人員，他們人數眾多，我必須留下來提供伙食和防衛所需的彈藥。另有三位修女與我一同留守[5]。」即夏洛特・巴雷修女（Charlotte Barré de Sainte-Ignace）及兩名庶務修女，分別為凱特琳・雷索修女（Catherine Lézeau de Sainte-Ursule）與瑪麗・都第耶修女。修院其他人晚上返回耶穌會的修院中過夜：「我們修院和醫護會的修女則被帶到神父那裡，院長神父為她們準備了獨立的房間，與神父們的主要居所分開，也就是說我們借住的是耶穌會的修院，醫護會修女則暫居於另一處相距不遠的房舍。這裡就像一座由高牆團團圍住的堡壘，是我們安全的避難所[6]。」

附近居民盡可能聚集於堡壘中、耶穌會會院、主教公署，或聖吳甦樂會修道院的附屬建築中避難：「有六或七個家庭暫居在修院僕役房、會客室及對外辦公室（offices extérieurs）；其餘人則於下城處各角落尋求庇護之處[7]。」

白天大家返回修道院；夜晚則回到耶穌會那裡。這種情況持續了一週左右（5月19日至27日）。自基督聖體聖血節（Fête-Dieu）開始（當年落在5月27日），人們認為沒有必要一直維持這種移居方式：「參觀我們的修道院之後，大家認為修女們可安居於此，性命無虞，無須擔心易洛魁族人的襲擊，除非上城區居民通知我們敵軍圍城的消息，否則我們絕不會放棄修道院[8]。」除了哨兵之外，還增添犬隻加強守衛。

事實上，三河和蒙特婁皆無須擔心會受到易洛魁人圍攻，因為他們將所有精力聚焦於朗蘇（Long-Sault），努力攻打由多拉（Adam Dollard Des Ormeaux）在渥太

3　*O*。頁620；關於醫護會修女，參見《主宮醫院年鑑》（*Annales de l'Hôtel-Dieu*）。頁112-114；卡斯坎著（H.-R. CASGRAIN）。《主宮醫院》（*L'Hôtel-Dieu*）。頁216-220。醫護會年鑑撰寫者提到她們離開修道院的時間為期三週，而非八天；基於防禦考量，主宮醫院所處之地理位置不佳。

4　《魁北克聖吳甦樂會年鑑手抄本》（*Annales ms. des Ursulines de Québec*）。頁22。

5　*O*。頁620。

6　同上。

7　同上。

8　*O*。頁621。

華修復的小堡壘。當易洛魁族人成功攻克此地時，他們只想回到部落慶祝勝利並且折磨戰俘[9]。6月25日，瑪麗‧閨雅向兒子寫道：「我們確信他們明年秋季或春季會再回來，這就是為什麼我們在魁北克加強防衛的原因。在魁北克以外的地區，總督大力建造隱蔽藏身處或在村莊外圍築起高牆，他命令每位居民為家人建造房屋和公用穀倉以確保農作收成，如有不從，他將放火燒毀那些不服從者的房屋。這是因應時局所需而實施的強硬手段，否則居民可能讓自己及家人身陷危險。因此大約建有九到十處藏身之所，裡面聚集人數眾多且具有自我防衛能力。此時更需要擔心的是飢荒的問題，因為如果敵人於秋天入侵，他們將會奪取莊稼收成；如果於春天攻打，他們將阻撓播種[10]。」阿冉松總督做了明智的戰略規畫，等待法國前來營救的同時亦可攻也可守。印第安人只能透過突襲才可能獲得勝利[11]。村莊內備有槍支，也仿效法國做法強化防禦，印第安人對襲擊此類村落的準備欠佳。

身在法國的都爾聖吳甦樂會修女得知易洛魁人重啟戰火的消息後，霎時間感到驚慌失措，計劃召回瑪麗‧閨雅和其他修女，但瑪麗‧閨雅於1659年聽聞此消息時大為震驚：「天主保佑我們免受此事傷害！我們之前並沒有因火災或其他災難而離去，我們同樣不會因易洛魁人而離開此地，除非整個加拿大的人都逃離此地……如果此事真的發生，我將感到絕望不已[12]！」

於是她們原地堅守下去，即便如此，仍極需法國的援助，瑪麗‧閨雅寫道：「最佳方式就是全力反擊原住民，否則依他們好戰殘暴的個性，會將我們趕盡殺絕[13]。」1660年至1661年間，各代表人士接續前往法國以催促國王內閣採取行

---

9 朗蘇（Long-Sault）的參考文獻數量巨大且其學術價值不均；參見普利歐與杜瑪沙合著（POULIOT & S. DUMAS）。〈朗蘇之壯舉：當代之見證〉（L'exploit du Long-Sault, Les témoignages des contemporains）。《歷史期刊》（*Cahiers d'Histoire*）。第12期。魁北克。1960年；德洛歇著（L.-P. DESROSIERS）。〈文本中的多拉‧德‧奧荷莫〉（Dollard des Ormeaux dans les textes）。*CD*。第10期。1945年。頁41-86；瓦松著（A. VACHON）。〈朗蘇事件：休倫文獻之價值〉（L'affaire du Long-Sault : valeur de la source huronne）。《拉瓦大學期刊》。第18期。1964年。頁495-515；同作者。＜多拉（Dollard）＞。*DBC*。第一冊。頁274-283。
10 *O*。頁627。
11 德洛歇著（L.-P. DESROSIERS）。〈蒙特婁島上的游擊隊〉（Guérillas dans l'île de Montréal）。*CD*。第31期。1966年。頁79-95。
12 *O*。頁615。
13 *O*。頁648。

動，繼樂仁神父、布登及維勒雷之後，還有三河總督布樹（Pierre Boucher）。阿冉松總督返國向國王匯報之際，其繼任者阿沃古（Du Bois d'Avaugour）也寄送報告至法國。

　　新法蘭西又度過艱辛的一年，這一年間已有百餘人喪生，此時人們又重提撤離之事。但後來緊張情勢有所趨緩，因為錫涅克人，包含奧諾達給人和哥由關人（Goyogouins）再次派遣使者希望與法國人修復關係，並釋放了幾位俘虜以示誠意[14]。人們開始迎來苦難結束的契機。法國國王 1662 年派遣一支部隊，承諾次年將調派整個軍團進駐新法蘭西，布樹帶著二百名雇傭返回新法蘭西：「（國王）心懷善意聽取他的意見，答應他明年將派一支軍團到此，還備有小船便於在易洛魁土地的河流航行……國王想要消滅易洛魁人，企圖統領整個國度[15]。」

　　瑪麗・閨雅保持一貫的樂觀態度，心懷加拿大人民的所有冀望[16]。實際上，該國度正處於擴張期前夕。她對國王的諾言表以讚賞：「國王最想詢問布樹先生的事情其中之一，就是該國度是否有眾多新生孩童，事實也的確如此，而且令人驚訝又出乎意料的是這裡有很多漂亮且四肢健全的孩子，身體上完全沒有任何殘缺。生活窮困的人仍可生育八個小孩，甚至更多，孩子們冬天赤著腳丫，頭上沒有包裹任何保暖用品，身上只套著緊身背心，僅依靠鰻魚和些許麵包過活，即便如此他們仍身強體壯[17]。」這就是殖民地的未來，在此地生育的人口遠勝於移居的人數，從法國移居至此地的人數仍然偏低。

　　科爾伯（Colbert）於 1661 年進入內閣，他誓言絕不輕易讓國王錯失發展潛力豐厚的新法蘭西。在他復甦法國經濟的計畫中，海外殖民地的發展可讓法國更加獨立自主，無須仰賴他國提供國內無法取得的資源。自黎希留 1642 年逝世以來，殖民地一直處於窘迫狀態，如法國再不提供援助，殖民地將無法維持下去，因此須立

14　*O*。頁 671-672；1661 年 9 月 16 日信中，她並未排除被迫返回法國的可能性。*O*。頁 659。

15　*O*。頁 684。

16　德洛歇著（L.-P. DESROSIERS）。〈1662-1663 年逆轉與成功〉（Revers et succès, 1662-1663）。*CD*。第 27 期。1962 年。頁 77-96。

17　*O*。頁 684。

即採取行動[18]。一百聯營公司對此幾乎無所作為；初期將移居人口安置殖民地後，此公司顯然只是任之聽之。在將近十五年期間，它甚至不再採取積極措施，而是將財務管理和毛皮交易交給當地居民團體，從中收取費用，但是在戰亂年間，公司報酬收益表現不佳。

1662年，一百聯營公司遭逢破產之際，科爾伯趁機宣布此公司喪失控制權，順勢將加拿大殖民地併入王室領土。藉由瑪麗·閨雅的筆下描述可得知，她對該公司的悼文僅是短短幾字。1663年秋天，她對兒子說道：「您知道國王即將成為這個國度的主宰之時，一百聯營公司的經營者一聽說國王打算從他們手中奪走此地，他們便前往面見國王，主動獻予此國度。國王口頭接受他們的提議，承諾會予以補償，因此移交過程並無太大困難[19]。」與大多數居民一樣，瑪麗·閨雅意識到該公司並沒有完成其使命；只須對照1639年與1663年的加拿大即可得知這段期間內此地的發展甚微，浪費了如此多的黃金時間。

「根據法令制定條款，魁北克被劃分為城市[20]，新法蘭西則被納入王國省分。人們選舉推派一位市長和數名市政官員。一般而言，所有選任官員須是正直清廉且具有聲望之人士，居民間對此抱持著團結一心的態度[21]。」儘管如此，瑪麗·閨雅仍抱有些許存疑的態度，認為未來的事難以預測，但這種顧慮也是合情合理：「這一切聽起來都很不錯，開始時一切都很好，但只有天主知道結果為何，經驗告訴我們成功總不如我們預期的結果一樣[22]。」

王室的決定與科爾伯制定的發展計畫立即產生殘酷的負面效果。自此之後將有一波移居殖民地的移民潮，如此一來就必須重新考慮土地分配的問題，避免讓新移民被迫安置於居住區以外的地方。易洛魁戰爭讓大家體悟到偏遠農場特別容易受到

18　參見1663年8月4日阿沃古總督寫給內閣的信函：〈鞏固家園以對抗加拿大易洛魁之論述〉（Mémoire de ce qui serait à faire pour se fortifier contre les insultes des Iroquois en Canada）。*BRH*。第36期。1930年。頁12-23。

19　*O*。頁710。

20　舒那修士著（Fr. X. CHOUINARD）。《魁北克市：市政歷史與法國統治》（*La ville de Québec, Histoire municipale, le Régime français*）。第一冊。魁北克出版。1963年。

21　*O*。頁710。

22　*O*。頁711。

攻擊，這些農場彼此相距遙遠且隔著大片森林。針對此問題，阿冉松總督採取嚴厲的鐵腕措施，威脅放火燒毀那些不想加入「封閉式村莊」的農場。其實一百聯營公司授予首批居民大片土地，然而這些土地還尚未開墾耕種，因此可預見加拿大殖民化的過程中將率先進行農地改革，從持有者手中取回未開發耕作的大片土地，再以更合理的方式重新分配給新移民。

聖吳甦樂會修女享有首批移民的優惠措施，其土地所有權可追溯至 1637 年。加拿大併入國王領土之日簽署新法令，聖吳甦樂會修女得知自己為法令的適用對象。實際上，國王於 1662 年 3 月 21 日主持樞密院會議，魁北克重要人物也前往法國出席此會議，法令內容如下：「已向國王表明，該國度人口數未如預期蓬勃發展的主要原由之一在於……大量土地之讓與，這些土地被轉讓給當地居民……因此大範圍的土地之中，僅有居住區附近的少數土地已被開墾耕作，其餘處於無法管理的失序狀態。國王在會議中下達命令，宣布自法令於該地公告日起六個月內，所有居民須開墾耕作其因轉讓取得的土地，如有不遵從，依國王命令，自六個月期限以後，以國王之名，將所有未開墾的土地以再次轉讓之方式重新分配給既有居民或新移民 [23]……」該法令直至 1664 年 8 月 8 日才於魁北克當地公告；梅濟總督決定將公告日延期至此日，因為他很清楚此法令的實施將遭遇困難。但原則上從 1665 年 2 月 8 日開始，尚未開墾耕作的土地須歸還給法國國王 [24]。

除了魁北克郊區有許多土地外（其中只有聖若瑟分租農地和靠近修道院的幾片土地有進行耕種），聖吳甦樂會修女還擁有聖十字地區（Sainte-Croix）大片領地（魁北克上游，河流以南數古里處，現位於洛比尼耶縣〔comté de Lotbinière〕）、位於錫勒里 250 古畝大的土地（1654 年由勒梅歇神父讓與）、320 古畝位於勞松的土地（1654 年由勞森〔Jean de Lauson〕轉讓，用於支付安妮・德・勞森修女〔Anne de Lauson〕的嫁妝），以及奧爾良島上的封地（從勒塔第〔Olivier Le

---

23　《法令與命令》（*Edits et Ordonnances*）。第一冊。魁北克出版。1854 年。頁 33。
24　*ASQ*。Polygr 13。第 37 號。

Tardif〕之處購得，現位於聖伯多祿〔Saint-Pierre）堂區〕）[25]。法令施行後，魁北克領地郊區和聖十字的土地受到的影響最大，因為魁北克郊區的土地仍尚未開墾，聖十字領地靠近河流那面的面積寬度為 1 古里，長度則為 10 古里。其他土地受到的影響不大，因為這些土地並非由一百聯營公司直接讓與，而是再次轉讓給聖吳甦樂會修女的世襲封地（arrière-fiefs），這些封地的所有權人擁有大片土地，轉讓給聖吳甦樂會修女的土地僅是其中一部分，所以所有權人會捍衛自身利益。

　　瑪麗・閨雅和修女們對土地使用寄予厚望，如日後開墾或經營這些土地，可為修道院帶來額外收入，考量到修院資金不足，這些額外的收入變得相當重要；但國王的法令似乎讓她們的希望破滅。

　　自頒布日起，人們似乎衝著貴族和修道院而來，對這些「土地掠奪者」的抗議浪潮席捲而來，聖吳甦樂會修女不是唯一被針對的目標，耶穌會會士、醫護院修女和拉瓦主教皆受到抨擊。瑪麗・閨雅亦提到「數名具有聲望的士紳」也深受波及，其中不乏首批移民的大地主：「我們無法相信有那麼多人惡意中傷我們的主教、神父，反對我們及具有聲望的士紳，大部分要歸咎於這項法令。還有人書寫內容不實的誹謗信傳到國王手裡，國王後來揭露了誹謗者的謊言，還給天主僕人一個清白[26]。」

　　瑪麗・閨雅試著爭取更多時間，她採取多方管道希望延長寬限期，並向國王

25　關於聖吳甦樂會修女的土地，參照華伊著（P.-G. ROY）。《1927-1928 年博斯維爾之封地與領地土地轉讓普查與附庸對封君之效忠宣誓》（*Inventaires des concessions en fief et seigneuries, foi et hommages, Beauceville, 1927-1928*）。第一冊。頁 124-125（勞松的封地和領地，即 1654 年 5 月 4 日和 6 月 1 日轉讓給聖吳甦樂會修女的世襲封地，320 古畝土地）；頁 142-147（聖吳甦樂會修女於魁北克的封地，1637 年 1 月 15 日和 1639 年 9 月 28 日轉讓；分別於 1651 年 9 月 10 日、1655 年 9 月 18 日和 1658 年 8 月 22 日增加土地）；頁 147-149（聖十字領地，1637 年 1 月 16 日轉讓，面積寬為 1 古里，長為 10 古里）；頁 173-175（聖若瑟封地，1639 年 10 月 14 日轉讓）；頁 302-304（聖吳甦樂會修女於錫勒里領地的世襲封地，1654 年 2 月 11 日轉讓，253 古畝土地）；第二冊。頁 16-18（聖若瑟封地，參見前文，60 古畝土地）；1650 年 10 月 26 日，博普雷公司（Compagnie de Beaupré）將博普雷（Beaupré）和奧爾良島的土地轉讓給聖吳甦樂會修女；1652 年 8 月 9 日，再次轉讓博普雷土地，但聖吳甦樂會修女保留奧爾良島土地；參見 *ASQ*。領地（Seigneuries）3。第 31 號；*RAPQ*。1939-1940 年。頁 173；同前註。1953-1955 年。頁 45-49；參見華伊著（P.-G. ROY）。《奧爾良島》（*L'ile d'Orléans*）。魁北克出版。1928 年。

26　*O*。頁 752。也許是影射尚・貝宏・德・梅尼（Jean Péronne Dumesnil）於法國撰寫的報告，貝宏・德・梅尼為一百聯營公司的會計稽查員，揭發居民挪用公款的行為，尤其是從 1663 年開始；參見華伊著（P.-G. ROY）。〈尚・貝宏・德・梅尼與其回憶錄〉（Jean Péronne Dumesnil et ses Mémoires）。*BRH*。第 21 期。1915 年。頁 161-173、193-210、225-231。

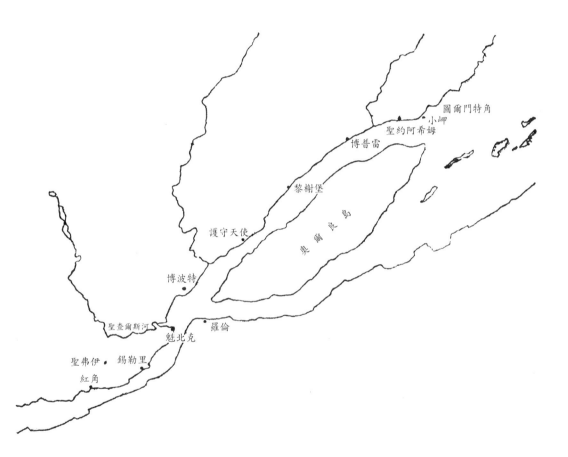

圖爾門特角

聖約阿希姆　小岬

博普雷

黎榭堡

護守天使

奧爾良島

博波特

聖查爾斯河

魁北克　　羅倫

聖弗伊　錫勒里

紅角

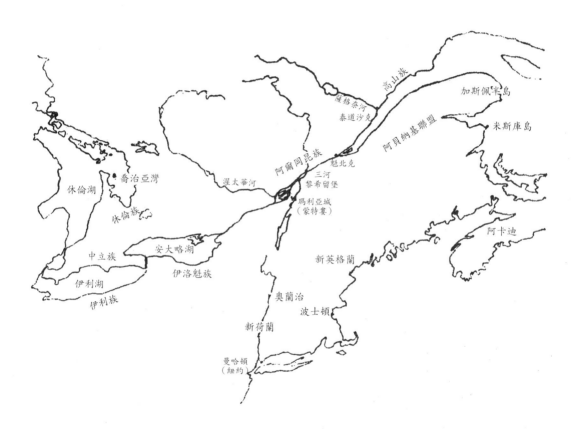

休倫湖

喬治亞灣

阿彌岡昆族

休倫族

渥太華河

薩格奈河
泰道沙克

高山族

加斯佩半島

米斯庫島

魁北克

三河
黎希留堡

阿貝納基聯盟

瑪利亞城
（蒙特婁）

阿卡迪

中立族

安大略湖

伊洛魁族

新英格蘭

伊利湖

伊利族

奧蘭治

波士頓

新荷蘭

曼哈頓
（紐約）

派駐美洲的總指揮官塔西先生提出訴求。塔西先生預計於 1665 年春季抵達，因此瑪麗‧閨雅希望於寬限期期滿之後（1665 年 2 月 8 日），能再獲得幾個月的緩衝期：「人們希望我們失去這些土地，他們深信我們的土地所有權皆是偽造的，但這些所有權皆已正式認證……我將文件呈交給總督，懇求他將此事延至塔西先生抵達之時，塔西先生於了解案情後將會提供解決辦法。儘管這些人士以莫名極端的方式反對我，總督將會授予我更長的寬限期[27]。」

總指揮官於 6 月 30 日[28] 抵達魁北克不久後便答應審查聖吳甦樂會土地一案，如果可以，他將依循修女們的意願裁決此事：「塔西先生得知此事後，向我們保證會予以保護這些土地，他等待督察先生的到來以解決所有相關事務[29]。」這並非是特別偏袒聖吳甦樂會修女的解決辦法，因為她們並非唯一受惠者，耶穌會會士、醫護會修女和資深居民皆碰到相同狀況。身為督察的達隆先生（Intendant Talon）在充分了解當地情形後，頒布了通用命令，實際上是針對 1663 年發布的王室法令進行了法律解釋。1667 年 1 月 24 日，由新法蘭西主權參事會頒布此項命令，根據該命令，經讓與取得土地之所有權人應進行土地申報，「提供土地所有權讓與的條件和條款內容，俾利了解是否有無條款損害主權權利之情事[30]。」該命令還規範日後授予土地讓與之事項，並要求應予以登記。聖吳甦樂會修女則依此命令處理後續事宜。同年 12 月 6 日，針對其名下之領地，她們以自身的名義宣誓效忠，抑或根據每筆土地之性質透過兩位代理人進行申報登記，他們分別是來自聖瑪定（Saint-Martin）的布德先生（Martin Boutet）和魁北克公證人貝給（Romain Becquet）[31]。土地財產的威脅因而得以解除[32]。

同時，易洛魁人對新法蘭西帶來的嚴重威脅也得以消緩。為了保衛殖民地，國

27　*O*。頁 752。

28　*JJ*。頁 332。

29　*O*。頁 752。

30　參見華伊著（P.-G. ROY）。《魁北克省檔案、總督和督察之命令與委任》（*Arch. de la Province de Québec, Ordonnances et Commissions des Gouverneurs et Intendants*）。第一冊。博斯維勒（Beauceville）出版。1924 年。頁 55-64。

31　關於羅曼‧貝給，請參見高布著（A. GODBOUT）。*RAPQ*。1953-1955 年。頁 535-536。

32　《魁北克聖吳甦樂會年鑑手抄本》記錄幾筆土地購買：頁 27，1666 年 6 月 1 日，克萊方丹（Clairefontaine）土地（32 古畝）；頁 29，1671 年 3 月 12 日，小聖若瑟（Petit-Saint-Joseph）土地。

王終於派出先前承諾的增援部隊。1665 年陪同塔西先生抵達加拿大的還有卡里尼昂 - 巴爾塔薩軍團（Carignan-Balthazard），共計一千三百名士兵，此軍團由薩利耶上校（colonel de Sallières）指揮 [33]。該軍團於 1644 年由卡里尼昂王子薩伏（Thomas-Emmanuel de Savoie）成立，一直保持良好的服役紀錄，繼「庇里牛斯和平條約」（paix des Pyrénées）後，軍團移交給法國國王路易十四，以外國軍團之名義併入法國軍隊。為準備加拿大戰役，卡里尼昂軍團的十個連隊獲得巴爾塔薩（Jean de Balthazard）德國軍團的協助組成小型旅（demi-brigade），又稱之為步兵團，因此軍團內保有兩位上校的旗幟，合計共二十餘連隊。前往加拿大之前，卡里尼昂軍團曾在匈牙利英勇戰勝土耳其人 [34]。經歷加拿大兩次戰役後（一次在冬天，另一次則在秋天），法國人終於向易洛魁人證明殖民地已變得足夠強大，易洛魁人不得不與其結盟。

　　瑪麗・閨雅認為法國軍事干預是為「建立此地區穩定性……教會自由以及……正義秩序 [35]」的絕對必要條件。對她而言，此次軍隊遠征可謂為名副其實的「十字軍東征」，重啟傳播福音工作，恢復傳教的滲透力。1665 年和 1666 年的信中曾多次提到此點 [36]：「激勵士兵和軍官戰鬥士氣的原因是因為他們將進行一場神聖的戰役，他們將為信仰而戰 [37]。」她也說道：「軍隊充分呈現信仰及剛強的決心，他們理解這是場神聖的戰役，不僅是為了光榮天主也是為了靈魂救贖 [38]。」一場決定性戰役的前夕，她再次說道：「對於士兵而言，他們將包圍天堂，希望可成功取得勝

[33] 蘇爾特著（B. SULTE）。《卡里尼昂團：歷史合集》（Le régiment de Carignan, Melanges historiques）。瑪爾切洛斯編制（G. MALCHELOSSE）。第八冊。蒙特婁出版。1922 年。

[34] 蘇詹納將軍（Général SUZANNE）著。《法蘭西步兵史》（Histoire de l'Infanterie française）。第四冊。巴黎出版。1876 年。頁 117-121。

[35] O。頁 740；另參見頁 768。身處遠方的克羅傾向認為使用武力為不當的方式；對此，瑪麗・閨雅回應說道拉瓦主教原先也是這樣認為，但這裡的經歷使他改變主意：「他與這個國度的智者意見相同，如果可以的話，須殲滅他們，否則這裡所有的天主教徒和加拿大的基督宗教將消失」。O。頁 649；參見〈拉瓦主教和易洛魁人的威脅〉（Mgr de Laval et la menace iroquoise）。BRH。第 67 期。1961 年。頁 36-46。

[36] 關於十字軍東征精神，參見彼歐蘭著（P. PIOLIN）。〈法國十七世紀十字軍東征精神〉（De l'esprit des Croisades en France au XVIIe siècle）。《天主教世界期刊》（Rev. du Monde catholique）。第 51 期。1877 年。頁 157-181；RJ。1661 年（Q。頁 21；Th. 46。頁 290）。

[37] O。頁 740。

[38] O。頁 755。

利，並進入天堂，因為這是為捍衛信仰和宗教而戰[39]。」

　　因此，瑪麗‧閨雅從未懷疑武力使用之合理性。如同所有人，她為這場凱旋戰役感到高興，此戰役也成功傳達威信，達到威嚇作用：「為點燃勝利慶祝之火，士兵放火燒毀了四個聚落，包含所有小屋、堡壘要塞以及穀物，無論是已收割的還是仍在農地上種植的穀物[40]。」但她也為易洛魁人感到難過：「他們未來將何去何從？他們的村莊被燒毀了，家園被破壞殆盡，耕種季節即將結束，尚來不及重建，大火燒毀絕大部分的收成，僅剩少量穀物，三千人不知如何苟活[41]。」

　　瑪麗‧閨雅對訴諸武力的看法與拉瓦主教、耶穌會會士及當時人們的觀點如出一轍，之後發生的事件也證明他們的想法無可非議，因為西部地區再次廣為開放傳教，易洛魁族人也相當歡迎傳教士，瑪麗‧閨雅 1668 年寫道：「我們可以自由自在地向這些曾經如此凶猛殘暴的族類進行福傳，他們不僅是對法國人，對原住民基督徒也是同等凶殘。今日能看到他們如此溫馴包容，與我們一同生活，猶如我們屬於同一族群，這皆是全能天主施行的奇蹟[42]。」

　　瑪麗‧閨雅年復一年記錄著殖民地的進步與傳教工作的進展；她為之歡欣鼓舞，如同一縷光明照耀著這個長期籠罩在黑暗中的國度。殖民地明顯產生變化：「看到這個國度的人口日漸增長，真是一件神奇美妙的事……[43]」「在這個國度長期定居的居民養育著眾多孩童，這正是美妙之處，所有事物皆蓬勃發展，有許多美

39　*O*。頁 768。

40　*O*。頁 774；德洛歇著（L.-P. DESROSIERS）。〈易洛魁地區，法國之土地〉（L' Iroquoisie, terre française）。*CD*。第 20 期。1955 年。頁 33-60；同作者。〈1667 年和平〉（La paix de 1667）。*CD*。第 29 期。1964 年。頁 25-45；1666 年 10 月 17 日攻占阿尼耶堡壘報告，引用於蘇爾特著（B. SULTE）。《歷史合集》（*Melanges historiques*）。第八冊。頁 57 以下；1667 年於巴黎出版的《塔西侯爵對抗新法蘭西易洛魁人的行軍日誌》（*Journal de la marche du marquis de Tracy contre les Iroquois de la Nouvelle-France*）。

41　*O*。頁 775。

42　*O*。頁 805。

43　*O*。頁 862；參見 *O*。頁 852。

麗的小鎮、村莊和小村落，甚至是遠方的偏僻住所[44]。」

　　然而這片榮景下仍潛藏著一些隱憂：居民並不總是符合新法蘭西修會團體所期待的樣貌，況且快速發展的新英格蘭已對未來造成威脅：「的確，很多人從法國移居至此，此國度人口眾多。但是在正直的人民之中，仍存在不少惡人，男女皆有，造成許多負面醜聞。對於新教會來說，與其擁有眾多帶來麻煩的基督信徒，倒寧願人數少些，如大家皆是心性良好的教友，這對新教會或許更有利[45]。」

　　瑪麗‧閨雅的評論似乎太過嚴厲，此等非善類人士並不如她所說的那麼多；然而如果細看新移居者從事烈酒交易的成長速度，她的看法則是有道理的。1669年，布特胡督察（Bouteroue）針對三河、瑪德蓮角（Cap-de-la-Madeleine）和尚普蘭（Champlain）進行人口普查時，當地居民告訴他有好幾位商人或殖民地人民出發至 30、40 或 50 古里以外的地方，將烈酒運送給印第安人。

　　關於新英格蘭之事，瑪麗‧閨雅也預示到未來將面臨的困難。「（他們）變得如此強大，據說人口數超過四萬[46]。」時間一旦流逝就無法彌補，即使擁有法國的協助，僅有數千名居民的新法蘭西永遠無法以相同速度成長。她從未想過法國國王吞併新英格蘭的可能性，但曾二次提及無法將荷蘭人定居點（現位於美國紐約州）納入新法蘭西的遺憾。殖民當局曾多次表達這個想法。1666 年間此事並非只是臆想，因為法國當時與荷蘭結盟，英國卻扮演占領者的角色。瑪麗‧閨雅 1667年寫道：「如果現今被英國占領的新荷蘭屬於法國國王，我們將成為這些人民的主人，並在那裡建立一個令人景仰的法國殖民地[47]。」次年她寫道：「如果曼哈頓（Manate）、奧蘭治（Orange）及周邊地區屬於法國國王，我們將能夠在這些地方

---

[44] *O*。頁 862；參見 *O*。頁 832；*RJ*。1668 年（Q。頁 2；Th. 51。頁 166）；關於加拿大的擴張，請參見夏貝著（Th. CHAPAIS）。《尚‧達隆──新法蘭西督察（1665-1672）》（*Jean Talon, Intendant de la Nouvelle-France〔1665-1672〕*）。魁北克出版。1904 年；葛胡著（L. GROULX）。〈達隆治理下的加拿大殖民地〉（Colonisation au Canada sous Talon）。*RHAF*。第 4 期。1950 年。頁 61-73；拉蒙塔尼著（R. LAMONTAGNE）。《達隆督察之成功》（*Succès d'Intendance de Talon*）。蒙特婁出版。1964 年；1665 年至 1672 年無疑是加拿大的偉大時代，也是發展最迅速的年代，參見葛胡著（L. GROULX）。《一個族類的誕生》（*La naissance d'une race*）。蒙特婁出版。1919 年。

[45] *O*。頁 863。

[46] *O*。頁 742。

[47] *O*。頁 787。

建立輝煌的教會[48]。」哈得遜（Henri Hudson）於 1609 年建立的殖民地人口從未超過 1600 人。巴達維亞（Batave）建立之前，英國人曾於 1664 年占據此地，因而要求新阿姆斯特丹總督將港口和哈得遜河谷的碼頭歸還給英國。瑪麗・閨雅曾於十年前（1654 年，即 1653 年易洛魁和平之後）向法國寫道：「比起易洛魁人，我們現在更懼怕英國人[49]。」

　　1666 年塔西擊敗易洛魁人後，人們因而有了振奮的理由。1661 年至 1664 年期間，每年平均有三百名移居者到來。1665 年至 1672 年間，移民人數保持在二百名以上。打敗易洛魁部落後，達隆督察設想以殖民地為由，將卡里尼昂 - 巴爾塔薩軍團大部分的士兵留在加拿大。在法國要籌集組織一支新軍團來取代卡里尼昂軍團非常容易，遠比召集人民前往新法蘭西容易得多。達隆的計畫受到庫塞勒總督（gouverneur de Courcelles）的反對，後者希望能擁一支由當地居民組成的部隊；薩利耶上校則想將軍團帶回法國。士兵及軍官表示他們深受此國度吸引，由於國王允許希望定居新法蘭西的士兵及軍官留下，所以絕大比例的人選擇留在加拿大生活。1668 年六月，薩利耶上校返回拉羅謝勒，隨行僅有兩連各六十名士兵，其餘皆留在大西洋彼岸定居。

　　傳播福音的工作如期進行。繼努維神父（P. Nouvel）探察之後，傳教工作開始朝向北方發展；西部地區的傳教工作與軍事行動齊頭並進。此時整個湖畔區域紛紛成立傳教站，因此廣為人知。達布隆神父（P. Dablon）、圖耶神父、培翁神父（P. Bréhant de Galinée）、多利耶神父（P. Dollier de Casson）、費奈隆神父（abbé de Fénelon）及圖維神父（abbés Trouvé）踏足走遍該地區，與新的部落取得聯繫，而阿魯耶神父則向北前進。瑪麗・閨雅即將離世之際，她感到傳教歷史的新階段

48　O．頁 808。11 月底至 4 月中旬，聖勞倫河路線因冰封而無法運行，達隆希望為新法蘭西取得哈得遜河的出水口，該河的源頭離黎希留不遠。1667 年，荷蘭人與英格蘭抗爭並請求法王路易十四的幫助。達隆提議割讓荷蘭位於北美的領土來換取法國軍事援助。
49　O．頁 540。

正在開始，遠景充滿希望[50]。她致信給聖吳甦樂會第戎（Dijon）修道院院長說道：「天主的恩寵持續不斷，在美洲各個角落打開了福音之門，此歸功於耶穌會的傳教士們，其心中充滿著無比的勇氣[51]。」

　　對她來說，這是一份巨大的喜悅，此外，她也收到修會即將於馬丁尼克島（Martinique）成立修道院的好消息。傳教工作自此之後遍地開花[52]。

50　*O*。頁 828；拉蒙塔尼著（R. LAMONTAGNE）。〈尚・達隆時代對北美的探索〉（Exploration de l'Amérique du Nord à l'époque de Jean Talon）。《歷史科學期刊》（*Rev. d'Hist. des Sciences*）。第 15 期。1962 年。頁 27-30；默候著（O. MAURAULT）。〈跟隨傳教士 - 探險者的腳步〉（Sur les pas des missionnaires - explorateurs）。《渥太華大學期刊》。第 1 期。1931 年。頁 9；瑪吉著（P. MARGRY）。《法國建設與發現》（*Découvertes et établissements des Français*）。巴黎出版。1879 年。第一冊。頁 101-166；盧梭著（J. ROUSSEAU）。〈奧爾巴內爾神父前往米斯塔西尼湖和詹姆斯灣之旅程〉（Les voyages du P. Albanel au Lac Mistassini et à la Baie James）。*RHAF*。第 3 期。1949 年。頁 556-586；雍著（A. YON）。〈方濟・塞里納・德・拉莫特・德・費奈隆〉（François de Salignac de la Motte Fénelon）。*CD*。第 33 期。1968 年。頁 127-156。

51　*O*。頁 805。

52　小兄弟會士（Récollets）1670 年在加拿大重新出現；瑪麗・閨雅於 1670 年 8 月 27 的信中談到此點。參見 *O*。頁 871-872；另參見朱維著（O. JOUVE）。《1615-1905 年魁北克小兄弟會士》（*Les Frères Mineurs à Québec〔1615-1905〕*）。魁北克出版。1905 年；同作者。《佳播・德・希布德神父 —— 小兄弟會士》（*Le Père Gabriel de la Ribourde, Récollet*）。魁北克出版。1912 年。

第八章

臨近暮歲之年

　　1645 年秋天的一場大病為瑪麗・閨雅的健康狀況敲下第一響警鐘。她不太注重身體保養，當她康復後，也並未因此更加愛惜身體。

　　直到 1654 年她才開始向兒子談及有關身體健康的事情，這表示她自己已感到暮年將近。身在法國的克羅對此表達擔憂，瑪麗・閨雅在 10 月 18 日寫道：「我的身體狀況還算不錯，除了視力衰退之外，尚未感到因年老而引起的不便。我配戴眼鏡以減輕雙眼的負擔，這讓我的視力回到二十五歲時那般清晰，眼鏡也大大減緩經常性頭痛。我的身材也變得有些圓潤了[1]。」瑪麗・閨雅年近五十五歲，在十七世紀時，這已算是高齡長者的年紀。

　　1657 年，瑪麗・閨雅結束第二任為期共六年的院長職位。《會憲》禁止修女連任三次院長職位（每任任期為三年），修院於 5 月 24 日舉行選舉，弗萊塞勒修女當選院長，黎榭修女被選任為助理院長，瑪麗・閨雅則接任總務職位[2]。一個月

1　*O*。頁 550。
2　*JJ*。頁 213；《魁北克聖吳甦樂會年鑑手抄本》。頁 18。

後，瑪麗・閨雅病危瀕臨死亡：高燒伴隨譫妄症狀，有時甚至無法與周圍的人交談，當時約莫 6 月 21 日左右，亦即達杜諾船長（capitaine Tadourneau）的船隻抵達新法蘭西港口之時，同船隨行的還有馬尼聖吳甦樂會的瑪麗・維利耶修女以及來自迪波港的安東妮特・梅奇農修女，後者前來擔任庶務修女[3]。

瑪麗・閨雅生病時曾說過「大腦塞滿太多東西，以致於（她）無法好好選擇」。她向兒子寫道：「經歷此次病危事件後……我比以往更加確信必須為天主服務，趁著身體仍健壯時須盡力執行，並常保純淨且謙卑的良心[4]。」她的處世原則確實也印證此說法：「倘若我因顧慮某些事或其他原因感到困惑迷惘，情況會變得非常糟糕，坦白說，在此身體狀態下，曾有兩次我想領受聖事，卻無法去辦告解，當時我身體的狀況只允許我自己在天主台前痛悔得一個集體赦罪[5]。」

瑪麗・閨雅病後快速康復。於七月底前她已重拾以往的生活步調，開始回覆生病期間所收到的大量信件：「耶穌助我恢復健康，讓我能履行日常職責……處理世俗事務，我喜悅投身加拿大的所有工作，天主無處不在，讓我在百忙之中仍感到平靜，沒有任何理由或事情可阻止我們每時每刻在每件事上愛慕祂[6]。」

瑪麗・閨雅不乏多次感受到死亡的腳步逼近[7]。誠如前文所述，1660 年魁北克於易洛魁人的威脅下局勢險惡，次年，他們帶來的威脅仍籠罩著魁北克。1663 年時魁北克更遭受天災的侵襲。

聖羅倫河谷在地理位置上處於地質不穩定區域，歸因於南部阿巴拉契亞山脈和北部古老基岩（又稱為加拿大地盾）之間的沉降作用。地面上留有地層下陷的痕跡，聖羅倫平原的兩側皆發現斷層。根據地質學家布蘭查（Raoul Blanchard）的解釋，這可能是近期才發生的沉降地形，因為某些斷層區仍持續發生地震，有時震度十分強大，例如勞倫山脈（Laurentides）1791 年和 1870 年的大地震，以及 1663

3　*JJ*。頁 216；《年鑑》。頁 17-18（其註明 6 月 29 日日期有誤）。

4　*O*。頁 589。

5　同上。

6　*O*。頁 589、588。

7　「我嚮往休息以便為死亡做準備。當我向他人提及此事時，人們會笑我，因為他們看到我總是忙於處理事務，同一位熱愛行動、帶著欣喜且無感傷的人。」參見 *O*。頁 638。

年、1837 年、1860 年及 1870 年在魁北克所發生的強震[8]。

　　瑪麗・閨雅向兒子詳述 1663 年那幾場連續不斷的地震，地震強度與搖晃持續的時間令她印象深刻。「這片土地上的地震是如此強大可怕，有一段很長的時間我們以為世界即將終結……我們不常經歷這般天搖地動，因此地震在我們心中留下截然不同的印象[9]。」地震從 2 月 5 日傍晚開始，約持續四十天，《耶穌會會訊》記載：「齋戒前……發生令人驚嚇的地震……地震於 2 月 5 日週一夜禱結束半小時後開始，當晚是為紀念日本殉道聖人，地震發生時是五點半，約莫持續兩次〈垂憐曲〉之久，然後當天深夜、幾天後的白天及夜晚皆發生好幾次餘震，有時十分劇烈，有時則強度減弱……這種情況持續到 3 月 15 日左右[10]。」

　　瑪麗・閨雅一度以為死期將近。她向兒子寫道：「那時候我以為可實現我的犧牲奉獻……在這兩個多月期間，我每天都做好活生生被地底深淵吞沒的準備[11]。」她所目睹的劇變在心中烙下深刻印象[12]，正是從此刻起她開始於書信中提及她祈禱中默觀到的天體現象，好似在這些自然事件中看到了宣告末日的「天象」。在此不宜過度著墨瑪麗・閨雅的心理狀態，因為她從未明確指出大自然劇變與最後審判到臨兩者之間的關係。雖然如此，她仍將 1663 年多次的大地震解釋為天主對於新法蘭西這片土地的憤怒表現：在某種程度上，白蘭地酒交易引起天主正義的干預。1663 年春季選舉中瑪麗・閨雅第三次獲選院長一職：儘管身體患有病痛，直至 1669 年她仍肩任此重責大任。自 1664 年夏天開始，她的苦難持續不斷。因於夢境得到啟示，瑪麗・閨雅早已為此做好準備，她在信中向兒子敘述夢中內容：「我在夢中看到耶穌被釘在十字架上，祂還活著，身體各處布滿傷痕。祂被兩位年輕人

8　卡農著（A. GAGNON）。〈1663 年新法蘭西地震〉（Le tremblement de terre de 1663 dans la Nouvelle-France）。*MSRC*。第一部分。第 9 期。1891 年。頁 41-52；普利歐著（A. POULIOT）。〈1663 年新法蘭西地震〉（Le tremblement de terre de 1663 en Nouvelle-France）。1963 年 6 月 7 日至 9 日「天主教會加拿大歷史會」（Soc. canad. d'Hist. de l'Eglise catholique）年會發表之論文；布蘭查著（R. BLANCHARD）。《魁北克省——法屬加拿大》（*Le Canada français, Province de Québec*）。巴黎 - 蒙特婁出版。1960 年。頁 11-15。

9　*O*。頁 686。

10　*JJ*。頁 316；8 月某些地方仍持續發生有感地震。參見卡斯坎著（H.-R. CASGRAIN）。《主宮醫院歷史》（*Histoire de l'Hôtel-Dieu*）。頁 244。

11　*O*。頁 686。

12　*O*。頁 687 以下。

抬著，發出可憐的呻吟聲，我深深感受到祂在尋求一位忠誠之士，請求此人將祂從極度痛苦中解放。我看到一位女士出現在祂面前，但不久之後，她卻轉身離去，留下仍在受苦的耶穌，我跟隨著祂，在如此悲慟的狀態下凝視著祂，並向祂投以憐憫的眼神。夢境在此結束[13]。」對瑪麗・閨雅來說，順服天主的旨意變得如此自然，她甚至認為無須再加以陳述，欣然接受此事，有如內心深處早已感受到：「我不斷看到（這位被釘在十字架上的神聖救主），但祂僅與我分享十字架的一部分。」

1664 年至 1665 年瑪麗・閨雅飽受肝病之苦，伴隨可怕的腎炎、腹痛及高燒。她承認身體病痛「是最痛苦且無法忍受的……如果天主沒有關照我，我將無法忍受痛苦而哀鳴[14]」。她第一次領受病人傅油聖事時意味著生命已走到盡頭，雖然病況明顯改善，但她的病情隨後又急遽惡化：「病況復發……一開始因胸膜炎造成胸口側痛，伴隨腹瀉及劇烈嘔吐，全身上下直到四肢皆忍受著神經性攣縮。因為我只能以同一個姿勢臥床躺著，導致腎臟內部形成結石，極度痛苦難耐，這等痛苦程度難以衡量，直到在尿液中發現結石，要不然治療我的人還以為是另一種新疾病[15]。」

服用藥物只會讓瑪麗・閨雅的病情持續惡化，因此醫生們認為最好讓患者保持安寧，最終證明他們的決定是對的。瑪麗・閨雅的病痛應是於 1664 年八月底開始，因為她在九月和十月期間都沒有提筆寫信，有違其寫作習慣。當年僅有兩封信件，日期皆是 8 月 19 日，而克羅本身也沒有收到任何信件。他隔年得知母親受到修女們妥善照顧時心中感到無比欣慰：「整個國度的善良靈魂都為了我的健康向天主祈禱並舉行九日敬禮……我何其有幸讓尊敬的主教……前來拜訪我好幾次。善良的拉勒蒙神父也給予我一切幫助。助理院長弗萊塞勒修女代我處理修院所有事務，即便業務繁忙她仍希望擔任我的護士照顧我，她和其他修女都日以繼夜挺著疲憊的身軀悉心照護我，儘管如此，因天主的憐憫，沒有任何一位修女生病，也沒有感到身體不適[16]。」

瑪麗・閨雅於 1665 年 7 月 29 日寫信給兒子時已恢復部分日常活動。她的「身

13　*O*。頁 744。

14　同上。

15　*O*。頁 745。

16　同上。

體已康復許多」，但尚未痊癒，仍有發燒症狀，腹部幾乎是持續感到疼痛，她感到非常虛弱且無食慾：「與過去相比，這一切對我來說已算是舒適的美好生活，儘管在修院走動時仍須輔以柺杖行走。我會參加所有的團體祈禱，除了凌晨四點的祈禱以外，因為此時段為疼痛發作時間。」她的病況毫無改善，須認真考量長期虛弱狀態使她難以履行職責的問題。瑪麗・閨雅於 1666 年寫道：「這兩年期間因病況嚴重，我變得極為虛弱，在此同時無法順利履行職務，我希望能辭去此職位好好休息[17]。」

瑪麗・閨雅逐漸習慣新的生活節奏，順其自然地接受自己的狀態，並將此視為天主旨意，以及服務天主的新方式。1667 年夏天，她在寫給兒子的動人信件中解釋道：「這是最佳的內心狀態，因為十字架是耶穌的喜樂。我無法從這場重病恢復元氣。雖然病情受到控制，但這場大病仍有令人痛苦的後遺症，即使我已習慣疾病所帶來的病痛……對我來說，這些十字架是如此討人喜歡，這些痛苦是如此珍貴……比起世上其他珍寶及無暇的歡樂，我會更加珍愛它們[18]。」她感到自己變得虛弱：「在望彌撒時，我僅能屈膝跪著一小段時間，還須仰賴外物支撐……我一天所攝取的食物不及正常人的四分之一，甚至不足以養活一個孩子[19]。」

她抱怨噁心的症狀，對任何食物都感到「異常反胃」。復活節即將來臨時，她的病情因耳朵膿腫而變得更嚴重，這使她極度痛苦並引發暫時性耳聾：「無論是在會客室處理事務或與修女交談時，都造成極大不便，但比起疼痛，更令我感到煎熬的是身邊其他人也因此遭受不便[20]。」瑪麗・閨雅以超凡意志力壓抑疼痛，強迫自己下床步行：「我應該臥床保持靜養，但我一刻都停不下來；我是第一個起床，也是最後一個上床睡覺的。我很少休息，並且參加所有禮儀，這四個月以來我持續為了我們在法國的事務書寫信件與回憶錄。我全仰賴天主的憐憫來完成這些工作[21]。」

---

17 *O*。頁 765-766。
18 *O*。頁 790。
19 同上。
20 *O*。頁 791。
21 同上。

如果克羅先前沒有堅持要母親對他坦白，瑪麗‧閨雅也許就不會對他透露這麼多。即便在身體狀況如此糟糕的情況下，她竟再次於 1666 年當選院長：「看到自己健康狀況淪落至此，原指望可得到休息，但大家卻授予我如此重責大任，肩上的重擔已沉重到無法負荷 [22]。」

1667 年秋天她曾經一度向兒子道別：她讓兒子為她進入永生的事做好心理準備，因為她以為自己撐不過冬天：「當您收到我離世的消息時，請您替我向修會神父們請求盡可能地為我舉行彌撒。我對您與他們的仁慈恩典充滿期待 [23]。」假使瑪麗‧閨雅當時知道自己還有將近五年壽命，且將繼續身負院長重任長達十九個月，她必然會感到無比震驚。冬季時，她的身體狀況有所改善，並於 1668 年四旬期全期守齋，此時的加拿大正值極端寒冷季節 [24]。次年她滿懷歡喜地卸下重任，感覺自己「從沒有如此健康過 [25]」。她依然於 1670 年四旬期進行守齋，卻在復活節結束前付出代價：「十五天後，我身體微感不適，修女們立即有所警覺，她們只要看到我身體微恙，就會以為我即將死去 [26]。」

在此無須介意行文重覆之處，必須重提 1667 年她讓兒子為其離世事先做好準備的信件內容。此時她仍有精神抄寫「以法語字母編排的阿爾岡昆語大詞典 [27]」，藉此可清楚了解瑪麗‧閨雅的毅力和無窮精力。她如實奉行聖瑪爾定的名言：「天主，若我對祢的子民來說仍是必要的，我便會無止盡地工作下去（*Non recuso laborem*）」！

歷史學家僅擁有幾封信件能助於了解瑪麗‧閨雅體力衰落期間的靈修發展。《靈修札記》的撰寫時期已結束，最後一篇是 1656 年《補編》，用於補充《1654年靈修札記》，此日誌的大綱是瑪麗‧閨雅靈光乍現下所完成的，她於片刻間看到天主自她出生後的安排。她認為已於日誌中呈現所有要點。的確如此，但她或許可更詳加說明某些恩寵，補充之前尚未提到的部分，因為她對於談論當時的事感到為

22　*O*。頁 794。
23　*O*。頁 797。
24　*O*。頁 800。
25　*O*。頁 849。
26　*O*。頁 879。
27　參見前文，第四部第四章。

難，將《靈修札記》寄送給兒子後十年間，她很少討論自己的內心狀態[28]。她十年期間所書寫的信件文字優美，內容包含靈修指導、回覆通信者的提問或對靈修生活的建議，但瑪麗・閨雅並沒有提到任何關於自己的事。這件事對她來說十分困難，因為她負責處理的事務不計其數，但最主要的原因是她覺得自己沒有能力完成，她當時所經歷的狀態太過於單純且安定平穩。

她向兒子表示歉意，因為克羅仍堅持懇求她告知靈修方面的內容：「倘若我不依我倆的喜好跟您談論靈修方面的事情，並不是因為我不想，而是因為我和您一樣身負重擔，處理完所有要務後，我所能做的就是完成當日的時辰禮儀日課。我渴望孤獨也希望卸下職務……但此非我能選擇……我無法書寫任何有關靈修的東西。如果我能做到，必定會盡力讓您滿意，因為沒有什麼事情能為我帶來此等滿足。請讓我們停留在此階段，直到天主對此有其他安排為止[29]。」因此，她以無能力做為理由迴避此事。對此她並沒有得到「恩寵」，可能天主之後會再賜予她完成此事的機會。

由於無法取得母親靈修狀態的私密內容，克羅後來採取另一種迂迴方式，僅詢問她是否有特殊的祈禱方式。她於 1661 年 9 月 16 日信中詳細回覆此問題，並告訴克羅她並無特定祈禱方式，因為任何外在形式的敬禮善工或祈禱文對她來說都有些困難[30]。然而，自開始修道生活以來，她持續奉行一種做法，此做法之靈感源自天父的啟示，天主讓她聽到此話語：「透過耶穌聖心向我祈求，我將藉此俯聽你。」「從那日起……我正是以這種方式完成每日祈禱[31]。」瑪麗・閨雅所推崇的聖心敬禮祈禱比瑪加利大・阿拉科克（Marguerite-Marie Alacoque）更早。根據瑪麗・閨雅的說法，透過敬禮耶穌聖心可以增益自己愛德和信德的不足，添加其額外功效，並透過諸聖相通功向天主補贖他人的罪過。與聖母往見會的方式不同，是藉由耶穌聖心將補贖獻予天主父，而非直接奉獻給耶穌聖心：「正是透過耶穌聖心，我的道

---

28 此十年中的三年期間（從 1656 年至 1659 年），因杰羅姆・拉勒蒙神父返回法國，故無法參與瑪麗・閨雅的生活。

29 O。頁 641。

30 O。頁 659。

31 JJ。第二冊。頁 315；JJ。第一冊。頁 226、228；O。頁 224、236 和 385。

路、真理及生命向祢靠近，永恆的天父啊。藉由聖心，我為所有不敬拜祢的人敬拜祢，我為所有不愛祢的人愛祢，我為所有不認識祢的輕蔑盲目者敬拜祢，我願通過聖心履行所有凡人應盡的職責，我願行遍世界各角落尋找從我神聖淨配寶血中贖回的靈魂，我願藉此聖心為他人滿足祢[32]。」

從這種令人喜愛的祈禱方式中[33]，值得探討瑪麗・閨雅所提出的雙重補贖意義：贖罪和補償的意義。關於贖罪的意義，她強調透過耶穌寶血贖罪的無限價值，1620 年 3 月 24 日開始的密契生活初期她已敏銳查覺到此點，她筆下經常提及「所有」這個字眼，這是她慣用的措辭風格，符合其內心本質。她的文章中也經常提到走遍世界各地尋找靈魂的想法，此點充分反映她的福傳精神。

瑪麗・閨雅接著談到具體實例，加拿大「新教會」的基督化歷程中，那些當代使徒傳教士們的獻身服務，雖然遭易洛魁族人迫害，但新教會仍然「盡其所能地祈求讓易洛魁族人皈依天主」，瑪麗・閨雅在此提到兩位她在世上最珍愛的人：克羅和瑪麗・布松，以及其他在精神上與她緊密聯繫的友人。最後，她也提到修院的捐助恩人和新法蘭西傳教區。

瑪麗・閨雅並無特別區分「降生聖言之心（Cœur du Verbe incarné）」和「聖母聖心」這兩種祈禱。為感謝上主對她的巨大恩寵，除了奉獻聖母之愛以外別無他法：「我向祢獻上深愛祢的聖母聖心，請允許我透過此聖心敬愛祢，我向祢獻上哺育祢的神聖乳房，於祢降世前因孕育祢而聖化的貞潔乳房[34]。」

以敬禮聖母的默觀結束祈禱：「然後我訴說出對童貞的愛慕。」實際上，只要瑪麗・閨雅的內心狀態合適時，這是她唯一堅持不懈的敬禮，但不會固著於單一方式：「如我剛才所提，祈禱時我依循聖神隨意引導；這只是描述我的內心狀態，因為對於口禱，我只能完成誦唸日課及玫瑰經的義務，這對我來說已經很勉強

---

32 *O*。頁 659；另參見 *O*。頁 184，897。

33 關於瑪麗・閨雅的為福傳祈禱，參見拉貝勒著（S. LABELLE）。《降生瑪麗的使徒精神》（*L'esprit apostolique selon Marie de l'Incarnation*）。頁 161-184；何帝著（A. RÉTIF）。《傳教》（*La Mission*）。巴黎出版。1953 年。第五章；傑泰著（F. JETTÉ）。〈瑪麗・閨雅的使徒祈禱〉（L'oraison apostolique de Marie de l'Incarnation）。《基督教靈修學期刊》（*Spiritus*）。第 6 期。1965 年。頁 55-60。

34 *O*。頁 660。

了[35]。」

約莫 1638 年後，瑪麗・閨雅脖子上一直戴著一條象徵神聖束縛的小鐵鏈，代表自己對聖母瑪利亞束縛誓願：「我並無其他敬禮，僅是透過親吻鏈子奉獻自己成為她的婢女[36]。」

儘管以口禱形式誦唸固定經文對瑪麗・閨雅是困難的，她還是很願意以一個短誦反覆祈禱，那是她自己編撰的禱文，讚頌降生聖言的神性與人性兼具之美。禱文是拉丁文，可能出自她的一位友人貝尼耶（Bernières）所譯。瑪麗・閨雅對降生聖言雙重之美的敬禮，源自於她在都爾的那次恩寵神視「天主聖三之間奇妙的交流」，這個神視經驗應該發生在 1635 年聖誕節前後，1645 年聖誕節時又再次重遇[37]。

瑪麗・閨雅也向兒子列舉了一些其他的熱心敬禮善工；她提到自己從孩提時期起就敬禮聖方濟保拉。

1661 年至 1670 年之間，瑪麗・閨雅於夜禱中增加了一項新敬禮，在向聖母敬禮完之後，她養成向整個聖家祈禱的習慣，她說道：「為了新教會、為了傳播福音的工作者、為了您以及我的友人，我每晚⋯⋯用一刻鐘的時間向天父獻上耶穌聖心。然後我向聖母致敬，接著向聖家致敬，以熱心短誦完成所有的敬禮[38]。」

自 1663 年開始，敬禮聖家的善工成為一股風潮，此敬禮善工始於蒙特婁殖民地，當時修莫諾神父和阿勒布斯夫人於瑪利亞城奠立聖家會（Confrérie de la Sainte-

---

35 同上。

36 O。頁 661。瑪麗・閨雅死後，該鎖鏈被轉交給克羅。關於聖奴制，請參閱羅賓著（J. ROBIN）。《藉由路易斯 - 瑪麗・博杜安的生平和著作來了解其靈修教義》（L'enseignement spirituel du Vénérable Louis-Marie Baudouin d'après sa vie et ses écrits）。巴黎出版。1948 年。頁 113-122；勒孔著（L. LE CROM）。《天主教》（Catholicisme）。第四冊。頁 421-422。

37 V。頁 529。

38 O。頁 897。

Framille）初期基礎[39]，拉瓦主教對此也不遺餘力給予支持鼓勵，並於 1664 年邀請阿勒布斯夫人於魁北克組織聖家會，在達布隆神父和布瓦神父（Bouvart）的協助下，由梅澤雷先生（Maizerets）和貝尼耶先生撰寫聖家日課，之後經過著名詩人桑德（Santeul）修改其文風[40]。後來甚至由耶穌會會士開始推廣聖家串經祈禱，在卡里尼昂－巴爾塔薩軍團連隊中蔚為流行。聖吳甦樂會修院被選為聖家會於魁北克的女子總部[41]。瑪麗・閨雅純粹順應潮流，此風潮其實也反映其內心對敬禮聖母和聖若瑟的渴望，於靈修生活初期即展現此點。事實上她喜歡用耶穌、瑪利亞和聖若瑟名字的縮寫（JMJ）來標記頁面。

1663 年魁北克地區發生為期四十天的可怕地震，此天然災害使瑪麗・閨雅更深刻地感受死亡的如影隨形。藉此機會她稍稍掀起掩蓋她內心狀態的面紗。此事件讓她深化拋棄自我和放棄一切的超脫精神：「我陷入一種放下自我，捨棄世上一切事物的狀態，我從未經歷如此狀態。我……靈魂深處有著一種悸動，促使我讚揚天主的安排，敦促我內心深處高聲歌唱以讚美與降福此安排[42]。」

1663 年地震時，她看到了天主的正義記號，天主被酒類販賣所激怒，此次地震也讓她有機會自我奉獻做為贖罪犧牲。

1640 年至 1641 年間她曾奉獻自己以承擔兒子和外甥女可能犯下的罪過。1653 年整個新法蘭西的傳教活動受到易洛魁人阻礙，她也為此意向自我奉獻。她向天主提出「要成為人類所有罪過的贖罪犧牲者，這些罪過迫使天主降下眼前的懲罰，所有人皆受到威脅」。

然而須等到 1670 年，即瑪麗・閨雅去世前兩年，才能完整陳述她與上主的關係，她已長時間處於其描述的樣貌，所以她並不害怕吐露實情：「天主讓我保持在

---

39 關於聖家奉獻，參見巴何耶修女著（Mère BARNARD）。〈魁北克聖吳甦樂會修女在聖若瑟屬地的朝聖之旅〉（Un pèlerinage des Ursulines de Québec dans le domaine de Saint-Joseph）。頁 50-55；O。頁 881；余杜比斯著（P. HURTUBISE）。〈新法蘭西聖家奉獻教義〉（Aspects doctrinaux de la dévotion a la Sainte Famille en Nouvelle-France）。《教會和神學》（Église et Théologie）。第 3 期。1972 年。頁 5-68。聖吳甦樂會修女對聖嬰耶穌也有大型敬禮；1671 年 11 月 25 日，拉勒蒙神父在教堂主祭台前為一個小聖堂開幕，該小聖堂奉獻給聖嬰耶穌。參見《魁北克聖吳甦樂會》（Les Ursulines de Québec）。第一冊。頁 305-306。

40 《魁北克聖吳甦樂會》（Les Ursulines de Québec）。第一冊。頁 260-263。

41 O。頁 735。

42 O。頁 714。

這種狀態已將近五十年，在此恆久而堅定的境況下，單純與恆定讓我得能從感官中釋放出來，心靈也更加淨化[43]。」

瑪麗・閨雅無意否認自 1620 年 3 月 24 日「皈依」以來她曾經歷多種內心境界，但於臨終之時，她更清楚看到靈修生活更深層的連續性和一致性，一切皆簡化至極致。最初的恩寵和當前指引其內心生活的恩寵，兩者於本質上並無區別。

她進入一種極深的謙抑自下、棄絕物質、真正神貧的境界，1654 年《靈修札記》最後一章針對這種狀態的描述極為精彩。靈魂首先經由知覺和感官的淨化，然後是理智和意志的淨化：「意志失去了活動力，靈魂與她的聖愛完全合一，被擁抱在她摯愛的神聖淨配、降生聖言懷抱中。這是一種甜蜜溫柔、充滿愛且綿綿不絕的狀態，也是一種靈性與聖神的交流、靈性存在於聖神內的交流[44]。」1654 年到 1670 年間瑪麗・閨雅與天主的關係並沒有明顯變化，也無其他事件改變兩者關係的本質，但此關係卻更加深化，言語難以形容，她向龐塞神父坦言：「我感覺自己卑微地消失在祂神聖尊威的腳下[45]。」

她向兒子提到她意識到自己在天主面前是難以言傳的「卑微」：「然而儘管我如此不完美，為祂又如此卑微，我仍然可以看到這樣的自己消融在神聖的基督君王內，多年來祂引領著我，與祂交談、連結、共融，進入一種無法形容的親密中[46]。」

唯獨天主，只有天主！天主完全享有對她的主權；她獨自面對這難以理解的單純：「這是一種自我空虛，讓我既無法與天使交談，也無榮福之樂，更無信德之奧祕。我只想從自我抽離，好能駐留在祂的美麗之中，就如同埋身於我喜愛的事物中；然而突然我忘卻了一切，聖神帶領著我，引領我進入了內心更深處，我消融在祂內，祂勝於世上一切[47]。」

她對天主的觀點如此簡單純粹，別無其他：「我在那裡看到祂的仁慈、祂的尊

43　*O*。頁 899。
44　*O*。頁 459。
45　*O*。頁 888。
46　*O*。頁 896-897。
47　*O*。頁 897。

威、祂的偉大、祂的力量，無須任何理性思考或探究，片刻恰似永恆。我只想說出能表達的部分，至於我能表達的內容，我也不知道這樣的說法是否正確。靈魂深處縕藏著巨大且無限的寶藏，在那無任何物質，只有一種純粹赤裸的信德講述著無垠無盡的真理[48]。」

瑪麗・閨雅向龐塞神父說道：「我的心靈經歷了真正的精神空虛。在簡單的一瞬間靈魂擁有了所有的奧祕，因為它根本無法思考。即使是思及天使或諸聖的念頭也是瞬間即逝，因為靈魂在瞬間或無意識下已然忘卻一切，如此它就可以不再靠藉任何感官能力而駐停於此，消融於茲[49]。」

默想祈禱及省思都不再可能，靈魂已不再需要這些；它存在內裡更深處；在天主的注視下一切都飄然而過：「無論我聽到什麼話題，讀過什麼或認真聽某人說過什麼，即使我努力保持專注力，隨後仍馬上遺忘……片刻間未經思索，我發現自己又進入這個狀態，我的靈魂靜觀著天主，且消融於祂。在祂的引領中我與祂交談著，我們是如此親密，我無法注視著祂卻不與祂說話，在交談中深深被祂吸引[50]。」想像力也無法介入其中，即使「它企圖維持其自然且無常的活動[51]」；但就算想像力介入也絲毫不會影響靈魂與天主的結合，其他外部活動也無從干預[52]。瑪麗・閨雅很早就達到與天主完美結合的狀態，沒有任何外在牽掛可使她離開這種境況：「如果有些重要或無關緊要的事情闖入思緒，這些事情尤如陽光照射下的小雲朵，僅於剎那遮住部分視線，當天即消失離去。在這段時間內，天主的光芒持續照耀著靈魂深處，靈魂在一旁等待著，尤如人們說話時被另一個人打斷，但目光仍停留在對話者身上。靈魂靜靜地等待，然後又回到親密的結合之中……靈魂不曾停止對天主的愛戀[53]。」

然而有些時候結合過程更加激烈，天主有時會瞬間強行占領靈魂：「每隔一段時間會以這種方式與我結合，還好天主仁慈地以恩寵凌駕人性，不然這屈從的力量

48 　同上。
49 　*O*。頁 888。
50 　*O*。頁 930。
51 　*O*。頁 931。
52 　「（它）飄來飄去以尋找精神養分，但對內心深處起不了什麼作用。」*O*。頁 891。
53 　*O*。頁 888。與頁 373 的形容極為相似。

足以讓我致死⋯⋯有時會發現自己在修院行走時步態蹣跚，而我不確定他人是否也注意到，因為我的靈魂正經歷著令我涸竭的聖愛。在此情況下，我幾乎無法行動，因為這種消耗精力的聖愛不容許我有任何行動[54]。」瑪麗・閨雅此處是說明她所經歷的被動狀態時刻，其中最常發生的是（靈魂）「對神聖淨配訴說著愛戀，只有祂才能讓靈魂說出愛的語言[55]。」

她還描述了另一種祈禱境界，在此境界中她無法一如往常自在地去找尋天主，也無法熱烈投入祂的懷抱，她將此形容為一種「被釘在十字架上」的狀態，她說道：「我的靈魂注視著天主，但天主似乎樂於將我困住。我想如往常般擁抱祂，與祂交談，但祂卻牽制住我，我像是一位被束縛的人，在此牽絆中，祂愛著我，但我卻不能擁抱祂。啊！這是多麼痛苦的折磨，但我的靈魂接受這一切，因為這是基督君王希望我停留的狀態，我無法另尋其他狀態，如果可以用另一方式命名的話，我認為這是一種煉淨或是煉獄。當一切結束時，我發現自己又回到日常狀態[56]。」

身體的劇烈疼痛、占據心力的外務工作皆不會干擾她與天主的深層結合，為了向兒子說明，她於 1665 年 7 月 29 日的信中描述了「超性祈禱」的三種境界：剛開始時，心靈在靜默中被動地靜觀天主的神聖屬性及至一性，並消融於其中。然後是進入以意志凌駕其他一切地合一祈禱。最後，感官消失，靈魂不再受任何干擾或混淆地進入密契神婚[57]。

1628 年聖神降臨節時，瑪麗・閨雅就意識到自己已到達第三種境界：從那時開始，她已進入此崇高境界，深入了解此境界之意涵。在她人生不同階段中，特別是 1631 年至 1633 年、1639 年至 1647 年間的長期磨難下，瑪麗・閨雅的經歷說明天主「真切地」引領她進入「一種沒有任何東西可以分散其注意力的狀態，一切對她來說都無所區別，無論是承受痛苦或採取行動，其精神與感官都是如此自由，保有天主神聖的臨在[58]」。

---

54 *O*。頁 931。

55 同上。

56 同上。

57 *O*。頁 748。

58 同上。

此種境界難以描述，未曾經歷過的人更是難以理解：「一切所發生的事情是如此神聖微妙，無任何貼切的語言能完整描述——這是一種恆久的狀態，靈魂身處其中，十分安詳且半和，沒有任何事物可使其分心：它的嘆息與呼吸只為天主聖愛，這是一種純淨狀態，一生竭盡所能的純淨狀態……靈魂經歷了真正的虛空，神聖意志所期望的亦是靈魂所求[59]。」

在此，我們觸及瑪麗‧閨雅生活的奧祕，她的生活是如此充實、如此受磨難、如此為他人犧牲奉獻。瑪麗‧閨雅對於所有事物皆懷有絕對自由的感官和精神，其靈魂從未離開天主吸引她前往的深處，沒有任何事物可將她從中喚回：「當靈魂到達最後一種境界時，沒有任何活動或痛苦可讓它將注意力從天主聖愛那移開，無法將它與天主分離，如果必須承受疾病痛苦，像似靈魂飄移在身體軀殼之上經受著疼痛，好似它脫離身體屬於另一個人[60]。」

身處此世，瑪麗‧閨雅的靈魂卻像不存在於此世；雖然還未能榮獲天堂的圓滿喜樂，也還沒能立即榮見天主，但就某種意義而言，應該已經算是身處天堂了[61]。

---

59 *O*。頁 748。

60 *O*。頁 749；參見 *O*。頁 765、888。

61 關於使徒生活之密契，參見勒伯東著（J. LEBRETON）。〈只有祢是主〉（Tu solus Sanctus）。《活在聖徒之中的耶穌基督》（*Jesus Christ vivant dans les Saints*）。巴黎出版。1948 年。頁 169-206；佘伯著（Marie de la Trinité HUBERT）。《都爾與魁北克聖吳甦樂會降生瑪麗修女：傑出的使徒成就》（*Une éminente réalisation de la vocation apostolique, Marie de l'Incarnation, Ursuline de Tours et de Québec*）。羅馬出版。〈世界女王〉（Regina mundi）。1957 年複本；何帝著（A. RÉTIF）。《降生瑪麗與使命》（*Marie de l' Incarnation et la Mission*）。巴黎-都爾出版。1964 年；拉貝勒著（S. LABELLE）。《降生瑪麗的使徒精神》（*L'esprit apostolique d'après Marie de l'Incarnation*）。渥太華出版。1968 年。

第九章

〜

創院人長逝

　　魁北克成立修院期間瑪麗・閨雅的親人一一離世：她的長兄艾利（Hèlye）應是於 1640 年至 1641 年的冬天逝世[1]，而她的姊姊克蘿（Claude）在 1642 年入夏不久後辭世[2]。他們兩位是瑪麗・閨雅最親近的家人；另一個姊妹於 1644 年至 1645 年間喪夫[3]。

　　自 1660 年開始，都爾和魁北克修道院中有多位修女離世，她們是瑪麗・閨雅的精神支柱，對她來說猶如家人。每位親友的離去都讓瑪麗・閨雅心中加深對天堂的渴望：「儘管內心深處我既不想死去也不想活著，但是當我想到死亡或聽到他人談論此事時，我的內心有如花朵綻放般為之欣喜，因為死亡可讓我從軀體解脫，更勝世上其他事物[4]。」

　　她曾主動與書信往來對象談及自己瀕臨死亡之事，但為了不讓兒子擔心，她不

1　*O*。頁 127。
2　*O*。頁 192。
3　*O*。頁 235。
4　*O*。頁 594。

常與他談論此事。得知初學導師瑪麗‧勒寇克修女（Marie Le Coq）逝世消息時，她開始思考或許自己距死亡之日已不遠矣，她致信給碧昂修女時寫到：「我親愛的修女，我們年齡上的差距不算太大，因此不久之後我們將發掘蘊藏十字架裡的良善和優點，它們也隱藏於受選靈魂的隱祕生活中，善良的瑪麗‧勒寇克修女眼前所見，應該會對人類卑劣的品行一笑置之，更確切來說，她看到了虛榮和盲目的人心燃燒化為煙縷……我為這位好修女的驟逝感到驚訝……[5]」

瑪麗‧閨雅對自己的辭世之日有些推估錯誤，因為直至 1660 年，她大約尚有十二年壽命，然而她的身體狀況自 1664 年起開始衰退。如前章內容所述，她的身體飽受痛苦折磨[6]。1662 年，船隊為瑪麗‧閨雅捎來兩位親密友人辭世的消息：是她十分敬愛的前修院院長碧昂修女及最初的靈修導師雷蒙神父：「我親愛的碧昂修女與善良的雷蒙神父……已辭世，他們……身處令人嚮往的天國。碧昂修女帶領我進入神聖的修道生活，雷蒙神父有很長一段時間指導著我的靈修生活，儘管他們的離去讓我感到難受，但我仍不由自主地羨慕他們離開了肉體，前去享見天主，我堅信沒有其他事比這更令人喜樂滿足[7]。」瑪麗‧波律其修女（Marie Beluche de la nativité）則是於 1669 年息勞歸主[8]。

《聖吳甦樂會年鑑》記載著 1667 年夏天發生的一件大事。1656 年至 1658 年間由貝第夫人捐助建造修院聖堂，一直等到 1659 年主顯節當日才受到耶穌會會長德‧昆恩神父祝聖[9]。塔西先生特地懇求拉瓦主教主持這座小聖堂落成典禮，此等企盼讓聖吳甦樂會修女與貝第夫人感到更加欣喜[10]。

當時主教認為沒有必要為一個簡單且已啟用八年的小聖堂舉行盛大且歷時頗長的祝聖儀式。塔西先生為此費心說服主教好些時日，為了不讓身為總指揮官的塔

5　　*O*。頁 636；另參見頁 639。

6　　參見前文，第八章。

7　　*O*。頁 677。

8　　*O*。頁 879。

9　　《魁北克聖吳甦樂會年鑑手抄本》（*Annales m.s. des Ursulines de Québec*）。頁 20。

10　拉瓦主教當時才為堂區教堂主持落成典禮；關於此事請參見華伊著（P.-G. ROY）。《魁北克市》（*La ville de Québec*）。第一冊。頁 179-180、321-322；納寶著（J.-T. NADEAU）。〈魁北克大教堂〉（La cathédrale de Québec）。《天主教協會年鑑》（*L'Almanach de l'Association catholique*）。第 8 期。1924 年。頁 91-97。

西先生感到不悅，主教最終答應此事，《聖吳甦樂會年鑑》撰寫者記載：「今年（1667 年）8 月 17 日，拉瓦主教，亦即佩特拉主教，在聖若瑟的保護庇護下為我們的聖堂祝聖。我們將此恩典歸功於塔西先生殷勤的請求，使主教無從拒絕[11]。」根據瑪麗‧閨雅的說法，祝聖過程「非常隆重。一切都令人感到愉快，典禮完全遵循羅馬公教禮典舉行[12]」。

　　聖吳甦樂會修女的祈禱室是瑪麗‧閨雅的辛勞成果，在工地現場常常看到她監督的身影，祈禱室設計圖也極有可能是她提供的，她有如專業人士般從木板目錄中挑選祭台後方的裝飾屏；弗萊塞勒修女曾說道：她親自「教導並訓練工匠們製作聖堂祭台後方的裝飾屏，當工匠偏離設計要求時，她會適時介入導正方向[13]」；此外，弗萊塞勒修女補充以下信息：「即使她在修院中有其他工作，但所有的繪畫和鍍金都出自她手，這也豐富了祭台後裝飾屏的內容[14]。」潘慕洛修女（Pommereu）在《大事紀》（Chroniques）中指出：「她教導這片土地上數名年輕女孩（從事這項工藝），她們與她一同工作，但卻無法減輕她的沉重負擔，因為女孩們不習慣做這類手工藝……」潘慕洛修女補充道：「她還讓兩位加拿大出生的年輕修女製作祭台布的精美裝飾，這兩位修女既沒有接觸、也未曾看過刺繡作品，但她們與親愛的院長一起工作，非常成功地完成這個作品，在這段期間一如往常般，院長始終是她們的導師[15]。」

　　瑪麗‧閨雅很高興能以大量的聖髑增添教堂的豐富性，事實上她對聖髑的熱愛程度遠超過其他同時代的修女。不只克羅，龐塞神父和其他耶穌會會士也曾給過她

11　《聖吳甦樂會年鑑》（Annales des Ursulines）。頁 27。

12　O。頁 784。

13　V。頁 748。勒瓦索（Levasseur）必然也在那工作，參見瑪波著（M. BARBEAU）。〈勒瓦索——木匠、雕塑家與雕像大師〉（Les Le Vasseur, maitres menuisiers, sculpteurs et statuaires）。《民俗檔案》（Archives du Folklore）。第 3 期。1948 年。頁 38-39。

14　V。頁 746；另參見頁 612。

15　潘慕洛修女著（POMMEREU）。《大事紀》（Chroniques）。第二冊。第三部分。頁 444。

一些聖髑，她收到時心中滿懷感激之情[16]。

聖堂祝聖典禮三日後，聖吳甦樂會修院因菲莉賓・德・布隆尼修女的離世籠罩著一片哀戚氣氛，她是第三位於加拿大宣發聖願的修女，也是阿勒布斯夫人的姊姊。菲莉賓修女於 1608 年左右出生於法國香檳區的哈維耶（Ravières）[17]，1643 年春天陪同妹夫阿勒布斯和妹妹瑪麗 - 芭柏・德・布隆尼出發前往蒙特婁，與她年齡相差十來歲。得知阿勒布斯被派至魁北克接任總督之職時，菲莉賓・德・布隆尼修女即決定申請進入聖吳甦樂會，之後於 1648 年 12 月 2 日正式入會[18]，當時年約四十多歲。人們對她的了解少之甚少，因為寄往法國聖吳甦樂修會的通知信函顯然沒有被保存下來[19]。菲莉賓・德・布隆尼無疑對妹妹（阿勒布斯夫人）具有深遠影響。阿勒布斯夫人可能受姊姊影響，曾二度嘗試修道生活：一次是在婚後，另一次則在喪偶時。《魁北克聖吳甦樂會年鑑》記載：「她是一位德高望重、與天主合一、沉默、溫柔、寬厚（及）善良的女子」。菲莉賓・德・布隆尼修女「因嚴重感冒」與世長辭時年近六十歲[20]。

安妮・巴塔耶修女（Anne Bataille de Saint-Laurent）則是於 1669 年 6 月 8 日離世，她是一位具有無限奉獻精神且為人和善的庶務修女，如同字面意義所言，她因工作勞累而致死。巴塔耶修女來自法國迪波港。當瑪麗・閨雅和同伴來到迪波港準備登船前幾週，巴塔耶修女已發願四年。她於那日回應加拿大聖召，最後終於在 1642 年收到前往新法蘭西的通知，當地聖吳甦樂會需要庶務修女。瑪麗・閨雅辛勤工作，其他修女亦是如此，巴塔耶修女也效仿當地修女盡心盡力努力工作：製作麵包、洗衣、養餵豬隻等……瑪麗・閨雅說道：「她看到我不願分配給她這麼多工

16　1662 年從克羅耶收到下列殉道者聖髑：居斯特（Juste）、莫德斯等（Modeste）、馬克西莫（Maxime）和菲利克斯（Felix），他們皆來自羅馬（年鑑。頁 24）；1665 年收到聖吳甦樂同伴之一的聖髑，由貝捨弗（Beschefer）神父提供（年鑑。頁 25）；1667 年龐塞神父寄送兩位殉道者的遺骨給貝第夫人（年鑑。頁 27）；1668 年由克羅寄送的聖于馮（saint Wulfran）聖髑（年鑑。頁 27bis）；1670 年收到聖福圖納（saint Fortunat）和聖尤金妮（saint Eugénie）的聖髑（年鑑。頁 28bis）。1664 年，阿勒布斯夫人的妹妹在法國蘭斯（Reims）的本篤會（Bénédictine）寄送了一個由聖本篤（saint Benoît）聖殿木頭所製成的十字架（年鑑。頁 724）。

17　哈維耶（Ravières）位於香檳區約訥省（Yonne）托內爾縣（Tonnerre）。

18　《年鑑》（Annales）。頁 13。

19　《魁北克聖吳甦樂會》（Les Ursulines de Québec）。第一冊。頁 307-309。

20　《年鑑》。頁 26 bis。

作，於是運用妙計使我讓步以滿足她的意願，她不理會我的反對，最終還是說服了我，她強調自己就是為此而生。」耶穌升天節後的那個週日，她工作到筋疲力盡時才同意臥床休養。六天之後，修女們替她闔上雙眼，她得年五十四歲[21]。

瑪麗·閨雅三個月前才卸下第三任院長職務，從那時起，她即竭盡全力履行助理院長和初學導師的職責[22]。魁北克的助理院長須承擔的工作職責與法國修道院副院長類似：「院長無法出席的情況下，由助理院長主持修院所有會議，當場解決一切待決事項……具體來說，她須是院長的眼睛、耳朵及雙手，向院長報告修道院中一切需要處理的事情，並與院長進行商議[23]。」實際執行上，此職務責任重大，因為是由助理院長組織與管理修道院：包含每週輪班表、修女的勞動工作、選擇用餐時朗讀的聖書讀本和祈禱意向等。助理院長再加上初學導師的工作對健康不佳的瑪麗·閨雅而言實謂一大負擔，尤其是「她的重聽變得嚴重，有時甚至讓她感到有如在做克苦[24]」。

瑪麗·閨雅離世前的初冬期間仍堅持教授「原住民語」課程：「儘管年紀大了，但（她的）熱情……支持著她，在這個冬天每日持續教導原住民語[25]。」雖然她的活動量明顯減少，但她斂神祈禱的功力卻更加精進，彷彿她慢慢將自己抽離，置身於世外。弗萊塞勒修女寫道：「生命最後幾年，她再無須（也無必要）處理外部事務，除了身體虛弱和病痛的原因之外，最主要是因為她總是專注於默觀天主及靜思，幾乎不再注意我們做了什麼或說了什麼，關注我們的時間並不多[26]。」她完全順服院長修女，並且從中得到真正的喜樂[27]。

歸天之日臨近並未阻礙她思考未來，加拿大籍年輕女孩們的修道意願堅定，但因受限於當前局勢，她們的知識教育仍顯薄弱。聖吳甦樂會的修女們有太多使徒工作需要進行，以致於沒有充裕時間敦促這些加拿大籍的年輕見習生。因此，魁北克

21　*O*。頁 844；另參見《魁北克聖吳甦樂會》。第一冊。頁 310-315。
22　*O*。頁 923；*O*。頁 884。
23　《會憲和規章》（*Constitutions et Règlements*）。頁 128 以下。
24　*V*。頁 748。
25　*O*。頁 1026。
26　*O*。頁 1023。
27　*O*。頁 1022。

的初學和已發願修女們很需要法國修女的幫助，因為這些修女曾於法國接受培育。如果於蒙特婁成立修道院的計畫具體成型，則有必要從法國再招募數名修女予以協助：事實上，以奎律斯神父為首的聖敘爾比斯司鐸使徒生活團神父，於 1669 年已為此事向魁北克的聖吳甦樂會提出訴求[28]。早在十五年前（即 1654 年）已商議此事[29]，聖吳甦樂會修女曾針對此事要求延期，因為魁北克無法為蒙特婁成立新修道院之事提供協助，當時既無人力也無足夠資源。此外，拉瓦主教認為應準備充分後再進行此事，才是明智的做法。主教希望將「在該國度培育的修女」送至蒙特婁成立修道院，而不是直接由法國的修道院來成立。

　　無論如何，上述所有因素都有利加強魁北克修道院的人力。此事於 1666 年定案：巴黎聖吳甦樂會沒有多餘人力，布爾日聖吳甦樂會則有意提供兩位修女。然而此事遲遲無法進一步發展的原因則是因為修道院的財務狀況嚴重吃緊，瑪麗‧閨雅於 1669 年向蒙斯修院（Mons）院長寫道：「我們無法過於擴充修道院人力，因為這裡一切所需都太昂貴了[30]。」

　　然而，「過於」一用語只是為了避免大量法國修女來到加拿大，因為瑪麗‧閨雅寫信之時正值新的協商過程，確切來說，是在法蘭德區（Flandre）修道院中進行協商討論，此修道院隸屬於博多修會[31]。柯雷柏神父與那慕爾（Namur）修道院院長達成協議，魁北克 1671 年可接收三位修女、二位頌禱修女及一位庶務修女，拉瓦主教予以同意並指示哈格諾神父妥善處理。蒙斯修道院得知協商結果後，對此表達失望。渴望前往新法蘭西的修女人數眾多[32]，但那慕爾主教與康布雷總主教（archevêque de Cambrai）因政治因素拒絕授予派遣令（lettres d'obédience），因此沒有任何修女可前往加拿大，當地修女們得知此事時感到無比失望。

　　哈格諾神父須處理相關事宜。當時已是一月，必須盡快採取行動。他分別致信給博多修會的兩個修道院：都爾和瓦納（Vannes）。都爾聖吳甦樂會還尚

28　*O*。頁 894。

29　*O*。頁 546。

30　*O*。頁 853。

31　*O*。頁 892。

32　*O*。頁 923。

未做好準備，瓦納聖吳甦樂會則未給予正面回應。博多修會之中還有卡爾卡松（Carcassonne）修道院，距離她們同意派遣兩位修女已有一段時日，但其中一位修女摔斷手臂，因而被迫取消。

　　哈格諾神父在無計可施的情況下，只能轉向詢問巴黎聖吳甦樂會，聖雅各區的修道院（Faubourg Saint-Jacques）因而願意提供兩位修女。與此同時，代理拉瓦主教處理法國事務的波特凡神父（M. Poitevin）與布爾日總主教達成協議，並指派1666 年願意前往的修女們，並授予派遣令[33]。最終打破修女人數的平衡，局勢轉為對巴黎聖吳甦樂會的修女更有利。有四位法國修女將前往新法蘭西的消息於 6 月11 日傳回魁北克[34]：「有一名漁夫向我們保證（他）在拉羅謝勒港看見她們，我們透過此人的轉述才得知消息，因為她們和我們的修女都沒有寫信通知我們[35]。」直至八月底，法國聖吳甦樂會修女仍未到來，魁北克的修女們開始擔心。其實她們無須擔憂，因為修道院《年鑑手抄本》事後記載了修女抵達之事：「9 月 15 日或 16日，從法國出發的巴齊先生（M. Bazire）為我們帶來了一個好消息，他將自己的船隻留在庫德雷斯島，船內有四名來自法國的修女，原來是由於風向不利於航行，船隻仍尚未到達。想要快點見到她們的急切心情促使我們尋求其他方法，希望她們能夠早點到達，我們因此安排了一艘小船迎接船隻，為其補給食物，並邀請她們登上小船，船上有耶穌會的朱切羅修士（frère Juchereau），他前往迎接兩名與修女們同行的人，堂博先生（M. de Dombourg）是修院其中兩名修女的兄弟，便主動提議幫忙駕駛小船，除了划船的水手之外，我們還派了修院其中一名僕人隨行。修女們終於在星期六晚間五點左右到達，為了迎接她們，修院裡洋溢著無法言喻的歡樂之情[36]。」

　　其中有一位瑪麗‧杜埃修女（Marie Drouet de Jésus），年齡為三十五歲，她已

33　聖吳甦樂會布爾日修院院長安妮‧德‧聖查爾斯（Anne de Saint-Charles）修女於 1671 年 3 月 1 日給哈格諾神父的信件（*AUQ*）；修女們將於 3 月 14 日星期六離開布爾日，於 16 日星期一到達奧爾良；兩名來自巴黎的聖吳甦樂會修女將與她們一同前往拉羅謝勒港。

34　《年鑑》。頁 29。

35　*O*。頁 923。

36　《年鑑》。頁 29-30；關於她們旅行費用，參見夏博著（M.-E. CHABOT）。《從書信認識降生瑪麗》（*Marie de L'Incarnation d'après ses lettres*）。頁 324-326。

於十六歲時發願，有著二十年以上的修道生活；另一位是瑪麗‧古博修女（Marie Gibault du Breuil de Saint-Joseph），與瑪麗‧杜埃修女一樣來自布爾日，但瑪麗‧吉博修女較年輕，當時只有二十四歲，於四年前發願。瑪麗‧勒梅何修女（Marie Lemaire des Anges）和瑪麗‧迪尤修女（Marie Dieu de la Résurrection）則來自巴黎，前者將年滿三十歲，後者是這群修女之中年紀最大的，年近四十歲[37]。

新來的修女進入修道院禁地生活之前，會依慣例前往附近參觀，她們首先到了主宮醫院，之後是錫勒里，她們也到訪了聖佛依聖母堂（Notre-Dame de Foy），因為她們曾向聖佛依聖母（Madone de Foy）許願，此聖母堂位於魁北克東邊二古里處，耶穌會將此聖所獻予聖佛依聖母。

此次人力增援尤其重要，特別是聖敘爾比斯司鐸使徒生活團團員於不久之前才放棄在蒙特婁成立聖吳甦樂會修道院的計畫，1671 年秋天瑪麗‧閨雅在寫給都爾的信中提到：「（他們）只想要女性平信徒，因為她們能自由出入，可協助他人[38]。」

魁北克也與聖德尼聖吳甦樂會保持書信來往，聖德尼修道院隨時可派一位或兩位修女前往魁北克。不過聖德尼修道院最後只為位於馬丁尼克成立的修道院保留修女名額。1666 年魁北克曾向都爾修道院請求派遣修女，但由於正值英法戰爭，當時的局勢並不適合在傳教區成立第二間修道院，瑪麗‧閨雅致信給聖德尼修道院院長並以鼓勵的口吻說道：「塔西先生與一些值得信任之人曾拜訪此國度，使我們確信聖吳甦樂會在此將有重大任務，我們收留來自於各島嶼的住宿生，在這些島嶼上多數人過著舒適（富裕）的生活，但他們卻難以留下（養育）女兒，無法為其提供必要的教育以成為虔誠的基督信徒……[39]」瑪麗‧閨雅在 1669 年 9 月 11 日的信中堅持：「不要讓自己被任何阻礙擊敗……您最大的磨難將是炎熱的氣候……我與那些給您建言的人一樣，請您不要錯過光榮天主的機會。」次年，瑪麗‧閨雅鼓勵

---

37 關於瑪麗‧杜埃，請參見《魁北克聖吳甦樂會》。第二冊。頁 73-74 以及《聖吳甦樂會三河修道院》（Les Ursulines des Trois-Rivières）。第一冊。頁 90-105；有關瑪麗‧吉博，參見《魁北克聖吳甦樂會》。第二冊。頁 241-242。關於瑪麗‧勒梅荷，請參見《魁北克聖吳甦樂會》。第二冊。頁 242-245 與《聖吳甦樂會三河修道院》。第一冊。頁 120-124 頁；關於瑪麗‧迪尤修女，請參見《魁北克聖吳甦樂會》。第二冊。頁 81-82。

38 O。頁 936。

39 O。頁 859；另參見 O。頁 886、890 和 936。

她：「請允許我向您慷慨大方的修女們致謝，她們不畏大海也不畏颶風侵襲。她們胸襟廣闊，我心與她們同在……比起這裡，前往馬丁尼克島將有一大優勢，您無須學習其他語言，只須適應當地人所說的法語，他們的法語只要聽過就會了解[40]。」

　　儘管已年屆七十歲，瑪麗‧閨雅還是能感受到馬丁尼克的聖召：「但是……面對加拿大的任務我們要感到知足。」即便如此，魁北克好幾位年輕的修女已開始嚮往前往馬丁尼克島。瑪麗‧閨雅的使徒精神具有強大感染力[41]，直到生命的最後一刻，這加拿大首位聖吳甦樂傳教士的心思仍然牽掛著福傳使命。

　　貝第夫人比瑪麗‧閨雅年輕三至四歲，瑪麗‧閨雅十分欣賞天主在貝第夫人身上所行的德能。隨著年紀增長，渴望冒險的躁動之心也隨之安分，貝第夫人慷慨的天性轉化為永無止盡的善良仁慈，她在謙卑修養方面的進步有目共睹，儘管天生貴族的氣質從未從她身上褪去，但她在修院的家務工作上也不遺餘力，她經常出入的地點是洗衣房，她在那裡工作了十八年；她喜歡清潔打掃、洗碗及照顧病人，並在唱經班、食堂和縫紉工作中取得最後一席位置[42]。即使身分不是修女，貝第夫人仍是其中一位「創院人」：「創院夫人在聖化的道路上取得顯著進步，我很高興看到這樣的她，如果您見到她，您定會像我一樣感到欣喜[43]。」

　　1671 年至 1672 年初冬時貝第夫人感染胸膜炎。聖瑪爾定紀念日翌日，即 11 月 12 日，人們察覺到她的不適。當時的修院醫生是邦納暮先生（M. Bonamour），他在六月時曾治療名叫凱特琳（Catherine）的七歲阿爾岡昆小女孩，瑪麗‧閨雅很欣賞這位小女孩的行為舉止[44]。邦納暮醫生僅是專注觀察貝第夫人的病況，因為他認為如非必要，無須徒增病人痛苦。病情在三天內即極速惡化，貝第夫人因此決定預立遺囑，為此她請來了聖吳甦樂會法定代理人貝給先生，亦是魁北克公證人，督

40　*O*。頁 890。

41　馬丁尼克島修院直到 1682 年 4 月 8 日才得以成立，參見古德雷著（M. de Chantal GUEUDRE）。《法國聖吳甦樂會歷史》（*Histoire de l'Ordre de Sainte Ursule en France*）。第二冊。頁 25、232、297-313、465 和 505。

42　潘慕洛修女著（POMMEREU）。《大事紀》。第二冊。頁 431。

43　*O*。頁 784；她於 1669 年說道「她是聖人」。*O*。頁 853。

44　《魁北克聖吳甦樂會年鑑手抄本》。頁 29；關於阿爾岡昆小女孩，參見 *O*。頁 784、924。

察達隆先生也來到修道院「向貝第夫人致敬，同時批准其遺願[45]」；那天是 11 月 15 日。

身為一位虔誠的基督信徒，貝第夫人「感謝耶穌基督的恩寵讓她成為羅馬大公教會的女兒、真正的使徒，她生活在這個教會中，也希望在此死去，即使必須付出一千輩子的代價……」，貝第夫人要求安葬於聖吳甦樂會墓園，但她希望將心臟葬於耶穌會聖堂祭台前的台階下方[46]，她註明要將心臟放入「一個未刨光的木盒中，裡面裝滿泥土和生石灰用來覆蓋心臟，無須其他東西包覆……讓她的心臟就在祭台下……（在）至聖聖體基督君王的腳下分解、消逝、化成粉末」。遺囑內容也確認她 1660 年承諾對住宿生的贊助金，以及 1667 年為她舉行殯葬彌撒之安排；貝第夫人也於遺囑中表示聖吳甦樂會修道院為其全數財產的受遺贈人，但此繼承過程十分複雜且困難。

11 月 17 日，邦納暮醫生告知貝第夫人將活不過今晚，她為此感到欣喜。人們問到她是否不悔此生，她回答說：「不悔，比起這一生數年時光，我更加倍期待安息之日。」她非常高興自己能夠於週三死去，因為當天是一週之中的聖若瑟日。於拉瓦主教無法出席的情況下，她從貝尼耶神父（Henri de Bernières）領受了傅油聖事，貝尼耶是貝第夫人 1638 年至 1639 年間「偽丈夫」的侄子[47]。1671 年 11 月 17 日，「她向天主祈禱時進入臨終狀態，並在兩個小時後於晚上八點安詳離世。」

次日在聖吳甦樂會修院舉行葬禮，她的心臟則由朱切羅先生（Jean Juchereau de la Ferté）——「前主權理事會成員，亦是該國度地位最重要的居民之一」以盛大

[45] *RJ*。1672 年（Q。頁 68；Th. 56。頁 276）；她於 1669 年 7 月 18 日完成第一份遺囑。資料出處：*ASQ*。Polygr. 3。編號 44。

[46] 《耶穌會教會的捐助者名錄》（*Registre des bienfaiteurs de l'église des Jésuites*）記載：1665 和 1672 年，祭台大桌子，50 古銀元的收入用於維護聖所的銀燈，捐贈 1,000 古銀元，6,000 古銀元基金中的 100 古金幣用於支付傳教士。

[47] 高斯蘭著（A. GOSSELIN）。《亨利·德·貝尼耶——魁北克首任神甫》（*Henri de Bernières, premier curé de Québec*）。魁北克出版。1902 年；根據沙勒沃神父之著作，瑪麗·閨雅十分欣賞貝尼耶神父。參見《降生瑪麗修女生平》（*La Vie de la Mere Marie de l'Incarnation*）。巴黎出版。1724 年。頁 368；她於 1659 年信中表達其欣賞。參見 *O*。頁 613 和 649。

儀式送至耶穌會聖堂[48]，跟隨其後的還有庫塞勒總督和達隆督察。

　　兩個月後，即 1672 年 1 月 16 日星期二，瑪麗・閨雅因食物中毒身體狀況急速惡化。她一向不願嘗試控制特定飲食，她曾對院長說道：「我來到加拿大之時，天主讓我知道祂希望我在這兒以使徒的方式生活，如同福音所說的，我食用人們盛給我的所有食物⋯⋯[49]」

　　克羅對母親病痛的描述既寫實卻又難以理解：「1672 年 1 月 15 日至 16 日夜晚，整夜胸口處有如『腦溢血』令她呼吸困難[50]。」瑪麗・閨雅那晚可能經歷某種心臟病發作，引發急性肝炎；她度過了非常痛苦的二十四小時，胃部持續感到噁心，伴隨嘔吐：「（此症狀）引發的胸悶遲遲無法緩解；隨之而來的是頭部劇烈疼痛，導致她持續性失眠[51]」。她十分痛苦，任何姿勢的改變都能引起另一陣痛楚。於肝臟那有兩處疼痛點：「形成了兩處腫脹，有如一切疼痛根源[52]」。

　　相較於法國，魁北克聖吳甦樂會修院禁地的規定顯得較彈性：貝第夫人生病時，院外人士，不僅限女性，可輕易地取得允許進入修院禁地探訪她。年輕的貝尼耶（Henri de Bernières）受拉瓦主教指派為聖吳甦樂會的教會長上，同時身兼代理主教。他通融地給予探訪許可，允許有意想見瑪麗・閨雅最後一面的人進入探望。拉瓦主教當時人在法國，當他不在魁北克時就是由貝尼耶代理主教之職核發許可：「那些認識她的人可自由進入修道院前去拜訪她，她像是一位被眾人景仰的人士，象徵著堅韌毅力的楷模[53]。」

　　1 月 20 日星期六，修女們以為瑪麗・閨雅的生命將走向終點，於下午一點半，修女們讓她領受臨終聖體聖事；隔日，即主日、聖雅尼紀念日（sainte Agnès），她接受了病人傅油聖事。之後她向大家道別，向貝尼耶神父和拉勒蒙神

---

48 他於 1666 年與呂艾特・德・歐特伊（Ruette d'Auteuil）一同辭職。關於維勒雷（Rouer de Villeray），他於 1669 年與其他三位委員一樣被解雇。尚・朱切羅是與聖吳甦樂會關係最密切的一位。參見德拉蘭德著（J. DELALANDE）。《新法蘭西主權理事會》（Le Conseil souverain de la Nouvelle-France）。魁北克出版。1927 年。頁 164；康波著（L. CAMPEAU）。DBC。第一冊。頁 412。

49 V。頁 732。

50 V。頁 726。

51 同上。

52 同上。

53 V。頁 727。

父請求寬恕，也請他們代她向拉瓦主教請求寬恕。她接著感謝弗萊塞勒修女和整個修道院對她的悉心照護，她也向修女們請求寬恕。院長將學生們帶進病房：「所有法國住宿生和原住民學生都來到她面前接受祝福，她給予的祝福滿懷善意且帶有一絲獨特溫柔，特別是對原住民小女孩們 54。」最後，修女們為她帶來一位偉大阿爾岡昆酋長的女兒：「她……輕撫小女孩數以千次，藉此機會向修女們說了些美妙的事，以激發她們對聖召的重視以及對印第安小孩的愛 55。」

相較於瑪麗・閨雅釋然的態度，修院修女們不願輕易接受她將離去，每位修女都祈禱希望瑪麗・閨雅能陪伴她們久一點。拉勒蒙神父認為她應該與修女們同心一意；但瑪麗・閨雅淡然地向靈修導師拉勒蒙神父表示：「如果這是天主的旨意，無論是活著還是死去，她都欣然接受」。拉勒蒙神父並沒有因此放棄，他帶著堅定的口吻說道：「不管結果如何都沒關係，但是我的修女，您必須設身處地為我們著想，盡一切可能讓自己留在修院，大家都殷切期盼您能繼續活著，大伙兒仍需要您。」瑪麗・閨雅最終同意念誦聖瑪爾定的祈禱文：「我的基督君王和天主，如果祢認為這間修院仍然需要我，那麼我必會遵從祢的聖意，不拒絕任何磨難或工作 56。」

幾天過後，她的狀況奇蹟似的好轉，恢復過程甚至十分迅速；大家因此確信此次危急狀況與 1645 年、1657 年和 1664 年相似，並認為瑪麗・閨雅重獲新生。修女們滿懷感激之情在祈禱室歌唱〈讚主詩〉（Te Deum）：「她參加了此次禮儀。自此之後，她逐漸恢復精力，甚至還可以在兩根木杖的輔助下於修道院行走，醫生們對此更是讚歎不已，之後經常宣稱她能活下來是奇蹟顯現 57。」

瑪麗・閨雅的病癒使魁北克洋溢著一片歡樂。接著四旬期到來，瑪麗・閨雅已有足夠體力參加 4 月 10 日冗長的聖枝主日禮儀，也出席了聖週四禮儀：「聖週五她也恭讀了耶穌受難史和朝拜十字聖架 58。」但可能是因為消耗過多精力，她於

54　*V*。頁 728。
55　同上。
56　*V*。頁 728-729。
57　*V*。頁 729。
58　*V*。頁 730。

晚間不得不向院長坦言她的右側腹部激烈疼痛，修院便緊急召來邦納暮醫生[59]，他診斷右腹有兩處膿腫，並決定清除膿腫。他使用刀片施行膿腫手術直至隔日早上六點，即 4 月 16 日聖週六。醫生竭盡全力為其醫治，手術後留下兩道四指長的傷口，深可見骨。然而於當天晚上，他甚至認為應擴大手術範圍：「她（此次手術中）以令人欽佩的耐力忍受痛苦，未有隻字抱怨，也未曾露出任何不耐之舉，猶如靈魂完全抽離身體一般。」

每日定時兩次的換藥程序讓她萬分痛苦：「一日……外科醫生進行換藥，兩次的換藥過程都讓她一遍又一遍經歷痛楚，須將鐵製器具和雙手放入傷口進行清理，然後放入紗布球，紗布上沾滿令人刺痛的苛性消毒藥水，她克制自己不要發抖，即便如此，身體仍會因過度疼痛微微顫抖，她也意識到自己在輕微抖動，並將此視作一種軟弱或過失，在天主和在場人士面前她感到慚愧，並且說道：『啊！至善的天主！我是如此無法忍受痛楚[60]。』」

經過八天治療後，她仍無法起身下床。四月最後兩週期間她的健康狀況每況愈下。藉由每兩日一次的領聖體她重拾喜悅和力量。她心中想到的是兒子和印第安人，特別是印第安人[61]！在新法蘭西生活期間，她經常請求天主將她的煉獄歸為使徒工作的延伸，她早已用心投入此份工作。克羅所傳達的話語充分代表她所分享的普世信念。她「請求天主賜予恩寵，讓她在死去後的煉獄啟發所有原住民族群擁抱信仰，陪同傳教士並激勵他們為原住民致力福傳工作[62]」。

然而，瑪麗‧閨雅後來確信其煉獄會與此不同，並且會於其在世時發生。1653年以及 1663 年大地震中的自我奉獻（offrande）都將取代於煉獄裡最後的煉淨。因此，為了印第安人和新法蘭西人民，她一心只想充分利用其苦難，並將自己奉獻給天主，她說道：「我所有一切都是為了原住民，我一無所有，沒有屬於自己的東西[63]。」事實上，她如果選擇放棄自己的功德，也意謂著她意識到自己是擁有功

59 「此國度深富經驗的外科醫生」。參見納賓著（G. NADEAU）。DBC。第一冊。頁 110。
60 V。頁 731。
61 V。頁 731-732。
62 V。頁 735；這是她熟知的想法。參見 O。頁 36-37、224 和 954。
63 V。頁 735。

德的。1669 年致信給龐塞神父：「啊！我絲毫感受不到痛苦，我將毫無痛苦地死去，死去的我並非一事無成。希望福傳工作的聖者們賜予我恩典，將我視為福傳工作的一分子，如果沒有，我將會感到萬分痛心[64]！」4 月 29 日星期五，她再次領受臨終聖體，也進行臨終傅油聖事。

在她生命最後十五天裡，原住民女孩可自由進出她的房間，偶爾總會有個古銅色的小腦袋瓜經過門縫。對於瑪麗‧閨雅來說，每次來訪皆有如再一次經歷喜樂：「每次她猶如母親一般給予她們溫柔祝福時，足以表明她把她們放在心裡深處[65]。」瑪麗‧閨雅想最後再見一次所有原住民女孩，向她們道別，「星期六中午，即四月的最後一天（4 月 30 日），她陷入臨終彌留狀態[66]」，此過程極度平靜安詳，絲毫無任何焦慮也無畏懼！「她喪失聽覺且無法言語，但她的精神始終與她同在，從外表可輕易看出她的靈魂與天主緊密結合：她一直停留在此狀態，用顫抖的手將她的十字架苦像置於唇上，有一次拉勒蒙神父想將十字架苦像取下，讓她親吻它，但她握得太緊了，使得神父只好取來另一個十字架苦像讓她親吻[67]」。

五點鐘，從她眼眶滲出幾滴淚珠，過了一會兒她再次睜開雙眼，看著修女們，然後又陷入昏迷：「最後到了晚上六點……毫無任何起伏，她僅輕嘆兩聲，便將自己美麗的靈魂交至天主懷中，這是她終其一生渴望的歸處[68]」。

瑪麗‧閨雅修道生活的奧祕不再只屬於兒子克羅和靈修導師拉勒蒙神父，她已投向另一段新旅程。對諸位讀者而言，她儼然已成為一位靈修大師[69]。

---

[64] *O*。頁 857。

[65] *V*。頁 735。

[66] *V*。頁 736。

[67] 同上。在最後一刻，弗萊塞勒修女對她說了幾句關於克羅的話：「聽到這些話……她深受感動並語帶溫柔地請她讓他知道她會把他放在心裡並帶入天堂，在那裡她希望他完美成聖。」

[68] *V*。頁 736。

[69] 埋葬後不久，為了「繪製瑪麗‧閨雅肖像」，將其遺體從墓穴移出，不確定那是一幅油畫還是模製亡者的面具？魁北克聖吳甦樂會收藏一個似乎是瑪麗‧閨雅臉型的面具；至於肖像，當時只有 1664 年春天抵達魁北克的于格‧潘米耶（Hugues Pommier）神父才有能力繪製。莫希塞著（G. MORISSET）。*DBC*。第一冊。頁 564；同作者。《畫家和畫作》（*Peintres et tableaux*）。第二冊。魁北克出版。1937 年。頁 23-36；關於奇蹟，參見李紹道神父著（RICHAUDEAU）。《降生瑪麗生平》（*Vie de Marie de l'Incarnation*）。第二冊。頁 395-465。

獻給降生聖言的禱文

── 克羅・瑪定撰寫

此《禱文》原為 1677 年出版傳記之開頭。（原稿遺失；複本 XVIIe s：巴黎國家圖書館法文 15.793，第 1-3 張紙；19.661，第 122-124 張紙；文本：國家圖書館 Ms. Fr. 15.793）

（第一張紙正面）敬愛的聖言，全能天主的獨生子，我衷心服從並且崇敬祢，祢為救贖人類而與人性結合。基於無數個理由，我向祢獻上此書，這本著作全屬於祢。書中講述可敬的降生瑪麗修女聖潔的一生，她是祢忠實的婢女，也是我摯愛的母親。書中單純而真誠地敘述祢賜予她靈魂的恩寵，她懷著無比忠貞之心領受祢賜予的一切恩寵。天主啊，無論在天堂或人間，祢才是此書唯一的庇護者。本書字裡行間充滿著祢所創造的奧蹟，難道不應向祢一一傾訴？祢是她靈性光輝的創造者（第一張紙背面），她的美德、愛慕之情及靈魂的所有榮耀皆屬於祢。

祢以一種非常特別的方式揀選她成為祢永生淨配，在世間邪惡及人性腐敗尚未玷污她的純潔光彩之前，祢適時安排了一切。在她年僅七歲時，祢輕問她是否願意成為祢的人，她毫不猶豫領受此恩寵，而祢以如此甜美的方式與她相屬，倘若天使們有嫉妒之心，他們將為之妒忌。祢不願再繼續久候，因此在她七歲時溫柔地展示祢那迫切施恩於她之心。七歲是靈性得到啟蒙的年紀，瑪麗・閨雅的心靈得以綻放，靈魂彷彿拋開束縛，她開始得以享受童年初期無法享受的自由。在這幸福時刻祢引領著她，於花圃採下初綻芬芳，於花園摘取第一批結成的果實（此意指其最初

想法及內心原始情感）。祢見證她一生的熱情，所有世俗擾亂皆與之隔離。祢持續施以關懷，使她全心全意與祢靠近，這代表著她對祢來說多麼珍貴，祢想完全擁有她，無法忍受他人參與其中。祢占據她身心靈一切能力，（第二張紙正面）無論晝夜，其思緒與想像僅有天主的尊威，所思所想全是祢。她的心因為愛而熾熱，只為祢神性與人性雙重之美而歡息。她所吐露的言語、寫下的文字、內心的雀躍及身體每一律動皆傳遞著降生聖言之愛。她殷切祈望能與祢交談，盼望能擁有祢，渴盼不斷聽到祢的神聖話語，對聖事心懷無盡渴望。這些皆因祢在她內心點燃渴望之火，但願能以某種神奇的方式得到緩解，如同祢在天堂對待天使和榮福諸聖那般：透過滿足使她更加渴望，滿足渴望之際卻又燃起更多渴求。將祢的鮮血傾流於她身上是珍貴的滌淨歷程，藉此洗滌靈魂並淨化她微小瑕疵之處。祢長時間為她滌洗，從中擷取豐沛且永恆的純淨，彷若白色羊毛一般純潔無瑕。她因而濡染了祢神聖人性的光彩與樣貌。她內心不斷奉行祢在世時的神聖奧祕：自祢於聖母腹中降生成人那刻起，直至死於十字架上時所展現的奧蹟。祢將她獻予祢的人性，她迫切渴望擁有祢的聖神，這使她（第二張紙背面）對他人既無關注也無愛慕。祢清楚表明嚮往她的靈魂，所以選擇讓她完全歸屬於祢。因此祢總是與她親近，不斷施予她的靈魂恩寵，以恩寵栽培蘊育她，將她提升至如此罕有且如此崇高的結合狀態。此結合狀態如此持久，除了天使之外無人可持續享見天主。

祢的恩寵深情地向她預示，甜蜜地主宰她的所有能力。她因對祢的愛而捨棄心中最溫柔且富含母性的感情。她犧牲世上最珍貴之物，無須對此感到驚訝。我的天主啊，我不敢擅自將自己比作依撒格（Issac），當我想到自身罪過時，那祭獻之子的純真和聖潔讓我感到敬畏。但我可以毫不猶豫地將母親與獻子給祢的亞巴郎（Abraham）相提並論。我是她的獨子，她內心縱然百般不願，且此舉有違母性本能，但她在我出生前便將我獻予祢做為全燔祭。她放下一切進入修道生活時，我成為了缺乏母親關愛的幼童。她無數次透過聖心將我奉獻予天主，彷彿祭台的聖潔可滌淨祭獻者的不潔。我的天主，我全心臣服於這一切的犧牲。上主啊，如果我沒有依撒格的聖潔，請祢記住，祢僕人的這些犧牲足以表明她有著亞巴郎的虔誠，她與（第三張紙正面）獻子的亞巴郎一樣值得享有忠實的頭銜。

此後她變得純潔無瑕如光輝，她的靈魂以最珍貴的恩寵裝飾點綴。祢賜予她神

婚的恩寵，並像丈夫一般讓愛妻得到最完美的愛。祢讓她發掘祢所有的奧祕，讓她能與祢擁有相同的精神。祢將聖經和寶藏的鑰匙交付給她，為了讓她擁有同樣的財富。祢召喚她進入修道生活只為共有同一間住所。祢與她分享痛苦和苦難只為能和她同桌共席。祢將她繫於十字架上只為共享同一張木床。祢希望她遠征世界另一端以擴大祢的國度並享同一財富。最後，祢以熱情和使徒精神灌溉她的心靈以贏得更多靈魂，只為共組家庭並孕育相同後代。

祢是降生的聖言，是祢忠實淨配降生瑪麗生命的創造者。正是因著聖神，使忠貞的她英勇宣揚福音美德，成就偉大聖人。基於此更應向祢獻上這本原就屬於祢的作品。此舉雖然有違她潔白靈魂最神聖無私的心願，但我知道她是如此無瑕地將自己奉獻給祢。榮耀天主是她一生唯一志願，所言、所行及所思皆為此。她安息後仍忠心歸屬於祢，為祢服務。她只為我寫下這本著作，並把它留給了我，我因而享有特殊權利。除此之外，世上再無他物，我只希望能從她身上合法繼承此書（第三張紙背面）。她知道把它留給我即是奉獻于祢，因為我也完全屬於祢。我全心全意向祢獻上此書，此書如同我一樣屬於祢。

因此，敬愛的聖言，我為祢獻上此書，這本滿懷恩寵的作品。除保留欣賞的權利以外，我拋棄任何有關此書的權利。感謝祢的庇護，為此傾注如此多的恩寵，甚至滿溢至我身上。除了母親的一生歲月，也請收下其子之靈魂，使其子之名能載入祢召選子民的書中，使其所言如同祢揀選的先知充滿信心及真實。

噢！天主：

我是祢的僕人，也是祢婢女的兒子。

克羅‧瑪定

1676 年聖吳甦樂會的學生於白樺樹皮上以印第安語和法語親筆致克羅神父之信

巴黎國家圖書館典藏編號 n.acq.fr.6561（雙語文本對照）

A8atennoron

Aiornron atichiena8atońesa8a8etida8a8it

sinnonha de8endatOnnontagué doie

g8en din doticha8ata a8eti de 8and8saketion

8eti ondair a8atońestadesk8entenrha rik8r

rhe agońatirih8aiensten d'otiatatoeti, esrenni

agon ta8enten rende, ate8entenhaon ta8a

teonoaenha atoen a8attarat ca8arih8ioit

ondaiesken aiondia de iaronhiar teksatate

gen dek8enhoi

A8atennoron	Endisk8ar（　）data etsi chiendarnk huronnës Gaspesi eune d'onnontagué d'oiog8en algonquines montagnesse et outa-oises

神父您好：

　　我們是來自休倫、奧內特、奧諾達給、渥奧岡、阿爾岡昆及高山人的女孩，由衷感謝您對我們施以憐憫，讓修女們在信仰中引導我們。希冀您心懷勇氣，持續對我們抱以同情之心，但最重要的是，請您不斷地向天主祈禱，賜予我們信仰的恩寵，但願我們死後能在天堂與您相會。

您非常謙卑的女兒和僕人：休倫人、加斯佩斯人、奧諾達給人、渥奧岡人、

阿爾岡昆人、高山人和塔渥斯人

1676 年 10 月

筆跡分析

Raymond Trillat

國家級研究專家

筆跡學會

巴黎

研究案：瑪麗・閨雅。

分析文件：1641 年 9 月 4 日致其子之書信。

應總督蒙馬尼（Gouverneur, M. de Montmagny）之要求，1646 年 5 月 15 日提供的證明文件。
1662 年 7 月至 1663 年 1 月寄宿生登記名冊其中兩頁。

　　本研究案分析之資料橫跨 1641 年至 1646 年間，其中值得一提的是其筆跡於這幾年間的轉變，藉由觀察發現字跡由拘禮、節奏僵硬、如機器人般工整的型態蛻變成充滿志氣、熱情且富含奔放生命力。

　　檢視文件時發現 d 和 t 字體弧度具特別之處，這兩個字母最初受默觀祈禱習慣影響，字體有如微風吹起的風帆般膨脹，深具想像力。不難看出執筆者內心的起伏和激昂，文字裡蘊藏著果敢征服的堅定意志。即便如此，1646 年的文獻卻能明顯透露瑪麗・閨雅於書寫時的疲憊感。

其書寫風格並非過於強烈，而是一種精神上的連結，賦存其一生修道生活之性格角色，將自我意識到身為院長之真切情感表露無遺。

除此之外，亦可得知瑪麗·閨雅為人謹小慎微且精益求精。字母書寫角度及字距猶如領導者一般果斷，簡潔亦不拖泥帶水。

然而，最重要的一點是字跡流露出的超凡筆觸，字體間的大小差異，以及其中所蘊含的各種力量、強度、筆法和韻律感，與聖女小德蘭（Saint Thérèse de Lisieux）的字跡相比，不難發現兩者之間有著相同的流動感、節奏及感觸性。

兩者區別之處在於聖女小德蘭的筆跡是由情感堆砌而成，而瑪麗·閨雅的字體構建則是為了征戰、抗爭和辯論。

此外，其字跡下半部呈現出強烈的壓抑感，源自深植體內的道德譴責感，但有時卻如猛烈之火噴發外溢。

她具有將自己人格投射至他人的天賦，但她絕不會忽略現實所帶來的感覺。透過字跡可聯想到耶穌會會士的遠征精神，不僅賦予靈性且內含世俗性。

儘管瑪麗·閨雅生性坦率謹慎，但她經常需要一段退省時間，以便將自己羞怯的性格調整為無懼冒險的領導角色。

她的邏輯縝密，每一字都蘊含直覺，有助於衡量判斷力。

她具有創造力，一改最初表達想法時的猶豫躊躇，其書寫字跡洋溢著對耶穌的敬畏及仰慕，藉由鵝毛筆輕顫的筆觸流露出激昂的情緒。

因此，於三百多年後的今日，她的筆跡仍保留活力、慷慨精神、抑制不住的激動情懷與非凡敏銳度。

【附錄四】

瑪麗・閨雅年表

王曉風修女　製表

1599	10/28	出生；10/29 領洗
		童年異夢－7 歲
1617		結婚
1619	04/02	生子克羅・瑪定（Claude Martin）
	10 月	喪夫、負債；返父家隱居一年
1620	03/24	基督寶血異像；密契經驗
1621 起		隱居生活，亦協助姊夫事業
1625		聖三的啟示
1627		第二次聖三啟示──神婚，聖言的淨配
1628-30		經驗「黑夜」
1631	01/25	入聖吳甦樂會都爾修道院（Tours）
	03/17	"Je suis le rien propre au tout"；聖三第三次啟示
	03/25	領會衣、各種考驗；神枯

1633	1/25	發願；克羅・瑪定騷擾
		1633 年《靈修札記》（*Relations*）
		聖誕八日慶內：加拿大異夢、使徒熱火
1634-35		副初學導師／兩次退省
1634-38		加拿大聖召的準備；分辨：天主旨意逐步明確
1639	02/24	離都爾
	05/04	乘船離迪波港（Dieppe）
	08/01	抵魁北克
1642	11/21	在魁北克成立第一所會院；1641 克羅・瑪定入本篤會；
		1648 克羅・瑪定晉鐸
1643		修院大火；重建工程；擔任修院各種職務；大量書信
1654		1654 年《靈修札記》
1661-8		編寫印第安方言要理、字典
1672	04/30	安息主懷
		成熟的默觀使徒
1857		進行列品
1911		冊封「可敬的」
1980	06/22	列真福品
2014	04/03	教宗方濟各簽署與拉瓦主教同列聖品

【 附錄五 】
中文版授權信

拉瓦大學出版中心授權信

Presses de
l'Université Laval
Pavillon de l'Est
2180, chemin Sainte-Foy, 1ᵉʳ étage
Québec (Québec) G1V 0A6 CANADA

www.pulaval.com

TÉLÉPHONE : 418 656-2803 • TÉLÉCOPIEUR : 418 656-3305
COURRIEL : PRESSES@PUL.ULAVAL.CA

Madame Margaret Mei-Hua CHEN, Ph. D.
Présidente
Université Ursuline Wenzao des langues étrangères
Taiwan

Québec, 18 mars 2021

Madame la Présidente,

C'est avec plaisir que les Presses de l'Université Laval accordent à l'Université Ursuline Wenzao des langues étrangères l'autorisation de traduire en chinois, de publier et de diffuser la biographie de Marie de l'Incarnation de dom Oury que nous avons coédité avec l'Abbaye Saint-Pierre de Solesmes en 1972.

Nous vous remercions de l'intérêt que vous portez à cet ouvrage et nous vous souhaitons un franc succès avec sa publication en chinois.

Veuillez accepter, Madame la Présidente, nos salutations respectueuses.

Denis Dion

Denis Dion
Directeur des éditions

索雷姆修道院授權信

+ PAX. ABBAYE
SAINT- PIERRE
DE SOLESMES

F-72300 Solesmes, tél. 02 43 95 03 08

le 19 mars 2021

Madame,

Vous m'apprenez votre souhait de publier la traduction en langue chinoise du livre de Dom Guy-Marie Oury sur la biographie de Marie de l'Incarnation. Je reçois cette information comme une excellente nouvelle, car je suis certain que cette traduction fera connaître à de nombreux lecteurs chinois cette belle vie de la sainte missionnaire du Québec.

C'est donc bien volontiers que je cède les droits qui reviennent à l'abbaye de Solesmes concernant cet ouvrage.

Souhaitant que cette publication soit un succès de librairie, mais surtout un témoignage apostolique, je vous assure, Madame, de mon religieux respect.

+ f. Philippe Dupont
abbé

本書簡化譯名	中文原譯名	原文	頁碼
蓓唐・德・何絲	蓓唐・德・何絲	DU ROES, Bertranne	289
保羅・布松	保羅・布松	BUISSON, Paul	99-104, 124-126, 137, 180, 183, 198, 213, 386
保羅・梅特澤神父	保羅・梅特澤神父	MÉTEZEAU, Paul（prêtre）	64
保羅・米歇雷	保羅・米歇雷	MICHELET, Paul	45
保羅・黎費利神父	保羅・黎費利神父	RIVERY, Paul（prêtre）	390
奔騰船長	奔騰船長	BONTEMPS（capitaine）	319, 325, 327, 328, 330, 332, 333
邦納暮醫生	尚・德・邦納暮	BONAMOUR, Jean de _	557, 558, 561
邦南神父	雅各・邦南	BONNIN, Jacques（prêtre）	504
比奈神父	艾田・比奈神父	BINET, Etienne（prêtre）	74, 297-299, 302, 307
比佳神父	皮耶・比佳神父	PIJART, Pierre（prêtre）	273, 502-504
碧昂修女、院長	芳莎・德・碧昂（會名聖伯納）	BRIANT, Françoise de _（soeur _de Saint-Bernard）	162, 177, 193-195, 199, 203-206, 208, 219, 220, 223, 225, 231, 235, 238-240, 263-266, 276, 277,303, 304, 308, 457, 458,550
碧燕伯爵夫人	路易絲・德・貝翁・碧燕伯爵夫人	BRIENNE, Louise de Béon, comtesse de _	311, 312, 320, 321
卜瑞伯神父	聖若望・德・卜瑞伯神父	BRÉBEUF, Jean de（saint, prêtre）	273, 343, 344, 419, 422, 499, 504
布德先生	瑪定・布德	BOUTET, Martin	529
布特胡督察	克羅・德・歐比尼・布特胡	BOUTEROUE, Claude de _ d'Aubigny	532
布托神父	雅各・布托神父	BUTEUX, Jacques（prêtre）	502
布萊繆修女	雅各琳・德・布萊繆修女	BLÉMUR, Jacqueline de _（soeur）	54
布雷船長	布雷船長	POULET（capitaine）	408, 448, 449
布里庸夫人	安琪 ・弗何・德・布里庸夫人	BULLION, Angélique Faure de _	366, 479
布關神父	布關神父	BOURGOING, P.（prêtre）	75
布榭總督	皮耶・布榭	BOUCHER, Pierre	101, 448, 523
布鍾尼耶先生	布鍾尼耶先生	BOUGEONNIÈRE	447
布斯神父	凱薩・德・布斯神父	BUS, César de _（prêtre）	62, 189, 190
布松家	布松家族	BUISSON	071, 100, 103, 104, 108, 126, 165, 182
布瓦神父	瑪定・布瓦神父	BOUVART, Martin（prêtre）	544
ㄆ			
波米艾蒙席	波米艾蒙席	BEAUMIER, J.-L（Mgr）	174
波弗家族	波弗家族	BEAUVAU（famille）	251
波弗主教	佳播・德・波弗	BEAUVAU, Gabriel de（évêque）	251
波戴勒船長	波戴勒船長	POINTEL（capitaine）	448
波特凡神父	阿蒙・波特凡神父	POITEVIN, Armand（prêtre）	496, 555
波拉絲東夫人	波拉絲東夫人	POLASTRON（madame de _）	169
波藍神父	查理・波藍神父	PAULIN, Charles（prêtre）	280
培薩尼神父	方濟 - 若瑟・培薩尼神父	BRESSANI, François-Joseph（prêtre）	425, 504
培索樂修女	茱蒂・培索樂修女	BRESSOLLES, Judith Moreau de _（soeur）	479
培歐騎士	阿席勒・德・培歐	BRÉHAUT de l'Isle, Achille de _	334, 533

本書簡化譯名	中文原譯名	原文	頁碼
培翁神父	何內・培翁・德・加里內神父	BRÉHANT de Galinée, René de _（prêtre）	533
潘慕洛修女	奧古斯汀・德・潘慕洛修女	POMMEREU, Augustine de _（soeur）	53, 161, 162, 177, 384, 551
潘亭歐拉	潘亭歐拉	PATENGOLI	188
龐卡雷主教	雅各・卡謬・德・龐卡雷主教	CAMUS de PONTCARRÉ, Jacques（évêque）	510
龐塞夫人	瑪格麗特・提索（龐塞夫人）	THIERSAULT, Marguerite（madame PONCET de la Rivière）	310, 320
龐塞神父	若瑟－安東・龐塞・德・拉里維耶	PONCET de la RIVIÈRE, Joseph-Antoine（prêtre）	236, 273, 274, 282, 283, 291, 294, 297, 299, 315, 320, 426, 502, 545, 546, 551, 562
皮莫女士	凱特琳・皮莫	PRIMOT, Catherine	486
皮梭先生	皮耶・德・皮梭	PUISEAUX, Pierre de _	334, 366, 368, 371
皮耶・巴雷神父	皮耶・巴雷神父	BARRÉ, Pierre	226
皮耶・瑪定	皮耶・瑪定	MARTIN, Pierre	67
皮耶・莫羅	皮耶・莫羅	MOREAU, Pierre	477
皮耶・德・阿沃古	皮耶・德・阿沃古	AVAUGOUR, Pierre du Bois d'_	523, 524
皮耶・托瑪	皮耶・托瑪	THOMAS, Pierre	40
皮耶神父	皮耶神父（會名聖依拉略）	Pierre de Saint-Hilaire（prêtre）	92
普萊維夫人	普萊維夫人	PLAINVILLE（Mme _）	169
ㄇ			
馬丹神父	艾德蒙・馬丹神父	MARTÈNE, Edmond（prêtre）	52, 229, 388, 390
馬圖林・馬尚	馬圖林・馬尚	MARCHAND, Mathurin	385
馬雷斯特神父	佳播・馬雷斯特	MAREST, Gabriel（prêtre）	381
馬克・巴里耶	馬克・巴里耶	BARILLET, Marc	88
馬克・巴里耶	馬克・巴里耶	BARILLET, Marc	43, 88
馬哈芬夫人	芳莎・德・馬哈芬	MARAFIN, Françoise de _	62
馬候院長	馬候院長	Abbé de Marolles	159
馬薩林	朱爾・馬薩林	MAZARIN, Jules	444, 510
瑪德蓮・布哲利	瑪德蓮・布哲利	BOURGERY, Madeleine	507
瑪德蓮・瑪定	瑪德蓮・瑪定	MARTIN, Madeleine	66
瑪德蓮・德・勞森修女	瑪德蓮・德・勞森修女	LAUSON, Madeleine de _（soeur）	379
瑪德蓮・德・蘇迪修女	瑪德蓮・德・蘇迪修女	SOURDIS, Madeleine de _（soeur）	63
瑪德蓮・茹安	瑪德蓮・茹安	JOUËNNE, Madeleine	289
瑪德蓮・茹耶修女	瑪德蓮・茹耶修女	JOUYE, Madeleine（soeur）	195
瑪德蓮修女	瑪德蓮修女（會名聖若瑟）	Madeleine de Saint-Joseph	62
瑪寶・閨雅	瑪寶・閨雅	GUYART, Mathieu	88
瑪定神父	瑪定神父（名號聖伯納）	Martin de Saint-Bernard（prêtre）	92
瑪特・米歇雷	瑪特・米歇雷	MICHELET, Marthe	45
瑪特・米耶	瑪特・米耶	MILLET, Marthe	45
瑪特・費弗耶修女	瑪特・費弗耶修女	FÉVRIER, Marthe（soeur）	248
瑪汀・修塞修女	瑪汀・修塞修女	CHAUSSAY, Martine（soeur）	249
瑪麗・巴里耶	瑪麗・巴里耶	BARILLET, Marie	46
瑪麗・巴呂修女	瑪麗・巴呂修女（會名聖方濟）	PALLU, Marie（soeur _de Saint-François）	249

本書簡化譯名	中文原譯名	原文	頁碼
瑪麗‧布德修女	瑪麗‧布德修女 （會名聖奧古斯丁）	BOUTET, Marie（soeur _de Saint-Augustin）	474
瑪麗‧布松修女	瑪麗‧布松修女（會名降生）	BUISSON, Marie（soeur _de l'Incarnation）	248, 251, 267, 386, 387, 392-396, 472, 542
瑪麗‧波律其修女	瑪麗‧波律其修女（會名聖誕）	BELUCHE, Marie（soeur_ de la Nativité）	248-250, 550
瑪麗‧瑪格麗	瑪麗‧瑪格麗	MARGUERIE, Marie	327
瑪麗‧瑪葉修女	瑪麗‧瑪葉修女	MAILLET, Marie（soeur）	479
瑪麗‧莫翰修女	瑪麗‧莫翰修女	MORIN, Marie（soeur）	480
瑪麗‧弗雷斯提修女	瑪麗‧弗雷斯提修女 （會名聖文德）	FORESTIER, Marie （soeur _de Saint-Bonaventure）	319
瑪麗‧德‧波維利耶	瑪麗‧德‧波維利耶	BEAUVILLIERS, Marie de _	47
瑪麗‧德‧馬雷	瑪麗‧德‧馬雷	MARET, Marie de _	315
瑪麗‧德‧麥地奇王后	瑪麗‧德‧麥地奇王后	Marie de Médicis	433
瑪麗‧德‧拉費	瑪麗‧德‧拉費	LA FERRE, Marie de _	365, 479
瑪麗‧都第耶修女	瑪麗‧都第耶修女 （會名耶穌受難）	DODIER, Marie（soeur _de la Passion）	473, 521
瑪麗‧杜埃修女	瑪麗‧杜埃修女（會名耶穌）	DROUET, Marie（soeur _de Jésus）	555, 556
瑪麗‧內加巴馬	瑪麗‧內加巴馬	NÉGABAMAT, Marie	348, 481
瑪麗‧雷森	瑪麗‧雷森	RAISIN, Marie	475
瑪麗‧舒斯納	瑪麗‧舒斯納（又名瑪麗‧官娜）	CHOUESNARD, Marie（Coinard Marie）	41, 45
瑪麗‧茹貝修女	瑪麗‧茹貝修女	JOUBERT, Marie（soeur）	249
瑪麗‧阿米斯谷方	瑪麗‧阿米斯谷方	AMISKOUEVAN, Marie	348
瑪麗‧吳艾巴	瑪麗‧吳艾巴	OUEBA, Marie	495
瑪麗‧維利耶修女	瑪麗‧德‧維利耶修女 （會名聖安德烈）	VILLIERS, Marie de _ （soeur _de Saint-André）	473, 536
瑪麗‧于侯‧德‧羅比達	瑪麗‧于侯‧德‧羅比達	HURAULT de l'Hôpital, Marie	395
瑪麗-瑪德蓮‧ 阿巴特瑙	瑪麗-瑪德蓮‧阿巴特瑙	ABATENAU, Marie-Madeleine	348
瑪麗-菲力絲‧阿宏修	瑪麗-菲力絲‧阿宏修	ARONTIO, Marie-Félix	495
瑪麗-吳甦樂‧卡米田	瑪麗-吳甦樂‧卡米田	GAMITIENS, Marie-Ursule	348
瑪格莉特‧修維尼	瑪格莉特‧修維尼	CHAUVIGNY, Marguerite de _	288, 296
瑪格麗特‧布登	瑪格麗特‧布登	BOURDON, Marguerite	486
瑪格麗特‧達弗內	瑪格麗特‧達弗內	THAVENET, Marguerite de _	475
瑪格麗特‧德‧盧斯雷	瑪格麗特‧德‧盧斯雷 （又名瑪格麗特‧德‧沙薛）	ROUSSELÉ, Marguerite de _de Saché	74
瑪格麗特‧德‧恭第	瑪格麗特‧德‧恭第	GONDI, Marguerite de _	320
瑪格麗特‧德‧阿布茲	瑪格麗特‧德‧阿布茲	ARBOUZE, Marguerite d' _	385
瑪格麗特‧格諾	瑪格麗特‧格諾	GUESNAULT, Marguerite	67
瑪西‧普塞	瑪西‧普塞	POURCELLE, Macée	53
瑪西修女	凱特琳‧瑪西修女	MASSÉ（MACÉ）,Catherine（soeur）	479
梅納神父	何內‧梅納神父	MÉNARD, René（prêtre）	354, 355
梅濟總督	奧斯定‧德‧塞非‧德‧ 梅濟（總督）	MÉZY, Augustin de Saffray de _ （gouverneur）	498, 508, 525
梅奇農修女	安東妮特‧梅奇農 （會名聖瑪爾大）	MEKINON, Antoinette （soeur _ de Sainte-Marthe）	473, 512, 536

本書簡化譯名	中文原譯名	原文	頁碼
ㄌ			
拉巴里艾神父	尚‧德‧拉巴里艾神父	LA BARRIÈRE, Jean de _（prêtre）	91, 92, 169
拉巴赫修女	珍妮‧德‧拉巴赫修女	LA BARRE, Jeanne de _（soeur）	219
拉布蘭奇提小姐	德‧拉布蘭奇提	LA BLANCHETIÈRE（Mlle de _）	486
拉波旁涅先生	安東‧歐梅‧德‧拉波旁涅	HOMMEY Antoine（de la Bourbonnière）	295, 310
拉普拉斯神父	雅各‧德‧拉普拉斯神父	LA PLACE, Jacques de _（prêtre）	314, 332, 366
拉弗雷斯特修女	瑪麗‧德‧拉弗雷斯特修女	LA FOREST, Marie de _（soeur）	219
拉多雷‧阿貝神父	拉多雷‧阿貝神父	LADORÉ, Abel（prêtre）	105, 161
拉多維歇先生	杰羅姆‧勒華耶‧德‧拉多維歇先生	LA DAUVERSIÈRE, Jérôme Le Royer de _	479
拉藍德修士	聖尚‧拉藍德修士	LA LANDE, Jean（saint, frère）	421
拉以埃先生	波拉絲東‧德‧拉以埃先生	POLASTRON de la Hillière（monsieur de _）	161
拉耶神父	喬治‧德‧拉耶神父	LA HAYE, Georges de _（prêtre）	168, 204, 234-237, 240, 261, 262, 280, 282, 283, 298, 302, 308, 310, 311, 320, 369, 388, 457, 458
拉瓦利耶修女	伊麗莎白‧德‧拉瓦利耶修女（會名聖母無玷始胎安琪）	LA VALLIÈRE, Elisabeth de _（soeur Angélique de la Conception）	195, 248, 249, 251-253, 257, 265
拉瓦主教	方濟‧德‧蒙莫宏西‧德‧拉瓦	LAVAL, François de Montmorency de _（évêque de Pétrée）	154, 211, 249, 359, 364, 365, 367, 410, 411, 452, 476, 479, 488, 506-509, 513-516, 520, 526, 531, 544, 550, 551, 554, 558-560, 572
勒布第耶主教	維多‧勒布第耶‧德‧杭瑟主教	LE BOUTHILLIER de Rancé, Victor（évêque）	162, 163, 394, 395
勒布格修女	安妮‧勒布格修女（會名聖佳蘭）	LE BUGLE, Anne（soeur _de Sainte-Claire）	351, 354, 355, 363, 452
勒布茲修女	安妮‧勒布茲修女（會名聖母）	LE BOUTZ, Anne（soeur _de Notre-Dame）	373, 469-471
勒馬尚	勒馬尚	LEMARCHAND	427
勒莫尼神父	皮耶‧勒莫尼神父	LE MOYNE, Pierre（prêtre）	232
勒梅何修女	瑪麗‧勒梅何修女（會名天使）	LEMAIRE, Marie（soeur _des Anges）	556
勒梅歇神父	方濟‧勒梅歇神父	LE MERCIER, François（prêtre）	273, 449, 450, 453, 525
勒塔第	奧利維‧勒塔第	LE TARDIF, Olivier	334, 525, 526
勒諾瓦修女	貝琳‧勒諾瓦修女（會名聖佳蘭）	LE NOIR, Perrine（soeur _de Sainte-Claire）	248, 249, 252
勒里艾修女	珍妮‧勒里艾修女	LELIÈVRE, Jeanne（soeur）	161
勒高夫神父	多默‧勒高夫神父	LE GAUFFRE, Thomas（prêtre）	510
勒高迪耶神父	安東‧勒高迪耶神父	LE GAUDIER, Antoine（prêtre）	280
勒卡德	勒卡德‧德‧何彭帝尼	LE GARDEUR de Repentigny	334, 505
勒卡隆神父	若瑟‧勒卡隆神父	LE CARON, Joseph（prêtre）	344
勒寇克修女	瑪麗‧勒寇克修女（會名聖若瑟）	LE COQ, Marie（soeur _de Saint-Joseph）	193, 194, 203, 213, 247, 550
勒烏	勒烏	LEHOUX	161
勒瓦索家族	勒瓦索家族	LEVASSEUR（famille）	551
樂居莫修女	荷內‧樂居莫修女	LEJUMEAU, Renée（soeur _des Perrières）	479
樂仁神父	保羅‧樂仁神父	LE JEUNE, Paul（prêtre）	71, 157, 272-274, 282, 283, 292, 303, 318, 502, 504, 510, 515, 523

本書簡化譯名	中文原譯名	原文	頁碼
洛林的瑪加利大（真福）	洛林的瑪加利大（真福）	Marguerite de Lorraine（bienheureuse）	289
龍格維勒公爵	龍格維勒公爵	LONGUEVILLE（duc de _）	315
呂埃中尉	查理・呂埃	LUEZ, Charles de _	92, 173
呂伊內小姐	安妮 - 瑪麗・德・阿貝・呂伊內	LUYNES, Anne-Marie d'Albert de _	320, 368-370, 377, 385
ㄍ			
戈德貝修女	凱特琳・戈德貝・德・商帕涅（名號聖杰羅姆）	GODEBERT de CHAMPAGNE, Catherine（soeur _de Saint-Jérôme）	311, 312, 314, 353
戈德佛	尚 - 保羅・戈德佛	GODEFROY, Jean-Paul	446
格費耶	格費耶	GUEFFIER	511
格納德	格納德	Grenade	74
格內修女	瑪麗・格內修女（會名聖依納爵）	GUENET, Marie（soeur _de Saint-Ignace）	319
格雷・法蘭索瓦	格雷・法蘭索瓦	FRANÇOIS, Grégoire	48
格什維勒侯爵夫人	格什維勒侯爵夫人	GUERCHEVILLE（marquise de _）	365
格斯隆神父	阿德里昂・格斯隆神父	GRESLON, Adrien（prêtre）	504
高第耶修女	瑪格麗特・高第耶修女	GAULTIER, Marguerite（soeur）	193, 194, 195, 285
高特兄弟	高特兄弟	GAULT（les frères）	64
高乃依	高乃依	CORNEILLE, Pierre	280
高乃依・繆索	高乃依・繆索	MUSSO, Corneille	74
高斯文・尼克	高斯文・尼克	NICKEL, Goswin	510
岡丹神父	克羅・岡丹神父	QUENTIN, Claude（prêtre）	372
古彭船長	古彭船長	COURPON（capitaine de _）	354
古律神父	尚・古律（會名聖方濟）	GOULU, Jean（prêtre _de Saint-François）	142
古塞先生	古塞先生	GOUSSAY	307
果薩神父	米歇爾・果薩神父	COYSSARD, Michel（prêtre）	256, 466
恭班修女	安妮・恭班（會名聖則濟利亞）	COMPAIN, Anne（soeur _de Sainte-Cécile）	373, 439, 469-471
恭德利神父	尚・恭德利神父	GONTERY, Jean（prêtre）	191
恭德杭神父	查理・恭德杭神父	CONDREN, Charles de _（prêtre）	296
恭第總主教	若望 - 方濟・德・恭第總主教	GONDI, Jean-François de _（archevêque）	311, 312
恭杜安神父	尼古拉・恭杜安神父	GONDOUIN, Nicolas（prêtre）	314, 331, 332
ㄎ			
卡尼耶神父	聖查理・卡尼耶神父	GARNIER, Charles（saint, prêtre）	273, 283, 422, 499, 504
卡拉法神父	卡拉法神父	CARAFFA（prêtre）	510
卡勒曼神父	雅各・卡勒曼神父	GALLEMANT, Jacques（prêtre）	62, 191
卡洛神父	卡洛神父	GALLOT	191
卡隆神父	雅各 - 拉底拉・卡隆	CALONNE, Jacques-Ladislas de _（prêtre）	466
卡侯神父	雷歐納・卡侯神父	GARREAU, Léonard（prêtre）	372
卡仙小姐	卡仙小姐	GATIEN Mlle	87
卡斯坎	卡斯坎	CASGRAIN（H.-R）	445, 446, 454, 496, 521, 537
柯雷柏神父	方濟・柯雷柏	CRESPIEUL（Crépieul）, François de _（prêtre）	502, 554
科爾伯	尚 - 巴第斯特・科爾伯	COLBERT, Jean-Baptiste	351, 523, 524

本書簡化譯名	中文原譯名	原文	頁碼
尚‧普魯尼‧德‧傅修	尚‧普魯尼‧德‧傅修	FOUCHAULT, Jean Prunier de _	52
尚‧瑪定	尚‧瑪定	MARTIN, Jean	67
尚‧莫羅	尚‧莫羅	MOREAU, Jean	52
尚‧米歇雷	尚‧米歇雷	MICHELET, Jean	45
尚‧德‧培第尼神父	尚‧德‧培第尼‧德‧甘達那端神父	BRÉTIGNY de Quintanadoine, Jean de _（prêtre）	300
尚‧德‧弗萊塞勒	尚‧德‧弗萊塞勒	FLECELLES, Jean de	355
尚‧杜格	尚‧杜格	DUGUÉ, Jean	43
尚‧杜寇	尚‧杜寇	TURCOT, Jean	427
尚‧杜宏	尚‧杜宏	DURAND, Jean	495
尚‧杜維吉‧德‧歐蘭尼神父（又稱為聖錫宏）	尚‧杜維吉‧德‧歐蘭尼神父（又稱為聖錫宏）	DUVERGIER DE HAURANNE, Jean（prêtre）	159
尚‧多勒博神父	尚‧多勒博神父	DOLEBEAU, Jean（prêtre）	367
尚‧尼科萊和吉勒‧尼科萊	尚‧尼科萊和吉勒‧尼科萊	NICOLET, Jean et Gilles	275
尚‧勒序額神父	尚‧勒序額神父	LE SUEUR, Jean _de Saint-Sauveur（prêtre）	274, 334
尚‧朱切羅	尚‧朱切羅‧德‧拉‧費特	JUCHEREAU de la FERTÉ, Jean	334, 538
尚‧阿歐	尚‧阿歐	HAYOT, Jean	479
尚貝	尚貝	CHAMBERT, E.	42, 45, 69,100
尚普蘭	薩繆‧德‧尚普蘭	CHAMPLAIN, Samuel de _	272, 327, 336
聖伯納	聖伯納	Bernard（saint）	253
聖白偉夫人	瑪德蓮‧呂利耶‧德‧聖白偉	LHUILLIER, Madeleine _de Sainte-Beuve	191
聖本篤	聖本篤	Benoit（saint）	415
聖庇護五世	聖庇護五世	Pie V（saint）	191
聖波先生	德‧聖波先生	SAINT-POL（monsieur de _）	233
聖瑪麗路易神父	聖瑪麗路易神父	Louis de Sainte-Marie（prêtre）	304
聖瑪麗查理神父	查理‧德‧勞森神父（會名聖瑪麗）	LAUSON, Charles de _（prêtre _ de Sainte-Marie）	278
聖瑪格麗特‧布朱瓦	聖瑪格麗特‧布朱瓦	BOURGEOYS, Marguerite（sainte）	475
聖瑪加利大‧阿拉科克	聖瑪加利大‧阿拉科克	Marguerite-Marie Alacoque（sainte）	541
聖瑪爾定	聖瑪定	Martin（saint）	38,39, 41, 540, 557, 560
聖方濟	亞西西的聖方濟	François d'Assise（saint）	369
聖方濟‧沙雷主教、聖師	聖方濟‧沙雷主教聖師	François de Sales（saint, docteur de l'Eglise）	73, 75, 85, 87, 92, 95, 148, 156, 163, 172, 253, 380, 397, 403-405, 407-411, 426, 436
聖方濟‧沙勿略	聖方濟‧沙勿略	François-Xavier（saint）	273, 330
聖方濟保拉	聖方濟保拉	François de Paule（saint）	40, 51, 77, 543
聖女大德蘭	聖女大德蘭	Thérèse d'Avila（sainte, docteur de l'église）	62, 73, 148, 152, 155, 170, 249, 253, 404
聖女小德蘭	聖女小德蘭	Thérèse de l'Enfant-Jésus（sainte）	271, 570
聖羅神父	尚‐克里索東‧聖羅神父	Jean-Chrysostome de Saint-Lô	295
聖葛斯默	聖葛斯默	Côme（saint）	40
聖何內‧古比	聖何內‧古比	GOUPIL, René（saint）	421
聖加俾額爾‧拉勒蒙神父	聖加俾額爾‧拉勒蒙神父	LALEMANT, Gabriel（saint, prêtre）	422

本書簡化譯名	中文原譯名	原文	頁碼
蘇弗雷侯爵	尚・德・蘇弗雷侯爵	SOUVRÉ, Jean de _（marquis de Courtanvaux）	233
蘇迪樞機主教、總主教	方濟・德・艾斯古布洛・德・蘇迪	SOURDIS（Cardinal de _）François d'Escoubeau de Sourdis	190-192
蘇亞雷	蘇亞雷	Suarez	165
索塞主教	安德・德・索塞主教	SAUSSAY, André de _（évêque）	512
ㄚ			
阿蒂奇神父	阿奇・多尼・德・阿蒂奇神父	DONI d'Attichy, Achille（prêtre）	390
阿涅絲・斯卡努達盧阿	阿涅絲・斯卡努達盧阿	SKANUDHAROUA, Agnès	496
阿勒布斯	路易・德・阿勒布斯	AILLEBOUST, Louis d'_（de Coulonge）	430, 432, 445-450, 453, 506-508, 520, 552
阿勒布斯夫人	瑪麗-芭柏・德・布隆尼	BOULLONGNE, Marie-Barbe de _（Mme d'AILLEBOUST）	430, 432, 447, 487, 488, 543, 544, 552
阿萊總主教	方濟・德・阿萊總主教	HARLAY, François de _（archevêque）	318, 510, 511
阿魯耶神父	克羅-尚・阿魯耶神父	ALLOUEZ, Claude-Jean（prêtre）	503, 533
阿卡利夫人	芭柏・阿卡利	ACARIE, Barbe（née Avrillot）	156, 191
阿冉松總督	皮耶・德・瓦耶・德・阿冉松	ARGENSON, Pierre de Voyer d'_	506,508,520, 522, 525
阿爾方斯・侯德里各神父	阿爾方斯・侯德里各神父	RODRIGUEZ, Alphonse（prêtre）	240
阿爾諾家族	阿爾諾家族	ARNAULD	393
ㄞ			
埃默里・德・卡恩	埃默里・德・卡恩	CAËN, Emery de _	272
艾伯雷先生	尼古拉・艾伯雷・德・艾沙	HERBERAY des ESSARTS, Nicolas	72
艾田・巴呂	艾田・巴呂	PALLU, Etienne	194
艾田・皮卡盧奇	艾田・皮卡盧奇	PIGAROUICH, Etienne	507
艾田・莫特宏（會名聖若望）	艾田・莫特宏（會名聖若望）	MOTHERON, Etienne（_de Saint-Jean）	46
艾蕾諾・康梅松（夏維尼領主）	艾蕾諾・康梅松（夏維尼領主）	GRANDMAISON, Eléonore de _（dame de Chavigny）	427, 430
艾利・古龍	艾利・古龍	COULLON, Hélye	45
艾利・閨雅	艾利・閨雅	GUYART, Hélye	42, 43, 88
艾吉永公爵夫人	恭巴雷領主・艾吉永公爵夫人	AIGUILLON（Mme de Combalet, duchesse d'_）	312, 313, 318-321, 370, 377, 384, 390
艾守總主教	貝唐・德・艾守（都爾總主教）	ESCHAUX, Bertrand d'_（évêque）	83, 92, 159, 160, 161, 162, 173, 180 219, 233, 299, 302, 307, 308, 394
艾森伯	艾森伯	Eisemberg	67
ㄠ			
奧特維勒先生	奧特維勒先生	OTTEVILLE（monsieur d'_）	486
奧諾雷・貝傑	奧諾雷・貝傑	BERGER, Honoré	394
奧利耶神父	尚-雅各・奧利耶神父	OLIER, Jean-Jacques（prêtre）	365

本書簡化譯名	中文原譯名	原文	頁碼
ㄡ			
歐度瓦	吉庸・歐度瓦	AUDOUART, Guillaume（_ de Saint Germain）	446
ㄋ			
安東・瑪定	安東・瑪定	MARTIN, Antoine	66
安東・楓丹 - 瑪杭	安東・楓丹 - 瑪杭	FONTAINE-MARAN, Antoine de	62, 64
安東・德・何沃主教	安東・德・何沃主教	REVOL, Antoine de _（évêque）	172,173
安東・拉吉歐	安東・拉吉歐	LA GUIOLLE, Anthoine	236, 280
安東・戈多主教	安東・戈多主教	GODEAU, Antoine（évêque）	510, 511
安東・薛弗	安東・薛弗	CHEFFAULT, Antoine	299
安東妮特・巴雷（會名哥倫布聖母升天）	安東妮特・巴雷（會名哥倫布聖母升天）	BARRÉ, Antoinette（soeur Colombe de l'Assomption）	472
安東妮特・貝昂・德・馬利圖恩	安東妮特・貝昂・德・馬利圖恩	PÉAN de MALITOURNE, Antoinette	393
安東妮特・菲里歐	安東妮特・菲里歐	FILLIOT, Antoinette	67, 169
安尼・德・努埃神父	安尼・德・努埃神父	NOUË, Anne de _（prêtre）	272
安妮・巴布・德・拉布爾代吉	安妮・巴布・德・拉布爾代吉	BABOU de la Bourdaisière , Anne	47
安妮・巴亞尚	安妮・巴亞尚	BAILLARGEON, Anne	507
安妮・布登修女	安妮・布登（名號聖依掃斯）	BOURDON, Anne（soeur _de Sainte-Agnès）	474
安妮・波維修女	安妮・德・波維修女	BEAUVAIS, Anne de（soeur）	47
安妮・德・布里安維里耶	安妮・德・布里安維里耶	BOULLAINVILLIERS, Anne de _	389
安妮・德・當傑	安妮・德・當傑	DANGEUL, Anne de _	326
安妮・德・勞森修女	安妮・德・勞森修女	LAUSON, Anne de _（soeur）	525
安妮・德・盧西修女	安妮・德・盧西修女	ROUSSY, Anne de _（soeur）	191
安妮・勒關特修女	安妮・勒關特修女（會名聖伯納）	LE COINTRE, Anne（soeur _de Saint-Bernard）	319
安妮・戈布蘭	安妮・戈布蘭	GOBELIN, Anne（Mme d'Estournelle de Plainville）	169
安妮巴爾多祿茂	安妮巴爾多祿茂（真福）	Anne de Saint-Barthélémy（bienheureuse）	62
安索船長	安索船長	ANÇOT（capitaine）	332, 355
ㄧ			
伊薩・法蘭索瓦	伊薩・法蘭索瓦	FRANÇOIS , Isaac（_ de la Girardie）	48
依若增爵十世教宗	依若增爵十世教宗	Innocent X	511
亞巴郎	亞巴郎	Abraham	164, 564
亞當・布里	亞當・布里	BRY, Adam	45
亞歷山大・莫特宏	亞歷山大・莫特宏	MOTHERON, Alexandre	46, 54, 174
亞歷山大・蘇雷	亞歷山大・蘇雷	SOULET, Alexandre	160, 161
亞維拉的聖若望	亞維拉的聖若望	Jean d'Avila（saint）	74
雅梅神父	阿勒貝・雅梅神父	JAMET, Albert（prêtre）	42, 43, 47, 69 , 88, 94, 155, 182, 392, 394
雅各・勒梅歇	雅各・勒梅歇（建築師）	LE MERCIER, Jacques（architecte）	216

Great 經典05

瑪麗‧閨雅
Marie de l'Incarnation

作　　者：吳立紀神父（Dom Guy-Marie Oury）
譯　　者：文藻外語大學翻譯團隊（王秀文–第一部、趙蕙蘭–第二
　　　　　部、陳文瑾–第三部、康夙如–第四部）
主　　編：林慧美
校　　稿：吳青靜、尹文琦
封面設計：李慶麟
美術設計：邱介惠

發行人兼總編輯：林慧美
法律顧問：葉宏基律師事務所
出　　版：木果文創有限公司
地　　址：苗栗縣竹南鎮福德路124-1號1樓
電話／傳真：（037）476-621
客服信箱：movego.service@gmail.com
官　　網：www.move-go-tw.com

總 經 銷：聯合發行股份有限公司
電　　話：（02）2917-8022　　傳真：（02）2915-7212
製版印刷：禾耕彩色印刷事業股份有限公司
初　　版：2023年6月
定　　價：560元（平裝）／680元（精裝）
I S B N：978-626-96731-3-1（平裝）／978-626-96731-4-8（精裝）

Marie de l'Incarnation by Dom Guy-Marie Oury
Copyright@published in 1973 by les Presses de l'Université Laval
and L'Abbaye Saint-Pierre, Solesmes.
Complex Chinese translation copyright@2023 by Wenzao
Ursuline University of Languages
All rights reserved

國家圖書館出版品預行編目(CIP)資料

瑪麗‧閨雅／吳立紀（Dom Guy-Marie Oury）著；文藻外語大學
翻譯團隊譯 -- 初版-- 苗栗縣竹南鎮；木果文創有限公司, 2023.06
592 面；16.7×23公分. --（Great_經典；05）
譯自：Marie de l'Incarnation

ISBN 978-626-96731-3-1（平裝）
ISBN 978-626-96731-4-8（精裝）

1.CST: 閨雅（Guyart, Marie, 1599-1672） 2.CST: 天主教傳記

249.6　　　　　　　　　　　　　　　　　112005170